ETNOGRAFIA

Dados Internacionais de Catalogação na Publicação (CIP)
(Câmara Brasileira do Livro, SP, Brasil)

Hammersley, Martyn
    Etnografia : princípios em prática / Martyn Hammersley, Paul Atkinson ; tradução de Beatriz Silveira Castro Filgueiras. – Petrópolis, RJ : Vozes, 2022.

Título original: Ethnography

ISBN 978-65-5713-346-0

1. Ciências sociais – Trabalho de campo 2. Etnologia – Metodologia 3. Etnologia – Trabalho de campo I. Atkinson, Paul. II. Título.

21-85484   CDD-305.8

Índices para catálogo sistemático:
1. Etnologia   305.8

Cibele Maria Dias – Bibliotecária – CRB

MARTYN HAMMERSLEY | PAUL ATKINSON

ETNOGRAFIA

Princípios em prática

Tradução de Beatriz Silveira Castro Filgueiras

EDITORA
VOZES

Petrópolis

© 2019 Martyn Hammersley and Paul Atkinson.
Tradução realizada a partir do original em inglês intitulado
Ethnography – Principles in Practice, publicada por Routledge,
membro do Grupo Taylor & Francis.

Direitos de publicação em língua portuguesa – Brasil:
2022, Editora Vozes Ltda.
Rua Frei Luís, 100
25689-900 Petrópolis, RJ
www.vozes.com.br
Brasil

Todos os direitos reservados. Nenhuma parte desta obra poderá ser reproduzida ou transmitida por qualquer forma e/ou quaisquer meios (eletrônico ou mecânico, incluindo fotocópia e gravação) ou arquivada em qualquer sistema ou banco de dados sem permissão escrita da editora.

CONSELHO EDITORIAL

Diretor
Gilberto Gonçalves Garcia

Editores
Aline dos Santos Carneiro
Edrian Josué Pasini
Marilac Loraine Oleniki
Welder Lancieri Marchini

Conselheiros
Francisco Morás
Ludovico Garmus
Teobaldo Heidemann
Volney J. Berkenbrock

Secretário executivo
Leonardo A.R.T. dos Santos

Editoração: Maria da Conceição B. de Sousa
Diagramação: Sheilandre Desenv. Gráfico
Revisão gráfica: Lorena Delduca Herédias
Capa: Renan Rivero

ISBN 978-65-5713-346-0 (Brasil)
ISBN 978-1-138-50446-2 (Reino Unido)

Este livro foi composto e impresso pela Editora Vozes Ltda.

Dedicamos este livro aos muitos etnógrafos e etnógrafas cujos trabalhos nos serviram de exemplo e inspiração.

[...] os antigos filósofos gregos, aqueles cujos escritos se perderam, colocaram-se [...] entre a arrogância de sobre tudo se poder pronunciar e o desespero da acatalepsia. Verberando com indignadas queixas as dificuldades da investigação e a obscuridade das coisas, como corcéis generosos que mordem o freio, perseveraram em seus propósitos e não se afastaram da procura dos segredos da natureza. Decidiram, assim parece, não debater a questão de se algo pode ser conhecido, mas experimentá-lo. Não obstante, mesmo aqueles, estribados apenas no fluxo natural do intelecto, não empregaram qualquer espécie de regra, tudo abandonando à aspereza da meditação e ao errático e perpétuo revolver da mente (Francis Bacon, 1620)*.

* Trad. de José Aluysio Reis de Andrade.

SUMÁRIO

Lista de figuras, 9

Agradecimentos, 11

Prefácio à quarta edição, 13

1 O que é etnografia?, 17

2 Desenho de pesquisa – Problemas, casos e amostras, 48

3 Acesso, 83

4 Relações em campo, 109

5 Relatos orais e o papel das entrevistas, 168

6 Documentos e artefatos reais e virtuais, 203

7 Etnografia no mundo digital, 226

8 Registrando e organizando os dados, 247

9 O processo de análise, 270

10 A escrita etnográfica, 317

11 Ética, 344

Epílogo – Uma sensibilidade analítica distinta, 381

Referências, 393

Índice, 461

LISTA DE FIGURAS

8.1 O desenho como forma de tomar notas; corpos em movimento no espaço de ensaio, 258

9.1 Tipologia dos contextos de consciência, 291

9.2 O processo de indução analítica, 295

AGRADECIMENTOS

Agradecemos aos seguintes colegas por sua ajuda inestimável no aclaramento das nossas ideias, no longo período em que as edições anteriores deste livro foram elaboradas: Sara Delamont, Anne Murcott e outros membros da Escola de Estudos Sociais e Administrativos [School of Social and Administrative Studies], da Universidade de Cardiff; Andy Hargreaves, Phil Strong, Peter Woods, John Scarth, Peter Foster e Roger Gomm.

PREFÁCIO À QUARTA EDIÇÃO

A primeira edição deste livro, publicada em 1983, foi o resultado de uma parceria de vários anos. No final da década de 1970, quando começamos a trabalhar juntos, não havia muita literatura disponível sobre a prática da etnografia. Nosso livro preenchia uma lacuna bastante evidente. Havia diversos textos influentes, mas nenhum deles oferecia uma introdução à teoria e à prática da etnografia. Autores fundamentais, como Anselm Strauss e John Lofland, prepararam o terreno para a nossa compreensão a esse respeito, além dos apêndices metodológicos de estudos conhecidos que iluminavam questões específicas. Montamos nossa abordagem compartilhada das estratégias de pesquisa e das perspectivas intelectuais mais apropriadas ao trabalho etnográfico, e buscamos reunir uma variedade de fontes e exemplos a mais ampla possível.

À época da primeira edição, algumas linhas de pesquisa etnográfica influentes se destacavam em áreas importantes como estudos do desvio, educação, medicina e estudos do trabalho. Porém, de um modo geral, a etnografia não despertava muito interesse nas ciências sociais (com a exceção, é claro, da antropologia social). Por sua vez, os antropólogos pareciam subestimar seu valor, dando-o como certo, ou, talvez precisamente por isso, no geral, eles prestavam pouca atenção em como ela é feita e em por que ela é assim.

Muita coisa mudou nos últimos 35 anos. O volume da literatura metodológica se expandiu e continua a crescer; embora, é claro, os padrões tenham variado em diferentes países, e narrativas bastante diversas acerca da história da etnografia e da pesquisa qualitativa tenham sido apresentadas (BURAWOY et al., 2000, intr.; WEBER, 2001; DENZIN; LINCOLN, 2005, intr..; HAMMERSLEY, 2004a; McCALL, 2006). Quando preparávamos a segunda edição do livro, publicada em 1995, a paisagem metodológica já havia mudado. Havia, então, muitos textos e análises disponíveis sobre metodologia. Aparentemente, as ciências sociais haviam sofrido uma "virada metodológica". No mundo todo, os estudantes de pós-graduação estavam sendo mais *treinados* nas técnicas de pesquisa social. Havia uma consciência crescente dos métodos de pesquisa como uma área de interesse especial, além de constituírem o cerne da prática do ofício artesanal dos cientistas sociais. Essa tendência prosseguiu no novo século, alimentada por um círculo virtuoso de financiamento à pesquisa, oportunidades de pós-graduação e pós-doutorado, e os interesses das editoras comerciais. E ela persiste até os dias de hoje. A quantidade de textos e documentos sobre metodologia, atualmente, é assustadora[1].

O domínio do que é chamado, de um modo geral, de "pesquisa qualitativa" agora abrange uma ampla gama de disciplinas e subcampos, incorporando uma variedade de estilos e estratégias de pesquisa. Estudos dessa natureza se tornaram um elemento central da sociologia, dos estudos culturais e da mídia, da geografia cultural, da pesquisa educacional, da pesquisa em saúde e enfermagem, dos estudos sobre negócios e organizações, entre outras áreas. A pesquisa qualitativa envolve o uso de uma diversidade de métodos: observação participante, entrevistas individuais e em grupo, grupos focais, métodos visuais, técnicas de análise de diálogos e discursos, e assim por diante. Pesquisadores de métodos qualitativos desenvolveram literaturas especializadas, dedicadas a técnicas bastante específicas – a fotografia e outros métodos visuais (PINK, 2013), métodos de análise de narrativas (RIESSMAN, 1993; 2008), entrevistas de vários tipos (GUBRIUM; HOLSTEIN, 2012), a análise qualitativa de fontes documentais (ANTERIOR, 2003; GRANT, 2019) e o estudo de realidades sociais virtuais (HINE, 2000; 2015).

A posição de prestígio da pesquisa qualitativa foi impulsionada por seu suposto alinhamento com diversas tendências no campo das disciplinas sociais e culturais, tais como a pesquisa *crítica*, o pós-modernismo, o feminismo e o pós-feminismo, o pós-colonialismo e o pós-humanismo. Por vezes, afirma-se que ela tem um valor político e ético intrínseco, por dar voz aos grupos marginalizados e, em geral, silenciados, e/ou por desafiar o poder. O desenvolvimento e a disseminação da pesquisa qualitativa foram acompanhados de afirmações recorrentes de inovação, de renovação e de mudança de paradigmas *no interior da* própria pesquisa qualitativa.

Diante desse crescimento exponencial da literatura sobre pesquisa qualitativa, da sua popularidade e diversidade crescentes, juntamente com as declarações

---

1. Cf. https://martynhammersley.files.wordpress.com/2013/03/review-of-the-field-of-methodological-texts11.doc

exageradas feitas em sua defesa, há claramente uma necessidade de tentarmos inserir esta quarta edição do nosso livro no contexto atual do debate metodológico. Em primeiro lugar, precisamos reafirmar que o livro se dedica à *etnografia*, e não à pesquisa qualitativa em geral; embora não haja limites rígidos e inequívocos entre os dois. Isso significa que ele se dedica à pesquisa de campo que emprega uma variedade de métodos, com ênfase na observação participante. Não é preciso imaginar, de forma ingênua, comunidades vivendo em um estado de natureza ou populações isoladas, nem precisamos alimentar visões românticas da investigação social, para defendermos a importância continuada da observação participante e do engajamento direto com os mundos sociais (DELAMONT, 2004; ATKINSON, 2015).

Como as análises críticas da etnografia revelam, trata-se de uma abordagem multifacetada, passível de assumir diferentes ênfases e nuances[2]. Não nos interessa tentar impor uma ortodoxia única aqui. Afinal de contas, é uma característica própria da pesquisa etnográfica o fato de ela permanecer flexível e sensível às circunstâncias locais. Contudo, destacamos a importância da *tradição* da pesquisa etnográfica e o que podemos aprender com ela.

Ao reafirmar a importância da tradição etnográfica nos mostramos céticos em relação a muitas das reivindicações comuns de inovação e ineditismo metodológicos. Alguns leitores podem pensar que, ao elaborar a quarta edição de uma obra publicada pela primeira vez em 1983, nós teríamos excluído, no processo de *atualização*, todas as fontes e referências *antigas*. Nós não fizemos isso, embora tenhamos incluído muitos exemplos e desenvolvimentos mais recentes. Com bastante frequência, nos preocupa o equívoco comum de que a pesquisa qualitativa em geral, e a pesquisa etnográfica em particular, são de alguma maneira abordagens novas nas ciências sociais, ou que as estratégias de pesquisa vigentes na maior parte do século XX se tornaram obsoletas. As comunidades científicas que negligenciam seu próprio passado correm sempre o risco de reinventar a roda, geralmente deformada, e de pressupor inovação quando tudo o que realmente há é ignorância ou amnésia (ATKINSON; COFFEY; DELAMONT, 1999). A memória coletiva de muitas redes de pesquisa é superficial demais, na nossa opinião. Por isso, mantivemos parte do material incluído nas edições anteriores do nosso livro. No entanto, o texto foi totalmente revisado e atualizado sempre que

---

2. Cf., p. ex., Atkinson; Coffey; Delamont; Lofland; Lofland, 2001; Hammersley, 2006; 2018a.

necessário. Além disso, incluímos um novo capítulo que aborda as implicações dos meios digitais, os mais variados, para o trabalho etnográfico.

Alguns dos defensores mais conhecidos da inovação e da mudança são Norman Denzin e Yvonna Lincoln (DENZIN; LINCOLN, 2018). Eles, mais do que outros, influenciaram o cenário atual da pesquisa qualitativa. As edições sucessivas do seu monumental *Handbook* são um feito notável não apenas por sua escala e alcance, mas também por promover uma visão da história da pesquisa qualitativa (e, consequentemente, da etnografia) marcada por uma série de transformações revolucionárias. Eles constroem uma narrativa evolutiva da pesquisa qualitativa, descrevendo descontinuidades acentuadas e um ritmo de mudança crescente, em uma trajetória ampla da perspectiva *modernista* à *pós-modernista*.

Não há dúvidas de que mudanças ocorreram e continuarão a ocorrer. E algumas delas foram importantes. As influências originais da antropologia foram questionadas e complementadas, e grandes mudanças ocorreram no interior da disciplina também. Na sociologia, os fundamentos pragmáticos e interacionistas do trabalho etnográfico foram enriquecidos por ideias derivadas de muitas outras fontes. No entanto, as narrativas atuais de transformação radical nos parecem excessivas e, muitas vezes, simplesmente equivocadas. As diferenças entre os princípios e práticas, passados e vigentes, são muitas vezes exageradas e estimulam visões distorcidas do passado. Da mesma forma, na defesa dessas abordagens *novas*, muitas vezes, não se reconhece a dificuldade e a complexidade das questões metodológicas enfrentadas pelos etnógrafos, assim como por outros cientistas sociais.

As tendências recentes, em alguns campos de pesquisa, no sentido de reafirmar a importância do método experimental e das técnicas quantitativas de um modo geral, às vezes rotuladas como uma forma de fundamentalismo metodológico (DENZIN; GIARDINA, 2006), não devem ser respondidas com um fundamentalismo semelhante, no qual as virtudes da pesquisa qualitativa, ou da etnografia, ou de versões particulares delas, são exaltadas acriticamente. Não sabemos como será o futuro, mas, para enfrentá-lo, precisamos aprender com o passado e também levar em conta as circunstâncias atuais e ideias novas. Ao prepararmos esta quarta edição, tentamos encontrar um equilíbrio entre preservar o passado e acolher o novo.

1
O QUE É ETNOGRAFIA?

A etnografia é uma entre as muitas abordagens metodológicas encontradas atualmente na pesquisa social. No entanto, essa denominação não é utilizada de maneira uniforme e seu significado pode variar. Uma consequência disso é que há uma sobreposição significativa em relação a outros termos, como *pesquisa qualitativa*, *trabalho de campo*, *método interpretativo* e *estudo de caso*, cujas fronteiras semânticas também são nebulosas. Com efeito, não há uma distinção clara nem mesmo entre a etnografia e o estudo de histórias de vida individuais, como o exemplo da *autoetnografia* demonstra; isto é, o estudo individual da própria vida do/a pesquisador/a e de seu contexto, com o objetivo de compreender processos sociais mais gerais (REED-DANAHAY, 1997; 2001; HOLMAN JONES, 2005; SHORT et al., 2013; BOCHNER; ELLIS, 2016). Há também os casos desafiadores da etnografia *virtual* ou *digital*, cujos dados podem se restringir ao que está *on-line* ou disponível por meio de dispositivos digitais (HINE, 2000; 2015; HORST; MILLER, 2012; LUPTON, 2014; PINK et al., 2016). Se, para os propósitos deste capítulo inicial, será preciso dar alguma pista do que entendemos por *etnografia*, a sua natureza variável e, por vezes, controversa deve ser lembrada; e o nosso relato será, inevitavelmente, influenciado pelas nossas próprias visões a respeito de como o trabalho etnográfico *deveria ser*. Nesse sentido, enfocaremos aqui o uso da etnografia na pesquisa acadêmica, muito embora ela seja crescentemente utilizada, de diferentes maneiras, nas áreas de pesquisa aplicada e comercial, como, por exemplo, nos estudos de *marketing* (cf. VENKATESH et al., 2015).

As origens do termo *etnografia* remontam à antropologia do século XIX e início do século XX, quando um relato etnográfico equivalia à descrição de alguns aspectos de uma comunidade ou cultura, geralmente localizada fora do Ocidente e considerada primitiva ou exótica. Naquela época, a *etnografia* era contrastada e, muitas vezes, vista como complementar à *etnologia*; termo que se referia, de um modo geral, à análise histórica e comparativa de sociedades e culturas não ocidentais. Nesse sentido, a etnologia era, muitas vezes, considerada o cerne do trabalho antropológico, baseada inicialmente, em grande medida, nos relatos produzidos por viajantes e missionários. Com o passar do tempo, porém, o termo *etnologia* se tornou menos comum na medida em que os antropólogos começaram a fazer seu próprio trabalho de campo, e a *etnografia* passou a se referir a uma integração entre a investigação empírica direta e as análises comparativas ou teóricas da organização social e da cultura.

Desde o início do século XX, o trabalho de campo etnográfico se tornou um aspecto central da antropologia. De fato, o trabalho de campo, geralmente em uma sociedade muito diferente daquela de origem do pesquisador, assumiu o caráter de um rito de passagem obrigatório para ingressar na *tribo* dos antropólogos. De um modo geral, tratava-se de conviver com um grupo de pessoas por períodos prolongados, muitas vezes durante um ano ou mais, para documentar e interpretar seu modo de vida particular e as crenças e valores inerentes a ele.

Durante o século XX, a etnografia antropológica se tornou um modelo para algumas linhas de pesquisa na sociologia ocidental, embora ela não tenha sido adotada de maneira acrítica. Um exemplo disso é o movimento dos estudos de comunidade, que abrangia as duas disciplinas (CROW, 2018). Tratavam-se de estudos de vilas e cidades nos Estados Unidos e na Europa Ocidental, frequentemente preocupados com o impacto da urbanização e da industrialização. Um marco histórico aqui foi o trabalho dos Lynds, que documenta a vida na cidade de Muncie, Indiana, ao qual deram o título de *Middletown* (LYND; LYND, 1929; 1937)[3]. Em um movimento paralelo, entre as décadas de 1920 e 1950, os sociólogos da Universidade de Chicago desenvolveram uma abordagem para o estudo da vida social que, em alguns aspectos importantes, se assemelhava à pesquisa antropológica, embora eles geralmente a denominassem de *estudo de caso*. A Escola de Sociologia de Chicago se dedicava a registrar os diferentes padrões de vida encontrados naquela cidade, e a forma como eles eram moldados pela migração e pela ecologia urbana em desenvolvimento (cf. BULMER, 1984).

A partir da década de 1960, as linhas de trabalho sociológico influenciadas por esses desenvolvimentos se difundiram em muitos subcampos da sociologia, assim como em outras disciplinas e áreas de pesquisa; e, dos Estados Unidos,

---

3. Muncie foi estudada diversas outras vezes. Para um relato revisionista, cf. Lassiter et al., 2004.

elas também migraram para a Europa e outras partes do mundo. Além disso, por diversas razões, um número crescente de antropólogos começou a desenvolver pesquisas nas sociedades ocidentais, inicialmente em áreas rurais, mas depois também em localidades urbanas[4]. Outro desenvolvimento relevante na segunda metade do século XX foi o surgimento dos estudos culturais como uma área de investigação distinta, mas sobreposta à antropologia e à sociologia. De abordagens históricas e textuais amplas, a pesquisa neste campo passou a incluir o uso do método etnográfico, especialmente no estudo das culturas juvenis e dos meios de comunicação de massa, juntamente com toda a questão do consumo cultural. Nas últimas décadas do século XX, a etnografia se difundiu ainda mais, por exemplo, na psicologia e na geografia humana, acompanhada de outros métodos qualitativos. Como resultado, muitas vezes, ela tende a ser engolida em um movimento mais amplo, multidisciplinar, de impulso às abordagens qualitativas[5]. Contudo, o termo *etnografia* ainda preserva algumas conotações distintivas.

A complexidade de sua história é uma das razões pelas quais a *etnografia* não tem um significado único, bem definido. Ao longo do tempo, e em cada um dos diversos contextos disciplinares mencionados, seu sentido foi reinterpretado de diferentes maneiras, adaptando-o a circunstâncias novas. Em parte, essa reformulação deriva do fato de, em diferentes momentos, a etnografia ter sido contraposta a outras abordagens metodológicas. Em um primeiro momento, ela se opunha ao *método estatístico* – na forma da pesquisa experimental e, principalmente, dos *surveys* – e isso persiste até os dias de hoje. Posteriormente, ela foi muitas vezes contrastada com a macroanálise característica de grande parte da sociologia e da economia política. Mais recentemente, ela tem sido frequentemente contrastada com as análises de diálogos e discursos, por um lado, e com os estudos de entrevistas de diversos tipos, por outro. Ademais, ao longo dos anos, a etnografia foi influenciada por uma variedade de ideias teóricas: o funcionalismo antropológico e sociológico, o pragmatismo filosófico e o interacionismo simbólico, o marxismo, a fenomenologia, a hermenêutica, o estruturalismo, o feminismo, o construcionismo, o pós-estruturalismo, o pós-modernismo, e (mais recentemente) a *virada*

---

4. Para um relato dos desdobramentos e da reconfiguração do trabalho etnográfico na antropologia britânica, cf. MacDonald, 2001. Cf. tb. Peirano, 1998.
5. Diferentes vertentes e tendências do movimento de impulso à pesquisa qualitativa são exemplificadas nas várias edições do *Handbook of Qualitative Research* (DENZIN; LINCOLN, 1994; 2000; 2005; 2011; 2018).

ontológica na antropologia e os *novos materialismos* (HENARE et al., 2007; ALBERTI et al., 2011; COOLE; FROST, 2010; FOX; ALLDRED, 2015a; 2015b; HOLBRAAD; PEDERSEN, 2017).

Em síntese, o termo *etnografia* assume uma função variável e em constante mudança na trama dinâmica que compõe as ciências sociais no século XXI. No entanto, não é apenas ela que carece de um significado único e bem definido; o mesmo acontece com muitos outros termos metodológicos. Mas o seu sentido impreciso não diminui o seu valor: podemos esboçar uma definição básica, reconhecendo que ela não abrange todos os significados que o termo assume, em todas as ocasiões. Nesse sentido, focamos em um nível prático: o que os etnógrafos realmente *fazem*, a natureza dos dados que eles geralmente coletam, e o tipo de análise que eles empregam para tratar esses dados. Posteriormente, ampliaremos a discussão abarcando algumas das diferentes ideias que influenciaram, e continuam a influenciar, a prática etnográfica.

O que os etnógrafos fazem

No que se refere à coleta de dados, a etnografia geralmente envolve a participação do pesquisador – de forma aberta ou velada – na vida cotidiana das pessoas durante um período longo de tempo, observando o que acontece, ouvindo o que é dito e/ou fazendo perguntas por meio de entrevistas informais e formais, coletando documentos e objetos – de fato, reunindo todos os dados disponíveis para lançar luz sobre as questões que se impõem como o foco da investigação. Nesse sentido, de um modo geral, os etnógrafos recorrem a uma *variedade* de fontes de dados, embora, às vezes, privilegiem apenas uma – na maioria dos casos, a observação participante. No caso da etnografia virtual, é claro, a participação e a observação acontecem *on-line*, assim como o acesso a documentos e a obtenção de relatos dos participantes, embora, algumas vezes, fontes *off-line* também sejam utilizadas.

Em termos mais específicos, o trabalho etnográfico geralmente apresenta, em sua maioria, as seguintes características:

1) As ações e os relatos das pessoas são examinados em seus contextos cotidianos e não apenas nas condições criadas pelo pesquisador, como no caso de experimentos ou entrevistas muito estruturadas.

2) Os dados são coletados de uma variedade de fontes, incluindo evidências documentais de diversos tipos, *mas, de modo geral, a observação participante e/ou as conversas informais são as fontes principais.*

3) Na maioria das vezes, a coleta de dados é relativamente "não estruturada", em dois sentidos. Por um lado, ela *não* implica a execução de um projeto de pesquisa rígido e detalhado, definido de antemão. Por outro, as categorias utilizadas para interpretar o que as pessoas dizem ou fazem *não* antecedem o processo de coleta de dados como, por exemplo, no uso de cronogramas ou questionários de observação. Pelo contrário, elas resultam do processo de análise dos dados.

4) Na maioria das vezes, o estudo se concentra em poucos casos, em geral de pequena escala, às vezes um único lugar ou grupo de pessoas. Isso possibilita a investigação em profundidade.

5) A análise dos dados envolve a interpretação dos significados, das fontes, das funções e das consequências das ações humanas e das práticas institucionais, e de como esses aspectos estão inseridos nos contextos locais e, talvez, também em contextos mais amplos. Em sua maioria, os resultados consistem em descrições, explicações e teorias verbais; a quantificação e a análise estatística desempenham, no máximo, um papel subordinado.

Assim, em relação ao que os textos de metodologia definem como *desenho de pesquisa*, os etnógrafos geralmente empregam uma abordagem relativamente aberta, assim como os pesquisadores qualitativos, de um modo geral (cf. MAXWELL, 2013). Eles partem do interesse em algum aspecto da vida social, tipo de situação, grupo de pessoas ou tema específicos. E, embora eles geralmente tenham em mente aquilo que o antropólogo Malinowski – considerado, muitas vezes, o inventor do trabalho de campo antropológico moderno – chamou de *problemas antecipados**, a sua inclinação é exploratória. O objetivo é investigar alguns aspectos da vida das pessoas, o que elas fazem, como elas encaram as situações que enfrentam, como consideram umas às outras, e também como veem a si mesmas. A expectativa é que os interesses e as questões iniciais que motivaram a pesquisa sejam apurados e, talvez, até mesmo modificados no decorrer da investigação, e que isso talvez demande um tempo considerável. Por fim, neste processo, a investigação ganhará um foco cada vez mais claro em torno de um conjunto específico de questões, o que, por sua vez, permitirá uma nova coleta de dados complementar e estratégica, de modo a buscar respostas para essas questões e contrastá-las com as evidências.

---

* No original, *foreshadowed problems* [N.T.].

A coleta de dados em ambientes *naturais* – isto é, que não foram montados especificamente para os fins da pesquisa – também confere um caráter particular ao trabalho etnográfico. No caso da observação participante, o pesquisador precisa encontrar algum papel para desempenhar no campo em estudo, e isso geralmente envolve a negociação com as pessoas do lugar, explícita ou implicitamente. Isso pode acontecer, inclusive, em ambientes relativamente públicos, embora às vezes seja possível *espreitar*, na internet ou fora dela. E, em muitos lugares, o acesso inicial deverá ser garantido por *guardiões** (cf. cap. 3 e 4). Isso é válido, inclusive, para os etnógrafos que estudam ambientes nos quais já estão inseridos, a menos que realizem a pesquisa em sigilo. De modo similar, no caso de entrevistas, o acesso aos informantes não acontece de maneira automática: aqui, também, os *guardiões* podem ser necessários para fazer contato com as pessoas relevantes, e as relações com os informantes deverão ser estabelecidas e desenvolvidas para que as entrevistas sejam produtivas (cf. cap. 5). Além disso, este e outros aspectos da etnografia levantam questões éticas particulares (cf. cap. 11).

Dada a natureza inicialmente exploratória da pesquisa etnográfica, muitas vezes, não está claro por onde a observação deve começar, quais atores ou atividades devem ser enfocados, e assim por diante. Estratégias de seleção e escolha terão de ser elaboradas e podem sofrer alterações no decorrer da pesquisa. O mesmo se aplica ao uso de entrevistas. As decisões acerca de quem entrevistar serão tomadas ao longo do tempo e, em geral, a entrevista assumirá uma forma relativamente não estruturada, com as perguntas sendo formuladas no decorrer das entrevistas, no diálogo com os informantes; embora questões mais estruturadas ou direcionadas possam ser adotadas no período final do trabalho de campo. Os dados consistirão em notas de campo redigidas de forma objetiva e descritiva, mas também, muitas vezes, em gravações de áudio ou vídeo – e suas transcrições –, além da coleta ou obtenção de material documental, impresso ou eletrônico. Dada a natureza não estruturada desses dados, o seu processamento e análise exigirá muito esforço e tempo. Neste sentido, a etnografia é uma atividade bastante desafiadora e requer habilidades diversas – entre elas, a capacidade de tomar decisões em condições de grande incerteza.

Isso é verdade, apesar de os métodos utilizados pelos etnógrafos não serem muito diferentes dos meios que todos utilizamos, na vida cotidiana, para obter

---

* No original, *gatekeepers* [N.T.].

informações e compreender o mundo ao nosso redor, em particular as ações de outras pessoas e, talvez, até mesmo as nossas próprias ações. A diferença é que a etnografia envolve uma abordagem mais deliberada e sistemática do que aquela comum para a maioria de nós, na maior parte do tempo: os dados são buscados especificamente para esclarecer as questões de pesquisa, são cuidadosamente registrados, e o processo de análise se apoia em estudos anteriores e envolve grande reflexão, incluindo a análise crítica de interpretações divergentes. Trata-se, assim, de um *desenvolvimento* considerável das formas comuns de descobrir e de compreender o mundo social, que todos nós utilizamos em nossas vidas cotidianas, em sintonia com os objetivos específicos da pesquisa e da produção de conhecimento.

No restante deste capítulo exploraremos e analisaremos diversas ideias metodológicas que moldaram a etnografia ao longo de sua história. Primeiro, analisaremos o conflito entre os métodos quantitativos e qualitativos enquanto modelos antagônicos de pesquisa social; conflito que se espalhou por diversos campos no passado e que, em alguma medida, persiste até os dias de hoje. Este conflito era entendido, muitas vezes, como um choque entre posições filosóficas antagônicas. Com base em inúmeros precedentes, chamaremos essas posições de *positivismo* e *naturalismo*: a primeira privilegiando os métodos quantitativos, a segunda defendendo a etnografia como o principal método de pesquisa social, se não o único legítimo. Posteriormente, examinaremos algumas das ideias mais recentes que influenciaram o pensamento e a prática dos etnógrafos. Elas se opõem, em alguns aspectos importantes, não apenas ao positivismo, mas também ao compromisso de muitos etnógrafos, no passado, com o naturalismo[6].

Positivismo versus naturalismo

O positivismo tem uma história longa na filosofia, mas, no campo da metodologia, ele alcançou seu auge no "positivismo lógico" das décadas de 1930 e 1940 (KOLAKOWSKI, 1972; HALFPENNY, 1982; FRIEDMAN, 1991; HAMMERSLEY, 1995, cap.1). Esse movimento teve grande influência entre os cientistas sociais, especialmente no incentivo à pesquisa experimental e aos *surveys*, e às formas de análise quantitativa associadas a eles. Até então, tanto na

---

6. O termo *naturalismo* é utilizado de diversas maneiras diferentes, e até mesmo contraditórias, na literatura; cf. Matza, 1969. Aqui vamos simplesmente adotar o seu sentido convencional na literatura etnográfica.

sociologia quanto na psicologia social, as técnicas qualitativas e quantitativas eram igualmente utilizadas, muitas vezes pelos mesmos pesquisadores; na antropologia, como vimos, embora a etnografia fosse central, isso não descartava o uso de dados quantitativos. Para os investigadores sociais do século XIX, como Mayhew (1861), LePlay (1879) e Booth (1902-1903), os dados quantitativos e qualitativos eram considerados complementares. Até mesmo os sociólogos da Escola de Chicago, frequentemente retratados como expoentes da pesquisa qualitativa, empregavam ambos, *estudos de caso* e métodos *estatísticos*. Apesar dos debates recorrentes entre eles acerca dos usos e vantagens relativas das duas abordagens, havia um consenso geral sobre a importância de ambas (BULMER, 1984; HARVEY, 1985; HAMMERSLEY, 1989b). Foi apenas mais tarde, com o desenvolvimento acelerado dos métodos estatísticos e a crescente influência da filosofia positivista da ciência que, na sociologia, a pesquisa quantitativa de tipo *survey* passou a ser considerada, por alguns de seus defensores, como uma tradição metodológica autossuficiente (e superior)[7].

Atualmente, o termo *positivismo* se tornou quase uma ofensa entre cientistas sociais e, em decorrência disso, seu significado foi obscurecido. Para os propósitos (mais imparciais) deste livro, os fundamentos principais do positivismo podem ser resumidos da seguinte maneira:

1) *O modelo metodológico para a pesquisa social são as ciências físicas, dado seu sucesso considerável.* Embora os positivistas não aleguem que os métodos de todas as ciências físicas sejam os mesmos, eles argumentam que elas compartilham uma *lógica* comum. Nos experimentos, as variáveis quantificadas são manipuladas de modo a identificar as relações entre elas. Quando a manipulação das variáveis não é possível, outros meios de identificar seus efeitos devem ser utilizados, como a comparação estatística.

2) *Leis universais ou estatísticas são o objetivo da ciência.* Os positivistas adotam um conceito particular de explicação, geralmente chamado de o modelo das *leis gerais**. Os eventos são explicados de maneira dedutiva através do apelo a leis universais, descobertas indutivamente, que estabelecem relações regulares entre as variáveis e se mantêm em todas as circunstâncias relevantes. No entanto, é a versão estatística desse modelo, no qual as relações têm apenas

---

[7]. Na psicologia social, esse processo teve início um pouco antes e foi o experimento que se tornou o método dominante.

* No original, *covering law model* [N.T.].

uma probabilidade alta de serem válidas em outros casos relevantes, que geralmente é adotada por cientistas sociais; e isso motivou um grande interesse nos procedimentos de amostragem e de análise estatística, especialmente nas pesquisas de tipo *survey*. Aqui, o valor é atribuído à capacidade de generalização dos resultados.

3) *A base da ciência é a observação.* Os positivistas privilegiam os fenômenos que são diretamente observáveis pelo cientista, ou que podem ser *logicamente* deduzidos a partir do que é observável. Qualquer apelo ao intangível corre o risco de ser rejeitado como especulação metafísica. Argumenta-se que as teorias científicas devem estar fundamentadas em, ou serem testadas através do recurso a descrições que simplesmente correspondam ao estado das coisas, sem nenhuma conjectura teórica e, portanto, acima de qualquer dúvida. Essa base pode ser um dado sensível, como no empirismo tradicional, ou pode ser o domínio do *publicamente observável*; por exemplo, o movimento dos objetos físicos, como o mercúrio em um termômetro, que pode ser facilmente aceito por todos os observadores. No campo das ciências sociais, a base é o comportamento das pessoas em reação a estímulos diversos. Grande ênfase é posta na padronização dos procedimentos de coleta de dados, cujo objetivo é facilitar a obtenção de medidas que se mantenham estáveis entre diferentes observadores. Argumenta-se que, se a medida é confiável nesse sentido, ela fornece uma base sólida, teoricamente neutra, como ponto de partida da análise. Essa padronização é, às vezes, chamada de *objetividade procedimental*.

O positivismo se baseia, portanto, em uma determinada concepção de método científico, inspirada nas ciências naturais e, em particular, na física (TOULMIN, 1972). O método, aqui, envolve o teste de teorias ou hipóteses. Há uma distinção clara entre o contexto da descoberta e o contexto da justificação (REICHENBACH, 1951). A questão de como as ideias teóricas são formuladas pertence ao primeiro e escapa ao domínio do método científico. São os procedimentos adotados no contexto da justificação que distinguem a ciência do senso comum, uma vez que eles envolvem a análise rigorosa de diferentes teorias com base em dados objetivos.

Assim, para os positivistas, a característica mais importante das teorias científicas é o fato de elas serem abertas, e de fato sujeitas, a testes; isto é, elas podem ser confirmadas, ou ao menos refutadas, com segurança. Isso requer o exercício de controle das variáveis, o que pode ser feito através da manipulação física, como em experimentos, ou principalmente por meio da análise estatística, como em pesquisas quantitativas. Sem o controle das variáveis, argumenta-se, só é possível especular sobre as relações de causalidade (que são o foco das teorias explicativas), uma vez que não há nenhuma base para o teste de hipóteses divergentes. Assim, o processo de teste consiste em comparar o que as teorias dizem que é *provável* que aconteça, em condições específicas, com o que *realmente* ocorre – em resumo, compará-las com *os fatos*.

Esses fatos são coletados por meio de métodos que, assim como os fatos que eles registram, são considerados teoricamente neutros; caso contrário, presume-se que eles não possibilitariam um teste conclusivo da teoria. A adesão à objetividade procedimental significa que todos os esforços são feitos para eliminar a influência do observador, por meio da definição de um conjunto explícito e padronizado de procedimentos para a obtenção de dados. Isso também permite a replicação por terceiros, de modo que seja possível testar a confiabilidade dos resultados. Nas pesquisas de tipo *survey*, por exemplo, o comportamento dos entrevistadores é tipicamente prescrito desde a formulação das perguntas e a ordem em que são feitas, sem nenhum desvio permitido. Nos experimentos, a conduta do pesquisador também é rigorosamente definida. Argumenta-se que, ao garantir que cada respondente de uma pesquisa ou sujeito experimental de um estudo, e de suas replicações, sejam confrontados com o mesmo conjunto de estímulos, suas respostas serão comparáveis (no sentido de não refletirem variações nos procedimentos adotados, nem de quem conduziu a pesquisa). Nessa perspectiva, quando tais procedimentos explícitos e padronizados não são utilizados, como no caso da observação participante, é impossível saber como interpretar o comportamento das pessoas, pois não se sabe *ao que* elas estão reagindo. Em resumo, os positivistas argumentam que é somente através do exercício do controle físico ou estatístico das variáveis, e da sua medição rigorosa, que a ciência é capaz de produzir um corpo de conhecimento cuja validade é definitiva e que pode, portanto, legitimamente substituir os mitos e dogmas das ideias tradicionais ou do *conhecimento* de senso comum.

Como já indicado, a etnografia e muitos outros tipos de pesquisa qualitativa não satisfazem a esses cânones positivistas[8]. Por isso, especialmente em meados do

---

8. No entanto, vale ressaltar que o trabalho antropológico de Malinowski foi influenciado pelas primeiras teorias positivistas; cf. Leach, 1957; Strenski, 1982. Posteriormente, outros antropólogos também buscaram incorporar ideias positivistas em alguns aspectos de seu trabalho; em particular Nadel, 1951.

século XX, eles foram criticados por carecerem de rigor científico. Com alguma frequência, a etnografia era considerada um método bastante inadequado à *ciência* social, com base no argumento de que os dados e as conclusões que ela produz são *subjetivos*, meras impressões idiossincráticas a respeito de um ou dois casos, que não fornecem uma base sólida para análises científicas rigorosas. Em grande medida como uma reação a isso, os etnógrafos sociológicos elaboraram uma visão alternativa da natureza própria da pesquisa social, muitas vezes chamada de *naturalismo* (LOFLAND, 1967; BLUMER, 1969; MATZA, 1969; DENZIN, 1971; SCHATZMAN; STRAUSS, 1973; GUBA, 1978). Assim como o positivismo, essa perspectiva se inspirava nas ciências naturais como modelo, mas seu método era concebido de maneira diferente: em geral, o modelo era a biologia do século XIX, ao invés da física do século XX.

O naturalismo propõe que, na medida do possível, o mundo social deve ser estudado em seu estado *natural*, sem interferência do pesquisador. Como vimos, o positivismo postula o exercício do controle ativo sobre a coleta de dados, mas os naturalistas argumentam que isso gera níveis altos de reatividade e, como consequência, o comportamento das pessoas – como suas reações em laboratório ou aos questionários – deixa de refletir o que elas normalmente fariam e diriam. Portanto, para o naturalista, ambientes *naturais*, e não *artificiais*, devem ser a principal fonte de dados; em suma, a pesquisa deve ocorrer onde as atividades humanas em estudo acontecem normalmente. Além disso, a pesquisa deve ser conduzida de forma sensível à natureza do contexto específico e dos fenômenos investigados. O objetivo principal deve ser descrever o que acontece, como as pessoas envolvidas veem e falam sobre suas próprias ações e as dos outros, o que elas fazem, os contextos em que suas ações ocorrem e as consequências disso.

Um elemento central do naturalismo é o postulado de que o pesquisador social deve adotar uma atitude de *respeito* ou de *apreço* em relação ao mundo social. Nas palavras de Matza, o naturalismo é "a perspectiva filosófica que se mantém fiel à natureza do fenômeno em estudo" (1969: 5). Isso contrasta com o compromisso prévio e fundamental dos positivistas com uma concepção de método científico derivada da prática de cientistas naturais:

> A realidade existe no mundo empírico e não nos métodos utilizados para estudar esse mundo; ela deve ser descoberta na observação desse mundo [...]. Os métodos são meros instrumentos projetados para identificar e analisar o caráter obstinado do mundo empírico

> e, portanto, seu valor existe apenas na sua adequação para que essa tarefa seja executada. Nesse sentido fundamental, os procedimentos adotados em cada ato da pesquisa científica devem e precisam ser analisados para avaliar se eles respeitam a natureza do mundo empírico em estudo; se aquilo que eles consideram ou pressupõem ser a natureza do mundo empírico é realmente verdade (BLUMER, 1969: 27-28).

Além disso, para os naturalistas, os fenômenos sociais são muito diferentes dos fenômenos físicos. Nesse sentido, o naturalismo se inspirou em uma ampla gama de ideias filosóficas e sociológicas, em particular no interacionismo simbólico, na fenomenologia e na hermenêutica (por vezes, coletivamente chamadas de *interpretativismo*). Embora com diferentes pontos de partida, todas essas escolas argumentam que o mundo social não pode ser entendido por simples relações causais ou pela subsunção dos eventos sociais a leis universais. Isso ocorre porque as ações humanas contêm agência e, ao invés de serem totalmente *determinadas* por fatores já dados, elas se baseiam em, ou são permeadas por significados sociais ou culturais que resultam de circunstâncias particulares; isto é, por intenções, motivações, crenças, regras, discursos e valores.

Por exemplo, um aspecto central do interacionismo simbólico é uma rejeição do modelo de estímulo-resposta do comportamento humano, pressuposto nos argumentos metodológicos do positivismo; o que chamamos, anteriormente, de objetividade procedimental. Os interacionistas argumentam que as pessoas *interpretam* os estímulos e que essas interpretações, continuamente revistas à medida que os eventos se desdobram, moldam suas ações. Consequentemente, o "mesmo" estímulo físico pode significar coisas diferentes para pessoas diferentes – e, de fato, para a mesma pessoa em momentos diferentes – e as suas ações serão moldadas por esse significado[9]. Há muitos anos, Mehan (1974: 249) deu um exemplo contundente sobre o tipo de método de coleta de dados defendido pelo positivismo:

> Uma pergunta, em [um] teste sobre desenvolvimento da linguagem, pede para a criança escolher "o animal que sabe voar", entre um pássaro, um elefante e um cachorro. A resposta correta é (obviamente) o pássaro. No entanto, muitas crianças da primeira série escolheram o elefante, além do pássaro, como resposta para essa

---

[9]. Para análises relevantes sobre o interacionismo, cf. Atkinson; Housley, 2003; Maines, 2001; Jacobsen, 2017.

pergunta. Mais tarde, quando perguntei a elas por que haviam escolhido essa resposta, elas responderam: "É o Dumbo". Dumbo (é claro) é o elefante voador de Walt Disney, muito conhecido pelas crianças que assistem televisão e leem livros infantis como um animal que voa.

Essa indeterminação da interpretação dificulta as tentativas de estabelecer padrões para o comportamento humano. As interpretações sobre o mesmo conjunto de instruções experimentais, ou de perguntas em uma entrevista, certamente, variam entre as pessoas e em diferentes ocasiões; e argumenta-se que isso diminuiria o valor dos procedimentos padronizados[10].

Igualmente, os naturalistas argumentam que, uma vez que o comportamento das pessoas não é causado de forma mecânica, ele não é suscetível ao tipo de análise causal e de manipulação de variáveis características da pesquisa quantitativa inspirada no positivismo. Alega-se que qualquer expectativa de descobrir *leis* no comportamento humano é um equívoco, uma vez que o comportamento é constantemente construído e reconstruído, com base nas interpretações contínuas das pessoas a respeito das situações em que elas se encontram.

Segundo o naturalismo, para compreender as ações das pessoas, devemos usar uma abordagem que nos permita acessar os significados que orientam essas ações e os processos sociais que dão origem a eles. Felizmente, as habilidades que desenvolvemos enquanto atores sociais nos possibilitam esse acesso, ainda que não sejam totalmente confiáveis ou seguras. Como observadores participantes, somos capazes de *aprender* a cultura ou subcultura das pessoas que estamos estudando. E, ao fazê-lo, podemos interpretar o mundo mais ou menos da mesma forma que eles. Em resumo, o modo como compreendemos as ações humanas é muito diferente da maneira pela qual os cientistas naturais investigam o comportamento dos fenômenos físicos[11].

A necessidade de aprender a cultura daqueles que estamos investigando é mais evidente no caso de sociedades diferentes da nossa. Neste caso, além de talvez não sabermos por que as pessoas fazem o que fazem, às vezes sequer seremos capazes

---

10. Cooper e Dunne (2000) apresentam uma análise semelhante e mais aprofundada dos processos interpretativos envolvidos em testes de habilidade matemática.
11. Essa forma de entender os fenômenos sociais é chamada, com frequência, de *Verstehen*. Cf. Truzzi (1974), para uma discussão e ilustrações da história desse conceito, e O'Hear (1996), para uma discussão acerca do seu papel nas Ciências Sociais e Humanas.

de reconhecer *o que* elas estão fazendo. Nos encontramos na mesma posição que o estrangeiro de Schutz (1964): ele observa como, nas semanas e meses seguintes à chegada de um imigrante em uma sociedade anfitriã, o que antes ele julgava saber sobre essa sociedade acaba sendo pouco confiável, se não falso. Além disso, áreas de desconhecimento até então desconsideradas ganham grande relevância – e é necessário superá-las para perseguir objetivos importantes, talvez até para a própria sobrevivência do estrangeiro no novo ambiente. À medida que aprende a participar da sociedade anfitriã, o estrangeiro adquire um conhecimento interno dela, que substitui o seu conhecimento prévio *externo*. Mas Schutz argumenta que, ao ser forçado a compreender uma cultura dessa maneira, o estrangeiro adquire uma certa consciência reflexiva que, de um modo geral, os membros de uma cultura não possuem. Eles estão inseridos nessa cultura e tendem a vê-la, simplesmente, como um reflexo de *como o mundo é*. Muitas vezes, eles não têm consciência dos pressupostos fundamentais que moldam a sua percepção, muitos dos quais são particulares à sua cultura.

    O relato de Schutz sobre a experiência do estrangeiro corresponde claramente ao trabalho dos antropólogos que, tipicamente, estudam sociedades muito diferentes de seus países de origem. No entanto, isso também se aplica àqueles desenvolvendo pesquisas em suas próprias sociedades. Há muitas camadas ou círculos de conhecimento cultural no interior de uma única sociedade. Isso é particularmente verdadeiro no caso das sociedades modernas, com divisões do trabalho complexas, estilos de vida variados, diversidade étnica e comunidades marginais; além das subculturas e perspectivas que sustentam e que, ao mesmo tempo, são resultantes dessas divisões sociais. Este era um dos principais argumentos da pesquisa dos sociólogos da Escola de Chicago. Apoiando-se em analogias com a ecologia vegetal e animal, eles trataram de documentar os diferentes padrões de vida encontrados em diversas partes da cidade de Chicago, da *alta sociedade* da chamada *Costa Dourada*, aos bairros pobres e guetos, como Little Sicily ou Skid Row. Posteriormente, o mesmo tipo de abordagem seria aplicado às culturas de ocupações, de organizações e de outros grupos sociais de diversos tipos.

    Para os naturalistas, o valor da etnografia como método de pesquisa social se baseia na existência dessas variações nos padrões culturais, entre diferentes sociedades e no interior delas, e em seu significado para a compreensão dos processos sociais. A etnografia explora a capacidade que qualquer ator social possui de aprender novas culturas, assim como a compreensão reflexiva que pode derivar desse processo. Mesmo ao pesquisar um grupo ou ambiente familiar, o observador ou observadora participante deve abordá-los com um *estranhamento antropológico*, em um esforço de tornar explícitos os pressupostos que os membros da cultura naturalizam. Dessa maneira, os fenômenos culturais podem ser transformados em objetos passíveis de estudo. O naturalismo propõe que, em função da sua posição social e perspectiva marginais, o etnógrafo é capaz de construir um relato desses fenômenos que, *ao mesmo tempo* em que estabelece uma compreensão deles de dentro, os captura como fenômenos externos e independentes do pesquisador – em outras palavras, como fenômenos naturais.

Assim, a *descrição* dos padrões culturais ou sociais, e de seus modos de organização, se torna o objetivo principal. A busca por leis universais é substituída por relatos detalhados de formas concretas de vida em contextos sociais particulares, assim como das crenças e normas sociais que operam nelas. Com efeito, tentativas de ir além disso (p. ex., de *explicar* formas socioculturais específicas) são, muitas vezes, desencorajadas. Certamente, como observou Denzin (1971: 168), "o naturalista rejeita esquemas ou modelos que simplificam demais a complexidade da vida cotidiana"; no entanto, algumas formas de teoria, em particular aquelas supostamente capazes de capturar a complexidade social, são muitas vezes recomendadas, em particular o tipo de teoria fundamentada* proposta por Glaser e Strauss[12].

Na segunda metade do século XX, o positivismo perdeu influência, assim como, em algumas áreas, a predominância do método quantitativo, embora sua sorte tenha virado no novo século[13]. Ao mesmo tempo, diversos aspectos do naturalismo foram revistos pelos próprios etnógrafos e pesquisadores qualitativos. Na próxima seção, exploraremos as ideias que estimularam essa crítica.

Críticas construcionistas e políticas ao naturalismo

Atualmente, o campo da metodologia da pesquisa social é muito mais complexo do que era no passado. Em particular, houve uma diversificação considerável *no próprio campo* da pesquisa qualitativa, incluindo o surgimento da análise de discurso e de narrativas, de vários tipos de pesquisa *crítica* e pesquisa-ação, da autoetnografia e dos estudos da *performance*, entre outros. Ao mesmo tempo, há

---

* No original, *grounded theory* [N.T.].
12. Cf. Glaser; Strauss, 1968; Pidgeon; Henwood, 2004; Bryant; Charmaz, 2007; Corbin; Strauss, 2015. Para uma revisão crítica, cf. Williams, 1976; Dey, 1999.
13. Cf. Smith; Hodkinson, 2005; Denzin; Giardina, 2006.

um apelo crescente para combinar métodos qualitativos e técnicas quantitativas, evidenciado no movimento dos "métodos mistos", embora também existam, neste campo, abordagens filosóficas e políticas conflitantes (TASHAKKORI; TEDDLIE, 2010).

Paralelamente a esses desenvolvimentos, as formas mais antigas de trabalho etnográfico se tornaram objetos de crítica. Argumentava-se que, apesar de suas diferenças, o positivismo e o naturalismo têm muitos aspectos em comum. Por exemplo, ambos recorrem ao modelo das ciências naturais, embora o interpretem de maneiras diferentes. Consequentemente, ambos estão empenhados em tentar entender os fenômenos sociais como objetos cuja existência independe do pesquisador, e cuja natureza pode ser descoberta e documentada por meio da investigação científica. E, portanto, ambos alegam que a pesquisa é capaz fornecer um conhecimento do mundo social cuja validade é superior à das pessoas que são estudadas. Do mesmo modo, ambos consideram que compromissos práticos e políticos por parte do pesquisador são extrínsecos ao processo de pesquisa – de fato, eles são vistos como uma fonte de viés em potencial, cujos efeitos devem ser antecipados de modo a preservar a objetividade.

Atualmente, muitos etnógrafos questionam essas premissas e, portanto, questionam o compromisso com o naturalismo, embora sua influência persista em alguns aspectos fundamentais. Em particular, a capacidade da etnografia de retratar o mundo social *tal como ele é*, como alega o naturalismo, tem sido questionada – em outras palavras, seu ponto de vista *realista* se tornou objeto de críticas. Do mesmo modo, o compromisso das formas mais antigas de etnografia com a objetividade também tem sido questionado; por exemplo, com a sugestão das formas *crítica* e *participativa*. Examinaremos esses dois aspectos da crítica ao naturalismo separadamente, embora eles estejam, por vezes, intimamente relacionados.

Questionando o realismo

Tal como o termo é utilizado aqui, o realismo se refere ao pressuposto de que os fenômenos sociais existem, e têm as características que têm, independentemente de qualquer relato a seu respeito, e que a tarefa da investigação etnográfica é produzir uma representação verdadeira de fenômenos sociais específicos e de suas características (na medida em que sejam relevantes para as questões abordadas na pesquisa). Os críticos questionam se isso é mesmo possível, indagando como podemos ter certeza de ter alcançado tal conhecimento, uma vez que não temos acesso direto às *coisas como elas são* para poder verificar a veracidade de qualquer representação delas. Ao invés disso, eles argumentam que todo conhecimento é mediado por prejulgamentos culturais, inclusive os do cientista social, e que ele reflete isso mais do que o próprio caráter dos fenômenos estudados. Essa crítica deriva, em parte, do construcionismo e do relativismo cultural que, há muito tempo, influenciam a compreensão dos etnógrafos acerca das perspectivas e do comportamento das pessoas que eles investigam (HAMMERSLEY, 1992, cap. 3). Eles não apenas afirmam que as pessoas constroem o mundo social, por meio de suas interpretações dele e das ações que derivam delas, mas também se supõe que, em certo sentido, as pessoas criam mundos sociais distintos (BLUMER, 1969: 11) ou "realidades múltiplas" (SCHUTZ, 1945)[14]. Se aplicamos essas ideias construcionistas e relativistas à pesquisa etnográfica, podemos chegar à conclusão de que os próprios etnógrafos *constroem* o mundo social por meio de sua investigação e interpretação, ao invés de *representá-lo*. De fato, essa conclusão foi amplamente aceita.

Essa fonte interna de dúvidas sobre o realismo foi reforçada pelo impacto de várias influências externas. Uma delas foram as mudanças na filosofia da ciência. Se, até o início da década de 1950, o positivismo havia dominado este campo, naquele momento ele começou a perder influência, levando à elaboração de uma série de posições alternativas, algumas das quais recusavam o realismo. Um sinal dessa mudança foi a enorme influência do livro de Thomas Kuhn, *A estrutura das revoluções científicas* (KUHN, 1996/1962). Kuhn se contrapôs às visões da história da ciência que a retratam como o desenvolvimento cumulativo do conhecimento em direção a uma representação abrangente e verdadeira da realidade, a ser alcançada pela investigação racional baseada, exclusivamente, na inferência lógica a partir de evidências empíricas. Assim como outros autores, ele demonstrou que o trabalho de cientistas envolvidos em avanços anteriores da física e da química foi moldado por pressupostos teóricos acerca do mundo que não eram, eles mesmos, baseados em dados empíricos e muitos deles são, atualmente, considerados falsos pelos cientistas. Kuhn afirmou ainda que a história da ciência, ao invés de revelar uma acumulação progressiva de conhecimento, é marcada por períodos de revolução em que os pressupostos teóricos que formam o "paradigma", até

---

14. É possível argumentar que os pontos de vista desses dois autores tenham sido mal interpretados a esse respeito. Sobre Blumer, cf. Hammersley (2019a). Sobre Schutz, cf. Hammersley (2018c).

então dominante entre os cientistas de um campo específico, são questionados e substituídos. Um exemplo é a transição da física newtoniana para a teoria da relatividade e a mecânica quântica, no início do século XX. A substituição de um paradigma por outro, segundo Kuhn, não se dá apenas com base em uma análise racional de evidências. Isso não é possível porque os paradigmas são incomensuráveis: eles descrevem o mundo de maneiras incomparáveis porque o que cada um considera como dado depende, de certa forma, dos diferentes paradigmas adotados. Isso foi amplamente entendido como a sugestão de que a validade das alegações científicas é sempre relativa ao paradigma a partir do qual elas são julgadas; essas alegações não refletem simplesmente a realidade e nem podem ser avaliadas por sua correspondência a ela[15].

O trabalho de Kuhn sintetizava a maior parte dos argumentos contra o positivismo e o realismo que haviam se tornado influentes: que não existe, teoricamente, um fundamento observacional neutro contra o qual as teorias possam ser testadas, e que os julgamentos sobre a validade das teorias nunca são totalmente determinados pela evidência. Ele também propôs uma concepção alternativa de ciência, que contrastava fortemente com o modelo positivista. Mas sua crítica se dirigia também à premissa do naturalismo de que os pesquisadores são capazes de entrar em contato direto com a realidade e, assim, de documentar as coisas como elas realmente são. Segundo ele, todo conhecimento do mundo é mediado por pressupostos paradigmáticos. Além disso, sua descrição do comportamento dos cientistas naturais era muito semelhante ao modo como os etnógrafos retratavam, há muito tempo, as pessoas que estudavam: construindo mundos sociais diversos. Posteriormente, sociólogos da ciência desenvolveriam estudos históricos e etnográficos do trabalho de cientistas naturais, baseados na obra de Kuhn (cf. HESS, 2001; STEPHENS; LEWIS, 2017). Assim, os métodos dos cientistas naturais deixaram de servir de modelo para a pesquisa social, para se tornarem objeto da investigação sociológica; de diversas maneiras, isso levou o conflito entre o naturalismo e o construcionismo a um ponto crítico, uma vez que, nesses termos, qualquer sociologia do conhecimento científico pareceria comprometer a si própria (cf. WOOLGAR, 1988; ASHMORE, 1989).

Os avanços na filosofia e na sociologia da ciência foram muito importantes para o questionamento do realismo, assim como a influência de diversas tendên-

---

15. Há certa ambiguidade na obra de Kuhn, e isso gerou disputas sobre a sua interpretação. Para discussões detalhadas que apresentam visões um pouco diferentes, cf. Bird (2000); Sharrock; Read (2002).

cias filosóficas da Europa continental. Como mencionamos, o naturalismo havia sido influenciado pelas ideias do século XIX sobre a hermenêutica, sobre a interpretação de textos históricos, em particular a obra de Dilthey (cf. MAKKREEL, 1975; ERMARTH, 1978; LESSING et al., 2011). Essa foi a origem da ideia de que o conhecimento sociocultural difere da maneira como os cientistas naturais explicam os fenômenos físicos. No século XX, no entanto, essa antiga tradição hermenêutica foi questionada por uma nova forma de *hermenêutica filosófica*, desenvolvida por Hans-Georg Gadamer. Se, até então, em grande medida, a compreensão dos textos históricos havia sido tratada como uma tarefa rigorosa de recuperar o significado pretendido pelo(s) autor(es) e inseri-lo no contexto sociocultural pertinente, para a hermenêutica filosófica, o processo de compreensão inevitavelmente refletiria os *preconceitos*, os prejulgamentos, do intérprete. A interpretação de textos – e, por extensão, do mundo social – já não mais podia ser vista como uma questão de capturar os significados sociais em seus próprios termos; os relatos produzidos passaram a ser considerados *construções* que refletiam, inevitavelmente, a posição sócio-histórica e as premissas do pesquisador (HOWARD, 1982; WARNKE, 1987; DOSTAL, 2002; cf. tb. HARRINGTON, 2001).

Outra grande influência na etnografia, no final do século XX, foi o pós-estruturalismo e o pós-modernismo. Esses termos abrangem uma ampla gama de ideias e trabalhos, mas mencionaremos aqui apenas duas figuras mais influentes: A *desconstrução* de Jacques Derrida e a obra de Michel Foucault[16]. Assim como a hermenêutica filosófica, a desconstrução também levou ao questionamento da ideia de que os etnógrafos seriam capazes de capturar os significados que moldam as ações das pessoas. Isso se deve ao argumento de que os significados não são estáveis e nem constituem uma propriedade dos indivíduos. Pelo contrário, eles refletem as oscilações no papel constitutivo da linguagem e, por isso, são sempre fugidios. Também foi importante o questionamento, pela perspectiva da desconstrução, das distinções entre os diferentes gêneros de escrita: com frequência, seus ideólogos buscaram borrar a fronteira entre a ficção e a não ficção; isto é, entre a escrita literária e a técnica, de um modo geral. Isso levou a um reconhecimento crescente do fato de que a linguagem adotada pelos etnógrafos, em seus

---

16. Para um excelente relato sobre o surgimento dessas ideias no contexto da filosofia francesa, cf. Gutting (2001). O livro *Writing Culture* (1986), de Clifford e Marcus [publicado em português com o título *A escrita da cultura – Poética e política da etnografia* – N.T.], teve um papel importante na dramatização de suas implicações para a pesquisa social, não apenas na Antropologia.

escritos, não é um meio transparente que nos permita ver a realidade através dele, mas uma construção que se apoia em muitas das estratégias retóricas utilizadas por jornalistas, viajantes, romancistas e outros. Em função disso, alguns comentaristas chegaram à conclusão de que os fenômenos descritos nos relatos etnográficos não são exteriores ao texto, mas criados nas e pelas estratégias discursivas empregadas; em suma, essa preocupação com a retórica passou a ser associada a formas de antirrealismo[17].

A obra de Foucault também envolveu uma rejeição do realismo, no sentido em que esse termo é utilizado aqui: em suas discussões mais influentes, ele não está preocupado com a verdade ou a falsidade das ideias que ele investiga – por exemplo, a respeito da loucura ou do sexo – mas, antes, com os *regimes de verdade* nos quais eles se constituem enquanto fenômenos, e como esses regimes estruturaram práticas institucionais ao longo do desenvolvimento da sociedade ocidental[18]. Ele enfatiza o caráter sócio-histórico das ciências psicológicas e sociais, e afirma que elas operam como parte de processos de vigilância e de controle que, segundo ele, são a característica central da sociedade moderna. Os seus produtos refletem esse caráter social, ao invés de representar fenômenos que independem deles. Foucault argumenta que diferentes regimes de verdade são estabelecidos em diferentes contextos e em diferentes momentos, refletindo o jogo entre diversas fontes de poder e resistência. A conclusão frequentemente derivada disso é a de que aquilo que é tratado como verdadeiro e falso, nas ciências sociais como em outras áreas, se constitui pelo exercício do poder[19].

A recepção das ideias pós-estruturalistas e pós-modernistas, no contexto da pesquisa qualitativa anglo-americana, envolveu leituras e respostas diversas ao que não era, de modo algum, um conjunto coerente de textos – textos que vão muito além de Derrida e Foucault, eles mesmos diversos e, muitas vezes, obscuros. Mas, de um modo geral, essas leituras e respostas reforçaram as tendências ao construcionismo e, em muitos setores, incentivaram a adoção de uma orientação política de esquerda (não marxista) como a mais adequada à investigação social. Por exemplo, eles foram interpretados como a sugestão de que alguns discur-

---

17. Para exemplos dessa literatura sobre a escrita etnográfica, cf. Atkinson; Delamont (2008).
18. Embora não seja totalmente equivocada, a afirmação de que Foucault rejeita o realismo obscurece tanto as ambiguidades de sua obra a esse respeito quanto a sua origem na tradição da epistemologia racionalista; cf. Gutting (1989). Para uma discussão geral sobre Foucault, cf. Gutting (1994).
19. Para discussões acerca das implicações da obra de Foucault para a etnografia, cf. Gubrium; Silverman, 1989; Kendall; Wickham, 2004; Ferreira-Neto, 2018.

sos/vozes são silenciados e que a função da pesquisa social deveria ser dar voz a eles (ou a alguns deles). Com menos frequência, essa influência também levou à subversão das estratégias textuais comuns na etnografia, como uma forma de contrapor-se ao jogo de poder, além do desenvolvimento de modos de escrita não convencionais (cf. cap. 10).

Nas duas primeiras décadas do século XXI, a influência do construcionismo persistiu, em suas variadas formas, reforçada por novos desenvolvimentos, como o *novo materialismo* ou o *trans-humanismo*, e a *virada ontológica* na Antropologia e em outras disciplinas (cf., p. ex., FOX; ALLDRED, 2015b; 2017; ALBERTI et al., 2011). Essas ideias buscavam não apenas extrair todas as implicações do que Foucault chamou de "a morte do homem", mas também combater a tendência do pós-estruturalismo de apresentar os fenômenos sociais – e, de fato, todos os fenômenos – como o resultado de processos discursivos e não materiais. Um componente importante dessas ideias *neomaterialistas* foi a teoria ator-rede (TAR), desenvolvida por Bruno Latour e outros autores (cf. LATOUR, 2005). Aqui, rejeita-se a ideia de que a agência seja uma capacidade exclusivamente humana, e o foco está nas relações produtivas existentes entre todos os tipos de objetos. Isso está estreitamente relacionado com a ênfase trans-humanista no papel de diversos agentes não humanos na vida social humana, dos dispositivos eletrônicos de variados tipos até os animais não humanos, assim como na maneira pela qual os corpos humanos incorporam, cada vez mais, elementos não humanos – de marcapassos cardíacos ao implante de seios, das próteses e articulações artificiais aos implantes cocleares – com a perspectiva, no futuro, do uso generalizado de componentes robóticos.

Apesar das diferenças significativas em relação às ênfases anteriores no discurso, não há dúvidas de que o novo materialismo preserva um elemento importante do construcionismo. Também persiste a ênfase no caráter variável, fluido e evasivo dos fenômenos sociais, e uma insistência na necessidade de novos métodos. Argumenta-se que isso é essencial para compreender o que escapa aos tipos mais tradicionais de investigação e, com frequência, sugere-se que esses métodos devem tirar proveito do nosso envolvimento emocional e cognitivo com o mundo. Um exemplo desse tipo de abordagem é o que Mol (2002) chama de *praxiografia*[20]. Da mesma forma, em diversas áreas, especialmente naquelas influenciadas pelos

---

20. Para discussões acerca do que frequentemente são consideradas as implicações dessas novas tendências para os métodos de pesquisa, cf. Law, 2004; Back; Puwar, 2012; Lury; Wakeford, 2012; Fox; Alldred, 2015a; 2015b.

Estudos da Ciência e Tecnologia, há uma ênfase crescente, entre os etnógrafos, na importância *da mobilidade, da mediação e dos objetos*; isto é, em como as pessoas estudadas se movem entre diferentes lugares, e em como as suas interações são mediadas pelo uso de artefatos e dispositivos variados. Com frequência, enfatiza-se também a materialidade da prática etnográfica e o fato de ela ser, ela própria, móvel e mediada (GRAIZBORD et al., 2017: 323-324).

Apesar desses avanços, na prática, a maioria dos etnógrafos não abandonou completamente o realismo – de fato, é difícil imaginar como isso poderia ser feito de forma consistente. O que desapareceu, em grande medida, foi o compromisso com a ideia de que a realidade social possa ser apreendida de forma relativamente direta (p. ex., por meio da presença do etnógrafo); e as reivindicações de autoridade científica associadas ao realismo têm sido questionadas. Além disso, na obra de Foucault, em particular, temos um vínculo claro com a segunda crítica mais importante ao naturalismo: a sua suposta negligência do aspecto político da pesquisa social.

A política da etnografia

Os naturalistas compartilhavam com os positivistas o compromisso fundamental de produzir relatos sobre questões factuais, que refletissem a natureza dos fenômenos estudados, e não os valores ou compromissos políticos do pesquisador. Certamente, ambos reconheciam que, na prática, a pesquisa é influenciada pelos valores do pesquisador, mas o objetivo era reduzir a sua influência negativa, de modo a produzir resultados verdadeiros, independentemente de qualquer juízo de valor específico. No entanto, nas últimas décadas, qualquer esforço de neutralidade ou objetividade de valores é questionado, sendo frequentemente substituído pela defesa de pesquisas *abertamente ideológicas* (LATHER, 1986), da etnografia *crítica* (MADISON, 2005), da *antropologia militante* (SCHEPER-HUGHES, 1995), ou da *etnografia militante* (JURIS, 2007; APOIFIS, 2017): pesquisas que assumem explicitamente um juízo de valor prático (geralmente, *justiça social* ou *igualdade*); que adotam o ponto de vista de grupos particulares (p. ex., mulheres, crianças, pessoas vítimas de racismo ou povos indígenas; e/ou que atendem a algum movimento social específico, como o ativismo pela inclusão de pessoas com deficiência (cf. DENZIN; LINCOLN, 2018)). Nesta mesma direção, se encontram as abordagens denominadas de "etnografia colaborativa" (LASSITER, 2001; 2008), "etnografia participativa" (HARPER, 2009; JESSEE et al., 2015) e "etnografia pública" (FASSIN, 2017b). No entanto, a suposição de que o trabalho etnográfico fornece uma base para a crítica sociopolítica se difundiu para além dessas abordagens citadas, tornando-se amplamente adotada.

Em parte, isso é resultado da influência contínua de elementos do marxismo e da teoria "crítica", mas os impactos do feminismo, do pós-estruturalismo e do pós-colonialismo também foram igualmente importantes. Na perspectiva marxista tradicional, a própria distinção entre fatos e valores é um produto histórico, que pode ser superado pelo desenvolvimento futuro da sociedade. Para Marx, os valores estavam relacionados ao potencial humano que está contido no desenrolar da história. Nesse sentido, eles são fatos, mesmo que ainda não tenham se concretizado no mundo social. Além disso, eles permitem compreender a natureza das condições sociais atuais, assim como seu passado e futuro. Nessa perspectiva, uma ciência da sociedade deve fornecer a base para a ação transformadora do mundo, no sentido da autorrealização humana. Deste modo, argumenta-se que, assim como outras formas de pesquisa social, a etnografia necessariamente aborda questões factuais e valorativas, e seu papel inevitavelmente envolve uma intervenção política (quer os pesquisadores estejam cientes disso ou não); o ponto principal é que ela esteja na direção correta.

Um argumento semelhante foi utilizado por aqueles comprometidos com diversos "novos movimentos sociais", como feministas (CRAVEN; DAVIS, 2013), ativistas pelos direitos das pessoas com deficiência (BARNES, 2003) ou defensores de comunidades indígenas (LaFRANCE; CRAZY BULL, 2009). Nesse sentido, o objetivo que a pesquisa deve perseguir se torna a emancipação das mulheres (e homens) do patriarcado (LATHER, 1991; FONOW; COOK, 1991; OLESEN, 2005), ou o enfrentamento das desigualdades sociais que afetam os grupos referidos. De um modo geral, os etnógrafos críticos buscam a concretização dos ideais de liberdade, igualdade, comunidade e justiça por meio de seu trabalho (GITLIN et al., 1989; KEMMIS; McTAGGART, 2005). O que, com frequência, tem incentivado formas de pesquisa-ação etnográfica (AKOM, 2011)[21].

Existem argumentos semelhantes, associados a objetivos políticos ou práticos menos radicais, no sentido de que a etnografia, assim como outras formas tradicionais de investigação social, tem muito pouco "impacto", que seus produ-

---

21. Esse argumento é associado, muitas vezes, à ética de pesquisa. Uma orientação comum, p. ex., é a de que devemos *pesquisar com* as pessoas, ao invés de *pesquisar sobre* elas; cf. cap. 11.

tos permanecem intocados nas prateleiras das bibliotecas e, portanto, têm muito pouco valor. Dessa forma, argumenta-se que a pesquisa etnográfica deve se preocupar não apenas com a compreensão do mundo, mas com a aplicação de seus resultados na promoção de avanços (cf., p. ex., GEWIRTZ; CRIBB, 2006). Versões dessa ideia incluem a antropologia aplicada e o uso do método etnográfico em estudos de avaliação (cf. PATTON, 2015). Por vezes, a preocupação tem sido tornar a pesquisa mais relevante para a formulação de políticas nacionais, mas há também o objetivo de aprimorar uma ou outra forma de prática profissional (cf., p. ex., HUSTLER et al., 1986; HART; BOND, 1995; HEALY, 2001; TAYLOR et al., 2006).

Certamente, na medida em que a própria possibilidade de produzir conhecimento é abalada pelos argumentos construcionistas que descrevemos anteriormente, a preocupação com os efeitos práticos ou políticos da pesquisa pode ser considerada essencial; caso contrário, a atividade de pesquisa não faria sentido algum. Nesse sentido, o pós-estruturalismo e o pós-modernismo contribuíram para a politização da pesquisa social, embora de maneira bastante ambígua, na medida em que eles parecem, ao mesmo tempo, abalar todos os ideais políticos (DEWS, 1987). No contexto da pesquisa feminista, por exemplo, eles questionam a definição de mulher; e, mais do que isso, desafiam qualquer apelo aos interesses ou direitos dos seres humanos. Além disso, em diversos aspectos, esses questionamentos epistemológicos e políticos têm sido reforçados pelos "novos materialismos".

Reflexividade

As críticas ao naturalismo e ao realismo que apresentamos aqui foram, algumas vezes, vistas como consequência do que tem sido chamado de *o caráter reflexivo* da pesquisa social[22]. Argumenta-se que tanto o positivismo quanto o naturalismo não levaram em consideração o fato de que os cientistas sociais são parte do mundo social que eles investigam. Ambos estabelecem uma distinção clara entre a ciência e o senso comum, com a preocupação compartilhada de eliminar ou minimizar a influência dos conhecimentos prévios do pesquisador, de suas características pessoais e preferências etc., nos dados e nos resultados da pesquisa.

---

22. *Reflexividade* é um termo utilizado de diversas maneiras, e o significado que lhe atribuímos aqui não é, de forma alguma, incontestável; cf. Lynch, 2000; Davies, 2008; Pillow, 2003; 2015. Para discussões sobre alguns dos problemas da reflexividade, cf. Troyna, 1994; Paechter, 1996; Finlay, 2002.

Para os positivistas, a solução era a padronização dos procedimentos de pesquisa; para os naturalistas, tratava-se da experiência direta do mundo social tal como ele se apresenta, o que, em sua versão radical, exigia que os etnógrafos "se rendessem" às culturas que pretendiam estudar (WOLFF, 1964; JULES-ROSETTE, 1978a; 1978b). Assim, ambos pareciam presumir ser possível, ao menos em princípio, isolar um conjunto de dados livre de contaminação por parte dos pesquisadores, transformando-os ora em autômatos, ora em recipientes neutros da experiência cultural, capazes de registrar a verdadeira natureza dos fenômenos sociais sob investigação. No entanto, os críticos insistiam que, dado que os cientistas sociais são parte do mundo social, a busca por fundamentos empíricos dessa natureza é inútil; todos os dados e resultados envolvem pressupostos que refletem as formas em que os pesquisadores estão inseridos no mundo social[23].

Na primeira edição deste livro, apresentamos o conceito de reflexividade como uma alternativa ao positivismo e ao naturalismo. Essa alternativa admite que as perspectivas dos pesquisadores serão moldadas por sua posição sócio-histórica, incluindo os valores e interesses que esse lugar lhes confere. Reconhecemos que a pesquisa social não pode ser realizada em um âmbito autônomo, isolado do restante da sociedade e da biografia do pesquisador, de modo que seus resultados não sejam afetados por esses fatores. Igualmente, reconhecemos que a produção de conhecimento por pesquisadores pode ter consequências. A publicação dos resultados da pesquisa pode influenciar o clima em que decisões políticas e práticas são tomadas, ou até mesmo estimular diretamente políticas ou práticas específicas (embora isso seja raro). Além disso, as consequências da pesquisa não são neutras em relação aos valores amplamente aceitos, nem são necessariamente desejáveis. Com efeito, para alguns comentaristas, a maior parte da pesquisa social desempenhou um papel importante no apoio a um ou outro aspecto do *status quo* político nas sociedades ocidentais, algo que eles condenam. Como vimos, para Foucault, as ciências sociais são parte do aparato moderno de vigilância. Outros, por exemplo, no contexto da antropologia, consideram que a etnografia está comprometida com o neoimperialismo ocidental, sendo fundamentalmente moldada por este compromisso. Com base nisso, além do antirrealismo construcionista, surgiram interpretações mais radicais do conceito de reflexividade, dando seguimento aos

---

23. Para uma análise e crítica dessa forma radical de reflexividade no contexto da antropologia, cf. Davies, 2008.

os desenvolvimentos descritos na seção anterior. Efetivamente, concluiu-se que a reflexividade minava a própria possibilidade de uma *ciência* social e de qualquer compromisso com a objetividade.

Não há dúvidas de que a reflexividade é uma característica importante da pesquisa social. Contudo, na nossa opinião, embora esse reconhecimento certamente denote que alguns elementos do positivismo e do naturalismo devam ser abandonados, isso não implica a rejeição de todas as ideias associadas a essas duas linhas de pensamento. Assim, para nós, a reflexividade não diminui o compromisso dos pesquisadores com o realismo. Na nossa opinião, ela ameaça apenas as formas ingênuas de realismo, que pressupõem que o conhecimento deva ter alguma base completamente sólida, como o contato imediato com a natureza mesma das coisas. Ela não compromete as formas mais sutis de realismo (HAMMERSLEY, 1992; 2004)[24]. Da mesma forma, não acreditamos que a reflexividade implique que a pesquisa seja necessariamente política, ou que deva ser política, *no sentido de servir a causas políticas ou a fins práticos específicos*. Para nós, o único objetivo prático de toda pesquisa é, e deve continuar sendo, a produção de conhecimento (HAMMERSLEY, 1995; 2014). Também não consideramos que a pesquisa social tenha desempenhado, ou seja capaz de desempenhar, o papel político contundente que os pesquisadores "críticos", feministas, entre outros, supõem. Com efeito, esforços nesse sentido levam a distorções e a abusos da aspiração à ciência social.

Reflexividade e realismo

Certamente, não conseguimos evitar nos basearmos no conhecimento do *senso comum* e em vários outros pressupostos, nem, muitas vezes, podemos conter nossa influência nos fenômenos sociais que estudamos. Em outras palavras, não é possível escapar do mundo social para estudá-lo. Felizmente, porém, isso não é necessário, em uma perspectiva realista. Por exemplo, rejeitar de antemão todo o conhecimento do senso comum é tão injustificável quanto tratar tudo como *válido em seus próprios termos*. Embora não haja um padrão externo absolutamente determinante a partir do qual podemos julgá-lo, *podemos* trabalhar com o que atualmente consideramos ser conhecimento, mesmo reconhecendo que ele possa

---

24. Para uma análise epistemológica importante, que reconhece o caráter falível de toda evidência, mas mantém um compromisso com o realismo, cf. Haack, 2009.

estar errado – realizando investigações sistemáticas onde quer que haja dúvidas. E, ainda assim, podemos partir do pressuposto razoável de que somos capazes de descrever os fenômenos como eles são, e não apenas como os percebemos ou como gostaríamos que fossem (HAMMERSLEY, 1992, cap. 3). Todos nós, em nossas atividades cotidianas, nos apoiamos em pressupostos a respeito do mundo, poucos dos quais foram submetidos a testes e nenhum dos quais é possível testar completamente, de modo a comprovar sua validade absoluta. Na maior parte do tempo, isso não nos preocupa e nem deveria nos preocupar, e a pesquisa social não difere de outras atividades nesse sentido. Precisamos refletir apenas sobre aquilo que nos pareça – ou que se comprove – problemático, deixando em aberto a possibilidade de que aquilo que atualmente não é problemático possa sê-lo no futuro.

Também é importante reconhecer, como parte da reflexividade, que a pesquisa é um processo *ativo*, no qual relatos sobre o mundo são produzidos através da observação e da interpretação seletivas do que se vê e se ouve, fazendo perguntas específicas e buscando entender as respostas, escrevendo notas de campo e transcrevendo gravações de áudio e vídeo, e escrevendo relatórios de pesquisa. Contudo, dizer que nossas conclusões e até mesmo nossos dados são construídos ou constituídos por esses processos não significa que eles não representem ou não possam representar os fenômenos sociais com precisão. Para chegar a essa conclusão mais radical, teríamos de pressupor que a única forma verdadeira de representação seria se o mundo imprimisse suas características em nossos sentidos, sem nenhuma ação de nossa parte; e isso já foi descartado, há muito tempo, como um relato altamente improvável, inclusive do processo de percepção (GREGORY, 1970). Com efeito, defensores radicais do conceito de reflexividade assumem a noção de conhecimento adotada pelo positivismo e pelo naturalismo, ao invés de questioná-la.

Do mesmo modo, o fato de que nós, como pesquisadores, provavelmente teremos um impacto sobre as pessoas que estudamos não significa que as nossas descobertas não sejam válidas ou que, em certo sentido, elas tenham uma validade apenas pessoal. Podemos minimizar a nossa influência e/ou monitorá-la. Mas também podemos explorá-la: a forma como as pessoas reagem à presença do pesquisador pode ser tão instrutiva quanto a sua reação a outras situações. De fato, ao invés de nos dedicarmos a tentativas inúteis de eliminar totalmente a influência do pesquisador, deveríamos começar a entendê-la, um ponto que Schuman levantou, há muitos anos, em relação às pesquisas sociais do tipo *survey*:

> Meu argumento básico é simples: os artefatos estão na mente do observador. Salvo uma ou duas exceções, os problemas que ocorrem em *surveys* são oportunidades de compreensão, se os consideramos seriamente como fatos da vida. Vamos distinguir aqui entre o *survey* simples e o *survey* científico [...]. A abordagem simples ao *survey* toma as respostas literalmente, ignora os entrevistadores como fontes de influência, e não considera a amostragem uma questão problemática. É provável que alguém que proceda dessa maneira tropece em seu próprio artefato. Na pesquisa científica, por sua vez, o *survey* é tratado como uma busca por significado e as ambiguidades da linguagem e das entrevistas, as discrepâncias entre atitudes e comportamentos, até mesmo os problemas de não resposta, constituem uma parte importante dos dados, ao invés de serem ignorados ou simplesmente considerados um obstáculo à pesquisa eficaz (SCHUMAN, 1982: 23).

A nosso ver, o mesmo tipo de atitude se aplica à etnografia.

De modo a compreender a influência do pesquisador e as estratégias de pesquisa adotadas, precisamos comparar dados em que o grau e a direção das reações variam. Se abandonamos a ideia de que o aspecto social da pesquisa pode ser padronizado ou evitado ao tornar-se uma *mosca na parede*, o papel do pesquisador como um participante ativo do processo de pesquisa se torna mais claro. Como há muito se sabe, o etnógrafo é o instrumento de pesquisa por excelência. O fato de os comportamentos e atitudes não serem, muitas vezes, estáveis em diferentes contextos, assim como a influência que o pesquisador pode exercer, se torna uma questão central para a análise. De fato, isso pode ser explorado. Os dados não devem ser tomados ao pé da letra, mas tratados como a abertura de um campo de inferências, no qual padrões hipotéticos podem ser identificados e suas consequências analisadas. Diferentes estratégias de pesquisa podem ser exploradas e seus efeitos podem ser comparados, com o objetivo de tirar conclusões consistentes. É necessário tornar a interpretação explícita, aproveitando todas as oportunidades para testar suas limitações e analisar alternativas. Essa visão contrasta radicalmente com a imagem da pesquisa social projetada pelo naturalismo, embora ela esteja mais próxima de outros modelos do processo de pesquisa, como a "teorização fundamentada" e a "indução analítica". E, assim, a imagem do pesquisador se aproxima da maneira como os etnógrafos veem as pessoas que estudam; isto é, como pessoas que ativamente atribuem sentido ao mundo. No entanto, isso não anula o compromisso da pesquisa com o realismo.

Reflexividade e o caráter político da etnografia

O positivismo e o naturalismo, nas formas discutidas aqui, tendem a definir a pesquisa como uma atividade determinada por seus próprios fins e em seus próprios termos. Por outro lado, como vimos, muitos críticos insistem que a pesquisa cumpre uma função política, servindo à legitimação e preservação do *status quo*. E, com base nisso, eles argumentam que os pesquisadores devem tentar fazer com que suas pesquisas cumpram a função oposta, *desafiar* o *status quo*, de uma forma ou de outra. Muitas vezes, essa perspectiva gira em torno da pergunta: de que lado está o pesquisador? (BECKER, 1967a; TROYNA; CARRINGTON, 1989). E, neste processo, a resposta de Becker a essa pergunta tem sido frequentemente distorcida (HAMMERSLEY, 2000, cap. 3).

Como vimos, também há o argumento de que o problema da etnografia é sua falta de impacto na formulação e implementação de políticas, seu retorno limitado para o mundo cotidiano da política e do trabalho. Por vezes, ela é desdenhada como um passatempo ocioso, um desperdício de tempo enquanto o mundo arde, praticada por diletantes intelectuais que vivem dos impostos pagos por cidadãos trabalhadores (esta é a caricatura). Ao invés disso, argumentam os críticos, é necessário que ela seja reorientada para que tenha uma contribuição prática útil; por exemplo, na avaliação de políticas ou práticas[25].

A nosso ver, essas críticas à etnografia naturalista envolvem uma sobrevalorização da contribuição real e potencial da pesquisa para as políticas e práticas, associada a uma incapacidade de valorizar as contribuições mais modestas que ela oferece (RULE, 1978; HAMMERSLEY, 2002). Com efeito, ainda que alguém defenda que a única justificativa para a pesquisa seja sua contribuição para políticas e práticas, e/ou que ela necessariamente produza impactos, não se conclui daí que ela deva ser direcionada para a concretização de objetivos políticos ou práticos específicos. De fato, existem boas razões para que a pesquisa *não* seja direcionada a tais objetivos. Uma razão importante é que isso aumentaria as chances de os resultados serem distorcidos por ideias acerca de como o mundo *deveria ser*, ou por suposições a respeito do que seria desejável que os outros acreditassem. Quando estamos engajados em ações políticas ou práticas, a verdade das nossas afirmações nem sempre é nossa principal preocupação, embora possamos preferir ser honestos. Estamos mais interessados nos efeitos práticos de nossas ações e,

---

25. Sobre a avaliação etnográfica, cf. Fetterman; Pittman, 1986; Fetterman, 1984.

às vezes, isso pode nos levar a sermos "econômicos" com a verdade, para dizer o mínimo (BENSON; STANGROOM, 2006, cap. 1). Além disso, ainda que a verdade de nossas crenças seja a questão principal, nas atividades práticas, o julgamento das alegações factuais e de valor, como mais ou menos confiáveis, se baseará em considerações um pouco diferentes das pesquisas direcionadas à produção de conhecimento: estaremos preocupados, sobretudo, se as informações são suficientemente confiáveis *para os nossos propósitos e para evitar certos tipos de erros* (HAMMERSLEY, 2011a, cap. 5). Certamente, se alguém defende, como Marx e outros fizeram e ainda fazem, que (em última análise, pelo menos) o verdadeiro e o bom são idênticos, a importância dessa diferença de orientação entre a pesquisa e outras atividades práticas pode ser negada. No entanto, essa perspectiva se baseia em um arcabouço filosófico complexo e pouco convincente (HAMMERSLEY, 1992, cap. 6; 1995).

Portanto, nosso ponto principal é que, embora seja importante reconhecer a reflexividade da pesquisa, isso *não* significa que a investigação deva ser orientada à mudança (e nem à preservação, aliás) do mundo, de uma forma ou de outra. E, como argumentamos, há boas razões para que a pesquisa não seja orientada a objetivos práticos dessa natureza. Não estamos sugerindo que os pesquisadores possam ou devam abandonar suas convicções políticas, ou que elas não sejam motivações legítimas para a pesquisa; simplesmente insistimos que, *enquanto pesquisadores*, o seu único objetivo prático deve ser a produção de conhecimento, e que é preciso tentar minimizar qualquer distorção dos seus resultados em função de convicções políticas ou interesses práticos. Tampouco estamos sugerindo que os pesquisadores não devam se preocupar com os impactos do seu trabalho no mundo, apenas argumentamos que não é possível assegurar resultados desejáveis e que a pesquisa (por si só) não é capaz de determinar o que é ou não desejável.

Conclusão

Neste capítulo, examinamos duas perspectivas contrastantes a respeito da lógica da pesquisa social e suas implicações para a etnografia. Nem o positivismo nem o naturalismo fornecem um marco adequado. Ambos negligenciam, ou subestimam, a reflexividade fundamental da pesquisa social: o fato de sermos parte do mundo social e de que não há como escapar do recurso ao conhecimento do senso comum e aos métodos de investigação que derivam dele, e que, de um modo geral, não há como evitar nossa influência sobre as pessoas que estudamos. Em outras palavras, toda pesquisa social se baseia na capacidade humana de observação participante. Agimos no mundo social e, no entanto, somos capazes de refletir sobre nós mesmos e sobre as nossas ações como objetos neste mundo. Contudo, ao invés de provocar dúvidas sobre a capacidade da pesquisa social de produzir conhecimento ou um desejo de transformá-la em uma atividade política ou prática, para nós, a reflexividade fornece a base para uma lógica reconstruída de investigação que tem muito em comum com o positivismo e o naturalismo, embora os supere em aspectos importantes. Ao incluir nosso próprio papel no foco da pesquisa, quando relevante, e talvez mesmo ao explorar sistematicamente a nossa participação nos ambientes que estudamos como pesquisadores, podemos buscar o conhecimento do mundo social sem recorrer aos apelos positivistas inúteis ao método científico, ou ao realismo ingênuo característico de algumas formas de naturalismo.

Reconstruir nossa compreensão da pesquisa social, em consonância com as implicações de sua reflexividade, também elucida a relação entre as abordagens quantitativa e qualitativa. Certamente, não há muita justificativa para a visão, associada ao naturalismo e a algumas das ideias posteriores que discutimos, de que a etnografia representa um paradigma alternativo, superior à pesquisa quantitativa. Por outro lado, ela oferece uma contribuição muito mais poderosa às ciências sociais do que o positivismo admite. E, embora a combinação ou a "mistura" de métodos diferentes, para fins específicos, muitas vezes tenha seu valor, isso não deve ser tratado como uma obrigação; tampouco as questões metodológicas importantes associadas à etnografia e à pesquisa qualitativa, de um modo geral, devam ser esquecidas.

A reflexividade é um aspecto de toda pesquisa social. Trata-se de uma questão que, há muito tempo, é objeto da atenção de etnógrafos na produção de *histórias naturais* de estudos particulares[26]. Com efeito, o restante deste livro se dedica a esclarecer o que consideramos serem as implicações da reflexividade para a prática etnográfica.

---

26. Para uma lista de exemplos de histórias naturais da pesquisa social, cf. Hammersley, 2003b.

2
DESENHO DE PESQUISA
PROBLEMAS, CASOS E AMOSTRAS

A prática da etnografia pode parecer enganosamente simples, em comparação com os esforços da pesquisa quantitativa. Pode parecer que basta *agir naturalmente*, ignorando quaisquer regras e restrições metodológicas. Talvez esta seja a razão de, no passado, especialmente na antropologia, os etnógrafos novatos receberem, muitas vezes, pouca ou nenhuma orientação sobre a pesquisa antes de iniciarem seu trabalho de campo. Heald escreve:

> Eu não tive nenhum treinamento de campo, isso não existia naquela época. Nós tínhamos seminários de campo, em que alguém recomendava o melhor lápis HB e outra pessoa sugeria utilizar cadernos pequenos, pois cabiam nos bolsos. Em campo, era como se estivéssemos trilhando os passos de nossos ancestrais, tentando aprender as técnicas por telecomando através de seus livros, e descobrindo, então, que era tudo muito mais complicado (HEALD, apud OKELY, 2012: 6).

A experiência de Shaffir (2009: 215) na sociologia foi semelhante, ele escreve que "embora a pesquisa de campo fosse o *modus operandi* para a coleta de informações, eu tive de descobrir sozinho qual era a melhor forma de fazer isso". O que temos aqui é um modelo de aprendizagem de etnografia que sequer chega a ser uma formação. Pelo contrário, os/as pesquisadores/as tinham de descobrir por si mesmos/as o que é preciso fazer para produzir um estudo etnográfico.

No extremo oposto, em muitos países, hoje em dia, o *treinamento em pesquisa* é uma grande empreitada, na qual as habilidades-chave e o conhecimento essencial são apresentados e devem ser inculcados antes de os novatos irem a campo (OKELY, 2012: 6-7). Se a primeira abordagem deixa as pessoas frustradas e inseguras, se não em pânico, a segunda pode transformar o aprendizado de como fazer pesquisa em uma tarefa ingrata e, ainda mais importante, produzir uma imagem distorcida da metodologia como técnica (HAMMERSLEY, 2011a, cap.1). Contrapondo-se a esta tendência, é preciso enfatizar que toda pesquisa social requer o exercício do julgamento em contexto – nunca se trata de apenas seguir regras metodológicas; nem todos os problemas podem ser antecipados e as melhores estratégias para lidar com eles serem predeterminadas. Isso é especialmente válido no caso da etnografia.

No entanto, o fato de os rumos do trabalho etnográfico não poderem ser predeterminados não elimina a necessidade de preparação antes do trabalho de campo. Isso tampouco significa que o comportamento do pesquisador em campo possa ser aleatório, ao simplesmente se adaptar aos acontecimentos optando pelo *caminho mais fácil*. Na verdade, argumentaremos aqui que o desenho de pesquisa é fundamental para a etnografia, mas ele precisa ser um processo reflexivo e reiterado, que atravessa todas as etapas de um projeto.

Naturalmente, assim como outros pesquisadores, os etnógrafos geralmente precisam formular projetos de pesquisa no início de um estudo; seja para potenciais orientadores, agências de financiamento e/ou comitês de ética. Se, por um lado, o caráter flexível do desenho da pesquisa etnográfica significa que nenhum projeto detalhado e definitivo possa ser fornecido, é possível formular um projeto que apresente como a pesquisa é concebida, embora com níveis variáveis de detalhe e confiança. Nele, deverão constar quais temas e interesses motivam a pesquisa, por que eles são importantes, que questões podem ser abordadas, que caso ou casos seriam relevantes, quais dados poderiam ser utilizados e como eles poderiam ser acessados, quais estratégias podem ser empregadas para analisar esses dados, e como os resultados da pesquisa provavelmente seriam difundidos e para quais públicos. De modo geral, esse esboço não será necessário apenas para os diversos públicos externos mencionados, mas ele também será importante para esclarecer, para o pesquisador, algumas das questões que precisarão de atenção no decorrer da pesquisa (cf. MAXWELL, 2013). Ao formular um projeto de pesquisa para o público externo, pode ser preciso exagerar um pouco a probabilidade de que a pesquisa siga o caminho particular apresentado, dada a fábula predominante, nos dias de hoje, de que é possível planejar e programar a pesquisa de antemão. Mas, tanto por questões de prudência quanto por questões éticas, isso não significa fraudar o caráter pretendido da pesquisa.

Neste capítulo, analisaremos aspectos-chave do desenho da pesquisa etnográfica, mas a discussão aprofundada das questões éticas ficará para o cap. 11.

Problemas antecipados

A pesquisa sempre parte de alguma questão, tema, preocupação ou interesse que surge da leitura da bibliografia de pesquisa ou de alguma outra fonte, incluindo experiências profissionais ou pessoais. Como Malinowski (1922: 8-9) ressaltou, ao contrário das concepções excessivamente indutivas de pesquisa, esses *problemas antecipados* não são necessariamente uma fonte de viés e, na verdade, são essenciais para o processo de pesquisa. Por outro lado, eles precisarão ser revisados e, provavelmente, reformulados no decorrer da investigação.

Por vezes, o ponto de partida da pesquisa é uma teoria bem desenvolvida, a partir da qual um conjunto de hipóteses pode ser derivado. Embora raramente a pesquisa etnográfica siga este padrão, há pelo menos um estudo clássico de observação participante dessa natureza: Festinger e seus colegas testaram a teoria da dissonância cognitiva investigando a reação dos membros de um grupo religioso apocalíptico ao fato de o mundo não ter acabado no dia previsto por seu líder (FESTINGER et al., 1956). Mais recentemente, um tipo de abordagem parecido pode ser encontrado no trabalho de etnógrafos que adotam um *marco teórico* específico (cf., p. ex., BURAWOY, 1998; WACQUANT, 2002; 2009; SALZINGER; GOWAN, 2018). No entanto, geralmente, não se trata do teste de um conjunto de hipóteses, mas sim do uso de conceitos teóricos particulares para estruturar a pesquisa.

A maior parte da pesquisa etnográfica tem se dedicado a produzir descrições e explicações de fenômenos particulares, ou a *desenvolver* teorias ou argumentos, ao invés de testar hipóteses existentes ou mesmo adotar um marco teórico prévio. Diversos autores, em particular os defensores da teorização fundamentada, destacaram as vantagens de se desenvolver a teoria por meio da investigação empírica sistemática, ao invés de se apoiar na *teorização de gabinete*[*][27]. No entanto, como o próprio Strauss (1970) demonstrou, é possível fazer progressos consideráveis, mesmo antes de iniciar o trabalho de campo, ao esclarecer e desenvolver ideias de pesquisa com base em estudos anteriores. Para ilustrar isso, ele analisou a pesquisa

---

[*] No original, *armchair theorizing* [N.T.].

[27]. Cf. Glaser; Strauss (1967), *The Discovery of Grounded Theory*. Para análises complementares e úteis sobre a teorização fundamentada, cf. Dey, 2004; Pidgeon; Henwood, 2004. Cf. tb. Bryant; Charmaz, 2007.

de Davis (1961a; 1963) sobre "o gerenciamento de interações tensas com pessoas com deficiência evidente":

> A teoria de Davis trata de interações (1) *sociais* (2) *tensas* no contato (3) *cara a cara* entre (4) *duas pessoas*, uma das quais possui uma (5) *deficiência evidente* e a outra é (6) *normal* (sem deficiência evidente) [...]. Os termos [em itálico] da frase acima dão pistas do que foi, explícita ou implicitamente, omitido da formulação teórica de Davis. A teoria se refere a pessoas com deficiência (física) evidente, e não a pessoas cujas deficiências não sejam imediatamente aparentes, ou sejam totalmente invisíveis, para os outros participantes. A teoria se refere à interação entre duas pessoas (não mais de duas) [...]. A interação ocorre em situações denominadas "sociais"; ou seja, as relações entre os participantes não são nem impessoais nem íntimas. Social também significa uma interação prolongada o suficiente para permitir mais do que uma troca fugaz, mas não tão prolongada a ponto de estabelecer uma relação de intimidade (STRAUSS, 1970: 47-48).

Strauss então argumenta que, alterando esses diferentes elementos da teoria, novas questões de pesquisa podem ser formuladas.

O volume de pesquisas e teorias anteriores relevante para qualquer área específica de investigação, naturalmente, varia. Certamente, a própria ausência de conhecimento disponível sobre um fenômeno ou processo representa um ponto de partida útil para a pesquisa, e esta é uma justificativa muito comum para os estudos etnográficos. Nesse sentido, Sobh e Belk (2011) argumentam que a sua investigação da vida doméstica de mulheres de classe média no Qatar inaugura um campo novo que complementa a investigação dos significados simbólicos dos espaços domésticos no Ocidente e o estudo de tais espaços nas sociedades islâmicas tradicionais. Um argumento semelhante foi fornecido por Mac Giollabhui et al. (2016), em sua investigação sobre o trabalho de policiais à paisana. Eles afirmam:

> Há um desequilíbrio notável na nossa compreensão acadêmica da polícia, fortemente inclinada à organização e à cultura de oficiais uniformizados. Ainda sabemos muito pouco sobre os valores, as atitudes e as regras informais que operam no mundo do policiamento secreto. [...] Na nossa pesquisa, nos propusemos a corrigir esse desequilíbrio realizando o primeiro estudo de campo etnográfico abrangente sobre o trabalho da polícia secreta no Reino Unido (Mac GIOLLABHUI et al., 2016: 642).

Um argumento semelhante pode derivar de ideias consideradas errôneas ou enganosas acerca de algum tema na literatura de pesquisa, ou nos meios de comunicação de massa, como no caso da pesquisa de Chege sobre os *garotos da praia* na costa do Quênia:

> À escassez de reflexões acadêmicas sobre o tema se soma uma tendência a simplificar o fenômeno. Exemplo disso é um artigo de um pesquisador queniano, que afirma que "as mulheres turistas também estão vindo ao Quênia para se encontrar com os garotos locais da praia, promovendo a prostituição masculina" (OMONDI, 2003: 5). O fato de a prostituição ser uma palavra moralmente pesada, e a visão de que esta era apenas mais uma forma de prostituição e que os homens quenianos envolvidos estavam sendo aliciados pelas turistas mulheres, serviu de estímulo para eu me envolver com as complexidades do fenômeno em questão (CHEGE, 2015: 466-467).

Ou, simplesmente, pode ser que os estudos anteriores tenham omitido um ou mais aspectos importantes do que está sendo investigado. Por exemplo, ao apresentar um estudo sobre lares de idosos nos Estados Unidos, Rodriquez afirma que:

> Há um punhado de etnografias exemplares sobre lares de idosos que deram voz a auxiliares de enfermagem e buscaram destacar as maneiras como eles lidam com as tensões de seu trabalho no interior de [...] estruturas burocráticas e hierárquicas [...]. Por mais importantes que sejam esses estudos, eles tenderam a ignorar todos os outros trabalhadores dessas instituições. Esses indivíduos incluem auxiliares de cozinha, auxiliares de atividades, auxiliares de reabilitação, assistentes sociais e equipe de manutenção. Pouco se sabe sobre esses trabalhadores, mas todos eles são importantes para o funcionamento de um lar de idosos. Este livro incorpora as suas experiências para fornecer um retrato mais completo dos lares de idosos como locais de trabalho (RODRIQUEZ, 2014: 5).

De modo semelhante, Mount (2018: 60) escreve que "os etnógrafos acumularam uma grande quantidade de literatura sobre danças exóticas e clubes de *strip-tease*". No entanto, esta literatura contém pouca informação sobre os gerentes dos clubes de *strip-tease* [o foco de sua investigação] e o trabalho que eles realizam *nos bastidores*.

Por outro lado, o estímulo para um estudo pode ser um fato ou um conjunto de fatos surpreendente. Nesse sentido, Measor (1983) observou que não apenas as meninas tendiam a se sair pior do que os meninos nos exames de ciências no

Reino Unido, mas que a lacuna era ainda maior no caso de Nuffield, um curso que enfatiza a aprendizagem por descoberta. Ela se propôs a descobrir por que isso acontecia, por meio da observação participante nas aulas de ciências em Nuffield e de entrevistas com meninos e meninas sobre sua postura em relação a essas aulas.

Os próprios eventos sociais podem, às vezes, servir de estímulo à pesquisa, proporcionando uma oportunidade para investigar algum acontecimento incomum ou para testar uma hipótese explicativa. Um exemplo é a explosão do *Challenger*, que impulsionou a *etnografia histórica* da Nasa, de Vaughan (2016: xi):

> Em 28 de janeiro de 1986, eu fui um dos milhões de pessoas que ouviram as notícias e assistiram, fascinados, enquanto a TV mostrava, repetidamente, o ônibus espacial *Challenger* da Nasa decolar da plataforma de lançamento, depois fazer uma curva e, ao comando de "*Challenger*, acelere", explodir, chovendo pedaços no oceano. [...] Em uma teleconferência urgente, na véspera do lançamento do *Challenger*, os engenheiros encarregados dos foguetes auxiliares de combustível sólido* protestaram contra o lançamento, devido ao frio noturno sem precedentes previsto para a Flórida, mas os dirigentes ignoraram seus protestos e prosseguiram, com consequências desastrosas. Mais surpreendente ainda, [uma] investigação revelou que o ônibus espacial estava voando com os anéis de vedação danificados desde a primeira missão, em 1981. [...] Eu comecei esta pesquisa com a hipótese de que o acidente do *Challenger* não foi causado pelo cálculo amoral de gestores individuais, como sugeria o relatório, mas foi um exemplo de má conduta organizacional.

Outro exemplo de estudo impulsionado por um evento público inesperado é a investigação de Gould-Wartofsky (2015) sobre um movimento anticapitalista em Nova York. As consequências de desastres naturais também podem ser estudadas para explorar o que eles revelam sobre as sociedades onde ocorreram; p. ex., Simpson (2013) investigou os conflitos políticos após um terremoto em Gujarat. Um exemplo muito diferente de estudo de um evento específico é a pesquisa de Chen (2018) sobre o *Burning Man*, uma cidade temporária construída anualmente no deserto de Black Rock, no noroeste de Nevada, uma comunidade experimental planejada para promover a autoexpressão artística e a cooperação comunitária. Da mesma forma, inovações organizacionais podem servir como *experimentos naturais*, revelando processos ocultos da vida social ou mostrando

---

* No original, *Solid Rocket Boosters* [N.T.].

o que acontece quando os fatores limitantes que circunscrevem a normalidade, em um determinado contexto, são transgredidos. Nessas ocasiões, os fenômenos sociais que, em outras circunstâncias, são naturalizados podem se tornar visivelmente problemáticos para os participantes e, logo, para o observador. Esses eventos ou incidentes *críticos* podem ser um foco produtivo para a pesquisa (SEWELL, 2005; BEREZIN, 2012; DOOREMALEN, 2017).

Às vezes, eventos imprevistos acontecem no decorrer de um estudo (cf. MEINERT; KAPFERER, 2015), levando à sua reorientação. Por exemplo, Pieke (1995) relata como, após cinco meses de trabalho de campo em Pequim, ele testemunhou o surgimento do Movimento Popular Chinês, em 1989. Mesmo em seus estágios iniciais, isso era claramente uma oportunidade importante de pesquisa para entender a dinâmica da sociedade chinesa e a natureza do governo do Partido Comunista.

Além disso, em alguns casos, os etnógrafos focam em eventos programados de vários tipos. Nesse sentido, Delgado e Cruz (2014) defendem uma *etnografia multievento*, com foco em redes de eventos que desempenham um papel crucial no desenvolvimento do campo em estudo, ilustrando seu argumento a partir da pesquisa em dois encontros internacionais dedicados à negociação de instrumentos legais para regulamentar a exploração da biodiversidade. E, ocasionalmente, os próprios etnógrafos organizam eventos para fins de pesquisa, como no caso do *encontro encenado* de Goldstein (2017: 185): um *seminário* com vendedores ambulantes na cidade boliviana de Cochabamba, sobre a insegurança que eles enfrentam em função da atividade ilícita. A intenção era estabelecer "um espaço no qual os anseios sobre um policiamento idealizado pudessem emergir" (p. 200).

Até mesmo encontros casuais podem servir de motivação e oportunidade para a pesquisa. Sanders (2009) relata como, encontrando-se "em São Francisco por uma semana, com poucos compromissos", ele "consultou as listas de 'museus' nas páginas amarelas" e acabou "subindo as escadas sujas que levavam ao Museu de Arte da Tatuagem". Ele ficou fascinado, fez uma tatuagem e acabou desenvolvendo um trabalho etnográfico sobre vários aspectos da tatuagem. Por sua vez, Henslin começou a fazer pesquisas sobre os sem-teto depois de conhecer uma pessoa para quem o problema da falta de moradia havia se tornado uma questão premente:

> Quando [ele] descobriu que eu era sociólogo e que eu estava escrevendo um livro didático sobre problemas sociais, ele me pediu para colaborar em um livro sobre os sem-teto. Para ele, a minha forma-

ção poderia fornecer um marco estrutural que ajudaria a ordenar as suas diversas experiências e observações em um todo unificado. Durante nossa tentativa de colaboração, ele insistiu que, como sociólogo, eu devia a mim mesmo ter experiências diretas com os sem-teto. Embora eu achasse essa ideia um tanto atraente, pelo fato de estar muito envolvido escrevendo projetos, não me dediquei a essa possibilidade. Entretanto, como ele constantemente tocava no assunto, devo admitir que ele tocou em um ponto sensível, inculcando mais do que um pouco de culpa sociológica. Afinal, eu dava aulas sobre problemas sociais e eu realmente não sabia nada sobre os sem-teto [...]. Com as investidas sucessivas, me tornei mais aberto à ideia. (Ou talvez eu deva dizer que, por fim, ele me venceu pelo cansaço.) Quando ele me convidou para uma viagem com as despesas pagas para Washington, D.C. e prometeu que eu veria coisas até então desconhecidas para mim – como pessoas sem-teto dormindo nas calçadas bem em frente à Casa Branca –, incitando a minha imaginação, ele rompeu minha armadura. Seduzido por uma justaposição tão intrigante entre o poder e a impotência, a riqueza e a pobreza, como eu poderia resistir a tal oferta? (HENSLIN, 1990: 52).

Por outro lado, Currer (1992: 4-5) iniciou sua pesquisa sobre mães pachtuns na Grã-Bretanha em função de sua própria experiência como uma mãe inglesa em Peshawar, no Paquistão. Suas questões de pesquisa surgiram, inicialmente, do que ela viu como semelhanças entre a sua posição anterior e a das pessoas que escolheu estudar, e da sua empatia por elas. A pesquisa também pode ser motivada pelo interesse pessoal em alguma atividade, embora Rossing e Scott (2016) advirtam que estudar *algo que você ama* pode *acabar com a graça desta coisa*. Certamente, o interesse da pesquisa pode surgir também do conflito e de sentimentos negativos. Van Maanen (1991: 33) relata que a sua longa carreira investigando a cultura policial começou, em parte, por ter sido "objeto de mais atenção da polícia do que eu gostaria e, por isso, eu via a polícia com alguma aversão, um pouco de medo e uma boa dose de curiosidade".

Também é comum que a pesquisa seja motivada por experiências de trabalho anteriores, em cargos temporários ou efetivos. Everett Hughes, um influente pesquisador e professor de etnografia, encorajava seus alunos nesse sentido, resultando, por exemplo, no estudo de Becker (1963) sobre músicos de jazz, e o relato de Davis (1959) sobre motoristas de táxi. Um exemplo mais recente é o trabalho de Leigh (2014) que, como assistente social no campo da proteção infantil, decidiu fazer uma pesquisa sobre este tipo de trabalho profissional, comparando a sua prática no Reino Unido com o caráter um tanto diferente que ela assumia na Bélgica.

Até agora, nós supusemos que os etnógrafos são relativamente livres para decidirem o que investigar, mas a verdade é que, cada vez mais, eles devem escolher temas de estudo que, pelo menos em parte, sejam mais prováveis de obter financiamento ou que se alinhem às prioridades estratégicas das instituições onde estudam ou trabalham. De fato, eles podem ser recrutados especificamente para investigar algum tema em particular; embora, ainda assim, geralmente haja alguma margem para reformulação, ao invés de simplesmente *assumir* o foco da pesquisa tal como definido pelos financiadores ou chefes da pesquisa.

Independentemente das motivações do estudo, há sempre a necessidade de elaborar o problema inicial da pesquisa de modo a torná-lo válido e viável. Nesse sentido, as pesquisas anteriores sobre o tema são particularmente importantes, uma vez que o objetivo da pesquisa não é apenas satisfazer a própria curiosidade, mas também contribuir para o desenvolvimento de um corpo de conhecimento sobre os fenômenos sociais. De certa forma, esta tarefa de formular as questões de pesquisa atravessa todo o projeto, mas a reflexão e a leitura nos estágios iniciais são recomendáveis, assim como as tentativas constantes de esboçar o foco – em sua concepção mais atual. Embora não haja nenhuma regra definitiva para decidir até que ponto as ideias iniciais podem ser esclarecidas e elaboradas antes da coleta de dados, é aconselhável explorar essas ideias e suas implicações com a ajuda de toda a literatura secundária disponível. Os recursos relevantes aqui não são apenas monografias de pesquisa e artigos de periódicos, mas também relatórios oficiais, matérias jornalísticas, autobiografias, diários, e até mesmo romances ou contos curtos (cf. cap. 6). A análise de dados referentes a estudos anteriores disponíveis em arquivos (CORTI, 2011; 2016) também pode ser uma possibilidade.

A elaboração de problemas de pesquisa

Assim, um dos objetivos principais na fase anterior ao trabalho de campo, e uma tarefa nos estágios iniciais da coleta de dados, é transformar os problemas antecipados em um conjunto de questões passíveis de resposta, sejam essas respostas descrições narrativas de sequências típicas ou atípicas de eventos, relatos idiográficos ou generalizadores das perspectivas e práticas de pessoas específicas, ou formulações teóricas mais abstratas. Às vezes, neste processo de formulação e reformulação, os problemas originais são modificados, ou mesmo completamente abandonados em favor de outros. Para dar um exemplo extremo, um estudo partiu de um interesse na organização de uma associação habitacional, como ela foi estabelecida e como seu caráter mudou ao longo do tempo; depois, passou a se dedicar às histórias conflitantes que os membros da associação contavam sobre sua história, até finalmente se transformar em uma investigação sobre a fala *confusa* de pessoas que sofrem de demência (SHAKESPEARE, 1997). Stuart (2018) oferece um exemplo de um tipo de mudança menos dramático e, portanto, mais comum, inicialmente propondo-se a investigar como os vendedores ambulantes do bairro de Skid Row mantêm informalmente a ordem social e, particularmente, os aspectos econômicos disso, mas, posteriormente, destacando o papel da polícia e a forma como as pessoas nas ruas se antecipavam a ela e, assim, procuravam evitar a prisão.

A mudança nos problemas de pesquisa pode ocorrer por diversas razões. Já assinalamos que possibilidades novas, mais importantes ou mais atraentes, podem surgir no decorrer da investigação. Além disso, Alvesson e Sandberg (2013) argumentam que os pesquisadores devem se propor a desafiar as ideias derivadas da literatura, ao invés de simplesmente buscar lacunas a serem preenchidas. Outra razão pela qual as questões de pesquisa podem mudar se deve ao fato de que, durante a investigação, pode-se descobrir que sua formulação original se baseava em premissas equivocadas. Ou podem haver fatores externos que induzam à mudança. Foi o que aconteceu no caso de Shakespeare (1997), mencionado acima, quando uma mudança na circunstância do pesquisador – a admissão em um novo emprego – deu origem a novos interesses e abriu novas possibilidades. Por outro lado, a nova questão de pesquisa estava interligada à fase anterior da investigação: dado que todos nós, às vezes, podemos nos expressar de maneira aparentemente confusa, ela passou a se questionar: quais são os traços distintivos da fala daqueles que sofrem de demência?

Outra razão para a mudança é a conclusão de que o problema inicial escolhido não é passível de um estudo efetivo, dado o estado atual do conhecimento ou o tempo e os recursos disponíveis, entre outros obstáculos. A viabilidade dos problemas de pesquisa depende dos recursos disponíveis ao pesquisador naquele momento; não apenas os recursos externos são relevantes aqui, mas também os pessoais, como formação e competências prévias, habilidade emocional para lidar com determinados tipos de problemas, qualidades sociais e experiência anterior. Essa importância da viabilidade na escolha dos problemas de pesquisa perpassa todo o campo da pesquisa social. Medawar observa, referindo-se às ciências naturais:

> Bons cientistas estudam os problemas mais importantes que consideram serem capazes de resolver. Afinal de contas, seu objetivo profissional é resolver problemas, e não apenas debater-se com eles. A visão de um cientista lutando contra as forças da ignorância não é inspiradora se, no final, o cientista for derrotado. É por isso que alguns dos problemas biológicos mais importantes ainda não apareceram na agenda da pesquisa prática (MEDAWAR, 1967: 7).

Com bastante frequência, os pesquisadores redescobrem a verdade do velho ditado de que encontrar a pergunta certa a ser feita é pelo menos tão importante quanto, e às vezes mais difícil do que respondê-la (MERTON, 1959).

Grande parte do esforço envolvido nos estágios iniciais do trabalho etnográfico está relacionada, então, à formulação e reformulação dos problemas de pesquisa, de modo a torná-los mais profícuos e/ou mais suscetíveis à investigação. O grau de abstração dos problemas varia. Alguns, especialmente aqueles derivados de preocupações práticas ou políticas, serão *pontuais* (LOFLAND, 1976), enfocando tipos de pessoas e de situações facilmente identificáveis na linguagem cotidiana. Outros têm um aspecto mais *genérico*. Neste caso, o pesquisador formula perguntas como: "Este caso se enquadra em que tipo de situação abstrata definida sociologicamente?" "Quais são as características gerais desse tipo de situação?" Esta distinção entre problemas de pesquisa pontuais e genéricos está intimamente relacionada àquela entre análises substantivas e formais, delineada por Glaser e Strauss em sua descrição da teorização fundamentada:

> Por teoria substantiva, nos referimos àquela desenvolvida para uma área substantiva ou empírica de investigação sociológica, como assistência médica, relações raciais, educação profissional, delinquência ou organizações de pesquisa. Por teoria formal, nos referimos àquela desenvolvida para um campo formal ou conceitual de investigação sociológica, como estigma, comportamento desviante, organização formal, socialização, desigualdade de *status,* autoridade e poder, sistemas de recompensa ou mobilidade social (GLASER; STRAUSS, 1967: 32).

Na pesquisa etnográfica, geralmente há uma inter-relação constante entre o pontual e o genérico, ou o substantivo e o formal. Pode-se, por exemplo, partir de alguma noção analítica formal e buscar estender ou refinar seus usos no contexto de uma nova aplicação substantiva. Um exemplo disso é a maneira como a teoria da rotulação* do desvio foi estendida ao estudo dos problemas sociais (HOLSTEIN; MILLER, 1993; WEINBERG, 2009). Os teóricos da rotulação argumentaram que, ao invés de focar, como a criminologia havia feito até então, apenas nas causas ou nos processos que levam as pessoas a se envolverem em crimes ou comportamentos desviantes, também deve-se atentar para como determinados tipos de atividade podem ser definidos como criminosos ou desviantes, incluindo diferenças entre sociedades neste sentido; sobre as implicações da rotulação e das punições, em particular se elas coíbem ou estimulam desvios futuros, e como determinados tipos de pessoas têm maior probabilidade de serem perseguidos pela polícia e condenados em processos judiciais, e quais as consequências disso. De modo similar, o estudo dos problemas sociais, até então, se concentrava em como tais problemas surgem e quem são os responsáveis: por que há pobreza em alguns grupos, quais são as causas da dependência química ou da poluição ambiental etc. A introdução da teoria da rotulação neste campo implicou uma mudança de orientação na investigação de como certos fenômenos são definidos como problemas sociais que requerem atenção, dos esforços feitos para inserir esses problemas na agenda pública ou para ocultá-los, de como as questões podem ser reformuladas em outros termos (p. ex., a reformulação de *prostituição* como um tipo de *trabalho sexual*). Isso também possibilitou a investigação dos impactos de determinadas consequências ou atividades então definidas como problemas sociais. Posteriormente, as implicações dessas ideias genéricas foram exploradas em relação a uma ampla gama de temas e, neste processo, elas mesmas foram aprimoradas e ampliadas.

Assim como é possível formular problemas de pesquisa passando do formal para o substantivo, também é possível passar do substantivo para o formal ou genérico. Isso pode ser ilustrado, em parte, por um projeto de pesquisa no qual um de nós esteve envolvido (ATKINSON, 1981). Tratava-se de um estudo sobre *cursos técnicos industriais*, projetados para facilitar a transição da escola para a vida profissional para aqueles com *dificuldade de aprendizagem*. A pesquisa partiu de problemas antecipados que eram, essencialmente, substantivos ou pontuais em sua origem. Com uma orientação exploratória, a equipe de investigação iniciou

---

* No original, *labelling theory* [N.T.].

a fase de trabalho de campo com interesses gerais, tais como: Como se organiza a rotina de trabalho da unidade? Como os alunos são selecionados e avaliados? Que tipo de trabalho eles fazem, e para que tipo de trabalho eles estão sendo preparados? Por outro lado, tornou-se evidente a necessidade de reformular essas ideias em termos mais gerais, para além de suas manifestações específicas neste projeto. Um memorando de pesquisa foi elaborado, indicando algumas das categorias mais genéricas ou formais que poderiam ser úteis e como elas poderiam ser vinculadas a questões mais pontuais. Entre as categorias mencionadas estava a noção de *guardiões*:

> Por guardiões eu me refiro a atores com controle sobre fontes cruciais e oportunidades. Esses guardiões exercem controle em fases importantes da transição de *status* do jovem. Essas funções de guardião eram desempenhadas, na prática, por diferentes funcionários nos diferentes ambientes organizacionais [...].
>
> A identificação da classe geral de "guardiões" nos permitiria então colocar algumas questões pertinentes de natureza geral. Por exemplo: Que recursos os guardiões têm à sua disposição? Que percepções e expectativas os guardiões têm dos "clientes"? Essas percepções são compatíveis entre si, ou existem diferenças sistemáticas de opinião? Os guardiões acreditam que suas expectativas acerca dos clientes são correspondidas ou não? Eles têm uma concepção implícita (ou mesmo explícita) do "cliente ideal"?
>
> Qual é o grau de informação dos guardiões? Por exemplo, com que tipo de concepção do mercado de trabalho eles operam? Que perspectivas da vida profissional eles adotam? Quão precisa é a sua análise sobre o estado dos mercados de trabalho locais?
>
> Que tipo de rotinas e estratégias os guardiões empregam? Por exemplo, quais critérios (formais e informais) são adotados para avaliar e categorizar "clientes"? Quais rotinas burocráticas são utilizadas (se houver)? Quais procedimentos de registro são utilizados, e como esses dados são interpretados na prática? (ATKINSON, 1981).

Como isso ilustra, é preciso ter cuidado para não simplificar demais a distinção entre os níveis pontuais e genéricos de análise, e é raro haver progresso de forma unidirecional, de um para o outro: geralmente, trata-se de um vaivém constante entre os dois modos analíticos. Questões substantivas específicas podem sugerir afinidades com algum conceito formal que, por sua vez, levantará questões substantivas que merecem (mais) atenção, e assim por diante.

Selecionando ambientes e casos

Outro aspecto do desenho de pesquisa desempenha um papel significativo na definição de como os problemas de pesquisa são desenvolvidos na etnografia, embora ele também seja importante por si só: a natureza do ambiente, ou ambientes, escolhido para investigação. Às vezes, a escolha do lugar vem primeiro – surge uma oportunidade de investigar uma situação ou um grupo de pessoas interessante –, e os problemas antecipados derivam da natureza do lugar. Este é o caso, por exemplo, do estudo de *eventos críticos* ou de *experimentos naturais*, e de quando os etnógrafos são especificamente contratados para investigar determinados lugares, ou quando estão realizando um estudo etnográfico em suas próprias comunidades ou locais de trabalho.

No caso de pesquisas contratadas, o que deve ser estudado – e talvez, até certo ponto, como isso deve ser feito – é determinado pelo contrato. Um exemplo interessante é o estudo realizado por Viegas (2009), elaborado para apoiar uma reivindicação formal de terras indígenas pelo povo Tupinambá, no Brasil. Uma das exigências era a de que o foco da investigação abarcasse a *totalidade* das pessoas em questão e das terras que reivindicavam, ao passo que sua pesquisa anterior (assim como grande parte da antropologia) havia estudado em profundidade um pequeno grupo dessas pessoas em uma área específica. Além disso, no novo estudo, restrições externas se impuseram ao desenho da pesquisa:

> o trabalho de campo [...] era "oficial", o que significava que (1) um decreto governamental tinha que ser publicado, definindo a hora exata em que o antropólogo chegaria e deixaria a região do trabalho de campo, e (2) até que a pesquisa fosse entregue, não era permitido ao antropólogo visitar a área ou fazer trabalho de campo sem o conhecimento e a autorização da Funai [órgão do Ministério da Justiça do Brasil que trata da questão indígena], que enviaria uma pessoa para acompanhar o antropólogo em qualquer visita que ele ou ela decidisse fazer (VIEGAS, 2009: 149).

Isso limitava a frequência e a duração das visitas a campo que poderiam ser feitas pelo antropólogo, e a presença de um *acompanhante* oficial certamente influenciou também a natureza dos dados que poderiam ser coletados. Acima de tudo, porém, o foco e as especificações da pesquisa foram determinados pelo que havia sido estabelecido como necessário para apoiar a reivindicação de terras. Duck (2015) fornece um exemplo de uma situação inversa. Ele foi contratado para coletar evidências de circunstâncias atenuantes em um caso de pena de morte federal nos Estados Unidos, envolvendo um traficante de drogas local que vivia em uma área pobre e predominantemente negra. Ele fez isso, mas depois conduziu um estudo etnográfico de dez anos naquela área.

Mesmo quando um lugar é escolhido com base em problemas antecipados, posteriormente, a natureza do ambiente ainda pode influenciar o desenvolvimento das questões de pesquisa. Isso ocorre porque, como observamos anteriormente, na pesquisa etnográfica, raramente o desenvolvimento das questões é concluído antes de iniciar o trabalho de campo; na verdade, ele pode se estender não apenas durante o processo de coleta de dados, mas também no estágio da redação final. Com frequência, descobre-se que algumas das questões elaboradas a partir dos problemas antecipados não estão abertas à investigação no ambiente escolhido, ou os dados podem lançar dúvidas sobre algumas das premissas nas quais elas se baseiam ou sobre sua importância. O pesquisador pode se deparar com a escolha de abandonar as questões iniciais da investigação ou de reiniciar a pesquisa em um lugar onde elas *possam* ser estudadas, caso seja possível. Embora, por vezes, a importância de um problema possa levar à decisão de reiniciar a pesquisa, geralmente os pesquisadores permanecem onde estão e adaptam suas questões ao que é possível investigar ali. Afinal, sempre surgem mais questões do que é possível abordar em um único estudo, de modo que algum processo de seleção é inevitável. Ademais, a mudança de lugar não envolve apenas mais atrasos e talvez novos problemas de acesso, mas também não há garantias de que o novo ambiente se mostrará adequado quando se souber mais a respeito dele. Diz-se que Everett Hughes comentou, meio brincando, que o pesquisador deveria eleger o problema de pesquisa para o qual o ambiente escolhido seja o lugar ideal!

Também vale lembrar que, muitas vezes, o etnógrafo não é capaz de especificar precisamente que tipo de ambiente é adequado para investigar um determinado conjunto de questões. Tampouco ele ou ela tem liberdade total para decidir onde um estudo será realizado. Inicialmente, na melhor das hipóteses, o que se pode fazer é identificar que *tipo* de local seria mais adequado para a investigação do problema de pesquisa, em sua formulação atual. E, quando um tipo de ambiente for definido, é aconselhável (se possível) *sondar* possíveis locais de pesquisa, visando analisar sua adequação, a viabilidade da pesquisa nesse local e a melhor forma de acessá-lo, caso seja escolhido. Isso implica a coleta e a análise preliminar de toda a evidência documental disponível sobre o lugar, entrevistas com todas as pessoas que sejam acessíveis e que tenham experiência ou conhecimento sobre ele, e talvez fazer visitas rápidas ao local, privada ou abertamente. Pode ser possível combinar isso com a realização de uma pesquisa-piloto, experimentando alguns dos métodos que se planeja usar; embora, às vezes, seja melhor escolher um lugar só para isso, que *não* seja aquele escolhido para a coleta de dados principal[28].

Sondar o terreno dessa maneira irá não apenas fornecer informações sobre um ou mais lugares em potencial onde a pesquisa poderia ser realizada, mas também alimentar o desenvolvimento e o refinamento das questões de pesquisa. Talvez, aquilo que se supunha ser uma categoria homogênea de lugares deva ser dividida em vários subtipos, com características bastante diferentes. Por exemplo, em seu estudo sobre os clubes de *strip-tease* no norte do estado de Nova York, Mount se deu conta de que os clubes se dividiam em dois tipos abrangentes, com grandes diferenças no papel da gerência, na clientela habitual e no comportamento das mulheres que trabalhavam lá. Ela escreve:

> Clubes de prostituição se caracterizam por uma alta rotatividade de dançarinas, grande quantidade de clientes de diversas classes sociais e poucos clientes "regulares"; [além disso] a gerência se mantém afastada das dançarinas, envolvendo-se nos conflitos [entre elas] apenas em casos mais graves, ao passo que os clubes sociais têm menos clientes, um grupo relativamente estável de dançarinas e muitos clientes "regulares", em sua maioria homens de meia idade, da classe trabalhadora [...]. Nos clubes sociais, a gerência mantém contato e negociações pessoais com as dançarinas [...] (MOUNT, 2018: 68).

Além disso, as diferenças entre locais onde ocorrem atividades semelhantes podem oferecer oportunidades para uma compreensão mais aprofundada dessas atividades. Por exemplo, em seu estudo sobre a prostituição em Mumbai, Shah (2014: 3) analisou três tipos diferentes de lugar onde

> mulheres que migraram [para Mumbai] de áreas rurais empobrecidas no interior da Índia negociam a venda de serviços sexuais [...]: bordéis, ruas e mercados públicos de recrutamento de mão de obra informal [...], conhecidos como *nakas*, onde [ao contrário dos dois primeiros] o comércio sexual acontece discretamente, ou junto com outras atividades geradoras de renda (SHAH, 2014: 3).

---

28. Para uma discussão esclarecedora sobre o papel da pesquisa-piloto na pesquisa qualitativa em geral, cf. Sampson, 2004.

O papel de questões pragmáticas não deve ser subestimado na escolha de um lugar. Embora também estejam presentes na pesquisa experimental, essas questões geralmente desempenham um papel particularmente importante no trabalho etnográfico. Isso acontece porque, neste caso, os critérios que definem a adequação são, no geral, muito menos precisos: com frequência, muitos lugares *poderiam* ser relevantes na investigação de um problema antecipado. Ademais, o processo de coleta de dados é, geralmente, muito intenso e isso tem implicações sobre o que é ou não viável. Consequentemente, o contato com pessoas que prometam facilitar o acesso, a estimativa dos custos de viagem e/ou de hospedagem, e a disponibilidade de informações documentais etc., são, muitas vezes, considerações importantes para restringir a seleção de onde conduzir a investigação. Sampson e Thomas ilustram este ponto referindo-se a uma questão peculiar que surgiu em seu trabalho etnográfico a bordo de navios. Eles escrevem:

> No decorrer da nossa pesquisa, nós selecionamos deliberadamente uma grande proporção de navios com trajetos marítimos longos e poucos portos de escala. Isso se deveu à nossa descoberta de que a tripulação tende a ter pouco tempo livre no porto e alguns – por exemplo, os imediatos – têm muitas demandas a cumprir no porto e, portanto, ficam muito cansados. Durante a folga, a tripulação geralmente desembarca e talvez não esteja disponível para os pesquisadores, que podem descobrir que as oportunidades de pesquisa são limitadas a bordo de navios dedicados ao que chamamos de comércio de curta distância, com escalas muito frequentes e próximas umas das outras. Nossa escolha dos navios foi, assim, motivada pela nossa avaliação das condições ideais para a coleta de dados [...] (SAMPSON; THOMAS, 2003: 170).

Às vezes, a busca por um local apropriado pode tomar rumos inesperados, como ilustra o relato de Campbell sobre a sua pesquisa na Grécia, na década de 1950. Ele foi estudar uma aldeia em uma região montanhosa, a nordeste de Jannina. No entanto, ele descobriu que a população dessas aldeias estava completamente empobrecida em decorrência da guerra civil, e que sua origem inglesa levantava suspeitas de que ele era um espião. Um acontecimento fortuito mudou seus planos de pesquisa. Pastores transumantes Sarakatsan viviam nas colinas acima da aldeia, e as relações entre eles e os aldeões eram difíceis:

> Nosso contato com eles não havia passado de cumprimentos formais quando, um dia, no calor do verão, um jovem pastor, voltando da escola, parou na fonte da aldeia para beber água e foi atacado

por meninos mais velhos da aldeia [...]. Nesse momento, a esposa do antropólogo, indignada, interviu para resgatar a vítima. Esta pequena aventura teve suas consequências. Recebemos um convite para visitar um acampamento Sarakatsan e a relação prosperou. Quando, algumas semanas depois, chegou a hora de os Sarakatsani levarem seus rebanhos e famílias para as planícies de Thesprotia para o inverno, uma família nos enviou uma mensagem categórica. Deveríamos acompanhá-los e eles construiriam uma cabana para nós (CAMPBELL, 1992: 152).

Este exemplo também ilustra como, às vezes, os pesquisadores descobrem que foram, de fato, escolhidos para pesquisar um local por uma ou mais pessoas envolvidas nele, embora geralmente com a imposição de mais condições do que neste caso. Nessas circunstâncias, o etnógrafo deve pesar a facilidade do acesso inicial oferecido com a conveniência do lugar em outros aspectos, bem como com qualquer inconveniente que tal apadrinhamento direto possa causar.

Geralmente, os etnógrafos estudam apenas um único lugar ou um número muito pequeno deles. Às vezes, o foco pode residir em um único indivíduo, como no estudo de Harper (1987; 2018) sobre Willie, um mecânico de uma área remota do estado de Nova York, que consertava carros, equipamentos agrícolas e outros tipos de maquinário. No entanto, o reconhecimento dos impactos da globalização, conectando lugares geograficamente distantes uns dos outros, levou a uma ênfase crescente em etnografias multissituadas (MARCUS, 1995; HANNERZ, 2003; NADAI; MAEDER, 2005) e na necessidade de uma abordagem que leve em consideração a grande mobilidade de parte das pessoas no mundo contemporâneo. Um exemplo de etnografia multissituada é a obra *Global Ethnography*, de Burawoy et al. (2000), em que os pesquisadores investigaram como pessoas, em diferentes localidades, se adaptam e resistem às pressões da globalização, analisando contextos bastante diferentes em diversos países. Por sua vez, Trouille e Tavory (2016) destacam a importância de seguir de perto os participantes (acompanhando-os conforme eles se movem pelos diversos contextos em que participam), utilizando de exemplo um estudo de redes informais entre homens latinos imigrantes que se encontravam para socializar e jogar futebol em um parque de Los Angeles[29]. No caso da etnografia virtual (discutida com mais detalhes no cap. 7), é particular-

---

29. É possível *seguir de perto* utilizando outros meios de transporte, além da caminhada; cf. Wegerif, 2019.

mente fácil estudar múltiplos lugares, embora nem sempre seja possível identificar os indivíduos que participam de diferentes locais.

Outra razão para estudar diversos lugares, ou para seguir de perto os participantes, diz respeito à necessidade de identificar o que é e o que não é típico, assim como de utilizar casos que contrastam em aspectos relevantes para o desenvolvimento de ideias teóricas. Assim, Henslin decidiu realizar um estudo abrangendo várias regiões dos Estados Unidos, encontrando uma maneira relativamente barata e conveniente de fazer isso:

> Eu fiquei sabendo de uma estratégia de vendas do tipo "Voe para qualquer lugar conosco quantas vezes você quiser por 21 dias", da Eastern Airlines. Eu achei a oferta válida, por $ 750, eu poderia ir para quantas cidades eu aguentasse; na verdade, mais do que eu conseguiria, no final das contas [...]. Foi o próprio método, a observação participante, que se tornou a chave para tornar essa pesquisa viável. Naturalmente, os sem-teto gastam muito pouco dinheiro, o que se encaixava perfeitamente com a minha situação e interesses. Eu consegui me hospedar nos abrigos sem nenhum custo financeiro. (Os abrigos, entretanto, tiveram um custo altíssimo ao contrariar minhas disposições de orientação básicas.) Além de uma cama e um banho gratuitos, geralmente os abrigos forneciam refeições de manhã e à noite. Embora essas refeições nem sempre fossem comestíveis, eu podia contar que o almoço seria de qualidade e já estava incluído no preço da minha passagem aérea [...]. Inicialmente, eu me concentrei nas principais cidades a oeste dos Estados Unidos e depois, nas viagens subsequentes, fui incluindo cidades em outras regiões. Meu objetivo era obter a melhor "cobertura geográfica" possível (HENSLIN, 1990: 55).

Talvez seja preciso expressar cautela em relação às estratégias multissituadas: quanto maior o número de lugares investigados (supondo uma quantidade determinada de recursos) ou quanto mais *móvel* a pesquisa, menor será a possibilidade de estudar qualquer um desses lugares em profundidade. Hammoudi observa: "*Não permaneça* parece ser o lema ou, caso insista, *passe um tempo* breve, e lembre-se de que todo mundo com quem você cruza está em movimento. Então, siga em frente!" (2009: 25; grifo no original). Ele, então, aponta a necessidade de uma investigação cuidadosa e profunda de lugares específicos. O ponto principal é que há uma compensação entre a amplitude e a profundidade da investigação (cf. tb. HARPER, 2018: 97-98, 110). Certamente, quando uma equipe de pesquisadores investiga diferentes lugares, como no caso de Burawoy e seus alunos, isso é menos problemático do que no caso de um único etnógrafo, como Henslin.

Lugares e casos

É importante não confundir a escolha do lugar com a seleção de *casos* para estudo, pois eles podem ser diferentes. Há uma certa tendência a ignorar essa distinção dado que os lugares são, por vezes, tratados como objetos que simplesmente existem por si próprios. Deste modo, os sociólogos da Escola de Chicago, nas décadas de 1920 e 1930, estudaram várias partes da cidade, tratando-as como *áreas naturais* produzidas pelo progresso da sociedade moderna (cf. ROCK, 1979: 92). Em outros contextos sociológicos, foram feitos apelos semelhantes a modelos de grupos relativamente fechados ou *comunidades*. Antigamente, a tradição antropológica tendia a privilegiar a investigação de sociedades pequenas, de relações *cara a cara*, e coletividades locais (como a *aldeia*). Com frequência, esta tradição antropológica e a tradição correlata dos *estudos de comunidade* se apoiam em uma perspectiva meio *Gemeinschaft* da sociedade local, enfatizando a sua estabilidade interna, sua singularidade relativa e sua cultura particular. O conceito mais recente de *comunidades de prática* (cf. LAVE; WENGER, 1991), originalmente concebido em um estudo antropológico de alfaiates liberianos, também pode estimular essa tendência. No entanto, é necessário lembrar que, em um sentido importante, os lugares não são fenômenos naturais: eles são construídos e mantidos por meio de definições culturais e estratégias sociais constantes. Além disso, suas fronteiras não são estáveis, elas mudam em função das circunstâncias, em maior ou menor grau, através de processos de redefinição e negociação – assim, elas são, na melhor das hipóteses, imprecisas (NADAI; MAEDER, 2005). Há também o fato de que, dada a forma como a tecnologia digital móvel está presente na vida de muitas pessoas hoje em dia, os lugares nos quais as pessoas interagem estão *conectados* com outros, de forma intermitente se não contínua.

Há ainda outra razão pela qual pode ser equivocado falar em *estudar um lugar*. O fato é que é impossível fazer uma descrição exaustiva de qualquer localidade. Ao elaborar descrições, sempre recorremos a critérios de seleção e inferência. Em um sentido importante, portanto, mesmo no estudo mais descritivo, o caso investigado não corresponde ao lugar onde ele se localiza. Os lugares são contextos nos quais ocorrem muitos fenômenos, que podem ser estudados por diversos ângulos; por sua vez, um caso é um conjunto de fenômenos vistos de um ângulo particular, constituído por um conjunto de questões de pesquisa. Assim, em qualquer investigação, algumas características do lugar não serão objeto de atenção, enquanto aspectos de seu contexto mais amplo serão; e mesmo os fenômenos que constituem o foco principal podem ser abordados de maneiras que não esgotam, absolutamente, suas características.

Também vale a pena lembrar que os casos podem ter escalas consideravelmente diferentes. Em um extremo, o caso em estudo pode ser um fragmento de interação bem pontual e de curta duração como, por exemplo, em Lake et al. (2015: 64) e sua "descrição de uma enfermeira cuidando de um paciente, durante alguns momentos do seu dia"; os dados se referiam a interações, de 10 a 15min, entre uma enfermeira e um homem com diabetes cujo pé tinha uma infecção grave. No extremo oposto, o caso investigado pode envolver diversos lugares e se estender por um longo período, talvez anos, como, por exemplo, o estudo de Vaughan (1996; 2004) sobre a Nasa.

Além disso, todo lugar pode conter vários casos dignos de estudo. Assim, por exemplo, em um estudo do impacto de diversos tipos de avaliação externa no ensino médio, disciplinas específicas ministradas nas escolas foram os casos em investigação, e não as escolas propriamente (SCARTH; HAMMERSLEY, 1988). Por outro lado, um caso pode não se limitar às fronteiras de um lugar, de modo que pode ser necessário abandoná-lo para coletar dados importantes sobre ele, como Ocejo (2014: ix) descobriu ao pesquisar um bar em Nova York. Ele escreve:

> Eu estudei o *Milano's* durante os dois anos seguintes. Eu ficava no bar com frequência e conheci bem seus clientes regulares e garçons. Eu também conheci dezenas de gerentes que eu nunca mais vi [...]. Mas quanto mais eu focava nas pessoas e nas atividades dentro do bar, mais eu era atraído para seu contexto urbano externo. Eu identifiquei três tipos de clientes: homens mais velhos que viviam perto dali, em Bowery, o distrito mais temido da cidade, e frequentavam o bar há muitos anos; um grupo de clientes regulares mais jovens, muitos dos quais tinham se mudado ou visitavam o bairro com frequência, desde o início de sua gentrificação; e também frequentadores mais jovens, entre os 20 e 30 anos, que haviam se mudado recentemente para o bairro ou moravam em outro lugar e visitavam o bar esporadicamente.

Jacobs (1974) chegou praticamente à mesma conclusão ao estudar gangues entre homens presos: explorar suas conexões com o exterior era essencial para compreender como as gangues se formavam no interior da prisão e como elas recrutavam novos membros.

Embora possa parecer inofensivo, a concepção naturalista de estudar campos e lugares pode desestimular a seleção explícita e sistemática de aspectos de um lugar a serem estudados, assim como o movimento de abandoná-lo para seguir pistas teóricas promissoras. Isso também pode levar à negligência dos processos que constituem e mantêm os lugares, da comunicação e de outros vínculos entre eles, incluindo as formas em que o *real* e o *virtual* podem estar entrelaçados. Fica claro, então, que o processo de identificação e definição do(s) caso(s) em estudo deve avançar junto com o refinamento do problema de pesquisa e o desenvolvimento da análise.

Casos e generalização

Uma das limitações frequentemente levantadas em relação ao trabalho etnográfico é que, como, normalmente, apenas um número pequeno de casos é estudado, ou apenas um, a *representatividade* dos resultados é sempre questionada. Esta é uma crítica comum, por exemplo, entre aqueles cujo modelo de pesquisa social é o *survey* (SMALL, 2009). Por sua vez, muitos etnógrafos e outros pesquisadores qualitativos negam que seu objetivo seja a generalização. Lincoln e Guba (1985: 110) deram a famosa declaração de que "a única generalização é: não há generalização", enquanto (nessa mesma linha) Abu-Lughod (2006: 475) questionou o uso do conceito de cultura por antropólogos e outros pesquisadores com base no argumento de que ele induz à reificação, sugerindo, ao invés disso, que a antropologia deveria se dedicar a *etnografias do particular*.

Contudo, na prática, muitas vezes os etnógrafos *de fato* incorrem em generalizações, implícita ou explicitamente (HAMMERSLEY, 1992, cap. 5). Em algumas ocasiões, a pesquisa etnográfica se refere a um caso que tem um interesse *intrínseco*, de modo que a generalização não é a preocupação principal. Este é o caso de alguns estudos de avaliação, em que o objetivo é analisar o funcionamento de um programa ou política pública, em um contexto particular (PATTON, 2015). Esse também é o caso quando o lugar investigado é único, amplamente conhecido e/ou influente, como nos estudos de Crewe (2005; 2015; 2016) sobre o Parlamento do Reino Unido. No entanto, de um modo geral, os etnógrafos investigam casos em lugares que não apresentam essas características. Além disso, eles costumam mantê-los anônimos, o que deve indicar que seu objetivo é produzir conhecimento geral.

Portanto, de um modo geral, algum grau de generalização faz parte do objetivo da pesquisa etnográfica. Ocasionalmente, o estudo abrange um número relativamente grande de casos, podendo talvez fornecer uma base substancial para a generalização dos resultados para determinada população. Assim, Strong (2001) investigou mil casos de consulta pediátrica em três hospitais, dois no Reino Unido e um nos Estados Unidos. Mas isso é incomum, de modo que a questão da validade das generalizações produzidas é frequentemente levantada de forma mais incisiva. Por outro lado, diversas estratégias podem ser utilizadas para lidar com o problema, de forma mais ou menos adequada (SMALL, 2009; MAXWELL; CHMIEL, 2014; EMMEL, 2013; RAPLEY, 2014). E vale lembrar que nenhum tipo de pesquisa lida perfeitamente bem com as questões de generalizabilidade: pesquisas do tipo *survey* são prejudicadas por altos níveis de não resposta, e experimentos enfrentam desafios em relação à sua validade ecológica. Aqueles que criticam a etnografia por sua *falta de generalizabilidade*, muitas vezes, parecem se esquecer isso.

A forma como o problema da generalização deve ser tratado na etnografia, assim como em qualquer outra área, depende do objetivo. O objetivo é generalizar para uma população finita de casos, já existente ou possível no futuro? Ou, por outro lado, é elaborar e/ou testar uma teoria, que necessariamente supõe um campo potencialmente infinito de casos relevantes, impossível de ser amostrado de uma forma que garanta representatividade, nem mesmo em princípio? Ambos são legítimos.

Schofield (1990) delineou algumas das estratégias que podem ser utilizadas em pesquisas qualitativas cujo objetivo seja a generalização para uma população finita de casos. Neste sentido, ela estabelece distinções importantes entre generalizar para uma população existente (p. ex., buscando identificar o que é representativo daquela população), estudar o que provavelmente se tornará típico no futuro (p. ex., focando em casos que representam a vanguarda de alguma mudança atual), e investigar o que *poderia* se tornar típico (p. ex., investigar novos processos que podem se difundir). Ao mesmo tempo, ela aponta as complexidades dessa generalização (em particular, o que é típico em uma dimensão pode não o ser em outras dimensões relevantes). Ela também destaca a importância dos estudos multissituados ao fornecer uma base para esse tipo de generalização.

Vale ressaltar que talvez seja possível avaliar a tipicidade do caso ou dos casos investigados comparando as suas características relevantes com dados sobre a população-alvo, caso estejam disponíveis em estatísticas oficiais ou em outros estudos. Assim, em sua investigação sobre o casamento entre pessoas de religiões diferentes na Irlanda do Norte, Lee procurou verificar a representatividade de sua amostra de bola de neve comparando algumas das características desses casais com uma tabulação especial dos dados do censo. Isso revelou que sua amostra "tinha um viés claro, favorecendo casais jovens, recém-casados, a maioria deles sem filhos e com níveis de escolaridade relativamente altos" (LEE, 1992: 133). Na medida em que ele não conseguiu corrigir esse viés amostral, pela dificuldade de acesso a casais cuja posição era tão delicada na conjuntura da Irlanda do Norte, ele incorporou isso à sua análise.

Às vezes, é possível até realizar um *survey* de pequena escala, em uma amostra da população, para coletar informações a fim de avaliar a tipicidade dos casos que estão sendo estudados etnograficamente. Assim, em sua investigação sobre alunos da Universidade Rutgers, Moffatt utilizou um *survey* para avaliar em que medida eles recebiam uma orientação vocacional, e ele também pôde comparar seus resultados com os de um estudo nacional (MOFFATT, 1989: 331). Outra possibilidade é combinar o estudo em profundidade de um pequeno número de casos com checagens mais superficiais de outros casos. Por exemplo, em seu estudo sobre as forças policiais, Skolnick (1966) se concentrou em uma cidade, mas ele fez um breve levantamento de agências em outra cidade para verificar a possibilidade de generalização dos seus resultados. Em menor escala, McDermott (2018) comparou situações de modo sistemático para identificar os fatores que permitiam ou estimulavam a expressão do preconceito racial. De um modo geral, nenhuma dessas estratégias é capaz de fornecer evidências absolutamente conclusivas, mas elas podem dar alguma indicação da probabilidade de que os resultados sejam válidos para aquela população: isso é similar ao que tem sido chamado de generalização naturalista ou *moderada* (PAYNE; WILLIAMS, 2005; cf. tb. LARSSON, 2009).

Quando o objetivo é a elaboração e o teste de teorias, a seleção estratégica dos casos é fundamental. Isso pode ser feito de diferentes formas (EMMEL, 2013). Uma delas é o que Glaser e Strauss (1967) chamaram de *amostragem teórica*. O objetivo principal desses autores era a formulação e a elaboração teórica, e eles argumentaram que a seleção dos casos deveria ser planejada para gerar o maior número possível de categorias inter-relacionadas e de propriedades de categorias, assim como facilitar o estabelecimento de relações entre categorias. Eles sugeriram duas estratégias complementares: minimizar as diferenças entre os casos, de modo a destacar as propriedades básicas de uma determinada categoria; e, posteriormente, maximizar as diferenças entre os casos, a fim de aumentar a densidade das propriedades relativas a categorias centrais, integrar categorias e delimitar o escopo da teoria. Como exemplo, eles citam a sua pesquisa sobre os contextos de conscientização envolvendo pacientes moribundos no hospital:

> As visitas aos diversos serviços médicos foram agendadas da seguinte forma: Primeiro, eu queria observar os serviços com baixa conscientização do paciente (assim, primeiro observei um serviço de cuidado de bebês prematuros e, em seguida, um serviço neurocirúrgico onde os pacientes frequentemente estavam em coma). Depois, eu queria observar a morte em uma situação na qual a expectativa dos funcionários e, muitas vezes, dos pacientes era grande e a morte era rápida, então, observei uma Unidade de Terapia Intensiva. Em seguida, eu quis observar um serviço em que as expectativas dos funcionários de terminalidade eram grandes, mas a do paciente poderia ou não ser, e a morte tendia a ser lenta. Então, eu observei um serviço oncológico. Depois, eu queria observar circunstâncias em que a morte era inesperada e rápida, e assim observei um serviço de emergência. Ao mesmo tempo em que observávamos diferentes tipos de serviço, nós também analisamos os mesmos tipos de serviço em outros tipos de hospitais. Assim, nosso planejamento de tipos de serviço era orientado por um esquema conceitual geral – que incluía hipóteses sobre consciência, expectativa e taxa de mortalidade –, bem como por uma estrutura conceitual em desenvolvimento, incluindo questões não previstas inicialmente. Algumas vezes, nós retornamos aos serviços após as duas ou três ou quatro semanas iniciais de observação contínua, a fim de averiguar elementos que precisavam ser checados ou que tinham sido ignorados no período inicial (GLASER; STRAUSS, 1967: 59).

A seleção estratégica de casos desse tipo também pode ser utilizada no teste de hipóteses teóricas. O objetivo, aqui, é selecionar casos para investigação que submetam as teorias a um teste relativamente rigoroso. Um exemplo disso é a sequência de estudos em escolas britânicas de Hargreaves, Lacey e Ball (HARGREAVES, 1967; LACEY, 1970; BALL, 1981; cf. tb. ABRAHAM, 1989; 1995). Eles argumentam que a forma como as escolas diferenciam os alunos com base em critérios acadêmicos e comportamentais – para o agrupamento e a formação de turmas por nível de habilidade* – polariza os alunos em subculturas pró e antiescola. Essas subculturas, por sua vez, influenciam o comportamento dos alunos dentro e fora da escola, e afetam seu desempenho acadêmico. Inicialmente, essa teoria foi desenvolvida e testada em exemplos de três tipos de escola de ensino médio. Além disso, no caso de uma delas – a escola de gramática – uma vez que os alunos que ingressavam nela já eram fortemente comprometidos com os valores escolares desde o ensino básico, variáveis centrais a explicações concorrentes para o processo de polarização – como atitude em relação à escola, aspectos de origem familiar etc. – foram parcialmente controladas (LACEY, 1976). E, em seu estudo da escola Beachside Comprehensive, Ball analisa os efeitos de uma mudança na formação de turmas por nível de habilidade para agrupamentos heterogêneos em uma mesma escola (portanto, alguns fatores permanecendo constantes), levando a um abrandamento da diferenciação. Essa sequência de estudos ilustra o uso sistemático do método comparativo para produzir conclusões gerais e teóricas, em parte com foco em casos *cruciais* ou *críticos*[30].

Vale ressaltar que a estratégia mais adequada para a seleção de casos pode variar no decorrer da pesquisa. Nas fases iniciais, quais casos relevantes serão escolhidos para investigação pode não ser uma questão muito importante. Posteriormente, isso pode ganhar uma importância considerável. Isso significa que as decisões iniciais talvez precisem ser revistas. Klatch relata como, em sua pesquisa sobre mulheres envolvidas em organizações políticas de direita, ela começou com "uma tabela simples de quatro colunas, comparando quatro organizações: dois grupos da 'velha direita' e dois grupos da 'nova direita'; duas organizações 'religiosas' e duas 'seculares'". No entanto, rapidamente, ela se deparou com problemas. Em particular, ela descobriu que:

> as organizações escolhidas para o meu projeto inicial não se opunham, de fato, entre seculares versus religiosas [...]. Além disso, eu observei um padrão geral se formando entre o tipo de mulher "dona de casa", ativa em muitos grupos religiosos/pró-família [...] e

---

* No original, *via streaming, tracking, banding or setting* [N.T.]. Aqui optou-se pela generalização porque não foram encontrados equivalentes para os termos em português – todos eles, com pequenas diferenças, designando o agrupamento homogêneo de turmas por nível de habilidade.

30. Para uma discussão mais aprofundada sobre o processo de desenvolvimento e teste de teorias envolvido nesta sequência de estudos, cf. Hammersley, 1985. Para uma discussão de muitas das questões envolvidas no uso de estudos de caso em análise comparativa, cf. Gomm et al., 2000; Gerring, 2007a; 2007b. Aprofundaremos a discussão sobre o método comparativo no cap. 8.

> o tipo de mulheres "profissionais", ativas nos grupos conservadores de orientação mais secular [...]. O desenho final continuou a se basear em entrevistas em profundidade, observação participante e uma análise textual da literatura de direita, mas eu ampliei a amostra para incluir uma gama muito maior de grupos conservadores, de modo a aumentar a diversidade de mulheres ativistas, ganhando assim uma compreensão melhor das divisões mais amplas no interior da direita (KLATCH, 1988: 75).

Este exemplo reforça o argumento de que o desenho de pesquisa em etnografia é um processo contínuo, não apenas no que se refere à seleção de casos para estudo, mas a outros aspectos também. Consequentemente, a compatibilidade entre os problemas de pesquisa e os casos selecionados deve ser revista com frequência.

Amostragem dentro do caso

A seleção de casos para investigação não é a única forma de amostragem presente na etnografia. Muitas vezes, a amostragem dentro dos casos é igualmente importante. Isso é válido ao menos para os casos cujo tamanho não permite eles serem objeto de estudos exaustivos como, por exemplo, no estudo de Lake et al. (2015) sobre um incidente breve ou, talvez, no estudo de Strong (2001) sobre consultas pediátricas. Geralmente, é preciso tomar decisões a respeito de onde e quando observar, com quem conversar e o que perguntar, além do que registrar e como. Neste processo, não estamos apenas decidindo o que tem ou não relevância para o caso em estudo, mas também elegendo uma amostra dos dados disponíveis, visando à generalização da parte pelo todo. Muitas vezes, este processo de seleção não é resultado de uma decisão consciente – na verdade, nos estágios iniciais da pesquisa, ele geralmente não é – tanto em função da noção ainda incipiente de quais casos serão investigados, e por que, *e* porquanto ainda estão sendo coletadas informações sobre o(s) lugar(es) onde eles se dão. No entanto, é importante que os critérios utilizados sejam explicitados e sistematizados da melhor forma possível, de modo a garantir que, ao final do processo, os dados sobre o caso tenham sido adequadamente amostrados, assim como apontar alguma seleção não intencional que possa induzir a falsas generalizações sobre o caso. As três principais dimensões que envolvem a amostragem dentro dos casos são: tempo, pessoas e contextos.

Tempo

Em relação ao tempo, precisamos reconhecer, em primeiro lugar, as variações no planejamento das atividades de pesquisa, no que se refere a pelo menos três aspectos: o tempo total de permanência em campo, a frequência em que os locais são visitados e a duração de cada visita. Grande parte da etnografia, nos dias de hoje, em contraste com a regra da antropologia no passado, não envolve a presença e a participação diárias em um único lugar, durante um ano ou mais, mas rodadas de coleta de dados mais específicas e episódicas, às vezes, durante um tempo relativamente curto. Murphy descreve um padrão de seu estudo sobre homens idosos que se encontravam regularmente em uma loja de *donuts* do bairro:

> Por mais de quatro anos, eu frequentei a *Steve's Donut Shop* cerca de três ou quatro vezes por semana, por cerca de 1h na fase principal da coleta de dados. O trabalho de campo do lado de fora da loja não teve um padrão tão regular, mas teve mais ou menos a mesma frequência e duração (MURPHY, 2017: 115).

Em relação ao tempo total de permanência em campo, o maior contraste se dá entre o trabalho de campo antropológico tradicional e o que tem sido chamado de etnografia *relâmpago*, *focalizada* ou *rápida* (MILLEN, 2000; KNOBLAUCH, 2005; WALL, 2015). Por sua vez, no que se refere à frequência e à intensidade das visitas, Jeffrey e Troman (2004: 538) identificaram três modos diferentes: *compacto* ("um período curto e intenso de pesquisa etnográfica, em que os pesquisadores residem no local de pesquisa quase permanentemente, por alguns dias até um mês"); *seletivo intermitente* (em que há rodadas curtas e estratégicas de trabalho de campo no decorrer de um período longo); e *recorrente* (envolvendo rodadas de trabalho de campo que visam a observação sistemática de algum período de atividade).

O último deles aponta para como o planejamento da coleta de dados deve se ajustar à forma como o tempo estrutura e é estruturado pela constelação de atividades que ocorrem em um lugar (DALSGAARD; NIELSEN, 2015). Essa estruturação *in situ* pode ser complexa, como Zerubavel demonstrou, no caso dos hospitais:

> A lista de aspectos sociológicos da temporalidade que podem ser discutidos no contexto da vida hospitalar é quase infinita: a estrutura temporal do percurso hospitalar dos pacientes; as relações entre tempo e espaço; prazos e estratégias para cumprir o cronograma; as relações temporais entre as diversas unidades hospitalares; o im-

pacto do tempo organizacional na vida dos profissionais fora do hospital; e assim por diante (ZERUBAVEL, 1979: xxi).

Embora o tempo possa parecer uma dimensão claramente importante na vida social, ele é muitas vezes negligenciado. No entanto, o planejamento da pesquisa deve levar em conta as estruturas temporais, uma vez que as atitudes e atividades variam ao longo do tempo, de formas extremamente significativas para a teoria social (DAWSON, 2014; DALSGAARD; NIELSEN, 2015; ELLIOTT et al., 2017). De fato, não se atentar a elas pode levar a conclusões falsas. Berlak et al. (1975) deram um exemplo disso há muitos anos, em sua pesquisa sobre escolas primárias inglesas *progressistas*, no início da década de 1970. Eles observam que grande parte da literatura jornalística e pedagógica sobre essas escolas sugeria que as crianças simplesmente decidiam sozinhas o que iriam fazer, quando e por quanto tempo. No entanto, por meio de uma investigação intensiva – nos termos de Jeffrey e Troman, em modo *concentrado* – eles descobriram uma realidade um pouco diferente:

> em uma quarta-feira de manhã, nós observamos trinta crianças que, após uma breve conversa com o/a professor/a, foram trabalhar individualmente: algumas começaram a estudar "matemática", outras a estudar ortografia, ou a escrever histórias originais, de maneira semelhante [à qual a literatura descreve]. Não observamos nenhuma atividade docente, naquela manhã, que parecesse direcionar as crianças para o que deveriam fazer. Parecia que as crianças estavam seguindo seus próprios interesses. Contudo, nos dias seguintes, nós observamos eventos e padrões que pareciam explicar o comportamento observado naquela manhã de quarta-feira. Na manhã da segunda-feira seguinte, observamos o Sr. Thomas definir os objetivos mínimos de trabalho para cada matéria naquela semana [...]. Na manhã da sexta-feira seguinte, nós o vimos recolher os "diários" de trabalho das crianças, onde elas registravam em detalhes o trabalho que haviam concluído durante a semana. No fim de semana, o Sr. Thomas e, como descobriríamos mais tarde, às vezes o diretor, checavam todos os cadernos e escreviam comentários nos diários como "bom", "mais matemática", ou o fatídico "me procure" (BERLAK et al., 1975: 218).

Franch e de Souza (2015) apresentam uma análise mais recente dos aspectos temporais da vida nas escolas, neste caso, com foco em uma escola de Ensino Médio no Brasil. Por sua vez, Tjora (2016) observou a importância dos ciclos temporais característicos dos festivais de rock. Em ambos os casos, há implicações claras para o cronograma de pesquisa em tais situações.

Podemos pensar, hipoteticamente, sobre o que seria necessário para evitar erros semelhantes ao destacado pelos Berlaks ao estudar, digamos, o pronto-socorro de um hospital geral urbano. Nesse sentido, qualquer estudo intensivo muito provavelmente revelaria diferentes padrões de trabalho e de atividade de acordo com a hora do dia ou da noite, e de acordo com o dia da semana. A natureza dos encaminhamentos e dos casos de emergência também variam. As noites de sábado provavelmente se caracterizam por taxas e padrões de admissão muito diferentes das noites de segunda-feira, e assim por diante. Neste caso, o estudo de padrões temporais também consideraria a mudança de turnos da equipe de enfermagem, a rotatividade dos médicos residentes, entre outros fatores. Complexidades temporais semelhantes também estão presentes em muitos outros ambientes: em fábricas, bares, cafés, prisões e lares de idosos, por exemplo.

Está claro, portanto, que qualquer tentativa de garantir que todos os tipos relevantes de pessoas, ações, atitudes e eventos sejam representados terá de se basear em uma análise adequada da variação temporal. De um modo geral, certamente é impossível conduzir o trabalho de campo de forma ininterrupta, e algum grau de amostragem do tempo será necessário. Talvez seja preciso adotar vários dos diferentes modos apontados por Jeffrey e Troman, considerando o que se sabe sobre os padrões temporais do campo e, assim, possibilitando que outros sejam descobertos.

Além da questão de estabelecer uma abrangência temporal adequada, provavelmente o pesquisador também identificará períodos e conjunturas particularmente relevantes: a mudança de turno, por exemplo, pode revelar-se fundamental na organização do trabalho e no compartilhamento de informações em alguns contextos. Esses momentos cruciais devem, então, receber uma atenção especial. Considerações semelhantes também se aplicam a dimensões temporais de maior escala, como ciclos sazonais ou anuais e padrões de recrutamento de novas coortes; embora as restrições gerais de tempo e de recursos certamente imponham limitações nesse sentido.

Também podem acontecer *eventos críticos* imprevisíveis (acidentes, a deflagração de um conflito, a chegada de um visitante influente etc.), de modo que a presença ou não do etnógrafo, no momento em que eles ocorrerem, é uma casualidade. Caso sejam testemunhados, pode ser possível estudá-los em primeira mão;

mas, do contrário, será preciso confiar nos relatos retrospectivos de informantes. Em seu estudo sobre assistentes sociais de uma equipe de proteção à criança, Leigh (2014) não estava presente quando uma de suas colegas foi suspensa, mas (contrariando as instruções oficiais) ele ligou para ela para conversar sobre o que havia acontecido.

Até o momento, nos referimos principalmente a questões relacionadas ao trabalho de campo em organizações e similares. Mas deve ficar claro que considerações temporais semelhantes também podem se aplicar ao trabalho de campo em ambientes menos formais. Os padrões da vida urbana, das *relações em público*, a variabilidade no uso dos espaços públicos e os padrões da atividade desviante, todos têm dimensões temporais: as estações, os dias da semana e a hora do dia ou da noite, todos têm seu papel. Da mesma forma, pode ser importante dedicar atenção a ocasiões especiais, como festivais sazonais e carnavais, cerimônias e rituais (KAPFERER, 2010; SYMONS, 2016), embora compreender o rotineiro seja tão importante quanto observar o extraordinário.

Por outro lado, devemos lembrar que qualquer esforço de planejamento da atividade de pesquisa nesse sentido depende de um conhecimento prévio a respeito da organização temporal do lugar, e seu sucesso dependerá de quão preciso ele seja. Por isso, esperar, socializar, passar tempo com as pessoas etc., são muitas vezes essenciais para se obter uma compreensão genuína, além das razões prudenciais e éticas relacionadas ao estabelecimento de relações (cf. MANNAY; MORGAN, 2015; PALMER et al., 2018; cf. tb. cap. 4).

Pessoas

De um modo geral, nenhum lugar é socialmente homogêneo em todos os aspectos relevantes, e a representação adequada das pessoas envolvidas em um caso particular normalmente implica alguma amostragem (a menos que toda a população de atores relevantes possa ser suficientemente estudada em profundidade). Esse problema já foi observado por Rodriquez (2014) em relação às casas de repouso: algumas categorias de funcionários que trabalham nesses locais haviam sido negligenciadas em estudos anteriores.

A amostragem de pessoas pode, às vezes, ser feita com base em um *prontuário* de critérios demográficos relativamente padronizado. Ou seja, dependendo do contexto específico, é possível amostrar pessoas por critérios de gênero, *raça*, etnia, idade, ocupação, nível de escolaridade, e assim por diante. Assim, ao selecionar pessoas para entrevistas em seu estudo sobre bairros negros de classe média, Pattillo-McCoy procurou incluir diferentes faixas etárias e segmentos da classe média, embora ela soubesse que adultos jovens com mobilidade social ascendente estavam sub-representados em sua amostra, pois haviam se mudado do bairro (PATTILLO-McCOY, 1999: 222). No entanto, esses prontuários de categorias são importantes apenas na medida em que eles se referem à análise em desenvolvimento, às teorias rivais ou à garantia de representação com base em alguma população maior; no geral, eles precisarão ser complementados por outras categorias de relevância analítica mais específica. Essas categorias emergentes podem ser tanto *categorias identificadas pelos membros* quanto *categorias identificadas pelo observador* (LOFLAND, 1976; LOFLAND et al., 2006).

O termo *categorias identificadas pelos membros* se refere às tipificações empregadas pelos próprios membros; isto é, são categorias *nativas* que identificam tipos de pessoas. Elas são importantes principalmente porque, muitas vezes, elas constituem a base a partir da qual as pessoas agem, seja em relação a si mesmas ou em relação aos outros. Elas podem estar relacionadas a papéis institucionalizados ou podem ser diferenciações mais informais. Por exemplo, em seu estudo sobre uma prisão feminina, Giallombardo (1966) registra a seguinte coleção de rótulos adotados pelas detentas: alcaguetes, "vendidas" e comandantes; caretas, encrenqueiras; parceiras, aliadas, "fornecedoras", gatunas; "magrelas"; "convertidas", lésbicas, submissas, machonas, "vadias", manipuladoras, putas, "esposas", virgens, rebeldes e vira-casacas. Esses rótulos são adotados em função de "como a detenta reage ao contexto prisional e da qualidade de sua interação" com outras detentas e com funcionários, incluindo estilos de orientação sexual (GIALLOMBARDO, 1966: 270).

Por sua vez, as *categorias identificadas pelo observador* são tipos construídos pelo pesquisador, com o objetivo de capturar variações entre as pessoas que sejam relevantes para a investigação; por exemplo, assinalando diferenças significativas na trajetória através da qual as pessoas chegaram a uma situação particular, ou diferenças de adaptação. Com bastante frequência, essas categorias não apenas se baseiam nas distinções feitas pelos próprios participantes, como também as desenvolvem e sofisticam, como no caso da tipologia complexa de moradores de rua, de Snow e Anderson (1993, cap. 2). Da mesma forma, em um estudo sobre fábricas de automóveis chinesas, Zhang (2015) identifica uma divisão central entre os trabalhadores essenciais com contratos de longa duração, relativamente bem pagos, e um bando de trabalhadores temporários com salários mais baixos, sem benefícios e que podem ser contratados ou despedidos corriqueiramente. Então, a partir dessas categorias, ela estabelece outras distinções; por exemplo, destacando a posição dos estudantes estagiários que são contratados como trabalhadores temporários, recebem um valor abaixo do salário mínimo, não dispõem de nenhum benefício e têm poucas perspectivas de seus estágios virarem empregos permanentes.

Ambas as categorias, identificadas por membros e por observadores, podem ser usadas como base para a amostragem dentro do caso, buscando garantir que todos os tipos de diferença entre as pessoas que possam ser relevantes para a investigação sejam observados adequadamente. Certamente, este processo também está intrinsecamente ligado ao desenvolvimento de ideias analíticas e de estratégias para a coleta de dados.

Contextos

Considerar as variações de contexto é tão importante quanto fazer uma amostragem do tempo e das pessoas. Contudo, é importante não confundir espaços com lugares. Radice (2011: 13) argumenta que aquilo que o etnógrafo inicialmente identifica como uma área distinta e delimitada pode não ser tratada como tal pelas pessoas que nela se encontram. De fato, "os sentidos de lugar são contingentes, emergindo em diferentes escalas e em relação a campos específicos da ação social". Em outras palavras, eles são mais fluidos e complexos do que muitas vezes se supõe. Isso reflete o que dissemos anteriormente a respeito da construção social dos lugares.

Em qualquer ambiente, as pessoas podem distinguir vários tipos de contexto que requerem tipos de comportamento diferentes. Às vezes, as suas fronteiras são claramente demarcadas, talvez até mesmo policiadas ou acirradamente defendidas. Isso reflete o fato de que os espaços podem ser territórios definidos como pertencentes a algum grupo ou categoria de pessoas, e (tão importante quanto) como excluindo outros. Assim como países têm fronteiras que podem ser difíceis de cruzar, em menor escala, existem acampamentos armados e condomínios fechados que estão empenhados em manter as pessoas do lado de fora e/ou de dentro.

Certamente, os territórios e suas fronteiras podem ser menos evidentes do que isso, mas igualmente significativos para a vida das pessoas (LOW, 2017).

Como Sobh e Belk (2011) revelam em seu estudo sobre a vida doméstica das mulheres no Qatar, a forma como os lugares são socialmente definidos e tratados é uma expressão da cultura; isso pode nos dizer muito a respeito do que as pessoas valorizam e do que elas temem, como elas são vistas e como elas se veem. Em outras palavras, os lugares podem carregar significados simbólicos relacionados a identidades ou relações específicas, crenças religiosas ou políticas, diferenças de *status* social, e assim por diante. Além disso, o mesmo lugar pode ser ocupado por mais de um grupo, talvez em momentos diferentes do dia, que o veem de forma muito diferente (CHEVALIER, 2015).

Também podem haver diferenciações funcionais e relações entre contextos, como destacado na famosa distinção de Goffman entre o palco e os bastidores:

> Os fundos ou os bastidores podem ser definidos como um lugar, relativo a uma dada *performance*, onde a impressão gerada pela performance é, via de regra, conscientemente contrariada. [...] É aqui onde a capacidade de uma performance de expressar algo além de si mesma pode ser cuidadosamente fabricada; é aqui onde as ilusões e impressões são construídas abertamente. [...] Aqui, os trajes e outras partes da fachada pessoal podem ser ajustados e analisados em busca de falhas. Aqui, o grupo pode ensaiar sua *performance*, verificando se há expressões ofensivas sem que o público esteja presente para se ofender com elas; aqui, os membros fracos de um grupo, expressivamente ineptos, podem ser treinados ou dispensados da *performance*. Aqui, o ator pode relaxar; ele pode largar sua fachada, abster-se de representar e sair do personagem (GOFFMAN, 1959: 114-115).

Goffman ilustra seu argumento referindo-se a uma grande variedade de lugares, de restaurantes de hotéis a estaleiros.

Ainda segundo Goffman (1963), devemos lembrar que os espaços e as estruturas físicas que os definem são acessórios incorporados aos dramas sociais; ou seja, eles influenciam as ações das pessoas, mas não as determinam. Por exemplo, embora seja um fato bem conhecido que, nas escolas, o comportamento dos professores pode variar muito entre a sala de aula e a sala dos professores (WOODS, 1979; HAMMERSLEY, 1980), o "comportamento da sala dos professores" pode, no entanto, ocorrer em outras partes de uma escola onde as condições sejam apropriadas, ou mesmo fora dela, como em um bar local. Por outro lado, o comportamento típico da sala dos professores pode não ocorrer naquele ambiente se houver visitantes, ou mesmo se o diretor estiver presente.

Para evitar sermos levados pela variabilidade de contextos a falsas generalizações sobre as atitudes e comportamentos dentro de um caso, é preciso identificar os contextos em que as pessoas do lugar agem, reconhecendo que se tratam de construções sociais e não de meras localidades físicas, e tentar nos certificar de que a amostra inclui todos aqueles relevantes para o nosso foco de investigação. Uma forma de fazer isso, já mencionada, é seguir de perto alguns participantes específicos; observando como eles se movem, ao longo do tempo, entre os diferentes contextos que fazem parte de suas vidas ou de seu trabalho (cf. McDONALD, 2005; TROUILLE; TAVORY, 2016; WEGERIF, 2019).

Conclusão

Obviamente, os pesquisadores nem sempre podem selecionar os lugares e casos para o estudo que julguem ser os mais profícuos, ou sempre fazer uma amostragem adequada deles. Os casos que desejamos selecionar podem não estar disponíveis para estudo, por alguma razão; e, mesmo que estejam, será preciso elaborar estratégias eficazes para obter acesso aos dados necessários. Da mesma forma, nem todas as pessoas que queremos observar ou abordar, nem todos os contextos que desejamos incluir em um caso, podem estar acessíveis – certamente, não no momento em que queremos que estejam. O problema de obter acesso aos dados é particularmente crítico na etnografia, uma vez que o pesquisador atua em ambientes onde geralmente tem pouco poder e as pessoas têm suas próprias preocupações urgentes que, muitas vezes, lhes dão poucos motivos para cooperar. É sobre este problema do acesso que trataremos no próximo capítulo.

3
ACESSO

O acesso aos dados costuma ser um grande problema na etnografia. Feldman et al. (2003: vii) sugerem que isso, muitas vezes, surge "como uma surpresa desagradável" para muitos pesquisadores, que não previram as dificuldades que poderiam estar envolvidas[31]. Às vezes, há a questão de se o acesso é mesmo possível, como Ortner (2010) descobriu em um estudo sobre a indústria cinematográfica de Hollywood. Contudo, de um modo geral, é possível encontrar uma *entrada* aos lugares, ou estabelecer contato com o tipo de pessoas que se deseja estudar, ainda que nem sempre isso seja fácil.

Embora o problema do acesso se manifeste mais claramente no início da pesquisa, ele persiste, em maior ou menor grau, ao longo de todo o processo de coleta de dados. Por exemplo, Sampson e Thomas (2003), em seu trabalho de campo a bordo de navios, descobriram que obter a permissão dos proprietários era apenas o primeiro passo: o capitão era um guardião ainda mais importante. No entanto, não obstante o caráter altamente hierárquico da vida a bordo, isso estava longe de ser suficiente para garantir o acesso a informações relevantes de outros membros da tripulação dos navios. Eles relatam que "negociar o acesso é quase uma ocupação de tempo integral, no contexto de bordo" (p. 173). Drake e Harvey reiteram esse argumento em relação à etnografia prisional, destacando "as nuanças das microrrelações que os pesquisadores na prisão devem estabelecer para negociar o seu acesso *diariamente*" (2014: 492; grifo no original). E, como Mazzetti relata (2016: 306-307), referindo-se ao seu estudo de três serviços de resgate e combate a incêndios na Inglaterra, o acesso previamente acordado pode se tornar mais restrito e até mesmo ser abolido, temporária ou permanentemente.

---

31. O livro de Feldman et al. (2003) apresenta uma discussão geral dos problemas de acesso e uma coleção de relatos sobre projetos específicos, focados mais no acesso a indivíduos do que a instituições. Harrington (2003) buscou conceituar a experiência etnográfica de obtenção de acesso a lugares e pessoas com base na teoria da psicologia social, incluindo o interacionismo simbólico.

Obter acesso aos dados necessários é, portanto, uma conquista prática contínua. Como ficará claro, isso envolve o uso de recursos e estratégias interpessoais que todos tendemos a desenvolver na nossa vida cotidiana. Isso pode incluir, às vezes, o que Jefferson (2015: 172) chama de bajulação e "entrar de penetra", mas, geralmente, o que é necessário é uma negociação paciente e a adoção de um perfil discreto. No entanto, conseguir acesso não é *meramente* uma questão prática. Também depende da compreensão teórica e da *sagacidade nativa*. Além disso, a descoberta de obstáculos ao acesso e de meios eficazes para superá-los fornece, por si só, ideias sobre a organização social do lugar ou sobre as disposições das pessoas pesquisadas.

Assim, ao negociar o acesso para um estudo da solenidade pública de um ataque terrorista na estação ferroviária de Bolonha, Tota (2004: 134) constatou que figuras-chave da Associação Bolonhesa de Vítimas suspeitavam de que ela fosse uma agente infiltrada a serviço da inteligência secreta italiana. Isso imediatamente forneceu uma ideia a respeito de seus medos e, de forma mais ampla, uma indicação de alguns dos grupos que eles consideravam habitar sua paisagem. De forma semelhante, ao tentar estabelecer contato com vítimas de linchamento na Irlanda do Norte, Knox (2001: 209) descobriu que fazer isso através das organizações comunitárias era problemático porque as vítimas suspeitavam que essas organizações estavam ligadas aos grupos paramilitares responsáveis pelos linchamentos. Ao invés disso, os oficiais de justiça mostraram ser um caminho mais produtivo, cujos casos incluíam jovens que haviam sido punidos pelos paramilitares por comportamento *antissocial*. Aqui, mais uma vez, no próprio processo de negociação do acesso, ganha-se uma noção de algumas das divisões e relações no interior do campo, que podem ser importantes para a análise.

Certamente, a negociação do acesso também envolve questões éticas; por exemplo, relativas a quem *se deve* pedir permissão, fora aquelas cuja permissão *precisa* ser obtida para que seja possível o acesso inicial (e subsequente). As questões éticas aparecem mais claramente em relação àqueles que ocupam posições subordinadas nos ambientes investigados (p. ex., funcionários, dependentes, crianças ou detentos). Um problema aqui é que os guardiões geralmente falam em nome dessas pessoas – mas elas não deveriam poder decidir por si mesmas se desejam fazer parte de um estudo? Fassin discute o caso de etnógrafos acompanhando policiais em patrulha. Ele escreve que esses oficiais, no geral, simplesmente têm que aceitar o acompanhante como parte do trabalho; é algo imposto a eles por seus superiores. Certamente, o grau de receptividade dos oficiais ao acompanhante varia, mas todos sabem que a hostilidade aberta pode desagradar seus superiores (FASSIN, 2017a: 35).

Além disso, um pesquisador pedir permissão àqueles considerados subordinados, depois que os guardiões já concederam acesso, pode ser visto como uma afronta à autoridade desses guardiões, especialmente onde existem estruturas hierárquicas de autoridade. Condução e negociação cuidadosas podem ser necessárias, então, levando em consideração questões práticas e éticas. Como em qualquer lugar, as portas podem se fechar ou se abrir.

No processo de negociação do acesso, outra questão igualmente importante é o que dizer às pessoas – guardiões e outros – no que se refere ao objetivo da pesquisa e ao que isso implica para elas, incluindo possíveis consequências da publicação dos resultados. Como veremos, o consentimento informado nem sempre é possível e, às vezes, não é aconselhável na pesquisa etnográfica (e em outras áreas também) (HAMMERSLEY; TRAIANOU, 2012, cap. 4 e 11). Contudo, isso não significa que as questões relativas ao fornecimento de informações e ao consentimento não sejam importantes.

Abordando o campo

Diversas estratégias iniciais podem ser adotadas na busca de acesso, variando de acordo com a natureza do lugar e das pessoas nas quais se tem interesse. Em ambientes e grupos relativamente informais, pode ser uma questão de simplesmente ir até o local referido ou até onde as pessoas relevantes se reúnem. Na verdade, pode-se pensar que os problemas de acesso seriam evitados completamente ao estudar lugares *públicos*, como ruas, veículos de transporte público, parques e locais semelhantes. Isso às vezes pode ser verdade, uma vez que qualquer pessoa pode, em princípio, acessar tais locais públicos. Por exemplo, McDermott (2018: 189-190) conduziu observações na sala de espera de uma repartição pública em Greenville, na Carolina do Sul. Ela usou até de um cúmplice para investigar as reações às pessoas que não falam inglês (havia tido um aumento recente na imigração latina). No entanto, mesmo que a presença física no lugar seja possível sem qualquer negociação prévia, isso pode não ser suficiente para a realização da pesquisa. Por exemplo, os locais públicos podem se caracterizar por estilos de interação social marcados pelo que Goffman (1971) chamou de *desatenção civil*: demonstrações de um desinteresse calculado pelos demais, contato visual mínimo, gerenciamento cuidadoso da proximidade física, e assim por diante. Existe, portanto, a possibilidade de que a atenção e o interesse do pesquisador no que está acontecendo possam infringir esses delicados rituais de interação.

Também é significativo o fato de que boa parte das atividades em locais públicos são passageiras e transitórias. Assim, o pesquisador de campo que desejar fazer observações relativamente demoradas pode ter que lidar com o problema da *ociosidade* e, talvez, ter que justificar, de alguma forma, a sua permanência prolongada. Um exemplo clássico vem do estudo de Laud Humphreys (1975) sobre o *banheirão**; isto é, homens que procuram contato sexual com outros homens em banheiros públicos. Ele afirma que, para possibilitar a observação nesse tipo de lugar, ele precisou ser aceito assumindo um papel diferente: uma *bicha de guarda***, ao mesmo tempo *voyeur* e vigia da chegada da polícia. A estratégia inicial de Stuart (2018: 231), de se tornar um vendedor ambulante em Skid Row, teve menos sucesso. Para disfarçar que estava fazendo anotações, ele segurava um jornal e escrevia nele como se estivesse fazendo as palavras-cruzadas. Um dos vendedores ambulantes comentou: "'Todo mundo sabe que os caras não fazem palavras cruzadas' [...]. 'Fala sério! Essa é a maior prova de que você não é realmente daqui'".

Claro, alguns locais públicos são mais propícios à ociosidade, como Murphy revela em seu estudo de homens idosos que frequentavam uma loja de *donuts* do bairro. Além disso, ao estabelecer contatos por lá, ele conseguiu obter acesso a outros aspectos da vida dos homens:

> A entrada no Grupo das 9h no *Steve's* ocorreu naturalmente. Embora os membros do grupo interajam regularmente com todos os tipos de pessoas e, de fato, convidem "outros" para se sentarem à mesa de vez em quando, eles se sentem mais confortáveis de convidar pessoas "como eu"; isto é, pessoas que se identificam como homens, brancos e heterossexuais. No primeiro momento, eu observei esses homens sentado em outra mesa na loja, nos cumprimentamos algumas vezes e conversamos um pouco durante algumas semanas. Um dia, na presença dos frequentadores da manhã, Steve (o proprietário da loja de *donuts*) me deixou "no comando da loja" enquanto ele atravessava o amplo estacionamento até a caixa de

---

* No original, *tearoom trade* [N.T.].

** No original, *watchqueen* [N.T.].

correios. Ao fazer isso, sem perceber, Steve validou minha presença, ao expressar simbolicamente sua própria avaliação de que eu era digno de confiança [...]. Depois daquele dia, eu tinha liberdade de tomar meu café na "mesa deles". Depois de conhecer os homens do Grupo das 9h, passei a almoçar com eles individualmente de vez em quando – em restaurantes locais e em suas casas. Fiz afazeres com eles (ir ao hospital de veteranos, ao supermercado ou à loja de ferragens, p. ex.) e os ajudei em várias tarefas em casa (converter um aparelho de televisão analógico em digital ou instalar uma cobertura em um pátio, p. ex.). Eu participava de atividades de lazer com eles (festas de aniversário e passeios de bicicleta, p. ex.) e os visitava em suas casas. Depois de mergulhar em esferas mais profundas de suas vidas cotidianas, acabei ganhando a liberdade de "dar uma passadinha" na casa de muitos deles, sem ser convidado e sem avisar (MURPHY, 2017: 114).

No entanto, nem sempre é tão fácil ser aceito nesses lugares semipúblicos. Anderson narra um processo um pouco mais difícil para obter acesso ao bar *Jelly's*, na parte sul de Chicago, e pontua a diferença entre estar em um lugar e ter acesso às relações sociais que se dão nele. Ele cita uma nota de campo de sua primeira visita:

Quando eu entrei no bar, me sentei no balcão e pedi minha primeira bebida, eu atraí a atenção, direta e indireta, da maioria dos outros fregueses. Eles não tiraram os olhos de mim, abaixaram a voz e pararam de interagir tão abertamente entre si, enquanto ouviam com atenção o que eu falava para a garçonete, observando inclusive como eu me dirigia a ela. Eles queriam informações sobre mim, e eu dei, ainda que involuntariamente, durante minhas interações com eles. [...] Quando a garçonete trouxe minha cerveja, eu paguei na hora, exatamente como indicava a placa ("Por favor, pague ao ser servido") no grande espelho à minha frente. Ela aceitou meu pagamento prontamente. Por ser um estranho, eu tinha que pagar ao ser servido, enquanto as pessoas à minha volta, provavelmente clientes regulares, bebiam rodadas e rodadas fiado. Estava claro que a regra se aplicava a forasteiros como eu (ANDERSON, 2006: 40).

Assim, os indivíduos e grupos que se deseja estudar podem estar disponíveis em lugares públicos, mas eles nem sempre são receptivos aos pesquisadores, ou mesmo a estranhos de qualquer tipo. Harper (2018: 113-114) descobriu praticamente a mesma coisa ao acessar a vida de mendigos: senso de oportunidade e comedimento eram fatores-chave.

Mais do que isso, em lugares públicos também pode haver territórios de vários tipos, como Goldstein (2016) revela em seu estudo sobre vendedores ambulantes e comerciantes em uma cidade da Bolívia (cf. tb. CHEVALIER, 2015). É possível ser acolhido por aqueles que controlam o território, como foi o caso, em grande medida, do estudo de Wasserman e Clair (2010) sobre moradores de rua, no qual os pesquisadores simplesmente apareceram em um local onde eles sabiam que essas pessoas se reuniam. Ao estudar um grupo semelhante, Stuart (2018: 224) inicialmente enfrentou uma reação mais negativa, mas, depois de a razão ter sido esclarecida, ele foi capaz de superar o problema: a sua aparência e o seu comportamento eram *muito brancos* e, por isso, chamavam a atenção da polícia.

De fato, às vezes é necessário um longo tempo de espera, assim como um pouco de sorte, antes que o acesso seja obtido, como ilustra a experiência de Wolf:

> Como um aluno novo da pós-graduação em antropologia na Universidade de Alberta, em Edmonton, eu queria estudar a "Tribo Harley". A minha intenção era obter uma perspectiva interna das emoções e da dinâmica que subjazem à criação de uma subcultura alternativa pelos motociclistas rebeldes [...]. Eu personalizei minha Norton, coloquei umas roupas de motociclista e parti para o trabalho de campo. As minhas primeiras tentativas de estabelecer contato com um clube marginal foram quase um desastre. Em Calgary, conheci vários membros do *Kings Crew MC* em uma loja de motocicletas e demonstrei meu interesse em "colar com eles". Mas eu fui impaciente e forcei a situação fazendo muitas perguntas. Rapidamente, eu descobri que os forasteiros, mesmo os motociclistas, não precipitam sua entrada em um clube, e que quem não demonstra a devida reserva é vetado.

Depois disso, Wolf comprou uma moto nova e se aproximou de outro grupo, os *Rebels*, em uma "última tentativa ou vai ou racha". Ele conta que se sentou em um bar e ficou observando, pensando em como abordá-los:

> Quando eu me sentei no canto oposto do *Kingsway Motor Inn* e observei os *Rebels* tomando suas bebidas, me dei conta de que eu estava muito mais nervoso do que pensava. O estrondo do som de rock pesado tornava difícil, senão impossível, fazer uma introdução sutil e não dava para distinguir rostos nem traços individuais em meio à névoa de fumaça, apenas um punhado de emblemas de caveira do *Rebels* costurados às jaquetas de couro, em um canto do bar que as pessoas de fora pareciam evitar com cautela [...]. Eu decidi ir lá fora e pensar uma estratégia de abordagem, incluindo a minha reação caso algum deles virasse para mim e simplesmente dissesse

"Quem te convidou?" Eu havia pensado em cinco abordagens diferentes quando Wee Albert, dos *Rebels MC*, saiu do bar para dar uma conferida nos "metais dos *Rebels*" no estacionamento. Ele me viu encostado na minha moto e veio me sondar. Durante algum tempo, Wee Albert e eu ficamos parados no estacionamento e conversamos sobre motos, dirigir ao vento e a tradição da Harley. Ele me mostrou algumas das *choppers* mais impressionantes dos *Rebels* e detalhou o trabalho de personalização que os membros do clube haviam feito em suas máquinas. Então, ele examinou a minha *motoca*, deu um grunhido de aprovação e me convidou para entrar e me juntar à mesa dos *Rebels*. Beber no bar do clube regularmente me deu a oportunidade de conhecer os *Rebels*, e deu a eles a oportunidade de me observar e de me avaliar em um território neutro. Eu havia cruzado a primeira de uma longa sequência de fronteiras que todos os motociclistas têm que atravessar, caso queiram se aproximar de um clube (WOLF, 1991: 212-215).

Portanto, estabelecer contato em locais públicos com as pessoas que se deseja estudar pode ser um processo difícil e longo. Embora, sem dúvidas, a experiência de Wolf tenha sido extrema, ela reflete o fato de que pode haver um processo de avaliação do pesquisador para ver se ele é honesto e confiável, e talvez também para descobrir se participar da pesquisa será interessante ou chato, útil ou frustrante.

Para estabelecer os contatos iniciais, muitas vezes, o papel dos apoiadores* pode ser crucial. Wee Albert inicialmente cumpriu esse papel para Wolf, mas existem muitos outros exemplos na história da pesquisa etnográfica. O mais famoso é *Doc*, que apoiou o estudo de Whyte (1981) sobre *garotos de rua* em Boston, no final dos anos de 1930 e início dos anos de 1940. O apêndice metodológico de Whyte é uma descrição clássica do desenvolvimento fortuito de um projeto de pesquisa, e o encontro com Doc foi um fator determinante no seu avanço. Doc concordou em oferecer a Whyte a proteção de sua amizade e o orientou quanto à conduta e o comportamento adequados. Da mesma forma, no caso de Liebow (1967), *Tally* o apoiou, apresentou-o a um círculo de amigos e conhecidos e, assim, deu a ele acesso aos dados necessários.

Muitas vezes, parece que os apoiadores decidem assumir este papel, ao invés de serem escolhidos pelo etnógrafo. E, mesmo que o etnógrafo esteja à procura de tal pessoa, ainda haverá um elemento de autosseleção. Chege fornece um exemplo:

---

* No original, *sponsors* [N.T.].

> Conheci Muza no meu primeiro dia em Galu, enquanto olhava minha filha e meus sobrinhos brincando na praia. Ele se aproximou de nós, puxou a conversa nos cumprimentado educadamente, e depois sentou-se para brincar com as crianças na areia enquanto conversávamos. Eu o ouvi enquanto ele narrava espontaneamente aspectos de sua origem familiar e os motivos da sua presença na praia. Não fiz nenhum esforço para conduzir a conversa em uma direção específica. Durante a nossa interação, ele mencionou ter um irmão e alguns antigos conhecidos de praia que moravam na União Europeia. Ele contou que todos haviam emigrado depois de estabelecerem uma relação de amizade com turistas brancas estrangeiras. Nesse momento, ele não sabia nada sobre meu estudo. Quando nos preparávamos para deixar a praia, eu comentei que provavelmente pediria a sua ajuda para um trabalho escolar que eu iria fazer na região. Não marcamos nenhum encontro, sabendo que nos veríamos na praia nos dias seguintes. Inusitadamente, nos encontramos no dia seguinte, enquanto eu caminhava por uma parte diferente da praia. Contei a ele sobre meus estudos e expliquei meu interesse pelos homens que trabalham nas praias. Ele demonstrou entusiasmo em me ajudar a encontrar participantes, e prometeu me colocar em contato com seus amigos e outros conhecidos da praia. Esta "entrada [relativamente] fácil no campo" foi uma surpresa para mim, pois eu imaginei que eu teria que explorar vários contatos antes de encontrar um participante disposto ou um facilitador. O que poderia explicar o consentimento espontâneo de Muza? O que ele ganhava com isso? (CHEGE, 2015: 470).

Às vezes, apoiadores como Muza se transformam em assistentes de pesquisa, sendo remunerados e assumindo uma variedade de funções. Jenkins fornece um exemplo:

> Depois de algumas semanas trabalhando com ele, eu ofereci a Hassan um salário semanal e ele se tornou uma companhia quase constante. Inicialmente, ele atuou como um guia e informante-chave em Kibera, me mostrando o assentamento e falando abertamente sobre etnicidade e política no Quênia. No entanto, com o passar do tempo, seu papel se tornou cada vez mais complexo, à medida que ele começou a cruzar as fronteiras entre assistente, guia, colaborador e amigo. Ele não apenas gerenciava as questões práticas e a logística do projeto, organizando viagens e hospedagem em locais fora de Nairóbi, e recrutando agentes de campo locais para nos ajudar a transitar em cada área, como ele também assumiu um papel mais colaborativo. Ele se envolveu cada vez mais em discussões sobre o

desenho da pesquisa, esclarecendo questões de acesso e segurança; ele passou a atuar como tradutor nas entrevistas, quando percebemos que os entrevistados ofereciam histórias pessoais muito mais detalhadas quando falavam em suaíli, ao invés do inglês; muitas vezes, ele assumiu a liderança no estabelecimento de relações com os entrevistados, com sua posição ambígua de membro parcial e sua personalidade encantadora facilitando a abertura e franqueza da conversa; e ele começou a oferecer contribuições analíticas, fazendo algumas perguntas durante as entrevistas (JENKINS, 2018: 5).

Apoiadores, assistentes e informantes trazem consigo uma bagagem de relações* de vários tipos; de certa forma, é isso que os torna úteis para o etnógrafo. Por exemplo, ao estudar questões de segurança em um mercado na Bolívia, Goldstein (2016) contratou um assistente de pesquisa que era mestre em kung fu. No entanto, esses antecedentes também podem implicar desvantagens e perigos. Por exemplo, em sua antropologia da *linha de frente*, durante e após a guerra em Serra Leoa e na Libéria (HOFFMAN; TARAWALLEY, 2014), o apoiador e colaborador de Hoffman (Tarawalley) era uma das figuras-chave nas Forças Especiais de Defesa Civil pró-governo, um grupo de combatentes que incluía um grande número de veteranos da guerra anterior da Libéria. Naquele momento, ele estava trabalhando para recrutar combatentes de Serra Leoa e da Libéria para um segundo grupo de milicianos que, pouco depois, derrubaria o presidente da Libéria, Charles Taylor. Entre as diversas implicações disso para Hoffman, havia questões éticas relativas ao consentimento informado por parte dos soldados a quem Tarawalley o apresentou. Além disso, a parceria de Tarawalley com um pesquisador ocidental servia aos seus próprios objetivos políticos e, logo, Hoffman estava envolvido neles.

Assim, apoiadores e assistentes de pesquisa às vezes também têm características ou problemas pessoais que podem prejudicar sua importância para a pesquisa, independentemente das vantagens que ofereçam. Cons (2014) relata como, enfrentando grandes dificuldades para chegar à área de fronteira, ou os *enclaves*, em Bangladesh, ele se encontrou por acaso, no Arquivo Nacional de Bangladesh, com um repórter jovem e extraordinariamente magro que estava trabalhando nos antecedentes de uma história:

---

* No original, *background commitments* [N.T.].

Saiful se apresentou e perguntou no que eu estava trabalhando. Rapidamente, eu me vi envolvido em uma conversa sobre a política da fronteira. Saiful me impressionou imediatamente, por diversos motivos. Como estudante de mestrado em Relações Internacionais, na Universidade de Dhaka, ele já havia visitado brevemente os enclaves. Assim, ele poderia oferecer um relato em primeira mão de um espaço que, devido à agitação política pré-eleitoral, eu ainda não havia conseguido visitar. Sobretudo, ele imediatamente compreendeu e se entusiasmou com as dimensões teóricas e conceituais do meu projeto, e não apenas as meramente empíricas. Em nosso diálogo breve, Saiful identificou e se envolveu com as questões que eu estava interessado em explorar mais a fundo – as contradições* desses enclaves e as diferentes noções de nação e Estado, a sua constituição política e histórica como lugares de disputa, e as condições precárias de vida, dentro e ao redor deles. Para completar, ele era extremamente charmoso. Senti que ele era alguém que eu poderia facilmente chamar de *amigo*. [...] Enquanto comíamos um frango ao *curry*, perguntei a Saiful se ele gostaria de fazer uma visita exploratória aos enclaves comigo. A visita aconteceu uma semana depois, durante uma trégua momentânea nos *hartals* (paralisações) eleitorais, e foi surpreendentemente produtiva. Durante a viagem, eu fui cativado por Saiful e, rapidamente, nos tornamos amigos. Saiful tinha um olhar incisivo e perspicaz, um humor afiado e sarcástico, uma memória quase fotográfica para detalhes e, a meu ver, um desrespeito saudável e vivaz pela autoridade – incluindo, muitas vezes, a minha. Eu senti que trabalhamos bem juntos nas discussões iniciais com informantes na fronteira, e achava o nosso diálogo e a redação conjunta das notas de campo após um dia de trabalho inspiradores (CONS, 2014: 379).

Contudo, resultou que o seu novo assistente tinha um sério problema com drogas, o que tornou a colaboração entre eles cada vez mais difícil até, por fim, se romper.

Como já foi mencionado, os apoiadores e assistentes podem ser importantes não apenas para possibilitar o acesso a redes e situações sociais, mas também para orientar o pesquisador a respeito de como ele deve se vestir e se comportar para se *encaixar* em um ambiente. Às vezes, os pesquisadores estudam lugares nos quais já estão inseridos, de uma forma ou de outra – o que Alvesson (2009) chamou de "etnografia em casa". Há vantagens óbvias nisso: embora o acesso ainda pre-

---

* No original, *the imperfect fit* [N.T.].

cise ser negociado, o etnógrafo já tem boa parte do conhecimento prévio e dos contatos necessários. De fato, às vezes, pode ser que ninguém *de fora* consiga obter o tipo de acesso necessário, como McKenzie (2015: 4) alega em seu estudo de *St. Ann's*, um conjunto habitacional de classe trabalhadora em Nottingham, no Reino Unido, onde ela cresceu e ainda vive. Porém, embora um participante estabelecido e integrado ao lugar possa ter boas relações com alguns grupos de pessoas, esta posição pode dificultar o estabelecimento de relações com outros grupos. De fato, às vezes, ser visto como alguém estranho a um ambiente pode permitir formas de acesso que não estão disponíveis para alguém de dentro. Além disso, quem é um membro e quem é um estranho é uma definição social local e, às vezes, específica da ocasião (MERTON, 1972).

Em sua etnografia de uma agência de proteção à criança na qual ela já trabalhava, Leigh comenta:

> Eu estava convencida de que a minha posição me permitiria gerar dados ricos e inéditos, em comparação aos de um pesquisador externo que continuaria alheio ao ambiente em estudo e que, portanto, não teria aquele conhecimento profundo que pode ser tão difícil de obter para o forasteiro profissional (LEIGH, 2014: 429).

Ela declara ter pensado que, por ser uma pessoa *de dentro*, ela "já teria um passaporte que eu poderia usar para burlar o controle de entrada com facilidade" (2014: 430). No entanto, obter acesso aos dados não foi tão simples quanto ela pensava. Ela escreve:

> As dificuldades com as quais eu me deparei não apenas afetariam as minhas relações já estabelecidas no campo, mas também me levariam a questionar minha lealdade à agência para a qual eu trabalhava, afetando, assim, a minha própria identidade enquanto profissional e me transformando também, com efeito, em um dado (LEIGH, 2014: 429).

Além disso, ela observa que:

> Ser uma "pessoa de dentro" não significava que eu estava a par de todas as informações que eram mantidas no interior da organização e, em certos contextos da minha microcultura, havia aspectos da inteligência que eu desconhecia, áreas em que eu talvez tenha me sentido mais alheia do que um estranho se sentiria. Vejamos, por exemplo, o seguinte trecho de uma entrevista que fiz com um gerente:
>
> > Bem, este é o problema, porque agora você está me fazendo perguntas que quero responder, mas eu ainda estou ciente

de que sou seu gerente e que eu não devo compartilhar essas informações com você, pois você trabalha na minha equipe (Notas de campo, 19/01/2012) (LEIGH, 2014: 430).

No que se refere ao acesso, devemos ter sempre em mente a pergunta: acesso a quê? À medida que a investigação prossegue, é preciso avaliar a que necessitamos ter acesso e como obtê-lo, e esta é uma tarefa que tanto os "de dentro" quanto os "de fora" enfrentam, independentemente de como sejam definidos.

Guardiões

Em muitos casos, obter acesso é um processo muito mais formal do que na maioria dos exemplos discutidos até agora. Há lugares onde as fronteiras são institucionalizadas, difíceis de cruzar e podem até ser vigiadas. Em organizações formais, por exemplo, as negociações iniciais do acesso podem se concentrar em obter uma autorização oficial, de dentro da organização ou de fora dela. Às vezes, pode ser possível acionar redes pessoais ou institucionais para encontrar contatos que possam fornecer informações sobre um lugar ou grupo de pessoas, e facilitar o processo de obtenção do acesso. Cassell (1988: 94) relata que, após inúmeras tentativas frustradas de obter acesso para um estudo sobre cirurgiões, "quase na última hora [...] um amigo do meu ex-marido disse que eu poderia fazer a pesquisa no hospital onde ele era diretor clínico (e redigiu uma carta nesse sentido)". Em sua investigação sobre os banqueiros de investimento de Wall Street, Ho (2009: 13) relata ter se "aproveitado da minha origem socioeconômica e das minhas conexões com universidades de elite". Ela comenta que "minha entrada em Wall Street foi possibilitada pelas conexões institucionais e *familiares* de elite entre universidades particulares e os bancos de investimento de Wall Street, em que ex-alunos de universidades de prestígio têm acesso privilegiado a Wall Street".

O acesso às organizações pode demandar o cumprimento de regras burocráticas complexas, nem sempre favoráveis à investigação etnográfica. Sloan e Wright relatam que:

> Atualmente [...] o primeiro passo para *acessar* o sistema prisional da Inglaterra e do País de Gales é [...] a solicitação ao Serviço Nacional de Gestão de Infratores*, pelo formulário padrão do Noms ou através do Sistema Integrado de Requerimento de Pesquisa. O site do Ministério da Justiça declara que o Noms apoiará e "incentivará" a

---

* No original, *National Offender Management Service* (Noms), na sigla em inglês [N.T.].

pesquisa "sempre que ela tenha o potencial de aumentar a eficiência dos nossos serviços, no curto ou longo prazo" [...]. O *ethos* claramente positivista e pragmático implícito aqui, além das exigências de que o projeto de pesquisa comprove "benefícios" claros ao Noms, resultaria em um cenário no qual pesquisadores abertamente comprometidos com a etnografia – dedicados a um tipo de investigação aberta e exploratória, e que abertamente rejeitam a validade e a utilidade dos princípios do positivismo [...] – podem não querer ou nem serem capazes de cumprir as exigências do Noms de que a pesquisa que forneça resultados específicos e gerencialistas.

E eles acrescentam:

Além disso, mesmo com a aprovação do Noms, isso não garante que a pesquisa será realizada, quase sempre por motivos alheios ao controle do pesquisador; por exemplo, das quatro prisões [para as quais foi obtida a aprovação] apenas três diretores concordaram com a pesquisa em seu estabelecimento. O quarto recusou a permissão para a pesquisa, alegando que [...] um equipamento de gravação precisaria ser levado para a prisão (SLOAN; WRIGHT, 2015: 149).

Como fica claro, mesmo onde existem canais oficiais, a negociação é muitas vezes necessária para obter acesso às organizações: raramente, trata-se de apenas seguir os procedimentos. Além disso, às vezes, pode ser preciso negociar o acesso com uma sucessão de guardiões:

Para realizar a pesquisa, foi preciso conseguir a permissão formal da UWA [Uganda Wildlife Authority]* e do Conselho Nacional de Ciência e Tecnologia de Uganda (UNCST)**. A UNCST é a agência governamental responsável por supervisionar os projetos de pesquisa realizados em Uganda. De modo semelhante a um conselho de avaliação institucional, a UNCST exigia uma explicação detalhada do desenho da pesquisa. Da mesma forma, o departamento de pesquisa e monitoramento da UWA exigia um processo semelhante para obter acesso à instituição e à área de estudo. [...]

Depois de enviar os formulários, acompanhei um dos membros da minha banca de dissertação à Uganda para me encontrar formalmente com seus contatos na UWA. Em março de 2012, passei três semanas entre a sede da UWA, em Kampala, e o Qenp [Queen Elizabeth National Park]***. Essa visita foi fundamental por vários

---

* Entidade de proteção da vida selvagem de Uganda [N.T.].
** No original, Uganda National Council for Science and Technology [N.T.].
*** Parque Nacional Rainha Elizabeth [N.T.].

> motivos: primeiro, ela agilizou o processo de aprovação da pesquisa, pois pude pagar as taxas de pesquisa pessoalmente. Em segundo lugar, eu pude debater o projeto com os guardiões-chave, tanto na sede em Kampala quanto na sede do Qenp, em Katunguru (MORETO, 2017: 445-446).

As exigências que os regulamentos e procedimentos institucionais estabelecem também podem, algumas vezes, dificultar muito a realização da pesquisa, mesmo após o acesso ter sido concedido. Pode ser preciso uma dose de criatividade para encontrar uma forma de avançar. Por exemplo, atualmente, em alguns países, é comum que pesquisas em escolas, especialmente aquelas com foco nos alunos, exijam o consentimento dos pais para que seus filhos participem do estudo. Assim, é preciso pedir aos alunos que levem os formulários de consentimento para casa, e (na medida do possível) restringir o foco da investigação àqueles cujos pais concordaram – uma tarefa nada fácil na pesquisa etnográfica. Um problema aqui é que as taxas de devolução desses formulários, geralmente, não são altas, não porque os pais não estejam dispostos a dar o consentimento, mas porque, muitas vezes, os formulários são esquecidos ou perdidos. Em seu estudo de uma grande escola secundária urbana na Inglaterra, Hudson adotou uma estratégia eficaz (embora, talvez, não tão politicamente correta) para lidar com este problema: ela fez uma rifa de cupons para o McDonald's e todos os alunos que devolvessem os formulários preenchidos (concordando ou recusando o consentimento) participariam do sorteio (HUDSON, 2004: 267).

Outro problema é o fato de que identificar os guardiões relevantes nem sempre é tarefa simples. Mesmo em organizações burocráticas formais, pode não ser óbvio de quem é preciso obter permissão, ou a boa vontade de quem seria aconselhável garantir. De fato, a distinção entre apoiadores e guardiões não é, de forma alguma, inequívoca. Isso também é válido para o estudo das comunidades locais. Em seu estudo sobre a violência na Irlanda do Norte, Knox reconheceu que a sua pesquisa "precisou da aprovação dos paramilitares ou, pelo menos, que eles fossem informados de que um trabalho de campo desta natureza estava sendo conduzido e qual era o seu propósito". Ele comenta que "a 'aprovação' deles foi assegurada por contatos com representantes políticos importantes em ambas as comunidades [republicanos e legalistas], supostamente para 'mantê-los informados' sobre o nosso trabalho; o que, na verdade, equivaleu a garantir seu endosso não oficial" (KNOX, 2001: 212).

Também pode acontecer de aqueles que formalmente estão na posição de guardiões não tenham o poder de garantir o acesso, como Frandsen (2015) constatou em seu estudo sobre uma empresa ferroviária *paranoica*. Ela conseguiu a aprovação de pessoas-chave, tanto na administração quanto no sindicato: "Além de poder conduzir 20 entrevistas com fiscais de bordo, tenho permissão para acompanhar os fiscais no trem". No entanto, ela descobriu que isso garantia muito pouco acesso aos fiscais de bordo que ela pretendia estudar:

> Em uma das reuniões de apresentação, eu consegui recrutar um único fiscal de bordo. Em um e-mail posterior, ele explica que prefere se encontrar em um café e não nas instalações da *E-rail*, porque ele teme que alguém possa nos ouvir. "Se nos encontrarmos na estação ferroviária [...], podemos 'nos esconder' em um café. É mais discreto assim" (Christian, 16/08/2012, apud FRANDSEN, 2015: 167).

No fim, ela obteve apenas sete entrevistas e não conseguiu fazer nenhuma observação. No entanto, é possível ter mais sorte na relação com os guardiões:

> A impressão que eu tive da atitude das pessoas comigo foi a de que elas estavam muito curiosas e eram muito simpáticas. Percorrendo os caminhos do campo, eu era constantemente importunada por camponeses curiosos, que não tinham vergonha de falar de seus problemas, principalmente em relação à terra. Eu demorava pelo menos 1h para cruzar de um lado a outro da aldeia devido à necessidade constante de parar e conversar. Isso contrasta visivelmente com os relatos que eu havia recebido de antropólogos que trabalharam em áreas de língua quíchua no Peru e que acharam as pessoas sisudas e pouco comunicativas. Acho que um dos motivos para isso é o fato de minhas apresentações na área terem sido excepcionalmente boas. Por um lado, a minha apresentação oficial através do Ministério da Agricultura se deu por meio do único funcionário de quem eles não desconfiavam. As pessoas se referiam a ele como "uma boa pessoa, ele não tentou nos enganar como os outros funcionários". Por outro lado, eu fui apresentada por membros da Igreja Católica progressista e, durante um tempo, vivi no mesmo prédio que eles. Por acaso, eles também eram europeus. A identificação deles com os camponeses e a identificação das pessoas comigo, por estar com eles, foram extremamente valiosas (RAINBIRD, 1990: 89).

Contudo, mesmo o guardião mais cordial e prestativo influirá na condução e no desenvolvimento da pesquisa. Em maior ou menor grau, o etnógrafo será alinhado (ao menos inicialmente) com as redes existentes de amizade e inimizade, com o território e as *fronteiras* correspondentes. Ao ser *acolhido* por algum guardião, o etnógrafo pode ter dificuldade de alcançar a independência, descobrindo que a pesquisa é enquadrada pelo horizonte social de um indivíduo ou grupo apoiador. Esses compromissos sociais e pessoais podem bloquear certas vias de investigação. Neste caso, assim como em outros aspectos, o que inicialmente era uma relação facilitadora com um guardião pode se tornar um problema mais tarde.

Garantindo ou não o acesso ao lugar, de um modo geral, e compreensivelmente, os guardiões estarão preocupados com a forma em que o etnógrafo retratará a organização ou a comunidade – eles geralmente terão interesses práticos em ver a si mesmos e aos seus pares retratados de forma favorável. Sobretudo, eles vão querer defender aquilo que eles percebem como seus interesses legítimos. No entanto, eles também podem tentar usar a pesquisa para seus objetivos próprios: Alcadipani e Hodgson (2009) ilustram esse problema no caso de uma pesquisa sobre uma empresa gráfica (*OneCo*) vinculada comercialmente a um jornal (*RedPaper*):

> Tive uma reunião com o DP [Diretor de Produção] da *RedPaper*, o DA [Diretor Administrativo] da *OneCo* e o Gerente Sênior de Produção (GSP) da *OneCo*. Não durou mais do que 15min. Depois de ver minha proposta, o DA me garantiu que eu poderia ficar o tempo que quisesse e que poderia ter acesso a tudo porque sua empresa não tinha "nada a esconder". [...] Eu também poderia utilizar os dados coletados para fins acadêmicos, desde que eu concordasse em proteger o anonimato da empresa e dos indivíduos, e em apresentar os resultados da minha pesquisa. Naquele momento, eu não vi nenhum problema ético, pois estava confiante de que havia levado em consideração as medidas éticas necessárias ao negociar o acesso formal. Porém, quando eu saía da reunião de acesso, extremamente feliz, o DP da *RedPaper* disse: "Será muito bom ter você aqui. Você será meus olhos e ouvidos neste projeto; você será nosso homem em campo" (ALCADIPANI; HODGSON, 2009: 134).

Os guardiões também podem tentar exercer algum grau de vigilância e controle sobre a pesquisa, seja bloqueando certas linhas de investigação ou conduzindo o pesquisador de campo em uma direção ao invés de outra. Bogdan e Taylor fornecem um exemplo:

> Conhecemos um novato que entrou em contato com uma casa de detenção a fim de marcar um horário para começar sua observação. O supervisor com quem ele conversou disse que ele não estaria interessado em visitar a casa naquele dia ou no seguinte porque os meninos estariam apenas fazendo decorações de Halloween. Ele então

sugeriu as melhores horas do dia para o observador "ver algo acontecendo". O observador se permitiu ser forçado a escolher entre um número limitado de alternativas, quando deveria ter deixado claro que estava interessado em uma variedade de atividades e horários (BOGDAN; TAYLOR, 1975: 44-45).

Embora Bogdan e Taylor relatem o acontecido com um novato, isso muitas vezes continua sendo um problema até mesmo para o pesquisador de campo mais experiente. Neste caso, o/a etnógrafo/a precisa explicitar que ele ou ela está disposto ou mesmo interessado em observar o banal, o rotineiro, ou mesmo os aspectos enfadonhos da vida cotidiana. Contudo, a origem do problema é que, muitas vezes, são precisamente as coisas mais sensíveis que são de maior interesse imediato. Períodos de mudança e transição, por exemplo, podem ser percebidos como problemáticos pelos guardiões e pelos próprios participantes, e eles podem querer, assim, afastar os observadores: há um conflito de interesses aqui pelo fato de que essas disrupções podem ser oportunidades de pesquisa particularmente férteis para o pesquisador.

Os guardiões, assim como os apoiadores (e, de fato, a maioria das pessoas que atuam como anfitriãs da pesquisa), também agirão de acordo com suas expectativas a respeito da identidade e das intenções do etnógrafo. E isso pode afetar a quantidade e a natureza dos dados coletados. Algumas pessoas podem ter expectativas equivocadas em relação à pesquisa, especialmente ao trabalho etnográfico. Dois estereótipos de pesquisador, intimamente relacionados, tendem a predominar: *o especialista* e *o crítico*. Ambas as imagens podem fazer com que possíveis guardiões e apoiadores fiquem apreensivos quanto às prováveis consequências da pesquisa e as implicações de sua realização.

Com frequência, o modelo do *especialista* parece sugerir que o pesquisador social é, ou deveria ser, uma pessoa extremamente bem informada a respeito dos *problemas* e de suas *soluções*. A expectativa pode ser a de que o etnógrafo em busca de acesso esteja reivindicando para si tal conhecimento, e tenha a intenção de *solucionar* a organização ou comunidade. Assim, essa visão conduz diretamente à segunda imagem, a do *crítico*. Os guardiões podem achar que o etnógrafo tentará agir como um avaliador[32].

---

32. Às vezes, é claro, o etnógrafo pode estar oficialmente envolvido em uma avaliação; cf. Shaw, 1999; Patton, 2015. No entanto, mesmo neste caso, ainda pode ser aconselhável tentar se distanciar dos papéis do especialista e do crítico.

Em algumas circunstâncias, essas expectativas podem ter conotações favoráveis. Pode ser que a avaliação por especialistas, levando a melhorias na eficiência, nas relações interpessoais, no planejamento, e assim por diante, tenha pelo menos o apoio aberto daqueles que estão no topo (embora não necessariamente dos que ocupam posições subordinadas). Por outro lado, a expectativa da vigilância crítica de um especialista pode gerar ansiedade nos guardiões, assim como nos demais. Mesmo que a permissão para a pesquisa não seja negada totalmente, os guardiões podem, como sugerimos anteriormente, tentar conduzir a pesquisa na direção de sua preferência ou evitando áreas potencialmente sensíveis.

Ao mesmo tempo, pode ser muito difícil para o etnógrafo ganhar credibilidade, visto que os anfitriões muitas vezes supõem algum tipo de *conhecimento*. Essas expectativas podem entrar em conflito com a ignorância e a incompetência, reais ou cultivadas, do pesquisador em campo. Smigel (1958), por exemplo, apontou a propensão dos advogados de "afastar" os pesquisadores que aparentam ser legalmente leigos, algo confirmado pela experiência de Johannesson (2017) ao entrevistar juízes em um tribunal sueco de imigração, e um deles reclamou do que ele considerou ser a sua falta de conhecimento sobre o funcionamento dos tribunais. Os etnógrafos às vezes também se destacam por uma aparente falta de *atividade*. Isso também pode contribuir para que eles não sejam levados a sério por seus anfitriões.

Em uma variedade de contextos, pesquisadores relatam como as suspeitas e as expectativas das pessoas muitas vezes dificultam o acesso. Essas suspeitas podem ser alimentadas pelas próprias atividades do pesquisador em campo. Barrett (1974), por exemplo, relata como os habitantes de sua aldeia espanhola interpretavam suas ações: ele não se dava conta da possibilidade de os aldeões se intimidarem com alguém fazendo anotações, sem eles saberem o que estava sendo escrito. Os rumores a seu respeito incluíam crenças de que ele era um espião comunista, um agente da CIA, um missionário protestante ou um fiscal tributário do governo. Da mesma forma, em seu trabalho de campo no Brasil, no final da década de 1930, Landes foi acusada de buscar homens *vigorosos* para fazer mais do que carregar sua bagagem. Ela foi rotulada de prostituta durante a sua pesquisa por ter, inadvertidamente, quebrado as regras locais sobre o comportamento adequado de uma mulher (LANDES, 1986: 137). Como era de se esperar, isso gerou problemas para sua pesquisa e para suas relações pessoais em campo. As suspeitas também podem ser consequência de eventos na sociedade em estudo: Owens (2003) relata como uma crise política em Zanzibar o levou a ser identificado como um espião e obrigado a deixar o país repentinamente.

Em sua pesquisa sobre policiais à paisana, Mac Giollabhui et al. (2016) relatam que:

> Os oficiais elaboraram duas hipóteses básicas (uma fantasiosa, a outra plausível) para explicar a nossa presença em operações de vigilância secretas. Em um primeiro momento, os oficiais envolvidos na condução da vigilância móvel especularam que poderíamos ser oficiais da Ouvidoria de Polícia, destacados para se infiltrarem em sua unidade e procurarem evidências de má conduta. Essa suspeita parecia ocupar a imaginação de alguns dos oficiais, particularmente os membros mais jovens de uma das equipes de vigilância. [...] No entanto, os oficiais descartaram essa hipótese depois que nos consolidamos na equipe. A hipótese mais plausível – e, suspeitamos, a mais prejudicial – nos colocava como espiões da administração. A premissa dessa suspeita era absolutamente compreensível; os oficiais estavam perplexos com o acesso privilegiado dado a pesquisadores externos – *civis* – em uma das unidades mais secretas da Força [Policial]. Acreditamos que essa percepção se deveu, em parte, à conjuntura: o trabalho de campo foi realizado durante um período de cortes severos no orçamento da polícia, o que levou alguns policiais a concluir que estávamos de alguma forma atuando como "solucionadores de problemas", com o objetivo de identificar medidas de corte de custos em um momento de austeridade. Este grau elevado de suspeita deixou os policiais extremamente atentos à nossa presença, o que pode ter influenciado a confiabilidade de nossas observações [...] (Mac GIOLLABHUI et al., 2016: 636-637).

Contudo, ressaltamos que é possível interpretar as reações dos guardiões e participantes de maneira equivocada, como mais negativas do que realmente são. No caso de sua pesquisa sobre os judeus chassídicos, Shaffir comenta:

> Minha suspeita de que eu não havia sido totalmente aceita derivou de um equívoco básico: Eu confundi a indiferença com uma reação negativa. Por mais que eu desejasse que as pessoas ficassem curiosas e entusiasmadas com a minha pesquisa, a maioria delas não estava nem aí. Minha pesquisa não os afetou em nada, e eles tinham coisas mais importantes para fazer (SHAFFIR, 1991: 76).

Essa indiferença não é incomum, nem tampouco a tendência à ansiedade excessiva dos etnógrafos a respeito de como os outros os veem!

Secreta ou pública?

Às vezes, pode-se considerar que os guardiões importantes, e talvez também os participantes, muito provavelmente bloquearão o acesso ou procurarão exercer um controle tão forte sobre a pesquisa que uma estratégia secreta seja necessária[33]. Esse foi o caso, por exemplo, do estudo de Calvey (2017, cap. 6; 2018) sobre *seguranças*. Ele achou que o acesso provavelmente seria negado e/ou que suas relações com os seguranças seriam prejudicadas caso a sua identidade de pesquisador fosse revelada; embora sua opção por uma estratégia secreta também tenha sido influenciada por uma preocupação *de inspiração etnometodológica*, visando minimizar as reações e ter acesso às vivências espontâneas das pessoas que ele observava (CALVEY, 2000: 46-47). Assim, ele conseguiu um emprego como *supervisor de entrada* e coletou dados sem que seus colegas seguranças ou seus clientes soubessem da realização da pesquisa.

A pesquisa secreta nem sempre envolve a entrada de um estranho no campo. Ela também pode ser feita por aqueles que já estão inseridos no contexto em questão. Um exemplo disso é o estudo de Holdaway (1982) sobre a polícia. Como um oficial em exercício enviado à universidade para estudar sociologia, ele foi obrigado a retornar à corporação depois e decidiu fazer uma pesquisa sobre o tema (HOLDAWAY, 1982: 63). Ele conhecia muito bem o ambiente que queria pesquisar e os guardiões a quem ele deveria pedir permissão. E ele concluiu que seria inútil tentar negociar abertamente o acesso. Assim, ele conduziu uma pesquisa secreta.

No entanto, os argumentos no sentido de que o acesso a determinado lugar é impossível nem sempre são bem fundamentados. Existem lugares nos quais é de se esperar que o acesso seja negado, mas que, no entanto, se mostram acessíveis, em algum grau. Por exemplo, mais ou menos na mesma época em que Holdaway estava estudando a polícia, Fielding (1982) pediu permissão a uma organização política de extrema direita, a Frente Nacional, para realizar pesquisas sobre a organização, e a obteve; embora ele tenha complementado o acesso oficial com algumas observações encobertas. De modo similar, muitos anos depois, Back (2004) descobriu que, apesar de suas relações pessoais com a luta antirracista, foi possível obter uma entrevista produtiva com o líder de outra organização de direita, o Partido Nacional Britânico.

De fato, muitas vezes, há uma dose considerável de incerteza e de variação no escopo de negociação do acesso. Disseram a Shaffir (2009) que a comunidade

---

[33]. As questões éticas que envolvem a pesquisa secreta serão discutidas no cap. 11.

chassídica Tasher que ele estava interessado em estudar não concordaria com a pesquisa. Ele foi aconselhado a conseguir um emprego na comunidade e conduzir a pesquisa em segredo, o que ele fez. No entanto, ele descobriu que seu papel secreto limitava demais a sua pesquisa, além de ter muita dificuldade de conciliá-lo com um trabalho administrativo de tempo integral. Ele decidiu reduzir suas horas de trabalho, explicando isso aos seus empregadores Tasher com o seguinte argumento:

>meus compromissos na universidade exigem que eu faça uma pesquisa e escreva uma tese. Essa tese, expliquei, provavelmente seria sobre salões de bilhar. "Bilhar, o que é isso?", perguntou o rabino em iídiche. O outro homem, que havia se formado na universidade antes de se converter ao chassidismo Tasher, deu a sua versão de um salão de bilhar, "É um lugar onde você joga com bolas em cima de uma mesa" e, voltando-se para mim, perguntou: "Como eu posso descrever um salão de bilhar para ele? Ele nunca foi". Então, ele prosseguiu: "É um lugar sujo que atrai criminosos. É apropriado para o gentio, não para os judeus"[34].
>
>Ambos concordaram rapidamente que eu deveria desistir de prosseguir com essa pesquisa e, de repente, o rabino diz: "Olha, você nos conhece. Por que você não escreve sobre nós, poderíamos ajudá-lo [...]. Estou te dizendo, você vai ganhar um prêmio. Vou ajudá-lo e os outros também, e você ganhará um prêmio [...]. Quando você quer começar? Vamos marcar um horário". O outro homem parecia concordar. Perplexo, eu consegui responder com calma que eu pensaria a respeito e me encontraria com eles no dia seguinte para continuarmos a conversa.
>
>Claro, eu pretendia dizer a eles que eu iria seguir o seu conselho. Contudo, na tarde seguinte, os dois haviam mudado de ideia. [...] Este foi o fim da minha primeira tentativa de trabalho de campo entre os Tasher.
>
>Eu fui mais bem-sucedido alguns anos depois, na mesma comunidade Tasher. Havia novos administradores encarregados do *dia a dia* da comunidade e eles foram bastante receptivos ao meu pedido para visitá-los e conversar sobre os assuntos da vida comunitária que me interessavam. Eu expliquei a eles abertamente os meus interesses de pesquisa [...]. O dirigente principal pareceu adotar uma atitude de "Não temos nada a esconder" (SHAFFIR, 1985: 128-129).

---

34. Curiosamente, Shaffir tinha, de fato, começado a estudar um salão de bilhar antes de iniciar a pesquisa sobre os judeus chassídicos, mas ele havia abandonado o tema, em grande medida, porque seu pai não achava que "um estudo sobre um salão de bilhar fosse uma pesquisa respeitável" (SHAFFIR, 2009: 212-213).

De forma talvez bastante surpreendente, Chambliss narra um processo mais direto, mas ainda assim demorado, de obter acesso ao mundo do crime organizado, também adotando, inicialmente, uma abordagem secreta:

> Fui para a periferia, as populações japonesas, filipinas e negras de Seattle vestidas com roupas de motorista de caminhão [...]. Certo dia, sentado no bar de um café, notei várias pessoas passando pela porta dos fundos. Perguntei à garçonete, Millie – uma ex-prostituta franzina, de quarenta e poucos anos, e usuária ocasional de drogas com quem eu tinha feito amizade – para onde aquelas pessoas estavam indo:
>
> *Millie:* Jogar cartas.
> *Eu:* Lá atrás?
> *Millie:* Sim, é lá que acontecem os jogos de pôquer.
> *Eu:* Eu posso jogar?
> *Millie:* Claro. É só entrar. Mas cuidado com a sua carteira.
>
> Então eu atravessei, hesitante, a porta dos fundos e entrei em uma sala grande com sete mesas octogonais cobertas com feltro verde. Havia pessoas jogando pôquer fechado* em cinco das mesas. Imediatamente, o gerente da sala de jogos me ofereceu um assento com um gesto de mão. Eu joguei, sempre atento à minha carteira, como me haviam aconselhado.
>
> Na semana seguinte, eu voltei todos os dias [...]. Conversando com o gerente da sala de jogos e com outros jogadores, eu percebi (descobri?) o que todo motorista de táxi já sabia: que pornografia, jogo, prostituição e drogas estavam disponíveis em praticamente todas as esquinas. Então, eu comecei a frequentar outros cafés, salas de jogos e bares. Eu participei de muitos jogos e coletei muitas informações apenas em conversas casuais.
>
> Em uma semana, eu estava convencido de que os negócios eram extremamente organizados. O problema passou a ser descobrir como e por quem. Eu estava sentado conversando com a Millie, no dia 30 do mês, quando um homem que eu sabia que era um policial atravessou a porta e entrou no escritório do gerente. Eu perguntei a Millie o que ele estava fazendo lá:
>
> *Millie:* Ele é o homem do saco.
> *Eu:* O quê?
> *Millie:* O homem do saco. Ele recolhe a propina do povo lá embaixo.
> *Eu:* Ah.

---

* No original, *five-card stud* [N.T.].

> Passei os dois meses seguintes conversando informalmente com as pessoas que eu conhecia em mesas de jogos diferentes, nas lojas de pornografia ou na rua. Logo comecei a sentir que estava em um beco sem saída [...]. Eu havia descoberto o esquema geral do crime organizado em Seattle, mas como ele funcionava no alto escalão ainda era um mistério. Eu decidi que era hora de "revelar o meu disfarce". Eu convidei o gerente da sala de jogos que eu mais frequentava para almoçar comigo. Eu o levei para o clube de professores da Universidade de Washington. Dessa vez, quando ele me viu, eu estava barbeado, de camisa e gravata. Eu contei a ele meus interesses e experiências "puramente científicos" e, da melhor forma possível, o porquê de tê-lo enganado antes. Ele concordou em ajudar. Logo eu comecei a receber ligações: "Eu soube que você está interessado em Seattle. Você já pensou em procurar o cunhado de Charles Carroll?" E houve um encontro genuinamente clandestino em um armazém deserto no cais.
>
> Nos dez anos seguintes, eu conduzi essa investigação, ampliando meus contatos e participando de uma variedade cada vez maior de mesas de apostas. À medida que meu interesse por eles e a segurança de que eu era alguém em quem se podia confiar se espalharam, passei a receber mais ofertas para "conversar" do que eu tinha tempo de aceitar (CHAMBLISS, 1975: 36-38).

A pesquisa secreta obviamente levanta a questão ética da mentira, mas também podem haver questões metodológicas e práticas, como os exemplos discutidos indicaram. O problema prático do acesso pode ser *resolvido*, desde que a mentira não seja descoberta, mas podem haver restrições significativas em função do papel adotado que limitam o acesso a dados relevantes, como Chambliss se deu conta. Em alguns casos, esforços são feitos para superar isso, adotando mais de um papel. Nos estágios iniciais de sua pesquisa sobre o trabalho em lojas, Pettinger (2004) conseguiu um emprego como atendente de loja em meio período, o que lhe permitiu descobrir algo do que acontecia nos bastidores. No entanto, ela percebeu que isso não lhe dava acesso a toda a história e, para complementar esses dados, ela então conduziu observações secretas como uma cliente. Isto

> implicou visitar as lojas regularmente e ver quantas pessoas estavam trabalhando, seu gênero, origens étnicas, classe e idade, as tarefas realizadas e por quem. Eu não apenas observei, mas também tentei manipular os eventos. Eu "testei" os serviços de atendimento ao cliente exigindo atenção ao consumidor, como qualquer outro comprador faria, vendo como as lojas adotavam normas e regulamentos diferentes.

Ela comenta que, enquanto

> o papel de funcionária implicava uma necessidade contínua de permanecer ativa para evitar a condenação de colegas e clientes, como compradora, eu tinha a liberdade cultural de ser *flaneur*, atividade que intrinsecamente envolve a observação. Assim, o papel social de cliente proporcionou uma forma e um estilo diferentes de coleta de dados que poderiam agregar novas camadas de significado (PETTINGER, 2004: 356).

Poderíamos acrescentar que sua experiência como atendente certamente influenciou suas observações como compradora.

Ainda que o *disfarce* seja bem-sucedido, o pesquisador que se dedica a pesquisas secretas tem que conviver com as dúvidas morais, as ansiedades e as dificuldades práticas que o uso dessa estratégia pode implicar. E, como Shaffir descobriu, pode não haver tempo para anotar e processar os dados, muito menos para começar a analisá-los, quando se tem um trabalho de tempo integral. No entanto, pesquisas realizadas sem o conhecimento de ninguém, seja no lugar ou associado a ele, são bastante raras. O mais comum é que a pesquisa comece de forma secreta, mas depois se torne pública, como no caso do trabalho de Chambliss sobre o crime organizado e a investigação de Hardie-Bick sobre paraquedismo (HARDIE-BICK; SCOTT, 2017). Também é comum que algumas pessoas sejam mantidas no escuro enquanto outras ganham a confiança do pesquisador, ao menos em parte. Por exemplo, ao estudar *o papel dos conselhos universitários na governança compartilhada*, Labaree procurou proteger seu *pertencimento* atuando de forma velada, mas achou necessário compartilhar a informação de que estava pesquisando o tema com alguns colegas do conselho (LABAREE, 2002: 98).

No entanto, a transparência da pesquisa não é apenas uma questão de saber se é preciso permissão para realizar a pesquisa e de quem, mas também – quando se trata do consentimento – o que é dito aos envolvidos a este respeito. Alguns comentaristas recomendam que a pesquisa seja negociada abertamente, explicitando de forma completa e precisa os objetivos da pesquisa e os procedimentos a serem empregados, e fazendo isso com todos os envolvidos, desde o início. Frequentemente, isso é considerado essencial para se obter o *consentimento informado*. No entanto, no trabalho etnográfico, muitas vezes é difícil ou mesmo impossível fazer isso; e, às vezes, pode nem ser aconselhável. O que estará em jogo e quais serão as possíveis implicações da participação para as pessoas do lugar geralmente serão incertos no início, em função da maneira como os problemas e os planos de pesquisa podem mudar ao longo do trabalho de campo. Além disso, como os resultados ainda serão desconhecidos, só é possível especular as consequências de sua publicação. Também existe o perigo de que qualquer informação fornecida pelo pesquisador influencie o comportamento das pessoas em estudo e, desta forma, ameace a validade dos resultados. Embora muitas vezes as chances de isso acontecer possam ser consideradas pequenas, dadas as outras pressões que atuam sobre essas pessoas, há casos em que isso pode ser crítico. Se Festinger et al. (1956) tivessem informado ao grupo religioso apocalíptico que eles estavam estudando não apenas sobre a realização da pesquisa, mas também sobre a hipótese da investigação, isso quase certamente teria prejudicado a validade de sua pesquisa. O mesmo provavelmente teria acontecido com as investigações de McDermott (2018) sobre a expressão do preconceito racial em ambientes públicos.

Outro argumento para nem sempre tentar fornecer um relato *completo* dos objetivos para os guardiões e os demais no início da pesquisa é o fato de que, a menos que seja possível construir uma relação de confiança com eles de forma relativamente rápida, eles podem negar o acesso de uma maneira que eles não fariam em outro momento do trabalho de campo. O estudo de Wolf (1991) sobre motociclistas, no qual ele passou três anos convivendo com eles antes de levantar a questão sobre a realização da pesquisa, é um exemplo incomum, mas instrutivo. Quando as pessoas passam a reconhecer o pesquisador como uma pessoa em quem podem confiar que será discreta ao lidar com as informações no lugar e que honrará suas promessas de anonimato nas publicações, o acesso que antes teria sido categoricamente negado pode ser concedido. Neste sentido, às vezes é aconselhável não solicitar de início o acesso total aos dados de que se pode eventualmente precisar, mas adiar a negociação do acesso às questões aparentemente mais delicadas até que as relações em campo tenham sido estabelecidas – embora as suposições a respeito do que é ou não delicado nem sempre sejam confiáveis.

Porém, embora dizer *toda a verdade* ao negociar o acesso para a pesquisa, assim como na maioria das situações sociais, nem sempre seja uma estratégia sábia ou mesmo viável, a mentira deve ser evitada sempre que possível; não apenas por razões éticas, mas também porque isso pode repercutir mal depois, no decorrer do trabalho de campo. De fato, às vezes pode ser necessário insistir que os guardiões ou apoiadores estejam cientes das possíveis consequências da pesquisa a fim de evitar problemas posteriores, como Geer observa em sua pesquisa em faculdades americanas:

> Em faculdades de grande prestígio, o pesquisador pode ter dificuldade nas negociações porque os administradores não imaginam que

> algo prejudicial à faculdade possa ser descoberto. Neste caso, cabe ao pesquisador explicar os tipos de coisas que podem surgir [...]. Às vezes, o administrador pode se interessar por uma parceria científica. Tratando-o como um acadêmico sofisticado e aberto, pouco a pouco é possível fazê-lo chegar à conclusão de que, embora o estudo possa constituir uma ameaça, ele e a instituição são grandes o suficiente para enfrentá-la. Pode parecer desnecessário preparar os administradores para o pior dessa maneira, mas isso prepara o terreno para o choque que eles eventualmente podem ter ao ver o manuscrito no final do estudo. Os administradores podem tentar impedir a publicação ou sentir que a faculdade foi enganada, e que pesquisas semelhantes não devem ser autorizadas. No entanto, quando o administrador se empenha em um acordo generoso de pesquisa, é mais provável que ele se orgulhe dos resultados (GEER, 1970: 83).

Assim, negociar o acesso é um exercício de equilíbrio. Perdas e ganhos imediatos e futuros, bem como considerações éticas e estratégicas, devem ser pesados uns contra os outros da maneira que for considerada mais satisfatória e apropriada, dados os objetivos da pesquisa e as circunstâncias em que ela será realizada. Além disso, à medida que a pesquisa avança, podem haver mudanças no que é considerado melhor.

Conclusão

Como observamos no início deste capítulo, e ilustramos, o problema do acesso não se resolve uma vez que se consegue entrar em algum lugar, pois, de forma alguma, isso garante o acesso a todos os dados relevantes disponíveis ali. Nem todas as partes do lugar estarão igualmente abertas à observação, e nem todos podem estar dispostos a falar, ao menos inicialmente. Além disso, mesmo o informante mais disposto pode não estar preparado, ou talvez não ser capaz de revelar todas as informações que possui. Para conseguir obter os dados necessários, a negociação do acesso provavelmente será uma preocupação recorrente do etnógrafo. A negociação aqui assume duas formas diferentes, mas certamente relacionadas. Por um lado, o diálogo explícito com aqueles cujas atividades se deseja estudar, de modo semelhante à abordagem com apoiadores e guardiões. Mas o termo *negociação* também se refere ao processo mais amplo e sutil de saber se colocar em uma posição a partir da qual os dados necessários possam ser coletados. Paciência e diplomacia costumam ser valiosas aqui, embora às vezes a ousadia também seja necessária. A negociação do etnógrafo para assumir um papel em campo e as implicações dos diferentes papéis para a natureza dos dados coletados serão discutidas no próximo capítulo.

4
RELAÇÕES EM CAMPO

A pesquisa etnográfica pode ser feita, e tem sido feita, em uma ampla variedade de lugares, incluindo vilas, cidades, guetos urbanos, praias, plantas de fábricas, minas subterrâneas, navios, fazendas, lojas varejistas, escritórios comerciais de diversos tipos, enfermarias de hospitais, salas de cirurgia, prisões, bares públicos, igrejas, escolas, casas de ópera, universidades, órgãos de assistência social, tribunais, necrotérios e casas funerárias. Esses lugares diferem uns dos outros em todos os tipos de aspectos que influenciarão a natureza das relações de pesquisa possíveis e desejáveis em cada um deles. Há uma variação semelhante entre os contextos virtuais (cf. cap. 7). Além disso, muitas vezes há grande variação no interior de cada tipo de lugar: partes deles diferirão em importância social, facilidade de acesso etc. E, é claro, as relações de pesquisa variam entre os participantes. Consequentemente, generalizações a respeito das relações em campo estão sempre sujeitas a múltiplas exceções. Certamente, nenhum conjunto de regras pode garantir bons resultados. E, em todo caso, vários critérios estão envolvidos no que é considerado bom ou ruim neste contexto, incluindo questões éticas (cf. cap. 11). O que pode ser oferecido aqui é a discussão de algumas das principais considerações metodológicas e práticas que envolvem as relações dos etnógrafos em campo.

Reações iniciais

Conforme observado no capítulo anterior, nos casos em que a pesquisa é pública, as pessoas do local buscarão inserir ou situar o etnógrafo no interior da paisagem social definida por suas experiências. Os pesquisadores de campo são frequentemente suspeitos, ao menos inicialmente, de serem espiões, funcionários do governo, investigadores de seguros ou de pertencerem a algum outro grupo que pode ser considerado uma ameaça. Não surpreende que, em um estudo sobre *rachadores**, Lumsden tenha sido suspeito de ser um espião da polícia (LUMSDEN, 2013: 12), enquanto Desmond (2016: 321), em seu estudo sobre despejos, foi visto como um agente de proteção à criança, um espião do senhorio ou um viciado em drogas. Por sua vez, Alice Goffman (2014: 219) foi suspeita de ter interesse sexual em meninas adolescentes e precisou tomar medidas para refutar isso: sair com um dos homens da comunidade. Isso mudou a maneira como ela era vista para "uma dessas garotas brancas que gostam de homens negros" (p. 221). Felizmente, esse homem se tornou seu apoiador, apresentando-a a seus amigos e parentes, e ela acabou sendo vista como sua *irmã adotiva* (p. 226-228). Em geral, as suspeitas iniciais se dissipam rapidamente; embora nem sempre seja o caso, especialmente entre os participantes com quem o etnógrafo tem apenas contatos distantes ou passageiros.

Em alguns contextos, a gama de categorias identitárias disponíveis para *situar* o etnógrafo é relativamente pequena e, em ambientes de baixa confiança, os participantes têm a necessidade de identificar rapidamente *quem é* todo estranho que encontram, como Rowe (2014: 407) explica no caso das prisões:

> Rapidamente, eu percebi que as pessoas estavam *tentando* me situar e que, na prisão, o *tipo* de pessoa que eu era tinha grande importância. Isso parecia refletir as pressões e ansiedades da vida institucional e alguns dos imperativos das instituições penais, em particular: Lembro-me de uma detenta me perguntar, logo no início, "o que eu era", pois ela pensava que eu poderia ser, como ela disse, "uma de nós" porque eu era "pequena" e "parecia jovem" [...]; uma agente uniformizada me perguntou, assim que eu entrei na sala dos funcionários, em Askham Grange: "Você é uma agente ou uma detenta?" – meio brincando, mas, ainda assim, buscando claramente estabelecer os termos da nossa relação. Assim, ambas – a equipe e as detentas ao meu redor – me identificaram, me situaram e me trataram de acordo com minha posição.

E, nesses casos, qualquer erro de identificação pode ser constrangedor, como Rowe relata em seguida:

> [Passei parte da tarde observando uma aula de TI.] Havia uma garota escandalosa no canto, Kirsty. [...] Eu me sentei e conversei com uma mulher que eu reconheci da Ala G, enquanto ela fazia seu trabalho [...]. [A aula terminou] bem antes do final da sessão. Uma agente jovem entrou para revistar as mulheres antes de elas saírem.

---

* No original, *boy racers*; i. é, rapazes que disputam *rachas* e corridas ilegais [N.T.].

> Sentada aparentemente à toa em um dos computadores, ela achou que eu fosse uma detenta ("Vamos, senhorita!", me apressando). Eu estava distraída e demorei um pouco para entender o que ela queria dizer ("Oh! Oh, não, eu não sou uma detenta..."). Quando ela saiu, Kirsty comentou [sobre a agente], com certo prazer: "Ela ficou bem constrangida!" (ROWE, 2014: 407).

Da mesma forma, erros de identificação podem ser incentivados pelos participantes para seus objetivos próprios ou só por diversão, como Mac Giollabhui et al. (2016: 637) narram em suas pesquisas sobre o policiamento secreto. O pesquisador entra em um elevador lotado com Jake, um membro da Equipe de Vigilância Móvel, que imediatamente pergunta aos outros policiais no elevador se eles já conheciam o pesquisador. Ele continua: "'Ele é da 'ilha' [gíria informal para a ouvidoria de polícia]. Ele vai passar alguns dias conosco". Há um silêncio atônito no elevador. Jake pula de alegria com o sucesso da sua piada".

Obviamente, a questão não é apenas quem eles acreditam que o etnógrafo seja, ou que papel social eles lhe atribuem, mas também como eles veem a pesquisa. Ainda que as pessoas em um determinado lugar estejam familiarizadas com a pesquisa social, pode haver uma grande incompatibilidade entre as suas expectativas e as intenções do pesquisador. Às vezes, os participantes podem ter familiaridade com pesquisas quantitativas, mas não com a etnografia, por exemplo. No entanto, outros aspectos de um estudo também podem não corresponder às expectativas, e isso pode ter consequências tanto positivas quanto negativas, como Moreto (2017) descobriu em seu estudo sobre uma área de conservação em Uganda:

> Eu me lembro de uma ocasião em que um guarda florestal me perguntou que tipo de pesquisa eu estava fazendo no parque. Quando eu respondi que estava interessado em pesquisar o policiamento, ele me olhou sem entender. Ele então sorriu e apenas disse: "Ninguém estuda o policiamento!" Essa acabou sendo uma reação bastante comum, na medida em que os guardas florestais estavam acostumados a pesquisadores interessados em temas relativos à vida selvagem e ao parque, mas não a *eles*. Em especial, sempre que eu falava da minha experiência como criminologista, os guardas florestais costumavam me fazer perguntas sobre práticas policiais, comportamento criminoso e outros temas geralmente abordados em minha disciplina. Isso aparentemente confirmou [...] a minha competência para estudá-los (MORETO, 2017: 448).

Ao mesmo tempo, Moreto não queria ser visto como um especialista e enfatizava seu o papel de um *aluno* que estava fazendo uma pesquisa para o doutorado.

Ele comenta que: "Eu senti que, ao assumir o papel de estudante, a minha presença como um 'incompetente socialmente aceitável' (LOFLAND et al., 2006: 69-70) não seria considerada uma ameaça pelos guardas florestais". Ele também observa que isso lhe permitiu fazer perguntas ingênuas, o que teria sido constrangedor se ele fosse visto como um pesquisador experiente. Como este exemplo ilustra, os etnógrafos muitas vezes precisarão tentar gerenciar as percepções acerca de sua identidade para facilitar o acesso aos dados necessários.

Às vezes, os participantes podem ser, ou acharem ser, grandes conhecedores da pesquisa social; e/ou podem ter uma atitude negativa em relação a ela. Anderson (2002), por exemplo, descobriu que todo o seu método para investigar o ativismo ambiental havia sido contestado por quem ele estudava, levando-o a reformular radicalmente sua abordagem. Talvez seja bem mais provável que haja resistência quando as pessoas em estudo são acadêmicas (MALLI; SACKL-SHARIF, 2015), especialmente se elas também forem antropólogas ou sociólogas (PLATT, 1981; SCOTT, 1984). O medo da reação dos outros também pode gerar resistência, ou pelo menos relutância em participar da pesquisa. Em seu estudo com funcionários de grupos étnicos minoritários em uma universidade privada dos Estados Unidos, Baez relata como um professor titular afro-americano, membro do departamento de sociologia, se recusou a permitir que sua entrevista fosse gravada, "sugerindo que isso o colocaria em risco de retaliação por parte de seus colegas" (BAEZ, 2002: 39).

Fora da academia, pode haver menos conhecimento, mas uma hostilidade igual ou maior. O comentário de um policial da Royal Ulster Constabulary (RUC)*, citado por Brewer (1991: 16), fornece um exemplo: "Se tem uma coisa que me deprime, é a maldita sociologia. Acho que é uma grande merda, simples assim". Brewer observa que, para muitos policiais, a palavra *sociólogo* se parece muito com *socialista*. Mas essa não é a única fonte de problemas. Ele cita um policial sênior:

> Acho que a maioria dos policiais não consegue se identificar com a sociologia porque, veja bem, nossa formação nos ensina que tudo é preto no branco: quem faz o mal deve ser punido, quem faz o bem deve ser recompensado. A sociologia parece simplesmente virar isso tudo do avesso. Ela parece afirmar que todas as pessoas corretas e honestas estão erradas. Por exemplo, um homem que ganha menos

---

* Referência à Polícia Real da Irlanda do Norte, criada em 1922 e extinta em 2001 [N.T.].

> dinheiro que eu e que precisa roubar para manter sua família, para a sociologia, está tudo bem. Outra coisa, a sociologia parece afirmar que aqueles que têm riqueza e vivem bem o fazem à custa dos pobres desafortunados (BREWER, 1991: 16).

Nos casos em que tais atitudes prevalecem, as pessoas podem questionar abertamente a legitimidade da pesquisa e as credenciais do pesquisador, como a colega de Brewer, Kathleen Magee, descobriu em sua pesquisa sobre o RUC:

> PC 1: Olha, espera um minuto. O que lhe dá o direito de vir aqui e começar a nos fazer essas perguntas pessoais sobre nossas famílias etc.? [...] Você não vai aprender nada sobre a polícia enquanto estiver aqui. Eles não vão te dizer nada. [...] E sabe por quê? Porque você está sempre andando por aí com aquele maldito caderno, anotando tudo, e você não está nem perto de saber a verdade. [...] Tipo, para que serve essa pesquisa que você está fazendo, afinal? Isso vai beneficiar a mim ou aos meus amigos? Qual o seu objetivo? Pois eu vou te contar, as únicas pessoas que vão se interessar pela sua maldita pesquisa são as autoridades.

Este ataque verbal prosseguiu por algum tempo, mas terminou com um tom menos hostil:

> PC 1: [...] Talvez a polícia tenha me deixado assim, mas você não percebe que, se você vier aqui me fazer perguntas sobre minha família, se você quiser saber de todas essas coisas, eu tenho que ser capaz de confiar em você? Tipo, depois dessa conversa hoje, eu deixaria você sair comigo em um veículo (BREWER, 1991: 21-22).

Como este exemplo demonstra, no entanto, quer as pessoas tenham ou não conhecimento da pesquisa social, e independente da atitude que elas tenham em relação a isso, elas frequentemente estarão mais preocupadas com o tipo de pessoa que o pesquisador é do que com a pesquisa propriamente dita. Eles tentarão avaliar até que ponto o etnógrafo é confiável, o que ele ou ela pode oferecer como um conhecido ou amigo, e talvez também com que facilidade ele ou ela pode ser manipulado ou explorado[35]. Mais uma vez, isso revela a importância de gerenciar a *fachada pessoal* (GOFFMAN, 1955). Assim como em outras situações em que as identidades precisam ser criadas ou estabelecidas, o etnógrafo deve estar atento à "gestão das impressões". As impressões que obstaculizam o acesso devem ser evi-

---

35. Para uma análise contundente deste processo, cf. Edgerton, 1965.

tadas, minimizadas ou combatidas na medida do possível, enquanto aquelas que o facilitam devem ser estimuladas, dentro dos limites impostos por considerações práticas e éticas.

Gestão das impressões

A aparência pessoal é, certamente, um fator que influencia as relações em campo. Às vezes, o pesquisador pode precisar se vestir de maneira muito semelhante à das pessoas que ele deseja estudar. Com certeza, isso é mais evidente no caso de uma pesquisa secreta, em que o pesquisador de campo será muito mais constrangido a compor sua fachada pessoal com a dos outros participantes. A pesquisa de Patrick sobre uma gangue de Glasgow revela o que *ser aprovado* envolve, neste sentido:

> As roupas eram outra grande dificuldade. Eu já sabia da importância que os membros de gangues atribuem a elas [...] assim, após uma conversa com Tim, eu comprei [um terno azul-escuro, com fenda única de 30cm, abas de 7cm nos bolsos laterais e um lenço azul-claro com bolinhas brancas (para combinar com a minha gravata) no bolso superior]. Ainda assim, eu cometi dois erros. Em primeiro lugar, comprei o terno à vista, ao invés de pagar em prestações, atraindo tanto a atenção na loja quanto a desconfiança da gangue quando eu, inocentemente, mencionei o fato. Depois, na primeira noite que eu saí com eles, eu fechei o botão do meio da minha jaqueta, como estava acostumado a fazer. O Tim rapidamente detectou o erro. Os caras da gangue fecham apenas o botão de cima – *ra gallous wae** (PATRICK, 1973: 15).

A mesma atenção ao vestuário é muitas vezes exigida em pesquisas conduzidas publicamente, em particular quando um período inicial de conquista de confiança é necessário. No caso da pesquisa de Wolf sobre os *motoqueiros rebeldes*, era importante que ele não apenas se parecesse com um motoqueiro – cabelos na altura dos ombros e uma barba grande, jaqueta de couro e pulseiras de couro cravejado, uma jaqueta jeans rasgada com os emblemas apropriados etc. – mas também que ele tivesse uma *motoca*, uma moto, que passaria pelo escrutínio de especialistas (WOLF, 1991: 214).

Em alguns contextos, no entanto, há públicos diversos, sendo necessário um exercício de equilíbrio cuidadoso, como Rowe (2014: 411) aponta no caso de sua

---

* Expressão na variante do inglês falado em Glasgow (Escócia), que poderia ser traduzida como *que arrogante infeliz* [N.T.].

pesquisa sobre prisões femininas. O desafio era "que roupa usar para transmitir a impressão de ser fidedigno e 'próximo', mas acessível, e de preferência diferente dos agentes penitenciários". De modo similar, em sua pesquisa em uma escola de elite para meninas, em Edimburgo, Delamont relata ter se vestido de uma forma que a permitiu preservar relações com públicos diferentes:

> Eu tinha um vestido cinza e um casaco especiais para os dias em que eu esperava ver o diretor e algumas alunas. O casaco ia até os joelhos e parecia muito conservador, enquanto o vestido era minúsculo, para mostrar às alunas que eu entendia de moda. Eu ficava de casaco na sala da diretoria e o tirava antes de me encontrar com as alunas (DELAMONT, 1984: 25).

Em um contexto muito diferente, Moreto relata um dilema sobre usar ou não uniforme em sua pesquisa sobre guardas florestais em Uganda:

> Na noite anterior à minha primeira patrulha, me lembro de olhar para o uniforme e pensar que os guardas iriam me ver como um impostor. Eu não era um guarda e não havia sido iniciado formalmente (p. ex., treinamento paramilitar) nem informalmente (p. ex., cultura profissional). Eu temia que, ao usar o uniforme, eu estaria ultrapassando meus limites como alguém de fora. [...] No dia da patrulha, sem outra opção de vestimenta adequada e para não insultar o diretor assistente da polícia, eu decidi usar o uniforme [...]: Vestindo o uniforme da UWA [Uganda Wildlife Authority] pela primeira vez, eu caminhei até o prédio principal [da sede]. Depois de receber alguns olhares, um dos guardas responsáveis pelo setor de comunicações me cumprimentou: "Ah! Você parece inteligente!" Em outras palavras, "bem-vestido" ou "vestido adequadamente". Outros guardas também fizeram comentários positivos, enquanto outros simplesmente pareciam desinteressados (19/09/2012, nota de campo).

> As minhas preocupações sobre o impacto potencialmente negativo de usar o uniforme gradualmente desapareceram (MORETO, 2017: 447).

De fato, ele descobriu que o uniforme facilitava o esforço de estabelecer relações e confiança, ao invés de dificultá-las.

Considerações semelhantes, embora envolvendo trajes bastante diferentes, surgiram na pesquisa de Henslin sobre os sem-teto. Ele procurou se vestir de uma maneira que lhe permitisse *se misturar* com os habitantes das periferias que ele visitou. Isso era necessário tanto para facilitar o estabelecimento de relações como para evitar virar alvo de assaltantes. Ao mesmo tempo, ele precisava se parecer suficientemente com um pesquisador para que as pessoas que trabalhavam nos abrigos para moradores de rua, que ele desejava entrevistar, acreditassem em sua identidade anunciada. Ele resolveu esse problema carregando uma pasta velha que parecia barata e cuja costura havia se desfeito em um canto, "fazendo com que parecesse que eu tinha acabado de pegá-la do lixo". Ele relata:

> Quando eu anunciava para o pessoal do abrigo que eu era um sociólogo fazendo uma pesquisa sobre os sem-teto, eles imediatamente me examinavam – na medida em que o *status* que eu havia declarado me diferenciava dos milhares de anônimos que peregrinavam pelos abrigos –, tornando este objeto subitamente saliente. De modo a direcionar sua atenção e ajudá-los a aceitar minha identidade declarada, eu notei que, às vezes, eu erguia a pasta – até mesmo ostensivamente – colocando-a em cima do balcão (mas posicionando o lado descosturado na minha direção para esconder esse defeito que, em outras ocasiões, era bem-vindo) (HENSLIN, 1990: 56-58).

Em algumas situações, entretanto, pode ser necessário usar as roupas para se diferenciar de categorias específicas que lhes podem ser atribuídas. Assim, em sua pesquisa na Nigéria, Niara Sudarkasa descobriu que, para conseguir obter respostas às suas perguntas em lugares onde as pessoas ainda não a conheciam, ela precisava evitar se vestir como uma mulher iorubá: "As pessoas desconfiavam da mulher com o caderno, sobretudo porque ela não se parecia com a estudante americana que ela alegava ser". Eles suspeitavam de que ela fosse uma iorubá, coletando informações para o governo:

> Eu fui "acusada" tantas vezes de ser iorubá que, quando eu fui a um mercado onde eu não sabia se encontraria algum amigo que me reconhecesse, eu fiz questão de falar só em inglês com sotaque americano (para que os falantes de inglês me ouvissem) e de me vestir "como uma americana". Na minha primeira ida ao mercado, eu até troquei minhas sandálias por um salto alto moderado e passei maquiagem, inclusive batom (SUDARKASA, 1986: 175).

Assim, na observação participante conduzida publicamente, em que um papel de pesquisa explícito deve ser construído, as formas de se vestir podem afirmar afinidades entre o pesquisador e os anfitriões, e/ou podem afastar o etnógrafo de identidades limitantes. Elas também podem *passar* a mensagem de que o etnógrafo deseja manter uma posição de membro marginal aceitável, inclusive em relação a diversos públicos.

Por outro lado, pode haver limites pessoais para o pesquisador sobre até que ponto o uso estratégico de roupas e de outros aspectos da identidade podem e devem ser manipulados para estabelecer boas relações em campo. Embora Blackwood tenha escondido seu lesbianismo de seus anfitriões indonésios, ela não conseguiu se adequar completamente às expectativas que recaíam sobre ela como uma mulher solteira e supostamente heterossexual. Ela escreve:

> quando o código de vestimenta entrava em conflito com minha identidade lésbica [...] eu era mais resistente à reconstrução da minha identidade. Eu não podia me forçar a usar saias como qualquer mulher indonésia, exceto em raras ocasiões. Minha anfitriã às vezes comentava sobre esse descuido porque isso a fazia questionar profundamente a minha feminilidade (BLACKWOOD, 1995: 58, apud COFFEY, 1999: 26-27).

A construção de uma identidade funcional pode ser facilitada caso o etnógrafo consiga explorar habilidades ou conhecimentos relevantes que ele ou ela já possua. Parker ilustra o uso de habilidades sociais durante o seu trabalho com um grupo de adolescentes em Liverpool. Ele afirma que:

> me integrar foi mais fácil em função de certas habilidades básicas. Uma das mais importantes implicava ser "rápido": embora eu fosse geralmente considerado "quieto" e socialmente marginal, essa placidez nem sempre é uma boa ideia. A menos que você queira ser visto como uma espécie de "otário", você precisa ser capaz de se defender no tiroteio verbal da Esquina e do bar [...]. Conseguir chutar e cabecear uma bola de futebol com razoável precisão também foi um elemento importante para me encaixar no grupo. Mais uma vez, embora eu não fosse "nenhum Kevin Keegan" e, às vezes, provocasse faltas como se estivéssemos "de volta ao *Rugby Special*", eu pude me integrar em uma cena na qual chutar uma bola ocupava várias horas da semana. Eu também acompanhava de perto o time de futebol dos *The Boys* todas as semanas e ia à "partida" sempre que eu podia. Isso ajudou muito. Quando todos descobriram que eu era torcedor do Preston (e do Liverpool também, é claro), eles sempre faziam piada porque o time perdia com frequência. "Por que você não entra no time, não tem como ficar pior?"; "Há uma escola para cegos em Preston?" (Danny) (PARKER, 1974: 217-219).

No caso da pesquisa secreta, certamente, muitas vezes será essencial possuir tipos relevantes de conhecimento e de habilidade para desempenhar papéis específicos. O emprego de Calvey como segurança se deveu, em grande medida, ao fato de ele ter estudado artes marciais por muitos anos e ter feito um curso de *supervisão de entrada* (CALVEY, 2000: 44; 2018: 5). A experiência anterior de Graham (1995) com trabalho fabril foi provavelmente essencial para ela sobreviver *na linha* da [fábrica de automóveis] Subaru-Isuzu Automotive. Em alguns casos, porém, nenhuma experiência prévia (embora talvez alguma dose de coragem) pode ser necessária como, por exemplo, na pesquisa inicialmente secreta de Hardie-Bick sobre paraquedistas, em que ele simplesmente se matriculou em um curso de paraquedismo (cf. HARDIE-BICK; SCOTT, 2017); e a autoetnografia de Zempi (2017) sobre a islamofobia, que envolveu o uso de *jilbab* (vestido longo), *hijab* (véu que cobre a cabeça) e *niqab* (véu que cobre o rosto) em diversos locais públicos no Reino Unido.

Fornecendo bens e serviços

A especialização de um pesquisador ou o acesso a recursos escassos, de diversos tipos, também podem ser valiosos em campo como base para estabelecer reciprocidade com os participantes. Assim, o tratamento de doenças comuns, geralmente por métodos simples e amplamente disponíveis, é uma estratégia que os antropólogos em campo utilizam há muito tempo para agradar os participantes. Certamente, isso pode gerar problemas, como McCurdy (1976) descobriu, com o *tempo de atendimento* podendo ocupar um dia inteiro. Além disso, este não é o único tipo de problema: às vezes, o desejo dos etnógrafos de ajudar pode enredá-los em uma teia de problemas que eles não são capazes de resolver e que podem, inclusive, agravar (VANDERSTAAY, 2005).

No entanto, esta é uma forma de o pesquisador de campo demonstrar que ele ou ela não é um intruso explorador, mas que tem algo a oferecer. Aconselhamento jurídico, escrever cartas, cuidar de crianças, dar aulas de inglês e oferecer *caronas* podem cumprir o mesmo papel. Lee (2018) filmou sessões de *rap*, possibilitando aos *rappers* postarem os vídeos no YouTube. Ademais, às vezes, a prestação de tais serviços pode ajudar *diretamente* a pesquisa. Em seu estudo a respeito de *sobrevivencialistas*, Mitchell relata:

> eu me ofereci para elaborar um boletim informativo do grupo no meu processador de texto e, ao fazê-lo, eu passei a receber um fluxo constante de opiniões e percepções dos membros por escrito. Por sua vez, ser o editor do *The Survival Times*, como o boletim veio a ser conhecido, legitimou o uso de gravadores e câmeras nas reuniões de grupo, [e] forneceu uma entrada para outros grupos de sobrevivencialistas em todo o país (MITCHELL, 1991: 100).

No entanto, algumas tarefas que os participantes solicitam aos etnógrafos podem enredá-los em hierarquias ou divisões no interior da organização ou comunidade: embora favoreçam as relações com *alguns* participantes, elas podem prejudicar as relações com os demais. Rowe fornece um exemplo da pesquisa prisional:

> A correspondência do dia chegou pouco antes de as mulheres voltarem do trabalho para o jantar. As cartas foram classificadas em correspondência normal, que já havia sido aberta, e correspondência jurídica, separada para que as próprias mulheres pudessem abri-la diante dos funcionários. Assim que entraram, as mulheres foram ao escritório para pegar sua correspondência. Elas chegaram na hora do almoço e, enquanto a agente supervisionava a fila do almoço, ela me perguntou se eu me importaria de distribuir as cartas, caso alguém solicitasse [...]. Embora eu tivesse encontrado e conversado com várias mulheres na ala, certamente eu não havia me encontrado com tantas delas para achar que as detentas me conheciam ou que estivesse claro que eu não trabalho na prisão, então isso foi um pouco desconfortável. Uma das mulheres que eu tinha visto entrando na Recepção um outro dia veio e pediu uma carta da pilha de correspondências fechadas, além de uma carta comum. Eu lhe disse que eu não podia entregá-la porque a carta precisava ser aberta na presença de uma agente (e que eu não era uma). Ela continuou insistindo (um pouco agressiva) que a carta estava lá e que, sim, ela poderia pegá-la. A sensação é a de que me custou muito convencê-la de que eu não podia lhe entregar a carta, e ela não parava de insistir nisso. Eu me senti extremamente desconfortável, e muito irritada por ter sido colocada nessa posição ambígua [...] (ROWE, 2014: 409).

Isso representou um fracasso parcial em suas tentativas

> recorrentes de me distanciar do regime na visão das detentas, sem parecer lançar um julgamento negativo sobre o trabalho das agentes; buscando um equilíbrio entre parecer confiante e ingênua; tentando ser o mais sensível e confiável quanto possível, porém respeitando limites (ROWE, 2014: 411).

Às vezes, os participantes esperam a prestação de serviços e pode custar caro desapontá-los. Em seu estudo de uma organização de campanha política, Corsino frequentemente ajudava a preencher envelopes, entregar materiais, recortar jornais etc., mas, certa vez, ele se recusou a limpar o chão e ajudar a arrumar a casa de alguém para um evento de arrecadação de fundos, alegando que ele poderia usar melhor o seu tempo observando os preparativos da organização para o evento. Ele descreve o resultado:

> As reações do gerente de campanha e do diretor voluntário foram mais hostis do que eu esperava. Nos dias seguintes, eu notei uma frieza educada, mas evidente, na minha relação com esses funcionários [...]. Comecei a me sentir cada vez mais como um ingrato [...]. Isso, por sua vez, resultou em um período bastante improdutivo das observações de campo [...]. Na melhor das hipóteses, eu precisei me tornar um observador passivo (CORSINO, apud ADLER; ADLER, 1987: 18).

Jauregui (2017: 78) se deparou com uma escolha semelhante, mas com um desfecho melhor, quando o chefe de polícia indiano da delegacia que ela estudava decidiu que ela deveria dar uma festa de Natal para seus agentes. Ela se sentiu obrigada a concordar e relata: "no final das contas, também me senti empoderada como uma espécie de presenteadora, como alguém que não estava apenas *tomando* coisas de meus interlocutores, mas também participando de uma troca produtiva e positiva com eles".

Isso não significa que todas as expectativas das pessoas no campo sejam legítimas ou devam ser atendidas. Às vezes, o etnógrafo terá de negar pedidos e viver com as consequências. Além disso, ser prestativo com os participantes nem sempre será bem-vindo, como O'Reilly descobriu em seu estudo sobre expatriados britânicos na Costa del Sol:

> Um grupo no qual eu fazia observação participante costumava organizar cafés informais pela manhã. Todos eram bem-vindos [...]. Eu me ofereci para ajudar [...] e fui incumbido de preparar o café para os outros voluntários, antes que as portas fossem abertas ao público. Em uma manhã particularmente movimentada, eu fiquei lá depois que as portas foram abertas para ajudar no atendimento aos clientes. Permaneci lá 2h a mais e fiquei bastante satisfeita comigo mesma por ter trabalhado tanto e ter sido tão prestativa. No entanto, o supervisor me procurou durante a semana e me perguntou se, no próximo café da manhã, eu poderia simplesmente servir os cafés à equipe e depois sair. Pelo visto, eu quase provoquei uma greve entre os outros voluntários, cujas posições haviam sido conquistadas arduamente e eram defendidas com zelo (O'REILLY, 2000: 96-97).

O valor da sociabilidade pura e simples não deve ser subestimado como meio de gerar confiança. De fato, com frequência, o pesquisador deve buscar maneiras de estabelecer relações sociais *normais*. Para isso, é preciso encontrar algum terreno neutro com os participantes, onde conversas triviais possam ocorrer. Os anfitriões podem se sentir ameaçados por alguém que os bombardeia constantemente com assuntos relacionados diretamente aos interesses da pesquisa. Especialmente nos primeiros dias das negociações em campo, pode ser vantajoso buscar tópicos mais *triviais* de diálogo, de modo a poder ser visto como uma pessoa *normal*, *comum* e *decente*. Em seu estudo sobre homens idosos em uma loja de *donuts*, Murphy relata que:

> Meu papel como observador participante variava e mudava de acordo com os lugares e situações. Na loja de *donuts*, esperavam que eu relatasse o que andava acontecendo "lá no *campus*". Em outras ocasiões na loja de *donuts*, eu fui tratado como um discípulo que deve aprender e reconhecer as visões [dos homens] a respeito do que é "ajudar" e do que é "certo". Com maior frequência, no entanto, o meu papel era simplesmente ser um amigo, pelo qual esperavam que eu jogasse conversa fora, como eles faziam, e falasse sobre o clima, esportes, a política urbana e local, e assim por diante (MURPHY, 2017: 114-115).

De modo similar, Hudson relata como, ao estudar as perspectivas dos alunos em uma grande escola secundária, ela "assistia às aulas e conversava informalmente com os jovens tanto quanto possível, em grupos e individualmente". Ela comenta que:

> O que se destaca no meu diário de pesquisa é a variedade de conversas que eu tive com os jovens, muitas vezes em um período bastante curto. Durante uma mentoria, por exemplo, o assunto das conversas [...] incluiu carros, tintura de cabelo, que roupa usar em uma festa, compras de Natal, compartilhar quartos, e animais. [...] Procurei demonstrar meu interesse pelos jovens fazendo referências, ao longo do tempo, a conversas anteriores que havíamos tido, para mostrar que eu me lembrava do que eles haviam me dito em outras ocasiões. Por exemplo, eu e um grupo de meninos inventamos uma piada que fez bastante sucesso sobre como eu poderia trocar meu Nissan Micra por um carro da garagem do pai de algum deles (HUDSON, 2004: 258).

Construindo relações

Um problema recorrente que o etnógrafo enfrenta durante o trabalho de campo é decidir quanto de si mesmo é apropriado ou vantajoso revelar. Não faz sentido esperar *honestidade* e *franqueza* por parte dos participantes e informantes, e não retribuí-las. As feministas, em particular, enfatizaram a importância disso do ponto de vista ético (cf., p. ex., OAKLEY, 1981; 2016). Por outro lado, assim como no envolvimento comum em muitas situações cotidianas, como pesquisador, muitas vezes é necessário omitir ou minimizar as crenças pessoais, os compromissos e as preferências políticas. Não se trata, necessariamente, de uma mentira grave. Os requisitos comuns de tato, cortesia e o "ritual de interação" (GOFFMAN, 1972) podem fazer com que isso seja necessário. No entanto, para o pesquisador, talvez isso se imponha como a necessidade de gestão autoconsciente das impressões e, assim, se torne um aspecto constante das interações sociais em campo. Não se pode enviesar o trabalho de campo conversando apenas com as pessoas que achamos agradáveis ou politicamente simpáticas: não se pode escolher informantes da mesma forma que se escolhem amigos (de um modo geral). Ao mesmo tempo, pode haver situações e pessoas difíceis de tolerar (HAMMERSLEY, 2005a).

Os etnógrafos às vezes escrevem como se sempre gostassem e se dessem bem com as pessoas que estudam, e certamente é verdade que algum esforço nesse sentido é essencial, mas os sentimentos dos etnógrafos a seu respeito podem ir desde um senso de pertencimento comum à impaciência ou mesmo à aversão. É preciso administrar esses sentimentos em campo, já que todos eles podem levar ao fracasso da condução da pesquisa de forma eficaz. Ao mesmo tempo, eles devem ser analisados, pois podem revelar aspectos importantes do processo de trabalho de campo (cf. DAVIES; SPENCER, 2010; DURHAM, 2011; MAZETTI, 2016; McQUEENEY; LAVELLE, 2017). Certamente, também deve-se buscar estar atento às emoções das pessoas que estão sendo estudadas, não apenas porque isso pode ser analiticamente importante, mas também por ser necessário para estabelecer relações com elas (PARVEZ, 2018).

Problemas específicos surgem quando as posições religiosas ou políticas do pesquisador diferem radicalmente das atitudes das pessoas em estudo. Um exemplo disso é a pesquisa de Klatch sobre mulheres envolvidas em organizações de direita. Ela comenta:

> Muitas vezes, eu me vi em uma situação desconfortável na qual as mulheres concluíam que, pelo fato de eu não questionar suas ideias, eu deveria concordar com elas. Acenar com a cabeça ao ouvir suas palavras, por exemplo, era interpretado como aceitação de suas crenças fundamentais. Assim, as mulheres que eu entrevistei diversas vezes acabaram me agradecendo por fazer a pesquisa, dizendo o quanto era importante que uma pessoa que compartilha da

mesma opinião transmitisse a sua perspectiva. Como uma ativista pró-família me disse: "Precisamos de pessoas como você, jovens, para restaurar a fé". Após conquistar sua confiança, a mulher interpretou essa confiança e o meu entusiasmo em aprender como conformidade com suas crenças (KLATCH, 1988: 79).

Às vezes, os pesquisadores de campo podem ser *testados* e pressionados a se revelarem, especialmente quando o grupo ou cultura em questão se baseia em crenças e compromissos vigorosos (como convicções religiosas, afiliações políticas e assim por diante). Isso também pode ocorrer, com força particular, no estudo do desvio, em que membros de grupos estigmatizados podem exigir garantias de que o etnógrafo não nutre sentimentos de condenação, nem pretende fazer algo contra eles. Aliás, as exigências podem ir além disso, como Ryan ilustra em um estudo da história de vida de homens *gays* irlandeses:

> Darren [...] não aceitou discutir a perspectiva de uma série de entrevistas até que fossemos beber juntos. Eu registrei o incidente depois, em um diário:
>> Mais uma vez, eu falei rapidamente sobre a pesquisa, mas ele me perguntou se eu tinha visto o programa *Queer as Folk* no Canal 4, na terça-feira. Ele ficou com tesão e queria saber se eu tinha ficado com tesão. Eu disse que achei o programa ousado. Fiquei envergonhado e meu rosto ficou vermelho. Volto a falar sobre a pesquisa, mas ele me interrompe para perguntar qual havia sido meu relacionamento mais longo. Onde eu frequentei a escola e que idade eu tinha quando tive minha primeira relação sexual. Eu disse que foi uma daquelas coisas de bêbado, mas isso era uma mentira, a primeira que eu contei [...]. Eu imaginei que ele estava tentando me "testar" com conversas cada vez mais sexualmente explícitas para ver qual seria minha reação, e eu estava determinado a ir até o fim. Ele me diz que eu sou uma pessoa muito aberta, um homem honesto com quem ele não teria dificuldade de conversar. Se isso foi um teste, parece que eu passei (RYAN, 2006: 155-156).

Como já deve estar claro, o objetivo do etnógrafo é gerar confiança. Ao discutir a pesquisa etnográfica em prisões, Jefferson (2015: 177) comenta que a confiança "não se desenvolve, simplesmente [...] depende de nós gerarmos a confiança". Como o comentário sugere, o que muitas vezes pode ser necessário é uma demonstração de que se é confiável em situações difíceis, como ilustra esta nota de campo de um estudo com policiais à paisana:

O plano era levar este carro para um local diferente, no interior, e trocá-lo por outro carro que estava estacionado há duas semanas. Dirigimos por mais de meia hora até chegarmos a uma típica cidadezinha inglesa. Bem na frente de uma casa grande, havia um Volkswagen Golf estacionado na rua. Colin me deu as chaves e disse para eu me sentar no banco do passageiro. Ele ia estacionar o carro que estávamos usando a cerca de 800m de distância, e depois voltaria caminhando até mim. Apesar de um sistema de navegação por satélite ter sido colocado à vista, o veículo não tinha qualquer sinal de arrombamento. 5min depois, um homem de uns 50 anos, vestido em um terno, veio até o carro e bateu com força na minha janela. Eu abri a janela e ele me perguntou, muito sério, se aquele carro era meu. Sem querer entregar o esquema, eu não tive outra opção senão mentir. Eu disse que o carro era meu e perguntei por que ele queria saber. Ele perguntou por que o carro estava estacionado em frente à sua casa há duas semanas, dizendo que ligou para a polícia e denunciou o carro como roubado. Eu fingi surpresa e respondi que meu marido e eu tínhamos viajado de férias e havíamos deixado o carro ali porque tínhamos amigos na cidade. Eu também falei que meu marido estaria de volta a qualquer momento, caso ele quisesse falar mais sobre isso, mas que eu podia lhe garantir que o carro não era roubado. Ele acreditou na minha história e então ficou amistoso. Quando Colin voltou para o carro e começou a dirigir, eu contei a ele o que tinha acontecido. Ele ficou impressionado, dizendo que eu havia feito bem em mentir. [...] Esse episódio foi contado a vários oficiais e, com isso, eu ganhei algum respeito na equipe (Mac GIOLLABHUI et al., 2016: 641).

Existe o perigo de representar a gestão das impressões por parte do etnógrafo em campo como uma *performance* muito mais calculada e controlada do que ela realmente é. Rowe (2014: 409) aponta "a rapidez com que as decisões a respeito de como me apresentar e me conduzir tinham que ser tomadas, e como as consequências dessas decisões eram incertas. Muitas vezes, eu queria um tempo de que eu não dispunha para pensar em como eu me sentia e no que eu deveria fazer". E Chevalier (2015) ilustra como uma decisão aparentemente irrelevante pode ter consequências significativas. Ela narra o momento em que, sentada em um restaurante na praça holandesa que ela estudava, perguntaram se ela precisava de um cinzeiro. Para os participantes, a sua resposta negativa era uma confirmação de que ela deveria ser uma policial disfarçada ou algum outro tipo de agente encarregado de fiscalizar o cumprimento da lei antifumo. Assim, precaução e discernimento são fundamentais. Além disso, as situações devem ser monitoradas.

As características pessoais do pesquisador

Certamente, há aspectos da fachada pessoal que, em grande medida, não podem ser mudados e que podem limitar a negociação da identidade dos etnógrafos em campo, aspectos frequentemente referidos como características *atribuídas**. Embora seja errado pensar que elas imponham barreiras absolutamente rígidas (STUART, 2018: 215-217), características como gênero, idade, *raça* e identidade étnica influenciarão as relações com guardiões, apoiadores e com as pessoas em estudo de formas significativas e difíceis de evitar. No caso da observação participante secreta, essas características podem, certamente, ser um obstáculo impossível de superar. Por exemplo, disfarçar-se como um *segurança* na porta de um clube ou bar (CALVEY, 2018) envolve certos requisitos, em termos de idade e constituição física, que nem todos poderiam cumprir. Também pode haver barreiras decorrentes do tipo de pessoa que se espera encontrar em determinado tipo de lugar. No entanto, essas barreiras nem sempre são intransponíveis, como indica Chevalier (2015) em seu estudo sobre uma praça que distintos grupos consideravam como seu território. Mount fornece outro exemplo de seu estudo sobre clubes de *strip-tease*:

> Depois que eu decidi me concentrar na competição entre as dançarinas, conduzi observações secretas em cinco outros clubes. Como uma mulher branca de quase 30 anos, quando eu entrava nos clubes, eu recebia alguns olhares curiosos. Para ser mais discreta, eu me sentava perto do bar ou na parte de trás do palco, observando em silêncio as interações entre as dançarinas e entre dançarinas e clientes (MOUNT, 2018: 70).

O gênero é a característica pessoal mais discutida na literatura, e o foco geralmente recai no papel das mulheres pesquisadoras de campo; por exemplo, como elas podem ser proibidas de participar em algumas situações e atividades, embora tenham acesso àquelas vedadas aos homens (ROBERTS, 1981; GOLDE, 1986; WHITEHEAD; CONAWAY, 1986; WARREN; HACKNEY, 2000; WESTMARLAND, 2001; OKELY, 2012: 126-131). Este é um tema recorrente nos escritos metodológicos de antropólogos, em que se observa que as mulheres podem se ver restritas ao mundo doméstico, junto a outras mulheres, crianças e idosos. No estudo de Golde sobre os Nahua, o problema foi agravado por outras características:

---

* No original, *ascribed characteristics* [N.T.].

> O problema era o fato de eu não ser casada e mais velha do que o aceitável para uma mulher solteira, eu estava longe da proteção da minha família e viajava sozinha, algo que uma menina solteira e pura jamais faria. Eles não conseguiam entender como eu, tão obviamente atraente aos olhos deles, ainda poderia ser solteira [...]. Ser uma mulher solteira significava que eu não deveria beber, fumar, sair sozinha à noite, circular durante o dia sem uma tarefa concreta, falar de assuntos como sexo ou gravidez, receber meninos ou homens na minha casa, exceto na presença de pessoas mais velhas, ou fazer muitas perguntas sobre qualquer tipo de coisa (GOLDE, 1986: 79-80).

Claro, quando o etnógrafo é estrangeiro, pode ser possível se distanciar um pouco dessas restrições, como Rainbird ilustra em sua experiência ao estudar uma pequena comunidade nos Andes:

> Ser mulher afetava as minhas relações em campo na medida em que certas atividades eram exclusivas a um sexo ou outro. No entanto, o fato de eu me destacar da maioria dos camponeses, usar calças e ser uma desconhecida de *status* social elevado me colocava em uma posição bastante ambígua, que me permitia assistir a reuniões e ter liberdade de visitar pessoas de outras localidades como os homens faziam, mas não beber com os homens, a menos que outras mulheres estivessem presentes [...]. Por outro lado, eu tinha bastante acesso às atividades e às redes de fofoca das mulheres, à sua amabilidade e carinho (RAINBIRD, 1990: 78-79).

Em seu estudo das escolas corânicas no norte da Nigéria, Hoechner usufruiu de algumas das mesmas vantagens, mas suas relações com os alunos ou *almajirai* foram, no entanto, bastante restritas. Ela relata que teve:

> de desistir da minha esperança inicial de poder "fazer amizade" com os *almajirai* e interagir com eles como "iguais", como minha própria criação me havia feito acreditar. O gênero era o primeiro obstáculo nesse sentido. No norte da Nigéria, as amizades não ultrapassam, ou apenas muito raramente, as fronteiras de gênero. Em Hausa, a palavra usada para se referir a uma amiga íntima de uma mulher é *fcawa* (mulher); o amigo de um homem é seu *aboki* (homem); laços de amizade entre os sexos não são concebidos linguisticamente. Os homens e as mulheres no norte da Nigéria se relacionam como irmãos, parentes, cônjuges, patronos e clientes, mas não como amigos. "Fazer amizade" com os *almajirai* e com outros jovens do sexo masculino não era, portanto, uma opção disponível para mim. Além disso, como mulher, eu não podia me matricular

como *almajira* nem mesmo observar, muito menos participar das aulas no interior de uma mesquita (HOECHNER, 2018: 308).

Liberdades e problemas semelhantes vinculados ao gênero também podem surgir nas pesquisas em sociedades ocidentais. Easterday et al. (1977) observam que, em ambientes dominados por homens, as mulheres podem se deparar com a *fraternidade* masculina, da qual são excluídas; que as mulheres podem se ver como objeto de *assédio* por parte de anfitriões homens; que pode lhes ser atribuído o papel de *faz tudo*, encarregada de pequenos serviços, ou que elas podem ser adotadas como uma espécie de mascote. Todas essas possibilidades implicam uma falta de participação da mulher, ou que sua participação não é levada a sério – o que pode ser um problema para a pesquisa (entre outras questões). Não só a pesquisadora pode ter dificuldade de ser levada a sério por anfitriões homens, mas outras mulheres também podem manifestar suspeita e hostilidade diante de suas intrusões.

Por outro lado, como já foi mencionado, as pesquisadoras também podem descobrir outras vantagens. O informante *interessado*, tentando impressionar a pesquisadora, pode se mostrar particularmente franco com ela; os homens podem ser manipulados pela feminilidade. Da mesma forma, na medida em que as mulheres não são vistas como uma ameaça, elas podem obter acesso a lugares e informações com relativa facilidade. Assim, em alguns aspectos, os estereótipos culturais comuns das mulheres podem funcionar a seu favor. Warren dá exemplos das restrições e da flexibilidade que podem derivar de ser uma mulher pesquisadora:

> Quando fiz minha pesquisa de mestrado sobre uma comunidade secreta de homens *gays*, no final dos anos de 1960 e início dos anos de 1970, eu consegui fazer trabalho de campo em alguns lugares dedicados à sociabilidade e ao lazer – bares, festas, reuniões familiares. No entanto, eu não pude observar os lugares relacionados à sexualidade – nem mesmo lugares semipúblicos, como as saunas para homossexuais [...] e os "banheirões" [...]. Neste sentido, meu retrato da comunidade *gay* é parcial, limitado pelos papéis sociais atribuídos às mulheres no mundo homossexual masculino.

Ela compara essa experiência com a pesquisa em um centro de reabilitação para dependentes químicos:

> Esta instituição aceitava residentes do sexo masculino e feminino. Mas, como pesquisadora e mulher, e depois de vários meses de observação, eu percebi que os homens estavam, geralmente, muito

mais dispostos a falar comigo do que as mulheres. Além disso, os homens geralmente achavam que eu era inofensiva e me concediam acesso quase sem limites. Eu me lembro claramente de um dia em que eu decidi subir as escadas, algo expressamente proibido para qualquer pessoa que não residisse lá. Alguém começou a questionar; o protesto foi interrompido por uma voz masculina dizendo, "ah, que mal ela pode fazer, ela é só uma garota". E eu subi as escadas (WARREN, 1988: 18).

Na mesma linha, Jauregui escreve que:
No contexto de uma etnografia sobre o trabalho policial no norte da Índia – onde as mulheres são comumente consideradas como o "sexo frágil" ou "cidadãs de segunda classe", subordinadas aos homens de diversas maneiras – o fato de eu ser mulher significava que, provavelmente, eu não era levada muito a sério, nem vista como uma ameaça pela maioria dos meus interlocutores. Embora esse misto de falta de autoridade e medo às vezes fosse frustrante para mim, a probabilidade de que isso fizesse a polícia baixar a guarda comigo era certamente um aspecto crucial, se não a própria base, do meu acesso excepcionalmente profundo e constante à vida cotidiana na [delegacia] e em outros locais de policiamento durante meu trabalho de campo em [Uttar Pradesh]. Embora meu lado feminista detestasse isso, eu aceitei a falta de agência que minha posição de gênero subordinada muitas vezes me impunha como uma espécie de troca estratégica (JAUREGUI, 2017: 79-80).

Portanto, com frequência, há alguma margem tanto para se beneficiar dos papéis de gênero quanto para renegociar alguns dos aspectos relacionados a eles para os propósitos do trabalho de campo. Assim, em seu estudo sobre a polícia, Westmarland (2001) teve que lidar com a *proteção* por parte dos policiais homens, não apenas por ser mulher, mas também por ser uma pessoa de fora. Além disso, depois de passar por vários testes e *demonstrar coragem*, foi possível estabelecer boas relações em campo. No entanto, conquistar respeito e confiança pode tomar um tempo considerável, e muitas vezes há limites sobre até que ponto isso pode ser alcançado.

Obviamente, os pesquisadores do sexo masculino terão dificuldade de acessar os lugares reservados às mulheres, especialmente em culturas onde há uma forte separação entre os sexos. E, mesmo em locais públicos, pode haver regras específicas de gênero a respeito do que eles podem ou não fazer. As relações com os outros homens também podem ser desafiadoras, por exemplo, quando a masculinidade está em jogo. Um exemplo é dado por uma etnografia prisional:

> Estou sentado na cama de Yusuf, ao lado de Ibrahimi. Yusuf coloca um pouco de arroz no meu prato. Yusuf me passa o meu prato e, quando eu dou a primeira garfada, um pedaço de cogumelo cai no chão. "Bem, Bart", diz Yusuf, "agora você é minha vadia", e sorri para mim. Imediatamente, Ibrahimi responde e diz que, a partir de agora, eu tenho que limpar a cela toda semana. "E cuidado, se você deixar cair outra coisa, a cela é minha também". Yusuf então afirma que a comida não é de graça e que ele espera algo em troca. Yusuf e Ibrahimi falam sempre com um sorriso, mas eu sinto que a intenção deles é me testar e ver se eles podem me subjugar como os prisioneiros mais fortes fazem. "Bem, Bart, você pode ser alto, mas tenho certeza que você não encara nós dois. E agora um cogumelo mudou a sua vida aqui na prisão, a partir de agora você me pertence", diz Yusuf com uma cara séria. Eu sinto a tensão entre nós, ele não para de me encarar e espera minha resposta. [...] Eu não posso respondê-lo taxativamente e nem de uma forma que Yusuf se sinta humilhado na frente de Ibrahimi. Então, eu reajo dizendo: "Bem, Yusuf, eu posso limpar sua cela, sem problemas, mas vai te custar dez fichas". Ibrahimi começa a rir e diz: "Geralmente, o preço são duas ou três fichas". "Eu sei, mas se você quiser que eu limpe, este é o meu preço", eu respondo e Yusuf responde na sequência: "Esquece, Bart, eu não posso pagar para você ser minha vadia", ele começa a rir e eu também (Notas de campo. Bart Claes, dez./2009; CLAES et al. 2013: 62-63).

Com certeza, especialmente para as mulheres e em diferentes níveis de gravidade, o assédio sexual é sempre um problema potencial (IRWIN, 2006; GRAUERHOLZ et al., 2013; MUGGE, 2013; CLARK; GRANT, 2015; JOHANSSON, 2015; KLOSS, 2017). Warren comenta a este respeito ao discutir a pesquisa de uma de suas alunas, Tiz Brunner, entre os sem-teto:

> Durante seu trabalho de campo, Tiz dormia, bebia, conversava e compartilhava refeições com os sem-teto nas ruas de Los Angeles – quase todos homens. Depois de vários episódios de toques físicos indesejados, ela aprendeu a evitar ficar sozinha com determinados homens, ou a não ir para áreas escuras da rua com quem ela não conhecia bem [...]. Esses homens sem-teto – alguns deles pacientes mentais desinstitucionalizados – muitas vezes não compartilhavam, ou talvez sequer conheciam, a classe média de Tiz nem os valores e crenças feministas sobre a expressão sexual e os relacionamentos homem-mulher (WARREN, 1988: 33-34).

Certamente, esses problemas não se restringem ao contato com os sem-teto nas ruas, como relata Gurney em sua pesquisa sobre advogados:

> Um exemplo claro de um problema relacionado ao meu gênero foi um caso de assédio sexual por parte de um dos promotores. Em diversas ocasiões, ele tentou fazer com que eu fosse ao seu apartamento, com o pretexto de eu usar o seu computador [...]. Como isso não deu certo, ele me perguntou se eu conhecia alguém que estaria disposto a ir ao seu apartamento para ajudá-lo a programar seu computador para analisar contas bancárias em casos de desvio de verbas. Eu disse que não conhecia ninguém, mas me ofereci para colocar um anúncio para ele na universidade. Ele recusou a ideia e nunca mais tocou no assunto (GURNEY, 1991: 58-59).

Há vários dilemas aqui. Um deles é que, em alguns lugares, pode ser que, quanto mais o/a etnógrafo/a seja aceito como membro da comunidade, mais seguro ele ou ela estará em relação a alguns tipos de perigo, enquanto o risco de outros pode aumentar. Por exemplo, os esforços de mulheres etnógrafas para estabelecer relações com os homens podem ser mal interpretados ou explorados como uma oferta de intimidade, ou vistos como flerte. Circunstâncias particulares também podem levar ao assédio, como ilustra a experiência de Kloss em sua pesquisa na Guiana. Durante o Phagwah, o festival hindu das cores, em que as pessoas jogam pó colorido umas nas outras, ela relata que:

> Voltei cedo para a casa da minha família anfitriã, pois Ramlall e Sandra sempre esperavam que eu chegasse para soltar os cães de guarda e trancar a casa durante a noite. Quando eu cheguei, Sandra estava sentada em sua rede na casa de baixo, acompanhada por Suresh. [...] Ramlall, que havia chegado de viagem, estava ansioso para me fotografar toda colorida. Educadamente, Sandra me pediu para tomar banho no local onde geralmente lavávamos as roupas, pois eu ia "bagunçar" o banheiro que ela havia lustrado para o feriado. Como ela e outros membros da família já haviam feito isso, eu não me opus e fui até os fundos da casa para tirar o pó da minha pele. Tomei banho de roupas, com uma camiseta regata e calças largas até a canela, já que dava para ver o lugar tanto da rua quanto da casa de baixo. Da rede, Sandra e Suresh riram de mim, de como a "garota branca" estava tomando "banho de balde". Ramlall estava trabalhando no quintal e, em determinado momento, ele veio me mostrar onde eu ainda tinha manchas de pó. Não gostei quando ele tocou no meu ombro, mas não me preocupei muito com isso. Quando terminei o banho, me escondi atrás do carro para me secar. O carro estava estacionado no terreno da casa e impedia que as pessoas na rua e na casa de baixo [me vissem]. Eu estava agindo de acordo com as normas de comportamento familiar previamen-

> te estabelecidas, que eu havia observado em visitas anteriores. Eu não percebi que Ramlall ainda estava trabalhando no quintal e me assustei quando, de repente, ele estava em pé ao meu lado, atrás do carro e escondido de sua esposa e filho. Imediatamente, seu olhar me desconcertou, era diferente das nossas interações habituais de pai e filha. Eu presumi que ele ainda estava se sentindo deprimido por causa da ausência dos netos. Eu imaginei que ele estivesse em depressão e, tentando animá-lo, ao invés de me afastar, eu perguntei como havia sido o seu dia. Quando eu me virei, [...] ele agarrou meu braço, me deu um abraço forçado, enfiou a mão dentro da minha blusa, tocou meu seio e tentou me beijar à força. Eu o empurrei, dizendo claramente: "Não!", e subi a escada correndo, dizendo a Sandra e a Suresh, que não tinham visto nada, que eu estava cansada e queria dormir (KLOSS, 2017: 401).

Incidentes desse tipo são difíceis para o etnógrafo antecipar ou prevenir. No entanto, às vezes, alguns fatores ligados às relações de pesquisa podem aumentar a sua probabilidade. Refletindo sobre os rapazes jovens que estudou, Chevalier (2015) argumenta que o assédio sexual, em alguns casos, pode ser uma estratégia para reequilibrar a relação desigual entre pesquisador e pesquisado.

Claro, também é verdade que, dado que a pesquisa etnográfica requer o estabelecimento de relações íntimas com pessoas do lugar, isso pode levar a relações íntimas consensuais. Warren (1988: 30) observa que, inicialmente, a questão da sexualidade no trabalho de campo surgiu da insegurança em relação ao estupro de *mulheres brancas*, sozinhas em sociedades *primitivas*. Ela defende uma perspectiva mais ampla, reconhecendo o perigo do assédio sexual, mas também observando os relatos de pesquisadores sobre relações sexuais em campo (cf. tb. FINE, 1993; KULICK; WILLSON, 1995; COFFEY, 1999; GOODE, 1999; 2002). Falando de seu estudo sobre uma loja de tatuagem, Irwin (2006) relata que ela namorou e se casou com seu principal informante (e logo depois se divorciou dele!).

Assim como o gênero, *raça*, etnicidade e filiação religiosa também podem impor limitações e trazer problemas. A experiência de Peshkin, ao pesquisar uma escola protestante fundamentalista, demonstrou que a etnicidade e a filiação religiosa do etnógrafo podem ser um fator importante no estabelecimento de relações em campo:

> Em Bethany, eu queria ser o acadêmico não cristão, interessado em aprender sobre o fenômeno educacional fundamentalista que estava varrendo o país. [Mas] eu descobri [...] que ser judeu era o aspecto

pessoal que mais influenciava minha pesquisa; isso se tornou o aspecto mais evidente da minha subjetividade. Em Bethany, eu tive liberdade para definir a minha identidade de pesquisador, mas as pessoas nunca ficavam tranquilas com o fato de eu ser pagão. De modo contundente, eu percebi que as ameaças à minha identidade como judeu não eram apenas uma questão de história.

Pois, para inculcar em seus alunos a doutrina e o significado da identidade cristã, os educadores de Bethany nos ensinavam, aos alunos e a mim, que eu fazia parte do mundo humanista rejeitado de Satanás; eu sintetizava a escuridão e a injustiça que contrastam com a sua luz e retidão piedosas. Eles ensinavam às crianças a nunca serem amigos íntimos, se casarem ou fazerem negócios com alguém como eu. O que eles deveriam fazer com alguém como eu era proselitismo (PESHKIN, 1985: 13-15).

Embora Peshkin não tenha sido forçado a abandonar o lugar, isso afetou totalmente a natureza do trabalho de campo. Curiosamente, ao estudar a seita Lubavitch de judeus chassídicos no Canadá, Shaffir (2009) também se deparou o proselitismo, com o objetivo de estimulá-lo a se tornar mais comprometido com as regras ortodoxas. No entanto, isso facilitou ao invés de dificultar sua pesquisa.

Um problema parecido ao de Peshkin foi vivenciado por Magee, uma mulher católica que estudava o (predominantemente protestante) *Royal Ulster Constabulary*, na Irlanda do Norte; mas ela também conseguiu estabelecer boas relações com muitas pessoas em campo:

Após um período de doze meses, a curiosidade persistente de uma pesquisadora em campo está fadada a se tornar meio irritante [...]. Mas, excluindo os casos de irritação momentânea, que foram muitos, [...] a maioria dos entrevistados se sentiu segura o suficiente na presença da pesquisadora para expressar o que, sem dúvida, eram medos amplamente difundidos a respeito da pesquisa. Por vezes, essas preocupações eram expressas com humor e palavrões. A pesquisadora ficou conhecida como *Old Nosebag**, e sempre faziam piadas sobre conseguir soletrar corretamente os nomes das pessoas no *Republican News*, do Sinn Fein** (BREWER, 1991: 21).

---

* Em português, *bornal velho*. Segundo o *Dicionário Houaiss*, bornal é um saco para carregar provisões ou para alimentar cavalos (amarrado ao animal); no entanto, há também o sentido informal e figurado de *mulher cuja reputação é ruim* [N.T.].
** O Sinn Fein é um dos movimentos políticos mais antigos da Irlanda; em 2020, o partido nacionalista de esquerda constituía a segunda maior bancada do Parlamento Irlandês [N.T.].

De fato, em alguns casos, pertencer a um grupo étnico ou nacional diferente pode ter suas vantagens. Ao falar sobre sua pesquisa em um gueto negro nos Estados Unidos, Hannerz (1969) destaca que, embora um de seus informantes tenha sugerido, em tom de brincadeira, que ele poderia ser o verdadeiro *diabo loiro de olhos azuis* do qual os muçulmanos negros tanto falavam, o fato de ser sueco o distanciava, convenientemente, dos outros brancos.

Certamente, *raça* não se refere apenas à aparência física, mas também aspectos culturais, poder e estilo pessoal. Além disso, as identidades raciais não devem ser entendidas como categorias fixas ou padronizadas. Stuart dá um exemplo:

> Racialmente, eu sou mestiço. Meu pai é negro e minha mãe mexicana. Apesar do tom claro da minha pele parda, e do fato de eu ter herdado os lábios e o nariz mais finos da minha mãe, geralmente eu me identifico como negro ou, dependendo da situação, como mestiço. Provavelmente, por causa dessa autoidentificação, eu pressupus que a minha raça fazia de mim um "membro" em Skid Row. Eu também achava que eu tinha uma origem de classe semelhante. [...] Eu cresci a quase 100km a leste de Los Angeles, na cidade de San Bernardino, que sempre figura como uma das cidades mais pobres dos Estados Unidos. Passei minha infância em meio à pobreza urbana, gangues e violência. [...]
>
> No entanto, nenhuma dessas informações a respeito do meu passado importava muito para os vendedores e ambulantes [de Skid Row]. Para minha decepção, esses homens me viam de maneira bastante direta – como um homem branco e privilegiado. Em grande medida, eles me viam dessa forma porque é assim que os policiais em Skid Row – os juízes não oficiais, mas determinantes das classificações raciais no bairro – veem a minha identidade (STUART, 2018: 229).

Ele relata ter sido abordado pela polícia: uma ligação anônima tinha sido feita e ele se encaixava na descrição de um "homem branco com uma mochila preta":

> "Alguém parecido comigo?" Eu perguntei, cético. "Vejam", eu disse, estendendo minha mão com a palma para baixo, gesticulando para que vissem o tom da minha pele, "não pode ser eu". Minha pele era visivelmente mais escura que a dos dois policiais. "Eu não sou branco", afirmei. O primeiro policial não hesitou. [...] "*Aqui* você é", respondeu ele, categoricamente. Ele apontou para os ambulantes, que observavam atentos. "Olha para esses caras. Comparado com eles, pode ter certeza que você é branco" (STUART, 2018: 230).

Depois do episódio, os ambulantes o aconselharam sobre como "ficar mais preto" mudando o tipo de roupa que ele vestia.

Em sua pesquisa em um bairro negro da Filadélfia, Alice Goffman (2014) precisou superar as barreiras associadas à etnia e ao gênero. Como uma mulher branca, suspeitavam das suas intenções, algo que ela só conseguiu superar "aparecendo todos os dias, durante vários meses" e construindo relações pessoais no campo. Ela observa que, ao contrário de sua branquitude:

> O fato de eu ser judia, ou melhor, meio judia por parte de pai, não parecia importar muito, talvez porque os sobrenomes fossem tão pouco usados. Certa vez, Reggie reclamou comigo sobre outro cara que não queria dividir seus lucros depois de ganhar uma aposta de jogo, dizendo que o cara estava "agindo como um judeu".
> "Você conhece algum judeu?", perguntei.
> "Não. É só uma expressão, porra."
> "Você sabe que eu sou judia, né?"
> "Você não é judia. Você é branca."
> "Sou meio-judia, Reggie, juro por deus."
> "Cadê sua barba?", ele riu (GOFFMAN, 2014: 233).

Por outro lado, Goffman observa que o fato de ela ser branca, embora fosse sempre evidente, tinha relevância e implicações diferentes dependendo do contexto, de modo semelhante ao que ocorria com seu gênero.

Em grande medida, as discussões a respeito dos impactos da raça e da etnicidade tem se concentrado nos casos de pesquisadores brancos estudando pessoas não brancas, ou das relações entre pesquisadores pertencentes à maioria étnica com membros de minorias étnicas. Contudo, alguma atenção tem sido dada à experiência de pesquisadores negros e asiáticos (HOONG SIN, 2007; KEIKELAME, 2018; TORNGREN; NGEH, 2018). No entanto, nestes casos, também se enfatiza que as identidades raciais e étnicas não têm natureza nem efeitos determinados. Com base em sua pesquisa na Costa do Marfim, Matlon relata que:

> Como mestiça, eu poderia ser branca ou negra, dependendo da situação. A primeira pergunta que o presidente de uma associação de nacionalistas me fez foi se eu era uma *américaine noire* [americana negra], e a sua satisfação com minha resposta afirmativa parecia indicar que, neste caso, a minha curiosidade era aceitável (MATLON, 2015: 160).

Mas, em outros contextos, ela era chamada de *la blanche*! [a mulher branca!], embora "ser uma americana branca [fosse] melhor do que ser uma francesa branca". Na maior parte do tempo, essas diferentes identidades serviam a seus propósitos.

Por sua vez, os jamaicanos que Whitehead (1986) estudou o consideravam um homem *grande, moreno* e *articulado*. *Grande* se referia não ao seu tamanho, mas ao seu *status* de estrangeiro educado, e *articulado* indicava o uso do inglês-padrão ao invés da variante local. *Moreno* era o termo usado pelos jamaicanos locais para se referirem a uma combinação de pele clara e características econômicas e sociais desejáveis. Ele relata que uma das consequências de ser visto desta forma era:

> quando eu tentava ter conversas casuais ou fazer entrevistas formais com diversos homens de baixa renda, eles evitavam me olhar nos olhos e sugeriam, com frequência, que eu falasse com algum homem que fosse "maior" do que eles. Muitas vezes, eles me respondiam com insignificantes "Sim, senhor" e "Não, senhor" (WHITEHEAD, 1986: 215).

A idade é outro aspecto importante da persona do pesquisador de campo. Embora isso não seja uma verdade universal, parece haver uma tendência de que a etnografia seja território de pesquisadores mais jovens. Por um lado, pode ser porque o jovem tem mais tempo para se comprometer com o trabalho de campo; por outro, isso pode indicar que as pessoas mais novas têm mais facilidade de assumir a posição de *incompetente* do *forasteiro* ou do *marginal*. Isso não significa que a etnografia se restrinja apenas a pesquisadores mais jovens, mas é preciso considerar, pelo menos, a possibilidade de que a idade influencie os tipos de relação estabelecidos e os dados coletados. É possível que o jovem pesquisador em formação estabeleça relações de trabalho bastante diferentes daquelas disponíveis para o professor de meia-idade.

A idade também pode influenciar o *modus operandi* do pesquisador, como ilustra Henslin, ao comparar sua pesquisa com motoristas de táxi, aos 29 anos de idade, com a pesquisa entre moradores de rua, aos 47:

> [Na observação participante com os motoristas de táxi] eu não pensava muito no perigo, pois estava entusiasmado com a busca sociológica. Embora dois ou três taxistas tenham sido esfaqueados na primeira semana em que eu dirigi um táxi, eu não pensei muito no assunto, certo de que algo assim nunca aconteceria comigo.
>
> Agora, no entanto, eu enfrentaria mais uma vez a realidade das ruas, mas, a esta altura da minha vida, as coisas já não seriam mais as mesmas. A idade havia cumprido sua profecia: Ela trouxe consigo uma abordagem mais conservadora [...] das experiências urbanas. Passei a questionar com mais frequência o que eu estava fazendo e se eu deveria mesmo fazer aquilo.

Em seguida, ele descreve sua hesitação em abordar um grupo de fugitivos:
> No final do quarteirão, eu vi cerca de meia dúzia de rapazes e duas mulheres reunidos em frente a um estacionamento. Por alguma razão, eles não se pareciam com a juventude suburbana do meio-oeste que eu conhecia. O que mais me impressionou neste grupo foi a quantidade de "metal" que eles exibiam, especialmente os brincos e pinos que se projetavam de várias partes do corpo.
>
> Alguns anos atrás, eu teria visto aqueles jovens como outro grupo distinto que, provavelmente, tinha experiências fascinantes para contar. Não mais. Eles agora me pareciam um grupo que o bom-senso recomendaria não incomodar (HENSLIN, 1990: 69-70).

De fato, ele fez contato com eles. Eles lhe disseram que dormiam em edifícios abandonados e, imediatamente, ele começou a se perguntar como eles encontravam esses lugares, como se protegiam de outros invasores, e assim por diante. No entanto, apesar da curiosidade, ele concluiu que passar a noite com eles seria muito perigoso.

Estar na idade ou ser da geração "errada" pode ser um problema, particularmente na pesquisa secreta. Não apenas o pesquisador pode parecer *fora de lugar*, mas seu comportamento também pode ser inadvertidamente *inapropriado*. Na fase secreta da sua pesquisa com estudantes universitários, Moffatt (1989: 7) se deu conta de que precisava controlar tanto sua tendência a conversas *elevadas* ou acadêmicas quanto o uso de linguagem obscena. No entanto, o mesmo tipo de problema pode surgir em pesquisas públicas, em que o comportamento considerado inadequado para a idade pode prejudicar as relações com alguns participantes (embora possa melhorar as relações com outros).

Certamente, as diferenças de idade entre pesquisador e pesquisados exigem atenção não apenas para melhor gestão das interações sociais, mas também em função de como elas podem afetar o comportamento das pessoas estudadas. Refletindo a respeito de seu estudo sobre homens idosos que se encontravam em uma loja de *donuts*, Murphy observa que:
> os dados devem ser analisados com cautela, dada a diferença relativamente grande de idade entre o observador participante e os outros frequentadores. Eu comecei o trabalho de campo aos 27 anos de idade e deixei formalmente o campo aos 31. É possível que os sujeitos do estudo tenham alterado suas atividades na presença de alguém jovem o suficiente para ser um de seus netos (MURPHY, 2017: 115).

A questão da diferença de idade é mais evidente no caso de pesquisas com crianças (cf. PUNCH, 2002; CHRISTENSEN, 2004; CLARK et al., 2014). No entanto, embora a idade e suas características associadas possam constituir uma barreira, restringindo o que um pesquisador pode ou não fazer, mesmo quando a diferença é muito grande, a limitação pode ser temporária, como aponta Corsaro (1981: 11) ao discutir sua pesquisa com crianças na pré-escola:

> Duas meninas de quatro anos (Betty e Jenny) e o pesquisador adulto (Bill) em uma pré-escola:
> *Betty*: Você não pode brincar com a gente!
> *Bill:* Por quê?
> *Betty*: Porque você é muito grande.
> *Bill*: Eu vou me sentar. (Senta.)
> *Jenny*: Você ainda é muito grande.
> *Betty*: É, você é o "Grande Bill"!
> *Bill*: Posso só olhar?
> *Jenny*: OK, mas não encoste em nada!
> *Betty*: Só olha, tá?
> *Bill*: Está bem.
> *Jenny*: OK, Grande Bill?
> *Bill*: OK.
> (Mais tarde, Grande Bill pôde jogar.) (CORSARO, 1981: 11).

Muitas vezes, pesquisadores que trabalham com crianças procuram adotar o que é chamado de um papel "menos adulto". Isso pode funcionar bem, mas necessariamente envolve algumas limitações (FINE; SANDSTROM, 1988; MANDELL, 1988; EPSTEIN, 1998; RANDALL, 2012).

Restringimos a nossa discussão aqui a algumas das características básicas do etnógrafo e suas implicações para as relações de pesquisa. Vale ressaltar que esta discussão não esgotou as características pessoais que podem fazer diferença. Oboler fornece um exemplo contundente disso, ao discutir a aceitação de seu marido entre os Nandi, do Quênia:

> Sua primeira ida ao rio para tomar banho foi um teste decisivo. Em um espírito de camaradagem, dado o costume do banho comunitário entre pessoas do mesmo sexo, vários rapazes o acompanhavam. Cheios de curiosidade, um enorme grupo de crianças e adolescentes mais jovens os seguiam de perto [...] todos queriam saber a resposta [...]. Leon era circuncidado? Entre os Nandi, a iniciação masculina envolvendo a circuncisão dos adolescentes é o evento mais crucial no ciclo de vida dos homens, sem o qual a identidade adulta, a

entrada no sistema de grupos etários e o casamento são impossíveis. A circuncisão também é considerada um importante marcador de fronteiras étnicas [...]. Felizmente, Leon, um judeu por ascendência e criação, passou no teste. Acho que um marido incircuncidado teria tornado o trabalho de campo entre os Nandi extremamente difícil para mim (OBOLER, 1986: 37).

Este exemplo também ilustra o fato de que não são apenas as características próprias, pessoais ou sociais, dos etnógrafos que podem ser decisivas: o mesmo pode acontecer com as características das pessoas que os acompanham em campo. E isso também se aplica, em grande medida, às crianças. Downey (2013) relata como ter um filho em campo não alterou apenas o caráter de seu trabalho de campo, mas também seus resultados. Ao mesmo tempo, as crianças não necessariamente aprovam seu papel na pesquisa dos pais. Por exemplo, Grasmuck (2013: 193) relata o *desconforto* do seu filho, a sua *resistência* e a *renegociação* da participação dele na sua pesquisa sobre times masculinos de beisebol infantil.

Outros tipos de complicações também podem surgir com membros da família. Assim, Hudson estudou uma escola na qual seu marido trabalhava e, durante o trabalho de campo, ele deixou de ser professor e se tornou o diretor assistente encarregado da disciplina. Não surpreende que isso tenha influenciado como os alunos a viam, embora não tenha tido os efeitos negativos que poderiam ser esperados. De início, ela decidiu "não mencionar o fato de ser casada com um professor", mas, ao mesmo tempo, estabeleceu que, "se os jovens tocassem no assunto, eu responderia abertamente às suas perguntas". Ela relata que "não demorou muito para que o assunto viesse à tona". Inicialmente, eles confundiram seu marido com outro professor:

> As meninas se aglomeraram ao meu redor em uma onda de empatia. Anna exclamou: "Aquele cara alto! Coitada! Como ele é em casa?" (Diário de pesquisa, 24/01/97). O comentário dela sugere alguma empatia pela minha posição percebida, ao invés de conceber eu e Richard como um casal, diferentes dos jovens. De fato, durante o trabalho de campo, os comentários dos jovens tendiam a sugerir que eles tinham uma percepção muito mais intensa da minha relação com eles, do que de qualquer relação que eu pudesse ter com meu marido. Por exemplo, em um momento posterior do trabalho de campo, quando Sara estava lendo o boletim informativo da escola, em dezembro de 1997, ela se virou para mim e exclamou: "Senhorita! Você sabia que seu marido foi nomeado Vice-Diretor?"

> (Diário de pesquisa, 12/12/97). Quando Sara ligou para mim na escola, durante as férias de verão, meu marido atendeu o telefone. [...]. Apesar da lembrança explícita de que eu era casada com um funcionário da escola, quando eu perguntei como ela estava, [ela] imediatamente começou a tagarelar sobre um garoto com quem ela havia "transado" e descreveu a perspectiva de voltar à escola como um "saco" (HUDSON, 2004: 264).

Assim, durante o trabalho de campo, as pessoas que conhecem o pesquisador, ou que ouvem falar dele, buscarão identificá-lo com base em *características atribuídas*, assim como em outros aspectos de sua aparência e comportamento, para tentar definir quem ele ou ela é. Na medida do possível, os impactos disso devem ser monitorados. Por outro lado, como vimos, os etnógrafos geralmente tentarão moldar a natureza de seu papel em campo – adaptando seu vestuário, atitude e comportamento – para facilitar o acesso aos dados necessários.

Papéis em campo

O papel (ou os papéis) que um etnógrafo assume em campo pode(m) variar muito, e, embora isso seja em parte uma decisão do pesquisador, ele é sempre o resultado de uma negociação contínua com os outros participantes. Já observamos como este processo pode ser influenciado pelas características pessoais e sociais do pesquisador, além de como essas características são interpretadas pelos participantes. Certamente, isso inclui o que se supõe que essa pessoa deva saber, quais habilidades ela deveria ter etc. Em alguns casos, os pesquisadores estudam ambientes nos quais já estão inseridos; neste caso, seu papel tende a ser predefinido (e os participantes terão bastante informação a seu respeito). No entanto, mesmo quando os etnógrafos chegam em um lugar totalmente desconhecido, um papel específico pode ser atribuído a eles. Por exemplo, Kloss (2017) foi incorporada à família que a hospedou na Guiana como filha, irmã etc., embora também como uma *garota branca*. Por sua vez, a VanderStaay (2005) foi atribuído o papel de *irmão mais velho* do jovem que ele estudou, apesar de suas diferenças étnicas, entre outras. Também destacamos o fato de que essas identificações podem tanto facilitar quanto dificultar o trabalho de campo. A tarefa inicial é definir um papel para si mesmo em campo, que possibilite o acesso aos dados necessários. Às vezes, isso pode ser relativamente simples, mas, como Drake e Harvey (2014) relatam no caso da pesquisa em prisões, também pode ser difícil e emocionalmente desgastante.

Nos primeiros dias do trabalho de campo, a conduta do etnógrafo, quando ele se encontra em um ambiente desconhecido, muitas vezes difere pouco da de qualquer recém-chegado diante da necessidade prática de dar sentido às novas circunstâncias. Imagine a posição de novatos ou principiantes – estudantes calouros, recrutas militares, novatos no trabalho – que se encontram em ambientes relativamente estranhos. O que eles fazem para *ficar por dentro*? Obviamente, não há nada de mágico neste processo de aprendizagem. Eles observam o que as pessoas estão fazendo, pedem para que expliquem o que está acontecendo, tentam fazer as coisas sozinhos – ocasionalmente, cometendo erros –, e assim por diante. Mas, em um sentido importante, o novato também age como um cientista social: fazendo observações e inferências, buscando informações, construindo hipóteses e agindo com base nelas. De um modo geral, podemos dizer que eles estão *aprendendo a cultura*.

Neste sentido, ao estudar ambientes desconhecidos, os etnógrafos são necessariamente novatos. Além disso, para facilitar o processo de aprendizagem, eles devem se colocar, sempre que possível, na posição de *incompetentes aceitáveis*, como Lofland et al. (2006: 69-70) descrevem tão bem. Esse foi o papel adotado por Harper (2018: 100-101) em seu estudo sobre mendigos, por exemplo. É apenas observando, ouvindo, fazendo perguntas, formulando hipóteses e cometendo gafes que o etnógrafo consegue adquirir uma boa noção da estrutura social do lugar e começar a compreender a(s) cultura(s) dos participantes.

Styles (1979) fornece um exemplo dos estágios iniciais de aprendizagem como um observador participante em sua pesquisa sobre saunas *gays*. Ele comenta que, antes de começar, ele supôs que, sendo um homem *gay*, ele "fazia parte da 'clientela natural' das saunas. Nunca me ocorreu a possibilidade de não entender o que estava acontecendo" (p. 151). Antes de ir para a sauna, ele conversou com um amigo *gay* que frequentava o lugar:

> A partir dessa conversa, achei que não teria maiores problemas e fiz alguns planos de pesquisa preliminares. Primeiro, eu exploraria os diversos ambientes de atividade sexual na sauna e elaboraria um diagrama da configuração física e sexual do lugar. Depois de observar a interação nas diversas áreas, eu iniciaria conversas com um ou dois dos clientes, explicando que era minha primeira vez ali, e faria perguntas sobre sua frequência à sauna. Para tomar notas, eu poderia usar o isolamento de alguns dos banheiros do andar de baixo, descritos por meu amigo, que tinham portas que podiam ser trancadas para garantir privacidade.

Como era de se esperar, seus planos não funcionaram conforme o esperado:

> A sauna era extremamente lotada, barulhenta e fedorenta. Meu projeto inicial – explorar a configuração da sauna em si – se resumiu a 20 ou 30min, abrindo caminho entre, em meio e ao lado de homens nus e quase nus que lotavam os corredores [...]. Desisti de tomar notas quando eu vi que a fila para os banheiros do andar de baixo tinha meia dúzia de homens [...] e que chegavam mais a todo instante. Eu consegui identificar os principais ambientes sexuais [...] mas eles eram, em sua grande maioria, tão mal iluminados que eu podia ver poucos detalhes do comportamento e eu desisti da sala de orgia quando, depois de me espremer por uma massa de corpos, eu tropecei no escuro e esbarrei em um grupo de homens que faziam sexo em grupo, e minha toalha foi arrancada enquanto um deles agarrava meus órgãos genitais. Eu desisti do quarto da sauna assim que o vapor invadiu e meus óculos embaçaram. A música ambiente ensurdecedora, os olhares austeros dos clientes e a dor de cabeça terrível que eu senti (que, mais tarde, eu descobri ser causada pelo odor do nitrito de alquila, uma droga inalada para intensificar a experiência sexual*) efetivamente acabaram com qualquer vontade que eu tivesse de conversar (STYLES, 1979: 138).

Ele comenta que "somente através de um processo lento de tentativa e erro [que], pouco a pouco, eu passei a entender alguns dos padrões de comportamento na sauna" (p. 139).

A diferença crucial entre o novato *leigo* e o etnógrafo em campo é que este último busca manter uma atenção autoconsciente do que é aprendido, de como foi aprendido, e das transações sociais que informam a produção desse conhecimento. Como vimos no cap. 1, é uma exigência importante da etnografia a suspensão de grande parte do senso comum e do conhecimento teórico, de modo a minimizar o perigo de se apoiar em falsas premissas acerca do lugar e das pessoas nele.

Em geral, lugares *estranhos* ou *exóticos* destroem rapidamente a crença dos etnógrafos em suas premissas, tal como o estranho de Schutz (1964) descobriu que o conhecimento prévio sobre o novo país não era suficiente para sobreviver nele. Laura Bohannan (sob o pseudônimo de Elenore Bowen) escreveu um relato vívido e semificcional de seus primeiros encontros com uma cultura africana. Ela descreve a sensação de alienação e a *estranheza* experimentadas pelo pesquisador em campo, e um sentimento de ser *incompetente*:

---

* Droga popularmente conhecida como *poppers* [N.T.].

> Eu me sentia muito mais como uma criança pequena do que como uma mulher jovem e independente. Minha família me defendia contra estranhos, estivesse eu certa ou errada, mas depois eles falavam abertamente suas opiniões e, obviamente, para o meu próprio bem, eu não tinha razão para ficar com raiva. Eu me sentia menos ainda uma antropóloga formada e profissional, fazendo suas pesquisas. Eu era levada de uma casa para outra e repreendida pela minha falta de educação ou por molhar meus sapatos. Longe de ter informantes dóceis que eu pudesse instruir, eu me tornei o passatempo de pessoas que me ensinavam o que elas consideravam que eu deveria saber e o que lhes interessava naquele momento [...] (BOWEN, 1954: 40-41).

Ela narra as dificuldades pessoais e emocionais de lidar com esse estranhamento, mas seu relato evidencia como isso é parte indissociável do processo de aprendizagem.

Essa experiência de estranhamento é muitas vezes chamada de *choque cultural* e é característica da antropologia social e cultural, embora não seja, de modo algum, exclusiva aos antropólogos. A experiência pode ser extremamente desconfortável, como aponta Malachowski (2015: 26), referindo-se a um estudo sobre saúde mental no local de trabalho em uma grande indústria canadense. Essa empresa se caracterizava por "um ambiente de trabalho hipermasculino", que também incluía uma estrutura de autoridade rígida e extremamente hierárquica. Ela relata que:

> À medida que os trabalhadores se sentiam mais à vontade comigo, eles começavam a usar termos como "doidões", "malucos", "loucos" e "pirados" para descrever os indivíduos que sofriam de doenças mentais. Com frequência, eu ouvia comentários como: "Você veio estudar o manicômio", "Você já encontrou algum maluco? Você não está procurando o bastante, eles estão por toda parte", "Se você me entrevistasse, eu ia acabar em uma camisa de força" e "Se encontrarmos algum maluco, a gente te avisa". Embora o objetivo do meu trabalho de campo fosse entender melhor a cultura e o contexto em que os trabalhadores entendiam e falavam sobre doença mental, eu fui ficando nervosa e irritada com [seus] comentários ofensivos recorrentes e do preconceito flagrante em relação à doença mental (MALACHOWSKI, 2015, par. 14).

Um caso mais surpreendente de choque cultural, talvez, é o relato antropológico de Nathan (2005) sobre "o que um professor aprendeu ao se tornar um aluno". Embora ela tenha feito a pesquisa (em grande medida secreta) na universidade em que lecionava, ela descobriu que, em seu novo papel de *caloura*, ela se sentia "completamente desorientada, assim como eu me senti quando cheguei na aldeia onde eu fiz o meu primeiro trabalho de campo no exterior" (p. 10-11). Apesar de ela conhecer bem o campus, ao atravessá-lo como estudante, sua experiência era diferente. Ela escreve: "Fiquei chocada com o quão vulnerável e deslocada eu me senti. Muitas vezes, eu me via andando na direção errada e parava outros alunos [...] para pedir ajuda" (p. 11). Ela também recebeu uma suspensão disciplinar menos de 48h depois de sua chegada, por beber álcool em uma área pública do dormitório (p. 12).

Ainda que essas experiências sejam desconcertantes, o confronto do etnógrafo com uma cultura *estrangeira* é a base metodológica e epistemológica da etnografia. Mas, muitas vezes, não é só isso que está envolvido. Em alguns casos, a ansiedade e o choque derivam da falsa expectativa de que os fatos sociais, as regras, os valores, as estruturas sociais e outros fenômenos sociológicos possam ser observados imediatamente. De início, esta talvez seja uma das lições mais difíceis de aprender. Não é possível *ver* a vida cotidiana tal como descrita nos manuais de sociologia ou antropologia, nem distinguir conceitos analíticos diretamente dos fenômenos vivenciados em campo. Alguns pesquisadores, iniciando o trabalho de campo pela primeira vez, podem até se sentir traídos ao descobrirem isso ou passarem a duvidar de si mesmos, acreditando que são pesquisadores incapazes porque suas observações não se enquadram perfeitamente nos tipos de categorias sugeridas pela sabedoria derivada da *literatura*.

É claro que, em ambientes de pesquisa familiares ao pesquisador, pode haver um problema bastante diferente: pode ser difícil suspender preconceitos, sejam eles derivados das ciências sociais ou do senso comum. Além disso, tudo pode parecer tão *óbvio* que carece de interesse analítico, de modo que é necessário "lutar contra a familiaridade" (DELAMONT; ATKINSON, 1995; DELAMONT et al., 2010). Becker fornece uma afirmação clássica deste problema, no contexto de pesquisas em instituições educacionais:

> Talvez tenhamos subestimado um pouco a dificuldade de observar as salas de aula contemporâneas. Não se trata apenas do método quantitativo de avaliação educacional ou qualquer uma dessas coisas que impedem as pessoas de ver o que está acontecendo. Ao invés disso, eu acho que isso se deve, principalmente, ao fato de ser tudo tão familiar que se torna impossível distinguir o que acontece em

sala de aula como eventos de fato, mesmo quando eles ocorrem bem na sua frente. Eu não tive a experiência de observar salas de aula do ensino fundamental e médio, mas já observei salas de aula do ensino superior e é preciso um esforço tremendo de determinação e imaginação para parar de ver apenas as coisas que estão convencionalmente "lá" para serem vistas. Eu me reuni com algumas equipes de pesquisadores e é extremamente difícil fazer com que eles vejam ou escrevam qualquer coisa que vá além do que "todos" já sabem (BECKER, 1971: 10).

Mannay (2010) enfrentou esse problema com uma abordagem interessante, através do uso de dados visuais produzidos pelos participantes, que serviram para apontar as diferenças entre as suposições deles e as suas.

Outro problema ao pesquisar ambientes em que já se está inserido é que talvez não seja possível assumir o papel de um novato. No capítulo anterior, observamos como os pesquisadores podem ser colocados no papel do especialista ou do crítico. Além disso, as características atribuídas, particularmente a idade, podem reforçar isso. Como resultado, o etnógrafo às vezes se depara com a difícil tarefa de aprender rapidamente como agir com competência – o que nem sempre é fácil, mesmo em ambientes familiares – ao mesmo tempo que luta internamente para suspender, com fins analíticos, precisamente aquelas premissas que devem ser naturalizadas nas relações com os participantes.

Portanto, nem sempre é possível assumir o papel do *incompetente aceitável*; na verdade, mesmo quando ele é adotado, frequentemente ele é abandonado à medida que o trabalho de campo avança e outros papéis ganham relevância. Existem diversas tentativas de mapear os diferentes papéis que os etnógrafos assumem em campo (ADLER; ADLER, 1991; 1994). Em seus relatos clássicos, Junker (1960) e Gold (1958) distinguem entre o *participante pleno*, o *participante observador*, o *observador participante* e o *observador pleno*; categorias que representam pontos em uma escala que varia de *interno* a *externo*, embora, como veremos, o que está implícito aqui seja mais complexo do que isso.

No papel de *participante pleno*, as atividades do etnógrafo são iguais às de um participante, com a identidade do pesquisador provavelmente oculta. Aqui, o objetivo pode ser *passar* por um participante comum em algum episódio (KARP, 1980; PETTINGER, 2004; ZEMPI, 2017), ou aderir secretamente a alguma organização ou grupo: Alcoólicos Anônimos (LOFLAND; LEJEUNE, 1960), Pentecostais (HOMAN, 1978; 1980), uma divisão do exército (SULLIVAN et al.,

1958), um hospital psiquiátrico (ROSENHAHN, 1973), seguranças à porta de uma boate (CALVEY, 2000; 2018), a equipe de uma loja (PETTINGER, 2004), um abatedouro (PACHIRAT, 2011), ou um curso de paraquedismo (HARDIE-BICK; SCOTT, 2017). A participação plena também ocorre quando o suposto pesquisador já é um membro do grupo ou organização que ele ou ela decide estudar. Este foi o caso do estudo de Dalton (1959) sobre *homens na gerência*, e da pesquisa de Holdaway (1982) sobre a polícia. Um exemplo extremo é o relato de Bettelheim (1970) sobre a vida nos campos de concentração alemães.

Para alguns comentaristas, a *participação plena* é o ideal (JULES-ROSETTE, 1978a; 1978b; FERRELL; HAMM, 1998; HANCOCK, 2018). Com efeito, este é o critério fundamental que Jules-Rosette postula para o que ela chama de *etnografia reflexiva* – um uso do termo *reflexivo* que difere do nosso. Ela defende a necessidade de *imersão total* em uma cultura: em outras palavras, não apenas fingir ser um membro, mas realmente comprometer-se de corpo e alma. No caso dela, isso incluiu a sua conversão à Igreja Apostólica de John Maranke, um movimento indígena africano. Uma estratégia parecida foi adotada por Wacquant (2009) ao estudar uma academia de boxe, em um bairro pobre de Chicago.

A *participação plena* pode parecer atraente, especialmente quando ela evita o problema de negociar o acesso e abre logo o caminho para o conhecimento local. Em alguns lugares, a participação secreta pode ser, de fato, a única estratégia para conseguir obter os dados necessários. No entanto, para além das questões éticas envolvidas, ao fazê-lo por um período prolongado, isso geralmente coloca grande pressão sobre as capacidades dramatúrgicas do pesquisador de campo, como observamos no capítulo anterior. Além disso, por mais bem-sucedida que seja a pesquisa conduzida dessa forma, várias contingências podem fazer com que o disfarce seja descoberto. Por exemplo, a pesquisa secreta de Calvey sobre os seguranças de uma boate foi colocada em risco pela seguinte nota no jornal estudantil local:

> Rigorosos como sempre, membros da equipe do Departamento de Sociologia têm conduzido pesquisas secretas sobre a vida dos tão difamados guardiões da entrada, os seguranças. Pelo menos, o *Biteback* supõe que seja por isso que alguns professores têm trabalhado na porta do Clube X na cidade. Eles não estariam fazendo hora extra, né? (*Mancunian*, 13, 29/01/1996, apud CALVEY, 2000).

Embora este caso não tenha tido nenhuma consequência séria, ser identificado como um pesquisador disfarçado muitas vezes pode ter efeitos desastrosos para a conclusão do projeto de trabalho de campo, e talvez até mesmo para o pesquisador, pessoalmente. O constrangimento severo é o menor dos problemas que se pode esperar:

> Athena apareceu novamente e me disse, exaltada, que algumas pessoas queriam falar comigo [...] e me levou até uma sala onde cinco membros do Conselho estavam reunidos: os padres Armat e Wif, e os mestres Firth, Huf e Lare. Lare era a presidente do Conselho.
> A princípio, quando eu entrei, fiquei contente por finalmente ter a chance de conversar com alguns dos chefes, mas pouco depois a trama elaborada que havia sido planejada nas minhas costas tornou-se dolorosamente óbvia. Quando eu me sentei na cama ao lado de Huf, Lare me olhou com frieza. "Quais são suas intenções?", ela perguntou. Imediatamente, eu senti a hostilidade na sala e essa apreensão repentina, tão inesperada, me deixou quase sem palavras.
> "Crescer", respondi sem jeito.
> "Vocês estão preocupados com as fitas?"
> "Bem, o que você tem a dizer sobre elas?", ela retrucou.
> "É para que eu possa me lembrar das coisas", eu disse.
> "E as perguntas? Por que você anda perguntando a todos sobre suas origens? O que isso tem a ver com crescimento?"
> Eu tentei explicar. "Mas eu sempre pergunto às pessoas sobre elas quando nos conhecemos. O que há de errado nisso?"
> No entanto, Lare desdenhou da minha explicação. "Não acreditamos em você", disse ela.
> Então, Firth interviu. "Temos várias pessoas que trabalham em inteligência no grupo. [...] Nós lemos seu diário."
> Naquele momento [...] eu não consegui pensar em nada para dizer. Estava claro agora que eles me viam como algum tipo de inimigo disfarçado ou jornalista sensacionalista com a intenção de prejudicar ou expor a Igreja, e eles haviam reunido suas evidências para provar isso. Depois, Armat explicou que eles temiam que eu ou qualquer outra pessoa atraísse atenção para eles, por causa do clima negativo em relação aos cultos entre "humanos". Eles temiam que qualquer atenção externa pudesse levar à destruição da Igreja, antes de que eles pudessem se preparar para a aniquilação vindoura. No entanto, no ambiente tenso de um julgamento feito às pressas, não havia como eu explicar minhas intenções ou tentar me reconciliar com eles, reafirmando minha convicção em aprender sobre magia. Depois que Firth disse que leu meu diário, percebi que não havia nada mais a dizer.
> "Então, vá embora agora", esbravejou Lare. "Tire seu pentagrama e vá."

> Enquanto eu o tirava da minha corrente, expliquei que havia chegado com várias outras pessoas e não tinha como voltar. "Isso é problema seu", disse ela. "Só não esteja mais aqui quando voltarmos." Então, em tom de ameaça, ela acrescentou: "Você deveria ficar feliz que não vamos fazer mais nada" (SCOTT, 1983: 132-133).

Felizmente, Scott havia coletado uma quantidade substancial de dados antes que sua identidade como pesquisadora fosse descoberta; e o grupo com o qual ela estava envolvida decidiu evitar represálias violentas. Em outros casos, isso pode não acontecer.

Ainda que bem-sucedida, a estratégia da *participação plena* pode ser bastante limitadora. Por um lado, o papel de participante demandará muito do pesquisador, como Nathan (2005: 31) descobriu em seu estudo com alunos de graduação. Ela relata que, embora seu objetivo fosse mapear o ritmo da vida estudantil, observando o vaivém dos outros estudantes, ela foi "bombardeada com listas de livros para pegar (ou devolver) e com os primeiros trabalhos", o que "dificultou bastante não só dar conta da minha própria vida, que dirá as atividades dos demais". Além disso, a variedade e a natureza dos dados passíveis de serem coletados podem ser bastante restritas. O participante geralmente será envolvido nas práticas e expectativas sociais vigentes de maneira muito mais rígida do que o pesquisador declarado, fazendo com que a atividade de pesquisa seja limitada por essas rotinas e realidades sociais preestabelecidas. Em função disso, pode ser difícil agir de modo a otimizar as possibilidades de coleta de dados. Na medida em que o participante pleno deve agir de acordo com as expectativas sociais existentes, algumas linhas de investigação potencialmente férteis podem se tornar praticamente impossíveis. É claro que, ao mesmo tempo, outras possibilidades podem ser abertas que talvez não estivessem disponíveis para alguém assumindo abertamente o papel de pesquisador.

Ao contrário do *participante pleno*, o *observador pleno* não estabelece nenhuma comunicação interpessoal com aqueles que ele ou ela observa. Assim, Corsaro (1981) complementou sua observação participante com crianças de uma creche, observando-as através de um espelho unilateral. A observação velada do comportamento público na rua através de uma janela (LOFLAND, 1973) também se aproxima disso, assim como Pettinger (2004), em certa medida, ao fazer-se passar por um cliente. Nas comunidades que estudou, McDermott (2018: 194 e *passim*, 2006), além de assumir a função de balconista, o que lhe permitiu visitar diversas lojas na região, também conduziu observações secretas nas ruas e na sala de espera de uma agência do governo local. Alguns aspectos disso talvez estivessem mais próximos do papel de observador pleno do que de participante pleno.

Paradoxalmente, a observação plena compartilha algumas das mesmas vantagens e desvantagens da participação plena. A seu favor, os dois podem minimizar os problemas de reatividade: em nenhum dos casos, o etnógrafo interage *como um pesquisador* com as pessoas em estudo. Por outro lado, talvez haja limites rígidos sobre o que pode ou não ser observado, e entrevistar os participantes pode ser impossível. Assumir qualquer um desses papéis, isoladamente, tornaria muito difícil produzir e comparar relatos de forma rigorosa, embora ambas possam ser estratégias úteis durante fases específicas do trabalho de campo e, em algumas situações, possam ser as únicas opções disponíveis.

A maioria das pesquisas de campo envolve papéis em algum ponto entre esses dois extremos. Junker e Gold distinguem duas posições intermediárias: participante-observador e observador-participante. Se essa distinção tem alguma relevância é uma questão discutível. De fato, essa tipologia envolve diversas dimensões variáveis que não estão necessariamente relacionadas. Uma delas, obviamente, é a questão do sigilo e da mentira. Outra é a questão de se o etnógrafo assume um papel já existente no campo ou se negocia um papel novo; embora nenhuma distinção rígida possa ser feita aqui e, de fato, seja preciso ter cuidado para não tratar os papéis já estabelecidos no lugar como se sua natureza fosse completamente determinada. Uma questão adicional diz respeito ao quão central para as atividades do lugar é o papel preestabelecido que o etnógrafo assume. Neste sentido, um caso extremo, embora temporário, se encontra no relatório de Venkatesh (2008) sobre sua pesquisa com as gangues que controlam o comércio ilegal de drogas em Chicago, intitulado "Líder da gangue por um dia"*.

Na pesquisa secreta, não há outra opção a não ser assumir um papel existente, mas, às vezes, mesmo na pesquisa aberta pode não haver outra escolha, como Freilich descobriu em sua pesquisa sobre os trabalhadores metalúrgicos Mohawk, em Nova York. Depois de se tornar amigo de um dos Mohawks, ele tentou reassumir o papel de antropólogo. Ele observa:

> Logo ficou claro que qualquer símbolo antropológico era considerado tabu [...]. Eu não podia usar lápis, cadernos ou questionários. As

---

* No original, *Gang Leader for a Day* [N.T.].

> tentativas de bancar o "meio antropólogo" também falharam. Por exemplo, eu tentei dizer: "Isso é muito interessante; deixa eu anotar isso para eu não esquecer". De repente, meu público se tornou hostil e as poucas palavras que eu anotei tiveram grande impacto nas minhas relações nos dias seguintes (FREILICH, 1970a: 193).

Currer relata uma experiência bastante parecida na negociação do acesso a mulheres informantes Pathan:

> Depois de conseguir a permissão para visitá-las, as visitas eram sociais: meu trabalho e meu objetivo declarado nunca eram mencionados. Quando eu fiz isso, certa vez, as mulheres presentes ficaram muito ofendidas e nossa relação foi comprometida. No entanto, as mulheres sabiam do meu objetivo de pesquisa, tanto quanto os homens. Apenas em dois casos a relação combinou mais estreitamente o pessoal e o profissional. Nestes casos, eu pude tomar notas e conduzir o diálogo (CURRER, 1992: 1.718).

Ela conclui que "foi preciso escolher entre insistir nas minhas regras e não ter acesso a nada, ou [visitar] as mulheres nos seus próprios termos".

No entanto, de um modo geral, na pesquisa aberta, o etnógrafo tem alguma possibilidade de escolha entre assumir ou não algum dos papéis existentes no campo e, se for o caso, qual. Assim, por exemplo, em pesquisas sobre escolas, alguns etnógrafos adotaram o papel de professor (cf., p. ex., AGGLETON, 1987; MAC AN GHAILL, 1991), enquanto outros limitaram seu papel ao de observador (HAMMERSLEY, 1980; BROWN, 1987; WALKER, 1988; STANLEY, 1989; RIDDELL, 1992; KAKOS; FRITZSCHE, 2017), ou passaram de professor a observador no decorrer do trabalho de campo (LACEY, 1970). Não surpreende que poucos tenham adotado o papel de estudante (cf., no entanto, LLEWELLYN, 1980), embora em estudos sobre o ensino superior os etnógrafos às vezes se matriculem como alunos (MOFFATT, 1989; TOBIAS, 1990; NATHAN, 2005).

Refletindo sobre sua pesquisa a respeito de como famílias com crianças em idade escolar fazem uso da televisão e de outros meios de comunicação em casa, Jordan (2006) discute as limitações que se impõem na prática da pesquisa no contexto doméstico. O fato de se tratar de um ambiente privado torna delicada a tarefa de negociar o acesso e de conduzir a pesquisa de modo eticamente defensável e etnograficamente produtivo. Ela chama a atenção para as mudanças sutis na atribuição e na adoção de papéis entre as pessoas estudadas e as implicações disso para seu próprio comportamento. Ela relata sua oscilação entre os papéis de *pesquisador como aluno, pesquisador como pessoa, pesquisador como convidado* e *pesquisador como um agente negativo*. O último desses papéis atribuídos e percebidos emergia quando a presença da pesquisadora parecia exacerbar as tensões no interior das famílias (p. 179-180).

Talvez seja preciso enfatizar que há vantagens e desvantagens associadas a qualquer papel assumido em campo: nenhum deles é superior em todos os aspectos. Além disso, estratégias muito diferentes podem ser utilizadas para investigar os mesmos tipos ou tipos semelhantes de ambiente. Por exemplo, se Hancock (2018) insiste na necessidade de participação plena no estudo da dança *Lindy Hop*, Delamont fez um estudo detalhado da capoeira, uma dança e arte marcial brasileira, no papel de uma *observadora sedentária*, observando a dança de fora (cf. STEPHENS; DELAMONT, 2006)[36]. Isso ilustra o perigo de atribuir limites inerentes a determinados papéis, de subestimar como eles podem ser explorados para fins de pesquisa, bem como de pressupor que papéis específicos sejam automaticamente mais vantajosos.

As decisões relativas ao tipo de papel que se deve tentar assumir em campo dependerão dos objetivos da pesquisa e da natureza do ambiente. Embora a antecipação das possíveis consequências de assumir papéis específicos não deixe de ser especulativa, é necessário analisar a situação da melhor forma possível. Felizmente, no decorrer do trabalho de campo, muitas vezes é possível trocar de papéis. De fato, há argumentos sólidos em defesa da troca de papéis, de modo a minimizar os seus efeitos sobre os dados. Assim, Sevigny (1981), em seu estudo das aulas de arte em uma faculdade, coletou dados assumindo sub-repticiamente o papel de aluno e exercendo a função de tutor, além de adotar uma variedade de papéis de pesquisador. De modo similar, como já mencionado, Pettinger (2004) associou o trabalho em uma loja de departamentos com observações feitas como um cliente. Assim, é possível explorar diferentes papéis em campo, a fim de obter acesso a diferentes tipos de dados e compreender melhor os vieses característicos de cada um deles no que se refere aos dados disponíveis.

---

36. No entanto, ela complementou suas próprias observações com o conhecimento e a perspectiva de um dos professores de Capoeira que ela estudou, e que foi coautor do livro derivado da pesquisa; cf. Delamont et al., 2017.

Gerenciando a marginalidade

Outra variável associada à tipologia dos papéis de pesquisa desenvolvida por Junker e Gold se refere à perspectiva adotada pelo pesquisador. De um modo geral, isso pode variar entre a perspectiva *externa* de um observador à visão *interna* de um ou mais participantes. No entanto, a própria distinção entre *de fora* e *de dentro** é problemática (MERTON, 1972; LABAREE, 2002; WIEDERHOLD, 2015; KITA, 2017). Em seu estudo das comunidades afro-americanas nas *Sea Islands*, na Carolina do Sul, Beoku-Betts pôde se aproveitar de sua origem racial para estabelecer relações com as mulheres Gullah, ao mesmo tempo que, como uma profissional e acadêmica universitária, ela às vezes também era considerada uma estranha (BEOKU-BETTS, 1994). Ergun e Erdemir (2010) relatam uma variação sutil semelhante em serem tratados como pessoas "de dentro" ou "de fora". Ambos são turcos, mas enquanto Ergun fez um estudo no Azerbaijão, onde ela foi tratada em grande medida como um membro da comunidade, Erdemir estudou a comunidade religiosa Alevi (na própria Turquia, (que difere da maioria sunita daquele país em aspectos significativos, de modo que ele se sentia e era tratado como um estranho. Os autores resumem: um deles era tratado como um membro em outro país, e o outro, um estrangeiro em seu próprio país. Este exemplo é útil para ilustrar os graus e tipos de similaridade e diferença que podem ser significativos nas relações dos etnógrafos com as pessoas em estudo.

Além disso, a identidade do pesquisador como alguém *de dentro* ou *de fora* pode ser ambígua, como vimos ao discutir a influência da *raça* e da etnicidade. Em sua pesquisa com informantes do povo Sami, uma população indígena da Noruega da qual ela própria descendia, Blix (2015) descobriu que o fato de ser tratada como Sami ou norueguesa parecia oscilar ao longo do tempo, principalmente porque seu pai havia sido assimilado à sociedade norueguesa, e ela não sabia falar a língua Sami.

Apesar desses problemas, a distinção *de dentro / de fora* revela algo importante sobre os diferentes papéis que os etnógrafos podem desempenhar em campo e as perspectivas associadas a eles. De um modo geral, aqueles considerados *de dentro*

---

* No original, *outsider* e *insider*. Embora os termos em inglês sejam familiares nas Ciências Sociais e tenham se popularizado em traduções no Brasil, optou-se aqui – e sempre que possível, ao longo da obra – por buscar soluções em português para o corpo do texto. Neste caso, como em todos considerados relevantes, o termo original em inglês é oferecido em nota [N.T.].

ou *de fora* provavelmente terão acesso imediato a tipos de informações diferentes. E eles também estão expostos a diferentes tipos de risco metodológico. O perigo associado ao papel de observador pleno é o de não compreender as orientações dos participantes. Quando apenas esta estratégia é utilizada, as perspectivas dos participantes devem ser inferidas a partir do que pode ser observado, baseando-se no conhecimento prévio do pesquisador, com poucas chances de cotejar essas interpretações com o que os participantes diriam ao responder perguntas, ou ao reagir a ações específicas do pesquisador. O risco aqui não é apenas deixar escapar aspectos importantes do ambiente, mas interpretar de forma equivocada o comportamento observado. De fato, Labaree (2002) sugere que, mesmo quando o pesquisador assume um papel de membro, há o risco de *se tornar um observador*.

Um perigo mais comum na pesquisa etnográfica, particularmente associado ao papel de *membro*, é *se tornar nativo*. O risco de isso acontecer pode ser maior quando o etnógrafo se aproxima da posição de *participante pleno*. Embora muitas vezes se afirme que isso proporciona perspectivas únicas, há riscos também. Por exemplo, essa posição pode levar a modificações no caráter da pesquisa, como no exemplo do que tem sido chamado de *etnografia implícita**. Em sua forma mais elaborada, o etnógrafo realiza pesquisas em parceria com os participantes, com o objetivo de produzir conhecimento que tenha valor para eles. Lewis e Russell (2010) fornecem um exemplo, ao trabalharem com uma organização de saúde pública. Outro exemplo, embora seu contexto e natureza sejam muito diferentes, é o uso da etnografia e de outros métodos no programa *Human Terrain System*, instituído pelo Exército dos Estados Unidos. Neste caso, os pesquisadores foram integrados aos soldados em zonas de guerra no Afeganistão e no Iraque, e a pesquisa objetivava aumentar a eficiência do exército ao proporcionar conhecimento cultural local (McFATE; LAURENCE, 2015). Trata-se de uma versão do que outros chamam de *pesquisa colaborativa* (cf., p. ex., CAMPBELL; LASSITER, 2015; HACKETT, 2017), que se confunde com o campo mais amplo da pesquisa participativa – apesar de sua natureza política ser muito diferente da maioria dos trabalhos sob essas rubricas.

Dois perigos estão associados a esse tipo de papel *de dentro*. Um deles é que, ao se identificar com um determinado grupo ou indivíduo, a mobilidade em campo e o relacionamento com os demais podem ser prejudicados. Igualmente

---

* No original, *embedded ethnography* [N.T.].

importante é o perigo de se identificar pessoalmente com as perspectivas dos membros e, portanto, de deixar de tratá-las como abertas à investigação, o que é muitas vezes chamado de *excesso de proximidade** (MILLER, 1952). Há não apenas o risco de a tarefa de análise ser abandonada em favor dos prazeres (ou pressões) da participação, mas, mesmo quando ela é preservada, vieses podem surgir. Em relação ao seu trabalho em uma organização de saúde pública, Lewis e Russell (2010) argumentam que as pessoas com quem eles trabalhavam eram profissionais reflexivos, de modo que as restrições decorrentes de *tornar-se nativo* eram menos perigosas do que se poderia supor, e eles insistem que enfatizavam constantemente a independência de suas pesquisas. No entanto, de um modo geral, as tensões entre pesquisa e participação são maiores em trabalhos desse tipo do que em formas mais convencionais de etnografia, assim como em diversas formas de pesquisa-ação (HAMMERSLEY, 2004).

Certamente, o perigo de vieses não se restringe à pesquisa em que o etnógrafo assume um papel *de dentro*, conforme ilustrado pelo estudo clássico de Miller sobre lideranças sindicais locais:

> Depois de estabelecer uma relação próxima com os líderes sindicais e de me comprometer a preservá-la, algumas linhas de investigação mais incisivas tiveram de ser abandonadas. Eles me deram informações bastante significativas e delicadas sobre o funcionamento interno da [filial sindical] local: questionar demais suas atitudes básicas poderia gerar grandes conflitos. Manter uma relação próxima e explorar vias de investigação que pareciam antagônicas aos líderes sindicais era impossível. Mudar o grau de proximidade com eles seria difícil porque tal mudança levaria a um distanciamento e desconfiança consideráveis (MILLER, 1952: 98).

Assim, ao estabelecer relações de amizade, Miller se deparou com possibilidades de coleta de dados restritas. De fato, ele sugere que as próprias lideranças podem ter estimulado deliberadamente esse relacionamento próximo, como uma estratégia para restringir suas observações e críticas. Ele também observa que o excesso de proximidade com um grupo gera problemas de relacionamento com outros: em seu estudo, seu contato próximo com as lideranças sindicais limitou seu contato com as bases.

O problema do excesso de proximidade pode ocorrer em quase todos os lugares. Por exemplo, em sua análise da dança *Lindy Hop*, Hancock (2013; 2018)

---

* No original, *over-rapport* [N.T.].

parece ter adotado, em grande medida, o ponto de vista dos professores afro-americanos da dança, embora filtrado por sua perspectiva dos estudos culturais. Outro exemplo é o estudo de Paul Willis (1977) sobre meninos adolescentes da classe trabalhadora. O estudo se baseou principalmente em conversas com doze alunos que manifestavam atitudes *antiescola*. Estes garotos da classe trabalhadora se descrevem como *guris* e se distinguem daqueles que eles chamam de *orelhudos*, que aderiam aos valores da escola. Há dois sentidos em que o excesso de proximidade parece se evidenciar aqui. Em primeiro lugar, Willis foca sua atenção principalmente nos *guris* e incorpora seus pontos de vista na análise (quando eles não conflitam com os seus). Portanto, o livro se torna, de muitas maneiras, uma celebração do estilo de vida deles. Em segundo lugar, com efeito, ele aborda os *guris* como se eles falassem em nome da classe trabalhadora. Apesar de reconhecer explicitamente que a cultura da classe trabalhadora é diversa, ele, no entanto, parece tratar os pontos de vista dos *guris*, ou de alguns deles, como representativos, em aspectos importantes, da verdadeira consciência da classe trabalhadora. Na medida em que os *orelhudos* ou conformistas também vinham da classe trabalhadora, isso é problemático.

Em um exemplo muito parecido de alguns anos antes, Stein (1964) fornece um relato reflexivo da sua própria identificação com um conjunto de trabalhadores, os mineiros na mina de gesso que ele estudou com Gouldner (1954):

> Olhando para trás, agora eu posso ver todos os tipos de influências que provavelmente estiveram envolvidas. Eu tinha problemas com autoridade e, claramente, eu escolhi a expressão aberta de hostilidade que era característica da mina, ao invés da repressão característica da superfície. Minha origem de classe é confusa, com uma mistura de elementos das classes baixa, alta e média que eu ainda não consegui desembaraçar totalmente. O ponto principal é que eu associo ambientes de classe trabalhadora com espontaneidade emocional, e ambientes de classe média com repressão emocional. Eu nunca encarei o fato de que os homens da superfície também eram membros da classe trabalhadora, tanto quanto os mineiros.
>
> A escrita descritiva se transformou em um ato de lealdade, pois eu sentia que escrever sobre a vida naquele ambiente era a minha forma de ser leal às pessoas que viviam nele. Esta redação foi mais fácil do que a maioria dos meus outros escritos. Mas os esforços para interpretar o comportamento dos mineiros como produto de forças sociais e, especialmente, de vê-lo como sendo de alguma forma estratégico ao invés de espontâneo, me deixou muito apreensivo (STEIN, 1964: 20-21).

Embora os etnógrafos possam assumir uma variedade de papéis, de um modo geral, o objetivo é manter uma posição mais ou menos marginal, que permita o acesso às perspectivas dos participantes, mas, ao mesmo tempo, minimize os perigos do excesso de proximidade e os vieses que podem resultar disso. Beuving (2017) sugere que isso às vezes pode ser alcançado assumindo informalmente o papel de *bobo*, uma vez que ele gera certa ambiguidade entre o incompetente ingênuo e o crítico especialista. Como Lofland (1971: 97) observa, o pesquisador pode ter reflexões criativas a partir dessa posição marginal de ser, ao mesmo tempo, *de dentro* e *de fora*. É necessário o equilíbrio intelectual entre a familiaridade e a estranheza; da mesma forma que, quando a observação participante é aberta, o pesquisador ou pesquisadora será socialmente colocado/a em alguma posição entre o estranho e o amigo (POWDERMAKER, 1966; EVERHART, 1977). Como o título da coleção editada por Freilich (1970b) sugere, o etnógrafo é, na melhor das hipóteses, um *nativo marginal*.

As pressões e tensões do trabalho de campo

Deve estar claro que, embora os etnógrafos possam ter sucesso na construção de papéis que facilitem o acesso aos dados, isso pode ser às vezes uma experiência difícil e desagradável. Nos últimos anos, tem-se discutido bastante o papel das emoções, de diversos tipos, no trabalho etnográfico, reconhecendo seus aspectos positivos e negativos (cf., p. ex., COFFEY, 1999; HEDICAN, 2006; DAVIES; SPENCER, 2010; CHEVALIER, 2015). Muitos pesquisadores de campo relatam se sentirem desconfortáveis em virtude de sua posição *incomum, estranha* ou *marginal* (JACKSON, 1990). Outra experiência comum é um sentimento de traição, ou pelo menos de lealdades divididas. Desmond (2016: 328) escreve que "a culpa que senti durante meu trabalho de campo apenas se intensificou depois que fui embora".

Em sua avaliação psicológica das ansiedades sofridas por antropólogos em campo, com base nas experiências de um grupo de estudantes de pós-graduação, Wintrob identificou diversas fontes de estresse, incluindo o que ele chama de *síndrome de desadaptação*, que abrange uma ampla gama de sentimentos: incompetência, medo, raiva, frustração. Ele cita o relato de um aluno de pós-graduação:
>No início, eu tive medo de tudo. Era puro medo, de me impor às pessoas, de tentar assumir um papel completamente diferente do de qualquer outra pessoa ao redor. Você hesita antes de se jogar na si-

tuação. Você quer se refugiar por mais um dia. Eu ficava pensando: serei rejeitado? Estou realmente coletando os dados de que preciso? (WINTROB, 1969: 67).

Os diários de Malinowski descrevem emoções semelhantes; e também revelam seus sentimentos ambíguos em relação aos habitantes das ilhas Trobriand, seu egocentrismo e sua preocupação com seu próprio bem-estar (MALINOWSKI, 1967). Mas o problema não é necessariamente menos grave quando se está pesquisando um ambiente familiar, como no caso do estudo de Morriss sobre profissionais da saúde mental. Ela escreve:

> Para mim, começar a ver o que era, até então, naturalizado e despercebido em relação ao serviço social foi como uma forma de violação e me deixou perplexa e confusa. Meu confortável senso de familiaridade foi abalado, deixando-me [...] com os sintomas emocionais de nostalgia, desorientação e depressão. Essa não seria a única experiência emocional decorrente do processo de pesquisa (MORRISS, 2016: 534).

A marginalidade não é uma posição fácil de se manter porque gera uma sensação contínua de insegurança. Ela implica viver, simultaneamente, em dois mundos: o da participação no lugar, independente do papel assumido, e o da pesquisa. Nas investigações secretas, há um esforço constante para manter o disfarce e, ao mesmo tempo, aproveitar ao máximo todas oportunidades de pesquisa que surgirem. E, como vimos, as consequências de ser descoberto como pesquisador podem ser graves. Mas, mesmo na observação participante aberta, há a pressão de conviver com a ambiguidade e a incerteza da posição social marginal, e de fazer isso de uma forma que sirva à pesquisa, mas que também seja eticamente aceitável. Em maior ou menor medida, como diz Thorne (1983: 221), estamos frequentemente *nadando contra a corrente* nos ambientes que estudamos. Como resultado, o trabalho de campo pode ser desafiador e desgastante, tanto no aspecto emocional quanto prático.

A marginalidade também pode expor os etnógrafos à exploração ou à agressão, simbólica ou física. Matlon (2015) fornece um exemplo de sua pesquisa na Costa do Marfim. Ela se descreve como "uma mulher afro-americana de pele clara e com ensino superior, estudando homens negros africanos periféricos". Como tal, ela era marginal em vários sentidos no contexto que estava pesquisando, o que trazia muitas vantagens, mas também alguns perigos. Ela relata como, em um "espaço político e fortemente dominado por homens, chamado Sorbonne", um local para discursos públicos em Abidjan, "um comediante encarregado de reunir uma multidão antes do orador principal da tarde [...] fez seu trabalho à minha custa":

> Para entreter os espectadores do sexo masculino, ele usou a minha aparência física para preparar o terreno, e a imaginação coletiva colonial, racial e de gênero se encarregou do resto. Assim, em sua *performance*, eu me tornei não apenas uma mulher branca, mas também uma mulher francesa. Para deleite do público e minha preocupação crescente, cada vez que ele me mencionava durante a *performance*, ele me envolvia mais e mais em seu enredo. Mesmo sem mim, esse enredo era abertamente misógino: ele tinha em mãos um grande vibrador preto e gesticulava alguma história sobre penetrar uma mulher infeliz, mas desejosa, talvez a empregada ou a amante, talvez a burocrata branca reprimida da embaixada francesa. Durante o primeiro mês ou mais da minha presença, ele soltava o comentário casualmente. Mas, prestes a finalizar meu trabalho de campo em Sorbonne, eu havia me tornado a atração principal: microfone em uma das mãos e o vibrador na outra, ele descrevia em detalhes como algum protagonista sortudo, escolhido na multidão, havia me levado para um beco e satisfeito meu desejo. Ou ele parabenizava o meu assistente de pesquisa, um jovem marfinense, por ter encontrado uma parceira* em sua aventura a Paris. Acariciando o vibrador com um sorriso largo, ele disse que claramente eu era feliz em Abidjan. Este comediante havia encontrado uma oportunidade preciosa: arrisco dizer que nunca antes ele teve e nunca mais ele teria a oportunidade de humilhar o que ele definiu como uma mulher branca, certamente não como parte de um ato público. Meu papel delicado de pesquisadora (eu mesma diante de uma oportunidade preciosa) garantiu meu silêncio. E foi um ato vencedor: quanto mais sexualmente explícito era seu discurso a meu respeito, mais a multidão explodia em risadas e aplausos. Assim como eu fazia meu trabalho da melhor maneira possível com as ferramentas disponíveis, ele também o fez; minha presença na plateia era uma dessas ferramentas (MATLON, 2015: 158-159).

No entanto, experiências desagradáveis no trabalho de campo não derivam apenas do que pode ser feito ao etnógrafo. Ainda mais angustiante pode ser o que o observador participante sente que é necessário fazer para manter o papel de

---

* No original, termo em francês, *correspondante* [N.T.].

participante. Este é um problema que pode ocorrer, especialmente, ao assumir um papel de participante pleno, uma vez que aqui, como observamos anteriormente, geralmente há menos espaço para manobra. A situação também se agrava quando as pessoas com quem se está envolvido são propensas à violência. Nessas circunstâncias, o etnógrafo pode se ver profundamente envolvido em atividades ofensivas e perigosas, como Mitchell descobriu em sua pesquisa sobre sobrevivencialistas:

> Sozinho, a mais de 3.200km de casa, no terceiro dia da Conferência de Sobrevivência dos Patriotas Cristãos, me voluntariei para o serviço de guarda [...]. As nações arianas estavam lá, como a *Posse Comitatus* e a *Klan*. Em nome da Razão, do Patriotismo e de Deus, eles clamavam o repúdio da dívida pública, da revolução racial, da assistência econômica aos pequenos agricultores e o genocídio [...]. Quatro de nós foram designados para vigiar o portão à noite. No fim da tarde, coordenamos o tráfego do final do dia, verificamos as credenciais e nos conhecemos. O acampamento se acomodou. A conversa voltou-se para assuntos típicos dos sobrevivencialistas. Primeiro, armas: Um por um, eles tiraram as suas dos coldres escondidos para que fossem admiradas. "A minha está no carro", menti. Então, por sermos desconhecidos com uma causa supostamente comum, era hora de contar histórias, reafirmar nossos inimigos e reiterar nossos princípios. Ficamos em volta de uma pequena fogueira [...]. Contamos nossas histórias em sentido horário. A pessoa às 12h falou dos homossexuais que frequentam um parque em sua comunidade natal e perguntou o que deveria ser feito com eles "no futuro". Sua proposta envolvia correntes, árvores e dinamite de pavios longos amarrada a partes do corpo. Compreenda esses comentários. A intenção deles não era fanfarronice nem crueldade excessiva, mas uma proposta fundamentada. Todos nós enfrentamos o problema dos "veados", não é? E a comunidade precisará de "limpeza", não é? Concordando solenemente, acenamos com a cabeça. A pessoa, às 3h, refletiu por um momento, e então propôs uma solução prática para o turno da noite e o treino de rifle. "Boa ideia", murmuramos em apoio [...]. Mais um carro passou pelo portão. Tudo ficou quieto. Era a vez das 9h. Minha vez. Eu contei uma história também. Assim que comecei, outro homem se juntou a nós. Ele ouviu minha ideia e aprovou, se apresentou e depois me contou coisas que nem todos sabiam, sobre planos que estavam sendo feitos e medidas que seriam tomadas em breve. Ele disse que precisavam de homens como eu e me disse para estar pronto para me juntar a eles. Eu o levei a sério. Os outros também. Ele estava na lista dos "Dez mais procurados" do FBI. Se existem pesquisadores que conseguem participar dessas coisas sem se abalar, eu não sou um deles, nem quero

ser. O que eu desejo é algum dia poder esquecer, esquecer aqueles sons inconfundíveis, a minha própria voz, as minhas próprias palavras, contando aquela história das 9h (MITCHELL, 1991: 107).

Apesar desses problemas, correr riscos se colocando em situações difíceis e perigosas pode ser essencial para obter o entendimento necessário, como Harper (2018: 103) evidencia em seu estudo sobre mendigos. Mas é claro, também é importante tomar precauções para manter as ameaças externas em um nível aceitável, especialmente ao trabalhar em um ambiente que envolva atividades perigosas ou riscos incomuns: a bordo de um navio, nas ruas da cidade à noite, ou mesmo na casa das pessoas (BELOUSOV et al., 2007; BLOOR et al., 2010; BASHIR, 2017)[37].

No entanto, há certos tipos de ambiente em que não é possível evitar um perigo grave e, certamente, não é possível gerenciá-lo pela adesão a regras de segurança abstratas (cf. DE MAN, 2015; BAIRD, 2018). Com base em seu estudo sobre o tráfico sexual na Guatemala, Warden (2013) relata o *choque existencial* inicial de ficar cara a cara com a violência extrema e a posterior adaptação a um nível alto de ameaça contínua, marcado pela morte e lesão corporal entre os participantes da pesquisa durante o trabalho de campo, de modo que, "para estar seguro, era importante sempre se sentir muito inseguro, fazendo com que a segurança relativa tivesse um preço psicológico bastante alto, vivendo com uma sensação constante de insegurança" (p. 157). O estresse persistiu mesmo depois de ela haver deixado o campo, levando ao transtorno de estresse pós-traumático. Ela escreve:

> Depois de deixar o campo, eu não consegui me desligar da minha adaptação emocional à Guatemala. Ao retornar ao Reino Unido, fui recebida com um bombardeio de expectativas e pressões, mas, ao mesmo tempo, parecia impossível me reconectar com minha vida antiga. [...] Uma vez que pouco havia mudado na vida dos meus amigos e colegas, eles supunham que pouco havia mudado na minha. A pressão para ser feliz foi, para mim, o mais difícil: Todos os dias, as pessoas perguntam: "Então, você está feliz por estar de volta à Escócia?" "E aí, aposto que você está feliz por ter deixado a Guatemala". Quando, na verdade, você não está feliz por ter deixado seus amigos guatemaltecos para trás, deixado outros lutando sem você, deixado sua vida para trás (e-mail para supervisores, 08/10/2010) (WARDEN, 2013: 161-162).

---

37. Para uma discussão geral sobre o perigo no trabalho de campo, cf. Lee, 1995; Lyng, 1998; Lee-Treweek; Linkogle, 2000; Bloor et al., 2010.

Como isso indica, o medo e o estresse não foram as únicas emoções com as quais ela teve que lidar:

> Embora eu sinta que me tornei um membro aceito da comunidade, eu estava ciente de que a minha posição no seu mundo social sempre foi, até certo ponto, o de uma estranha, uma vez que eu não era guatemalteca nem uma profissional do sexo. Meu papel "de fora" não apenas resultou no meu isolamento dos mecanismos sociais de enfrentamento à violência, mas também trouxe consigo uma teia multifacetada de culpa. Eu me sentia culpada pelas minhas reações à violência e a minha resistência a esses contextos, há muito tempo aceitos pelos participantes, me fazia questionar, todo o tempo, a legitimidade das minhas reações. Que direito eu tinha de resistir à violência que eles haviam suportado a vida toda? Eu tentava seguir as pistas deles; quando eles demonstravam medo, eu sabia que meu medo era mais do que justificado. Ainda assim, a culpa continuava a contaminar meus pensamentos com a certeza de que, embora eu estivesse profundamente comprometida com o bem-estar dos participantes da pesquisa, eu era, de certa forma, apenas uma turista em seus problemas (p. 160).

O estresse e a ansiedade, que podem se manifestar em sintomas físicos, também podem surgir em situações desafiadoras menos óbvias. Essas situações incluem aquelas das quais não se pode escapar no final do dia, onde a permanência se dá por um longo período de tempo como, por exemplo, em pesquisas etnográficas realizadas a bordo de um navio (SAMPSON, 2004). Mas isso também pode ocorrer ao pesquisar outros tipos de ambiente. Muitos anos atrás, Johnson registrou alguns detalhes das suas reações emocionais e físicas ao estresse do trabalho de campo, em um estudo com assistentes sociais:

> Todas as manhãs, por volta das 7:45h, a caminho do escritório, eu começo a sentir uma dor no lado esquerdo das costas, e a maldita coisa fica lá geralmente até por volta das onze, quando termino de fazer meus planos diários para acompanhar um dos assistentes. Como quase todos os trabalhadores permanecem no escritório até cerca de 11h ou meio-dia, e como há apenas uma cadeira extra nas duas unidades, e nenhuma escrivaninha extra até o momento, essas primeiras 2 ou 3 horas são uma agonia absoluta para mim, todo santo dia. Tentar me manter ocupado sem incomodar demais nenhum deles é como jogar damas chinesas, pulando de um lado para o outro, daqui para lá, sem ter onde esconder (JOHNSON, 1975: 152-153).

Há talvez uma emoção, em particular, sobre a qual os etnógrafos podem ter dificuldade de falar e de lidar com ela: sentimentos de aversão ou mesmo de nojo pelas pessoas que estudam, ou pelo menos por algumas delas. Houve grande choque e descrença quando os diários privados de Malinowski foram publicados, por causa das atitudes negativas, e por vezes racistas, expressas ali. Contudo, ele não é, de forma alguma, o único etnógrafo a ter tais sentimentos. Além disso, às vezes, atitudes positivas também podem ser um problema; por exemplo, Crewe e Ievins (2015) observaram que, embora "muitos pesquisadores do sistema prisional se orgulhem de dar voz aos silenciados" (p. 135), de um modo geral, isso não se estende aos criminosos sexuais. Ao mesmo tempo, aqueles que estudaram esses presos às vezes se viram sentindo empatia por eles, como resultado da construção de uma relação de pesquisa, mas também se sentiam culpados pela necessidade de reconhecer o crime cometido e as pessoas afetadas por ele. E VanderStaay (2005: 379) relata como a sua relação com um jovem que ele estudou e com sua família "foi marcada por tendências a uma gratidão profunda" de sua parte por eles terem concordado em participar, e que isso teve consequências nefastas, contribuindo para um assassinato.

A pesquisa de Warden (2013) na Cidade da Guatemala indica que o impacto emocional pode persistir mesmo depois de o etnógrafo deixar o campo. O mesmo pode ocorrer, eventualmente, com ameaças externas, como no caso de Wallis, que se viu alvo de uma ação retaliatória após estudar os cientologistas. Isso envolveu:

> as atividades de um funcionário da organização de Cientologia que visitou minha universidade [...], apresentando-se como um estudante que desejava fazer algum estudo ou pesquisa sobre a religião escocesa. Ele pediu para assistir às minhas aulas e palestras, e perguntou se eu poderia hospedá-lo em minha casa por alguns dias! Isso naturalmente me pareceu suspeito, e eu logo me lembrei de tê-lo visto com o uniforme de funcionário quando fiz o Curso de Comunicação na sede da Cientologia. No entanto, eu não tomei nenhuma atitude naquele momento, sem saber exatamente como reagir. Durante a sua curta estadia em Stirling, ele fez visitas à minha casa na minha ausência e, sem que eu soubesse naquela época, apresentou-se aos alunos e a outras pessoas como um amigo meu, a fim de investigar se eu estava ou não envolvido no "mundo das drogas". Depois de alguns dias, eu o confrontei com meu conhecimento de seus antecedentes.
>
> Naquele momento, ele mudou sua história, afirmando agora ser um desertor da Cientologia, que veio me vender informações. Eu

> lhe disse que não estava comprando informações e dei a entender que eu acreditava nessa história tanto quanto a anterior [...].
>
> Nas semanas seguintes à sua visita, várias cartas falsificadas vieram à tona, algumas delas supostamente escritas por mim. Essas cartas, enviadas a meus empregadores, colegas e outros na universidade, me implicavam em uma série de atos, desde um caso homossexual à espionagem para o esquadrão antidrogas. Como eu tinha poucos inimigos e essa atenção surgiu logo depois do recebimento do meu artigo pela organização da Cientologia, não foi muito difícil inferir a fonte dessas tentativas de me importunar (WALLIS, 1977: 157-158).

Os cientologistas também escreveram ao órgão que financiava a pesquisa de Wallis, reclamando de seu comportamento antiético e ameaçando entrarem com um processo judicial.

Talvez seja importante destacar que as fontes de estresse e de ameaça não emanam apenas do campo de investigação. Elas também podem derivar, por exemplo, das exigências e demandas das universidades sobre os pesquisadores, sejam eles doutorandos ou docentes. Em muitos países, os alunos de pós-graduação estão sob grande pressão para concluírem no prazo e para participarem de diversos tipos de treinamento destinados a fazer deles *pesquisadores genéricos*, cujo efeito, entre outros, é a redução substancial do tempo disponível para a coleta de dados, a análise e a redação. Além disso, mudanças nas universidades também têm restringido, cada vez mais, o tempo disponível para o corpo docente realizar pesquisas, desencorajando trabalhos intensivos como a etnografia. Como resultado, talvez mais do que no passado, os períodos de trabalho de campo são espremidos nos interstícios de uma vida agitada, no trabalho e em casa, fazendo com que os malabarismos para lidar com as diversas demandas às vezes se tornem insuportáveis. Mazzetti se deparou com este problema durante seu trabalho de campo sobre os serviços de resgate e combate a incêndios. Ela registrou este *cri de coeur* em seu diário:

> Às vezes, eu luto para ter equilíbrio. Existem as prioridades do trabalho e as prioridades domésticas e, às vezes, todas elas colidem e eu sinto como se não tivesse conseguido fazer nada. Às vezes, eu me sinto tão frustrada com tudo isso. Parece uma montanha tão alta que eu nunca vou conseguir escalar. Mas, outras vezes, me sinto mais focada e consigo fazer bastante coisa. Em outros dias, estou tão distraída e tão obcecada pensando na minha pesquisa que é difícil

me concentrar em qualquer outra coisa. Tem dias que eu penso: "Eu realmente tenho que pegar o CJ na escola?"; "Nós realmente precisamos comer esta noite?"; "Será que alguém pode alimentar o maldito gato!" (MAZZETTI, 2016: 310).

Além disso, como De Man (2015: 57) relata em sua pesquisa sobre a polícia, as diferentes *cenas* em que o etnógrafo participa podem entrar em conflito de outras maneiras, para além da competição por tempo e energia. Em função das opiniões negativas de seus familiares e colegas acadêmicos em relação à polícia, ela narra como ela *censurava* os relatos de suas experiências em campo quando estava com eles.

Não queremos dar a impressão de que a experiência do trabalho de campo é de estresse e sofrimento constantes; ela também proporciona recompensa e satisfação pessoal intensas, algumas vezes pelo menos. De fato, mesmo quando a experiência é muito angustiante, ela nem sempre é apenas negativa, como Cannon sugere com base em sua pesquisa entre mulheres com câncer de mama:

> Seria dramático demais dizer que isso "mudou a minha vida" (embora seu impacto seja duradouro), mas a experiência certamente "tomou conta" da minha vida pelo envolvimento emocional, para o qual eu definitivamente não estava preparada, e me ensinou muitas lições "extracurriculares" sobre a vida e a morte, a dor e a resistência, e as relações humanas (CANNON, 1992: 180).

Deixando o campo

Em todas as pesquisas, chega um momento em que o trabalho de campo precisa ser encerrado. Em geral, isso é determinado pela ausência de recursos adicionais ou pela aproximação dos prazos para a produção de relatórios escritos. Mas a decisão também deveria decorrer da reflexão sobre se dados suficientes do tipo necessário foram coletados e se há algo mais a aprender com a extensão do trabalho. Obviamente, a princípio, sempre há algo novo para descobrir, eventos inesperados para investigar, resultados imprevisíveis para acompanhar, e assim por diante; mas a linha deve ser traçada em algum lugar. E não faz sentido permanecer em campo sem nenhum propósito, apenas para estar lá, apenas *por interesse*, ou pela falta de confiança de haver coletado informação suficiente. Geralmente, há um certo desdém pelo retorno depois de permanecer em campo por algum tempo. E há também a questão cada vez mais premente de se dedicar ao processamento e à análise dos dados já acumulados, sem falar na preparação para a redação da pesquisa.

Com exceção daqueles que conduzem pesquisas em um ambiente onde já vivem ou trabalham, encerrar o trabalho de campo geralmente significa deixar o campo – embora, às vezes, o próprio ambiente se desintegre, como Gallmeier descobriu em seu estudo sobre um time de hóquei profissional:

> Em comparação com outros pesquisadores em campo, não foi tão difícil me desvincular do ambiente e dos participantes. Em grande parte, isso se deve ao fato de que, assim que a temporada termina, os jogadores rapidamente se dispersam e retornam aos seus empregos de verão e às suas famílias no "Grande Norte Branco"*. No final de abril, os Rockets foram eliminados na terceira rodada da competição e a temporada acabou de repente. Em poucos dias, a maioria dos Rockets havia deixado a cidade de Summit (GALLMEIER, 1991: 226).

Praticamente da noite para o dia, as pessoas que ele estudava se dispersaram geograficamente, embora ele tenha conseguido acompanhar alguns indivíduos depois.

A maioria dos etnógrafos, no entanto, deve se planejar para deixar o campo, e isso nem sempre é uma questão simples: por diversas razões, os planos de saída podem falhar (IVERSEN, 2009). Assim como todos os outros aspectos das relações em campo, a saída geralmente precisa ser negociada. E, às vezes, os participantes relutam em deixar o pesquisador ir embora. As primeiras tentativas de David Snow de se desvincular de um grupo de budistas da Nichiren Shosnu foram recebidas com uma enxurrada de atividades de reconversão:

> Assim que terminei (de contar ao meu líder de grupo sobre minha desilusão crescente), ele me felicitou, sugerindo que (tais sentimentos) eram bons sinais. Ele então insinuou que algo estava realmente acontecendo na minha vida [...]. Ao invés de ficar desanimado e desistir, eles me disseram para entoar cânticos e participar ainda mais. Ele também sugeriu que eu fosse ao Centro Comunitário às 10h daquela noite para obter mais conselhos dos líderes seniores. Mais tarde, à noite, o líder do meu grupo apareceu no meu apartamento às 10h, sem avisar, para me pegar e me levar ao Centro Comunitário, e assim ter certeza de que eu receberia "orientação".
>
> Enquanto eu tentava diminuir meu envolvimento e oferecer o que pareciam ser razões legítimas para sair, ao mesmo tempo, eu continuava sendo puxado de volta (SNOW, 1980: 110).

---

* No original, *Great White North*; a expressão se refere ao Canadá [N.T.].

A dificuldade de sair pode ser um reflexo da qualidade das relações estabelecidas com os participantes do campo: quanto mais bem-sucedido se for neste aspecto, mais difícil pode ser se desvincular do ambiente. Por exemplo, desde o início, Hudson havia contado aos jovens que ela estava estudando a data em que a pesquisa terminaria, e ela os lembrou disso em diversos momentos. À medida que a data se aproximava, ela explicava que dedicaria seu tempo para escrever seu livro e "falava sobre como eles poderiam manter contato comigo, se desejassem". Mas, no início do novo ano letivo, "os jovens exigiram que o trabalho de campo continuasse", e ela mudou sua decisão por motivos éticos, ao sentir que não fazê-lo seria um desrespeito por eles e pareceria exploração. Além disso, ela observou que "os dados foram enriquecidos porque a minha relação com os jovens se desenvolveu mais durante a extensão inesperada do trabalho de campo" (HUDSON, 2004: 265). No entanto, por fim, ela conseguiu sair.

Iversen relata um problema semelhante em uma pesquisa coletiva sobre mobilidade econômica:

> Rachel falou que [...] ela não conseguia acreditar que iríamos simplesmente embora de suas vidas quando o estudo terminasse. Ela não entendia como seríamos capazes de fazer isso. Eu disse a ela que era difícil para nós também. A última reunião, cerca de seis meses depois, incluiu a revisão da história familiar e estas reflexões sobre o desligamento nas minhas anotações de campo: "Rachel pediu que voltássemos a um de seus restaurantes favoritos, para o qual tínhamos levado a família em outra ocasião, e [...] eu senti que, para Rachel, isso era uma forma de reciprocidade e, portanto, concordamos imediatamente. Na despedida, Rachel pediu que eu escrevesse para ela de vez em quando. Ela não prometeu escrever de volta, mas parece querer manter o contato. Para alguém como ela, que teve tanta dificuldade em manter amigos leais, esse esforço da minha parte pode ser importante [...], uma forma de continuar a agradecê-la, respeitosamente, por sua participação relevante no estudo, e não ser mais uma fonte de exploração" (IVERSEN, 2009: 19).

No extremo oposto, Malachowski relata como, embora ela já tivesse coletado a maioria dos dados de que precisava, ela foi mais ou menos forçada a sair, em função da mudança de atitude em relação a ela por parte de muitos participantes porque ela havia defendido uma trabalhadora que tinha receio de trabalhar com um determinado colega de trabalho. Ela escreve:

> Eu tinha me esforçado tanto, e por tanto tempo, para "entrar" que eu não tinha um plano para "sair". [Mas] eventos recentes preci-

pitaram o encerramento forçado da minha pesquisa e, embora eu estivesse me preparando para sair, eu não estava preparada para o desligamento repentino. Como a frequência das minhas visitas diminuiu, eu simplesmente fui embora no meu último dia como se fosse qualquer outro, sem me despedir dos trabalhadores. Eu pude agradecer formalmente aos poucos gerentes e funcionários administrativos que estavam presentes no meu último dia. Como parte da estratégia inicial da pesquisa [...] incluía um "resumo dos resultados da pesquisa" ou um relatório sobre o projeto, alguns dos trabalhadores podem ter ficado com a impressão de que eu voltaria. Mas isso já não seria mais o caso, pois eu havia criado tensões dentro da organização e o entusiasmo com a minha presença havia diminuído significativamente (MALACHOWSKI, 2015: 25).

Deixar o campo não é sempre tão difícil quanto esses relatos sugerem; geralmente, é mais uma questão de se despedir daqueles com quem se estabeleceram relações, fazer arranjos para contatos futuros (para entrevistas de acompanhamento, ou talvez para enviar dados ou resultados de volta para eles) e, na maioria das vezes, atenuar a saída. E partir não significa, necessariamente, romper completamente com todas as relações. A maioria dos etnógrafos mantém amigos ou conhecidos de seus períodos de trabalho de campo, às vezes por muito tempo; embora, em alguns casos, a própria natureza do tema de pesquisa possa dificultar isso. Assim, Cannon (1992) e Watts (2008) descobriram que os pacientes com câncer de suas pesquisas progressivamente desapareceram, em função de falecimentos.

No entanto, mesmo que seja bem conduzida, a partida pode ser uma experiência emocionalmente difícil, tanto para o pesquisador quanto para alguns participantes. Às vezes, pode ser estranho e confuso para as pessoas do lugar descobrir que o etnógrafo não fará mais parte de seu cotidiano. Os informantes precisam lidar com o fato de que alguém que eles passaram a ver como amigo vai voltar a ser um estranho ou, na melhor das hipóteses, um conhecido. Às vezes, a experiência também pode ser traumática para o etnógrafo. Com frequência, deixar o campo envolve sentimentos contraditórios e alguma tristeza, mas, geralmente, também um certo alívio.

Conclusão

Como vimos, há uma grande variedade de estratégias e papéis que o etnógrafo pode adotar em campo, cada um deles com diferentes vantagens e desvantagens, oportunidades e riscos. No entanto, os papéis desempenhados em campo não estão inteiramente sob o controle do etnógrafo. A gestão das impressões pode desempenhar um papel importante, mas ela pode ser limitada pelas características pessoais ou identidades atribuídas – ao menos até certo ponto –, além de ser afetada por contingências cotidianas e pelas atitudes de guardiões e participantes. Além disso, estabelecer e manter relações em campo pode ser, ao mesmo tempo, uma experiência estressante e fascinante. É importante ressaltar que os etnógrafos precisam aprender a lidar com o ambiente que estudam e com seus próprios sentimentos, se quiserem manter sua posição de nativos marginais e concluir seu trabalho de campo. Isso nem sempre é uma tarefa fácil, assim como, às vezes, é difícil deixar o campo.

Os diversos papéis que os etnógrafos assumem em campo são, certamente, o ponto de partida para a coleta de dados. Um tipo de dado são as descrições das observações dos pesquisadores sobre o comportamento das pessoas, o que elas fazem e dizem em diferentes circunstâncias, bem como da própria experiência de participação dos pesquisadores em campo (FOSTER, 1996). Porém, os relatos que as pessoas do lugar fornecem são igualmente importantes, seja durante a observação ou em entrevistas. No próximo capítulo, analisamos o papel desses relatos na pesquisa etnográfica.

5
RELATOS ORAIS E O PAPEL DAS ENTREVISTAS

É uma característica distintiva da pesquisa social que os *objetos* estudados sejam, de fato, *sujeitos*, no sentido de serem dotados de consciência e agência. Além disso, ao contrário dos objetos físicos, ou mesmo de outros animais, eles produzem relatos de si mesmos e de suas experiências e ambientes. O reconhecimento da importância disso sempre foi central para o pensamento etnográfico, embora tenha sido interpretado de maneiras um tanto diferentes ao longo do tempo e em diferentes campos. Em particular, há uma tensão entre, por um lado, tratar os relatos das pessoas em estudo como fontes de informação sobre si mesmas e o mundo em que vivem e, por outro, tratar esses relatos como reveladores das perspectivas das pessoas ou como produtos sociais cuja análise pode revelar os processos socioculturais que os geraram (e talvez os distorceram). Mas a maioria das pesquisas etnográficas se apoia nessas duas maneiras de utilizar os relatos dos participantes, embora com ênfase variável.

As diferentes visões sobre a função metodológica e a importância dos relatos dos participantes derivam, em parte, das distintas filosofias metodológicas que influenciaram a etnografia (cf. cap. 1). Na perspectiva do positivismo, com bastante frequência, os relatos do senso comum não são confiáveis e devem ser substituídos por relatos científicos. Isso pode ser complementado por uma posição behaviorista, no sentido de que as perspectivas das pessoas são simplesmente epifenômenos sem significado causal e, portanto, têm pouca relevância para explicar seu comportamento. Neste sentido, os relatos dos participantes não têm valor em nenhuma das duas formas mencionadas acima. Por sua vez, o naturalismo considera que os entendimentos do senso comum são informativos e moldam a ação social; e, portanto, requer que eles sejam analisados e descritos, não ignorados ou explicados. Por este motivo, os relatos dos participantes são uma fonte essencial de dados.

Com frequência, os etnógrafos posteriores críticos do naturalismo mantiveram um interesse nos relatos *internos**, mas adotaram uma variedade de atitudes em relação a eles. Alguns consideram que o papel do etnógrafo é amplificar as vozes daqueles que estão às margens da sociedade, às quais às vezes são dadas um privilégio epistemológico ou ético. Nesta direção, buscam-se formas de representar os relatos *internos* que preservem sua *autenticidade*, embora às vezes seja dada ênfase na relação dialógica entre pesquisador e pesquisado (TANGGAARD, 2009). Aqui, o papel do etnógrafo pode se aproximar da defesa de direitos. Alternativamente, a tarefa pode ser concebida como a desconstrução dos relatos, a fim de compreender como foram produzidos, os pressupostos em que se baseiam e/ou as funções que desempenham – e, aqui, a etnografia pode se aproximar da crítica ideológica. Contudo, também existem etnógrafos, influenciados por alguns tipos de análise do discurso, para os quais as práticas narrativas, em entrevistas ou em conversas espontâneas, são um tema importante de investigação em si mesmas; e eles podem rejeitar o seu uso como fontes de informação ou análise como passíveis de crítica. Associada a várias dessas abordagens, há uma tendência a abandonar ou rejeitar qualquer conceito de validade que implique uma correspondência, ainda que potencial, entre os relatos dos informantes e os fenômenos sociais existentes independentemente deles (MURPHY et al., 1998; ATKINSON; COFFEY, 2002; ATKINSON, 2015).

A perspectiva adotada neste capítulo não se enquadra perfeitamente em nenhuma dessas categorias, mas, até certo ponto, se baseia em todas elas. Ela implica reconhecer como legítimas e complementares as duas formas gerais, descritas acima, de como os relatos dos participantes podem ser utilizados. Assim, eles podem ser lidos pelo o que eles nos dizem a respeito dos fenômenos aos quais se referem. Da mesma forma, podemos analisá-los com base nas perspectivas que eles revelam, as estratégias discursivas que empregam, e talvez até mesmo a dinâmica psicossocial subjacente a eles. Nenhum conflito relevante é reconhecido entre esses dois usos gerais, uma vez que os relatos dos participantes não são tratados nem como *intrinsecamente* válidos nem como *necessariamente* incorretos ou ficcionais.

Assim, em nossa opinião, não há razões para negar (e nem para afirmar, aliás) a validade dos relatos com base no argumento de que eles são subjetivos. Tampouco eles devem ser considerados, simplesmente, como constitutivos dos fe-

---

* No original, *insider accounts* [N.T.].

nômenos a que se referem e, portanto, como necessariamente *verdadeiros* nesse sentido. Todos somos observadores participantes, adquirindo informações sobre o mundo social ao agirmos nele, e essas *informações participantes* das pessoas envolvidas em determinado ambiente podem ser um recurso importante para o etnógrafo; embora sua validade certamente não deva ser tomada por seu valor aparente, tal como as de informações vindas de outras fontes. Mas também, indiretamente, podemos aprender muito sobre os pressupostos e as preferências das pessoas a partir de seus relatos, analisando como foram produzidos e quais funções desempenham.

O valor dos relatos como dados

Por mais habilidoso que um pesquisador seja em negociar um papel que lhe permita a observação direta dos eventos, algumas informações não estarão disponíveis em primeira mão dessa maneira. Em seu estudo sobre mendigos nos Estados Unidos, Harper (2018: 116-117) ilustra os perigos de se basear apenas na observação. Ele testemunhou uma conversa que ele, a princípio, interpretou como um exemplo de "velhos mendigos que genuinamente se preocupam uns com os outros e afirmam suas identidades complexas". Porém, mais tarde, um dos homens envolvidos conversou com ele sobre isso e, durante esta conversa, "histórias antigas e todas as suspeitas, maus negócios, manipulações e pura balela* vieram à tona". Harper relata que isso "me ensinou sobre a *performance* dos encontros [em acampamentos] na selva, onde muito da camaradagem é fingida, o *páthos* compartilhado dos repetidos fracassos, e apenas um pouquinho de aceitação e esperança".

Os etnógrafos costumam cultivar ou mesmo treinar pessoas como informantes. De fato, antigamente, o uso de *informantes-chave* parece ter sido o método básico de pesquisa em antropologia cultural. Naquela época, a preocupação central era coletar amostras da vida *primitiva*, fossem artefatos materiais ou mitos e lendas. Um trecho do diário de campo de Franz Boas ilustra as implicações disso:

> Tive um dia péssimo hoje. Os nativos fizeram outra grande cerimônia de *potlatch*. Não consegui conversar com ninguém e tive que fisgar o que eu pudesse. Tarde da noite, consegui algo (uma história) que eu vinha procurando: *O nascimento do corvo* [...]. [Dia seguinte:] Os grandes *potlatches* continuaram hoje, mas as pessoas

---

* No original, *bullshit* [N.T.].

encontraram tempo para me contar histórias (ROHNER, 1969: 38, apud Pelto; Pelto, 1978: 243).

Como Pelto e Pelto comentam: "A maioria dos antropólogos, hoje em dia, ficaria radiante com a perspectiva de observar um *potlatch* completo, e consideraria que dados estruturais e culturais de importância crucial poderiam ser extraídos dos detalhes da cerimônia" (p. 243). Se os etnógrafos, mais tarde, passaram a ter prioridades bem diferentes de Boas, apoiando-se mais em suas próprias observações, manteve-se o uso considerável de informantes, tanto para obter informações sobre atividades que, por uma razão ou outra, não podiam ser observadas diretamente, quanto para verificar as inferências feitas a partir das observações. Um exemplo antropológico clássico são as relações de Turner (1967) com dois homens Ndembu, que desempenharam um papel fundamental ao apresentar a ele características relevantes de sua cultura e facilitar o seu entendimento dela. Eles sabiam muito, mas não eram centrais para a ação sendo observada, devido à idade. Em contraste, o informante-chave de Hoffman (Tarawalley) desempenhava um papel central no que estava sendo estudado – conflito e guerra em Serra Leoa e na Libéria –, e em função disso ele foi capaz de atuar como apoiador, bem como informante (HOFFMAN; TARAWALLEY, 2014).

Atualmente, os relatos talvez sejam mais utilizados pelo que podem nos dizer sobre as pessoas que os produziram e as perspectivas, ou recursos intelectuais e discursivos, nos quais se baseiam. Isso também pode iluminar as subculturas e culturas mais amplas às quais essas pessoas pertencem. Compreender essas perspectivas, culturas ou discursos geralmente constitui um elemento importante da análise. Os relatos também tendem a serem tratados como parte do mundo que descrevem e, neste sentido, moldados pelos contextos em que são apresentados (VAN DEN BERG et al., 2003). Essa ideia é um elemento central da etnometodologia (cf. HAMMERSLEY, 2018), mas ela também influenciou o trabalho etnográfico de forma mais ampla (cf., p. ex., ATKINSON, 2015), e pode induzir a uma análise cuidadosa das práticas narrativas e de suas funções.

No entanto, além da sua contribuição direta para a análise, esta segunda abordagem dos relatos também pode auxiliar nossa avaliação da validade das informações fornecidas por determinados informantes. Quanto mais efetivamente pudermos compreender um relato e seu contexto – os pressupostos em que ele se baseia, como ele foi produzido, por quem, para quem e por quê –, mais capazes seremos de antecipar seus possíveis vieses, de um tipo ou de outro, como fonte de informação. Neste sentido, as duas formas de ler os relatos que destacamos aqui são complementares. O mesmo relato pode ser analisado de ambos os ângulos, embora, ao fazer perguntas a informantes em entrevistas, possamos ter em mente uma ou outra preocupação predominante em momentos específicos. Em outras palavras, separar a questão da verdade ou falsidade dos relatos das pessoas, da análise desses relatos como fenômenos sociais, nos permite tratar o conhecimento dos participantes *tanto como* recurso *quanto como* objeto, e fazê-lo de uma forma consistente.

Relatos orais espontâneos e solicitados

Neste capítulo, vamos nos concentrar nos relatos orais, deixando para o próximo a discussão de *documentos*, na internet ou fora dela. É importante lembrar que nem todos os relatos orais são produzidos por informantes respondendo às perguntas de um etnógrafo: eles podem ser espontâneos. Na vida cotidiana, as pessoas estão sempre fornecendo relatos umas às outras: sobre *o que aconteceu* em determinadas ocasiões, e as motivações, próprias ou de outros, caráter moral, habilidades, e assim por diante. Às vezes, esse tipo de conversa ocorre quando se percebe um desajuste entre os valores, regras ou expectativas normais e o curso real dos eventos (HEWITT; STOKES, 1976). Os relatos resultantes podem estar preocupados em mitigar a discrepância, ou em encontrar alguma explicação para ela; por exemplo, classificando as pessoas como *estúpidas, imorais, infelizes, excepcionais* ou qualquer outra coisa. No entanto, relatos orais também são produzidos em muitas outras situações e podem ser provocados por uma variedade de circunstâncias; a obrigação básica de transmitir notícias não é menos importante: a fofoca é parte fundamental das relações sociais humanas.

Os etnógrafos podem acessar relatos espontâneos participando dos diálogos em que eles ocorrem e ouvindo-os por acaso. Estes relatos orais *espontâneos* podem ser tanto uma fonte útil de informação direta sobre o ambiente quanto de evidência sobre as perspectivas, as preocupações e as práticas discursivas das pessoas que os produzem. Além disso, existem alguns lugares onde é mais provável que a troca de relatos entre os participantes ocorra; e, frequentemente, estes são locais vantajosos para o etnógrafo coletar dados. Este foi o caso, por exemplo, das observações de Murphy (2017) em uma loja de *donuts,* onde um grupo de homens se reunia para *ruminar ideias*, revelando muitas de suas atitudes ao longo da conversa. De modo similar, Hammersley encontrou, na sala dos professores da escola que estava estudando, uma fonte extraordinariamente rica de relatos de professores, principalmente sobre alunos específicos, suas ações, *estados de espírito*, personalidades e prováveis perspectivas, mas também sobre as atitudes dos professores em relação a eventos políticos nacionais. Esses relatos forneceram a base para uma análise da estrutura ideológica na qual os professores da escola se baseavam para dar sentido a seu mundo (HAMMERSLEY, 1980; 1981; 1991b).

Claro, os relatos orais não são fornecidos apenas pelos participantes, uns aos outros; às vezes, eles também são oferecidos aos etnógrafos. Com efeito, especialmente nos estágios iniciais do trabalho de campo, os participantes podem ter a intenção de se certificar que o pesquisador entenda a situação *corretamente*. Muitas vezes, o objetivo é neutralizar o que se supõe que outros estejam dizendo, ou o que o etnógrafo pode presumir ou inferir. Incentivar esses relatos é uma das razões pelas quais os etnógrafos, muitas vezes, procuram assumir o papel de um *incompetente aceitável* no início do trabalho de campo (cf. cap. 4).

Às vezes, os etnógrafos não conseguem ir muito além da observação e da coleta de relatos espontâneos. Mesmo as perguntas informais podem ser interpretadas como ameaçadoras ou inadequadas, e quando respostas são fornecidas, elas podem ter pouco valor – como Okely descobriu em sua pesquisa sobre os ciganos:

> A experiência dos ciganos com perguntas diretas é, em parte, formada por estranhos que os assediam, perseguem ou convertem. Os ciganos avaliam as necessidades do questionador e dão a resposta adequada, livrando-se assim do intruso, com sua ignorância intacta. Por outro lado, os ciganos podem ser deliberadamente inconsistentes [...]. Eu descobri que o próprio ato de questionar suscitava uma resposta evasiva e incorreta ou um olhar sem expressão. Era mais instrutivo me integrar ao entorno do que alterá-lo como um inquisidor. Eu participava para poder observar. Perto do final do trabalho de campo, eu me forcei a fazer perguntas, mas, invariavelmente, a resposta era improdutiva, exceto entre alguns poucos colaboradores mais próximos. Ainda assim, as respostas se esgotavam quando ficava evidente que minhas perguntas não surgiam mais de uma perplexidade espontânea e eu impossibilitava outras formas de discussão (OKELY, 1983: 45).

Um problema semelhante pode surgir em outros contextos, como Duck (2015: 74-75) descobriu ao estudar um bairro negro pobre em uma cidade dos Estados Unidos economicamente deprimida, e Agar (1980) ao pesquisar o vício em drogas. No entanto, este último observa que a natureza ameaçadora das perguntas não era a única razão pela qual elas tinham que ser evitadas:

> Nas ruas, no entanto, eu aprendi que não se deve fazer perguntas. Existem pelo menos duas razões para essa regra. Uma delas é que a pessoa está vulnerável à prisão pela polícia ou a ser enganada ou roubada por outras pessoas da rua. Perguntas sobre comportamento podem ser feitas para descobrir quando você está vulnerável à prisão. Ou elas podem ser feitas para descobrir quando ou de que maneira você pode perder algum dinheiro ou heroína. Mesmo que não se veja nenhuma conexão direta entre a pergunta e esses resultados, pode ser apenas porque ainda não descobrimos o "jogo" daquele que pergunta.
>
> A segunda razão para não fazer perguntas é que você não deveria ter que perguntar. Ser aceito nas ruas é ser safo; ser safo é ser bem informado; ser bem informado é ser capaz de entender o que está acontecendo com base em poucas pistas. Então, fazer uma pergunta é mostrar que você não é aceitável e isso cria problemas em uma relação quando você acaba de conhecer alguém (AGAR, 1980: 456).

Neste contexto, então, não havia lugar para o papel de incompetente aceitável.

Com exceção desses problemas práticos, talvez em função da influência do naturalismo, não é incomum que os etnógrafos considerem os relatos solicitados menos válidos do que os produzidos espontaneamente. Assim, há muito tempo, Becker e Geer (1960) argumentaram que é importante garantir que as conclusões sobre as perspectivas dos participantes não se baseiem apenas em respostas solicitadas, caso contrário, podemos ser enganados pela reatividade: pelos efeitos das perguntas do pesquisador sobre o que está sendo dito. Alguns analistas do discurso adotaram uma perspectiva naturalista ainda mais radical, enfatizando até que ponto os dados da entrevista são co-construídos e, portanto, dizem mais sobre o processo de entrevista ou o pesquisador do que sobre o informante (POTTER; HEPBURN, 2005; cf. HAMMERSLEY, 2013b, cap. 4). Isso levou a debates importantes sobre o naturalismo, sua validade e implicações no contexto da análise do discurso, que também têm relevância para a etnografia (SPEER, 2002a; 2002b; HAVE, 2002; LYNCH, 2002; POTTER, 2002).

O naturalismo também encorajou os etnógrafos a privilegiarem as entrevistas não estruturadas, nas quais o entrevistado é convidado a falar longamente sobre o que quiser, em oposição a questionamentos mais direcionados. O objetivo aqui é, na medida do possível, minimizar a influência do pesquisador sobre o que é dito e como é dito, e assim facilitar a expressão aberta da perspectiva do informante sobre o mundo, relativamente sem a influência dos pressupostos do pesquisador.

Há muito a ser dito a este respeito. No entanto, embora certamente seja verdade que a influência do pesquisador na produção de dados é uma questão importante, isso não deve ser visto simplesmente como uma fonte de viés que deva ou que possa ser inteiramente eliminada. Para começar, nem as entrevistas não estruturadas e nem mesmo o recurso aos relatos espontâneos são capazes de evitar a reatividade. Ao estudar as reações dos professores ao mau comportamento dos alunos, Hargreaves et al. relatam as dificuldades que enfrentaram no desenvolvimento de uma forma não reativa de obter relatos dos professores sobre os eventos em sala de aula:

> Nosso método principal foi observar uma aula e, a partir dessas observações, extrair as declarações e/ou ações do professor que consistissem em uma reação a um comportamento desviante [...]. Muitas vezes, nós apenas citávamos o que o professor havia dito, e o professor se dispunha a comentar sua ação sem qualquer questionamento direto de nossa parte. Em outras ocasiões, relatávamos a declaração do professor e depois perguntávamos por que ele havia dito ou feito algo (HARGREAVES et al., 1975: 219).

Eles comentam que, mesmo quando nenhuma pergunta era feita, o relato do professor ainda era influenciado pelo que ele ou ela presumia que seria visto como uma "resposta apropriada, racional e significativa à nossa pergunta implícita" (p. 220).

Na verdade, mesmo quando os pesquisadores não desempenham quase nenhum papel na geração do relato, nunca se pode ter certeza de que sua presença não tenha exercido uma influência importante. De fato, às vezes essa influência se torna óbvia, como a seguinte nota de campo do estudo de Hammersley (1980) deixa claro, sobre conversas entre professores do ensino médio:

> (O pesquisador está sentado em uma poltrona lendo um jornal. Dois professores estão conversando nas proximidades; durante a conversa ocorre o seguinte diálogo.)
> *Larson*: Você tem que ser um representante oficial do NUT (Sindicato Nacional dos Professores)*.
> *Walker:* Eu estou no NUT por apenas um motivo.
> *Larson* (olhando atentamente para o pesquisador): Para o caso de você ser processado por agredir alguém.
> *Walker:* Exatamente.

---

* No original, National Union of Teachers [N.T.].

Aqui, parece que, embora Hammersley não estivesse participando da conversa, os professores se preocuparam em enfatizar para ele o ambiente ameaçador em que trabalhavam, e as contingências que enfrentavam para lidar com esse ambiente.

Claro, a influência do pesquisador (como pesquisador) pode ser eliminada através da adoção do papel de *observador pleno* ou de *participante pleno*, mas isso não apenas coloca restrições ao processo de coleta de dados, como vimos no capítulo anterior; como também não garante, de forma alguma, a validade dos dados. O problema da reatividade é apenas um aspecto de uma questão mais geral: os efeitos da plateia e, na verdade, do contexto em geral sobre o que as pessoas dizem e fazem. Todos os relatos devem ser interpretados em termos do contexto em que foram produzidos. O objetivo não é coletar dados *puros* que estejam livres de qualquer viés potencial. Não existe tal coisa. Em vez disso, o objetivo deve ser descobrir a melhor maneira de interpretar quaisquer dados que tenhamos de coletar outros dados que nos permitam desenvolver e verificar nossas inferências. Isso pode envolver o uso de métodos que buscam minimizar a influência do pesquisador, mas também pode exigir o emprego de métodos mais indutivos; por exemplo, usar questões bastante desafiadoras que colocam os informantes *na berlinda*. Esta é uma estratégia que pode ser especialmente necessária no estudo das elites econômicas e políticas (OSTRANDER, 1993; ODENDAHL; SHAW, 2001; HARVEY, 2011). Assim, minimizar a influência do pesquisador não é a única, ou nem sempre a consideração principal. Se entendemos como a presença do pesquisador pode ter influenciado os dados, podemos levar isso em conta ao interpretá-los; na verdade, isso pode fornecer revelações importantes, permitindo-nos desenvolver a análise emergente.

Não há razão, então, para os etnógrafos se esquivarem do uso de entrevistas, ou mesmo de empregar questões desafiadoras, em que estas forem viáveis e úteis. Uma entrevista pode ser uma fonte de dados extremamente importante; pode permitir gerar informações que seriam muito difíceis, senão impossíveis, de se obter de outra forma, tanto sobre os eventos descritos como sobre perspectivas e estratégias discursivas. Ao mesmo tempo, deve-se ressaltar que há vantagens distintas em *combinar* a observação participante com entrevistas: os dados de cada um desses métodos podem ser utilizados para dar clareza ao outro. Em seu estudo sobre mulheres universitárias nos Emirados Árabes Unidos, Trainer relata que:

a observação participante e as entrevistas me permitiram acompanhar as apresentações de mulheres jovens sobre si mesmas, em espaços dentro e fora do campus. Os temas que emergiram no primeiro conjunto de entrevistas e na observação participante inicial foram confirmados tanto nas entrevistas de acompanhamento quanto na observação participante posterior (TRAINER, 2017: 366).

Dexter (1970/2006: 15) relatou basicamente a mesma coisa em seu estudo das atividades de membros do Congresso dos Estados Unidos: embora ele tenha se apoiado fundamentalmente em entrevistas, elas foram informadas pela observação participante nos ambientes aos quais ele obteve acesso.

Qualquer decisão acerca do uso de entrevistas, isoladamente ou associada com outras fontes de dados, deve ser tomada de acordo com o objetivo da pesquisa e as circunstâncias em que ela será realizada. E neste caso, assim como em outros, não existem decisões certas e erradas, apenas melhores e piores; e, às vezes, só é possível reconhecer qual é qual retrospectivamente. É claro que diferentes estratégias de pesquisa podem produzir diferentes tipos de dados e talvez até conclusões diferentes, mas isto não é necessariamente o caso.

Ao mesmo tempo, é preciso dizer que há uma tendência crescente na pesquisa qualitativa, inclusive aquela rotulada como etnográfica, de se apoiar demais nos dados de entrevistas. Além disso, em certo sentido, isso reflete o caráter da sociedade em geral, em que as entrevistas destinadas a revelar *os bastidores da história*, a expor os sentimentos das pessoas, entre outros, são onipresentes (ATKINSON; SILVERMAN, 1997; GUBRIUM, 2002; SILVERMAN, 2017). Qualquer tendência a se presumir que as entrevistas são o método-padrão para o etnógrafo precisa ser questionada[38].

Entrevista etnográfica: seleção de informantes

Uma questão importante que surge quando se toma a decisão de coletar dados por meio de entrevistas é: quem deve ser entrevistado? Às vezes, no contexto da observação participante em especial, as pessoas selecionam a si mesmas ou a outros para a entrevista, como Cannon descobriu em sua pesquisa sobre mulheres com câncer de mama:

---

38. Para uma variedade de pontos de vista sobre as entrevistas e uma discussão de diversas questões relacionadas a elas, cf. Fielding, 2003; Gubrium et al., 2012. No entanto, há uma tendência de os críticos radicais da entrevista exagerarem seu argumento; cf. Hammersley, 2008, cap. 5.

> Liz me disse que achava que Yvonne estava pronta para outra entrevista, "ela não parou de falar o fim de semana todo". Várias vezes as mulheres me telefonaram pedindo para vê-las porque "precisavam de alguém para conversar" sobre um determinado evento (CANNON, 1992: 171).

Aqui, a força catalisadora era o valor terapêutico da entrevista, mas a autosseleção para uma entrevista pode ocorrer por outras razões. Mais obviamente, ela pode acontecer quando os etnógrafos encorajam os informantes a mantê-los atualizados, na esperança de que eles façam contato para relatar qualquer novidade:

> Uma de minhas informantes-chave, Sylvia Robinson, sempre vinha me contar o que estava acontecendo na escola. Ela me contava o que havia acontecido nos dias em que eu estava fora da escola, me falava sobre aspectos da política escolar que haviam sido discutidos em reuniões escolares que eu não compareci ou não pude comparecer, atribuindo comentários a determinados professores. Além disso, ela sempre atualizava a mim e a qualquer outro professor que estivesse por perto das últimas fofocas da escola (BURGESS, 1985a: 149-150).

Esses informantes são bastante valiosos para um etnógrafo e as entrevistas com eles, formais e informais, podem ser iniciadas por qualquer um dos lados.

Vale enfatizar que, embora a seleção de informantes possa surgir da observação participante, como foi o caso (em grande medida) da pesquisa de Burgess e do estudo sobre Wall Street de Ho (2009: 18-20), a observação participante pode também se desenvolver a partir de contatos iniciais com informantes. Por exemplo, o estudo de Jacques e Wright (2014) sobre traficantes de drogas suburbanos foi baseado, inicialmente, em entrevistas com a rede de amigos de Jacques, de seus tempos de escola, junto com outros contatos no mundo clandestino das drogas que eles forneceram.

Às vezes, os guardiões ou outras figuras poderosas no campo tentam selecionar pessoas para o etnógrafo entrevistar. Isso pode ser feito de boa-fé, para facilitar a pesquisa, ou pode ter a intenção de controlar os resultados, como no caso do estudo de Evans em uma escola para deficientes auditivos:

> Com o passar do tempo, aprendi com outro administrador que o Sr. Gregory [o diretor da escola] precisava ser tratado com diplomacia. Isso veio à tona quando perguntei a ele se ele poderia me indicar algumas pessoas-chave no campus do colégio. A ingenuidade da

> pergunta e as dimensões políticas do meu trabalho foram apontadas rapidamente na sua resposta:
>> Não, eu não posso fazer isso. O Sr. Gregory vai te indicar para quem ele escolher. Se você tentar fazer alguma entrevista sem a aprovação e o conhecimento dele, ele vai encerrar o assunto.
>
> [...] Dias depois, Gregory se encontrou comigo novamente e anunciou: "Nós selecionamos para você 'a nata da elite'". Isto é, quatro professores haviam sido escolhidos a dedo para as entrevistas (EVANS, 1991: 170-171).

Embora a autosseleção e até mesmo a seleção por terceiros possam ser úteis, o etnógrafo deve tentar manter alguma margem de manobra para escolher as pessoas a serem entrevistadas. Caso contrário, existe o risco grave de que os dados coletados sejam inadequados ou enganosos em aspectos importantes; o pesquisador não conseguirá se dedicar à busca estratégica dos dados essenciais a uma abordagem reflexiva. Ao mesmo tempo, certamente pode haver parcialidade na seleção de informantes pelos próprios pesquisadores:

> Para quem faz pesquisas etnográficas com a polícia, encontros com informantes potencialmente desagradáveis são uma realidade diária, tais como policiais inescrupulosos ou abusivos, sem falar de traficantes de drogas e outros criminosos. Estamos propensos, portanto, a gravitar em torno de informantes mais amigáveis – como os "bons" policiais que se veem ou se apresentam como lutando contra o sistema, ou oficiais com alguma experiência internacional ou acadêmica – ao invés dos oficiais típicos, completa e assumidamente aculturados pelas normas institucionais. Ao deixar que nossas preferências morais se imponham sobre o que encontramos, corremos o risco de desenvolver uma compreensão limitada e problemática do trabalho policial (McCARGO, 2017: 215).

O mesmo tipo de viés potencial pode surgir em muitos outros contextos.

Também vale lembrar que obter acesso aos informantes não é algo automático; na verdade, pode ser preciso negociar o acesso, como no caso da pesquisa de Evans em uma escola. No estudo de muitas organizações, e de algumas comunidades, muitas vezes será necessário negociar com os guardiões para entrar em contato com as pessoas que se deseja entrevistar. Por outro lado, obter acesso a informantes, mesmo aqueles de alto nível em instituições poderosas, pode, às vezes, ser surpreendentemente fácil. Por exemplo, Johannesson (2017) relata que, apesar das dificuldades antecipadas, ela descobriu que obter o consentimento para entrevistar juízes em tribunais suecos, que lidam com questões de migração, foi relativamente simples: os chefes dos tribunais consentiram prontamente e ajudaram a conseguir as entrevistas.

Com efeito, nos casos em que guardiões não estão envolvidos, identificar e contatar pessoas para as entrevistas pode ser *mais* difícil, como Shaffir descobriu em sua pesquisa com pessoas que haviam renunciado a grupos judeus ultraortodoxos. Sua esperança era a de que, identificando um ou dois *haredim*, eles pudessem fornecer os nomes de outros, produzindo assim uma *amostra de bola de neve*. No entanto, este plano foi inicialmente frustrado:

> Rapidamente, eu aprendi que não havia uma estrutura institucional na qual localizar essas pessoas. Assim, marquei um encontro com uma jornalista que, recentemente, havia escrito um artigo delicado sobre o assunto e que alegou ter localizado respondentes através de um anúncio em seu jornal, convidando pessoas ex-*haredim* a contatá-la. O anúncio semelhante que eu publiquei rendeu apenas um indivíduo que afirmou não conhecer ninguém como ele. Embora não tenha me levado a outros contatos, minha conversa com ele me sensibilizou para a dor, a angústia e o desespero que marcaram seu afastamento do mundo ultraortodoxo – um tema que se mostrou central no relato de todos os ex-*haredi* que encontrei.
>
> A técnica da bola de neve, que havia sido tão eficaz para encontrar judeus chassídicos e recém-praticantes, foi, em grande parte, inútil no projeto *haredi*. Os *ex-haredim* com quem me encontrei suspeitavam que existiam outros como eles, mas não sabiam onde encontrá-los. Embora, no início, eu suspeitasse dessa afirmação, fui percebendo, gradualmente, até que ponto os antigos *haredim* eram excluídos de seu círculo anterior, de modo que sabiam pouco, ou nada, sobre outros indivíduos que haviam desertado recentemente. A exceção importante foi Chaim [...]. No final da minha conversa com ele, perguntei se ele conhecia outras pessoas como ele, com quem eu poderia me encontrar. "Sim, conheço", respondeu ele. "Tenho nomes e números de telefone. Quantas pessoas você quer conhecer?" (SHAFFIR, 1991: 76).

Às vezes, a dificuldade em acessar informantes determina quem será ou não entrevistado. Mas, de um modo geral, há uma escolha de entrevistados em potencial e, então, decisões devem ser tomadas sobre quantas pessoas entrevistar, quem elas devem ser e se devem ser entrevistadas mais de uma vez. Estas não são decisões que devam ser tomadas logo no início do trabalho etnográfico; geralmente, elas serão tomadas ao longo de um período extenso. Mas, é claro, ao tomá-las, o pesquisador deve levar em consideração os recursos disponíveis e os custos de oportunidade das diferentes decisões, bem como os tipos de dados que podem ser obtidos das pessoas envolvidas. Em trabalhos de história de vida, pode haver apenas um único informante, que é entrevistado repetidas vezes. Mais comumente, os etnógrafos entrevistam uma variedade de pessoas, mas pode ser preciso entrevistar algumas delas mais de uma vez; por exemplo, caso o objetivo seja rastrear padrões de mudança ao longo do tempo, ou por que descobriu-se que informações adicionais, ou a verificação de informações fornecidas anteriormente são necessárias.

Os critérios pelos quais os etnógrafos escolhem as pessoas para a entrevista podem variar consideravelmente, inclusive no decorrer do mesmo projeto de pesquisa. Nas pesquisas de tipo *survey*, o objetivo é, normalmente, obter uma amostra representativa e, às vezes, este é também o objetivo na pesquisa etnográfica; embora o que geralmente está envolvido seja a amostragem *dentro*, e não *entre* os casos (cf. cap. 2). Ao estudar uma grande organização, pode-se não ter tempo e recursos para entrevistar todos os ocupantes de uma determinada função e, portanto, pode-se tentar selecionar uma amostra representativa. Isso poderia, em princípio, ser abordado da mesma maneira que em uma pesquisa quantitativa: selecionar uma amostra de tamanho adequado aleatoriamente. Mas, muitas vezes, isso não é viável ou desejável (SMALL, 2009). Em tais circunstâncias, os etnógrafos usarão outros meios para tentar obter uma representatividade relevante – e pode ser possível verificar o êxito disso perguntando aos informantes suas opiniões sobre o que são, e não são, pontos de vista representativos e/ou comparando as características da amostra com o que se sabe sobre a população como um todo.

No entanto, uma amostra representativa de informantes nem sempre é o que se necessita na pesquisa etnográfica. Isso é especialmente verdade quando a preocupação principal é obter informações, em vez de documentar perspectivas ou práticas discursivas. Aqui, o objetivo frequentemente será focar nas pessoas que possuem o conhecimento desejado e que podem estar dispostas a divulgá-lo ao etnógrafo. Identificar essas pessoas requer apoiar-se em suposições acerca da distribuição social do conhecimento, e sobre as motivações daqueles que desempenham diferentes funções. Muitos anos atrás, Dean et al. (1967: 285) forneceram uma tipologia útil que ilustra o tipo de pensamento que pode estar por trás dessa seleção estratégica de entrevistados:

1) Informantes que são especialmente sensíveis à área em questão
• A pessoa *de fora* que vê as coisas do ponto de vista de outra cultura, classe social, comunidade etc.
• O novato, que se surpreende com os acontecimentos e nota as coisas naturalizadas, que o aclimatado não percebe. E, além disso, ele pode não ter nenhum interesse no sistema a que proteger.
• Pessoas que assumiram recentemente um novo *status*, que estão em transição de uma posição para outra, em que as tensões da nova experiência são vívidas.
• A pessoa naturalmente reflexiva e objetiva no campo. Essa pessoa, às vezes, pode ser apontada por outras pessoas parecidas.

2) Os informantes mais dispostos a revelar informações
• Seja em função de sua história ou *status*, alguns informantes estão mais dispostos a falar do que outros:
• O informante ingênuo, que não sabe do que fala. Ele pode ser ingênuo a respeito do que o pesquisador de campo representa ou ingênuo a respeito de seu próprio grupo.
• A pessoa frustrada, rebelde ou descontente, especialmente aquela que é consciente de suas pulsões e impulsos tolhidos.
• Os *excluídos*, que perderam poder, mas estão *por dentro*. Algumas das pessoas *populares* podem estar dispostas a revelar fatos negativos sobre seus colegas.
• O *habitué*, a pessoa *experiente* ou *constante**, que não tem mais interesses em jogo, ou que está em uma posição tão segura que não se coloca em risco ao expor o que os outros dizem ou fazem.
• A pessoa carente, que se apega ao entrevistador porque deseja atenção e apoio. Desde que o entrevistador satisfaça essa necessidade, ele falará.
• O subordinado, que deve se adaptar aos superiores. Ele geralmente desenvolve ideias para amortecer o impacto da autoridade, e pode ser hostil e propenso a *explodir de raiva*.

Claro, alguns informantes podem se enquadrar em mais de uma dessas categorias, e pode haver outros tipos de informantes úteis.

Nesta direção, em sua pesquisa sobre formuladores de políticas educacionais, Ball (1994) relata como ele descobriu rapidamente o valor limitado de entrevistar ministros do governo em exercício, mesmo que eles concordassem em ser entre-

---

* No original, *fixture*, cujo sentido literal se refere à instalação, i.e., um elemento/acessório fixo em determinado ambiente; logo, sempre presente [N.T.].

vistados; uma estratégia muito mais eficaz era concentrar nos que haviam deixado o cargo, uma vez que eram muito mais propensos a se sentirem livres para fornecer informações privilegiadas. Os informantes também podem ser selecionados com base no que Glaser e Strauss (1967) chamam de *amostragem teórica*: escolher aqueles cujo testemunho parece mais favorável ao desenvolvimento e teste de ideias analíticas emergentes.

Quem é entrevistado, quando e como, geralmente será decidido à medida que a pesquisa avança, de acordo com a avaliação do etnógrafo sobre o estado atual do desenvolvimento do conhecimento, e de acordo com julgamentos sobre o que é viável. Naturalmente, nem todas as pessoas que alguém deseja entrevistar estarão dispostas a fazê-lo. E mesmo com aqueles que, a princípio, estão dispostos, pode levar bastante tempo e envolver alguns custos para se obter uma entrevista. Nem o relato obtido será sempre revelador, como Thomas relata em sua pesquisa com executivos de negócios de alto nível:

> A menos que você tenha algum tipo de vantagem para chamar a atenção deles, é provável que você consiga apenas a metade do tempo que acha que precisa. Os jornalistas que eu conheço ficam satisfeitos de conseguir 1h com um executivo; mas os jornalistas têm uma fonte de influência que a maioria dos sociólogos não tem. Um redator do *Wall Street Journal* ou da revista *Fortune* pode, pelo menos, insinuar que ele não dirá coisas boas – ou que não dirá nada (o que pode ser pior) – se não tiver acesso ao executivo que deseja entrevistar. Ainda assim, se você conseguir os 30min, poderá descobrir que uma emergência ou alguém mais importante vai tirá-lo da agenda. Se você entrar pela porta, descobrirá que o executivo não pretende responder as suas perguntas ou tem um roteiro próprio que gostaria de repetir (THOMAS, 1993: 82-83).

Assim como em qualquer outra técnica de coleta de dados, a qualidade e a relevância dos dados produzidos em entrevistas podem variar consideravelmente, e nem sempre são previsíveis. A seleção de informantes deve ser baseada nas melhores decisões que alguém pode tomar, dadas as circunstâncias. No entanto, pode ser necessário rever essas decisões com base na experiência.

Entrevistas como observação participante

Na pesquisa etnográfica, as entrevistas variam de conversas espontâneas e informais, no decorrer de outras atividades, até encontros organizados formalmente em ambientes restritos, longe de outras pessoas. No primeiro caso, a linha divisória entre a observação participante e a entrevista é difícil de discernir. Nas entrevistas formais, é mais óbvio. Aqui, a entrevista representa um ambiente distinto e, neste sentido, os entendimentos que o participante relata podem não ser aqueles que subjazem o comportamento em outros lugares (DEUTSCHER, 1973; SILVERMAN, 1973; MURPHY et al., 1998; POTTER; HEPBURN, 2005). No entanto, como sugerimos anteriormente, o caráter distintivo do ambiente da entrevista não deve ser exagerado e pode ser visto como um recurso, mais do que apenas como um problema.

Assim como o impacto do observador participante sobre as pessoas observadas não é apenas uma fonte de viés, o mesmo se aplica ao entrevistador. Com efeito, isto pode ser explorado através do reconhecimento do valor da *entrevista ativa* (HOLSTEIN; GUBRIUM, 1995; GUBRIUM; HOLSTEIN, 2012). Na medida em que o objetivo da etnografia não se resume a fornecer uma descrição do que ocorre em um determinado ambiente durante certo período de tempo, pode haver vantagens positivas em submeter as pessoas a estímulos verbais diferentes daqueles prevalecentes nos ambientes onde elas normalmente atuam. Em outras palavras, se comparada aos eventos *normais* do ambiente, a *artificialidade* da entrevista pode nos permitir entender como os participantes se comportariam em circunstâncias diferentes; por exemplo, quando eles saem do ambiente ou quando o ambiente muda. Ou pode trazer à tona o que, geralmente, é naturalizado. O trabalho de Labov (1969) sobre *a lógica das variantes* do inglês* ilustra isso quando ele compara entrevistas nas quais o entrevistador assume papéis diferentes. É possível que as respostas monossilábicas de algumas crianças em suas entrevistas formais, embora não sejam um indicador preciso dos recursos linguísticos delas, possam ser um reflexo genuíno de seu comportamento em certos tipos de circunstâncias, como entrevistas com orientadores e assistentes sociais, ou durante as aulas na escola. Talvez, ao modificar as características da situação da entrevista, possamos identificar quais aspectos do ambiente produzem determinados tipos de resposta.

Este uso mais *ativo* da entrevista também pode valer a pena quando o objetivo é avançar frentes, superar as barreiras que as pessoas erguem para protegerem a si mesmas e suas atividades (DOUGLAS, 1976; OSTRANDER, 1993;

---

* Variantes aqui no sentido de que escapam às regras do inglês-padrão. No original, *non-standard English* [N.T.].

HARVEY, 2011). Cons relata como, ao estudar as áreas fronteiriças (enclaves) de Bangladesh com a India, "as ocasionais intervenções audaciosas de Saiful, seu assistente de pesquisa, nos ajudaram a mantermo-nos fora de (alguns) problemas", mas também ajudaram

> a nos colocar em outros tipos de problemas produtivos. Ele tinha um talento especial para fazer provocações lentamente durante as conversas, de maneiras que, muitas vezes, nos permitiam entender pontos-chave de tensão e de ansiedade para os diversos atores envolvidos no interior e na regulação dos enclaves (CONS, 2014: 384).

Deste modo, conquanto seja verdade que as perspectivas elicitadas em entrevistas não fornecem acesso direto à base cognitiva e atitudinal da qual o comportamento da pessoa em ambiente *natural* deriva de maneira imediata, elas ainda podem ser capazes de iluminar aquele comportamento. Da mesma forma, embora não devamos tratar a validade dos relatos das pessoas sobre suas atitudes, sentimentos, comportamento etc., como algo incontestável – como uma fonte privilegiada de informação –, não há razão para descartá-los como se não tivessem valor algum, ou mesmo para considerar que seu valor se resume a manifestações de perspectivas ou de estratégias discursivas utilizadas apenas em situações de entrevista.

Como já ilustramos aqui, as diferenças entre observação participante e entrevista não são tão grandes como às vezes se sugere. Em ambos os casos, devemos levar em conta o contexto e os efeitos do pesquisador. Uma questão aqui é: quem está entrevistando quem? Como vimos no cap. 4, identidades de vários tipos são atribuídas aos etnógrafos, e isso também pode ser válido no caso das entrevistas. Embora compartilhar uma identidade comum, em algum aspecto particular, seja frequentemente visto como um facilitador do processo de construção de relações, nem sempre este é o caso. Por exemplo, vários autores argumentam que o gênero em comum pode não ser suficiente para estabelecer relações (RIESSMAN, 1987; TANG, 2002). De fato, a diferença pode ocasionalmente facilitar o processo de entrevista, ao invés de ser um obstáculo. Além disso, o que é e o que não é compartilhado, e a sua importância, serão definidos, e talvez redefinidos, no decorrer de uma entrevista.

Uma implicação disso é que, assim como o observador participante, o entrevistador muitas vezes precisará *trabalhar* na construção de relações. Ao entrevistar pessoas com as quais já foi estabelecida uma relação por meio da observação participante, o trabalho envolvido pode ser mínimo, mas, quando o etnógrafo teve pouco ou nenhum contato anterior com o entrevistado, a tarefa de construir a relação pode ser particularmente importante. Isto também pode ser difícil com alguns grupos de pessoas, prática e/ou emocionalmente; por exemplo, no caso de criminosos sexuais (CREWE; IEVINS, 2015).

Muito do que escrevemos no capítulo anterior sobre a apresentação de si também se aplica aqui. Measor (1985), por exemplo, aponta o cuidado que ela teve de se vestir adequadamente ao fazer entrevistas de história de vida com professores. Isso significava usar roupas diferentes de acordo, por exemplo, com a idade do professor em questão. Ela também relata ter se apoiado em interesses compartilhados e experiências biográficas e, de fato, ter desenvolvido alguns novos interesses para facilitar o processo de entrevista. Na observação participante, assim como na entrevista, ao apresentar-se de forma cuidadosa, pode ser possível evitar a atribuição de identidades prejudiciais e encorajar aquelas que podem facilitar o estabelecimento de relações.

Ryan discute outro aspecto da apresentação do entrevistador de si mesmo: a revelação de informações pessoais. Frequentemente, argumenta-se que, tanto por motivos estratégicos quanto éticos, o pesquisador deve fornecer informações sobre si mesmo aos que estão sendo estudados. No entanto, há dúvidas a respeito do quanto é apropriado revelar, e *o quê*. Ao discutir seu estudo narrativo da "vida de homens *gays* irlandeses", Ryan relata que os textos metodológicos sobre pesquisa qualitativa o "prepararam mal a respeito do nível de divulgação necessário" para estabelecer um relacionamento que facilitasse o "diálogo aberto e honesto" (RYAN, 2006: 155).

Construir relações não é a única preocupação, é claro. Estabelecer e manter a própria situação de entrevista pode ser igualmente importante. É mais provável que isso seja um problema ao entrevistar pessoas relativamente poderosas:

> As elites estão acostumadas a estar no comando e a que os outros se submetam a eles. Eles também estão acostumados a serem perguntados sobre o que pensam, e a que suas opiniões importem na vida de outras pessoas. Estes fatos sociais podem fazer com que o pesquisador demonstre respeito demais, e uma preocupação excessiva em estabelecer uma relação positiva [...]. Na minha opinião, é importante que o entrevistador estabeleça algum controle visível da situação desde o início, ainda que o membro da elite se sinta momentaneamente desconcertado. Especialmente, isso chamou minha atenção em uma ocasião, quando um membro de elite do conselho

> de um dos órgãos de assistência familiar e infantil que eu estava estudando sugeriu que eu o encontrasse para a nossa entrevista às 7:30h da manhã, em um restaurante elegante no centro da cidade, onde ele tinha uma mesa cativa e tomava café da manhã diariamente. Eu concordei e ponderei em voz alta, para um amigo, como eu iria transmitir a mensagem, desde o início – para mim e para ele –, de que era eu quem iria estruturar a situação social em que nos encontrávamos, embora estivéssemos claramente no seu espaço e não no meu. Meu amigo sugeriu que eu chegasse cedo e estivesse sentado na sua mesa quando ele chegasse. Isso me daria algum tempo para me acostumar com o espaço e reivindicar parte dele como meu, antes que ele chegasse. Funcionou como por encanto. Ele pareceu levemente surpreso, e se mostrou deferente a mim e aos meus interesses de pesquisa. Foi uma entrevista muito bem-sucedida, franca e substantiva (OSTRANDER, 1993: 19-20).

Este problema de estabelecer o contexto da entrevista também pode surgir fora do estudo das elites, como Currer (1992) descobriu em suas tentativas de entrevistar mulheres Pathan, que insistiam em tratar a entrevista como um evento social.

Outro problema é o informante relutante. Por exemplo, Johannesson descobriu que, embora a maioria dos juízes que ela entrevistou estivessem dispostos a responder às suas perguntas, um deles:

> respondia às perguntas de forma muito breve e vaga, muitas vezes falando de modo geral sobre as práticas diárias como juiz no tribunal de migração, mas nunca expressando qualquer opinião pessoal sobre o assunto. Várias vezes, este juiz simplesmente se esquivou [...] das perguntas, argumentando que eram irrelevantes. Ao longo da entrevista, minhas perguntas foram ficando cada vez mais longas e elaboradas, na esperança de receber algum tipo de resposta. Por outro lado, as respostas do entrevistado foram ficando cada vez mais curtas, muitas vezes um simples "não" ou "não tenho uma opinião" (JOHANNESSON, 2017).

O problema aqui parece ter sido o de que o juiz havia sido obrigado a concordar em ser entrevistado pelo chefe do tribunal, e só o fez sob pressão. Isso aponta para um dos problemas que podem surgir ao abordar pessoas para entrevista por meio de guardiões. Johannesson também ilustra outro problema. Ela relata como outro juiz, embora disposto a conversar longamente, falou em uma linguagem jurídica técnica que ela não conseguia entender, e se queixou do que ele considerou ser a falta de conhecimento dela sobre o funcionamento dos tribunais.

Esses problemas não são nada incomuns. Embora a reflexão sobre suas causas possa ajudar a evitá-los no futuro, é importante reconhecer que há muita coisa fora do controle do pesquisador, de modo que as entrevistas nem sempre acontecem como planejado ou são produtivas.

A entrevista como processo

Os minutos iniciais de uma entrevista podem ser particularmente importantes para estabelecer sua natureza e seu tom. Neste momento, pode haver alguma negociação implícita, e talvez até explícita, a respeito da forma que a entrevista terá. Um aspecto aqui será, geralmente, as informações oferecidas pelo pesquisador sobre o motivo da entrevista e seu foco, assim como garantias da confidencialidade e do direito dos entrevistados de se recusarem a responder a determinadas perguntas. Um bate-papo também pode ocorrer neste momento, talvez enquanto se decide onde sentar, onde colocar o gravador de áudio (se estiver sendo usado), e assim por diante.

A atitude do entrevistador enquanto o informante está falando também pode ter consequências. Muitas vezes, as pessoas procuram alguma indicação para saber se as respostas fornecidas são adequadas e, provavelmente, qualquer sinal de julgamento também. Assim, de um modo geral, o entrevistador deve dar sinais claros de aceitação, especialmente no início. Por outro lado, sinais de que o etnógrafo está acompanhando o que está sendo dito são igualmente importantes, e aqui reações apropriadas da parte dele ou dela são essenciais[39]. Como Measor (1985: 62) observa: "Deus me livre de não rir da piada de alguém!" Isso ressalta uma característica importante de boa parte das entrevistas etnográficas: que, dados os limites do contexto da entrevista, o objetivo é facilitar o diálogo, dando aos entrevistados muito mais liberdade para falar livremente do que no caso de entrevistas padronizadas (RUBIN; RUBIN, 2012; BRINKMANN; KVALE, 2015).

É preciso enfatizar que o entrevistador deve ser um ouvinte ativo; ele ou ela deve prestar atenção ao que está sendo dito para avaliar como isso se relaciona com o foco da pesquisa, e como isso pode refletir as circunstâncias da entrevista. Em relação a tudo o que se ouve no decorrer do trabalho de campo, seja na observação ou nas entrevistas, é necessário estar atento não apenas ao que as pessoas

---

[39]. Para uma análise de um aspecto disso, relacionado à expressão do conhecimento e à reivindicação e de conhecimento, cf. Roulston, 2018.

estão dizendo, no sentido literal das palavras que estão usando, mas também ao modo *como* eles estão dizendo algo, bem como ao por que de estarem dizendo isso (e talvez também estar atentos ao que eles *não* estão dizendo). Podemos distinguir aqui entre a forma – se algo é dito energicamente ou com hesitação, por exemplo – e a função interativa; isto é, como o que é dito se encaixa em algum contexto de ação, no que tange à função que isso cumpre. Além disso, a escuta também deve estar atenta à melhor forma de moldar os rumos futuro da entrevista.

Muitas vezes, o próprio pesquisador ou pesquisadora é a única pessoa presente em uma entrevista, e a garantia de sigilo implica que ninguém jamais saberá o que o informante disse, de forma que seja possível identificá-lo. Nessas circunstâncias, os informantes podem estar dispostos a revelar informações e a expressar opiniões que eles não exporiam na frente de outras pessoas. No entanto, nem sempre será este o caso – nem sempre as informações prestadas serão verdadeiras, ou as opiniões dadas, mais genuínas, refletindo mais fielmente as suas perspectivas do que aquilo que eles dizem em outras ocasiões. Se este é o caso ou não, e em que sentido, vai depender, em parte, de suas posições relativas em relação aos outros, incluindo o pesquisador. Além disso, os informantes às vezes sentem que estão, em certo sentido, *falando para a posteridade*, e isso também terá um efeito sobre o que eles dizem e como o dizem. Eles podem, inclusive, duvidar das garantias de confidencialidade por parte do etnógrafo e tentar usar a entrevista para *vazar* informações, ou projetar uma imagem para outras pessoas.

Às vezes, é claro, os etnógrafos conduzem entrevistas onde mais de uma pessoa estão presentes e, neste caso, a questão do público é ainda mais complexa. Em certas ocasiões, a presença de outras pessoas não pode ser evitada, como Lee relata:

> Sempre que possível, os casais foram entrevistados separadamente, mas as entrevistas conjuntas foram necessárias em vários casos. Este foi o caso, especialmente, de alguns casais que haviam se casado mais recentemente e que viviam em apartamentos bem pequenos. Fiquei constrangido de pedir a um deles que esperasse em outro cômodo – geralmente no quarto – enquanto eu entrevistava o outro (LEE, 1992: 136).

Chandler teve o mesmo problema em seu estudo com esposas de marinheiros, e isso teve um efeito significativo:

> Embora as entrevistas tenham sido marcadas apenas com as mulheres, em duas ocasiões os maridos estavam presentes. A presença do marido transformou a entrevista; ele mudava as perguntas, as

> respostas da mulher e, às vezes, participava da conversa. Mesmo quando não falava nada, ele comunicava o que sentia através do que passou a ser conhecido como linguagem corporal, e as mulheres monitoravam suas reações enquanto respondiam (CHANDLER, 1990: 127).

Esse tipo de intervenção não é necessariamente contraprodutivo, claro. Durante uma entrevista que Hunter estava fazendo com um vereador, na casa do entrevistado em um subúrbio rico de Chicago, a esposa deste entrou:

> Depois de ouvir brevemente como observadora, ela começou a fazer apartes e comentários às respostas do marido. Pouco a pouco, o que até então havia sido uma entrevista bastante focada e um tanto formal sobre questões e política, logo se transformou em uma conversa a três sobre membros específicos da elite. A esposa foi acrescentando mais "comentários sociais" a respeito das pessoas, quem se dava bem com quem, quem era respeitado ou não, e a entrevista se transformou em uma "situação de fofoca" muito informativa e reveladora (HUNTER, 1993: 48).

Certamente, os etnógrafos às vezes marcam entrevistas com mais de uma pessoa ao mesmo tempo (CURRIE; KELLY, 2012). Além do fato de que as entrevistas em grupo permitem que mais pessoas sejam entrevistadas, elas também têm a vantagem de tornarem a situação de entrevista menos ameaçadora para algumas pessoas, encorajando-as a falarem mais abertamente. Em particular, elas podem ajudar a superar o problema da pessoa tímida e retraída, como no caso da Carol, citado por Helen Simons:

> *Entrevistador*: A aula ajuda as pessoas tímidas ou faz com que elas se destaquem mais?
> *Angela*: Eles estão superquietos e, de repente, um deles fala e você pensa, "O que deu neles?" Suponho que eles têm suas opiniões na cabeça e ouvem todo mundo falando, então acham que vão falar também.
> *Patricia*: A Carol é quieta.
> *Entrevistador*: Você não gostava de falar?
> *Carol*: Eu só falava se alguém me fizesse uma pergunta.
> *Angela*: Tipo, ela só falava se falassem com ela. Percebi isso quando a conheci, achei ela quieta.
> *Entrevistador*: Mas agora você fala quando quer expressar seu ponto de vista.
> *Carol*: Sim. Quando eu achar que alguém está errado, direi o que penso.

> *Entrevistador:* E quanto tempo levou para você chegar nesse ponto?
> *Carol*: Bem, foi mais agradável, nos sentamos em círculo e podíamos falar uns com os outros. Assim foi melhor e não demorou muito, apenas algumas aulas.
> *Angela*: Percebi que, depois de três ou quatro aulas, a Carol começou a falar mais.
> *Patricia*: Eu falei na primeira aula.
> *Angela*: Eu também.
> *Carol*: Mas eu fico nervosa quando as pessoas dizem você é muito quieta. Eu também gosto de ouvir a opinião das outras pessoas.
> *Angela (para Patricia)*: Do jeito que você grita, provavelmente você mata elas de medo (SIMONS, 1981: 40).

Claro, se entrevistas em grupo serão bem-sucedidas ou não em descontrair aqueles que se sentem muito intimidados em entrevistas um a um, vai depender muito da composição do grupo.

A conversa com mais de um informante ao mesmo tempo pode assumir outras formas além da entrevista em grupo. Uma delas é o grupo focal e essa técnica tem sido utilizada por etnógrafos, às vezes. Jowett e O'Toole (2006) relatam experiências contrastantes: enquanto o grupo focal com mulheres jovens de Jowett sobre as atitudes delas em relação ao feminismo se mostrou produtivo, para O'Toole, o método foi muito menos eficaz na exploração das atitudes de alunos maduros sobre a presença no ensino superior. De fato, diante das "tendências preocupantes na dinâmica de grupo" (p. 459), ela mudou para aquilo que ela descreve com "um estilo de pesquisa mais etnográfico", "batendo papo casualmente com os alunos no espaço de convívio da escola" (p. 461).

Outra fonte de relatos envolvendo vários participantes são os grupos de diálogo ou discussão. Eles podem assumir uma variedade de formas e, é claro, serão moldados pelo contexto social em que ocorrem. Liebling et al. (2015) debatem sobre os grupos de diálogo estabelecidos em uma prisão, que foram projetados para atender algumas das necessidades de contato social e de educação dos detentos, além de ser uma fonte de dados de pesquisa. Em um estudo preliminar, já havia um grupo deste tipo, conduzido por facilitadores da organização beneficente Diálogo Prisional. Os pesquisadores foram nomeados membros honorários desse grupo e perceberam que esta era uma fonte rica de dados para entender a vida dos detentos. Os tópicos de discussão eram, em grande parte, determinados pelos detentos e as conversas eram, como era de se esperar, muitas vezes abrangentes.

Posteriormente, quando os pesquisadores retornaram à mesma prisão para realizar um estudo complementar das relações entre funcionários e detentos, o grupo de diálogo anterior havia sido encerrado, mas eles decidiram formar um grupo semelhante por um período de dez semanas, durante o curso da pesquisa. Na ocasião, fazer isso acabou sendo um processo complexo e burocrático, e foi exigida a presença de um agente penitenciário, embora os pesquisadores tenham conseguido fazer com que o agente permanecesse a uma distância respeitosa da conversa.

A escolha de um formato individual ou em grupo para entrevistas provavelmente afetará *o que é dito*, bem como *quem fala*. Por exemplo, em uma sessão de grupo, o entrevistador geralmente terá mais dificuldade de manter o controle sobre os temas discutidos. Por outro lado, isso pode ser muito bom, pois os informantes podem provocar uns aos outros – "Vá em frente, conta para ela"; "E quando você...?" – usando informações não disponíveis para o pesquisador, de maneiras que acabam sendo produtivas (como no trecho da pesquisa de Simons).

Pode haver perdas e ganhos no uso de entrevistas em grupo. Mas, embora possa haver distorção, o que também pode acontecer em entrevistas individuais, as discussões, no entanto, muitas vezes, trazem revelações sobre a cultura dos participantes. Em outras palavras, qualquer perda de informação pode ser compensada pela clareza que os relatos fornecem a respeito das perspectivas, repertórios discursivos e estratégias retóricas dos entrevistados.

Outra área de variação na estratégia de entrevista diz respeito a quem faz a entrevista. Às vezes, pode ser viável e desejável ter mais de um entrevistador. Douglas fornece um exemplo elaborado dessa estratégia em suas tentativas de fazer um informante *contar tudo* sobre casas de massagem:

> Já sabíamos, há muito tempo, que a melhor fonte interna nas casas de massagem era um advogado local que representava a associação de casas de massagem e cerca de 80% dos casos. Queríamos ter acesso a ele, então tentamos armar uma situação para aproximá-lo. Queríamos deixar claro ao advogado que estávamos do lado de dentro e, portanto, éramos dignos de confiança. Sabíamos que não adiantaria nada declarar compromissos verbais – "Ei, cara, estamos do seu lado, pode confiar em nós". Ele estava acostumado a todo tipo de mentira e traição possíveis, de todos os lados. Isso teria que ser evidente, fisicamente real. [...] Conseguimos que duas jovens massagistas fossem conosco para a entrevista, mostrando com a presença e a confiança delas [em nós] de que lado [estávamos]. Quando [nós] entramos no escritório do advogado, dois funcio-

nários da casa de massagens onde uma das meninas [...] trabalhava apareceram e eles fizeram uma grande reunião bem ali. (Os pesquisadores também dependem de sorte, como qualquer outra pessoa.) No decorrer da entrevista, as duas garotas falaram sobre seu trabalho. Uma delas, como já sabíamos, estava sendo indiciada por seu trabalho em uma casa de massagens. Elas falaram sobre isso. Ela ficou impressionada com o advogado e passou o caso dela para ele. No final da entrevista, o advogado [nos] disse que poderíamos usar todos os seus arquivos, fazer cópias deles, usar seu nome na [nossa] pesquisa, acompanhá-lo em casos etc. Tínhamos certeza de que havia algumas coisas que ele não estava nos contando (e, mais tarde, uma das garotas começou a trabalhar com ele para descobrir mais e dar uma olhada), mas isso pareceu suficiente de início (DOUGLAS, 1976: 174-175).

Também é possível delegar a tarefa de entrevistar inteiramente aos pares das pessoas que serão entrevistadas. Pollard fornece um exemplo:

Crianças foram convidadas a formar uma equipe de entrevistas na hora do jantar para me ajudar, como eu disse, "a descobrir o que todas as crianças pensam sobre a escola". Rapidamente, este grupo cunhou para si o nome de "Departamento de Investigação de Moorside" (DIM), e isso gerou um senso de autoimportância. Ao longo do ano seguinte, a adesão ao DIM mudou gradualmente, mas sempre tentei equilibrá-lo ao incluir membros de uma variedade de grupos. Geralmente, cerca de seis crianças estavam envolvidas ao mesmo tempo, e o número total de crianças envolvidas durante o ano foi treze. [...] Ao montar uma equipe de crianças para fazer entrevistas, minha intenção era quebrar a reserva antecipada das crianças em relação a mim como professor. Passei muito tempo com os membros do DIM discutindo o tipo de coisas em que eu estava interessado, e estabelecendo a ideia de imunidade à perseguição por parte dos professores, e de confidencialidade. Depois iniciamos um procedimento de convidar grupos de crianças – duas, três ou quatro, para dar-lhes confiança – a serem entrevistados por um membro do DIM, em um prédio que não era usado durante o jantar. Às vezes, os entrevistadores entrevistavam seus próprios amigos, às vezes eles entrevistavam crianças que eles não conheciam bem. Inicialmente, eu não tentei controlar isso e deixei que as crianças cuidassem de tudo (POLLARD, 1985: 227-228).

Mais recentemente, entrevistas com pares têm sido utilizadas no estudo de uma variedade de temas em que esta estratégia provavelmente geraria dados mais produtivos do que uma abordagem mais convencional. Entre estes temas, estão o vício em jogos (DEVOTTA et al., 2016), a vida com HIV/Aids (GREENE et al., 2013), a situação dos moradores de rua (COUCH et al., 2014), estratégias de sobrevivência de mães solteiras e a vida com deficiências (EDWARDS; ALEXANDER, 2011). Mais uma vez, é claro, os efeitos da plateia precisam ser levados em consideração. E os dados produzidos serão afetados não apenas pelas pessoas diretamente envolvidas, mas também pelo papel de fundo do etnógrafo. Além disso, o pesquisador tem ainda menos controle sobre os temas abordados nas entrevistas.

Tão importante quanto quem está presente em uma entrevista e quem a realiza é onde e quando ela acontece. No entanto, o local das entrevistas é outra coisa que talvez o etnógrafo não consiga controlar. Dois dos casais que Lee entrevistou em seu estudo sobre o casamento entre pessoas de religiões diferentes na Irlanda do Norte concordaram em se encontrar com ele apenas:

> com a condição de que nosso primeiro encontro fosse em um lugar público e que eles tivessem uma descrição minha, mas eu não tivesse a descrição deles. Dessa forma, eles puderam "me examinar" e fazer um julgamento sobre a possível ameaça que eu poderia representar, antes de decidirem se deveriam se apresentar ou não. Obviamente, eu passei no teste, pois os dois casais se apresentaram e foram entrevistados. Em nenhum dos casos, porém, eu fui convidado para a casa deles e as entrevistas ocorreram em território "neutro", provavelmente, para garantir que o endereço deles permanecesse desconhecido (LEE, 1992: 131).

Mesmo quando o etnógrafo é capaz de decidir onde será feita a entrevista, encontrar um lugar adequado nem sempre é tarefa fácil. Burgess observa que, em seu estudo de uma escola secundária, ele conduziu entrevistas em salas de aula e nas salas de reunião dos departamentos, e ambas estavam longe do ideal. Outros pesquisadores em escolas tiveram que recorrer até mesmo a lugares menos adequados: a entrevista mais bem-sucedida de Hammersley (1980) com um estudante ocorreu ao pé de uma escadaria.

Quando for possível escolher o local, várias questões devem ser consideradas. Dexter observa a necessidade de se levar em consideração possíveis distrações:

> Um erro que cometi várias vezes foi tentar fazer uma entrevista em um ambiente inadequado para isso. Um legislador do lado de fora da câmara legislativa, enquanto metade de sua atenção está voltada para os colegas de trabalho que o cercam, não é um bom sujeito

para uma entrevista; embora se possa aprender algo ao observá-lo. Eu não sei se, diante da mesma situação novamente, eu teria a coragem de dizer, de fato: "Preciso de toda sua atenção", mas talvez eu fosse capaz de perguntar se posso marcar um horário em que ele esteja menos ocupado. A dificuldade mais comum é quando alguém realmente não tem um escritório particular; por exemplo, legisladores estaduais ou um assistente executivo, cuja sala serve como passagem para a sala do chefe dele. Em todos esses casos, no futuro, eu vou perguntar se há uma sala de conferências, ou se podemos tomar um café ou, na pior das hipóteses, até nos encontrarmos para o almoço (DEXTER, 1970/2006: 54).

De quem é o *território* (LYMAN; SCOTT, 1970) pode fazer uma grande diferença no andamento da entrevista, conforme observado anteriormente. Frequentemente, é aconselhável entrevistar pessoas em seus próprios territórios. Sonmez et al. relatam uma investigação etnográfica e biomédica com motoristas de caminhão de longa distância e membros de suas redes sociais nos bairros de um grande centro metropolitano dos Estados Unidos, como uma "população com risco de adquirir e disseminar DSTs/HIV, difícil de contactar". Eles relatam que os

planos originais de conduzir entrevistas em profundidade e exames sorológicos na universidade tiveram que ser revistos. Para acomodar os participantes e, ao mesmo tempo, assegurar sua privacidade durante as entrevistas, bem como garantir um nível aceitável de higiene durante a coleta de amostras de sangue e urina e esfregaços vaginais, ficou claro que seria melhor coletar os dados nos quartos de hotel onde as mulheres trabalhadoras do sexo conduziam suas transações e se sentiam seguras. Como as trabalhadoras do sexo conheciam os intermediários, as entrevistas com elas, assim como as entrevistas com seus clientes caminhoneiros, foram realizadas em quartos de hotel. Nos casos em que as trabalhadoras do sexo ou os intermediários ainda não dispunham de um quarto de hotel, os pesquisadores de campo alugaram um quarto para poder realizar as entrevistas. Este arranjo, embora mais caro, era o mais conveniente para todos os participantes do estudo, incluindo os caminhoneiros [...]. Os pesquisadores de campo informavam os gerentes dos hotéis sobre suas atividades de pesquisa nos quartos, tanto para obter sua permissão quanto para aumentar sua segurança pessoal. Para que os participantes do estudo se sentissem mais confortáveis, os pesquisadores de campo frequentemente conduziam entrevistas em circunstâncias bastante difíceis, como exposição prolongada à fumaça dos cachimbos de crack dos participantes do estudo, ou sentar-se ao lado de participantes minimamente vestidos ou seminus, imediatamente após uma transação sexual (SONMEZ et al., 2016: 118).

Como esse exemplo sugere, realizar entrevistas no território de outras pessoas nem sempre é isento de problemas. Skipper e McCaghy (1972) ilustram isso em suas pesquisas com *strippers*. Eles contam como uma das entrevistadas pediu para que fossem ao teatro, assistissem à sua apresentação e fizessem a entrevista nos bastidores:

> Nos bastidores, foi difícil para nós fingir indiferença com a sua aparência quando ela nos conduziu ao camarim. Quando ela se sentou vestida apenas com a tanga que usara no palco e as pernas na penteadeira, ficamos um pouco hipnotizados. Tivemos dificuldade até de lembrar as perguntas que queríamos fazer, que dirá conseguir expressá-las de uma maneira inteligível. Para agravar nossas dificuldades, sentimos que era óbvio para a *stripper* o efeito que ela causava em nós. Ela parecia gostar do papel. Por pouco mais de meia hora, ela respondeu às nossas perguntas com o que percebemos ser uma voz sedutora, e suas respostas foram frequentemente insinuantes. Depois de cerca de 40min, ela disse muito rapidamente, como se tivesse decidido que já era o bastante: "Não acham que está ficando frio aqui? Estou congelando". Ela se levantou, vestiu um quimono, saiu do camarim e começou a conversar com outra *stripper*. Quando ela não voltou, soubemos que a entrevista tinha sido concluída [...]. Quando voltamos ao escritório para registrar nossas impressões, descobrimos que não havíamos coletado tantos dados quanto pretendíamos. Nós esquecemos de fazer muitas perguntas e obtivemos respostas inadequadas para as perguntas feitas. [...] Foi a entrevistada, e não nós, quem estava no controle da interação; fomos induzidos a jogar o jogo dela até o ponto em que foi ela quem decidiu quando encerrar a entrevista (SKIPPER; McCAGHY, 1972: 239-240).

Em resposta a essa experiência, os pesquisadores decidiram que as entrevistas seguintes com as *strippers* seriam feitas em um restaurante.

As características físicas de um contexto e seu arranjo também podem influenciar as respostas em entrevistas, como Burgess observa em sua pesquisa em uma escola:

> No escritório de um diretor ou vice-diretor, há cadeiras confortáveis, bem como uma mesa de trabalho e uma cadeira. Sentar-se ao redor de uma mesa de centro ajuda a minimizar o fato de que a conversa gravada não ocorreu espontaneamente, mas foi predefini-

da. Por outro lado, conversar com um vice-diretor sentado do outro lado da mesa, com um gravador ao nosso lado, pode fazer com que o indivíduo com quem estou conversando se sinta mais confiante, já que ele ou ela estará cercado de apetrechos: um arquivo que pode ser consultado, um arquivo que pode ser aberto. No entanto, isso também aumenta a formalidade e comunica algo sobre o *status* dos indivíduos e como eles se percebem (BURGESS, 1985a: 142).

Em resumo, muitas vezes, entrevistar as pessoas em seu próprio território, permitindo que organizem o contexto como quiserem, é a melhor estratégia. Isso faz com que elas fiquem muito mais à vontade do que estariam em ambientes menos familiares, e também pode dar ideias sobre a sua percepção de si mesmas e de seu mundo (HERZOG, 2005). Mas, às vezes, será necessário estabelecer a entrevista como um ambiente distinto no qual o *entrevistador* está no controle, e a escolha do local e/ou a manipulação de sua topografia pelo pesquisador, ou dos horários de chegada, pode ser uma forma eficaz de fazer isso.

Ao pensar sobre o contexto das entrevistas, também é importante observar como a entrevista se encaixa na vida do entrevistado. Frequentemente, o pesquisador tende a ver as entrevistas pensando apenas em sua própria agenda, considerando-as como uma pausa no cotidiano para os participantes. No entanto, elas podem não ser vistas dessa forma. Muito provavelmente, esta foi uma das fontes dos problemas que Skipper e McCaghy enfrentaram. Por outro lado, há pessoas sobre as quais se pode dizer que falar é parte de seu trabalho e que, de fato, dar entrevistas é parte da sua rotina. Os senadores e congressistas de Dexter são um exemplo. A atitude e o comportamento deles em uma entrevista serão muito diferentes daqueles que não estão familiarizados ou que não têm experiência com essa forma de interação social. Além disso, a maneira como as pessoas reagem em uma determinada ocasião pode ser afetada por outras coisas que estejam acontecendo em suas vidas e por como se sentem naquele momento. Este foi um fator importante na pesquisa de Cannon:

Um dia, tive uma entrevista particularmente ruim com Katherine, com quem eu achava que havia construído um bom relacionamento e comunicação [...]. Eu senti que todos os meus piores medos em relação a entrevistar pessoas doentes estavam se tornando realidade, que eu só estava perturbando ela ainda mais, que ela estava doente e cansada, e só ficou no hospital para conversar comigo por educação. Ela parecia distraída e distante, e a conversa era pontuada por longos suspiros e silêncios, mas quando eu perguntei se ela já estava cansada, ela disse que queria continuar [...]. Fiquei pensando nesse encontro até a próxima vez que a vi [...]. Na entrevista seguinte, pude [...] dizer a ela como me senti e o assunto foi resolvido para nossa alegria mútua. Ela disse que queria conversar, mas que estava muito deprimida e cansada para conseguir fazê-lo. Decidimos que, no futuro, caso isso acontecesse, simplesmente tomaríamos uma xícara de chá e marcaríamos outro encontro. De fato, isso não aconteceu de novo até que ela ficou muito doente e acamada e, às vezes, dizia que preferia falar sobre outros assuntos além de sua doença. E a gente fazia isso, embora a doença frequentemente surgisse como o assunto principal da conversa, de qualquer forma (CANNON, 1992: 164).

Em nossa discussão aqui, partimos do pressuposto de que as entrevistas envolvem encontros cara a cara. No entanto, isso nem sempre é verdade. Embora os etnógrafos talvez tenham feito menos uso de entrevistas por telefone do que as pesquisas de tipo *survey*, elas podem ser valiosas: podem dar acesso a pessoas que não poderiam ser entrevistadas de outra forma e podem até extrair informações que não teriam sido reveladas cara a cara (STURGES; HANRAHAN, 2004; HOLT, 2010). Claro, também é possível fazer entrevistas *on-line*, por *e-mail*, em salas de bate-papo, ou utilizando Skype, FaceTime ou outros meios (cf. MANN; STEWART, 2000; MARKHAM, 2005; JAMES; BUSHER, 2006; JANGHORBAN et al., 2014). Nestes casos, muitas das questões discutidas aqui também estão presentes. Além disso, aqui como em outras partes, embora haja algum espaço para tentativa e erro, deve-se pensar com cuidado nas implicações da estratégia específica adotada, explorando as possibilidades envolvidas em diferentes modos de comunicação.

Tipos de pergunta

A principal diferença na forma em que os etnógrafos e os entrevistadores de *survey* fazem perguntas é frequentemente apresentada como a distinção entre entrevistas *não estruturadas* e *estruturadas*. Isso é verdade, mas pode ser enganoso. Em certo sentido, todas as entrevistas, assim como qualquer outro tipo de interação social, são estruturadas tanto pelo pesquisador quanto pelo informante. A distinção importante a ser feita é entre entrevista pré-estruturada e entrevista reflexiva. De um modo geral, os etnógrafos não definem de antemão as perguntas exatas que desejam fazer, e não fazem as mesmas perguntas a todos os entrevistados, embora geralmente comecem a entrevista com uma lista (escrita ou mental) de questões a serem discutidas. Eles tampouco procuram estabelecer uma sequência fixa em que os temas relevantes serão discutidos; eles adotam uma abordagem mais flexível, permitindo que a discussão flua de uma forma que pareça natural. Os etnógrafos também não precisam se restringir a um único modo de fazer perguntas. Em diferentes ocasiões, ou em diferentes momentos da mesma entrevista, a abordagem pode ser diretiva ou não diretiva, dependendo da função que pretendem cumprir aquelas perguntas; e isso geralmente será decidido no decorrer da entrevista (cf. HOLSTEIN; GUBRIUM, 1995).

Certamente, na maior parte do tempo, as perguntas dos etnógrafos serão abertas; por exemplo, convites para que os entrevistados elaborem uma descrição ou narrativa. Neste sentido, com base em sua pesquisa com políticos e outros membros do governo, Dexter recomenda que as perguntas sejam concebidas como gatilhos para estimular o entrevistado a falar sobre um determinado tema geral:

> Normalmente, as questões devem ser desta natureza: "O que você tem ouvido dos empresários?" (falando para os congressistas), "Com o que eles estão preocupando vocês?", *e não*: "O que eles pensam sobre a tarifa?" Ou, melhor ainda, "Quais são as pessoas mais influentes?" "Alguém te pressiona?" Da mesma forma, não pergunte: "O que você me diz sobre os subsídios que sua agência deve obter de tal e tal departamento federal?", mas "De que maneiras as questões nacionais afetam mais o seu trabalho?", e alguém começa a te contar, como um oficial de uma comissão de corridas me disse, sobre ex-agentes do FBI muito bem-empregados por alguma autoridade nacional: "você aprendeu a redefinir o impacto do governo federal!" Uma pergunta que define claramente um tema específico para discussão tem muito mais chance de resultar na omissão de alguns dados fundamentais em que você, entrevistador, nem sequer havia pensado (DEXTER, 1970/2006: 55).

Perguntas não diretivas podem assumir formas variadas, além daquelas mencionadas por Dexter aqui. Outras formas incluem pedir a um informante para descrever uma determinada situação ou incidente, ou um caso típico de algum fenômeno com o qual eles estão familiarizados e que seja relevante para a pesquisa; comparar casos diferentes; dar um relato narrativo de um dia típico para eles, ou do que envolve a realização de alguma atividade específica em que eles participam com frequência; e assim por diante[40].

---

40. Para uma discussão útil sobre tipos de pergunta, cf. Spradley, 1979. Sobre questões projetadas para suscitar narrativas, cf. Elliott, 2012.

É claro, ainda que compostas inteiramente de questões abertas, as entrevistas etnográficas nunca são *simplesmente* conversas porque o etnógrafo tem uma agenda de pesquisa e deve manter algum controle sobre os procedimentos, ouvindo atentamente o que é dito sobre lugares onde mais detalhes ou esclarecimentos possam ser necessários, e sobre outras questões que valeria a pena acompanhar. Embora conduzir a entrevista possa fazer com que os informantes evitem mencionar o que é mais importante para eles (HESSE-BIBER, 2014: 203-204), até certo ponto, isso é quase sempre necessário. Um equilíbrio delicado deve ser mantido aqui.

Perguntas mais diretas ou desafiadoras, entre outras estratégias, podem ser necessárias caso se suspeite que os informantes estão mentindo sobre temas importantes para o foco da pesquisa, ou que eles evitam questões importantes. Nadel, um antropólogo social, relata sua experiência:

> a expressão de dúvida ou descrença por parte do entrevistador, ou o arranjo de entrevistas com vários informantes, alguns dos quais, devido à sua posição social, certamente forneceriam informações imprecisas, facilmente induziu o informante-chave a desconsiderar sua relutância habitual e falar abertamente, nem que fosse para confundir seus adversários e críticos (NADEL, 1939: 323).

Confrontar os informantes com aquilo que já se sabe é uma outra técnica desse tipo. Perlman ilustra isso em sua pesquisa em Uganda:

> Os [homens] cristãos não gostavam de admitir, por exemplo, que já tinham tido (ou talvez ainda tivessem) duas ou mais esposas. Mas, quando eu já sabia a verdade por amigos, vizinhos ou parentes do entrevistado, eu o confrontava com o fato, embora sempre em tom de piada, citando, por exemplo, o primeiro nome de uma ex-esposa. Nesse ponto, o entrevistado – percebendo que eu já sabia demais – costumava me contar tudo, por medo de que seus inimigos me contassem coisas ainda piores sobre ele. Embora ele insistisse que estava vivendo com essa mulher há apenas seis meses, e que ele mal a considerava uma esposa de verdade, ele, pelo menos, confirmou minha informação. Depois, eu confirmei essa história com o passar do tempo, voltando para confrontá-lo repetidas vezes, se fosse necessário. Embora eu tenha visitado a maioria das pessoas apenas uma ou duas vezes – depois de primeiro aprender o máximo possível sobre elas com outras pessoas –, algumas delas eu cheguei a procurar até cinco vezes, até que eu estivesse satisfeito com a veracidade de todos os dados (PERLMAN, 1970: 307).

Kezar (2003: 400) observou o conflito entre esse tipo de estratégia e algumas concepções relativas à ética de pesquisa e à autenticidade do pesquisador. Além disso, certamente, nem todos os entrevistados vão tolerar esse tipo de questionamento direto e incisivo (cf. PIERCE, 1995).

Os pesquisadores são, muitas vezes, aconselhados a evitar o uso de perguntas que induzem as respostas. Embora os perigos desse tipo de pergunta devam ser levados em consideração, elas podem ser úteis para testar hipóteses e ultrapassar barreiras. O importante é avaliar o possível viés que a pergunta poderá introduzir. De fato, uma tática útil é *induzir* a pergunta na direção oposta àquela da resposta esperada, evitando, assim, o perigo de confirmar erroneamente a expectativa do pesquisador – embora há que se tomar cuidado para que isso não prejudique a identidade do pesquisador como um participante competente aos olhos dos entrevistados.

As perguntas mais abertas e as perguntas mais diretas fornecem tipos de dados diferentes e, portanto, podem ser úteis em diferentes estágios da investigação. Porém, independentemente da forma de questionamento empregada, os etnógrafos devem permanecer cientes dos efeitos prováveis de suas perguntas (e de seu comportamento, de maneira mais geral) sobre o que é ou não é dito pelos informantes. Em grande medida, o mesmo se aplica também ao uso de vários estímulos que podem ser utilizados no decorrer das entrevistas, sejam textos (TORRONEN, 2002), diagramas de qualquer tipo (p. ex., Treseder [2007] utilizou imagens de índice de massa corporal), desenhos obtidos (KEARNEY; HYLE, 2004) ou fotografias (ALLAN, 2005; HARPER, 2018).

Conclusão

Os relatos que as pessoas fornecem podem ser uma fonte importante de dados para os etnógrafos. Eles podem ser espontâneos ou solicitados pelo pesquisador, no decorrer da observação participante ou em situações de entrevista formalmente definidas. Qualquer que seja a forma e o modo de comunicação empregado (p. ex., *on-line* ou *off-line*), as entrevistas devem ser vistas como eventos sociais em que o entrevistador é um observador participante. O etnógrafo pode desempenhar um papel mais dominante do que em outros contextos, e isso pode ser capitalizado, tanto em relação a quando e onde a entrevista ocorre e quem está presente quanto através dos tipos das perguntas feitas. Desta forma, diferentes tipos de dados podem ser obtidos, conforme exigido pelas demandas dinâmicas da pesquisa. Embora essa característica das entrevistas aumente o risco de reatividade, este é apenas um aspecto de um problema mais geral que não pode ser evitado: os efeitos da plateia e do contexto sobre o que é dito e feito (cf. cap. 9).

Os relatos produzidos pelas pessoas em estudo não devem ser tratados como *válidos em si mesmos* e, portanto, acima de qualquer avaliação ou explicação, nem simplesmente ignorados como epifenômenos ou distorções ideológicas. Eles podem ser utilizados tanto como fonte de informação sobre eventos e circunstâncias, e como reveladores das perspectivas e práticas discursivas daqueles que os produziram. Além disso, embora às vezes possa ser importante distinguir entre relatos solicitados e não solicitados, não se deve enfatizar demais essa distinção. Em vez disso, todos os relatos devem ser examinados como fenômenos sociais que ocorrem em contextos particulares e são moldados por eles, bem como se baseiam em diversas convenções e recursos. Isso não apenas contribuirá para o conhecimento sociológico diretamente, mas também pode lançar luz sobre os tipos de ameaça à validade dos dados que precisamos considerar ao avaliar as informações fornecidas por um relato.

Neste capítulo, abordamos os relatos orais, mas é claro que documentos em papel e documentos eletrônicos também são uma importante fonte de dados para os etnógrafos, assim como artefatos de vários tipos, como veremos no próximo capítulo.

6
DOCUMENTOS E ARTEFATOS REAIS E VIRTUAIS

Os pesquisadores de campo, compreensivelmente, focam muito de sua atenção no que as pessoas fazem e dizem. Mas isso não deve nos cegar para a importância de outros aspectos da vida social e fontes de dados, tais como documentos e artefatos. Há um mundo material de coisas que os atores criam, usam, trocam, coletam e valorizam: o mundo social não consiste apenas de interações face a face e relatos orais. Documentos e artefatos são tão *sociais* quanto qualquer outro fenômeno. Eles são criados a partir de convenções e recursos culturais socialmente compartilhados. Em outras palavras, eles são produtos do trabalho, muitas vezes de um trabalho especializado e altamente qualificado. Eles são investidos de valor pessoal e cultural: cerimonial, funcional ou estético. Eles constroem e expressam pessoalidade e identidade. Eles também registram relações sociais e versões da realidade social. Portanto, merecem atenção e análise etnográfica cuidadosas.

Muitos dos ambientes sociais que estudamos se autodocumentam, no sentido de que seus membros se dedicam à produção e à circulação de vários tipos de material escrito (GRANT, 2019). Departamentos governamentais e muitos outros tipos de organizações geram e consomem grandes quantidades de documentos. Entre eles, relatórios de *casos*, registros financeiros, regulamentos, organogramas, cronogramas, memorandos, e assim por diante. Eles podem ser em papel ou em formato eletrônico, ou ambos. Frequentemente, há diversas fontes de documentação relevante para qualquer ambiente ou grupo de pessoas que alguém deseje estudar. Diante disso, precisamos pensar em *construções documentais da realidade* (COFFEY; ATKINSON, 2004). Fontes documentais constroem *fatos*, *registros*, *diagnósticos*, *decisões* e *regras* que estão crucialmente envolvidos nas atividades sociais (cf. PRIOR, 2003; 2004; 2008; 2016).

Vale ressaltar também que a organização da atividade social coletiva pode envolver a criação, o uso e a circulação de artefatos materiais que não sejam documentos. Grande parte das atividades cotidianas práticas estão relacionadas à manipulação de objetos de um tipo ou de outro. Os mundos sociais são feitos de bens materiais tanto quanto de relações interpessoais, e eles possuem um significado inerente. Muitas vezes, eles recebem menos atenção do que os documentos escritos, mas podem ser igualmente importantes. Discutiremos aqui como ambos podem ser entendidos no âmbito de uma abordagem etnográfica do mundo social.

Documentos

Por *documentos* nos referimos a materiais (geralmente em papel ou eletrônicos) que carregam e preservam comunicações que, por sua vez, se baseiam em um determinado modo de expressão simbólico (frequentemente, mas nem sempre, uma linguagem natural). Eles podem conter imagens, bem como texto. É importante enfatizar que, analiticamente falando, o uso de qualquer documento por etnógrafos precisa levar em conta o seguinte: nenhum documento pode falar por si; documentos são construídos; eles fornecem relatos sobre pessoas e eventos, mas também podem nos dizer muito sobre seus autores e seu processo de produção; eles não devem ser tratados como evidências *de alto nível** – sua validade pode ser questionada tanto quanto a de outros tipos de dados.

As sociedades ocidentais dão um peso especial aos documentos escritos, tanto *oficiais* quanto *pessoais*. Os documentos oficiais são frequentemente tratados pelo senso comum como o registro de *fatos* (tais como a certificação de uma data de nascimento ou o fornecimento de outros tipos de antecedentes). No entanto, no caso dos etnógrafos, é um erro analítico tratar os documentos como árbitros em questões de *fato*. Os fatos que eles registram são construídos e, muitas vezes, moldados pelos imperativos do próprio processo de registro. Este processo e a forma em que os documentos são interpretados e entendidos, assim como as consequências sociais disso, precisam ser examinados.

Existem também documentos *pessoais* de variados tipos. De modo semelhante às organizações, os indivíduos documentam a si mesmos e suas atividades de diversas maneiras. Como Plummer observou:

---

* No original, *gold-standard* [N.T.].

> As pessoas mantêm diários, enviam cartas, fazem colchas de bordados, tiram fotos, rascunham memorandos, escrevem (auto)biografias, constroem páginas *web*, picham muros, publicam suas memórias, escrevem cartas, redigem currículos, deixam notas de suicídio, filmam diários em vídeo, inscrevem memoriais em lápides, fazem filmes, pintam quadros, gravam fitas e tentam registrar seus sonhos pessoais (PLUMMER, 2000: 17).

De fato, o próprio volume de informação pessoal que é de domínio público pode ser bastante assombroso. Relatos pessoais podem ser encontrados em jornais e revistas, bem como em documentários de rádio ou televisão e programas de bate-papo, por exemplo. E, é claro, eles assumem muitas vezes formas virtuais: há todo tipo de material *on-line*, incluindo *blogs* e *vlogs*, imagens de vários tipos, diálogos em salas de bate-papo, *tweets* e outros tipos de comentários. Assim, as vidas sociais estão sendo cada vez mais documentadas, e cada vez mais visíveis a outras pessoas. Com efeito, vivemos em um ambiente repleto de materiais biográficos e autobiográficos. Grande parte desse material é gerado pelas tecnologias da *sociedade da entrevista* (ATKINSON; SILVERMAN, 1997), e reflete a prevalência de uma cultura à celebridade preocupada com as memórias *pessoais* de pessoas proeminentes, de políticos a atores de novelas, de criminosos a personalidades do esporte, de cientistas aclamados a musicistas e artistas.

É claro que, de um modo geral, esses relatos biográficos e autobiográficos não serão produzidos pelas pessoas específicas que estamos estudando diretamente. No entanto, eles podem ser recursos valiosos para o etnógrafo. Eles podem ser uma fonte de *conceitos sensibilizantes* (BLUMER, 1954): eles podem sugerir maneiras distintas pelas quais seus autores, ou as pessoas relatadas neles, organizam suas experiências, os tipos de imagens e *vocabulários situados* (MILLS, 1940) que eles empregam, os eventos rotineiros e os problemas e reações que encontram. Lidos sob esta luz, eles podem ser utilizados para apontar possíveis linhas de investigação e refinar *problemas antecipados*. Eles também podem nos dizer muito sobre como os relatos pessoais são enquadrados e estruturados no contexto da sociedade mais ampla (p. ex., JAHREN, 2016; HODGKINSON, 2006; TWIGGER, 1999; LAW, 2008; RENDELL, 2011).

Documentos de todo tipo são produzidos por determinadas pessoas em ocasiões específicas, para fins específicos e são direcionados a algum público ou conjunto de públicos. Seus autores, de um modo geral, desejam se apresentar de forma favorável. Além disso, eles podem ter assuntos a resolver, contas a acertar, ou desculpas e justificativas a apresentar. Às vezes, os documentos são escritos tendo o benefício da visão retrospectiva e, neste sentido, estão sujeitos aos problemas usuais da memória de longo prazo. Além disso, os autores têm uma noção de público que os leva a colocar ênfases específicas em seus relatos. Em alguns casos, essas considerações devem ser tratadas como fontes potenciais de viés em relatos dessa natureza. Mas, vistos de outro ângulo, eles são dados em si mesmos. Tão importante quanto a precisão ou objetividade de um relato é o que ele revela sobre os interesses, perspectivas, pressupostos e estratégias discursivas do narrador. Consequentemente, podemos derivar ideias sobre os tipos de dispositivos que as pessoas usam para se descreverem, justificarem suas ações e explicarem seus sucessos (e fracassos). Como Morrow (2013) aponta, mesmo as mentiras flagrantes em relatos pessoais podem revelar muito sobre a dinâmica de poder, as divisões e conflitos sociais e a construção de identidades. Portanto, materiais desse tipo podem ser analisados em seus próprios termos. Por exemplo, podemos aprender muito sobre esses fenômenos como *histórias-padrão* (LOSEKE, 2012) observando como o trabalho biográfico se baseia em narrativas e formatos retóricos compartilhados na reconstrução de uma vida, descrevendo eventos importantes, reviravoltas ou revelações. Podemos aprender muito sobre a encenação de biografias, confissões de atores, epifanias, relatos de sucesso, fracasso e redenção, a partir de fontes (auto)biográficas (DENZIN, 1989).

O uso de documentos pessoais tem sido importante desde o início do desenvolvimento da sociologia moderna. Thomas e Znaniecki (1927), em *The Polish Peasant in Europe and America** – geralmente considerado um dos primeiros clássicos da sociologia americana –, se apoiaram substancialmente em documentos escritos, principalmente cartas, mas também em uma história de vida. Thomas depois empregou a mesma abordagem em *The Unadjusted Girl***. Ele coletou relatos documentais pessoais, na crença de que "o único valor do documento pessoal é o fato de revelar as situações que condicionaram o comportamento" (THOMAS, 1967: 42). Em ambos os casos, o que temos é um acúmulo denso de relatos pessoais organizados tematicamente e justapostos para identificar as regularidades e os contrastes nas *definições da situação*. Em uma linha bastante

---

* Em português, "O camponês polonês na Europa e América [N.T.]".
** Em português, "A garota desajustada" [N.T.].

semelhante, o uso inicial do termo *observação participante* designava a geração de documentos por participantes que poderiam, na linguagem contemporânea, ser chamados de *informantes*. Por exemplo, na pesquisa para o livro *The Gold Coast and the Slum**, Zorbaugh (1929) persuadiu as pessoas que habitavam a sociedade exclusiva da *Costa Dourada*, em Chicago, a produzir tais relatos *internos*. Eles eram os observadores participantes tanto quanto o próprio Zorbaugh. De modo similar, em sua longa história, a *Mass Observation*** no Reino Unido tem utilizado observadores amadores para documentar atividades cotidianas e especiais, incluindo rotinas domésticas, eventos esportivos e rituais públicos, como coroações ou casamentos reais. Trata-se de uma forma demótica de observação participante que inclui registros diários da vida cotidiana, compilados por repórteres voluntários (STANLEY, 2001).

Depois de um período de relativo abandono na segunda metade do século XX, houve um ressurgimento considerável do interesse pela análise sociológica de relatos biográficos ou autobiográficos. Embora esse interesse vá muito além do escopo da pesquisa etnográfica, os etnógrafos podem incorporar muitas das reflexões desse campo de pesquisa (REED-DANAHAY, 1997; 2001; PLUMMER, 2000; CHASE, 2005). O crescimento do interesse acadêmico reflete uma ênfase renovada no estudo das formas narrativas, temporalidade e memória. Isso também reflete um foco na intersecção entre o *pessoal* e o *social* (ERBEN, 1993; STANLEY, 1993: 50; 2013). Com frequência, essas perspectivas sociológicas sobre *vidas* e *documentos* derivam do compromisso com um ponto de vista feminista. Fontes documentais podem ser utilizadas para expressar as vozes silenciadas de mulheres e outros grupos subalternos. Essa atenção recente aos documentos pessoais reconhece que eles não são registros inertes: eles estão inseridos nas complexidades das relações sociais, dos enquadramentos temporais e das construções biográficas.

Em alguns casos, como os diários, sejam eles produzidos explicitamente para fins de pesquisa ou mantidos por razões pessoais (cf., p. ex., ALASJEWSKI, 2006), o contexto social de produção pode não ser imediatamente óbvio: eles podem parecer ser os documentos mais genuinamente individuais. No entanto, eles se apoiam em modelos socioculturais e, muitas vezes, *falam aos* contextos sociais

---

* Em português, "A costa dourada e a favela [N.T.].

** O projeto *Mass Observation* (Observação em massa) se dedica ao registro da vida cotidiana no Reino Unido, utilizando-se de observadores voluntários. O projeto, criado em 1937 e interrompido na década de 1950, foi relançado em 1981 pela Universidade de Sussex [N.T.].

imediatos em que vivem aqueles que escrevem o diário. Outros tipos de documento são enraizados socialmente de forma muito mais óbvia. Por exemplo, em seu estudo sobre amizade entre meninas, Hey fez bastante uso dos bilhetes que as meninas trocavam durante as aulas. Ela comenta que os bilhetes "representavam, em sua forma mais condensada e dramática", alguns dos temas principais de seu livro (HEY, 1997: 2). Essas comunicações interpessoais podem estar menos disponíveis em forma escrita atualmente, uma vez que os jovens estão mais propensos a se comunicarem por mensagens de texto ou pelas redes sociais. Contudo, as mídias sociais digitais criam possibilidades novas de comunicação, tanto na forma quanto no caráter. Os *blogs* são um exemplo: como sugerem Hookway e Snee (2017: 381), "os *blogs* são 'documentos de vida' contemporâneos" que "têm a espontaneidade dos diários comuns, embora sejam mais fáceis de encontrar e de acessar do que os documentos pessoais não solicitados".

Como já mencionado, os etnógrafos podem solicitar esses documentos e esta pode ser uma forma particularmente útil de obter informações nos âmbitos pessoal e privado. Quando manuseado com cuidado, e com a cooperação adequada dos informantes, o diário, em particular, pode ser utilizado para registrar dados que poderiam não aparecer em entrevistas cara a cara ou outros métodos. O comportamento sexual é um exemplo óbvio. Por exemplo, um estudo importante com homens *gays* fez uso extensivo de diários pessoais para obter informação sobre os tipos e a frequência de práticas sexuais, no contexto da propagação da Aids (COXON, 1988; 1996). Os diários das rotinas cotidianas – tais como diários sobre alimentação, saúde, ou registros regulares de exercícios físicos – também podem ser complementos úteis às investigações etnográficas mais detalhadas das práticas cotidianas, como fazer dietas ou regimes *fitness*. Os materiais gravados pessoalmente podem ser mais vibrantes e, às vezes, mais precisos do que aquilo que é revelado em entrevistas face a face ou em questionários de *survey*. Existem, é claro, muitas atividades pessoais e formas de reflexão pessoal que não são passíveis de observação direta, mas que podem ser capturadas (ainda que parcialmente) por meio de diários e tipos semelhantes de autodocumentação. Eles podem empregar uma variedade de mídias e assumir uma variedade de formas: de cadernos de esboços a diários em vídeo, de reflexões pessoais a *passeios comentados* (RAULET-CROSET; BORZEIX, 2014) gravados em áudio ou vídeo, e assim por diante.

Documentos deste tipo, gerados para fins de pesquisa, incorporam as possibilidades e as limitações de todos esses relatos pessoais. Eles são parciais e, de um modo geral, refletem os interesses e as perspectivas de seus autores. Eles não devem ser privilegiados em detrimento de outras fontes de informação, mas também não devem ser subestimados. Assim como outros relatos, eles devem ser lidos levando em consideração o processo e o contexto de sua produção, seus leitores pretendidos ou implícitos, e os interesses do autor. Dadas as raízes históricas e intelectuais do trabalho etnográfico, muitas vezes é possível identificar um legado romântico que privilegia o pessoal. É fácil (mas equivocado) presumir que os relatos abertamente pessoais sejam mais *autênticos* ou mais *espontâneos* do que aqueles que têm um caráter mais impessoal, assim como há uma tendência a tratar estes últimos como mais *factuais*. Vale lembrar que os *documentos* são uma das várias maneiras pelas quais as realidades sociais são construídas.

Discutimos uma variedade de fontes documentais, mas ainda não demos atenção à investigação de atividades sociais que envolvam diretamente a produção e a leitura de documentos. O trabalho de campo em sociedades letradas – e especialmente em organizações formais – provavelmente incluirá a produção e o uso de documentos de diversos tipos. Na seção seguinte, discutiremos essas atividades e seus produtos documentais. Estudos nas áreas do trabalho, saúde, educação e crime podem levar diretamente a atenção etnográfica à ação documental.

A vida social dos documentos

As contingências da vida cotidiana são frequentemente traduzidas em formatos documentais. Os documentos organizacionais criam tipos típicos de casos-padrão, relatam problemas e descrevem pessoas, funções e respostas institucionais. Em outras palavras, os documentos podem compor os tópicos, categorias e problemas que descrevem e relatam. Kameo e Whalen (2015) analisam um ambiente em que esse trabalho documental é feito – um centro de comunicações que recebia chamadas de emergência para serviços como policiamento ou combate a incêndios. Os formatos documentais não produzem *automaticamente* inscrições genéricas e padronizadas. São os funcionários do *call-center* que transformam os relatos de quem está do outro lado da linha em categorias predefinidas. Ao fazer isso, eles traduzem as preocupações de quem está do outro lado em um formato-padrão que possa ser direcionado ao serviço relevante. Isso exige um trabalho de interação ao telefone para obter a disposição *correta* nas categorias organizacionais. O documento assim produzido é, portanto, a incorporação textual de demandas burocráticas por categorias normais (como a descrição física de um suspeito de transgressão). Este é, portanto, um excelente exemplo de como o trabalho gera documentos que, por sua vez, têm um papel na constituição dos fenômenos envolvidos.

A documentação oficial de si mesmos e identidades é, em si, uma questão analítica importante. Por exemplo, a etnografia de Vieira (2016) fornece um relato detalhado da importância problemática da documentação oficial para os imigrantes nos Estados Unidos. O ponto fixo e definitivo da identidade é imputado em certos tipos de documentos: certidão de nascimento, passaporte, carteira de habilitação, cartão de seguridade social ou extrato bancário. Esses documentos biográficos, e os *fatos* que eles comunicam, são um dos aspectos mais significativos da vida nas sociedades contemporâneas. A posse de tais documentos oficiais é um pré-requisito para muitas transações em que a *prova de identidade* é necessária. A falta deles era um dos problemas que as pessoas que Goffman (2014) estudou enfrentavam, em um bairro pobre da Filadélfia. Mas também sabemos que é possível, e talvez até bastante fácil, criar uma identidade falsa ou roubar uma identidade e, assim, obter documentação. Em última análise, portanto, nenhum documento pode atestar a sua própria autenticidade e a facticidade de coisas como a identidade pessoal, ainda que essas coisas tendam a ser naturalizadas*. A criação de uma biografia documentada por O'Hagan (2017), partindo da lápide de uma criança morta, revela como os documentos podem comprovar uns aos outros em uma cadeia de validação, mesmo quando baseados em mentiras.

O reconhecimento da importância dos materiais documentais ganhou impulso com o trabalho de Dorothy Smith e seus colegas (p. ex., SMITH 2005; SMITH; TURNER, 2014). Embora a designação de seu trabalho como *etnografia institucional* não o distinga realmente da maioria dos trabalhos de campo em ambientes organizacionais, a ênfase nas realidades documentais e na mediação documental de mundos sociais destaca a necessidade de prestar atenção ao trabalho documental. Os exemplos empíricos coletados por Smith e Turner ressaltam as múltiplas maneiras em que as fontes documentais são utilizadas para coordenar e justificar a ação, embora elas não governem a atividade social coletiva de forma não mediada. A necessidade etnográfica é entender como a ação prática e os documentos estão vinculados por meio do raciocínio prático. Alasuutari (2015) fornece um exemplo no contexto da educação pré-escolar, na Finlândia: a documentação oficial dos

---

* No original, *taken on trust* [N.T.].

planos de educação individuais que prescrevem ações específicas (como uma soneca à tarde) requerem negociação local (p. ex., com os pais), o que gera conformidade e também resistência. A circulação e o uso de materiais documentais são ilustrados pelo trabalho etnográfico em ambientes de cuidados de longa duração, de Caspar et al. (2016), cujo trabalho foi baseado, explicitamente, na Etnografia Institucional de Smith. Eles demonstram como o acesso e o uso de registros escritos (como planos de cuidados) refletem hierarquias organizacionais formais. Por sua vez, o acesso limitado dos cuidadores aos textos restringia a sua capacidade de fornecer o cuidado personalizado que era esperado deles.

Certamente, a promoção da Etnografia Institucional ajudou a direcionar a atenção para a mediação documental das realidades sociais e da organização social. Mas ela sintetiza perspectivas que os etnógrafos desenvolveram ao longo de muitos anos, em uma variedade de ambientes institucionais. Por exemplo, com base na etnometodologia, Anderson e Sharrock (2018) examinaram em detalhes o papel dos documentos financeiros na gestão universitária. De modo semelhante, o estudo etnográfico do trabalho científico – especialmente o campo de *estudos de laboratório* (cf. STEPHENS; LEWIS, 2017) – não pode avançar adequadamente sem o reconhecimento do trabalho de escrita. Assim, Latour e Woolgar (1979), em seu estudo clássico de um laboratório biomédico, documentam a centralidade da produção escrita. O laboratório científico está fundamentalmente preocupado com aquilo que eles chamam de *inscrições*; isto é, representações de fenômenos naturais, e os textos publicados que são produtos do laboratório (cf. tb. LYNCH, 1985). Os artigos científicos são a moeda que circula nos e entre os grupos de pesquisa científica. Não é possível abordar as realidades sociais complexas do trabalho científico e da produção do conhecimento científico sem analisar atentamente como e por que os artigos científicos são escritos e por que assumem as formas que assumem. A sociologia do conhecimento científico, atualmente, está repleta de estudos de textos escritos e de outras formas de representação. E a mesma abordagem pode ser estendida a todos os ambientes organizacionais e profissionais.

Os laboratórios científicos também são obrigados a cumprir regulamentos escritos. Stephens, Lewis e Atkinson (2013) estudaram um laboratório que precisava seguir regras muito rígidas que regulam o tecido clínico. Eles argumentam que, como nenhuma regra consegue especificar completamente todas as suas possibilidades de uso, poderia haver uma regressão infinita da documentação, em que cada etapa se destina a garantir outras etapas na cadeia regulatória. Mesmo os regulamentos aparentemente mais inequívocos requerem algum grau de interpretação. E toda regra implica outra regra para garantir conformidade. Na prática, a regressão potencialmente infinita é resolvida por meios não documentais: a aplicação do raciocínio prático e a necessidade de algum grau de confiança interpessoal. A imagem da *regressão regulatória* ilustra o fato de que nenhum documento, por mais "oficial" que seja, pode determinar completamente a sua própria autenticidade ou sua força burocrática.

Vários etnógrafos já demonstraram o valor da atenção especial à *escrita* em ambientes médicos. Por exemplo, Hobbs (2004) analisou o papel desempenhado pelas notas no prontuário de pacientes na socialização profissional de residentes médicos, apontando o papel de diversas convenções e como a capacidade de empregar essas convenções era considerada uma evidência do progresso no julgamento clínico dos residentes. De modo similar, Pettinari (1988) forneceu um relato detalhado de como os cirurgiões escrevem seus relatórios das operações e, em particular, como os cirurgiões assistentes aprendem essas habilidades profissionais. Existem maneiras de uma operação ser corretamente representada nos relatórios dos cirurgiões e a capacidade de usar as formulações adequadas é adquirida ao longo do tempo, através da experiência profissional. Esses relatos escritos são um elemento fundamental na organização cotidiana do trabalho médico. Sua produção e seu uso são, portanto, um foco importante para qualquer relato etnográfico da medicina. Em um exemplo mais recente, Grant (2019) incorpora uma análise dos prontuários médicos de solicitantes em uma investigação mais ampla sobre pedidos de benefícios sociais. O exemplo dela demonstra como múltiplas fontes de dados (incluindo entrevistas com os solicitantes) constroem versões diferentes do *caso*.

Nesta mesma linha, mas em outro campo, está a etnografia de Coffey sobre a formação de contadores (COFFEY, 1993). Com base no trabalho de campo em um escritório de uma empresa de contabilidade internacional, ela registra aspectos da aquisição de conhecimento em contabilidade por parte dos estagiários. Ela estudou competências de contabilidade junto com os estagiários, e descreve como eles aprendiam a habilidade e a capacidade de julgamento na leitura de fontes documentais, tais como balancetes. Como este exemplo demonstra, representar o mundo da contabilidade corporativa como não letrado seria tão absurdo quanto seria apresentá-lo sem números – de modo que um relato etnográfico abrangente deve incluir como os documentos organizacionais são lidos e interpretados, produzidos e usados.

Dada a crítica das *estatísticas oficiais*, inspiradas em grande medida no movimento etnometodológico, alguns etnógrafos contemporâneos podem se sentir relutantes em adotar o uso sistemático de dados documentais. Na nossa opinião, eles estão certos em levar a sério as objeções contra o uso de dados *oficiais* simplesmente como um recurso, e não um tópico; mas eles estariam errados em ignorar esses materiais. O ponto de partida para os críticos dos *dados de fontes oficiais* era a alegação de que, tradicionalmente, a tendência era que os sociólogos tomassem tal informação ao pé da letra, e não prestassem a atenção adequada a seu caráter como um produto social. Isso abre uma área importante de investigação, em vez de implicar que os dados oficiais devam ser ignorados.

Obviamente, é uma preocupação de longa data dos sociólogos que os dados derivados de fontes oficiais possam ser, de alguma forma, inadequados: que possam estar sujeitos a vieses ou distorções, ou que as preocupações práticas das burocracias possam significar que os dados não são formulados de acordo com os interesses dos sociólogos. No entanto, os etnometodólogos identificaram um problema mais fundamental. Cicourel observa, por exemplo, que,

> por anos, os sociólogos reclamaram de estatísticas "mal feitas" e do registro burocrático distorcido, mas não fizeram dos procedimentos que geram os materiais "mal feitos" que chamamos de "dados" um objeto de estudo. O pressuposto básico da pesquisa convencional sobre crime, delinquência e lei é ver a obediência e o desvio como dotados de seu próprio significado ontológico, e a régua de medição é algum conjunto de regras presumivelmente "claras" cujo significado também é ontológica e epistemologicamente "claro" (CICOUREL, 1976: 331).

O argumento de Cicourel é o de que, ao invés de serem vistos como fontes de dados mais ou menos enviesados, os documentos e registros oficiais deveriam ser tratados como produtos sociais: eles precisam ser analisados, e não utilizados de forma acrítica como um recurso de pesquisa.

Desse modo, a atenção é desviada para a investigação das práticas socialmente organizadas a partir das quais as taxas, categorias e estatísticas são produzidas por aqueles que têm a função de gerá-las e interpretá-las (KITSUSE; CICOUREL, 1963). Um dos primeiros trabalhos neste sentido foi o de Sudnow (1965) sobre a produção dos *crimes normais* em um escritório de Defensoria Pública. Ele detalha o raciocínio prático que informa como determinados crimes, ou contravenções, são categorizados no decorrer de atividades organizadas como a negociação de culpa. Assim, ele observa os *bastidores* das categorias em classificações oficiais e taxas de criminalidade – baseadas nas condenações – para analisar o trabalho de interpretação e negociação que produz essas estatísticas. Além do estudo etnográfico de Sudnow sobre as taxas de criminalidade, outros estudos do mesmo período incluem os de Cicourel (1967) sobre justiça para menores infratores, e o de Cicourel e Kitsuse (1963) sobre a organização da tomada de decisões educacionais, a categorização de alunos e suas biografias oficiais. Nesta mesma linha, pesquisas mais recentes incluem uma miscelânea de relatos construcionistas sobre problemas sociais (cf., p. ex., HOLSTEIN; MILLER, 1989; 1993), e os estudos de Prior sobre a organização social da morte, com ênfase especial na classificação das causas, especialmente no que se refere à doença mental (PRIOR, 1985; 1989; 1993). Neste contexto, também se destacam as observações de Prior e Bloor (1993) sobre a tabela de expectativa de vida como um artefato cultural e histórico.

As origens do debate sobre as *estatísticas oficiais* na sociologia eram, potencialmente, enganosas; por mais importante que fosse a perspectiva geral. As questões se polarizaram desnecessariamente. Os problemas associados aos dados de fontes oficiais eram importantes e estavam diretamente relacionados a problemas clássicos da análise sociológica, como a explicação do suicídio (DOUGLAS, 1967; ATKINSON, 1978); mas eles não eram, de forma alguma, únicos. O etnógrafo cuidadoso saberá que todas as classes de dados têm seus problemas e todos são produzidos socialmente; nenhum deles pode ser tratado como uma representação *transparente* de uma *realidade* independente. O reconhecimento da reflexividade na pesquisa social implica essa consciência (HOLSTEIN; MILLER, 1993). Como resultado, não há razão para considerar documentos ou informações semelhantes como especialmente problemáticos, ou seu uso como totalmente viciado.

Em outras palavras, embora nos inspiremos, em parte, na crítica etnometodológica das *estatísticas oficiais* e de fontes documentais semelhantes, nós, de maneira alguma, endossamos a visão radical que sugere que tais fontes não têm nenhum valor enquanto recurso. Dados desse tipo levantam problemas, com certeza, mas fornecem informações e também revelam uma série de problemas analíticos que valem a pena ser investigados. O etnógrafo, assim como qualquer outro cientista social, pode muito bem se aproveitar de tais documentos e representações. Além disso, ele ou ela pode estar particularmente bem situado para fazer pesquisas sistemáticas e baseadas em princípios sobre sua validade e confiabilidade enquanto dados, por meio da investigação direta dos contextos de sua produção e uso.

A análise do trabalho documental remete às observações de Garfinkel sobre os registros, em que ele sugere que eles deveriam ser pensados como *contratuais* mais do que *atuariais* (GARFINKEL, 1967). Isto é, eles não são relatos literais *do que aconteceu*, mas símbolos do fato de que as pessoas relevantes fizeram seu trabalho de forma competente e razoável (cf. tb. PRIOR, 2003). Isso é algo que foi usado por Dingwall (1977b) em seu estudo sobre a educação dos agentes comunitários de saúde. Ele analisa a produção dos registros dos alunos sobre as visitas aos usuários e observa que, como a condução do trabalho é invisível para o orientador, o registro é o foco principal do controle administrativo. Igualmente, o registro constitui um meio importante de autodefesa para esses *trabalhadores de fachada**. E, é claro, o papel dos documentos – de vários tipos – em regimes de responsabilização *transparente* aumentou de forma substancial nas últimas décadas, com o surgimento da *sociedade da auditoria* (POWER, 1997; 2000; cf. tb. MALTBY, 2008).

De diversas maneiras, então, os documentos têm uma importância considerável em certos ambientes sociais. Em alguns, a produção da *papelada* é uma grande preocupação. Em organizações que possuem funções de processamento de pessoas, isso geralmente envolve a tradução de pessoas, eventos etc. em registros passíveis de serem arquivados, armazenados e manipulados. Esses arquivos são um recurso fundamental para os membros da organização realizarem seu trabalho diário. Com frequência, as exigências da produção de registros podem desempenhar um papel importante na organização do trabalho e nas rotinas adotadas para realizá-lo. Registros de encontros anteriores com clientes podem ser utilizados para formular objetivos e atividades apropriados para uma reunião atual. Heath comentou sobre este uso dos prontuários médicos no contexto de encontros entre médico e paciente. Ele explica como os clínicos gerais utilizam seus registros para iniciar o encontro com o paciente: "Com frequência, é através da elaboração do conteúdo apropriado do registro, antes do início da conversa, que o médico é capaz de processar as características relevantes do paciente e, assim, projetar um começo de conversa 'bem-sucedido'" (HEATH, 1981: 85). Certamente, é mais provável que o médico, hoje em dia, esteja olhando para uma tela ao invés de cópias impressas dos registros médicos, dado que muitos encontros organizacionais são agora mediados por formulários e registros digitais. Mas estes, assim como

---

* No original, *face-workers* [N.T.].

as versões anteriores em papel, destacam a maneira como os documentos podem construir tipos-padrão: de clientes, de problemas, de casos.

Assim, os registros são frequentemente utilizados para formular pessoas enquanto *casos*, com identidades situadas que se enquadram nas categorias *normais*, ou se desviam delas de maneiras identificáveis. Os registros são feitos e usados de acordo com as rotinas organizacionais, e sua inteligibilidade depende de pressupostos culturais compartilhados. Os registros constroem uma *realidade documental* à qual, em virtude de sua própria documentação, muitas vezes é concedida uma espécie de privilégio. Embora sua produção seja uma atividade socialmente organizada, os registros oficiais são dotados de certo anonimato que faz com que eles sejam tratados pelos membros como objetivos; isto é, como declarações factuais ao invés de representarem mera crença pessoal, opinião ou conjectura.

Deve estar claro, a partir desta discussão, que há muitos locais onde a atividade social letrada tem uma importância social considerável e pode ser, de fato, muito relevante. As burocracias industriais e administrativas modernas e os ambientes profissionais ou educacionais são casos óbvios neste sentido. Não é preciso pensar muito para nos lembrarmos de quão difundidas são as atividades de escrever e ler documentos. E, mesmo no caso de ambientes onde os documentos não são um elemento central, frequentemente há uma enorme quantidade de material escrito disponível que pode ser um recurso de pesquisa inestimável.

A presença e a importância dos produtos documentais fornecem ao etnógrafo uma linha fértil de questões para análise, bem como são fontes valiosas de dados e informações. Algumas destas questões são: Como os documentos são escritos? Como eles são lidos? Quem os escreve? Quem os lê? Para quais propósitos? Em que ocasiões? Com quais resultados? O que é registrado, e como? O que é omitido? O que o escritor parece naturalizar a respeito do(s) leitor(es)? O que os leitores precisam saber para entendê-los? A lista pode ser facilmente estendida e a exploração de tais questões levaria o etnógrafo, inexoravelmente, a um exame sistemático de todos os aspectos da vida cotidiana no ambiente em questão.

Qualquer etnógrafo que não leve em consideração essas questões ignora, por sua conta e risco, esses aspectos de uma cultura letrada. Não há nada a ganhar, e muito a perder, ao representar uma cultura dessa natureza como se fosse uma tradição essencialmente oral. Na análise de fontes documentais, o etnógrafo, portanto, reconhece e se baseia na competência socializada como membro de uma cultura letrada específica. O pesquisador não apenas lê e escreve, mas também reflete sobre as próprias atividades de leitura e escrita em ambientes sociais. Assim, essas atividades cotidianas são incorporadas aos tópicos de investigação do etnógrafo, bem como fornecem recursos analíticos e interpretativos.

Artefatos

Assim como os etnógrafos, às vezes, ignoram a natureza letrada de muitos ambientes sociais, eles também parecem ignorar, com frequência, o papel dos artefatos materiais. Embora o aumento dos estudos da cultura material tenha dado destaque a algumas questões relevantes (cf. MILLER, 1988; BUCHLI, 2002), ainda há uma tendência de que os bens e objetos materiais sejam negligenciados no trabalho etnográfico, colocados em um limite circunscrito de interesses especializados. Nosso relato aqui pretende apenas lembrar aos etnógrafos que os *campos* nos quais realizam o trabalho de campo são povoados não apenas por atores sociais, ou documentos, mas por *coisas* de vários tipos.

Em vez de tratar a análise dos artefatos como um campo separado, enfatizamos que os bens, objetos e vestígios materiais precisam ser analisados em seus contextos etnográficos mais amplos. Além disso, a etnografia da vida cotidiana exige atenção às suas características materiais e ao modo como os atores sociais se envolvem com as coisas físicas. Isso é muito mais do que apenas perceber o ambiente físico e os contextos materiais. Existem muitos fenômenos sociais que são impossíveis sem o uso de bens materiais, e relações sociais que são cristalizadas e incorporadas em objetos materiais. Muitas formas de trabalho implicam necessariamente a manipulação competente e habilidosa de recursos físicos, seja como uma parte oficial do trabalho ou na produção de *trecos** – artefatos para uso pessoal (ANTEBY, 2003). Tudo isso pode ser colocado em foco sem adotar a concepção radical de materialidade promovida pelos *novos materialismos* (cf. COOLE; FROST, 2010; FOX; ALLDRED, 2017; SENCINDIVER, 2017).

Por exemplo, as publicações de Atkinson (1995) sobre hematologistas destacam parte do trabalho material envolvido na produção de fatos e opiniões médicas. Os hematologistas passam muito tempo *falando* sobre seus pacientes e trans-

---

* No original, *homers*. Sem equivalente no português, o termo faz referência a itens produzidos durante o trabalho, utilizando-se dos recursos disponíveis no local de trabalho (espaço, maquinaria, matéria-prima etc.), para uso pessoal [N.T.].

formando-os em *casos*, produzindo *opiniões* e *diagnósticos*. Mas seu trabalho não é realizado apenas por meio de conversas. Eles também precisam manipular os traços físicos do corpo: o sangue e a medula óssea precisam ser coletados e lidos em busca de sinais de doença. Isso envolve a sua manipulação física, por meio de técnicas como a coloração, a fim de torná-los visíveis e legíveis. A preparação de uma lâmina para inspeção microscópica exige certa destreza física e perceptiva, assim como o uso do próprio microscópio. As atividades hábeis de examinar vestígios físicos de sangue periférico ou da medula óssea estão embutidas nos diálogos entre colegas de profissão ou em encontros de ensino. Objetos, traços, habilidades e diálogos estão mutuamente implicados, e a etnografia da produção de conhecimento profissional deve levá-los em conta. Certamente, eles também se traduzem em realidades documentais por meio da construção de notas clínicas, relatórios e arquivos, como já discutimos.

Essas observações em um ambiente médico correspondem a um interesse mais geral em estudos etnográficos de locais científicos, tais como laboratórios e redes científicas. Embora a sociologia do conhecimento científico tenha se preocupado desproporcionalmente com os aspectos culturais e cognitivos da controvérsia e descoberta científica, alguns estudos incorporaram explicitamente o interesse pelas circunstâncias materiais do trabalho científico. A teoria ator-rede leva esse interesse ao extremo (e, às vezes, ao absurdo). Ela não estabelece uma distinção de princípio entre os agentes humanos e materiais no interior de uma rede de inter-relacionamentos. Portanto, o *equipamento* técnico pode ser analisado com base nas teorias do conhecimento que incorpora, e no papel ativo que ele desempenha na conformação do conhecimento científico. No entanto, não é necessário engajar-se totalmente na teoria ator-rede para reconhecer a importância dos materiais na *produção* de conhecimento científico e tecnológico. O etnógrafo neste campo precisa adquirir algum grau de conhecimento técnico e uma compreensão de como os artefatos materiais são feitos e usados. Isso inclui um reconhecimento das qualidades físicas das coisas. Uma história oral do sintetizador Moog, que desempenhou um papel significativo no desenvolvimento do estilo de música rock, inclui a consideração de suas qualidades técnicas, bem como das relações biográficas nas quais ele estava inserido (PINCH; TROCCO, 2002). A etnografia e a arqueologia do presente também convergem na análise da computação e da tecnologia da informação (FINN, 2001; ENGLISH-LUECK, 2002).

A *coisice** das coisas, em seus contextos materiais e sociais, precisa ser entendida pelos etnógrafos. No geral, estamos atentos às nuanças da interação social e dedicamos uma quantidade considerável de tempo e esforço à análise da ação social. Igualmente, é preciso dar a devida atenção às coisas. Elas têm qualidades materiais baseadas em sua composição física; a superfície delas tem textura, forma e cor. Precisamos cultivar um *olho* etnográfico para essas questões (WARREN, 2012). Os etnógrafos não são particularmente bons em explorar a importância da *aparência* no ambiente material. Os mundos sociais que muitos deles descrevem são espaços estranhamente vazios, e pouca ou nenhuma atenção é dada ao ambiente físico. Esses mundos etnográficos são muitas vezes planos e monocromáticos, no sentido de que suas qualidades estéticas, como a cor, são ignoradas. Contudo, se quisermos compreender muitos mundos sociais, é preciso levar em consideração como eles são constituídos fisicamente. Seria estranho, por exemplo, descrever o trabalho no ambiente de um escritório moderno sem prestar atenção à sua disposição física (salas com paredes ou planta aberta, número de andares, conexões com outros edifícios etc.), seus esquemas de cores, seus móveis, e assim por diante. Esses lugares são *projetados* e seu desenho incorpora interesses corporativos e valores implícitos. Essas características, ao mesmo tempo que restringem as relações sociais de trabalho de maneiras distintas, são também recursos que são apropriados e até mesmo *redesenhados* pelos funcionários.

A etnografia de Atkinson sobre a Ópera Nacional Galesa** (ATKINSON, 2006) destaca vários aspectos de seu contexto material. A produção e a execução de uma ópera não dependem apenas do canto e da atuação, e os aspectos centrais de uma ópera vão além do trabalho do diretor e do maestro. A realização do teatro musical envolve a criação de circunstâncias *materiais*, como o projeto e a construção do cenário. Além disso, uma vez que o cenário tenha sido criado, ele, por sua vez, impõe restrições *físicas*, mas também fornece oportunidades materiais para os produtores e atores. A monografia de Atkinson inclui relatos gráficos de como os atores precisavam lutar (literal e metaforicamente) com aspectos recalcitrantes do cenário: paredes que se moviam de maneira imprevisível *(Simon Boccanegra)* ou barcos que eram difíceis de manusear *(Peter Grimes)*. Ele escreve sobre como o departamento de adereços da companhia de ópera usava de suas habilidades

---

* No original, *thing-ness* [N.T.].
** No original, Welsh National Opera Company. [N.T.]

artesanais para fazer *bricolagem*, a fim de criar os objetos físicos necessários para nova produção. Esse departamento também era um arquivo físico de produções anteriores e uma fonte de *etnoarqueologia* situada, através da qual as realizações anteriores da companhia de ópera podiam ser rastreadas. Peças individuais que exigiram uma engenhosidade especial para sua construção, ou que têm um valor estético particular, são estimadas pelo departamento de adereços como troféus de seus próprios triunfos *operísticos*.

Assim, toda *performance* teatral, e particularmente a ópera, depende de objetos materiais. No entanto, como Erving Goffman demonstrou muitos anos atrás, todos nós dependemos de *adereços* de vários tipos em cenários mais mundanos. Além disso, existem relatos etnográficos explicitamente focados na coleta e exibição de artefatos materiais. A etnografia McDonald's (2002) sobre o Museu da Ciência de Londres é um excelente exemplo disso. Ela narra os processos que levaram à criação de uma exposição importante no museu sobre comida. Essas análises etnográficas da curadoria e da exibição de bens materiais fazem mais do que registrar o que acontece em lugares esotéricos como os museus e galerias de arte, embora esses temas sejam importantes por si só. Elas também ressaltam aspectos mais práticos da cultura material. Por exemplo, o trabalho de campo de Wylie com os profissionais técnicos de um laboratório de paleontologia revela os bastidores do trabalho dos técnicos na preparação de fósseis (remoção de rochas e reparo de danos) e sua aquisição de habilidades artesanais neste processo (WYLIE, 2015).

A coleta e a exibição de objetos também é um aspecto importante das culturas domésticas cotidianas. As casas podem ser consideradas como tendo qualidades semelhantes aos *museus*, onde recordações e coleções de objetos podem ser exibidos de forma consciente. A etnografia multimídia de Hurdley (2013) sobre as cornijas de lareiras nas casas britânicas é um exemplo disso. A cornija de lareira – estrutura tradicional sobre uma lareira aberta, presente mesmo nas residências modernas que possuem aquecimento central – é um local fundamental para a exposição de enfeites, presentes, fotografias e similares. Há uma estética situada que informa muitas dessas exibições e o arranjo da cornija costuma ser o foco da sala de estar. Além disso, os próprios objetos incorporam as memórias de seus donos: nessa perspectiva, a memória não é um estado mental, mas está inscrita em objetos materiais e nas narrativas autobiográficas que eles evocam. Os objetos dispostos sobre a cornija também podem incorporar laços pessoais e obrigações mútuas das relações de dádiva. Um espaço enganosamente banal, como a cornija da lareira, oferece um microcosmo de arranjos domésticos, estéticos e interpessoais do dia a dia. O exemplo caseiro da cornija de lareira também direciona a atenção etnográfica para o fenômeno cultural mais autoconsciente de *colecionar* arte e outros objetos (cf. BELK, 1995; PEARCE, 1994; PAINTER, 2002).

O reconhecimento da fisicalidade dos fenômenos sociais pode ser ampliado para incorporar uma apreciação do ambiente construído e do espaço físico. Embora esta não seja, de forma alguma, uma falha universal, é inegável que muitos relatos etnográficos parecem carecer de um senso de *lugares e espaços*. Não se trata apenas de colocar as coisas em *contexto*. Em vez disso, devemos estar muito atentos às circunstâncias materiais que permitem e constrangem a atividade social, a como um senso de lugar se reflete nas identidades individuais e coletivas, e como os lugares são *usados* pelos atores sociais da mesma forma que eles empregam recursos materiais e simbólicos. Existem, é claro, alguns exemplos claros que podem ser usados como fonte de inspiração. A análise clássica de Pierre Bourdieu sobre a casa Kabyle é um deles. Ele analisa a casa não apenas como o centro físico da vida cotidiana, mas também como um local de ordenação simbólica[41]. Nesta mesma linha, os relatos antropológicos sobre as sociedades mediterrâneas enfatizam a importância da casa e sua relação com a rua como um código físico de respeitabilidade – especialmente no que diz respeito às mulheres da casa – e como uma afirmação de papéis de gênero fortemente diferenciados.

A casa, como uma personificação física da identidade, e a sua decoração material são exploradas por Gregory (2003) em seu estudo do trabalho estético dos chefes de família nas casas do final do período vitoriano. Isso inclui a necessidade dos proprietários de purificar a casa dos vestígios de antigos moradores (tapetes e estofados, decoração e esquemas de cores, louças e acessórios do banheiro etc.), muitas vezes expressa de forma bastante violenta (*arrancando* lareiras, p. ex.). A decoração e o mobiliário *materiais* da casa não são simplesmente cenários para a *performance* cotidiana da identidade e da biografia. Eles estão profundamente implicados na construção conjunta de uma residência familiar pelos novos moradores que transformam uma casa antiga em seu próprio espaço doméstico. Essas questões de identidade pessoal são frequentemente informadas por um senso de identidade da própria casa: a *autenticidade* da composição material de uma casa

---

41. Para uma análise crítica do seu argumento, cf. Silverstein, 2004.

antiga é um aspecto importante dessa reconstrução. Lareiras, portas e janelas, entre outros *elementos* – pelo menos para alguns proprietários – precisam ser *atualizados* para que seu investimento pessoal e emocional na casa seja adequadamente recompensado. Em parte, trata-se de julgamentos estéticos, é claro. Porém, eles também são reflexos, em parte, de preferências coletivas: nas gerações mais antigas, a *modernização* do lar era um objetivo bem mais comum que a sua restauração. Mas eles estão profundamente relacionados à estética étnica dos próprios atores sociais, bem como dependem dos valores atribuídos aos bens materiais (cf. VALIS, 2003; REID; CROWLEY, 2000).

Muitas coisas materiais não são estáticas: elas circulam, são móveis. Consequentemente, os estudos de mobilidade entre lugares e espaços precisam levar em consideração o movimento de artefatos, bem como de pessoas (URRY, 2007). Eles podem viajar na companhia de atores sociais ou traçar suas próprias trajetórias – em cadeias produtivas, na circulação no interior de organizações, em trocas cerimoniais. Em uma organização complexa como um hospital, os etnógrafos podem acompanhar materiais, como amostras de sangue ou tecido, à medida que eles saem do paciente e seguem para os laboratórios, e como eles acumulam significados e anotações documentais ao longo deste processo. Certamente, o mesmo é válido para os próprios documentos. Eles também circulam. Por conseguinte, etnografias de organizações de processamento de pessoas e de burocracias podem acompanhar os documentos à medida que eles percorrem as hierarquias formais para cima e para baixo, e rastrear suas interpretações e seus usos nesse percurso. As coisas também podem cruzar fronteiras simbólicas, transformando seu significado cultural e semiótico neste processo. A análise estruturalista de Douglas (1966) sobre a sujeira e a poluição continua sendo uma referência fundamental, e exemplos mais recentes incluem o trabalho de Wirtz (2009) sobre o desperdício ritual, no contexto da *santería* cubana.

A análise etnográfica das coisas também pode ser estendida ao exame de sua criação e fabricação. Como já observamos, a emergência dos estudos culturais e a ênfase associada à cultura material deram origem a um campo fértil de fontes e perspectivas analíticas que podem ser apropriadas pela imaginação etnográfica (cf. BUCHLI, 2002; MILLER, 1998; 2001a; 2001b). Entre elas, a análise etnográfica dos processos de *design*, aspecto da cultura material contemporânea que atraiu grande interesse por parte dos cientistas sociais (JULIER, 2000). Isso inclui a análise etnográfica dos processos de *design* (p. ex., SALVADOR et al., 1999;

HENDERSON, 1998) e a própria criação da cultura visual (FROSH, 2003). O mesmo se aplica à arquitetura, ao desenho urbano ou à análise de espaços e lugares (p. ex., BORDEN, 2002; PODOLSKI, 2002; DODDS; TAVERNOR, 2001; CROWLEY; REID, 2002; BUTLER; ROBSON, 2003). Mais do que nunca, estamos cientes da importância do *meio ambiente*, ao mesmo tempo moldado e moldando a *performance* das identidades individuais e coletivas.

Ingold (2013) tem algumas coisas pertinentes a dizer sobre materialidade e artefatos. Ele ressalta que muitos estudos de *cultura material* são, de fato, estudos de artefatos físicos em sua forma completa. Em contrapartida, ele chama a atenção para os materiais e a materialidade: não apenas potes, mas o barro; não apenas têxteis, mas os fios e fibras. Baseando-se em Tilley (2004) e outros autores, ele discute a variedade de propriedades da pedra, que pode ser usada para uma gama extraordinária de coisas, desde a produção de cores para artistas até paredes de pedra solta, ferramentas de pedra lascada e monumentos. Etnograficamente falando, deve-se olhar além dos meros objetos, e além das simples visões de *materiais*. Isso implica, por sua vez, um engajamento etnográfico com os processos de fabricação. O próprio Ingold descreve atividades coletivas para a fabricação de coisas, como tecer cestos de vime.

Assim, o trabalho de campo etnográfico pode, às vezes, incluir tentativas de fazer, bem como de observar os fazedores. Não é preciso dizer que existem muitos lugares etnográficos que não envolvem diretamente o trabalho com materiais físicos, e muitos onde a participação física direta não é possível. Quando Prentice (2013: 25) estudou as práticas de Anatomia e Cirurgia, ela não pôde tentar fazer uma cirurgia, mas ela teve a oportunidade de dissecar um cotovelo. E essa experiência tátil de dissecação teve uma influência imensa em seu trabalho de campo, de um modo geral. No extremo oposto, O'Connor fez um treinamento completo em vidro soprado. Assim, ela pôde desenvolver uma compreensão da materialidade do vidro, da incorporação de ferramentas e do calor do estúdio, bem como dos processos detalhados de fabricação (p. ex., O'CONNOR, 2005; 2006).

Outros antropólogos também se dedicaram à *fabricação* como um meio de compreender a natureza do trabalho e dos materiais. Exemplos notáveis são as etnografias de Marchand sobre a construção de minaretes no Iêmen (2001) e os pedreiros em Mali (2009). Esses e outros estudos semelhantes revelam os processos de conhecimento prático empregados por artesãos e trabalhadores. Esses atores não partem necessariamente de um plano detalhado, como um esquema ou um desenho de arquiteto. Em vez disso, eles trabalham de forma gradual por meio de uma série de rotinas e medições práticas, conforme o conhecimento tácito e a habilidade do trabalhador *artesanal* (no sentido mais amplo). Eles agem com base em *precedentes*, não em desenhos ou modelos. Assim, o sentido etnográfico consiste na participação (às vezes) e na observação (sempre), aprendendo como esse trabalho envolve interações entre os corpos dos trabalhadores, os materiais, as ferramentas e as convenções culturais.

As coisas (artefatos) são mais do que apenas o resultado do processo de fabricação. Uma vez feitos, eles têm uma vida social. Eles são dotados de significado, trocados, circulados, valorizados, avaliados esteticamente e de outras maneiras. Existem diversos códigos e convenções culturais que informam esses valores: tamanho, forma, cor, material, superfície. Seu processo de fabricação não consiste apenas em uma série de práticas habituais: ele é orientado por critérios culturalmente moldados no que se refere à forma e também à função. A identidade de um artesão também se baseia nas características de seus artefatos. Warren e Gibson (2014) conduziram um estudo etnográfico multissituado sobre as pranchas de surfe e seus fabricantes. Eles ressaltam como as pranchas de surfe são mais do que apenas equipamentos esportivos, sendo "artefatos culturais valorizados, afirmações de identidade pessoal e de pertencimento a uma comunidade mais ampla" (p. 10). Seu trabalho de campo destaca como a estética, o desenho e a materialidade cumprem um papel importante na criação desses objetos. Ele revela o trabalho artesanal especificamente *local* que envolve a criação das pranchas de surfe. Essa abordagem, que também situa as pranchas de surfe como parte de um patrimônio cultural, vai muito além de uma análise puramente estética das pranchas como artefatos.

Da mesma forma, o violão é um símbolo cultural importante em muitos contextos (BENNETT; DAWE, 2001). Etnograficamente falando, ele é muito mais do que um ícone de uma geração (RYAN; PETERSON, 2001), ou mesmo de uma nação (DAWE; DAWE, 2001). Ele também é uma coisa fabricada, e muitos são feitos artesanalmente por *luthiers* especializados (fabricantes de instrumentos de corda). O trabalho de campo de Dudley com *luthiers* norte-americanos revela as complexidades do ofício, bem como a forma em que as identidades pessoais dos artesãos são construídas através da fabricação de violões. Ela é particularmente eloquente sobre a criação do *tom* do instrumento:

O tom de um instrumento de cordas não é simplesmente "embutido nele" pelo *luthier*, ou reconhecido de forma mais ou menos sofisticada pelo ouvinte; ele é também a "estrutura do sentimento" que organiza o encontro e o investe de uma força e intensidade que é "difícil expressar em palavras" (DUDLEY, 2014: 8).

O tom ou a voz do instrumento é um artefato tanto quanto a estrutura física do violão. A monografia de Dudley, como muitos outros exercícios similares, também revela a necessidade de o etnógrafo adquirir algum conhecimento prático das técnicas e materiais artesanais (como as madeiras utilizadas na fabricação de violões).

Conclusão

Neste capítulo, nos concentramos no papel que o estudo de documentos, materiais e coisas pode desempenhar no trabalho etnográfico. Eles nem sempre recebem a atenção que merecem, dado que a ênfase geralmente é posta nos dados de observações, conversas e entrevistas interpessoais (WHATMORE, 2006). Documentos e artefatos cumprem um papel importante na organização e na condução da vida cotidiana. Eles não são apenas resultados do trabalho (no sentido mais amplo), mas também informam a produção de realidades sociais. Os documentos não apenas descrevem estados de coisas, eles os constroem reflexivamente. Da mesma forma, *manipulamos coisas* assim como *manipulamos palavras**. As etnografias dos mundos sociais precisam levar em consideração os recursos documentais e materiais que possibilitam a vida cotidiana e a organização social. Isso não significa que os etnógrafos devam abandonar seus interesses centrais e contribuir apenas para os estudos da *cultura material*. Muito pelo contrário, isso significa que as etnografias precisam *incluir* a análise dos materiais e das coisas, e analisar como eles estão implicados na produção da conduta social organizada, das realidades sociais e das identidades sociais. Além disso, como veremos no próximo capítulo, o mesmo argumento também se aplica, em grande medida, aos objetos virtuais criados por tecnologias digitais.

---

* No original, *do things with things / do things with words*. O verbo *manipular* aqui é utilizado no sentido de manusear, empregar [N.T.].

7
ETNOGRAFIA NO MUNDO DIGITAL

O princípio da reflexividade reflete a convergência entre a investigação etnográfica e a vida cotidiana. No sentido mais elementar, a pesquisa etnográfica se baseia nas atividades cognitivas cotidianas de observar e ouvir, associadas à nossa competência socializada de interpretar a ação social ao nosso redor. Além disso, cada vez mais, essas atividades empregam tecnologias digitais, de modo que o papel delas precisa ser considerado. Claro, essas tecnologias também estão disponíveis para uso dos etnógrafos. Com efeito, um único dispositivo, o *smartphone*, agora pode ser utilizado para realizar entrevistas remotamente, para participar *on-line* em vários tipos de ambiente virtual, para tirar fotos, para gravar em áudio ou vídeo interações e atividades, e para fazer anotações (orais ou escritas).

O surgimento dessas novas tecnologias inspirou algumas propostas de uma forma distinta de *etnografia digital*. No entanto, como as revisões críticas da literatura a este respeito deixam claro, este termo tem sido utilizado de diversas maneiras diferentes. Entre elas: um foco restrito nas redes e comunicações mediadas por computador; o estudo dos mundos virtuais; o uso da tecnologia digital para registrar e analisar aspectos da vida cotidiana; uso da tecnologia digital pelos atores sociais; e o uso de recursos digitais para criar e reconstruir os produtos da pesquisa etnográfica. Neste capítulo, não iremos discutir todas essas estratégias. Para fazer isso, seria necessário um livro inteiro e eles já existem (cf., p. ex., PINK et al., 2016; HINE, 2000; 2015; LUPTON, 2014; FIELDING et al., 2017). Em vez disso, nos concentraremos, de forma seletiva, em alguns temas principais: as possibilidades abertas pelos equipamentos digitais contemporâneos para a coleta de dados e a elaboração de projetos de pesquisa; o estudo etnográfico dos ambientes e mundos virtuais; e as implicações do uso de ambientes digitais para a apresentação e escrita das próprias etnografias. No decorrer do capítulo, destacaremos até que ponto a pesquisa digital promove o trabalho etnográfico multimodal. Além disso, enfatizaremos as continuidades entre as formas digitais e mais tradicionais de fazer etnografia, ao mesmo tempo que reconhecemos as possibilidades de inovação.

Muitos dos mundos sociais, onde agora conduzimos o trabalho de campo, estão repletos de tecnologias digitais de diversos tipos. Em particular, o uso de *smartphones*, *tablets* e *laptops* está agora profundamente incorporado na vida de muitas pessoas, permitindo conexões globais e também locais (cf., p. ex. KRAEMER, 2014). Em suma, as relações sociais de muitas pessoas são mediadas digitalmente. Além disso, comunidades virtuais e movimentos sociais mais amplos podem ser mobilizados por meio de tecnologias digitais. Isso significa que o etnógrafo deve levar em consideração o uso dessas tecnologias pelos participantes, mesmo ao estudar processos cotidianos de interação social. As pessoas não apenas fazem chamadas e enviam mensagens de texto umas para as outras, mas frequentemente estão *conectadas* em seu celular, mesmo durante uma interação face a face. Ademais, às vezes, o que está disponível *on-line* se torna um foco para os encontros face a face: o compartilhamento de imagens ou tweets, várias pessoas interagindo com alguém remotamente por meio de *links* de áudio ou vídeo, e assim por diante. Além disso, reuniões, entrevistas e outros eventos podem ser realizados *on-line*, mas, mesmo quando não o são, eles podem ser interrompidos por notícias de um tipo ou de outro que se tornem disponíveis dessa forma.

Igualmente importante, como já observamos, os etnógrafos também podem fazer uso das tecnologias digitais para seus objetivos próprios. Elas podem ser utilizadas não só para o estudo de campos virtuais de vários tipos, mas também para gravar eventos presenciais em áudio ou vídeo. Além disso, elas podem facilitar o contato com pessoas que, de outra forma, seriam "difíceis de alcançar", muitas vezes em nível global. A pesquisa etnográfica, desde seus primórdios, explorou as tecnologias disponíveis. Frequentemente, o trabalho de campo em locais exóticos no exterior era registrado em fotografias, e o filme etnográfico tem uma longa história. Narrativas orais e músicas populares eram coletadas desde os primórdios do registro fonográfico. Nos últimos anos, a proliferação da pesquisa etnográfica se refletiu no uso de uma ampla variedade de técnicas e tecnologias. A antropologia e a sociologia visual surgiram como subcampos independentes, com suas próprias literaturas metodológicas. Estamos tão acostumados com a coleta e a análise da linguagem falada que é fácil esquecer o quão recentemente o equipamento de gravação portátil e de boa qualidade (analógico e depois digital) tornou isso possível em campo. A coleta e análise de dados visuais e a representação fotográfica da cultura material também foram aprimoradas pela crescente disponibilidade de tecnologias de gravação discretas e de alta qualidade. Em termos de suas disposições intelectuais, em oposição às possibilidades técnicas, elas não representam, em si mesmas, grandes mudanças na estratégia etnográfica. Somos, portanto, um tanto céticos a respeito das afirmações radicais no que se refere à *etnografia digital*. Aqui, nos concentramos nas implicações dos recursos digitais para a pesquisa etnográfica em si.

Caráter multimodal da etnografia

Os recursos da tecnologia digital nos permitem coletar, trabalhar e combinar diferentes tipos e fontes de dados em um mesmo ambiente de pesquisa. Embora a etnografia sempre tenha sido essencialmente multimodal (no sentido de que todos os sentidos do pesquisador de campo eram envolvidos), a gravação digital torna possível uma abordagem multimodal mais explícita e autoconsciente (PINK, 2011). As oportunidades de imagem digital significam que materiais visuais podem ser facilmente incorporados ao domínio etnográfico, de uma forma que não era possível até então. Apesar de a etnografia visual e o filme serem parte fundamental da antropologia há muitos anos, esses recursos eram tratados como gêneros separados. A monografia publicada era, muitas vezes, *ilustrada* com imagens fotográficas, enquanto o filme etnográfico era frequentemente um produto paralelo, importante por si só, mas não necessariamente integrado aos relatórios de pesquisa etnográfica. E, até recentemente, a disciplina da sociologia permanecia firmemente baseada em textos para a grande maioria de seus praticantes e, ainda hoje, a análise sociológica baseada principalmente em materiais visuais continua sendo uma especialidade minoritária.

No entanto, o advento de novas tecnologias digitais criou a possibilidade de o trabalho etnográfico realmente incorporar materiais visuais em um empreendimento etnográfico integrado. Em particular, *smartphones*, câmeras e filmadoras digitais, assim como a oportunidade de digitalizar fontes visuais e documentais em bases de dados digitais, transformaram as oportunidades disponíveis para os etnógrafos, *no campo* e fora dele (LUPTON, 2014; PINK et al., 2016). A imagem digital significa que, potencialmente, qualquer pesquisador tem tecnologias sofisticadas ao seu alcance, tanto pessoal quanto financeiramente. Embora não seja nossa intenção sugerir que *qualquer um pode fazer isso*, sem treinamento ou uma compreensão do que estão fazendo, é evidente a possibilidade de que materiais visuais sejam coletados e analisados de uma forma que, para as gerações anteriores, era quase impossível. Embora a elaboração de filmes documentários e programas de televisão ainda exija habilidades de alto nível, os usos cotidianos da tecnologia permitem a coleta e a análise de uma ampla variedade de materiais em campo.

A coleta e o uso de materiais visuais também ganharam grande aceitação com a influência crescente da análise cultural nas ciências sociais. Os materiais visuais e as representações da cultura material são aspectos essenciais desse tipo de pesquisa. Isso inclui a análise semiótica de imagens, a análise do espaço arquitetônico, a etnografia do *design* e a análise de bens e espaços domésticos. Claramente, há oportunidades para as pesquisas etnográficas mais tradicionais se basearem e incorporarem tais estratégias analíticas.

O princípio da reflexividade também nos encoraja a reconhecer que *dados visuais* não precisam ser criados pelos etnógrafos *ex nihilo*. As culturas possuem representações visuais nativas, em que os materiais visuais são essenciais para a ação e organização social. Em outras palavras, muitos aspectos da vida social são autoexplicativos* em termos visuais. O trabalho de Heath (HEATH, 2004; HEATH; HINDMARSH, 2002) sobre a ação mediada pela tecnologia fornece uma série de exemplos importantes. Heath e Luff (2000), por exemplo, analisam o trabalho colaborativo e a interação nas salas de controle do sistema de metrô de Londres, onde os dados visuais na tela são uma característica fundamental do trabalho diário. Em ambientes de trabalho científico e médico, a cultura visual é extremamente importante e os próprios dados são construídos em termos visuais. A etnografia sobre imagens cerebrais de Dumit (2004) é apenas um exemplo: as imagens impressionantes de exames cerebrais que ele reproduz não apenas ilustram o texto, mas também são produtos essenciais das atividades dos cientistas. A visualização das funções cerebrais é o que os biocientistas *fazem*, a natureza do seu trabalho científico é extremamente visual. Consequentemente, o que importa aqui não é apenas a *análise visual* do trabalho científico, mas também a análise do trabalho científico visual. Em outras palavras, há uma homologia direta entre a ação social sob investigação e sua representação etnográfica.

O mesmo é válido para muitos ambientes locais preocupados com a exposição de cultura material e arte. As subdisciplinas emergentes de museologia e

---

* No original, *self-documented* [N.T.].

da exposição de cultura material oferecem diversos exemplos de como a cultura visual e material são produzidas de forma autóctone e, portanto, de como uma etnografia adequada desse trabalho necessariamente reflete os componentes visuais da cultura. Com frequência, os etnógrafos tradicionais dão pouca atenção aos aspectos visuais da cultura cotidiana, e também negligenciam muitos aspectos do desenho, da arquitetura e da exibição cultural, como observamos no capítulo anterior. Atualmente, há muitos profissionais especializados em análise visual e material, campos especializados de estudos culturais, e assim por diante, mas é preciso aproximar esses campos de pesquisa e o trabalho de campo etnográfico mais genérico. O trabalho de campo contemporâneo e futuro não deve se restringir tanto aos modos de compreensão texto-e-discurso, como tende a ser atualmente. A tecnologia digital fornece um meio para ir além disso.

A reflexividade no campo visual também pode ser estendida para fornecer, aos anfitriões e informantes da pesquisa, os meios para registrar seus próprios materiais visuais. Assim, eles podem se tornar coprodutores de *dados*. A disponibilidade de câmeras e *smartphones* baratos e fáceis de usar não significa apenas que os etnógrafos possam usá-los de forma extensiva; significa também que os atores sociais cotidianos podem ser solicitados a produzir material para fins de pesquisa, que pode trazer à tona aquilo que não está imediatamente *visível* ao etnógrafo (cf., p. ex., MANNAY, 2010). A tecnologia digital torna gerenciáveis a armazenagem e o uso de tais dados. E, potencialmente, os dados gerados pelos participantes são importantes para compreender como os atores interpretam e navegam seu mundo. Esses dados podem ser muito esclarecedores para a compreensão de como os participantes consomem espaços e objetos, ou de como se movem em determinados ambientes. As imagens produzidas por participantes também podem ser utilizadas como estímulos na condução das entrevistas.

Atualmente, existe uma literatura considerável sobre análise visual em estudos etnográficos e culturais (p. ex., VAN LEEUWEN; JEWITT, 2001; BALL; SMITH, 1992; 2001; CRAWFORD; TURTON, 1992; LOIZOS, 1993; HARPER, 2012). Na nossa opinião, é importante enfatizar até que ponto os materiais visuais e sua representação devem ser completamente integrados ao marco de uma estrutura etnográfica geral. Alguns fenômenos, em particular, recompensam a captura e a representação visual. As contribuições de Becker para a fotografia e a sociologia são um argumento poderoso a favor dessa perspectiva (cf. BECKER, 1974; 1981; 1982), assim como o trabalho de Harper (1987; 2016; 2018). O trabalho empírico de Pink (1997) sobre toureiras é um exemplo da integração de tópicos visuais com análises etnográficas mais amplas. As preocupações etnográficas com a representação visual também estão diretamente relacionadas com a análise da cultura material – muitas vezes representada visual e textualmente. Vale ressaltar, no entanto, que a etnografia multimodal não significa apenas a adição de materiais não textuais: trata-se da exploração exaustiva de como as diferentes modalidades da vida cotidiana (oral, visual e sensorial) manifestam a sua própria organização e importância, e de como elas se entrecruzam na realização dos mundos sociais cotidianos.

A etnografia em espaços digitais

Campos virtuais de variados tipos têm cada vez mais importância em um mundo social que é, em grande medida, simultaneamente global e digital. De fato, as tecnologias envolvidas expandem nossa própria noção do que constitui um *campo*. Existem comunidades *espontâneas** no espaço virtual digital. E os pesquisadores que utilizam os meios *on-line* para acessar informantes estão frequentemente explorando as redes existentes de atores sociais envolvidos nessas comunidades. Está claro que, pelo menos para alguns participantes, esta é uma realidade social essencial e uma fonte importante de identidade. Essas comunidades e redes virtuais apresentam oportunidades e desafios para a pesquisa etnográfica. Embora os etnógrafos possam já ser competentes no uso das tecnologias relevantes, com frequência haverá novos aspectos delas a aprender e novos ambientes digitais a navegar. Contudo, esses ambientes revelam formas distintas de interação social.

Além disso, existem oportunidades de utilizar as tecnologias digitais para alcançar populações de pesquisa específicas. Muitos tipos de informantes podem ser acessados mais facilmente dessa forma. Por exemplo, a pesquisa de Stewart sobre pessoas com síndrome do intestino irritável incluiu o acesso *on-line* a portadores do problema (STEWART; WILLIAMS, 2005). Este é um bom exemplo de como uma condição potencialmente embaraçosa ou estigmatizante pode ser estudada *a distância*, em que a entrevista face a face e o recrutamento pessoal para um estudo poderiam ser mais problemáticos. De modo similar, Scott (2004) conduziu um projeto interacionista sobre pessoas tímidas e as construções da timidez. Ela pôde fazer contato e interagir com eles remotamente, de uma forma

---

* No original, *naturally occurring* [N.T.].

que provavelmente teria sido mais difícil face a face. Ao contrário do que se possa imaginar a princípio e de forma ingênua, as pessoas tímidas podem estar muito dispostas a falar abertamente sobre si mesmas, e são extremamente reflexivas a respeito de seu estilo próprio de interação. Com efeito, seu comportamento costuma ser tímido precisamente porque eles têm uma percepção de si aguçada, e estão atentos às sutilezas da interação dialógica e da dinâmica de grupo. Assim, Scott descobriu que os informantes eram capazes e estavam dispostos a produzir relatos muito completos de sua experiência com a timidez, e que canais de comunicação mais impessoais eram adequados para eles.

Pesquisas dessa natureza não estudam, necessariamente, as comunidades *espontâneas* que existem no ciberespaço. Por exemplo, ao organizar quadros de avisos e salas de bate-papo, os pesquisadores podem criar grupos temporários e situados de pesquisa, semelhantes aos grupos focais *on-line*. Sua vantagem em relação aos grupos face a face é que eles podem existir mais ou menos indefinidamente, e os atores podem ser recrutados de forma contínua, uma vez que a participação não é restrita por limitações de tempo e viagens. É claro que também há desvantagens potenciais. Grupos focais *on-line* operam com canais de comunicação restritos, de modo que a ausência de interação face a face pode ser um fator limitante.

A preferência histórica dos etnógrafos por comunidades face a face e locais de interação intensa não deve nos cegar para o fato de que as formas contemporâneas de comunicação podem transformar, em certo sentido, o que é *local* em redes bastante difusas, e que as *comunidades* podem existir (e, de fato, existem) em muitas formas diferentes. Também não devemos esquecer que uma das primeiras inspirações para a sociologia de Chicago foi o livro *The Polish Peasant*, cujo foco era, em grande medida, a troca de cartas entre os colonos poloneses em Chicago e seus parentes na Polônia. Isso tem muito em comum com a troca de mensagens eletrônicas, embora, é claro, a densidade e a velocidade das últimas possam criar uma sensação mais intensa de um mundo social compartilhado.

Além disso, às vezes, as *comunidades virtuais* que existem apenas no ciberespaço só podem ser estudadas etnograficamente neste mesmo meio. A etnografia digital* trabalha com a ação social e a organização social em configurações virtuais. Williams (2006), por exemplo, conduziu um estudo etnográfico de domínios

---

* No original, *cyber-ethnography* [N.T.].

multiusuários (MUDs, na sigla em inglês)* nos quais os participantes podem assumir identidades virtuais por meio de avatares e interagir uns com os outros em mundos virtuais. Ele se concentrou, especialmente, nos mecanismos de controle social no interior desses domínios, *policiados* de forma explícita e também objeto de tipos de controle social mais informais. Williams agiu como um observador participante virtual nesses mundos virtuais. Trabalhos como o dele são, assim, etnográficos de uma maneira que os estudos que apenas recrutam informantes não são. As próprias identidades virtuais também se tornam tópicos de pesquisa – como são criadas, sustentadas e alteradas. No entanto, não devemos supor que os mundos virtuais são necessariamente *desencarnados*. Williams revela que a encarnação virtual dos ciberespaços fornece uma grande oportunidade para a exploração etnográfica desses espaços. Além disso, sua pesquisa demonstra de forma ampla que as preocupações próprias do trabalho de campo etnográfico podem ser aplicadas em tais ambientes. Algumas questões relativas à identidade, à comunidade e ao controle social são tão expressivamente importantes para os mundos virtuais quanto o são para qualquer outro. Os processos de negociação, interação e construção de identidade também são tão *reais* quanto. Neste sentido, não há uma distinção fundamental entre ambientes *virtuais* e *reais*, e a pesquisa na era digital precisa levar isso em consideração. Ao mesmo tempo, as relações entre identidades virtuais e *reais*** também podem se tornar temas etnográficos.

Mais recentemente, Boellstorff e seus colegas forneceram um argumento importante sobre a etnografia dos mundos virtuais. Eles se definem como etnógrafos que fazem etnografia em mundos virtuais, não como "etnógrafos virtuais" (p. 4), e descrevem os mundos virtuais a partir das seguintes quatro características:

> Primeiro, eles são *lugares* e dão a sensação de *mundo*. Eles não são apenas representações espaciais, mas oferecem um ambiente rico em objetos, que os participantes podem atravessar e com o qual podem interagir. Em segundo lugar, os mundos virtuais são multiusuários por natureza; eles existem como ambientes sociais compartilhados, com comunicação e interação simultâneas. Embora os participantes possam se envolver em atividades solitárias dentro deles, os mundos virtuais prosperam na coabitação com outros. Terceiro, eles são *persistentes*: eles continuam a existir de alguma forma, mesmo quando os participantes se desconectam. Eles podem, portanto, sofrer mu-

---

* Em inglês, *multi-user domains* [N.T.].
** No original, *off-line* [N.T.].

danças na ausência de qualquer participante, em função da própria plataforma ou das atividades de outros participantes. Em quarto lugar, os mundos virtuais permitem que os participantes se personifiquem, geralmente como avatares [...] para que possam explorar e participar do mundo virtual (BOELLSTORFF et al., 2012: 7; grifos no original).

Claramente, o estudo etnográfico desses mundos *virtuais* e de outros mundos sociais exige a aquisição de conhecimento local e de algumas habilidades técnicas, como aprender a operar como um avatar; porém, mais uma vez, isso não difere, em princípio, da conduta etnográfica em qualquer outro campo especializado ou esotérico.

Em seus estudos recentes, Heath e seus colegas reiteraram a necessidade de pesquisa empírica direta em ambientes sociais virtuais. Na introdução de seu trabalho sobre realidade virtual, eles ressaltam que muitos comentaristas dos fenômenos *cibernéticos* ou *virtuais* estão preocupados com projeções de tendências sociais globais e futuros imaginados, mas dedicam pouca ou nenhuma atenção à ação social prática em ambientes virtuais (p. ex., HINDMARSH et al., 2006). Eles enfatizam como a ação no mundo virtual depende da ação concreta no domínio material. Não é sensato extrapolar para um futuro (incognoscível) no qual os atores humanos são transformados em ciborgues e a ação *virtual* é dissociada das questões práticas e mundanas da vida social cotidiana. No mínimo, precisamos de pesquisas etnográficas robustas a respeito de como a interação social é conduzida nos mundos digitais.

Essas possibilidades etnográficas devem ser colocadas lado a lado dos relatos etnográficos mais convencionais sobre a interação e a organização social mediadas pelas novas tecnologias. Os *smartphones* geram oportunidades consideráveis não apenas para o estudo das formas potencialmente novas de mobilidade e comunicação, mas eles também sugerem seus próprios usos criativos na condução do trabalho de campo. Os pesquisadores de campo contemporâneos podem interagir *naturalmente* com as pessoas e suas redes através da tecnologia móvel; por exemplo, enviar mensagens de texto, ou mesmo entrevistar jovens enquanto eles se movem em seus bairros urbanos.

Ao explorar a *etnografia virtual*, Hine (2000; 2015) focou em um caso específico – o uso da internet em torno do caso Louise Woodward (uma babá britânica acusada de causar a morte de um bebê sob seus cuidados ao sacudi-lo com força), amplamente divulgado. Ela enfatiza que não há necessidade de supor que a tecnologia da informação contemporânea gere realidades sociais radicalmente diferentes, ou que os ciberespaços não sejam, por natureza, passíveis de investigação etnográfica. Com efeito, Hine adapta os princípios mais gerais da pesquisa etnográfica para estabelecer um conjunto de preceitos para a etnografia virtual (p. 63-5). Entre eles:

> A mídia interativa apresenta um desafio e uma oportunidade para a etnografia, ao colocar em questão a noção de um local de interação. O ciberespaço não deve ser pensado como um espaço dissociado de qualquer conexão com a "vida real" e as interações face a face. Ele possui conexões ricas e complexas com os contextos em que é utilizado. Ele também depende de tecnologias que são empregadas e entendidas de forma diferente em diferentes contextos, e que precisam ser adquiridas, aprendidas, interpretadas e incorporadas ao contexto. Essas tecnologias apresentam um alto grau de flexibilidade interpretativa. Mídias interativas como a Internet podem ser entendidas como cultura e como artefato cultural. Concentrar-se em apenas um aspecto, em detrimento do outro, leva a uma visão empobrecida (HINE, 2000: 64).

Ao fornecerem *métodos* para o estudo da cultura, da ação e dos artefatos, as mídias digitais proporcionam meios etnográficos reflexivos de engajamento com essas formas particulares de vida social.

Gerenciando dados em um ambiente digital

Etnógrafos e outros pesquisadores qualitativos também usam a tecnologia digital para armazenar, gerenciar, organizar e pesquisar seus dados a fim de ajudar na análise. De fato, em muitas áreas, parte-se do princípio de que os projetos de pesquisa usarão esses recursos, e sua ausência nas propostas e planos de pesquisa pode ser avaliada negativamente. Acreditamos, no entanto, que os etnógrafos ainda nem sempre fizeram o melhor uso dessa tecnologia. Não concordamos com o determinismo tecnológico e não acreditamos que o pensamento dos cientistas sociais seja, nem deva ser, movido pela busca de soluções tecnológicas. Claramente, não existem soluções simples automatizadas para nenhuma das tarefas complexas envolvidas na realização do trabalho de campo, na análise dos dados e na redação de relatos etnográficos. Por outro lado, acreditamos que os cientistas sociais podem e devem explorar o que as novas tecnologias têm a oferecer a eles e às suas pesquisas. Assim como as novas tecnologias digitais nos permitiram fazer coisas novas com som e imagem na nossa vida cotidiana, elas podem nos ajudar a fazer coisas novas com nossos dados de ciências sociais.

Em vários momentos ao longo de suas carreiras, ou durante projetos de pesquisa, os etnógrafos enfrentam problemas aparentemente insolúveis para gerenciar seus dados e organizá-los de modo a produzir representações adequadas do mundo social que desejam documentar. Com frequência, parece haver um excesso de dados para processar. Quando antropólogos e sociólogos falam sobre a *riqueza* dos dados do campo etnográfico, isso pode ser uma outra forma de expressar o volume e a complexidade da informação que eles coletam e armazenam. Períodos extensos de pesquisa de campo rendem dezenas de milhares de palavras de entrevistas transcritas, notas de campo e fontes documentais; frequentemente, elas são acompanhadas de inúmeras imagens, artefatos materiais e outros objetos. É uma tarefa difícil gerenciar todos esses materiais e relacioná-los de alguma forma. Além disso, o etnógrafo precisa converter esses materiais em outras formas de representação – geralmente, uma monografia de pesquisa e artigos acadêmicos (embora filmes e exibições fotográficas, além de apresentações *on-line*, também possam ter um papel importante).

O mundo social, capturado – embora de modo imperfeito – através de múltiplas fontes e mídias, não se apresenta em narrativas e temas bem estruturados. O pesquisador de campo se depara com mundos sociais que são representados em uma diversidade de formas diferentes, ao mesmo tempo – linguística, visual, gestual, material, e assim por diante. O mundo social não vai simplesmente parar de girar para se revelar de forma organizada. Coletamos dados de campo de diferentes maneiras, para que nossos dados sejam como a matéria-prima para a composição de uma montagem, em vez de simplesmente alinhados em um texto. Os mundos sociais não têm começo, meio e fim: eles estão em constante movimento e nos apresentam uma multiplicidade de informações, representações e ideias. Sempre será tarefa do etnógrafo *dar* sentido a seus dados. Mas não precisamos mais *perder* a maior parte deles ao selecionar apenas os fragmentos minúsculos que podem ser incluídos em publicações, deixando a maioria dos dados arquivada ou totalmente inacessível. A tecnologia da informação digital possibilita que conjuntos de dados grandes e complexos sejam armazenados, gerenciados e pesquisados. Além disso, ela nos permite explorar esses dados de maneiras criativas.

Os etnógrafos – novatos e experientes – muitas vezes confessam o desejo de poder apresentar a seus leitores um acervo de material etnográfico que pudesse ser acessado – como uma experiência de trabalho de campo indireta – para que diferentes análises desse material fossem produzidas. As restrições dos formatos textuais convencionais – como teses de pós-graduação, livros e artigos de periódicos – muitas vezes podem ser especialmente incômodos para autores que desejam e precisam apresentar grandes quantidades de informação em ordens e padrões complexos, onde o detalhe importa, e onde a variedade ou a repetição de temas é relevante.

Análise de dados assistida por computador

O desenvolvimento acelerado da tecnologia digital significa que, cada vez mais, os dados podem ser coletados, registrados, armazenados e gerenciados digitalmente. O uso generalizado de *softwares* de apoio à análise de dados qualitativos (Caqdas, na sigla em inglês)* é apenas um dos aspectos significativos desse desenvolvimento. Antes considerado inovador, atualmente, o seu uso é um aspecto naturalizado em muitos projetos de pesquisa etnográfica e qualitativa. Não é nosso objetivo aqui fazer um exame de *softwares* específicos. Em vez disso, desejamos acrescentar alguns comentários genéricos neste estudo mais amplo sobre a etnografia na era digital.

Em seu nível de uso mais elementar, os pacotes de *softwares* personalizados permitem que etnógrafos armazenem, gerenciem e pesquisem seus dados de forma sistemática e abrangente. Eles permitem que o pesquisador recapitule os procedimentos básicos de pesquisa e gerenciamento de dados, que antes eram universalmente gerenciados de forma manual (cf. cap. 8). Ao indexar e codificar os dados, o analista pode então pesquisar conjuntos de dados para ocorrências múltiplas do *mesmo* fenômeno. Analiticamente, os procedimentos de codificação e pesquisa registram os procedimentos fundamentais da argumentação etnográfica; isto é, o processo iterativo de identificação de instâncias e casos, associando-os a classes ou categorias mais genéricas e mais amplas que, por sua vez, conduzem a um exame mais aprofundado dos dados e a melhor compreensão deles.

O uso de técnicas associadas aos Caqdas se tornou um requisito comum na maioria dos programas de formação para estudantes de pós-graduação e pesquisadores em início de carreira. Alguns programas com suporte e distribuição comercial se tornaram referências de mercado. Não temos maiores restrições quanto ao uso geral desses programas para o gerenciamento de dados qualitativos. O

---

* Em inglês, Computer Aided Qualitative Data Analysis Software [N.T.].

software nos ajuda a realizar tarefas que são, conceitualmente falando, bastante independentes do *software* em si. Podemos organizar e recuperar dados, podemos anexar memorandos analíticos e metodológicos, podemos pesquisar um corpus de dados. Além disso, podemos realizar essas tarefas de maneiras mais eficientes e mais robustas do que seria possível sem o *software*. A pesquisa pode ser rápida e abrangente. A pesquisa pode ser muito mais sofisticada do que seria sem ele: o analista pode buscar co-ocorrências e proximidade entre os itens em um *corpus* de dados. Essas são vantagens óbvias. No entanto, sugerimos que os etnógrafos deveriam ir além dos Caqdas e pensar em maneiras mais criativas de adotar e de desenvolver a tecnologia digital contemporânea.

Claro, o uso de *software* nunca substitui os processos de inferência etnográfica. Nem a codificação dos dados nem a busca por instâncias devem ser consideradas um exercício mecânico. Além disso, este não é – ou não deveria ser – um exercício de análise de conteúdo. O risco intelectual é que o analista procure apenas por *temas* nos dados, colete uma variedade de material ilustrativo e depois simplesmente recapitule esses *temas* como se este fosse o fim da análise, em vez de um ponto de partida em sua direção (cf. cap. 9).

Desde os primórdios do uso de *softwares*, então baseado em uma estratégia bastante simples de codificação e consulta, as funções e os usos potenciais dos *softwares* se expandiram. Embora os princípios fundamentais de análise ainda se apliquem, as capacidades dos *softwares* significam que é possível armazenar e manipular – e, logo, representar – dados de uma ampla variedade de fontes e de tipos diferentes. O *software* original foi projetado para dar suporte a texto codificado. Atualmente, os diversos pacotes incluem dados visuais, de áudio, vídeo e espaciais também. A categorização e a pesquisa simples deram lugar a oportunidades para uma manipulação muito mais complexa dos dados.

Lewins e Silver (2014) descrevem a gama de estratégias analíticas possíveis nas versões contemporâneas dos Caqdas. Um dos principais problemas está no contraste entre a redução dos dados (através da codificação simples) e levar em consideração uma maior complexidade na exploração e disposição dos dados. Muitos pesquisadores se apoiarão na *análise temática*, identificando tipos recorrentes de afirmações ou ações nos dados. O uso de *softwares* permite uma pesquisa mais abrangente de conjuntos de dados. Em muitos casos, a identificação de regularidades possibilita um gerenciamento de dados suficiente para que o etnógrafo construa outras tipologias, narrativas e conceitos teóricos. Os Caqdas também podem ser utilizados para dar suporte à análise baseada na linguagem. A análise do discurso e a narrativa podem ser auxiliadas por um *software* que inclua funções de mineração de texto: corpora de dados (notas de campo, transcrições de entrevistas, conversas interativas transcritas) podem ser pesquisados em busca de itens lexicais, seu sequenciamento e co-ocorrência (LEWINS; SILVER, 2014: 24-26). Como em todo e qualquer uso de *software*, esses procedimentos não substituem a análise teoricamente orientada do sequenciamento dialógico, de estratégias discursivas, de dispositivos descritivos e da estruturação narrativa da experiência. Além disso, embora materiais visuais possam ser utilizados e examinados, isso geralmente requer que eles sejam codificados textualmente (LEWINS; SILVER, 2014: 32-33).

Em outras palavras, os Caqdas contemporâneos, muitos dos quais ainda se baseiam em procedimentos de codificação, podem suportar conjuntos de dados complexos que incluem materiais de diversos tipos. A codificação aqui se refere à atribuição de rótulos analíticos a instâncias ou segmentos de dados (cf. cap. 8 e 9). Enquanto a codificação manual e as primeiras versões de *softwares* se baseavam em formas simples de indexação, os *softwares* contemporâneos facilitam a realização de uma codificação complexa em vários níveis. O *software* inclui funções para mapear e associar conceitos e dados. Comentários analíticos e notas metodológicas também podem ser anexados a essas associações. O analista pode, assim, desenvolver redes densas de relações entre instâncias de dados, e entre dados e ideias emergentes. Às vezes, este processo é descrito como *construção de teoria*, mas, embora isso possa ajudar a compreender as relações complexas no interior e entre dados e ideias, não é a máquina que produz a análise – ela é apenas um meio que pode auxiliar o etnógrafo nessa tarefa.

Na próxima seção, discutiremos uma estratégia complementar para tratar os dados em um ambiente digital, baseada em funções de hipertexto e hipermídia. Trata-se de uma abordagem que se fundamenta em um ponto de partida diferente das origens dos Caqdas, embora os métodos digitais e suas funções sejam, em grande medida, convergentes.

Etnografia multimídia e hipermídia

Os defensores de abordagens hipermídia argumentam que as estratégias analíticas baseadas no uso de *softwares*, muitas vezes, perdem algumas das maiores oportunidades oferecidas pelas tecnologias digitais. Como já observamos, as funções dos *softwares* contemporâneos vão muito além das funções básicas de gerenciamento de texto. Temos agora, à nossa disposição, os meios para capturar e armazenar dados de todos os tipos de modo digital. Em alguns casos, as próprias tecnologias se desenvolveram tão rápido que mal tivemos tempo de fazer um balanço das oportunidades científicas que elas oferecem, em oposição a seus usos cotidianos. Embora a fotografia em filme continue sendo preservada por entusiastas e especialistas, a fotografia digital rapidamente se tornou mais popular que o filme. O poder das câmeras e telefones digitais significa que eles geram imagens de alta resolução. Assim, a tecnologia de captura digital de imagens está ao alcance de todos os alunos, para não falar de pesquisadores profissionais e equipes de pesquisa financiadas. Claro, imagens digitais também podem ser geradas para fins de pesquisa e apresentação, digitalizando imagens de fontes impressas. De fato, muitos de nós estamos acostumados a fazer isso para incorporar materiais visuais ilustrativos em apresentações digitais, para palestras ou conferências. Mas a fotografia digital cria uma relação muito direta entre a coleta de dados no campo e a incorporação de imagens nas análises etnográficas. O mesmo é válido para o vídeo digital e há paralelos importantes aqui com o filme etnográfico e, de fato, com o uso do filme em gêneros comerciais e artísticos. E estes tiveram um grande avanço com a tecnologia hipermídia.

Os princípios gerais da etnografia hipermídia e a criação de um ambiente etnográfico hipermídia já foram descritos em outro lugar, e não vamos discutir os detalhes técnicos ou os aspectos práticos de sua implementação (cf. DICKS; MASON; COFFEY; ATKINSON, 2005). Os princípios gerais são mais importantes para nossos objetivos. A ideia subjacente de *hipertexto* não é, de forma alguma, uma novidade. A noção, na versão de autores como Landow (2006), baseia-se simplesmente na possibilidade de vincular textos e locais específicos em textos. No mundo literário, por exemplo, vastos *corpora* de textos podem ser vinculados. A vinculação pode se basear em referências intertextuais, alusões e assim por diante, no uso das mesmas figuras de linguagem, em vínculos dos textos com aparatos fundamentais e assim por diante. O hipertexto também pode ser utilizado para criar textos narrativos que rompem com a estrutura linear convencional da maioria dos romances, biografias ou histórias. Uma obra de ficção em hipertexto pode ser acompanhada de múltiplas formas, seguindo *links* em várias direções, que permitem ao leitor criar versões únicas do texto – um exemplo é *Arcadia*, de Iain Pears (2015).

A obra em hipertexto, ou o *corpus* de materiais vinculados em hipertexto, constrói, portanto, uma multiplicidade de conexões e múltiplos trajetos. O princípio do hipertexto é particularmente útil para obras de referência. O dicionário impresso ou a enciclopédia em forma de livro, que constantemente remete o leitor de um verbete ao outro, antecipa o modo de escrita e leitura em hipertexto. Uma enciclopédia em hipertexto jamais precisaria ter a estrutura textual linear original dos verbetes. O leitor poderia navegar constantemente de um verbete para outro. Não seria necessário ter uma enciclopédia geral simples e uma obra de referência mais especializada, uma vez que um sistema em hipertexto permitiria ao leitor pesquisar tópicos em diferentes níveis de detalhe, com diferentes fontes de evidência, acompanhar outras referências e leituras, reunir mais e mais referências cruzadas e assim por diante. Esta é uma experiência de navegação com a qual muitos leitores contemporâneos já estão familiarizados. A rede mundial de computadores (*World Wide Web*) dispõe de muitos desses recursos. Navegamos neste conjunto aparentemente infinito de referências por meio de *links*. Podemos usar os motores de busca para localizar fontes específicas de informação, a partir das quais podemos navegar para ir mais fundo e mais longe. Ao fazermos isso, estamos estabelecendo nosso conjunto de trajetos individuais, possivelmente único, e, assim, criando um novo agrupamento de informações.

A etnografia hipermídia utiliza essencialmente a mesma abordagem. O termo *hipermídia* se refere ao fato de que vários tipos de dados, produzidos em diferentes mídias, podem ser incorporados no mesmo ambiente digital. Além de texto, é possível incorporar imagens estáticas e vídeo, assim como documentos de todos os tipos. Além disso, o áudio digital de uma entrevista pode ser armazenado e manipulado no ambiente hipermídia, desde que seja gravado ou copiado digitalmente. Com efeito, gravando uma entrevista com uma filmadora digital, é possível ter a transcrição e o áudio disponíveis simultaneamente. Em outras palavras, o ambiente hipermídia permite a compilação de material etnográfico de uma variedade de fontes. Ele permite ao etnógrafo explorar as capacidades de gravação digital em diferentes meios. Claro, não há necessidade de incorporar materiais visuais gratuitamente, apenas porque a tecnologia disponível é barata; mas não há dúvida de que a imagem digital é um recurso que pode e deve ser usado pelos etnógrafos com mais frequência e de modo mais sistemático. Vivemos em culturas visuais e baseamos muito de nossa argumentação etnográfica no valor da *observação* participante. Embora, neste contexto, *observação* signifique muito mais do que apenas olhar, a relação entre os aspectos visuais da cultura e os aspectos observacionais da pesquisa não deve ser negligenciada. No ambiente hipermídia, portanto, os dados visuais têm o mesmo peso dos dados textuais ou orais. Eles não têm que ser relegados ao papel de meros materiais ilustrativos.

Dado que os *softwares* hipermídia permitem estabelecer *links* entre diferentes textos, diferentes mídias e diferentes conjuntos de dados, consequentemente, não é preciso fragmentar os dados, como costuma ser o caso nas abordagens de codificação. O ambiente hipermídia pode, portanto, preservar a completude dos materiais de entrevistas, gravações de vídeo, gravações de áudio, fotografias e fontes documentais. Em teoria, autores e leitores podem navegar através dos documentos e textos, ou explorá-los. Visto que o conjunto de dados está sempre disponível, as possibilidades de pesquisas e navegações que podem ser feitas nunca se esgotam. Todos os *links* podem ser classificados e registrados. Comentários analíticos, em diferentes níveis de detalhe e sofisticação, podem ser associados diretamente às fontes de dados e entre si. Além disso, não há necessidade de fazer uma *revisão da literatura* separadamente, na medida em que as referências, os glossários e as observações pertinentes podem ser vinculados aos dados. Na prática, é claro, essa abordagem tem suas dificuldades próprias. Se o leitor tiver acesso aos conjuntos de dados completos, eles devem ser editados o suficiente para evitar quaisquer problemas éticos, por exemplo, relacionados à preservação do anonimato ou da confidencialidade, de uma forma mais geral. Além disso, a elaboração de uma etnografia em hipertexto é extremamente trabalhosa, na medida em que a construção dos trajetos de navegação e a preparação dos dados são bastante complexas.

Os desenvolvedores da etnografia hipermídia ressaltam que seu valor não reside apenas em um sistema de gerenciamento de dados, nem mesmo no fato de poder incorporar dados digitais em vários formatos – textual, áudio e visual. O verdadeiro valor, e o verdadeiro sentido em que isso é uma exploração da tecnologia digital, reside no fato de que a etnografia hipermídia rompe com as distinções entre o *registro*, a *análise* e a *redação* (DICKS et al., 2005). Um grau elevado de integração e flexibilidade dos dados e da representação podem facilitar uma abordagem analítica que é, em última análise, mais fiel às tarefas cognitivas e aos pressupostos intelectuais da investigação etnográfica *clássica*. Eles também podem acomodar diferenças individuais entre pesquisadores ou grupos de pesquisa mais facilmente do que os usos preestruturados mais convencionais. A oportunidade de estabelecer vários *links* e trilhas pode encorajar o analista a explorar redes densas de associação e significado. Muitos anos atrás, refletindo sobre os desafios e as oportunidades da era *cibernética*, Thomas aludiu ao futuro da etnografia:

> Imagine a riqueza dos dados se o estudo de Becker sobre usuários de maconha, os relatos de Manning sobre os agentes antinarcóticos ou a análise de Irwin sobre a cultura prisional incluíssem imagens e sons em 3-D. Esse tipo de comunicação não apenas infundiria os textos etnográficos com detalhes mais ricos, mas também acrescentaria um grau novo de responsabilidade, ao oferecer ao leitor uma visão do contexto a partir do qual os dados e as análises são derivados (THOMAS, 1993: 82-83).

Atualmente, a realização completa da etnografia hipermídia é limitada por diversos obstáculos. Múltiplas fontes de dados, especialmente dados visuais, consomem muita memória do computador e, embora a memória tenha se tornado muito mais barata e os computadores pessoais capazes de lidar com um volume maior de informações, os limites práticos podem ser atingidos rapidamente. A etnografia hipermídia ainda está em processo de desenvolvimento e, embora existam algumas demonstrações práticas disso e materiais disponibilizados na *web* não sejam incomuns, há custos envolvidos. A criação de um ambiente etnográfico de hipertexto é extremamente trabalhosa, como já mencionamos. É preciso adquirir algumas habilidades, notadamente habilidades de edição, para além daquelas que os etnógrafos normalmente possuem. Páginas *web* exigem manutenção. É relativamente fácil criar essas funcionalidades na primeira onda de entusiasmo e mantê-las durante o período de um projeto financiado. Garantir sua longevidade, no entanto, é mais problemático. Mas ambientes digitais *mortos* não têm grande vantagem sobre o meio impresso tradicional. Este não é um problema restrito à pesquisa etnográfica. O investimento de tempo e de recursos humanos em pesquisas e recursos pedagógicos baseados na *web* já está criando uma bomba-relógio de recursos para grupos de pesquisa e financiadores. Além disso, a integração total do armazenamento, da análise e da representação dos dados pode criar um ambiente extremamente complexo no qual o *leitor* precisa navegar. Sem muita orientação e ajuda na tela, os leitores podem facilmente se perder no hiperespaço; qualquer usuário que já tenha navegado até mesmo em redes simples, como em pesquisas de citações, saberá que, à medida que se traça um percurso de *citações para citações para citações*, é possível ficar perdido e sentir vertigem digital.

Certamente, existem soluções intermediárias e combinadas que podem ser utilizadas para incorporar algumas das características da tecnologia digital sem se comprometer com um ambiente totalmente hipermídia. Uma abordagem óbvia é complementar produtos impressos mais convencionais, como livros e jornais, com páginas *web*. Os leitores podem acessá-las e navegar, sozinhos, em partes dos diversos conjuntos de dados; eles podem visualizar imagens relevantes que, portanto, não precisam ser reproduzidas em meio impresso, podem acessar imagens de vídeo, e assim por diante. O mesmo se aplica às versões atuais de publicação em periódicos eletrônicos. Não há razão para que os periódicos não possam conter *links* para páginas *web* mantidas pelos autores, onde mais evidências, referências e comentários podem ser acessados. A página *web* complementar também pode proporcionar uma relação mais interativa e dialógica entre o pesquisador e seus leitores. O fenômeno do *web-log* (*blog*) se tornou uma forma familiar na qual a comunicação global é possível. Os autores podem incluir novas ideias, reflexões e exemplos adicionais de seus dados nesse ambiente digital. No entanto, isso não implica o *fim do livro*. Como vimos, é perfeitamente possível ter livros convencionais em papel com referências a páginas *web*. Além disso, com a crescente visibilidade do *e-book*, as distinções entre *livros* e outras mídias estão perdendo força: a comercialização de dispositivos digitais para armazenar e exibir *e-books* em formato *semelhante ao de um livro* irá borrar a distinção ainda mais. E-books recentes que exploram as funcionalidades de *hiperlinks* incluem monografias etnográficas: Vannini (2012), Somerville (2013) e Uimonen (2012) são exemplos que utilizam a tecnologia do *e-book* de várias maneiras. A monografia de Vannini sobre balsas e o movimento na costa da Colúmbia Britânica é o exemplo desenvolvido com mais sucesso. Nela, o texto analítico é vinculado a representações visuais e gravações de áudio que dão ao leitor acesso direto a fragmentos de dados.

    A discussão mais desenvolvida sobre etnografia hipermídia e um exemplo concreto de seu uso é fornecido por Dicks et al. (2005). Com base em trabalhos anteriores (p. ex., COFFEY et al., 1996; DICKS; MASON, 1998), eles demonstram a etnografia hipermídia em ação. O enfoque empírico é um sítio histórico, construído no local de uma mina de carvão em South Wales (Gales do Sul). Já estudado e apresentado na forma de um texto convencional por Dicks (2000), este espaço é projetado de forma multimídia, incluindo reconstruções da vida no poço, mostras documentais e fotográficas, e antigos mineiros atuando como guias. O projeto de demonstração, portanto, inclui gravações em vídeo de visitas guiadas, imagens do ambiente físico, entrevistas gravadas e fontes documentais. O ambiente hipermídia permite que essas diversas modalidades de representação sejam associadas a comentários analíticos e outros materiais textuais. Por sua vez, esses elementos podem ser navegados tanto pelo analista quanto pelo leitor, permitindo múltiplas possibilidades de leitura etnográfica. Os autores sugerem que o desenvolvimento da etnografia hipermídia

> pode levar ao surgimento de novos tipos de descobertas qualitativas e etnográficas resultantes da integração de várias mídias diferentes – incluindo som, imagens e texto escrito. Da mesma forma, os pesquisadores qualitativos podem querer incentivar modos de leitura mais abertos, mais exploratórios e menos lineares do que a monografia ou o filme convencional. A estrutura multilinear do hipertexto é uma forma de construir essa abertura. O hipertexto e a hipermídia, em nossa opinião, permitem a criação de textos mais "abertos" ou "com múltiplas vozes", mas ainda assim baseados em métodos rigorosos e exaustivos de análise de dados (DICKS et al., 2005: 42).

Conclusão

A etnografia na era digital apresenta uma gama de possibilidades. Temos a oportunidade de estudar comunidades e redes virtuais. Esses mundos sociais são semelhantes a qualquer outro, em muitos aspectos, e podem ser abordados etnograficamente. Claro, a natureza exata dessa abordagem é mediada pela natureza do ambiente digital – mas, de qualquer forma, todo trabalho de campo é condicionado pelos ambientes sociais em que é conduzido. Temos a capacidade de coletar dados de vários tipos, empregando uma variedade de recursos digitais, para que o trabalho de campo se torne genuinamente multimodal. E esses dados também podem ser armazenados e organizados digitalmente. Por fim, a existência de programas de computador sob medida significa que é possível criar ambientes digitais para a autoria e a representação de pesquisas etnográficas.

Não acreditamos que as tecnologias digitais impliquem transformações profundas na maneira como os etnógrafos conduzem o trabalho de campo, ou em como relatam suas pesquisas. Insistimos, contudo, que todos os etnógrafos devem reconhecer as possibilidades que o mundo digital apresenta hoje em dia. Quer sejam entrevistas *on-line* e o estudo de comunidades virtuais, as possibilidades da imagem digital ou os recursos do hipertexto, existem oportunidades para os etnógrafos estudarem e analisarem os fenômenos sociais de formas verdadeiramente novas.

Acreditamos, também, que algumas dessas possibilidades dialogam com as formas contemporâneas de vida social e ação social, de maneiras mais significativas – e mais positivas – do que as chamadas abordagens pós-modernas, defendidas em alguns setores, com sua recomendação de experimentação textual; às vezes, ao que parece, principalmente em benefício próprio. Embora a experimentação textual possa aprimorar a representação etnográfica em alguns casos, um engajamento positivo com o mundo pós-moderno dos ambientes digitais possibilita uma revolução mais profunda e ainda fiel às condições da vida social contemporânea.

O princípio da reflexividade, que orienta nossa discussão neste livro, exige que levemos a sério os métodos da vida cotidiana e que os desenvolvamos de forma autoconsciente e sistemática. Esses métodos incluem, claramente, o uso de tecnologias digitais. Dados visuais e de áudio podem ser combinados com texto para possibilitar uma variedade de modos inovadores de análise e representação etnográfica. A investigação etnográfica da sociedade contemporânea pode e deve lançar mão dos recursos de autorrepresentação que existem nela. Coletivamente, corremos o risco de permanecer tecnologicamente ingênuos, enquanto o resto do mundo se torna cada vez mais mediado pela tecnologia digital. O hipertexto e a hipermídia, como delineamos aqui, são apenas exemplos dentre as múltiplas possibilidades que podem ser vislumbradas hoje e que ainda precisam ser incorporadas pelos cientistas sociais.

8
REGISTRANDO E ORGANIZANDO OS DADOS

Nos capítulos anteriores, examinamos as principais fontes de dados que os etnógrafos utilizam: observação e participação; relatos orais dos participantes, tanto os *espontâneos* quanto aqueles obtidos em entrevistas; documentos e artefatos de diferentes tipos, os diversos tipos de dados *on-line* e como obtê-los. Neste capítulo, discutiremos como os dados são processados e como eles podem precisar ser organizados na preparação para a tarefa de análise. O que isso implica varia muito, dependendo da natureza dos dados. No que se refere aos documentos (*off-line* e *on-line*), pode ser preciso copiá-los ou indexá-los, assim como pode ser necessário fotografar, filmar e/ou descrever objetos materiais, de modo a possibilitar a codificação analítica. Para examinar os padrões de interação social, as próprias reflexões do etnógrafo sobre a participação, os relatos de outros participantes, as notas de campo e/ou as gravações eletrônicas produzidas precisarão ser resenhadas ou transcritas. Este processo pode tomar muito tempo e é preciso assegurar tempo suficiente para ele no planejamento da pesquisa etnográfica.

Como vimos no capítulo 7, os avanços tecnológicos tiveram um grande impacto não apenas no tipo de dados disponíveis aos etnógrafos e em como eles podem ser registrados, mas também na tarefa de armazená-los, organizá-los e recuperá-los para facilitar a análise. Antes da década de 1960, a maior parte dos dados etnográficos assumia a forma de notas de campo, embora também houvesse algumas filmagens etnográficas. Posteriormente, no entanto, com o surgimento de gravadores de áudio – e depois de vídeo – relativamente baratos e portáteis, e das câmeras digitais, a coleta de dados etnográficos mudou muito. O mesmo pode-se dizer com a criação da Internet e a disponibilidade de vários tipos de dados *on-line*. Mais recentemente, o desenvolvimento acelerado dos computadores portáteis, especialmente dos *smartphones*, tornou os registros de áudio e vídeo mais fáceis de produzir e os materiais *on-line* mais fáceis de acessar. No que tange à organização dos dados, a disponibilidade de computadores pessoais baratos, mas muito poderosos, de programas de processamento de texto e de *softwares* especializados para manipular dados textuais e visuais, também teve um impacto significativo. Surgiram novas possibilidades que facilitam tanto a análise dos dados quanto a disponibilização dos dados e análises para o público científico. Por outro lado, vale reiterar que essas novas técnicas de produção, organização, recuperação e apresentação de dados não fazem, elas mesmas, a análise: isso continua a ser tarefa do etnógrafo. Além disso, os requisitos básicos para a preparação dos dados para análise continuam, fundamentalmente, os mesmos.

Começaremos discutindo o que pode estar envolvido no processamento de dados documentais e físicos e, em seguida, examinaremos os métodos disponíveis para o registro e o processamento do material obtido em observações e entrevistas, incluindo a transcrição. Por fim, discutiremos estratégias para a organização e a recuperação dos dados, ampliando o debate do capítulo anterior.

Documentos e outros materiais

Dado que, atualmente, grande parte da etnografia é realizada em sociedades onde a maioria da população é alfabetizada, e nas quais a produção e a circulação de documentos (envolvendo texto e/ou imagens) são centrais para muitas atividades, muitas vezes é essencial analisar o material documental relevante (SMITH, 2005; 2006; REID; RUSSELL, 2017; cf. cap. 6). Como vimos, esse tipo de dado pode assumir uma ampla variedade de formas; e, além disso, os etnógrafos também podem solicitar a produção de documentos dos participantes, tais como narrativas (p. ex., histórias de vida), esboços, mapas, fotografias, vídeos ou diários (seja em forma escrita, áudio ou vídeo).

Alguns documentos estão disponíveis gratuitamente e podem ser guardados pelo etnógrafo para uso posterior. Esse geralmente é o caso, por exemplo, de itens como materiais promocionais, guias e folhetos. Esses documentos podem estar disponíveis em papel ou *on-line*, ou pode ser possível escaneá-los ou fotocopiá-los e (quando necessário) até digitalizá-los para possibilitar a busca eletrônica. Claro, questões éticas e legais podem estar envolvidas nisso tudo, e precisam ser levadas em consideração. Livros e outros materiais relevantes que não estão disponíveis gratuitamente podem ser adquiridos, embora, em ambos os casos, possam haver questões de direitos autorais relacionadas ao seu uso para pesquisa. Em um estudo dos processos de avaliação nas escolas secundárias, cópias do currículo escolar e dos materiais de prova distribuídos em sala de aula estavam prontamente disponíveis, mas provas anteriores, documentos que estabeleciam o regulamento de bancas examinadoras etc., tiveram que ser comprados (HAMMERSLEY; SCARTH, 1986). Hoje, parte desse material estaria disponível *on-line*, embora talvez com acesso pago.

Ocasionalmente, a única alternativa pode ser fazer anotações à mão para registrar os dados de documentos, ou relativos a objetos materiais. Este é o caso quando sua distribuição tem restrições formais ou legais, ou quando eles são raros e estão protegidos em bibliotecas, arquivos ou museus. Pode ser plausível transcrever os documentos na íntegra, mas isso nem sempre será possível ou desejável devido ao tempo que a tarefa consome. Muitas vezes, será necessário avaliar quais documentos, e que partes deles, são relevantes para a pesquisa, com vistas à transcrição parcial ou resumo. Ao fazer um resumo, em vez de copiar, muito mais material pode ser incluído, liberando assim tempo escasso para outras tarefas, mas isso envolverá alguma perda de informação e introduzirá uma camada adicional de interpretação. Alternativamente, é possível indexar um documento para que as seções relevantes possam ser consultadas, conforme necessário, em fases posteriores da pesquisa, caso o acesso continue disponível. As decisões, aqui, precisam ser baseadas no quão essenciais os dados são para a pesquisa, além de como eles serão utilizados; essas decisões podem, é claro, mudar com o passar do tempo.

No caso dos objetos materiais, às vezes, eles podem ser emprestados ou comprados para fins de pesquisa, ou, alternativamente, cópias ou fotos podem estar disponíveis. Também pode ser necessário tirar fotografias, de diferentes ângulos, fazer gravações em vídeo e/ou fazer esboços à mão com descrições verbais. Mais uma vez, as decisões precisam ser tomadas à luz de como os dados provavelmente serão empregados, e isso pode não estar claro logo de início.

Os documentos solicitados, muitas vezes, podem ser produzidos com base em diretrizes elaboradas para produzir dados de certo tipo, e em formato passível de análise. No entanto, essas diretrizes limitam o que será produzido, estão abertas a diferentes interpretações e nem sempre serão seguidas pelos participantes. O meio em que são produzidos também terá implicações para o processamento dos dados. Textos produzidos eletronicamente podem exigir pouca preparação adicional para análise, enquanto relatos em papel e materiais em áudio ou vídeo tendem a ser muito mais demandantes. Neste último caso, os requisitos serão semelhantes aos dos registros de observações e entrevistas (cf. abaixo).

Registrando observações e entrevistas: notas de campo

Como já observado, antigamente, as notas de campo eram os únicos meios disponíveis para os etnógrafos registrarem os dados observacionais e de entrevistas (SANJEK, 1990; EMERSON et al., 2011). E, ainda hoje, embora a gravação eletrônica – de áudio ou audiovisual – seja possível em muitos ambientes, este não é, de forma alguma, o caso para todos aqueles que os etnógrafos desejam investigar. Em alguns lugares, a gravação eletrônica pode ser proibida, oficial ou não oficialmente; por exemplo, no estudo de tribunais, prisões, operações policiais secretas ou transações do tráfico de drogas. Em outros casos, a natureza dinâmica* do que está sendo estudado, ou a natureza da participação do etnógrafo, pode tornar o registro eletrônico difícil ou de pouca utilidade. Além disso, a gravação eletrônica pode ser considerada disruptiva demais, ou pode não ser capaz de capturar o que é necessário. E, mesmo quando ela é possível, pode ser preciso tomar notas de campo de modo complementar, visto que nem tudo o que acontece estará *em foco*, se for usada uma câmera e se a gravação for em áudio – aí então haverá muito mais coisas acontecendo que não serão registradas. Isso vale também para as entrevistas que, hoje em dia, quase sempre são registradas em meio eletrônico (supondo que o contexto e os informantes o permitam).

As contingências da tomada de notas

Idealmente, é possível tomar notas *rápidas* durante a realização da observação participante ou da entrevista, talvez em um *smartphone* ou *laptop* (SANJEK; TRATNER, 2015). No entanto, nem sempre é possível fazer até mesmo anotações breves na hora, especialmente no caso de uma pesquisa secreta. Em alguns ambientes, tal atividade se mostraria disruptiva, seja impedindo a participação *espontânea* ou gerando distração e desconfiança. É improvável, por exemplo, que Calvey (2000) pudesse tomar muitas notas enquanto exercia o papel de um *segurança* na porta de uma boate.

Mas tomar notas nem sempre é possível ou fácil, mesmo em pesquisas abertas. Aqui, também, a conduta ao se tomarem notas deve ser amplamente coerente

---

* No original, *mobile* [N.T.].

com o ambiente social em estudo. Em alguns contextos, por mais *bem-socializados* que os anfitriões sejam, tomar notas de forma aberta e ininterrupta será percebido como algo inapropriado ou ameaçador, e pode ser disruptivo. Isso é válido mesmo em situações nas quais tomar notas é um tipo de atividade *normal*, como em ambientes educacionais. A pesquisa de Olesen e Whittaker com estudantes de enfermagem ilustra este ponto:

> Sinto que é muito mais fácil escrever quando os alunos escrevem, e ouvir quando eles ouvem; tenho notado que, quando tento escrever quando os alunos não estão escrevendo, eu chamo a atenção [da professora] e, em algumas ocasiões, ela parece hesitar no que está dizendo [...]. Da mesma forma, se todos os alunos estão escrevendo e eu não, mas estou olhando para ela, também parece que estou "desmotivando-a". E, assim, eu me tornei um estudante, às vezes um pouco à custa da minha autoestima, quando me pego, indolente, colocando um lápis na boca. (Notas de campo, fev., terceiro ano) (OLESEN; WHITTAKER, 1968: 28).

Tomar notas também pode ser um problema quando o que está em observação é muito dinâmico: acompanhar o que está acontecendo pode tornar impossível fazer anotações. Com efeito, a própria observação pode ser difícil, como Moreto aponta em seu estudo com guardas florestais em uma área de proteção da vida selvagem:

> Como parte ativa da patrulha, eu precisava estar atento aos perigos potenciais para o grupo. Eu tinha que estar atento ao meu ambiente imediato (procurando por obstruções no nosso raio de patrulha) e ao ambiente em volta (observando a presença de animais ou humanos), enquanto me certificava de também observar as atividades e os comportamentos dos guardas florestais (MORETO, 2017: 451).

Podemos suspeitar que ele teve pouca chance de tomar notas de campo durante essas patrulhas. Quando não for possível tomar notas rápidas, e mesmo quando for, o etnógrafo deve tentar desenvolver a capacidade de recordar os eventos. Às vezes, também é possível se retirar algumas vezes do contexto de observação para tomar notas. O exemplo clássico é ir ao banheiro para fazer isso, o que às vezes leva os participantes a concluírem que os etnógrafos têm bexigas soltas!

É claro que, em muitos ambientes, escrever é uma atividade tão comum que, pelo menos, algumas anotações *são* possíveis; afinal, as pessoas passam muito tempo lendo e escrevendo em *smartphones*, e dispositivos eletrônicos de vários outros tipos são utilizados em muitas profissões. Esses dispositivos cumprem o mesmo papel que as pranchetas e os cadernos no passado. Curiosamente, Graham conseguiu tomar notas de campo mesmo enquanto trabalhava em uma linha de montagem de automóveis. Ela escreve:

> Felizmente, a estação em que trabalhei nos meus últimos meses exigia que eu carregasse uma prancheta para anotar os danos às carrocerias dos carros quando eles entravam em nossa área; portanto, não era raro me ver fazendo anotações. No entanto, mesmo antes de ser transferida para essa estação em particular, eu podia ficar ao lado de uma das estantes de peças e fazer anotações. Todos os membros da equipe tinham papel e lápis para anotar a falta de peças e para manter registros diários do número de carros e diversas outras tarefas atribuídas. Não era incomum ver pessoas escrevendo (GRAHAM, 1995: 16-17).

De modo semelhante, McDermott (2018: 189) descobriu que seu papel de vendedora, em uma empresa que fornecia DVDs e CDs a lojas de descontos, dava a ela não apenas a oportunidade de observar o que acontecia nas lojas, mas também de tomar notas na prancheta que ela usava para registrar os itens do estoque[42]. Por sua vez, observadores em um estudo secreto sobre a vida de pacientes em hospitais psiquiátricos descobriram que era possível tomar notas sem intervenções, uma vez que os funcionários viam isso como outro sinal de sua doença mental! (ROSENHAHN, 1973).

Mesmo quando é possível produzir muitas notas rápidas, elas precisarão ser elaboradas. Isso envolve não só a ampliação do que foi inicialmente escrito, mas também a adição de novos elementos da memória. Como Schatzman e Strauss (1973: 95) sugerem: "Uma única palavra, ainda que meramente descritiva da roupa de uma pessoa, ou uma palavra específica falada por alguém, geralmente é suficiente para 'disparar' uma série de imagens que permitem uma reconstrução substancial da cena observada". No entanto, para tirar proveito disso, é importante tomar notas assim que possível, após a observação ou entrevista. O conteúdo e a qualidade da memória diminuem rapidamente com o passar do tempo; o detalhe se perde muito rápido e episódios inteiros podem ser esquecidos ou se tornarem irremediavelmente confusos. Além disso, depois de um tempo, as notas rápidas podem se tornar indecifráveis ou incompreensíveis até mesmo para seu autor.

---

42. Hoje em dia podemos supor que um dispositivo eletrônico seria utilizado, e isso pode significar que teria sido muito mais difícil tomar notas para fins etnográficos.

Redigir as notas de campo é uma tarefa que consome muito tempo, e isso precisará ser incluído no cronograma do etnógrafo. Não há vantagem nenhuma em observar a ação social por longos períodos, se não for dado o tempo adequado para a preparação das notas. As informações vão se perder rapidamente e o esforço será em vão. Sempre há a tentação de querer observar tudo e o medo de que, ao se afastar do campo, se perca algum incidente essencial. Por mais compreensíveis que sejam esses sentimentos, na maioria dos casos, é preciso reprimi-los visando à produção de notas de campo de qualidade.

Muitas atividades sociais têm seus horários próprios, e pode ser possível intercalar momentos de observação com períodos de preenchimento das notas de campo. Por exemplo, o trabalho de Atkinson com hematologistas em hospitais americanos e britânicos foi estruturado em função dos cronogramas regulares de *rondas médicas, eventos de apresentação de casos clínicos*, conferências, análises de mortalidade e morbidade* e outras ocasiões semelhantes de diálogo médico. O padrão de coleta de dados foi adaptado ao ritmo do hospital, o que permitiu momentos na cantina ou na biblioteca, na universidade ou em casa, em que era possível redigir as anotações detalhadas (ATKINSON, 1992a; 1995).

Em outros ambientes, os momentos de observação e de escrita podem ser menos simples de se organizar, mas geralmente há momentos em que os participantes estão envolvidos em atividades que não são tão relevantes para a pesquisa. No mínimo, eles geralmente dormem em horários regulares e, sob o risco de fadiga, as notas podem ser elaboradas nessa hora. Carey (1972: 82) relata o caso desafiador de participantes que não dormiam por longos períodos: *os acelerados*** (usuários de anfetamina) que, após consumir doses altas, ficavam acordados por vários dias em estado hiperativo. Embora isso representasse sérias dificuldades, e não apenas em relação às notas de campo, os participantes depois dormiam por dias seguidos, permitindo assim algum tempo para a elaboração dos dados.

De qualquer forma, o equilíbrio difícil entre a coleta de dados e o registro de dados deve ser reconhecido e enfrentado, de acordo com a estratégia e o objetivo geral da pesquisa.

---

* No original, *grand rounds*. Também é um termo bastante utilizado nas escolas de Medicina no Brasil [N.T.].

** No original, *speed freaks*. Como a palavra *speed* também serve como gíria para se referir à droga, a tradução literal seria *viciados em anfetamina* [N.T.].

A natureza das notas de campo

As notas de campo dependem da observação e do registro cuidadosos; e produzi-las é uma habilidade que geralmente precisa ser aprendida. A orientação-padrão *anote o que você vê e ouve* ignora uma série de questões importantes. Entre outras coisas, o pesquisador de campo vai querer saber *o que* anotar, uma vez que é impossível levar tudo em conta, e *como* anotá-lo.

Neste sentido, as notas de campo são sempre seletivas[43]. O que é registrado dependerá da ideia geral de cada pesquisador a respeito do que é relevante para os problemas de pesquisa antecipados e para a organização social do ambiente, e de como o que é observado se relaciona com as expectativas prévias (WOLFINGER, 2002). Mas, além disso, há uma compensação entre a amplitude de foco e a profundidade de detalhes. E, como veremos, também existem limitações práticas. Ademais, o caráter das notas de campo pode mudar ao longo da pesquisa, à medida que seu foco se torna mais bem definido, proporcionando uma compreensão progressiva do que é e não é relevante, quais detalhes importam e quais não.

O processo de seleção começa na própria percepção: nunca absorvemos tudo o que está acontecendo ou nos focamos em todos os seus aspectos. Quanto devemos anotar a respeito das características físicas do ambiente, como sua disposição e decoração? É necessário descrever as características físicas das pessoas envolvidas e, em caso afirmativo, quais? E os seus movimentos e comportamento não verbal? Devemos tentar registrar as palavras literais que foram ditas, e *como* foram ditas? Há também o problema de que, ao tomar notas rápidas, a nossa atenção muda momentaneamente do que está sendo observado para a tarefa de fazer as anotações, perdendo-se assim algumas partes do que aconteceu. Por fim, certamente, a seleção também está envolvida na nossa escolha de palavras ao formular nossas notas, sejam elas rápidas ou elaboradas.

Embora essa seletividade inerente às notas de campo deva ser reconhecida, há o perigo de se supor que, por serem necessariamente seletivas, as notas de campo só fornecem uma *impressão subjetiva* do que estava acontecendo na cena observada, ou na entrevista realizada. Este é um argumento endossado não apenas por defensores dos questionários de pesquisa fechados ou da *observação sistemática*, em que o que deve ser registrado é predeterminado, mas também por

---

[43]. Cf. Flora e Andersen (2018) e o relato de Walford (2009) sobre as práticas de anotação de quatro etnógrafos no campo da educação.

sociolinguistas e analistas da conversação ou do discurso, que exigem que todas as palavras sejam registradas com precisão, bem como detalhes sobre pausas, hesitações, sobreposições etc. Embora, certamente, seja verdade que as notas de campo são insatisfatórias para alguns propósitos, sua rejeição absoluta é um equívoco. Para além dos problemas em torno do uso do termo *subjetivo* (HAMMERSLEY, 2011b), este é um argumento enganoso. Existem objetivos e circunstâncias em que as notas de campo são essenciais – como veremos, o registro eletrônico nem sempre é possível, e tampouco captura tudo. Porém, as críticas às notas de campo apontam para a necessidade de pensar cuidadosamente o seu uso, como elas podem ser produzidas da melhor maneira, e reavaliar continuamente o que deve ser tratado como relevante, o que precisa de atenção especial etc.

Como já foi observado, o que é relevante registrar provavelmente mudará com o tempo. No início de um projeto de pesquisa, de um modo geral, o escopo das notas será bastante amplo, e provavelmente haverá relutância em se concentrar em aspectos específicos. Na verdade, nesta fase, seria difícil saber decidir onde focar a atenção. À medida que a pesquisa avança e as questões emergentes são identificadas, as notas podem ser mais cuidadosamente direcionadas aos tópicos principais. Além disso, aspectos que anteriormente pareciam insignificantes podem vir a adquirir um novo significado, um ponto que Johnson ilustra em sua pesquisa com assistentes sociais:

> Gradualmente, eu comecei a "ouvir coisas diferentes sendo ditas" no ambiente. Isso aconteceu por uma mudança da atenção no que foi dito ou feito para como foi dito ou feito. Os seguintes trechos das notas de campo ilustram vários exemplos da minha mudança de consciência. Extraído das notas perto do final do sexto mês de observações:
>> Outra coisa que aconteceu hoje. Eu estava em pé, ao lado da mesa do Bill, quando o Art passou e pediu ao Bill para atender o telefone por alguns minutos, enquanto ele encaminhava um pedido de Informação Suplementar do Condado para Bess Lanston, supervisora da Análise de Elegibilidade. Não sei quantas vezes eu já ouvi um comentário como esse; tantas vezes que nem me chama mais a atenção. De fato, é tão rotineiro que me surpreende eu ter feito uma nota para lembrar disso. O mais surpreendente é que, nos meus primeiros dias na Metro [a agência de assistência social], eu queria saber tudo sobre que tipo de formulário ele estava levando até lá, o que era o documento de Informação Suplementar do Condado, por que e como usá-lo,

se recebeu, se não recebeu, ou o que for, quem era Bess Lanston e onde ela estava, o que ela fazia e assim por diante. Mas o tempo todo eu perdi o que era crucial nesse comentário – o fato de que ele estava *encaminhando* o documento. Até então, eu só tinha ouvido o que ele estava fazendo ou por quê; mas hoje, em vez disso, comecei a ouvir o como (JOHNSON, 1975: 197).

Assim, à medida que as ideias analíticas se desenvolvem e mudam, o que é relevante e significativo – e, portanto, o que deve ser incluído nas notas de campo – muda também.

De modo geral, as notas de campo devem ser concretas e descritivas. Neste sentido, o discurso geralmente deve ser reproduzido de uma maneira que se assemelhe a um relato literal, tanto quanto possível, e o comportamento não verbal deve ser representado quando for relevante. As palavras específicas que as pessoas usam podem ter uma importância analítica considerável. Os *vocabulários situados* empregados nos dão informações valiosas a respeito de como os membros de uma cultura específica organizam suas percepções do mundo e, assim, se engajam na *construção social da realidade*. Arensberg e Kimball fornecem um exemplo de um estudo clássico das relações interpessoais entre os membros da família na Irlanda rural. Eles observam como os termos *menino* e *menina* são utilizados pelos pais para se referirem aos filhos independentemente da idade, indicando o caráter nitidamente hierárquico das relações entre pais e filhos: "A idade adulta sociológica tem pouca relação com a idade adulta fisiológica. A idade traz poucas mudanças nos modos de tratamento e nas maneiras de tratar e considerar uns aos outros nas relações entre os membros da família rural" (ARENSBERG; KIMBALL, 1968: 59).

É igualmente importante que os registros de discursos e ações sejam específicos em relação a quem estava presente, onde, em que momento e em quais circunstâncias, e quais atividades estavam acontecendo. Isso é importante porque, no momento da análise, o pesquisador irá reunir, categorizar, comparar e contrastar instâncias, e pode ser crucial que vários elementos do *contexto* (os participantes, a plateia, o ambiente, os movimentos etc.) possam ser identificados. Às vezes, esboços podem ser úteis nesse sentido. A Figura 8.1 é um exemplo do estudo de Wieland (2018: 95) sobre uma produção teatral.

No entanto, tomar notas de campo concretas e detalhadas tem o seu preço. Geralmente, quanto mais próximas desse ideal, mais restrito será o *escopo* das notas. A menos que o foco da pesquisa seja extremamente limitado, alguma concretude e riqueza de detalhes terão que ser sacrificadas para ampliar o escopo. No entanto, independentemente de como esse equilíbrio seja estabelecido (e, como observamos, ele pode mudar ao longo do tempo), é essencial que as citações diretas dos participantes sejam claramente distinguidas dos resumos escritos nas próprias palavras do pesquisador, e que as lacunas e incertezas no registro sejam claramente indicadas. Ao consultarmos as notas, não deve haver ambiguidade em relação às *vozes* que estão representadas ali.

Assim, as notas de campo não são capazes de fornecer um registro abrangente do ambiente de pesquisa. Além disso, o etnógrafo adquire muito mais conhecimento tácito do que é possível incluir no registro escrito. Ele ou ela necessariamente faz uso de *anotações de cabeça* ou da memória para preencher e recontextualizar os eventos e declarações registrados. Diante disso, não se deve ficar totalmente preso às notas de campo, como se elas representassem a totalidade das informações disponíveis. Contudo, apesar do ceticismo de alguns comentaristas, a compilação e a gestão das notas de campo continua sendo um método importante de registro etnográfico.

Até agora, discutimos as notas de campo basicamente em relação à observação, mas elas também podem ser usadas para registrar dados de entrevistas. Às vezes, os entrevistados se recusam a permitir que a conversa seja gravada em áudio; às vezes, o etnógrafo pode avaliar que a gravação afetará a franqueza ou aumentará o nervosismo a um nível inaceitável. Quando as notas de campo são utilizadas em entrevistas, aplicam-se as mesmas considerações da observação: decisões precisarão ser tomadas a respeito de quando anotar, o que deve ser anotado e como. É importante, aliás, ter algum registro das perguntas do entrevistador, bem como das respostas. Claro, aqui também o pesquisador terá de se apoiar em notas rápidas, e o dilema de resumir versus relatar literalmente surge mais uma vez. Além disso, tomar notas em entrevistas pode ser disruptivo, como consta no tutorial citado por Olesen e Whittaker (1968), com o entrevistado tornando-se autoconsciente do que está sendo anotado. Além disso, a necessidade de tomar notas torna muito difícil o tipo de entrevista que defendemos no cap. 5. Grande parte da atenção do entrevistador será dedicada a anotar o que foi dito, em vez de refletir sobre a entrevista e como ela deve se desenvolver. Combinar entrevista com tomada de notas é uma habilidade desafiadora, embora possa ser aprendida com a prática.

Figura 8.1 O desenho como forma de tomar notas; corpos em movimento no espaço de ensaio

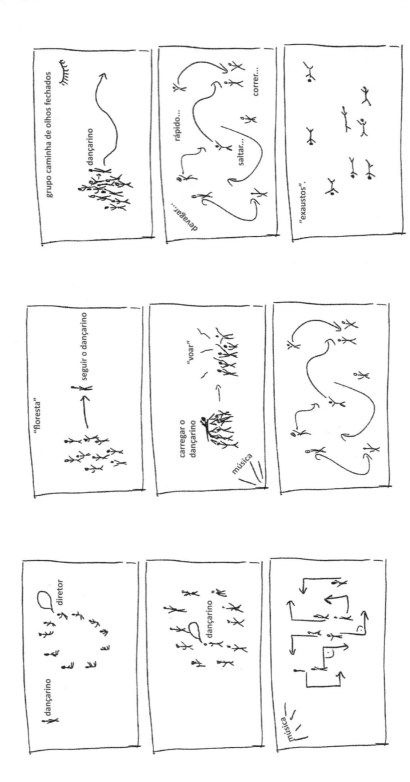

Fonte: Wieland, 2018: 95.

Em face dos problemas associados à tomada de notas de campo, particularmente no contexto de entrevistas, as vantagens da gravação de áudio, e talvez até da gravação de vídeo, são óbvias. Mas, por mais valiosas que sejam, elas também envolvem dificuldades e limitações.

Registro digital de observações e entrevistas

É muito fácil demonstrar as principais diferenças – em volume e detalhes – entre uma gravação de áudio e a reconstrução de um observador em notas de campo do mesmo trecho de ação falada. E a gravação de vídeo fornece ainda mais detalhes sobre o que aconteceu do que uma gravação de áudio. Além disso, essas gravações podem ser revistas inúmeras vezes para identificar detalhes bastante sutis e verificar interpretações, o que é mais difícil de ser feito com o que é registrado em notas de campo, uma vez que elas não são apenas mais seletivas, mas também são registradas na própria língua do pesquisador.

No entanto, apesar do valor das gravações eletrônicas, seu uso nem sempre é possível, às vezes podem ter desvantagens inoportunas e podem influenciar o processo do trabalho etnográfico de maneiras indesejáveis. É preciso refletir cuidadosamente sobre seu uso.

Gravação de áudio

Sempre que possível, o etnógrafo provavelmente desejará gravar as entrevistas em áudio, em vez de se apoiar inteiramente em notas de campo, visto que isso geralmente fornece um registro mais preciso e detalhado do que as pessoas dizem e (até certo ponto) como dizem, e libera o pesquisador para se concentrar em ouvir e fazer perguntas. Frequentemente, também há vantagens consideráveis na gravação de áudio de dados *observacionais*. Isso é válido, em especial, quando a atividade de interesse se dá principalmente por meio de interações verbais, como costuma ser o caso, por exemplo, de reuniões organizacionais e salas de aula de escolas ou faculdades. No entanto, gravações de áudio também podem ser feitas em outras circunstâncias, inclusive na rua para capturar conversas do dia a dia. Por exemplo, em seu estudo de observação participante da experiência de despejo, Desmond (2016: 326) escreve que, "na maioria dos dias, eu carregava um gravador digital e apenas o deixava rodar", registrando assim muitas das conversas que ele teve com proprietários e inquilinos[44].

---

44. Existem, é claro, questões éticas a este respeito, mas Desmond obteve o consentimento informado da maioria dos participantes. Sobre as questões éticas relacionadas ao uso do discurso na pesquisa social em geral, cf. Hammersley, 2019b.

No entanto, a gravação de áudio nem sempre será viável, ética ou vantajosa. Em termos práticos, vai depender muito da natureza das interações envolvidas e do nível de ruído de fundo. Por exemplo, entrevistas em grupo realizadas em locais barulhentos podem gerar gravações que dificilmente são utilizáveis. De forma mais geral, se diversas interações estiverem ocorrendo no mesmo espaço, na melhor das hipóteses, provavelmente só será possível registrar uma delas. Também pode haver problemas com a gravação de áudio quando as pessoas envolvidas nas atividades se movem muito fisicamente, talvez indo de um tipo de contexto para outro. Por fim, há a questão dos possíveis efeitos reativos da gravação de áudio, afetando o que as pessoas fazem e dizem: as pessoas podem ser mais cautelosas quando sabem que suas palavras serão gravadas.

Além disso, não apenas o comportamento não verbal não é capturado em gravações de áudio, mas mesmo questões como para quem algo está sendo dito, ou como a conversa se relaciona com algum objeto material presente, muitas vezes também não são disponibilizadas. Por isso, apesar de suas vantagens em relação às notas de campo, o uso da gravação de áudio não fornece um registro perfeito e abrangente mesmo do que é dito. Portanto, como observamos anteriormente, o uso da gravação de áudio não elimina a necessidade de tomar notas de campo. Ao relatar que deixava seu gravador digital funcionando, Desmond (2016: 326) adiciona: "Eu também carregava um pequeno bloco de notas e anotava observações e conversas, geralmente enquanto aconteciam". Além disso, uma ênfase exagerada na gravação de áudio pode distorcer a noção de *campo* do pesquisador, concentrando a coleta de dados em lugares onde os processos sociais podem ser registrados por este meio e focando a atenção na análise da fala em detrimento de outros tipos de ação.

Pode ser possível superar algumas dessas limitações utilizando dispositivos de gravação de vídeo, mas eles também têm suas limitações e desvantagens.

Fotografia, filme e gravação de vídeo

A fotografia é utilizada há muito tempo na antropologia (COLLIER; COLLIER, 1986; BALL; SMITH, 1992; 2001; HARPER, 1987; 2012; 2016). Hoje, é claro, os *smartphones* podem ser usados para tirar fotos, e compartilhá-las é uma parte importante de muitas atividades, assim como um meio de geração de dados. O filme etnográfico também é utilizado há bastante tempo por antropólogos (cf. MARKS, 1995; DURINGTON; RUBY, 2011). A gravação de vídeo é mais recente, mas já é amplamente utilizada na pesquisa social, inclusive por etnógrafos.

Como já indicado, em relação aos dados de observação e de entrevistas, a gravação de vídeo pode ter vantagens consideráveis sobre a tomada de notas e a gravação de áudio: muito mais da ação e de seus contextos físicos é preservado e pode ser continuamente revisado e analisado. De fato, o que aconteceu também pode ser acelerado ou desacelerado para detectar padrões que, de outra forma, seriam mais difíceis de observar. Essas gravações podem facilitar formas de análise muito detalhadas. Por outro lado, mais ainda do que a gravação de áudio, o uso de vídeo costuma reduzir o intervalo de tempo e talvez também a variedade de contextos em estudo, não apenas devido à enorme quantidade de dados que podem ser gerados muito rapidamente, mas também pelo trabalho considerável envolvido em torná-los passíveis de análise (cf. abaixo); deve-se ter cuidado para não coletar tantos dados que não se tenha tempo para processá-los e analisá-los.

Certamente, a gravação de vídeo, e mesmo a fotografia, não é permitida em todos os ambientes; mesmo onde ela *é* permitida, pode ser disruptiva e, portanto, ela pode aumentar a reatividade em comparação à gravação de áudio ou à tomada de notas. Ela pode servir como um lembrete contínuo às pessoas de que elas estão sendo pesquisadas, e de que o que dizem e fazem está sendo registrado de modo permanente. O impacto disso provavelmente variará muito, dependendo do ambiente. Quando o que está sendo gravado é um evento público envolvendo um grande número de pessoas, ou uma apresentação pública de algum tipo, o grau de disrupção e de reatividade pode ser mínimo. Por exemplo, muito provavelmente, a gravação das sessões de *rap* de rua por Lee (2018) não teve qualquer impacto significativo nas *performances*.

Embora haja a tendência de pensar a fotografia, o filme e a gravação de vídeo como a produção de imagens fiéis e realistas do mundo, deve-se sublinhar que essas formas de representação são parciais, e como as produzimos e vemos depende de uma série de convenções. Além disso, é preciso decidir quando e onde as gravações serão feitas, por quem e por quanto tempo, bem como o posicionamento da câmera. Também pode ser difícil conciliar a gravação de vídeo com a observação e a tomada de notas adequadas sobre um evento.

Apesar de tudo, as imagens digitais, estáticas e em movimento, são uma forma importante de dados e podem ser armazenadas e recuperadas com relativa facilidade, além de ser incluídas em notas de campo e relatórios de pesquisa (cf. cap. 7). Certamente, será necessário fornecer as informações relevantes a respeito de onde foram produzidas, o que estava em cena (e talvez também o que não estava), e assim por diante. E, no caso de imagens em movimento, geralmente será necessário transcrever as falas e observar também os movimentos físicos, o comportamento não verbal etc.

Transcrição

Em princípio, é possível utilizar dados gravados em áudio e/ou vídeo sem transcrevê-los. Existem *softwares* disponíveis que possibilitam ao pesquisador revisar, categorizar e armazenar extratos de áudio, ou áudio e vídeo, para que possam ser posteriormente recuperados para análise. No entanto, para fins de análise, a maioria dos etnógrafos ainda depende da transformação desses dados em texto e há boas razões para isso, especialmente se o relatório de pesquisa resultante será, ele próprio, essencialmente na forma de texto. Embora, em princípio, seja possível produzir relatórios digitais que incluam *links* de acesso para dados audiovisuais, isso ainda é raro, e existem algumas questões éticas associadas a esse modo de apresentação, como observamos no capítulo anterior. Assim, a transcrição geralmente é uma tarefa que precisa ser feita e que pode consumir muito tempo, de modo que isso deve ser levado em conta no planejamento da pesquisa.

É difícil prever quanto tempo levará a transcrição, mas a correlação entre o tempo de transcrição e o tempo de gravação é bastante alta: pelo menos cinco para um. Se o diálogo envolver muitas pessoas, se houver ruído de fundo, ou se as gravações de vídeo também forem transcritas, levará muito mais tempo que isso. O *tipo* de transcrição necessária também é relevante; por exemplo, os formatos mais detalhados adotados em alguns tipos de análise do discurso são muito mais difíceis de produzir do que aqueles mais comuns no trabalho etnográfico, em que o foco principal são as palavras utilizadas.

Não é nossa intenção apresentar instruções detalhadas sobre a preparação das transcrições, mas um conjunto de preceitos gerais pode ser destacado. Primeiro, é preciso decidir se é necessário transcrever todas as gravações feitas. Uma alternativa é tratar as gravações de áudio ou vídeo como documentos, indexando e resumindo muito deles, e transcrevendo apenas o que parecer essencial. Isso pode economizar um tempo considerável e será apropriado para alguns fins, mas corre-se o risco de que parte importante desse material seja negligenciada – especialmente porque aquilo que é considerado relevante vai mudar ao longo da pesquisa e o material que não foi transcrito pode ser esquecido.

Mesmo nos casos em que é preciso fazer a transcrição completa, como já indicamos, uma decisão deve ser tomada a respeito de quão detalhada ela deve ser. Existem convenções bem estabelecidas para a preparação de transcrições. Aquelas destinadas a análises da conversação ou do discurso utilizam os caracteres tipográficos do teclado e impressora padrão para representar aspectos detalhados da fala – como pausas, sobreposições e interrupções –, bem como a forma em que as palavras são pronunciadas, junto com a velocidade do falante – se aumenta ou diminui, onde a ênfase é colocada, e assim por diante. Esses aspectos serão essenciais para alguns objetivos de pesquisa, mas menos importantes para outros. Portanto, decisões devem ser tomadas a respeito do que deve ser representado na transcrição, embora possa ser difícil saber o que é necessário no início do processo de pesquisa. Geralmente, os etnógrafos partem da transcrição básica das palavras usadas, acrescentando mais detalhes posteriormente, se e quando forem necessários[45].

Transcrever as imagens de vídeo nas gravações de vídeo é uma tarefa mais desafiadora e demorada do que lidar com gravações de áudio. Aqui, algumas convenções foram estabelecidas, por exemplo, para indicar a direção do olhar, de modo a permitir a coordenação disso com o padrão da fala. Às vezes, são feitos esboços e capturas de tela de ações físicas que ocorrem durante os diálogos. Outros pesquisadores elaboram comentários escritos sobre o que está acontecendo de modo alternativo, ou complementar, a esses dispositivos. Mais uma vez, a inclusão de informações desse tipo multiplica o tempo necessário para a transcrição dos dados. Por outro lado, no entanto, isso permite que os aspectos não verbais da interação social e das situações sejam examinados em detalhe, o que seria difícil fazer de outra forma. Aqui, como em outros campos, o tipo de transcrição necessária depende dos fenômenos que estão sendo estudados e dos objetivos da investigação. Não obstante, a disponibilidade de tempo e de recursos deve ser levada em consideração[46].

Vários tipos de tecnologia podem ajudar na produção de transcrições. No caso das gravações de áudio, existem programas que, no mínimo, facilitam a escutar várias vezes os mesmos trechos da gravação ou trechos coincidentes, de modo que o que está sendo dito é identificado mais facilmente; existem programas que faci-

---

[45]. Para uma discussão mais detalhada da transcrição, cf. Mishler, 1991; Atkinson, 1992b; West, 1996; Lapadat, 1999; Poland, 2002; Hammersley, 2010b.
[46]. Para discussões de questões relativas à transcrição de dados em vídeo, cf. Goodwin, 1981; 2001; Heath, 2004; Mavers, 2012.

litam o registro de pausas, hesitações, variações no tom e no volume da voz etc. E também existem programas que fazem uma transcrição inicial, com base no reconhecimento de voz. A sua utilidade vai depender da natureza dos dados e dos tipos de transcrição necessários para os objetivos da análise. Contudo, a transcrição produzida precisará sempre ser verificada, corrigida e complementada pelo etnógrafo[47].

Notas analíticas e diários de campo

Ao ler documentos, escrever notas de campo ou transcrever materiais audiovisuais, muitas vezes surgem ideias analíticas promissoras. É importante anotá-las, pois elas podem ser úteis mais tarde, ao analisar os dados, e são facilmente esquecidas. Porém, é essencial fazer isso de uma maneira que distinga claramente as notas analíticas, por um lado, os relatos fornecidos pelos participantes e as descrições do próprio pesquisador das ações e situações, por outro.

As notas analíticas não são documentos de trabalho totalmente desenvolvidos, mas notas escritas em que as ideias emergentes são discutidas, as estratégias de pesquisa esboçadas e assim por diante. Citamos um trecho de uma nota analítica no cap. 2. É muito fácil simplesmente deixar que as notas de campo e outros tipos de dados se acumulem dia a dia e semana a semana. O próprio acúmulo de material muitas vezes transmite uma sensação positiva de progresso. Mas é um erro grave deixar que esse material acumule sem reflexão e revisão regulares. Nessas circunstâncias, a sensação de progresso pode ser ilusória, e uma boa parte da coleta de dados poderia ser desnecessariamente aleatória.

Como já destacamos, a formulação de problemas precisos, hipóteses e uma estratégia de pesquisa apropriada é um aspecto emergente da etnografia. Este processo de enfoque progressivo significa que a coleta de dados deve ser guiada pela clareza crescente dos tópicos de investigação. A produção regular de notas analíticas forçará o etnógrafo a passar por tal processo de esclarecimento. À medida que as notas se acumulam, elas comporão análises preliminares, orientando o pesquisador em meio ao corpus de dados. E, muitas vezes, elas podem ser inseridas diretamente no programa que estiver sendo utilizado para organizar os dados, com vínculos para partes relevantes desses dados.

A elaboração de notas e memorandos analíticos constitui, portanto, precisamente o tipo de diálogo interno, ou de pensamento em voz alta, que constitui a

---

[47]. Para uma discussão útil das tecnologias disponíveis, cf. Paulus et al., 2015.

essência da etnografia reflexiva. Essa atividade deve ajudar o pesquisador a evitar cair na *atitude normal* e no "pensamento habitual" em campo. Em vez de tomar o conhecimento como um dado, somos forçados a questionar o que sabemos, como esse conhecimento foi adquirido, o grau de certeza desse conhecimento e que outras linhas de investigação estão implicadas.

Outra forma importante de relato escrito produzido por etnógrafos é o diário de campo. Esse diário oferece uma narrativa contínua da condução da pesquisa, documentando os sentimentos e o envolvimento do etnógrafo em diferentes pontos no tempo (COFFEY, 1999). Documentar essas questões não é uma questão de introspecção gratuita ou egocentrismo narcisista. Como apontamos em outra parte deste livro, os sentimentos de conforto pessoal, ansiedade, surpresa, choque ou repulsa têm importância analítica. Em primeiro lugar, nossos sentimentos penetram e colorem as relações sociais que estabelecemos durante o trabalho de campo. Em segundo lugar, essas reações pessoais e subjetivas inevitavelmente influenciarão a nossa escolha do que é digno de nota, do que é considerado estranho e problemático, e do que parece ser mundano e óbvio. Frequentemente, nos baseamos implicitamente nesses sentimentos; portanto, sua existência e possível influência devem ser reconhecidas e, se possível, explicitadas por escrito. Da mesma forma, sentimentos de ansiedade podem implicar limitações na coleta de dados. Um de nós (ATKINSON, 1992a) refletiu sobre como seus sentimentos pessoais a respeito da medicina geral e da cirurgia claramente influenciaram a natureza e o equilíbrio de sua pesquisa publicada sobre a educação médica.

Existe uma inter-relação constante entre o pessoal e o emocional, de um lado, e o intelectual, do outro. A reação particular deve ser transformada, através da reflexão e da análise, em conhecimento público potencial. O diário de campo é o instrumento para esse tipo de transformação. Em um nível mais prosaico, talvez, o diário de campo cuidadosamente elaborado permitirá ao etnógrafo consciencioso retraçar e explicar meticulosamente o desenvolvimento do projeto de pesquisa, o surgimento de temas analíticos e a coleta sistemática de dados. A disponibilização dessa *história natural* da pesquisa pode ser um componente crucial da etnografia completa.

Até agora, focamos no processamento de dados, enfatizando as decisões envolvidas e como elas devem estar integralmente relacionadas ao processo de análise de dados. No restante deste capítulo, vamos delinear os meios que podem ser utilizados para o armazenamento, a indexação e a recuperação de dados etnográficos, aprofundando a discussão do cap. 7.

Armazenamento, indexação e recuperação de dados

Etnógrafos geralmente armazenam os registros de dados observacionais em ordem cronológica. Da mesma forma, as transcrições das entrevistas são normalmente mantidas como registros completos, com as diferentes entrevistas armazenadas na ordem em que foram realizadas. Contudo, o processo de análise muitas vezes exigirá a *reorganização* ativa de partes dos dados em categorias relacionadas a temas – dividindo o texto em pedaços ou segmentos distintos e identificando-os de acordo com um sistema de indexação ou *codificação*. (Isso pode ser menos comum nas análises da conversação e do discurso, em que o foco geralmente está nos padrões e sequências locais, mas, mesmo aqui, alguma categorização das ações conversacionais ou estratégias discursivas será necessária.) A codificação dos dados em categorias fornece uma infraestrutura importante para buscas e recuperação posteriores. Ela também pode desempenhar um papel ativo no processo de descoberta, como os Webb observaram em um dos primeiros textos metodológicos:

> [A codificação] permite ao cientista fragmentar seu objeto de pesquisa, de modo a isolar e examinar suas várias partes componentes como quiser, e recombinar os fatos depois de serem liberados de todas as categorias habituais, em agrupamentos novos e experimentais (WEBB; WEBB, 1932: 83).

De um modo geral, na etnografia, a classificação de dados em categorias difere do tipo de codificação típica na pesquisa quantitativa, incluindo a análise de conteúdo (KRIPPENDORFF, 1980; entretanto, cf. tb. FRANZOSI, 2004)[48]. Na codificação etnográfica, não há exigência de que os dados sejam atribuídos a uma única categoria, ou que haja regras explícitas para essa atribuição:

> Codificamos [as notas de campo] de maneira inclusiva; isto é, se por alguma razão acharmos que algo possa estar sob determinado tema, nós o incluímos. Não perdemos nada. Também os codificamos em categorias múltiplas, sob qualquer rubrica que possa parecer convincente. Como regra geral, queremos recuperar tudo que possa ter relação com um determinado assunto [...]. Trata-se de um procedimento de busca para obter todo o material pertinente (BECKER, 1968: 245).

A identificação de categorias é fundamental para o processo de análise (cf. BAZELEY, 2013). Como resultado, a lista de categorias nas quais os dados

---

[48]. Para uma discussão relevante dos diversos aspectos da codificação na pesquisa qualitativa, cf. Saldana, 2016.

são organizados, geralmente, sofre muitas alterações ao longo da pesquisa. Em particular, de um modo geral, há uma inflexão para categorias mais abstratas à medida que o trabalho se desenvolve (cf. cap. 9).

No passado, os etnógrafos armazenavam e organizavam seus dados por meio da indexação e da classificação físicas. Atualmente, como vimos no capítulo anterior, muitos etnógrafos utilizam programas de computador especializados para esse fim. Em grande medida, esses programas sintetizam os procedimentos associados às antigas abordagens manuais, embora também possam tornar o processo muito mais eficiente e fornecer recursos adicionais.

Abordaremos as técnicas manuais antes de discutirmos brevemente o uso de *softwares*. É importante não presumir que, agora, todos os dados etnográficos devam ser tratados por programas especializados. Em alguns projetos, ainda haverá lugar para procedimentos manuais mais simples e limitados (cf. BOELLSTORFF et al., 2012: 165-166). O mais simples deles é *codificar o registro*. Aqui, os dados são codificados – ou seja, atribuídos a categorias – no próprio registro (ou, melhor, em uma cópia dele). Comentários que relacionam os dados a categorias descritivas ou analíticas são escritos na margem, no reverso ou em páginas intercaladas, dependendo do formato dos próprios dados. Isso é rápido e preserva a sensação de *leitura* dos dados. Entretanto, isso não é muito adequado aos procedimentos subsequentes de busca e recuperação de segmentos de dados. Em uma versão mais sofisticada dessa estratégia, um índice analítico é elaborado. Aqui, cada segmento de dados é indexado sob um conjunto de categorias em desenvolvimento, e armazenado em cartões de índice ou na forma de lista. Os segmentos codificados de forma idêntica ou semelhante podem ser localizados na cópia impressa original dos dados, quando necessário. No entanto, localizá-los pode ser uma tarefa demorada quando há uma grande quantidade de dados, e codificar os registros não facilita a comparação entre segmentos de dados diferentes, uma vez que geralmente não é possível colocá-los lado a lado.

Um método alternativo de organização de dados, muito utilizado por etnógrafos no passado, é a classificação física (cf. WISEMAN, 1974). Várias cópias dos dados são feitas e cada planilha contendo um segmento de dados relevante para determinada categoria é armazenada em uma pasta dedicada a essa categoria. Com essa abordagem, os etnógrafos podem acessar e comparar todos os dados atribuídos a uma categoria quando forem analisar e elaborar um determinado tema. Por outro lado, o armazenamento físico de muitas cópias tem limitações; em particular, o tempo gasto na produção de cópias e as necessidades de espaço, no caso de um conjunto de dados grande e complexo.

Ao lidar com conjuntos pequenos de dados, os procedimentos manuais que acabamos de descrever podem servir tão bem quanto os programas de tratamento de dados. No entanto, os programas de processamento de texto se tornaram tão comuns que, atualmente, a maioria de nós naturaliza a notável flexibilidade que eles proporcionam no armazenamento, manipulação, compartilhamento e busca de materiais textuais. Além disso, é possível utilizar os programas de processamento de texto para copiar segmentos de dados e colá-los em pastas associadas a diferentes temas analíticos, embora seja preciso tomar cuidado para garantir que a fonte original de cada segmento no registro seja indicada. O uso de *softwares* especializados contorna esse problema e apresenta outras vantagens, desde que se saiba como utilizá-los.

Os Caqdas (*softwares* de apoio à análise de dados qualitativos) utilizam o mesmo padrão de codificação e recuperação de dados implicado na classificação física[49]. Em outras palavras, esses programas se baseiam no procedimento de marcar segmentos de dados com códigos e, em seguida, usar a capacidade do *software* de buscar rapidamente o(s) conjunto(s) de dados para todos os segmentos marcados com o mesmo código, de modo a colocá-los em pasta única. Desta forma, as instâncias nos dados podem ser agrupadas e agregadas sob categorias temáticas prontas para análise posterior. No entanto, esses *softwares* evoluíram para desenvolver funções que refletem de forma mais completa a gama de possibilidades abertas pela tecnologia digital. Discutimos algumas delas no capítulo anterior: além do gerenciamento de materiais textuais como transcrições e notas de campo, é possível incluir e codificar dados visuais e de áudio. Procedimentos de pesquisa sofisticados podem ser empregados, incluindo a identificação da ocorrência e frequência de itens lexicais específicos. Relações entre categorias podem ser mapeadas. Além disso, alguns programas permitem a combinação de dados qualitativos e quantitativos.

---

49. Atualmente existe uma literatura especializada que trata diretamente do uso desses *softwares* e que fornece conselhos práticos sobre como utilizá-los, incluindo informações sobre as versões mais recentes dos programas (cf., p. ex., LEE; FIELDING, 2004; BAZELEY; JACKSON, 2013; LEWINS; SILVER, 2014).

Conclusão

Conquanto seja impraticável explicitar todos os dados obtidos no trabalho de campo, todo esforço deve ser feito para registrar o máximo de dados possível. A memória, sozinha, é uma base inadequada para análises subsequentes, embora também seja essencial. Certamente, a maioria dos tipos de registro de dados é necessariamente seletiva e envolve alguma interpretação, ainda que mínima. Não existe um conjunto de dados básicos e incontestáveis, a partir do qual todo o resto possa ser inferido. O que é coletado ou registrado, e como, dependerá em grande medida dos objetivos e das prioridades da pesquisa, e das condições em que é realizada. Além disso, ao utilizar diferentes técnicas de registro, devemos permanecer cientes dos efeitos que seu uso pode ter, tanto nos participantes quanto em nossas interpretações analíticas; e precisamos estar preparados para modificar nossa estratégia diante disso. Da mesma forma, não existe uma maneira definitivamente correta de armazenar informações e de recuperá-las para análise. Os vários sistemas – incluindo os *softwares* disponíveis atualmente – podem ser adequados ou não de acordo com os objetivos do pesquisador, a natureza dos dados coletados, as instalações e os recursos financeiros disponíveis, o tamanho e o escopo do projeto de pesquisa, bem como a preferência pessoal e conveniência.

Assim como outros aspectos da pesquisa etnográfica, o registro, o armazenamento e a recuperação de dados devem ser vistos como parte do processo reflexivo. As decisões precisarão ser tomadas, monitoradas e – se necessário – refeitas, à luz de considerações metodológicas, práticas e éticas. Por outro lado, as novas tecnologias digitais disponíveis podem desempenhar um papel importante na melhoria da qualidade da pesquisa etnográfica. Elas fornecem um recurso crucial para avaliar a tipicidade dos exemplos, verificar as relações conceito-indicador, procurar casos negativos, comparar diferentes fontes de dados, e avaliar a influência do pesquisador na natureza dos dados e dos resultados. Em suma, elas facilitam – mas não devem determinar – o processo de análise, tema ao qual voltaremos no próximo capítulo.

9
O PROCESSO DE ANÁLISE

Na etnografia, a análise de dados não é uma etapa distinta da pesquisa, embora ela predomine no final. O pensamento analítico começa na fase pré-trabalho de campo, na formulação e no esclarecimento das questões de pesquisa, e continua até o processo de redação de relatórios, artigos, teses, livros e outros produtos. Formalmente, ele começa a tomar forma em notas e memorandos analíticos; informalmente, ele está incorporado nas ideias e palpites do etnógrafo. E, nesse sentido, a análise dos dados alimenta o projeto da pesquisa e a coleta de dados, e vice-versa. Esse processo iterativo é fundamental para a *teorização fundamentada*, na qual a teoria é desenvolvida a partir da análise dos dados, e a coleta de dados subsequente é orientada de forma estratégica pela teoria emergente. No entanto, ele também é característico de outros tipos de pesquisa etnográfica, em graus e contextos variados.

É importante reconhecer que não há uma fórmula a ser seguida para a análise de dados etnográficos, assim como ocorre em outros aspectos da prática etnográfica. Não existem procedimentos que garantam o sucesso; na verdade, tentar obedecer a um método pode levar a resultados inadequados. Portanto, neste capítulo, o máximo que podemos fazer é sugerir abordagens potencialmente frutíferas. É fundamental lembrarmo-nos de que é preciso uma abordagem flexível; uma que esteja em sintonia com as questões de pesquisa, os dados envolvidos e os fenômenos investigados, mas também que reconheça que tudo isso pode mudar com o tempo.

Inicialmente, no processo de análise, os dados devem ser tratados como materiais para se pensar, para facilitar a produção de novas ideias, assim como para esclarecer e desenvolver ideias derivadas da literatura de pesquisa e de outros lugares. Procuramos ver se algum padrão interessante pode ser identificado; se alguma coisa se destaca como surpreendente ou intrigante; como os dados se relacionam com as expectativas baseadas no senso comum, em relatos oficiais ou teorias anteriores; e se existem inconsistências ou contradições aparentes nas visões de diferentes grupos ou indivíduos, nas crenças ou atitudes expressas pelas pessoas, entre estas e o que elas de fato fazem, ou em suas ações em diferentes contextos.

Frequentemente, considera-se que a análise se refere à produção de teoria, ou que se baseia nela. Mas depende muito do que se entende pela palavra *teoria*[50]. Aqui, utilizaremos o termo para nos referirmos a ideias explicativas: explanações potenciais do por que as coisas são como são, ou do por que ocorre algum tipo de resultado. Um grande número de pesquisadores – novatos e experientes – acha a ideia de teoria assustadora. Isso geralmente acontece porque eles se deparam com a teoria principalmente em fontes relativamente abstratas e, às vezes, bastante obscuras – fontes que podem ter apenas uma relação tênue com as evidências, na melhor das hipóteses. A teorização também é vista, às vezes, como se basear na obra de um ou de alguns poucos autores e buscar interpretar os dados inteiramente a partir do trabalho deles. No entanto, embora as ideias de, digamos, Beauvoir, Bourdieu, Bakhtin, Baudrillard ou Butler possam se mostrar úteis em alguns aspectos e para algumas análises, é quase sempre um erro tentar fazer uma etnografia inteira se adaptar a um marco teórico predefinido (cf. KUNDA, 2013; para uma visão contrária, cf. WACQUANT, 2009).

Teorizar não precisa e não deveria ser assim. Como já indicado, a teorização deve envolver um processo iterativo no qual as ideias são usadas para dar sentido aos dados, e os dados são usados para modificar ou desenvolver nossas ideias descritivas e explanatórias. Em outras palavras, deve haver um movimento de vaivém entre os dois: devemos estar preparados para extrapolar os dados e desenvolver ideias que darão sentido a eles, e isso nos permitirá conectar nossas ideias às de outros pesquisadores; então, devemos fazer o caminho inverso e testar a adequação dessas ideias com dados adicionais, e assim por diante. Stuart (2018: 225-228) fornece um bom mini exemplo de teorização deste tipo durante o seu trabalho de campo, quando ele tentou entender as causas da hostilidade em relação a ele por parte de outros vendedores ambulantes em Skid Row, explorando várias possibilidades até descobrir o que parecia ser a principal fonte do problema: que ele poderia atrair a atenção da polícia para o local.

---

50. Esta palavra é utilizada por cientistas sociais de várias maneiras, muito diferentes; cf. Hammersley, 2012.

Foco progressivo: problemas, descrições, explicações, teoria

Como sugerimos em capítulos anteriores, a pesquisa etnográfica tem uma estrutura de *funil* que lhe é característica, definindo o foco de maneira progressiva ao longo do processo. Com o tempo, o problema de pesquisa precisa ser desenvolvido e pode ter que ser transformado; no mínimo, seu escopo deve ser esclarecido e delimitado, e sua estrutura interna, explorada. Nesse sentido, com frequência, é com o processo de investigação já bastante avançado que se descobre do que *realmente* trata a pesquisa e, por vezes, acaba por se tratar de algo bastante diferente dos problemas iniciais antecipados. Isso significa que a tarefa analítica implica tanto o refinamento e o desenvolvimento das questões de pesquisa quanto a resposta a essas questões.

Além disso, isso não é feito no vácuo – o processo é afetado pelas contingências do trabalho de campo. Menoret escreve que:

> Demorou muito para que a questão do espaço urbano, da vigilância e das corridas de carro* emergisse como uma questão central para minha pesquisa. No início, eu queria estudar grupos islâmicos [...]. Ao conviver com ativistas religiosos que ansiavam por virtude e ordem, acabei descobrindo que os indivíduos rotulados de "desviantes" não só eram mais interessantes de acompanhar, mas também eram extremamente reveladores, em suas trajetórias tortuosas, da sociedade saudita e da maneira que o poder era exercido sobre ela – e dentro dela. Fui desviado de meu projeto inicial por uma série de bloqueios e pela deserção de meus contatos. Inicialmente convencido de que a responsabilidade por esses impasses estava em minha própria inexperiência e alienação de meu objeto, eu demorei um pouco para entender que meu projeto era intrinsecamente difícil e que esses percalços revelavam pelo menos tanto quanto escondiam. O trabalho de campo foi um empreendimento dialético, e o tema da minha pesquisa mudou consideravelmente ao longo dos anos em que passei perseguindo-o (MENORET, 2014: 23).

Portanto, mudanças nas questões de pesquisa e em seu desenvolvimento tendem a sofrer influência de uma variedade de fatores, relacionados ao próprio pesquisador e às circunstâncias no campo. Mas essas mudanças também estão intimamente relacionadas a uma compreensão crescente dos fenômenos sendo investigados; isto é, se e como eles estão abertos à investigação.

---

* No original, *car drifting* [N.T.].

O enfoque progressivo, entretanto, geralmente envolve uma mudança gradual da preocupação em descrever eventos e processos sociais para o desenvolvimento e o teste de explicações ou teorias. No entanto, a intensidade dessa mudança varia muito. Alguns estudos permanecem altamente descritivos, produzindo narrativas sobre indivíduos, grupos ou organizações, ou relatos detalhados dos padrões de interação social ou das culturas encontradas em ambientes específicos. Claro, não se trata, de forma alguma, de simples descrições: trata-se de construções que envolvem seleção e interpretação e, portanto, que se baseiam em suposições. Mas tais descrições podem envolver poucas tentativas explícitas de elaborar conclusões gerais. Além disso, a teoria que elas empregam pode permanecer implícita, sendo utilizada como uma ferramenta ao invés de seu desenvolvimento constituir a tarefa principal. Esses relatos podem ser de grande valor. Eles podem nos fornecer conhecimento sobre tipos de pessoas e/ou de situações até então pouco compreendidas e, assim, abalar nossos pressupostos a respeito dos parâmetros da vida humana, ou desafiar nossos estereótipos de outras formas. Aqui reside o interesse de muitos trabalhos antropológicos e de relatos sociológicos que revelam os modos de vida de grupos pouco conhecidos, sejam eles de baixo ou alto *status* social, marginais ou centrais ao poder econômico e político.

Outra função que os relatos descritivos podem cumprir é revelar o familiar naquilo que é aparentemente estranho, ou o estranho naquilo que nos é familiar (MYERS, 2011). Uma aplicação interessante dessa ideia é a explicação de Rawlings (1988) do seu conhecimento como participante de uma comunidade terapêutica. Ela toma os primeiros minutos, aparentemente banais, de uma reunião comunitária e demonstra que, apesar das aparências, esses minutos estavam longe de ser, em alguns aspectos, banais; na verdade, o que parecia banal era uma prática interacional, ainda que rotineira. Alternativamente, os relatos descritivos podem contrastar as condições presentes com um ideal, apontando discrepâncias. Os procedimentos de tomada de decisão em uma instituição política podem ser comparados a um tipo ideal de democracia, por exemplo; ou as práticas de seleção de pessoal em uma organização empresarial podem ser contrastadas com sua política oficial. Essas comparações são elementos característicos do trabalho etnográfico.

De forma alguma, entretanto, todo trabalho etnográfico permanece em um nível relativamente descritivo; e há benefícios potenciais em tentar extrair explicações mais gerais ou até mesmo em desenvolver modelos teóricos. Aqui, aspectos da natureza ou da história do fenômeno em estudo começam a ser organizadas em categorias mais gerais. Eles são apresentados como exemplos de tipos específicos de orientação social, de práticas discursivas, estratégias de interação, trajetórias profissionais, formas institucionais e assim por diante. Indo além, é possível desenvolver tipologias para distinguir as orientações, estratégias, trajetórias etc., de diferentes tipos correlatos que podem ser encontrados em muitos ambientes (LOFLAND et al., 2006). Por fim, diversas categorias analíticas podem ser integradas em um modelo de algum aspecto do processo social, identificando possíveis relações causais (TAVORY; TIMMERMANS, 2018). E isso poderia ser submetido, então, a testes e revisões posteriores com base nos dados de outros casos.

Esta é uma longa estrada a se percorrer; há muitas escalas intermediárias ao longo do caminho e não está claro, de forma alguma, que o ponto final sempre seja alcançado. Além disso, como na maioria das jornadas, algo sempre fica para trás ao longo do caminho. As descrições objetivas geralmente cobrem muitos aspectos diferentes dos fenômenos que descrevem: elas fornecem uma imagem completa e abrem todos os tipos de possibilidades teóricas. Por sua vez, o desenvolvimento sistemático de explanações e teorias implica um estreitamento do foco voltado a um processo de abstração. Relatos teorizados fornecem uma representação muito mais seletiva e geral dos fenômenos que eles abordam. Por outro lado, ideias teóricas bem fundamentadas podem nos ajudar a entender melhor por que os eventos ocorrem naqueles padrões que apresentam.

A ênfase na ação

Embora o foco da investigação etnográfica possa variar muito, uma característica importante é a preocupação com a ação; isto é, o que as pessoas fazem e por quê. Um aspecto desse foco é a análise dos meios socialmente compartilhados por meio dos quais as pessoas constroem seus mundos sociais através do envolvimento em atividades sociais pactuadas, sejam elas rotineiras ou especificamente projetadas para atingir seus objetivos, atender às suas necessidades, honrar seus valores ou proteger seus interesses. Os contextos institucionais são assim constituídos, reproduzidos e preservados, e servem tanto para facilitar quanto para restringir a ação; embora eles também possam ser alterados no processo.

Como observamos anteriormente, é um pressuposto central da etnografia que, para entender o que as pessoas estão fazendo e por que, deve-se compreender os significados envolvidos: como as pessoas interpretam e avaliam as situações que enfrentam, os objetos e artefatos disponíveis para elas, e também como elas se veem. É relevante aqui, por exemplo, o fato de que ocupações, profissões e outras especialidades têm conhecimentos e práticas esotéricos que constituem repositórios de *significados situados*, a partir dos quais os praticantes dão sentido às situações que enfrentam e decidem qual curso de ação adotar. De modo similar, as subculturas se definem, em grande medida, por seus sistemas de significado locais e pelos padrões de ação que eles geram.

Em particular, a análise precisa ser atenta aos meios e métodos através dos quais os atores sociais exercem a vida social e como alcançam uma conduta organizada. Isso pode incluir a identificação de atividades *de rotina*. Por exemplo, em ambientes organizacionais, podemos documentar os padrões típicos de trabalho, os problemas típicos, as soluções comuns e assim por diante. Assim, a análise consistirá, no mínimo, em uma busca por casos e exemplos dessas atividades-padrão, suas trajetórias características e suas consequências típicas. Essas análises podem se basear nos repertórios de *estratégias* que os atores utilizam para atingir seus fins. Igualmente importantes, porém, são eventos ou atividades incomuns, desviantes ou problemáticos; de fato, eles podem ser especialmente reveladores dos padrões de organização social envolvidos em um ambiente. Pode-se dar atenção aos *fracassos, resultados inesperados* ou *crises*. Esses tipos de eventos podem ser numericamente raros, mas, muitas vezes, eles são elucidativos de fenômenos mais comuns, colocando-os em relevo, revelando os limites do normal, bem como ajudando a compreender as suposições, relações e forças sociais subjacentes. Neste sentido, mesmo em processos rotineiros de interação, podem haver momentos reveladores, por exemplo, nos casos em que o humor está presente (CHEN, 2018). McKenzie (2015: 56-57) observa que ser capaz de brincar e *de contar uma boa história* era uma forma de arte na localidade que ela estudou, e que isso apontava para um elemento-chave da vida familiar da classe trabalhadora: a noção de "lavar sua roupa suja em público" (p. 107-108).

A compreensão dos padrões de ação também pode implicar um enfoque nas *regras*. Isso não significa apenas as regras *oficiais*, estabelecidas por lei ou por burocracias e outras organizações (por mais importantes que elas possam ser), mas também as regras mais gerais e geralmente informais que orientam o comportamento. Essas regras podem ser passadas de uns atores sociais para outros (p. ex., durante o processo de socialização), mas elas geralmente são observáveis apenas por inferência, à medida que se estuda a gestão local da conduta, ou as reações à percepção de violação das regras. Vale ressaltar que a identificação de regras não significa que a ação seja rigorosamente governada por regras, como Alice Goffman (2014: 202) ilustra em sua discussão sobre as relações polícia-comunidade em um bairro de baixa renda na Filadélfia: ela argumenta que, embora houvesse uma norma generalizada contra *denunciar alguém* à polícia, *a percepção moral da denúncia é bastante fluida*. Ela comenta: "O que é ainda mais interessante é que muitas das pessoas que chamam descaradamente a polícia contra outras pessoas da vizinhança não são julgadas por isso; essa ação é esperada delas e entendida como parte de seu caráter como pessoas íntegras e 'decentes'". Assim, as regras socialmente compartilhadas são *guias* de ação que os atores sociais interpretam em determinado contexto, de acordo com as circunstâncias locais e quem está envolvido, e usam para dar sentido ao comportamento dos outros. Portanto, na perspectiva da ciência social, compreender a ação social significa elaborar uma interpretação sistemática da diversidade de regras, normas ou convenções que constituem um determinado ambiente cultural. Também significa coletar dados e documentar como essas regras são interpretadas e empregadas em situações práticas e concretas, e talvez também como elas são incorporadas no uso de diversos artefatos, como no caso do estudo de Anderson e Sharrock (2018) sobre as práticas de gestão em uma universidade.

Essa compreensão das regras como guias implica a importância das *decisões*[51]. Os aspectos práticos de tomada de decisão são importantes em muitos contextos organizacionais e profissionais (DENNIS, 2018). Os estudos sobre policiamento, por exemplo, precisam ser capazes de documentar as circunstâncias locais em que os policiais tomam decisões. Essas decisões podem incluir quais membros do público eles devem parar e revistar, quais partes de um bairro devem monitorar mais atentamente, com quais violações de trânsito se preocupar e quais ignorar, quais horas do dia e da noite devem estar particularmente atentos e que horas podem ficar mais relaxados. Neste contexto, como em outros, a tomada de decisão é vital para o desempenho quotidiano das atividades: ninguém pode estar igualmente alerta a todas as infrações possíveis em todas as ocasiões possíveis, mesmo em condições de *tolerância zero* (cf., p. ex., DURÃO, 2017). Existe uma literatura substancial e consagrada de pesquisa sobre os aspectos práticos da tomada de decisões em uma ampla gama de situações profissionais – desde profissionais da saúde tomando decisões sobre diagnósticos e opções de tratamento, a legistas determinando a causa da morte ou juízes estabelecendo o que seria uma sentença adequada.

---

51. Para uma discussão sobre as complexidades da escolha e disputas sobre sua natureza, cf. Harper et al., 2015.

Assim, ao desenvolver categorias que dão sentido aos dados, o foco deve estar nas ações, nos significados que as fundamentam ou inspiram, nas rotinas e contingências em que elas ocorrem, e nas situações mais amplas e nos padrões institucionais a que essas ações correspondem e influenciam. Além disso, todos esses diferentes aspectos estão intimamente relacionados.

Elaborando ideias e *codificando os dados*

Os etnógrafos geralmente coletam uma grande quantidade de dados, de diversas fontes (notas de observação em campo e/ou gravações em áudio ou vídeo de diversos locais; notas e/ou transcrições de entrevista com diferentes pessoas; documentos pessoais e oficiais publicados ou não, *on-line* e/ou *off-line*, imagens, objetos materiais etc.). E eles buscam identificar relações no corpus inteiro de dados de modo a compreender as pessoas envolvidas e suas ações. Isso contrasta com algumas formas de análise do discurso ou análise semiótica que, tipicamente, se concentram em um único texto/imagem ou conjunto de textos do mesmo tipo, ou recusam qualquer tentativa de associar um tipo de dado a outro[52].

A maior parte dos dados empregados estarão *desestruturados*, no sentido de que eles ainda não estão constituídos ou organizados nas categorias determinadas pelo pesquisador, como costumam ser os dados de pesquisa. Em vez disso, eles geralmente assumem a forma de descrições verbais rascunhadas em notas de campo, de transcrições de gravações de áudio ou vídeo, de imagens de um tipo ou de outro, de textos extraídos de documentos, ou de artefatos (reais e *virtuais*) ou representações deles. E o processo de análise envolve, ao mesmo tempo, o desenvolvimento de um conjunto de categorias analíticas para capturar os aspectos relevantes desses dados para as questões de pesquisa (em desenvolvimento) e *a atribuição de dados específicos a essas categorias*. Esta é uma tarefa desafiadora e que toma uma bastante tempo[53].

Análises desse tipo variam de acordo com os objetivos específicos da pesquisa. Um pesquisador interessado em como ocorre a sequência de intervenções nas sessões de *rap Hip Hop* em uma esquina provavelmente adota uma abordagem bastante diferente de alguém interessado, digamos, na força dos laços entre um grupo de elite e como isso afeta seu exercício do poder. Certamente, muitas ve-

---

52. Sobre as diferenças entre a etnografia e a análise do discurso, cf. Hammersley, 2005b.
53. Existem alguns textos que se dedicam exclusivamente a fornecer orientações detalhadas sobre a análise de dados qualitativos; cf. p. ex., Bazeley, 2013.

zes, essas diferenças nos temas ou objetivos estão associadas a diferenças gerais na abordagem teórica. De fato, existem aqueles que descartariam o primeiro tópico como trivial, assim como há aqueles que consideram o segundo como algo que escapa à investigação rigorosa, pelo menos dado o estado atual do conhecimento científico-social. Nossa abordagem aqui será abrangente, apropriada para esses dois tipos de pesquisa e também para outros. E focaremos no que consideramos ser fundamental para a maioria delas[54].

Visto que a etnografia envolve o desenvolvimento e a aplicação de ideias analíticas por meio da interpretação de um grande corpo de dados, esta pode ser uma atividade incerta, para não dizer desconcertante. Nos estágios iniciais, pode haver uma forte sensação de não saber o que se está fazendo, ou pelo menos de não entender como algum tipo de sentido analítico pode ser extraído dos dados que estão sendo coletados. Kunda (2013: 14) enquadra assim o problema no contexto de sua própria pesquisa: "Como eu deveria fazer a transição da descrição pura das minúcias da vida cotidiana, se é que isso é possível, para alguma observação, comentário, interpretação, generalização, teoria ou estrutura conceitual mais geral que o meu ofício – e meus orientadores – exigiam de mim?" O primeiro conselho a ser dado nessa situação é "não entre em pânico": a tarefa de análise requer ser capaz de lidar com a incerteza. Com o passar do tempo, vai ficar mais claro que sentido pode ser atribuído aos dados, e o que é necessário para analisá-los – embora não de uma só vez.

A necessidade de *conhecer* os próprios dados subjaz o processo de análise. É preciso lê-los cuidadosamente, repetidas vezes. No capítulo anterior, discutimos a organização dos dados por meio da codificação e da indexação. Elas dependem totalmente da leitura atenta – essas não são tarefas mecânicas, como enfatizamos. Não é o suficiente ler por alto uma transcrição ou um conjunto de notas de campo e ter apenas uma noção ampla *do que se trata* para, em seguida, catar pedaços de dados para citações de apoio. A leitura superficial e o conhecimento inadequado dos dados tendem a gerar descrições fracas e análises pouco convincentes ou mesmo incorretas. Em vez disso, ao menos inicialmente, deve-se trabalhar os dados com calma, linha por linha, tentando entender o que eles revelam e sugerem, e o que isso pode significar para seus interesses de pesquisa.

---

54. Entre as abordagens que não discutiremos em detalhes aqui estão as análises semiótica, da conversação, do discurso e da narrativa. Para introduções a esses temas, cf. Manning, 2004; Sidnell; Stivers, 2013; Gee; Handford, 2014; Cortazzi, 2001, respectivamente. Contudo, em nossa opinião, há um grande espaço para a influência e o empréstimo positivos entre essas abordagens e a etnografia.

Conforme indicado no cap. 8, isso é frequentemente chamado de *codificação* dos dados (cf. SALDANA, 2016). Eis um bom resumo do que isso envolve:

> Codificar significa ler as notas, transcrições e documentos cuidadosamente, várias vezes, entendendo os termos que os atores no campo usam, [...] e questionando-se, repetidamente, sobre cada evento, fala, artefato, unidade de sentido encontrada nas notas, a questão fundamental [...]: isso é exemplo de quê? A que categoria analítica, a que conjunto mais amplo ainda não especificado, a que metanarrativa esta unidade de significado pertence? Que nome pode ser dado a este conjunto? E aprofundando a pergunta: Como essas categorias se relacionam entre si? Em que tipologias e sistemas de classificação eles se enquadram? (KUNDA, 2013: 17).

Portanto, a tarefa inicial na análise de dados qualitativos é encontrar alguns conceitos que nos ajudem a entender o que está acontecendo nos dados, um processo muitas vezes chamado de *abdução*. O objetivo é identificar características e interpretações dos dados que, ao menos aparentemente, indiquem o que está acontecendo e por que, e a que tipo específico alguma experiência, pessoa, ação ou situação pode pertencer (BECKER, 2014). Inicialmente, trata-se de elaborar ideias, sem se preocupar se elas são relevantes para o foco da pesquisa, ou se virão a ser representações valiosas ou precisas: isso pode ser avaliado posteriormente, quando se tiver um melhor entendimento.

Nos estágios iniciais da análise etnográfica, muitos dos conceitos emergentes serão relativamente triviais. Mais tarde, é provável que surjam outros mais significativos analiticamente. Por exemplo, em sua análise da conversa entre professores na sala de professores de uma escola, Hammersley (1980) desenvolveu categorias que iam desde as mais concretas (professores falando sobre alunos, sobre o ensino, sobre eventos políticos nacionais etc.) até as mais abstratas e analíticas (dar notícias, trocar garantias mútuas, explicar o declínio e a crise, defender a competência docente etc.).

As ideias analíticas podem surgir de várias maneiras. Às vezes, elas vêm da literatura de pesquisa. Por exemplo, em seu estudo sobre tatuadores, Sanders (2009: 66-67) relata que encontrou o artigo de Mennerick (1974) sobre tipologias de clientes, e isso chamou sua atenção para a importância do que os tatuadores que ele estudava diziam sobre seus clientes; e, em particular, a importância de quem eles viam como desejável e indesejável, e as razões disso. Suas opiniões se referiam, principalmente, ao que tornava seu trabalho mais fácil e mais lucrativo, mas também ao que o tornava mais interessante, e isso dava uma ideia de suas posturas conflitantes.

Embora seja raro que a análise etnográfica parta de uma teoria bem definida e, de fato, haja riscos associados a tal ponto de partida, o processo de análise necessariamente se apoia nas ideias prévias do etnógrafo, bem como naquelas que ele ou ela pode encontrar na literatura (cf. cap. 6). Assim, Goerisch e Swanson (2015) adotaram o conceito de trabalho emocional do estudo de Hochschild (1983) sobre comissários de bordo, para examinar a gestão das impressões praticada por escoteiras nos Estados Unidos durante sua *venda anual de biscoitos*. Da mesma forma, Morriss (2015) emprega o conceito de *histórias de atrocidade* (STIMSON; WEBB, 1975; DINGWALL, 1977a; HAFFERTY, 1988; ALLEN, 2001) para compreender a coconstrução da identidade profissional entre os profissionais da saúde mental. No entanto, para utilizar esses conceitos, muitas vezes será necessário modificá-los e desenvolvê-los (FAULKNER, 2009). Deve-se ter cuidado para não forçar a interpretação dos dados em seus moldes; e evitar qualquer tentativa de apenas identificar exemplos de conceitos conhecidos na literatura. Em vez disso, *eles devem ser adotados como recursos experimentais para dar sentido aos dados*. Isso requer o exercício da coragem analítica, tolerando a incerteza e a ambiguidade nas próprias interpretações e resistindo à tentação de precipitar-se para chegar a determinadas conclusões.

Conceitos analíticos importantes também podem derivar de palavras ou frases usadas pelos participantes. De fato, sempre vale a pena acompanhar exemplos dessas expressões incomuns, pois elas podem revelar os problemas ou preocupações das pessoas. Em alguns casos, os conceitos dos participantes serão adotados pelo pesquisador porque eles qualificam o que orienta as ações das pessoas; como já foi observado, é um pressuposto central da etnografia que, para compreender o comportamento das pessoas, é preciso entender como elas veem e entendem o mundo, e isso será apontado pelos conceitos que elas usam. Por outro lado, os conceitos dos participantes também podem indicar o que, de um ponto de vista analítico, é uma característica-chave de um ambiente, processo ou tipo de pessoa. Neste caso, porém, esses conceitos muitas vezes precisarão ser refinados e ampliados para os objetivos da análise.

Alguns tipos de etnografia, especialmente aqueles baseados ou inspirados na *etnociência*, dedicam-se quase que exclusivamente à listagem, classificação, e interpretação de termos *nativos**. Por exemplo, em um estudo clássico, James Spradley (1970) identificou as categorias que os mendigos usam para os lugares importantes em suas vidas: baldes (prisões), fazendas (centros de tratamento), selvas (acampamentos), becos (áreas de favela)** e fretes (vagões de trem). Ele também documentou 15 categorias diferentes de mendigo que eles costumavam utilizar para se diferenciarem entre si. Muitas vezes, esse tipo de trabalho está interessado na semântica mais ou menos formal de tais inventários (cf. D'ANDRADE, 1995), mas a maioria das etnografias, embora identifique os tipos nativos, os utiliza principalmente como um meio para identificar e formular as questões centrais entre as pessoas estudadas. Por exemplo, em uma série de estudos posteriores sobre mendigos, Harper, inspirado no trabalho de Spradley, tomou a expressão *boa companhia* de uma conversa entre dois de seus informantes:

"Você precisa aprender a escolher melhor suas companhias" – repetiu Jack, devagar.

Eddie deu um bom gole em sua cerveja, olhou atentamente ao redor e disse: "Eu tenho pensado muito nisso nos últimos 23 – quem é boa companhia?" (HARPER, 2016: 5).

Outros conceitos serão elaborados e nomeados pelo próprio etnógrafo, em vez de baseados diretamente na literatura ou em termos nativos. Ao criar essas classificações, o pesquisador reúne, em um único tipo, o que antes parecia uma gama diversa e não relacionada de fenômenos. Erving Goffman foi um criador prolífico de tais conceitos. Um de seus conceitos mais influentes foi a noção de *instituição total*, com qual ele traçou paralelos entre uma ampla gama de instituições, de navios a prisões, mosteiros a hospitais psiquiátricos (GOFFMAN, 1961; DAVIES, 1989; SCOTT, 2010). No entanto, a formulação desses tipos geralmente se apoia no conhecimento geral de senso comum e na experiência pessoal, bem como na análise dos dados.

Os conceitos analíticos também podem ser inspirados por eventos específicos – muitas vezes, secundários – que ocorrem durante o trabalho de campo. Rowe ilustra isso em sua pesquisa em uma prisão feminina:

Jo me perguntou se eu queria algo para beber e perguntou a Margaret, a atendente, se ela "poderia pegar um café para a Senhorita". Ela

---

* No original, *folk* [N.T.].
** No original, *skids (Skid Row areas)* [N.T.].

> me trouxe um café na hora e, pouco depois, parada na porta entre as duas salas externas enquanto Jo e outras agentes examinavam alguns pertences, eu ergui a xícara para tomar meu primeiro gole. Jo estava de frente para mim, viu meu copo de plástico azul claro e pareceu totalmente horrorizada: "Onde você conseguiu isso?!" Eu (sem graça) disse que Margaret o trouxera para mim. Jo – aparentemente muito horrorizada – disse que aquele era o copo das detentas: "Não beba nisso". Eu disse que realmente não me importava, mas ela balançou a cabeça, franzindo o nariz, pegou o copo da minha mão e o levou de volta para a cozinha. 1 ou 2min depois, Margaret me trouxe outro café, rindo em um pedido de desculpas envergonhado por ter pensado que eu era uma detenta. Eu disse a ela que estava tudo bem – eu não me importava com o vasilhame –, que não havia necessidade de trocar a xícara e que era perfeitamente natural achar que eu era uma detenta, parada onde eu estava [...].

Rowe elabora o que ela considerou ser a importância analítica desse incidente embaraçoso para compreender as relações entre as agentes da prisão e as detentas:

> As consequências desse simples mal-entendido chamaram minha atenção para os diferentes vasilhames utilizados por funcionários e pelas detentas, cuja importância, até então, eu desconsiderava. Eu já tinha visto que as agentes usavam suas próprias canecas de cerâmica, que eram guardadas em uma prateleira separada na cozinha, mas, se não fosse esse incidente, eu provavelmente não teria dado mais atenção a isso do que às xícaras na sala dos funcionários de uma escola, ou os funcionários de um escritório que levam suas canecas de casa. Neste caso, me surpreendeu a repulsa visceral manifestada na rapidez e na força da reação da agente, as ideias de estigma e de contaminação que isso trouxe à tona e a suspensão das normas de polidez que, em outro ambiente, tornariam inaceitável expressar repulsa ou insistir para que o erro fosse corrigido (ROWE, 2014: 408).

Assim, a reação da agente prisional e os próprios sentimentos de Rowe a esse respeito sinalizaram algo importante sobre o relacionamento entre agentes e detentas. E ela começa a teorizar sobre isso recorrendo às noções de estigma e contaminação e também a ideias a respeito de como e por que as normas de cortesia podem ser suspensas, e sua relação com as estruturas de autoridade institucionais.

Embora os eventos em campo, ou os incidentes registrados nos dados, possam, às vezes, suscitar ideias analíticas imediatamente, nem sempre será esse o caso. De fato, de um modo geral, para conseguir interpretar os dados, eles precisarão ser ativamente *questionados*. Mas, *sob questionamento*, até mesmo os dados mais banais ou *tediosos* podem gerar ideias analíticas valiosas. Por exemplo, vejamos esta breve interação social, observada em uma cafeteria:

> Ao passar pela entrada, uma senhora idosa deixa cair sua echarpe. Ela se abaixa para pegá-la.
> Um senhor idoso, vindo da outra direção, diz: "É para isso que servem os homens".
> Ela responde: "Eu não quis ser sexista".

Podemos questionar esse minúsculo fragmento de dados de várias maneiras. Primeiro, podemos fazer algumas perguntas factuais: quem são essas pessoas (elas já se conheciam; e, se sim, eram íntimas ou apenas conhecidas?). Ambos destacam o gênero como algo relevante para o encontro; então, talvez possamos dizer que, em grande medida, é como um homem e uma mulher que eles interagem um com o outro nessa breve ocasião. Mas a idade e a geração compartilhadas também parecem ser relevantes: notamos que eles foram descritos como *idosos*. Podemos nos perguntar também, é claro, se a classe social ou a etnicidade é um fator geral importante. Em relação a isso, podemos perguntar sobre a natureza do contexto: que tipo de cafeteria era, qual era o tipo de clientela? Até mesmo a hora do dia (ou da noite) em que essa conversa ocorreu pode ser significativa. Pelo menos algumas dessas informações factuais podem ser de conhecimento do analista, mas talvez não todas.

Ao pensar em como interpretar essa conversa, também precisamos considerar se os enunciados poderiam ser parte de uma ação direcionada a algum objetivo. O comentário do homem foi uma tentativa de iniciar uma relação? Ou foi apenas uma *cortesia* (e, em caso afirmativo, o que esse termo significa)? De qualquer forma, podemos perguntar: por que isso foi colocado em termos de gênero? O primeiro enunciado traz a implicação de que existem ações específicas de gênero, e pode-se suspeitar que alguma noção de cavalheirismo está envolvida aqui também, de como os homens podem demonstrar respeito ou admiração pelas mulheres. Ou talvez seja um falso cavalheirismo? A resposta também é formulada em termos de gênero, e existe a possibilidade de que seja uma provocação à formulação cavalheiresca, no sentido de que o cavalheirismo é sexista. Mas outra possibilidade é que a resposta da mulher tenha sido bem-humorada. Certamente, não ela foi apresentada como uma provocação (como, p. ex., "Esse papo de cavalheirismo – abrir portas, pegar coisas etc. – é sexista, insinua que as mulheres são incapazes e precisam de cuidados, e o *cuidado* sempre tem um preço!"). Na verdade, inclusive, isso poderia ser interpretado como um deboche das acusações de sexismo, talvez presumindo que o homem gostaria disso. Pode ser que as atitudes de uma geração específica sejam naturalizadas por ambos os lados aqui, e as das gerações mais jovens, ridicularizadas.

No entanto, aparentemente, a conversa não parece ter tido grande importância para nenhum dos participantes. Pelo contrário, isso parece ter sido nada mais, nada menos, do que o tipo de *troca cerimonial* passível de ser reconhecida na vida cotidiana a partir do trabalho de Erving Goffman (cf. WINKIN; LEEDS-HURWITZ, 2013, cap. 5). Alternativamente, podemos interpretá-la como parte do que significa *ser sociável* – bater um papo para alegrar a vida de alguém, talvez. Aqui, poderíamos perguntar quais são as características de uma conversa sociável, bem como a que funções ela serve e para quem (cf. WOLFF, 1950, parte I, cap. III). Também podemos nos perguntar se isso tem uma importância particular para os idosos e (em caso afirmativo) por quê.

Talvez devamos observar que a mulher foi mais ou menos obrigada a responder de *alguma* forma ao que o homem disse. Embora o enunciado dele não tenha sido um daqueles tipos que exigem uma resposta específica (como perguntas e convites), foi um movimento conversacional que, de certa forma, exigia algum tipo de reação. Não respondê-lo teria sido uma falta perceptível. Diante disso, poderíamos pensar em quais respostas alternativas poderiam ter sido dadas e que diferença elas teriam feito na conversa. Algumas possibilidades são: "Eu posso cuidar de mim mesma, obrigada"; "Tudo bem, eu não sou tão velha"; "Eu não sabia que os homens tinham alguma utilidade"; "Se eu soubesse que você era um cavalheiro, teria deixado você fazer isso". Ou a mulher poderia simplesmente ter deixado a echarpe cair de novo no chão para ele pegar, e podemos nos perguntar o que o homem teria feito em reação a isso. Essas várias respostas alternativas possíveis variam em níveis de *polidez* e isso ressalta o fato de que, mesmo diálogos breves como esse, têm implicações para o posicionamento pessoal dos participantes: os enunciados quase sempre dizem algo, tanto sobre quem os faz quanto sobre quem os ouve. E os participantes estão cientes disso e, até certo ponto, procuram administrar o que é dito e feito, a fim de endossar ou evitar diversas consequências possíveis. Muitas vezes, essas implicações são vagas e ambíguas e, com frequência, vemos as pessoas *gerenciando* essa ambiguidade e imprecisão, seja mantendo-a, aproveitando-se dela ou solucionando-a.

Esperamos que esta breve análise inicial de um fragmento de dados seja suficiente para ilustrar o que pode estar envolvido no questionamento dos dados. Como podemos ver, mesmo uma quantidade relativamente pequena de dados pode gerar muitas ideias. Algumas delas se complementarão, outras representarão perspectivas ou linhas de interesse alternativas a partir das quais abordar a análise. Outras serão interpretações conflitantes a respeito do que está acontecendo; embora tenhamos assinalado que as ações e situações podem ter um significado ambíguo ou incerto até mesmo para os participantes. Como já indicamos, as ideias elaboradas por um pesquisador neste estágio inicial serão especulativas: a questão é gerar recursos úteis. Se elas são adequadas às pessoas e situações em estudo, como elas se relacionam com as questões de pesquisa e quão proveitosas elas são, tudo isso pode ser avaliado depois.

As ideias analíticas produzidas envolverão categorias que identificam pessoas, ações, situações etc. como tipos específicos. Como observamos anteriormente, algumas dessas categorias serão relativamente banais, mas podem, no entanto, ser muito importantes. No exemplo que acabamos de discutir, os participantes foram caracterizados como *idosos* e, como vimos, isso pode ser importante ao apontar para diferenças geracionais nas atitudes quanto à relação entre os sexos, bem como para os efeitos da etapa de vida. Outras categorias serão menos óbvias; talvez este seja o caso da ideia de tratar esse fragmento de interação como uma troca cerimonial (pelo menos, isso pode não ocorrer a alguém que não esteja familiarizado com o trabalho de Goffman ou de seus seguidores).

A codificação envolve não apenas a leitura dos dados e o desenvolvimento de categorias para interpretar o que está acontecendo e sua importância, mas também a identificação dos segmentos aos quais essas categorias se aplicam. Frequentemente, muitos segmentos de dados serão considerados relevantes para a mesma ideia e, portanto, receberão o mesmo rótulo. O mesmo segmento de dados também pode ser relevante para várias categorias, de modo que vários rótulos podem ser atribuídos a ele. Também é provável que, para alguns dados, nenhum rótulo seja atribuído. Além disso, muitos exemplos serão encontrados para algumas categorias, enquanto em outras pode haver apenas um ou dois casos, embora as frequências possam mudar à medida que novos tipos de dados sejam introduzidos na análise. Embora isso possa ter importância, o número de segmentos de dados relevantes para uma categoria não indica, necessariamente, seu valor futuro para a análise.

É importante notar que alguns etnógrafos não gostam do termo *codificação*. Uma razão para isso é o fato de ele ser um termo utilizado por pesquisadores quantitativos para se referirem à tarefa de atribuir dados a categorias predeterminadas. Como vimos, o que é característico da análise etnográfica é que as categorias são desenvolvidas a partir da análise dos dados, da identificação de determinados fragmentos dos dados como indicadores de *tipos* de evento, ação, arranjo institucional etc. Isso é válido mesmo quando os conceitos são extraídos da literatura, uma vez que a relevância deles precisa ser reconhecida e, quase sempre, eles são modificados no decorrer do uso. Portanto, deve ficar claro que o significado do termo *codificação* aqui é diferente do que ele significa no contexto da pesquisa quantitativa e também do seu significado na programação de *softwares* de computador. Outra razão para objeções à noção de codificação é o fato de ela ser frequentemente retratada como fragmentadora dos dados, perdendo-se, assim, a noção de como os eventos e ações retratados se relacionam uns com os outros. No entanto, qualquer tendência neste sentido apenas reflete uma codificação ruim – isso não é intrínseco ao processo.

A tarefa de codificar os dados é recorrente; à medida que surgem novas categorias, os dados codificados anteriormente devem ser revisados para ver se contêm algum exemplo dos novos códigos. Isso reforça o ponto de que os dados precisarão ser lidos muitas vezes. O objetivo imediato é chegar a um ponto em que se tenha um conjunto de categorias promissoras, nenhuma nova categoria pareça estar emergindo e a codificação sistemática de todos os dados tenha sido feita. Como vimos no capítulo anterior, embora nenhum *software* possa fazer a codificação para nós, existem vários programas que facilitam o processo de análise, permitindo a recuperação rápida dos dados relevantes para categorias específicas e combinações de categorias (cf. LEWINS; SILVER, 2014).

Método da comparação constante: desenvolvendo as categorias centrais

Depois de trabalhar com os dados, ou com uma amostra substancial deles, gerando categorias e, no processo, atribuindo códigos a segmentos deles, a próxima tarefa é começar a trabalhar em algumas dessas categorias, especialmente aquelas que pareçam ser centrais aos interesses da pesquisa, ou que pareçam ser particularmente importantes para reconhecer o que está acontecendo em um ambiente, e para compreender as atitudes e ações dos participantes. O objetivo aqui é esclarecer o significado das categorias e explorar as relações entre elas. A estratégia principal é o que Glaser e Strauss (1967) chamam de "método da comparação constante". Aqui, o pesquisador analisa cada dado codificado como pertencente a uma categoria específica, e observa suas semelhanças e diferenças de outros dados que foram categorizados de forma semelhante. Isso pode resultar na precisão de uma categoria até então indefinida, ou talvez na divisão dela em várias outras categorias mais claramente definidas. Além disso, subcategorias podem ser identificadas. Essas mudanças nas categorias podem, é claro, demandar a recodificação dos dados.

À medida que esse processo de comparação sistemática se desenvolve, as estruturas internas e as relações mútuas entre as categorias serão mais bem compreendidas. No início, pelo menos, os conceitos envolvidos geralmente não serão elementos bem definidos de um modelo analítico explícito, embora Tavory e Timmermans (2018) tenham proposto estratégias de codificação para identificar mecanismos causais. Mas, de um modo geral, o que surgirá nos estágios iniciais da codificação é uma coleção frouxa de *conceitos sensibilizantes* (BLUMER, 1954). Eles contrastam com aquilo que Blumer chama de "conceitos definitivos", que identificam um conjunto de características que todos os membros da categoria apresentam, com fortes ligações entre essas características. Um conceito sensibilizante carece desse determinismo. Em vez disso, "ele dá ao usuário uma referência e diretrizes gerais para abordagem de instâncias empíricas. Se os conceitos definitivos fornecem prescrições do que se ver, os conceitos sensibilizantes apenas sugerem direções para as quais olhar" (BLUMER, 1954: 7). No mínimo, os conceitos sensibilizantes são um ponto de partida importante: eles indicam fenômenos que parecem compartilhar algo interessante em comum e podem fornecer um foco para análise posterior de dados, e talvez também para coletas de dados adicionais.

Há um grande debate sobre se os conceitos das ciências sociais devem ser, ou mesmo se eles podem ser, *definitivos*, ou se eles estão fadados a ser sempre *sensibilizantes* (HAMMERSLEY, 1989a). No entanto, é importante lembrar que o que está em jogo aqui é uma dimensão e não uma dicotomia, e a posição dos conceitos desenvolvidos pelos etnógrafos variam nessa dimensão. Por exemplo, o conceito de instituição total, mencionado anteriormente, é mais *definitivo* do que alguns outros, pois as características compartilhadas por esse tipo de organização são relativamente bem definidas. Goffman (1961: 22) define o conceito como um "híbrido social, meio comunidade residencial, meio organização formal", como "um local de residência e de trabalho onde um grande número de indivíduos situados da mesma forma, isolados da sociedade por um período considerável de tempo juntos, vivem um ciclo fechado de vida formalmente administrado" (p. 11). Lofland et al. (2006) identificam uma série de estratégias que podem ser empregadas para tornar os conceitos iniciais mais *definitivos*, embora sem que eles se tornem, de um modo geral, totalmente determinados.

Desenvolvimento de tipologias e modelos

Com o tempo, os conceitos emergentes podem ser desenvolvidos em tipologias ou modelos. Uma tipologia é um conjunto de subtipos de alguma categoria mais geral. Um tipo influente de tipologia na análise etnográfica é a especificação de várias estratégias que alguma categoria ou grupo de atores tipicamente adota para lidar com um problema. Por exemplo, Nicholas et al. (2008) estudaram as estratégias utilizadas por adolescentes que haviam passado por uma cirurgia de ostomia para tentar manter uma vida normal. Um exemplo bastante diferente é a tipologia de Karp (1993) das reações de pacientes à prescrição de medicamentos antidepressivos: resistência, tentativa, compromisso, conversão, desencanto e abandono. Nesse caso, ao invés de serem tratadas como estratégias alternativas, Karp as trata como fases pelas quais muitos pacientes passam em suas *carreiras depressivas*. As tipologias também podem estar relacionadas a tipos de atividade coletiva, como na discussão de Graeber (2009) sobre diferentes formas de ação política direta, ou na identificação de Curtis e Wendell (2000) dos tipos de mercado ilegal de drogas. Depois de produzir tipologias como essas, os etnógrafos podem investigar por que uma estratégia tende a ser adotada por um tipo de pessoa e outra diferente por outras, quais são as consequências típicas da adoção de uma ou outra estratégia, e assim por diante. Aqui, há um movimento em direção à construção de modelos causais[55].

Isso requer que as subcategorias que constituem uma tipologia sejam mutuamente exclusivas (todos os casos relevantes pertencem a apenas uma delas) e esgotem a gama de instâncias relevantes; em outras palavras, cada instância deve

---

55. Aqui, o significado de *modelo causal* é um relato dos possíveis fatores causais responsáveis por produzir um tipo particular de resultado e as relações entre eles.

pertencer a um, e apenas um, subtipo. A tarefa é encontrar formas de definir as subcategorias de modo que atendam a esses requisitos, sem distorcer os fenômenos em estudo. Isso geralmente envolve a identificação de subcategorias em que todos casos possuem suas características determinantes como resultado do mesmo processo causal. Por exemplo, se estivermos interessados em fraudes financeiras, podemos precisar distinguir os casos em que uma pessoa assumiu uma posição de confiança financeira *para cometer fraude,* daqueles em que esse não era o caso (cf. CRESSEY, 1950). Becker (1953: 236) faz um ajuste semelhante no foco de sua investigação: de como as pessoas se tornam usuárias de maconha para como as pessoas passam a *usar maconha por prazer*; um refinamento que visa excluir "aqueles poucos casos em que a maconha é utilizada apenas por seu prestígio, como um símbolo de que se é um determinado tipo de pessoa, não havendo nenhum prazer derivado desse consumo".

Esses ajustes sinalizam um movimento em direção à construção de modelos que capturem como tipos específicos de resultados geralmente ocorrem, e claramente envolvem a identificação de relações *entre* categorias, bem como o refinamento de categorias. Voltando ao exemplo da fraude, Cressey desenvolve um modelo com o objetivo de explicar a violação de confiança financeira (uma categoria de resultado) em função da posse de um *problema não partilhável*, da consciência de uma oportunidade para *se apropriar*, e de uma racionalização que permite aos criminosos continuarem a considerar-se dignos de confiança apesar de roubarem dinheiro.

Depois que um modelo desse tipo seja bem desenvolvido, pode ser possível começar a testá-lo de forma rigorosa, um processo que discutiremos mais tarde. No entanto, no trabalho etnográfico, muito raramente os modelos são tão bem desenvolvidos para que hipóteses sejam derivadas e testadas dessa forma. E, de fato, há dúvidas sobre se tentar fazer isso vale a pena: os modelos deveriam, talvez, ser vistos como tipos ideais que são simplesmente recursos que nos permitem desenvolver explanações para ações, eventos ou padrões específicos, de modo que sejam apenas explicações específicas aplicadas a casos particulares, não teorias gerais passíveis de teste (cf. HAMMERSLEY, 2014, cap. 2).

Nos relatos etnográficos, as tipologias e modelos podem variar muito no grau em que foram desenvolvidos sistematicamente. Há muito tempo, Lofland queixou-se de que, a esse respeito, grande parte da pesquisa etnográfica é deficiente: ela falha "em levar a cabo a conclusão lógica implícita [...] para atingir [o] clímax inicialmente sugerido" (1970: 42). Em outras palavras, ela não produz tipologias claramente definidas e internamente consistentes. Tomando o exemplo das estratégias sociais, ele argumenta que os pesquisadores devem dedicar tempo e esforço para:

>1) Reunir conscientemente todos [os] materiais relativos a como um [problema] é tratado pelas pessoas em estudo;
>2) Conseguir identificar [...] variações entre [a] gama composta de exemplos de estratégias;
>3) Classificá-las em um conjunto articulado de [...] tipos de estratégias; e
>4) Apresentá-los ao leitor de maneira ordenada e, de preferência, nomeada e numerada (LOFLAND, 1970: 42-43).

Em outros trabalhos, ele forneceu discussões extensas de várias tipologias e de como elas foram ou poderiam ser desenvolvidas (LOFLAND, 1971; cf. tb. LOFLAND et al., 2006).

Mesmo antes disso, Lazarsfeld e Barton (1951) foram um pouco além em suas recomendações para o desenvolvimento sistemático de tipologias. Eles argumentam que um conjunto inicial de categorias, que diferencia uma gama particular de fenômenos, pode ser desenvolvido em uma tipologia sistemática, ao especificar as dimensões subjacentes às distinções que ela faz. Isso não apenas força a melhor definição, e talvez a modificação, das categorias já identificadas, mas também levanta outras categorias que também podem ser importantes (cf. BECKER, 1998, cap. 5).

Podemos ilustrar esse processo com referência à influente tipologia de Glaser e Strauss (1964) dos *contextos de consciência*. Eles desenvolveram esse conceito para caracterizar os diferentes tipos de situação social encontrados entre pacientes terminais em hospitais, suas famílias e o pessoal médico, identificando uma série de subtipos. A ideia se refere à distribuição diferencial do conhecimento e da compreensão sobre a condição do moribundo, desde situações de *consciência fechada*, quando o paciente não é informado do diagnóstico e prognóstico, até a *consciência aberta*, em que o conhecimento é compartilhado abertamente por todas as partes. A ideia de um contexto de consciência está, portanto, intimamente ligada à dinâmica do controle de informações característica de muitos encontros médicos. Contudo, no trecho a seguir, a noção é tratada como um conjunto mais geral e formal de categorias que se aplica a uma gama muito mais ampla de ambientes sociais, incluindo aqueles caracterizados pelo que tem sido chamado de *jogos de informação* (cf. SCOTT, 1968; GOFFMAN, 1970; LYMAN; SCOTT,

1970; BEUVING, 2013). Por exemplo, ele se aplica diretamente à questão substantiva de *se assumir* entre *gays*, lésbicas e transexuais; em outras palavras, administrar a revelação ou ocultação de tal identidade (PLUMMER, 1975: 177-196; TILLMAN, 2009). Glaser e Strauss escrevem:

> Identificamos quatro tipos de contexto de consciência aos quais foi dada atenção especial, uma vez que eles se mostraram úteis em representar diferentes tipos de interação. Um contexto de consciência aberta se refere a quando cada participante está ciente da verdadeira identidade do outro e de sua própria identidade aos olhos do outro. Um contexto de consciência fechada ocorre quando um participante não conhece a identidade do outro ou a visão do outro sobre sua identidade. Um contexto de consciência marcado pela desconfiança é uma variação do contexto fechado: um participante desconfia da verdadeira identidade do outro ou da visão do outro sobre sua própria identidade, ou ambos. Um contexto de consciência dissimulada é uma variação do contexto aberto: ambos os participantes estão totalmente cientes, mas fingem não estar (GLASER; STRAUSS, 1964: 669).

No entanto, a análise pode ser levada um pouco mais além. Ao identificar as dimensões subjacentes a esta tipologia, na mesma direção sugerida por Lazarsfeld e Barton, descobrimos que há muito mais possibilidades do que a tipologia inicial de Glaser e Strauss admite, mesmo se restringirmos o número de participantes a apenas dois (cf. Figura 9.1).

Figura 9.1 Tipologia dos contextos de consciência

PARTE B				
PARTE A	Sabe	Finge não saber	Desconfia	Não sabe
Sabe			Desconfiança	Fechada
Finge não saber		Dissimulação	x	Y
Desconfia	Desconfiança			Z
Não sabe	Fechada			

Além disso, algumas dessas novas possibilidades parecem interessantes, como a célula X, onde uma parte finge não saber enquanto a outra desconfia, e as células Y e Z, onde uma finge ou desconfia enquanto a outra não sabe.

Glaser (1978) nos alerta contra o que ele chama de *elaboração lógica* de categorias, e ele está certo em fazê-lo; Lofland et al. (2006) expressam uma preocupação semelhante. As tipologias não devem ser expandidas para além de seu valor analítico. Contudo, a especificação das dimensões subjacentes a uma tipologia nos encoraja a pensar sistematicamente sobre a natureza de cada categoria e suas relações com outras. Isso pode nos ajudar a identificar possibilidades não consideradas anteriormente, ou relações surpreendentes; por exemplo, ao revelar como algumas das categorias na tipologia podem operar em um modelo de processos causais.

Teorias e método comparativo

Anteriormente, observamos que o resultado pretendido da etnografia pode variar: descrições e explanações de cursos de ação e eventos específicos estão em uma extremidade do espectro, enquanto o desenvolvimento de teorias gerais, ou o que chamamos de modelos causais, está na outra. Vale a pena considerar algumas das ideias sobre teorização que têm sido associadas à etnografia. Talvez a mais influente delas seja a teorização fundamentada, desenvolvida em meados da década de 1960 por Glaser e Strauss (1967) e, posteriormente, retomada por outros. Embora esta seja uma perspectiva muito geral sobre a análise e a produção teórica, seu uso tem sido explorado principalmente em uma ampla tradição sociológica – a do interacionismo simbólico pragmatista – e suas estratégias analíticas têm afinidades particulares com esse estilo intelectual (ATKINSON; HOUSLEY, 2003). Ela teve, por exemplo, muito menos impacto na antropologia, apesar do fato de que os tipos de processos analíticos envolvidos em ambas as disciplinas são muito semelhantes.

Nos últimos anos, têm havido muitos debates e disputas sobre a teorização fundamentada, assim como seu desenvolvimento (DEY, 2004; BRYANT; CHARMAZ, 2007; MORSE et al., 2009; BRYANT, 2017). Argumenta-se que alguns pesquisadores o transformaram de um conjunto de preceitos e perspectivas gerais em algo parecido a um conjunto de fórmulas e protocolos (cf. ATKINSON et al., 2003). Até certo ponto, isso foi um reflexo da maneira como Anselm Strauss desenvolveu sua abordagem particular à análise de dados; e, em particular, como ela foi representada no texto introdutório que ele escreveu em coautoria com Janet Corbin (última edição: CORBIN; STRAUSS, 2015). Isso estimulou uma resposta ofensiva de Barney Glaser (1992; 1993), buscando restabelecer o que ele considerava ser a orientação original da teorização fundamentada.

Como isso deixa claro, a teorização fundamentada não deve ser tratada como uma ortodoxia única. Por exemplo, os trabalhos de Clarke (2005) e Charmaz

(2014) abordam explicitamente a virada *pós-moderna* ou *construcionista* nas ciências sociais e, em particular, na pesquisa qualitativa. Assim como nós, Clarke não acha que as ideias pós-modernas estejam radicalmente divorciadas do pensamento pragmático que inspirou as ideias do interacionismo e da teorização fundamentada, para início de conversa (cf. DELAMONT; ATKINSON, 2004; ATKINSON; HOUSLEY, 2003). No entanto, ela aborda as manifestações contemporâneas dessa tradição, aquelas que enfatizam a multiplicidade das representações sociais (inclusive formas visuais e narrativas). Ela baseia sua abordagem no que ela chama de *análise situacional*, indo além do interacionismo em sua estrutura conceitual para incorporar a análise dos mundos sociais, a análise do discurso e a teoria ator-rede. Talvez de forma ainda mais influente, Charmaz (2014) desenvolveu uma versão construcionista da teorização fundamentada que também compartilha a preocupação com a atualização dessa abordagem.

De um modo geral, o foco da teorização fundamentada não tem sido interpretado como o teste de ideias teóricas, apenas seu desenvolvimento. No entanto, devemos observar que ela parece supor que o que é documentado são relações causais. Claro, os etnógrafos às vezes relutam em admitir que uma de suas preocupações é a produção de modelos causais. Certamente, isso deriva, em parte, do que se considera ser as conotações positivistas do termo *causalidade*, da tendência a interpretar isso como referência a relações simples e diretas, e talvez também de um reconhecimento da extrema dificuldade de aferir a validade das reivindicações teóricas sobre as relações causais. No entanto, explanações e teorias que implicam relações causais são comuns no trabalho etnográfico, ainda que essa implicação não sempre seja claramente assinalada (TAVORY; TIMMERMANS, 2018). E é importante que a validade das explanações causais seja testada[56].

Existem dois tipos amplos, e complementares, de evidências que podem ser fornecidas como suporte aos argumentos causais. O primeiro, que tem sido chamado de *rastreamento de processos* (MAHONEY, 2012; BENNETT; CHECKEL, 2014), é um elemento importante da maioria das pesquisas etnográficas. Aqui, os padrões, ações e eventos que ocorrem ao longo do tempo em um dado caso são documentados com o objetivo de identificar sequências causais. O segundo tipo de evidência decorre do uso do método comparativo. Isso pode assumir várias

---

56. Para uma discussão explícita da causalidade no contexto da pesquisa etnográfica e qualitativa, cf. Becker, 1998; Maxwell, 2012. Para um guia mais geral da explicação dos modelos causais, cf. Hage; Meeker, 1988.

formas. Ele fundamenta o método experimental, mas também tem sido utilizado por historiadores e etnógrafos. A ideia central é a de que, ao estudar o que acontece nos casos em que os supostos fatores causais variam, podemos avaliar qual é a probabilidade de que haja uma relação causal específica.

A teoria fundamentada se baseia no método comparativo, bem como no rastreamento de processos; embora, como vimos, visando principalmente desenvolver explicações, em vez de testá-las. No entanto, ela implica examinar os padrões dos eventos sociais em diferentes circunstâncias, para avaliar o escopo e a força das relações postuladas pela teoria emergente. Portanto, inevitavelmente, algum grau de teste está envolvido. Além disso, embora isso seja relativamente frágil, vale lembrar que mesmo os testes experimentais, conquanto corretamente tratados como mais robustos em alguns aspectos, implicam suas próprias ameaças à validade[57].

Algumas abordagens relevantes para a etnografia buscaram enfrentar abertamente os problemas relacionados ao teste de teorias. Uma delas é a indução analítica (cf. BECKER, 1998, cap. 5; HAMMERSLEY, 2008, cap. 4)[58]. Ela envolve as seguintes etapas:

1) Formula-se uma definição inicial do fenômeno a ser explicado.

2) Alguns casos desse fenômeno são investigados, documentando-se possíveis características explicativas.

3) Um argumento hipotético é elaborado com base nessa análise inicial, com o objetivo de identificar fatores comuns entre os casos.

4) Outros casos são investigados para testar a hipótese.

5) Se a hipótese não se ajusta aos fatos desses novos casos, ou a hipótese é reformulada ou o fenômeno a ser explicado é redefinido (de forma que os casos negativos sejam excluídos).

6) Este procedimento de analisar os casos, reformular as hipóteses e/ou redefinir o fenômeno persiste até o ponto em que os novos casos continuamente confirmem a validade da hipótese, quando é possível concluir que a hipótese está correta (embora nunca seja possível ter absoluta certeza).

Esse processo é representado na Figura 9.2.

---

57. Para uma das primeiras discussões desses problemas, cf. Rosnow, 1981. Para uma análise crítica da defesa mais recente de ensaios clínicos randomizados, uma forma de experimento, cf. Hammersley, 2013a.
58. Existem paralelos importantes, bem como diferenças, entre a indução analítica e outro método qualitativo influente nos dias de hoje, baseado no método comparativo: a análise qualitativa comparativa; cf. Hammersley; Cooper, 2012.

Figura 9.2 O processo de indução analítica

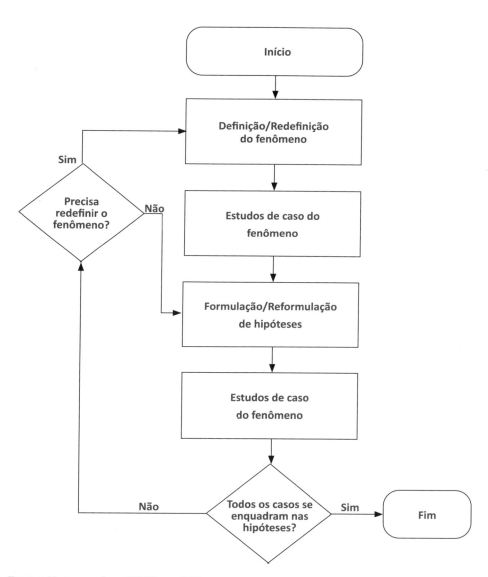

Fonte: Hammersley, 1989b: p. 170.

Existem relativamente poucos exemplos claros da indução analítica em uso. Entre os clássicos, estão o trabalho de Cressey (1950) sobre a *violação de confiança*, discutido anteriormente, os estudos de Lindesmith (1947) sobre o vício em drogas e a análise de Becker (1963) sobre "tornar-se um usuário de maconha" (cf. HAMMERSLEY, 2011c). A noção de indução analítica foi originalmente desenvolvida por Znaniecki (1934) em oposição clara ao método estatístico. Ele argumentou que este era o verdadeiro método das ciências físicas e biológicas, e defendeu sua superioridade com base no fato de que ele produz afirmações universais, não probabilísticas. No entanto, o argumento de Znaniecki não é convincente. Como Robinson (1969) destacou, ele traçou uma distinção muito acentuada entre a indução analítica e o método estatístico; de fato, a capacidade de sua versão da indução analítica produzir enunciados universais decorre de sua preocupação apenas com as condições necessárias, e não com as condições suficientes. Além da inclusão das condições suficientes e também necessárias, há outro elemento que podemos adicionar à indução analítica. Diz-se que o geneticista William Bateson aconselhava a seus alunos: "Valorizem suas exceções!" Ele argumentava que elas são "como as paredes rústicas de um edifício em construção que indicam que ainda há mais a mais trabalho pela frente e revelam onde será erguida a próxima estrutura" (apud LIPSET, 1980: 54). Tanto Cressey quanto Lindesmith fazem isso, mas também é importante *procurar ativamente* por exceções[59]. Uma vez que nenhuma quantidade de exemplos é capaz de assegurar a validade de uma teoria, podemos aumentar as chances de chegarmos a uma conclusão sólida sobre sua validade ao tentar falseá-la procurando exceções (POPPER, 1972). Nessa direção, Duneier (2011) argumentou que a busca por evidências *inconvenientes* deveria ser central ao trabalho etnográfico.

A indução analítica, desenvolvida para abranger ambas as condições necessárias e suficientes, e para incluir a busca por exemplos negativos, parece ser uma reconstrução plausível da lógica da ciência teórica, não apenas do trabalho etnográfico voltado para a produção de teorias. Em alguns aspectos, ela corresponde ao método hipotético-dedutivo, mas difere dele principalmente ao deixar claro que o teste de ideias teóricas não é nem o ponto de partida e nem sempre o ponto final da investigação científica: o teste deriva da elaboração de ideias teóricas, uma tarefa cuja importância é gravemente subestimada na maioria das discussões sobre o método hipotético-dedutivo. Além disso, os resultados dos testes geralmente indicam a necessidade de maior desenvolvimento e refinamento de uma teoria, ao invés de simplesmente nos dizerem se uma afirmação teórica é

---

[59]. A indução analítica às vezes é apresentada como fazendo isso, mas não foi originalmente formulada assim.

verdadeira ou falsa, e isso muitas vezes implica mudanças na maneira como conceitualizamos o tipo de fenômeno que está sendo explicado[60].

Por outro lado, porém, precisamos estar atentos ao que é pressuposto na indução analítica. Ela pressupõe que os fenômenos sociais são governados por leis deterministas, ainda que condicionais; de modo que, se as condições X, Y e Z ocorrerem, então o evento A será produzido em todas as circunstâncias. Existem objeções vindas de diversas direções; com efeito, a própria noção de leis deterministas é geralmente rejeitada pelos etnógrafos, sob o argumento de que ela nega a capacidade manifesta das pessoas de tomarem decisões sobre como agir. Como vimos no cap. 1, esse é um elemento central do naturalismo e também de muitas versões do construcionismo. Em um dos debates mais influentes sobre essa questão, Matza (1969) argumenta que, embora as pessoas possam se comportar de uma maneira previsível por leis, a vida humana frequentemente envolve uma transcendência das condições determinantes. Existem questões importantes e difíceis aqui que permanecem sem solução[61].

Tipos de teoria

Já enfatizamos que, de forma alguma, todo trabalho etnográfico está, ou precisa estar, preocupado principalmente com o desenvolvimento e o teste de teorias. Da mesma forma, devemos observar a gama de diferentes tipos de teoria nas quais os etnógrafos podem estar interessados. Por exemplo, existe uma distinção consagrada, embora nem sempre expressa de forma clara, entre os níveis de análise macro e micro. Macroteorias são aquelas que se aplicam a sistemas de relações sociais em grande escala. Elas podem traçar relações por toda a estrutura de uma sociedade nacional, ou mesmo relações estruturais que operam de forma mais global. A pesquisa focada no micro, por sua vez, se propõe a analisar formas mais locais de organização social, sejam tipos específicos de instituição ou de encontros face a face. Trata-se, então, de uma dimensão na qual a escala dos fenômenos em estudo varia[62]. Embora, em muitos aspectos, a etnografia seja mais adequada para pesquisa em microteoria, ela pode desempenhar um papel

---

60. Algumas análises do método hipotético-dedutivo reconhecem isso; cf., p. ex., Hempel, 1966.
61. Para uma discussão sobre a história e o *status* atual da indução analítica em face desses problemas, cf. Hammersley, 1989b; 2008, cap. 4.
62. Para uma discussão mais aprofundada da distinção macro/micro nessa perspectiva, cf. Hammersley, 1984.

importante no desenvolvimento e no teste de macroteorias (cf., p. ex., WILLIS, 1977; 1981; BURAWOY, 2005; SALZINGER; GOWAN, 2018). As macroteorias necessariamente fazem afirmações relativas a processos que ocorrem em lugares e momentos específicos que podem ser explorados por meio da investigação etnográfica. Geralmente, no entanto, o que é necessário aqui são estudos etnográficos multissituados (cf., p. ex., BURAWOY et al., 2000; HANNERZ, 2003; SCHEPER-HUGHES, 2004).

Atravessando a dimensão macro-micro, está a distinção que Glaser e Strauss (1967) fizeram entre teoria substantiva e formal. Enquanto a dimensão macro-micro se refere à variação no *escopo* dos casos em estudo, a dimensão substantivo-formal diz respeito à generalidade das categorias nas quais os casos são agrupados[63]. As categorias formais incluem as categorias substantivas. Assim, por exemplo, o estudo substantivo de tatuadores e de seus clientes (SANDERS, 2009) pode ser colocado em categorias mais formais, tais como *prestação de serviço* ou *mundos da arte* ou *modificação estética do corpo*, cada uma delas conectando o objeto com um conjunto bastante diferente de outros fenômenos. Da mesma forma, o estudo de uma determinada sociedade pode ser utilizado como uma base inicial para a teoria sobre um tipo geral de formação social; assim, a Grã-Bretanha pode ser tomada como um exemplo de sociedade capitalista, industrial ou pós-moderna, de um poder imperial em declínio, e assim por diante.

Todos os quatro tipos de teoria podem ser úteis, mas é importante ter em mente, com clareza, o tipo de teoria com que se está lidando, uma vez que cada uma delas requer que a pesquisa seja realizada de uma maneira diferente. Por outro lado, é importante observar que o contraste entre a preocupação com a descrição ou com a construção teórica é uma questão de ênfase, e que elas não constituem empreendimentos completamente diferentes. Raramente, etnógrafos estão interessados apenas em produzir relatos de cenários e circunstâncias específicas; geralmente, eles têm algum interesse no que estes casos podem nos dizer a respeito de uma população mais ampla ou sobre um *tipo* de ambiente ou de pessoas. De fato, como vimos antes, para compreender as culturas e as ações locais, precisamos nos perguntar repetidamente como elas se relacionam com as categorias gerais. Isso não significa, necessariamente, que sempre tenhamos que associar o nível *micro* ao *macro*, ou o *substantivo* ao *formal*. Na verdade, as tentativas de

---

63. Para uma discussão sobre o desenvolvimento da teoria formal em oposição à teoria substantiva, cf. Glaser; Strauss, 1967; Glaser, 1978.

fazer isso, muitas vezes, levam a análises inadequadas dos sistemas locais. Ao contrário, isso significa questionar se a nossa análise da ação local pode ser aplicável a uma gama mais ampla de fenômenos de um tipo ou de outro. Desenvolvemos análises estabelecendo conexões entre as categorias conceituais que parecem dar sentido aos nossos dados locais, mas também relacionando-as, de forma explícita, a ideias genéricas que transcendem os casos particulares investigados, mas que podem ajudar a compreendê-los.

Vejamos, a título de exemplo, o estudo etnográfico de Michael Herzfeld sobre artesãos na cidade cretense de Rethemnos. No nível local, Herzfeld descreve as relações entre os mestres artesãos e seus aprendizes (HERZFELD, 2004). Isso, no entanto, é transformado em um relato muito mais amplo de como a masculinidade é exercida; isso está relacionado ao próprio relato anterior de Herzfeld sobre a *poética da masculinidade* entre os homens ladrões de carneiros na mesma ilha de Creta. Da mesma forma, as maneiras pelas quais as habilidades essenciais do ofício são vedadas aos aprendizes, ao invés de serem abertamente compartilhadas com eles, poderiam ser estendidas ao domínio muito mais amplo do aprendizado de profissões e outras ocupações. Os aprendizes são obrigados a passar por longos ritos de passagem, realizando apenas tarefas servis, em vez de mergulharem diretamente no *mistério* do ofício em si. Isso não apenas permite que sejam estabelecidas relações em uma ampla gama de sociedades e formas sociais, mas também fornece uma perspectiva bastante diferente da noção romantizada de aprendizagem que, às vezes, é associada à noção influente de *comunidades de prática* (LAVE; WENGER, 1991; WENGER-TRAYNER, 2015).

Conceitos e indicadores

Claro, não há muito sentido em desenvolver tipologias e modelos altamente sistematizados, se eles agregarem pouco valor aos dados da pesquisa. O desenvolvimento de uma tipologia ou de um modelo eficaz não é um exercício puramente lógico ou conceitual: é preciso recorrer, sempre, ao material que está sendo analisado. À medida que as categorias da análise são melhor definidas e desenvolvidas em relação umas às outras, as relações entre conceitos e indicadores também devem ser especificadas e refinadas. Isso faz parte do processo que mencionamos anteriormente, no qual os conceitos sensibilizantes se tornam mais definitivos[64].

---

64. Essa é uma proposta controversa: há quem argumente que os conceitos sensibilizantes fornecem conceitos definitivos inúteis à pesquisa etnográfica; cf. Williams, 1976. Entretanto, para nós, não está claro como os conceitos sensibilizantes podem ser adequados para os últimos estágios da análise; cf. Hammersley, 1989a; 1989b.

Contudo, vale ressaltar que as relações envolvidas aqui são funcionais: o que serve como conceito e o que é indicador pode variar conforme a ocasião.

Ao nos movermos entre os dados e os conceitos, temos que estar muito atentos para observar relações alternativas plausíveis para aquelas estabelecidas na análise preliminar, e elas precisam ser investigadas. Embora não seja necessário, ou até mesmo possível, expor todos os pressupostos implicados nas relações conceito-indicador, é importante explicitar e averiguar aqueles pressupostos que podem ser mais intensamente questionados. Aqui, é preciso antecipar o que os colegas e, de fato, os participantes poderiam dizer sobre a análise e uma resposta cuidadosa ao que eles disserem sobre ela (DUNEIER, 2011; LUBET, 2018).

Podemos ilustrar esse processo de interrogar as relações conceito-indicador referindo-nos à pesquisa clássica de Willis (1977) sobre as adaptações de meninos da classe trabalhadora à escola secundária. Willis argumenta que os *guris* que ele estudou manifestavam uma contracultura, uma "oposição entrincheirada, generalizada e personalizada à 'autoridade'". Para sustentar essa afirmação, ele utiliza descrições do comportamento dos *guris*, bem como citações das entrevistas em grupo, tais como os seguintes comentários sobre professores:

> *Joey*: [...] eles podem punir a gente. Eles são maiores do que nós, eles representam um sistema maior do que nós, tipo, nós somos pequenos e eles representam coisas maiores, aí você tenta se garantir. É se ressentir da autoridade, eu acho.
> *Eddie*: Os professores acham que são grandes e poderosos porque são professores, mas, na verdade, eles não são ninguém, eles são apenas pessoas comuns, não é?
> *Bill*: Os professores acham que são os tais. Eles são mais, eles estão acima de nós, mas eles pensam que são muito superiores e não são.
> *Spanksy*: Eu queria que a gente pudesse chamar eles pelo primeiro nome e tal... acham que são Deus.
> *Pete*: Isso seria muito melhor.
> *PW*: Então, você diz que eles são superiores. Você aceita, afinal, que eles sabem muito mais sobre as coisas?
> *Joey*: Sim, mas isso não significa que eles são superiores, só porque eles são um pouco mais inteligentes.
> *Bill*: Eles deveriam tratar a gente como gostariam que a gente tratasse eles. [...]
> *Joey*: [...] a maneira como estamos sujeitos, tipo, a todas as vontades deles. Eles querem que a gente faça uma coisa e a gente meio que tem que fazer porque estamos... estamos, tipo assim, abaixo deles. A gente tinha uma professora aqui e só porque todos nós usamos anéis

> e uma ou duas pulseiras, tipo, ele está com uma, e do nada, tipo, sem nenhum motivo especial, ela diz, "tira isso tudo".
> *PW*: Sério?
> *Joey*: É, sério, a gente fala: "Um não quer sair", aí ela diz: "Tira os seus também". Eu disse: "Você vai ter que cortar meu dedo primeiro".
> *PW*: Por que ela queria que você tirasse seus anéis?
> *Joey*: É só um show, tipo. Os professores fazem isso, tipo, de repente eles vão te dar o que fazer e coisas assim. Tipo, você está sujeito a todas as vontades deles. Se eles querem que algo seja feito, aí você não acha certo e se opõe a isso, você sobra com o Simmondsy (o diretor), ou ganha umas pauladas, ou trabalho extra de noite.
> *PW*: Vocês acham que a maioria dos funcionários é tipo inimigos?
> - É.
> - É.
> - A maioria deles.
> *Joey*: Dá uma animada na sua vida, se você estiver tentando pegar o cara por algo que ele tenha feito a você (WILLIS, 1977: 11-12).

Ao avaliar a maneira em que Willis associa o conceito de contracultura com os vários indicadores que ele utiliza, precisamos considerar se, por exemplo, as expressões dos estudantes contra os professores refletem uma oposição geral à *autoridade* como tal, ou tão somente a tipos específicos de figuras de autoridade. E, ao fazer isto, talvez necessitemos esclarecer o próprio conceito de autoridade. Faria algum sentido, por exemplo, afirmar que Joey, que parece ser o líder dos *guris*, tem autoridade entre eles? Quer usemos ou não o conceito de autoridade em sentido amplo ou restrito, precisamos saber exatamente o que a análise alega que os *guris* estão rejeitando e por quê.

Outra pergunta que poderíamos fazer é se os *guris* se opõem a todos os aspectos da autoridade dos professores ou apenas às exigências que eles consideram ultrapassar os limites legítimos. Por exemplo, os *guris* reclamam das regras relativas à sua aparência pessoal, uma reclamação comum também mencionada em um estudo anterior de Werthman (1963), sobre membros de gangues urbanas nos Estados Unidos. No entanto, ao passo que Willis toma essas reclamações como um indicador de uma aversão geral pela autoridade, Werthman as interpreta como indicando os limites do que os meninos que ele estudou consideravam como área legítima de controle do professor. Claramente, essas interpretações alternativas têm sérias implicações para o caráter e a validade da análise produzida (cf. HAMMERSLEY, 1990).

Embora a natureza das interpretações alternativas que precisam ser consideradas vai variar entre os estudos, podemos apontar uma série de questões que devem ser levadas em conta ao examinar as relações conceito-indicador. Elas correspondem às dimensões mencionadas no cap. 2, quando discutimos a amostragem dentro dos casos.

Contexto social

A questão do contexto está no cerne das interpretações conflitantes do comportamento dos alunos que acabamos de discutir no trabalho de Willis e Werthman. Para Willis, a oposição caracterizava o contato dos *guris* com todas as formas de autoridade. Para Werthman, por outro lado, o comportamento dos membros da gangue em relação aos professores variava em diferentes contextos, de acordo com as ações do professor e de como elas eram interpretadas[65]. No processo de análise, o etnógrafo precisa determinar o que constitui um contexto relevante para compreender as pessoas, situações, instituições etc. em estudo. Além disso, existem divergências entre os etnógrafos sobre como isso deveria ser feito. Para alguns, contexto é definido pelo que é percebido ou tratado como contexto pelas pessoas que estão sendo estudadas (até certo ponto, essa é a posição de Werthman). No entanto, para outros, o contexto analítico relevante também incluiria fatores que parecem influenciar os processos de interação social em estudo, *mesmo que eles não sejam reconhecidos pelos participantes*. Outros, por sua vez, e Willis parece entrar nesta categoria, adotam um marco teórico que define em seus próprios termos o contexto no qual os processos sociais em questão são mais bem compreendidos, e que pode contradizer pelo menos alguns dos entendimentos de pelo menos alguns dos participantes (DURANTI; GOODWIN, 1992; HAMMERSLEY, 2006; SALZINGER; GOWAN, 2018). Implicada nisso, embora não corresponda inteiramente a ele, está uma diferença entre a adoção de um foco micro ou mais macro – em que o último envolve insistir que os processos locais de interação social só podem ser entendidos no contexto da sociedade nacional em questão, ou mesmo no contexto das estruturas, forças ou tendências sociais globais.

---

65. A importância do contexto na compreensão do comportamento das pessoas sempre foi fundamental para os argumentos em defesa do valor do trabalho etnográfico, o que também tem sido evidenciado nos debates sobre a reutilização de dados qualitativos; cf. Mauthner et al., 1998; Moore, 2006; 2007; Hammersley, 2010a; Irwin; Winterton, 2012.

A maioria dos etnógrafos está atenta a como as pessoas definem os contextos em que operam, mesmo que também levem em consideração outras características contextuais. Um dos elementos mais importantes do contexto percebido é o público para o qual as ações ou relatos utilizados como dados foram direcionados. Um público possível aqui é, naturalmente, o etnógrafo. Isso é mais óbvio no caso da entrevista, um tipo de formato interacional no qual os pesquisadores desempenham um papel fundamental através das perguntas que eles fazem, das suas reações às respostas e do seu comportamento não verbal, por mais aberta que seja a entrevista. Neste caso, a própria estrutura da interação força os participantes a ter consciência do etnógrafo como público. As concepções dos entrevistados acerca da natureza e da função da pesquisa social, do projeto de pesquisa em questão e das características e objetivos pessoais ou sociais do entrevistador podem, portanto, exercer uma grande influência sobre o que eles dizem e como o dizem. Esta é uma das razões pelas quais muitos etnógrafos questionam a confiabilidade dos estudos baseados apenas em entrevistas (cf., p. ex., ATKINSON, 2017; SILVERMAN, 2017; HAMMERSLEY, 2017).

A reatividade incorporada nas entrevistas pode ser tanto uma ajuda quanto um obstáculo na produção de dados relevantes e de interpretações válidas deles, como vimos no cap. 5. Informantes e entrevistados *bem treinados* podem atuar como assistentes de pesquisa muito eficazes ao reportar dados relevantes, dos quais o etnógrafo poderia não tomar conhecimento de outra maneira. Eles podem também tornar o processo de coleta de dados mais eficiente, uma vez que eles são capazes de distinguir o que é relevante da massa de material irrelevante disponível. Mas também há riscos aqui: quanto mais *sofisticado* for o entrevistado, maior é a tendência de se distanciar da descrição e adentrar a análise com base em categorias predeterminadas. Embora não exista algo como uma descrição pura, é essencial minimizar o grau de inferência envolvido nas descrições utilizadas como dados, de modo que possibilite verificar e reverificar, construir e reconstruir interpretações delas. Se o entrevistado oferece relatos muito teorizados a respeito dos eventos ou das experiências que ele ou ela esteja descrevendo, por mais interessantes ou proveitosas que sejam as ideias teóricas, a qualidade dos dados foi prejudicada. Tudo isso se refere ao ponto mais geral de que, ao analisar nosso material, precisamos estar alertas para os efeitos do público e para como a visão das pessoas a respeito dos interesses do pesquisador pode determinar o que eles dizem e fazem.

Assim, também no caso dos dados observacionais, precisamos estar cientes de que o etnógrafo poderia ser um público importante para os participantes, ou pelo menos para alguns deles. Perguntas informais muitas vezes fazem parte da observação participante, e Becker e Geer (1960) apontaram para a importância de se distinguir entre as declarações solicitadas e espontâneas ao analisar as evidências. No entanto, como observamos no cap. 5, essa distinção é muito grosseira. Não podemos pressupor que as declarações espontâneas não sejam influenciadas pela presença do pesquisador. O mesmo se aplica a outras ações. Atualmente, um princípio fundamental da literatura sociológica é o de que as pessoas procuram gerenciar as impressões de si mesmas e dos ambientes e grupos com os quais estão associadas. Em um estudo sobre uma comunidade rural indiana, Berreman (1962) só descobriu o quanto seus dados eram produto da gestão de impressões por parte dos aldeões quando foi obrigado a trocar de intérprete. Essa troca mudou seu relacionamento com eles e produziu tipos diferentes de dados[66].

Às vezes, os participantes confessarão ao etnógrafo que estiveram apresentando uma fachada. Bogdan e Taylor citam o comentário de um agente em uma instituição estatal para *deficientes mentais*, feito a um etnógrafo no fim do primeiro dia de trabalho de campo: "É, hoje não fizemos muitas coisas que a gente costuma fazer. Tipo, se você não estivesse aqui, nós roubaríamos um pouco de comida no jantar e talvez batêssemos em alguns deles. Antes, a gente não sabia que você era um cara legal" (BOGDAN; TAYLOR, 1975: 89). Certamente, essas confissões não indicam necessariamente que um acesso total foi, enfim, concedido. Se, durante uma estadia prolongada em determinado ambiente, os participantes geralmente ganham cada vez mais confiança no etnógrafo e acham cada vez mais difícil controlar as informações que se tornam disponíveis, a criação e a gestão de suas fachadas pessoais por parte dos membros pode ser um problema persistente. Assim, Punch (1979) relata como, em uma festa que ele foi alguns meses depois de terminar um trabalho de campo longo e intensivo sobre o trabalho policial em Amsterdã, um de seus informantes revelou a ele, sob efeito do álcool, que ele havia sido mantido bem longe das evidências de corrupção policial. Assim, no caso dos dados observacionais, também é preciso estar ciente dos possíveis efeitos do etnógrafo como público.

---

66. Sobre as questões envolvendo o uso de intérpretes por antropólogos e a negligência dessas questões, cf. Borchgrevink, 2003. Certamente, o problema de lidar com as diferenças de idioma não se limita aos antropólogos; cf. Temple; Young, 2004.

No entanto, essa preocupação com a reatividade, com os efeitos do pesquisador sobre a natureza dos dados que ele ou ela coleta, pode ser um tanto enganosa. Assim como os pesquisadores quantitativos procuram minimizar a reatividade por meio da padronização, influenciados pelo naturalismo, os etnógrafos às vezes consideram quaisquer efeitos de sua presença ou de suas ações sobre os dados simplesmente como uma fonte de viés. De fato, isso pode ser uma ameaça à validade das inferências. No entanto, as reações dos participantes aos etnógrafos também podem ser uma fonte importante de informação. Os dados em si não são válidos ou inválidos; isso só pode ser dito em relação às inferências derivadas deles. O ponto é que os etnógrafos devem buscar estar sempre cientes de como a sua presença pode ter influenciado os dados e quais as implicações disso para a análise.

No entanto, a importância do público vai além do impacto do pesquisador como pesquisador; é preciso estar atento aos efeitos de outros públicos. No caso da observação participante secreta, a identidade (ou identidades) que o etnógrafo assume como participante pode ter influência, e outros participantes enquanto testemunhas do que é dito e feito também – portanto, devemos levar em conta esses efeitos do público ao usar dados observacionais. A importância do público deriva do fato de que os participantes de um ambiente raramente se veem como um grupo homogêneo. Diferentes categorias, grupos ou facções estão frequentemente envolvidas, e em relação às quais diversas fachadas precisam ser mantidas. E, mesmo no interior dessas divisões, haverá outras redes informais de comunicação que incluem alguns participantes e excluem outros, como Hitchcock revela no caso dos funcionários de uma escola primária:

> Em muitas ocasiões durante o trabalho de campo, os comentários da equipe seriam introduzidos por afirmações como: "Sei que não é profissional da minha parte falar assim"; "Acho que eu não deveria estar te contando isso"; "Não diga a ele que eu disse isso, pelo amor de Deus". Em outras ocasiões que a equipe me contou coisas, essas introduções não foram feitas; presumia-se que eu não iria "entregar" à outra pessoa o que havia sido dito sobre ela. Ou seja, eles "confiavam" que eu ficaria em silêncio ou manteria o que foi dito em segredo (HITCHCOCK, 1983: 30).

Até certo ponto, então, coisas diferentes serão ditas e feitas na presença de pessoas diferentes. Em particular, é preciso considerar as diferenças entre o que é feito *em público* e o que é feito *em privado*, uma vez que a categoria à qual uma ação pertence para os participantes pode ter consequências importantes sobre como ela se relaciona com as ações e atitudes em outros contextos. Isso foi central para a análise de McDermott (2006; 2018) sobre as interações inter-raciais e as atitudes da população branca em relação às minorias negras em Greenville, na Carolina do Sul, e no seu entorno: ela fez comparações sistemáticas de situações em que havia diferenças na composição racial do conjunto de participantes envolvidos. Por outro lado, nem sempre está claro se algo é *privado* ou *público*, e há uma nuança sutil entre os dois. Pode ser necessário conhecer muito bem um ambiente para poder reconhecer o *status* público ou privado das ações e, ainda assim, é fácil equivocar-se. Além disso, o que é público e o que é privado pode ser redefinido no decorrer da interação social.

Mesmo no caso das entrevistas, o etnógrafo pode não ser o público mais importante, como observamos no cap. 5. Em maior ou menor medida, e independente das garantias de confidencialidade que o etnógrafo dê, os entrevistados podem considerar o que eles dizem como *público* em vez de *privado*; eles podem esperar que aquilo seja comunicado a outros, ou registrado para a posteridade. Krieger (1979a) fornece um exemplo de sua pesquisa sobre uma estação de rádio. Refletindo sobre a segurança ou a confiança dos entrevistados, ela comenta:

> Cheguei a pensar que isso refletia uma expectativa de que esse relato na situação da entrevista se direcionasse para mais de uma pessoa, de que fosse um relato para o mundo em geral, e não apenas um pedido de reconhecimento por parte desse mundo, mas também talvez de perdão (KRIEGER, 1979a: 170-171).

Por fim, inclusive no caso de documentos já disponíveis, precisamos estar cientes de que eles foram elaborados com um ou mais públicos em mente. Isso afetará a natureza do documento, no sentido do que é considerado relevante, do que pode ser presumido como conhecimento prévio, do que é explicitado e do que é pressuposto, do que não pode ou não deve ser dito, e talvez até mesmo do que deve ser dito, ainda que não seja verdade. Se tratarmos os documentos como simples reflexos *do que aconteceu*, *do que é exposto* etc., provavelmente seremos induzidos ao erro, embora eles possam nos revelar muito sobre esses assuntos.

Analisar nos dados os efeitos do público não é, então, simplesmente uma questão de avaliar o impacto do pesquisador, mas também de avaliar o impacto de qualquer outro público ao que o ator possa estar se dirigindo ou levando em consideração, consciente ou inconscientemente. Além disso, embora o público seja um aspecto importante do contexto, ele não é o único: nós o adotamos aqui para ilustrar o que pode estar envolvido na análise do contexto para a interpretação dos dados.

Tempo

O que as pessoas dizem e fazem é produzido no curso de sequências contínuas de interação social. Se ignorarmos o que já ocorreu, ou o que virá, corremos o risco de tirar conclusões equivocadas. No entanto, a estrutura temporal das ações inclui não apenas a série de eventos que ocorrem antes e depois delas, mas também o marco temporal no qual as pessoas envolvidas as antecipam e localizam. Por exemplo, em ambientes culturais, os atores têm *carreiras morais*, eles podem passar por estágios formais e informais e transformações de identidade: de novato a veterano, de estranho a membro. Embora esses padrões nunca sejam isolados e sejam frequentemente questionados, eles muitas vezes representam uma consideração importante que influencia a ação (DAWSON, 2014; DALSGAARD; NIELSEN, 2015; ELLIOTT et al., 2017).

Se levamos a sério a ideia de que as identidades sociais são construídas ao longo do tempo, precisamos analisar as maneiras socialmente organizadas pelas quais as identidades são constituídas. Por exemplo, como os atores sociais *se tornam* internos em uma instituição total; como os alunos adquirem o conhecimento e as habilidades para atuar como membros competentes de algum tipo; quais são os caminhos que as pessoas ou objetos percorrem em organizações complexas; quais são os passos para chegar a decisões, diagnósticos e disposições organizacionais. Tudo isso é organizado temporalmente. A documentação dessas trajetórias é uma forma poderosa de ordenar as análises etnográficas.

Glaser e Strauss (1968) fornecem um exemplo contundente em seu estudo de como os pacientes terminais são tratados pela equipe do hospital. Eles observam como a equipe constrói e reconstrói concepções das trajetórias de morte de pacientes individuais, e como essas trajetórias desempenham um papel fundamental na formação de atitudes em relação ao tratamento desses pacientes. Além disso, desvios dos padrões esperados podem causar problemas. Como os funcionários do hospital reagem aos sinais de melhora em um paciente, então, depende do contexto temporal a partir do qual eles leem esses sinais. O que é relevante aqui não é apenas o que aconteceu no passado, mas também as estimativas do que provavelmente acontecerá no futuro. Mas isso não se restringe à equipe. Por exemplo, nem sempre a família de um paciente recebe bem os sinais de melhora em sua condição, talvez porque eles sejam vistos como parte de uma morte dolorosa e prolongada (WRIGHT, 1981).

Ball (1983) apontou que muitas organizações são caracterizadas por ciclos temporais de curto e de longo prazos. A maioria das universidades e escolas, por exemplo, tem períodos cujo início e fim são referências importantes para funcionários e alunos. Além disso, os diferentes períodos escolares não são equivalentes; eles fazem parte de um ciclo mais longo com base no ano – o período de outono é muito diferente, em vários aspectos, do período de primavera, por exemplo. Para os alunos, os anos fazem parte de um ciclo ainda maior; seu primeiro ano como calouros é muito diferente do seu *status* no último ano, como veteranos. Tjora (2016) elabora um argumento semelhante sobre os ciclos diários característicos dos festivais de *rock*, enfatizando a importância de compreender como as transições entre suas fases são negociadas de forma interativa, uma vez que o *ritmo social, produzido de forma interativa e artística*, torna os festivais reconhecíveis pelo que são e atraentes como eventos sociais. Assim, os dados registrados em diferentes momentos precisam ser examinados à luz de sua posição nos padrões temporais de curto ou longo prazo que estruturam a vida das pessoas em estudo[67].

Dado que indivíduos, organizações e grupos possuem diversos marcos temporais, o passado está sempre sendo construído por meio dos atos de memória. A memória não é apenas um processo mental de recordação. É uma conquista coletiva contínua. Os atores sociais criam seu sentido do passado e suas próprias biografias através de *atos* de memória. O passado é evocado em *performances* narrativas, por exemplo. Portanto, ao analisar os relatos dos participantes sobre suas próprias vidas e as dos demais, precisamos estar atentos às maneiras como o passado é continuamente reconstruído e aos meios pelos quais isso é feito. Passado, presente e futuro são criados e recriados juntos à medida que os atores compartilham memórias, planos ou projetos (WERTSCH; ROEDIGER, 2008).

Nesse sentido, há vantagens consideráveis em combinar entrevistas com a observação participante. Cada uma delas pode fornecer informações sobre os contextos temporais cujas implicações para a interpretação dos dados podem ser avaliadas. Os perigos de negligenciar os efeitos do tempo são particularmente grandes quando se dependente inteiramente de uma única fonte de dados. Por

---

[67]. Para mais informações sobre esses padrões, cf. Roth, 1963; Zerubavel, 1979; Dalsgaard; Nielsen, 2015; Elliott et al., 2017.

exemplo, o que é dito pode ser influenciado pelo que aconteceu à pessoa antes de uma entrevista e/ou pelo que está previsto acontecer em um futuro próximo. Quando apenas entrevistas são utilizadas, é aconselhável reservar algum tempo para uma conversa casual sobre os acontecimentos recentes na vida do entrevistado. Na verdade, essa pode ser uma maneira útil de iniciar a entrevista a fim de estabelecer uma boa relação. No entanto, a análise dos dados da entrevista também precisa levar em conta a organização temporal do que é dito, e quando, *no decorrer da própria entrevista*. Isso pode ser de considerável importância.

Mais uma vez, não se trata de aceitar ou rejeitar dados, mas de saber interpretá-los; há uma grande tentação de pressupor que as ações, declarações ou respostas à entrevista representam características estáveis de pessoas, grupos ou ambientes. Isso pode estar correto, mas não pode ser presumido. As ações estão inseridas em contextos temporais que podem influenciá-las de formas importantes para a análise. Além disso, às vezes, elas podem ser mais fluidas do que o esperado.

Pessoas

Quem está fazendo ou dizendo coisas é uma consideração igualmente importante quando se trata de avaliar a relação entre conceito e evidência. As identidades ou posições sociais das pessoas (i. é, os padrões de relações sociais nos quais estão inseridas) podem ter dois tipos de efeito sobre a natureza dos relatos que elas produzem ou das ações que realizam. Primeiro, as posições sociais determinam o tipo de informação disponível para as pessoas. Elas claramente afetam o que as pessoas podem ver e ouvir *em primeira mão*; também determinam o que as pessoas saberão e como ficarão sabendo das coisas em *segunda mão*. Além disso, *como* elas ficam sabendo das coisas afetará *o que* elas *sabem*.

A outra maneira pela qual as identidades afetam as ações e relatos é através das perspectivas particulares que as pessoas em diferentes posições sociais tendem a produzir, uma vez que essas posições irão filtrar sua compreensão e conhecimento do mundo e influenciar suas ações dentro dele. Em particular, a interpretação da informação disponível a uma pessoa tende a ser selecionada e enviesada de acordo com as preocupações e interesses predominantes. Inclusive, pode haver fortes elementos de realização de desejo envolvidos. É preciso estar atento aos possíveis efeitos da identidade social em todos os tipos de dados, incluindo os próprios relatórios de observação dos etnógrafos: nós também ocupamos posições sociais específicas e o que observamos, o que registramos e como o interpretamos será influenciado por elas.

As implicações da identidade para os relatos que as pessoas fornecem variam em função de se o etnógrafo está utilizando esses relatos como fonte de informação ou como dados sobre as perspectivas ou práticas discursivas das pessoas (para uma discussão dessa distinção, cf. cap. 5). No primeiro caso, a posição social do informante pode dar acesso a diferentes tipos de conhecimento que poderiam ser disponibilizados ao pesquisador, mas também pode ser uma fonte de viés – uma ameaça à validade que precisa ser monitorada. Este tipo de consideração deve informar a seleção dos informantes e a interpretação dos dados que eles fornecem, bem como o tratamento dos dados provenientes de outras fontes. Por outro lado, ao utilizar os relatos das pessoas para analisar as perspectivas ou os repertórios discursivos delas, a posição social não é mais uma fonte potencial de viés – em vez disso, é um foco de análise. Aqui, o objetivo é precisamente documentar como as pessoas veem, entendem, falam ou escrevem sobre fenômenos sociais específicos, e *por quê*. Essas duas formas de análise são complementares e, no caso dos dados observacionais produzidos pelo etnógrafo, sua interação é a essência da reflexividade.

Nesta seção, nosso objetivo foi mostrar que as relações entre conceitos e indicadores precisam ser avaliadas levando em consideração interpretações alternativas dos dados e acompanhando as implicações de interpretações específicas para ver se elas são confirmadas. E é importante aqui considerar as dimensões do contexto social, do tempo e das pessoas envolvidas. No entanto, alguns etnógrafos propuseram maneiras mais diretas de testar essas relações. Nas seções finais deste capítulo, discutiremos duas estratégias comumente mencionadas: validação do respondente e triangulação.

Validação dos respondentes ou checagem dos participantes

A noção de *validação dos respondentes* ou de *checagem dos participantes* tem ocupado um lugar incerto e algumas vezes questionado na análise etnográfica (BIRT et al., 2016). Alguns etnógrafos argumentam que um teste crucial para suas análises é se os atores, cujas crenças e/ou comportamento eles estão descrevendo e procurando explicar, reconhecem a validade desses relatos (LINCOLN; GUBA, 1985). Isso pode ser verificado de diversas maneiras: enviando cópias preliminares da análise aos participantes, resumindo-a em entrevistas de acompanhamento (individuais ou em grupo) ou apresentando-a em uma reunião ou grupo focal[68].

Em sua pesquisa sobre as regras de tomada de decisão empregadas pelos especialistas em otorrinolaringologia (ouvido, nariz e garganta), Bloor enviou aos especialistas que ele estudou o seu relatório descrevendo as práticas de avaliação deles. Isso foi acompanhado por uma carta que pedia a cada um deles para "ler o relatório e ver até que ponto ele correspondia às suas próprias impressões de sua prática clínica". Então, Bloor discutiu os relatórios em entrevistas com os médicos. Ele argumenta que, em grande medida, o exercício foi bem-sucedido: "alguns respondentes endossaram minha descrição de suas práticas e, nos casos em que isso não aconteceu, a natureza do exercício me permitiu corrigir a análise de modo que essa concordância não fosse mais negada" (1978: 549). Usando uma estratégia diferente, em seu estudo sobre a escola secundária de Beachside, Ball (1981; 1984) realizou dois seminários com os funcionários da escola, nos quais ele apresentou algumas de suas descobertas. Sua experiência não foi tão feliz e proveitosa, e isso sugere que, embora possa haver mérito nessa estratégia, ela está longe de ser livre de problemas (cf. tb. GOLDBLATT et al., 2011).

O valor da validação dos respondentes reside no fato de que os participantes envolvidos nos eventos documentados podem ter acesso a informações adicionais do contexto – de outros eventos relevantes, do marco temporal, das intenções dos demais, por exemplo – que não estão disponíveis ao etnógrafo, e isso pode permitir que eles façam avaliações de alta qualidade das interpretações do pesquisador. Além disso, eles têm acesso à sua própria experiência dos eventos, o que pode ter uma importância considerável. Essas informações adicionais podem alterar substancialmente a plausibilidade das diferentes interpretações possíveis dos dados. Nesse sentido, Moffat (1989: 329) relata como as conclusões de sua pesquisa sobre os alunos da Universidade de Rutgers foram modificadas pelas reações deles quando ele apresentou versões preliminares de sua análise em suas aulas de antropologia lá.

Por outro lado, é importante reconhecer as limitações da validação dos respondentes ou da checagem dos participantes. As informações que as pessoas re-

---

68. É preciso diferenciar a validação dos respondentes da entrega de cópias dos *dados* gravados aos participantes para pedir-lhes que os corrijam ou concordem com seu uso; a este respeito, cf. Forbat; Henderson, 2005.

cebem através de suas redes podem ser falsas. Da mesma forma, também não podemos supor que as pessoas sejam comentaristas privilegiadas de suas próprias ações, no sentido de que a veracidade de seus julgamentos seja incontestável. Como Schutz (1945: 535) e outros observaram, só conseguimos apreender os significados de nossas ações retrospectivamente: esses significados são reconstruídos com base na memória e moldados por suposições e contingências, eles não são dados imediatamente. Além disso, boa parte da ação social opera em um nível subconsciente, deixando poucos vestígios de memória. Assim, no caso dos especialistas de Bloor, não podemos pressupor que eles tivessem consciência das regras de tomada de decisão que eles utilizavam, ou mesmo que, infalivelmente, eles pudessem reconhecê-las quando alguém as documentasse. Em suma, embora as pessoas sejam informantes bem posicionados a respeito de suas próprias ações, elas não são mais do que isso; seus julgamentos podem conter ameaças à validade tanto quanto os do pesquisador.

Isso é agravado quando reconhecemos que pode ser do interesse de uma pessoa interpretar ou descrever erroneamente suas próprias ações e contradizer as interpretações do etnógrafo. Tanto Bloor quanto Ball destacam que os participantes geralmente interpretam os dados à luz de preocupações diferentes e, às vezes, por critérios conflitantes com os do etnógrafo. Por exemplo, Bloor reconhece que

> Eu esperava que os especialistas respondessem aos relatórios de modo semelhante a um colega acadêmico [...]. Dei-me conta de ter feito essa suposição quando ela foi violada – suspeitei que alguns dos especialistas não haviam lido o relatório com o espírito crítico esperado. Eu senti que eles leram o relatório da mesma maneira que hoje talvez lêssemos um tratado religioso do século XIX – com um interesse mínimo, distante e superficial, com a sensação de que talvez ele tivesse um certo encanto peculiar, mas sem ser tão comovido por seu conteúdo a ponto de sentir a necessidade de definir as próprias crenças e práticas em acordo ou em oposição a ele. Eles não conheciam as convenções da crítica sociológica acadêmica e talvez estivessem pouco interessados no conteúdo dos relatórios (BLOOR, 1978: 550).

Deste modo, assim como toda coleta e análise de dados, as reações das pessoas ao relato do etnógrafo serão influenciadas por sua posição social e suas percepções da pesquisa. No caso dos médicos de Bloor, eles estavam pouco interessados. Os professores de Ball, por outro lado, demonstraram um comprometimento mais incisivo. Mas isso também estava diretamente relacionado às suas posições sociais, e em conflito com a do pesquisador:

> muitos dos funcionários aparentemente leram meu capítulo apenas com base no que ele tinha a dizer sobre eles ou sua disciplina. Houve pouca ou nenhuma discussão sobre as questões gerais que eu estava tentando levantar ou os argumentos gerais do capítulo [...]. Como etnógrafo, eu havia assumido como minha tarefa a descrição e a análise de tendências mais gerais que se estendiam, no meu entendimento, a toda a escola, uma perspectiva ampla. Os funcionários responderam a partir de sua visão particular da escola, do ponto de vista da posição que eles ocupavam (BALL, 1984: 18-19).

Os professores de Ball interpretaram o trabalho dele como uma crítica a eles, e questionaram a validade de suas descobertas. (SCARTH, 1986: 202-203 relata uma experiência semelhante.)

Esses comentários* podem, então, ser bastante problemáticos. Sejam os respondentes entusiasmados, indiferentes ou hostis, suas reações não podem ser tomadas como uma validação ou refutação direta das inferências do observador. Em vez disso, esses processos de *validação* ou de *checagem* devem ser tratados como mais uma fonte valiosa de dados e interpretações. Por outro lado, as consequências de reportar os dados e análises às pessoas devem ser levadas em consideração, tanto para o pesquisador quanto para os demais; elas nem sempre são positivas (cf. cap. 11).

Embora o objetivo original da validação dos respondentes seja, como o nome sugere, testar a validade da análise, nos últimos anos a *checagem dos participantes* se tornou intimamente associada aos argumentos em defesa de formas participativas ou mais *democráticas* de pesquisa (cf. TORRANCE, 2012), de modo que as premissas que a fundamentam às vezes são mais éticas ou políticas do que metodológicas. De fato, em alguns casos, uma teoria da verdade por correspondência foi rejeitada em favor de uma noção de verdade como coconstrução (cf., p. ex., DOYLE, 2007), de modo que qualquer noção de testar a validade das análises foi abandonada. Não discutiremos as questões éticas e políticas aqui; tudo o que diríamos é que um compromisso com a abertura deve ser equilibrado por um senso de realismo político e pela consciência das possíveis consequências de reportar as análises aos participantes.

---

* No original, *feedback* [N.T.].

Triangulação

Na realidade, a validação dos respondentes representa um tipo de triangulação, termo cuja definição geral seria: a verificação das inferências derivadas de um tipo de fonte de dados a partir da comparação com dados de outra fonte (HAMMERSLEY, 2006; FLICK, 2007). Além disso, essa triangulação de fontes de dados pode envolver a comparação de dados relacionados ao mesmo fenômeno, mas obtidos em fases diferentes do trabalho de campo, em momentos diferentes dos ciclos temporais que ocorrem em um ambiente, ou em relatos de participantes diferentes (incluindo o etnógrafo) que ocupam posições distintas no ambiente. Esta última forma de triangulação pode se estender indefinidamente, mostrando aos participantes os relatos uns dos outros e registrando seus comentários sobre eles (ADELMAN, 1977)[69].

O termo *triangulação* originalmente surgiu de uma analogia vaga com a navegação e a topografia (CAMPBELL; FISKE, 1959; WEBB et al., 1966). Se quisermos localizar nossa posição em um mapa, um único ponto de referência visível pode fornecer apenas a informação de que estamos situados em algum lugar de uma linha, em uma direção conhecida a partir desse ponto de referência. Com dois pontos de referência, no entanto, a posição exata pode ser determinada tomando-se as orientações de ambos; essa posição se encontra no ponto do mapa onde as linhas de cada ponto de referência se cruzam. A analogia é que, na pesquisa social, se confiarmos em um único dado, há o risco de que erros não detectados em nossas inferências tornem nossa análise incorreta. Se, por outro lado, diversos tipos de dados levam à mesma conclusão, podemos estar mais seguros dessa conclusão. Essa segurança será bem fundamentada na medida em que os diferentes tipos de dados tenham diferentes direções prováveis de erro incorporadas a eles.

Existem vários outros tipos de triangulação, além daquela relacionada às fontes de dados. Uma delas é o que Denzin (1978) chamou de *triangulação teórica*: abordar os dados com diferentes perspectivas e hipóteses em mente (KUSHNER; MORROW, 2003; HOQUE et al., 2013; PITRE; KUSHNER, 2015). Bensman e Vidich (1960) fornecem um exemplo interessante disso em seu estudo clássico da comunidade de Springdale. Eles relatam que submeteram seus dados a perspectivas teóricas inspiradas em Redfield, Weber, Tonnies, Veblen, Merton, Lynd, Warner, Mills, Sapir e Tumin. Em cada caso, eles se perguntaram: "Que elementos

---

[69]. Certamente, aqui há o risco de violar as garantias de confidencialidade.

nessas teorias nos permitiriam compreender nossos dados?" Aqui, as teorias não foram simplesmente tomadas como soluções prontas para problemas de pesquisa, mas foram utilizadas para fornecer um foco de análise e para trabalhos de campo complementares; elas foram usadas como fontes de conceitos sensibilizantes e não como um meio de testar interpretações, de modo que a analogia com a navegação desaparece aqui. E, nos últimos anos, muitos expoentes da noção de triangulação abandonaram essa analogia completamente (cf. HAMMERSLEY, 2007).

Também existe a possibilidade de triangulação entre diferentes pesquisadores. Embora a pesquisa em equipe às vezes seja utilizada por etnógrafos (para uma discussão, cf. WOODS et al., 2000), muitas vezes os dados gerados por diferentes observadores são tratados como complementares, relacionados a diferentes aspectos de um caso ou a diferentes casos, em vez de visarem facilitar a triangulação. No entanto, a pesquisa em equipe oferece a oportunidade de explorar os efeitos de diferentes pesquisadores. É claro que, para maximizar suas potencialidades, os observadores devem ser tão diferentes quanto possível nas dimensões relevantes; por exemplo, assumindo papéis bastante diferentes em campo[70].

A triangulação de método é mais comum. Aqui, os dados produzidos por diferentes técnicas de coleta de dados são comparados. Na medida em que essas técnicas envolvem diferentes tipos de ameaças à validade, elas fornecem uma base para verificar as interpretações. Com frequência, a etnografia envolve uma combinação de técnicas e, assim, pode ser possível avaliar a validade das inferências entre indicadores e conceitos ao se examinarem os dados relativos ao mesmo conceito obtidos na observação participante, em entrevistas e/ou documentos.

Na triangulação, então, as relações entre conceitos e indicadores são verificadas com base em outros indicadores. No entanto, a triangulação não é um simples teste. Ainda que os resultados sejam os mesmos, isso não é nenhuma *garantia* de que as inferências envolvidas estão corretas. Talvez todas as inferências sejam inválidas e, em função de um erro sistemático ou mesmo aleatório, elas levem à mesma conclusão incorreta. O que está envolvido na triangulação não é a combinação de diferentes tipos de dados em si, mas uma tentativa de estabelecer relações entre diferentes tipos de dados, de modo a neutralizar as diversas ameaças possíveis à validade de nossa análise.

---

70. Existem alguns exemplos disso. Para um exemplo antigo, cf. Smith; Geoffrey, 1968. Para um exemplo um pouco mais recente, cf. Delamont et al., 2017.

Não se deve, portanto, adotar uma visão ingenuamente *otimista* de que a agregação de dados de fontes diferentes irá resultar, sem percalços, na produção de um quadro mais preciso ou completo. Embora poucos escritores tenham abordado esta questão, *as diferenças* entre conjuntos ou tipos de dados podem ser igualmente importantes e esclarecedoras. Lever (1981) fornece uma visão valiosa a esse respeito. Pesquisando as diferenças entre os sexos nas brincadeiras das crianças, ela coletou dados por meio de questionários e diários, e descobriu que eles produziram resultados bastante diferentes. Ela argumenta que isso reflete os efeitos variáveis dos estereótipos, de acordo com *a natureza do método ou a formulação da questão*; e que, em função disso, as declarações das crianças sobre o que elas *geralmente fazem*, coletadas no questionário, mostraram diferenças entre os sexos mais significativas do que as informações sobre o que elas *realmente fazem*, coletadas em diários. Em suma, Lever sugere que "investigações abstratas ou incondicionais produzem respostas que correspondem mais fielmente às percepções de uma pessoa a respeito das normas sociais do que investigações de natureza concreta ou detalhada" (1981: 205). Certamente, essa não é a única maneira de lidar com as discrepâncias entre as diferentes fontes de dados; elas podem ser tratadas como fontes de perspectivas bastante diferentes em relação aos fenômenos investigados (cf., p. ex., RIBBENS McCARTHY et al., 2003; cf. tb. PERLESZ; LINDSAY, 2003). No entanto, ambas as estratégias ilustram o tipo de interpretação cuidadosa das inferências conflitantes dos dados, que é central para o tipo de abordagem etnográfica reflexiva que propomos.

Conclusão

Neste capítulo, examinamos o processo de análise na etnografia, desde os problemas antecipados e a análise preliminar de um corpo de dados, passando pela elaboração de conceitos de diversos tipos e pela codificação dos dados, até o desenvolvimento de tipologias, modelos e teorias. Também discutimos os diferentes tipos de teoria que os etnógrafos podem buscar desenvolver, embora tenhamos enfatizado que as teorias não são o único produto do trabalho etnográfico; mais comuns, e igualmente importantes, são as descrições e explicações. Por fim, analisamos a relação entre conceitos e indicadores, como eles precisam ser avaliados e o papel da validação dos respondentes e da triangulação nisso. Certamente, a maioria dos produtos do trabalho etnográfico envolve a produção de um texto publicado, de um tipo ou de outro. E, como veremos no próximo capítulo, não se trata apenas de *escrever os resultados da análise*.

10
A ESCRITA ETNOGRÁFICA

A escrita está no cerne da etnografia. Embora os produtos da pesquisa não se limitem ao texto escrito – eles podem incluir imagens e outros materiais – a menos e até que *escrevamos*, toda etnografia permanece, em grande parte, inerte e invisível. Não é por acaso que o termo *etnografia* se refere, simultaneamente, à condução da pesquisa e à monografia resultante. Além disso, a escrita etnográfica apresenta desafios específicos e proporciona recompensas singulares. Isso ocorre porque redigir uma etnografia difere dos gêneros textuais mais previsíveis da pesquisa experimental ou quantitativa. Na verdade, em muitos aspectos, o termo convencional *anotar* não é adequado. Raramente, nós simplesmente relatamos nossas *descobertas*, por exemplo. Em vez disso, temos que nos engajar na produção de relatos fundamentados de mundos sociais complexos, da ação social e da organização social. Nossos textos são frequentemente povoados por atores sociais sobre os quais temos que escrever relatos precisos e analíticos, e que podem, de fato, ler aquilo que escrevemos (BRETTELL, 1993).

Então, a escrita etnográfica não é simples. Em todo caso, a linguagem escrita é uma ferramenta analítica, não um meio de comunicação transparente. Jamais podemos reduzir a escrita a um conjunto de prescrições. O que é necessário é um reconhecimento dos textos como produtos do trabalho de escritores e leitores. Nesse sentido, o etnógrafo contemporâneo precisa levar em conta as contribuições da teoria literária, da retórica, da linguística textual e de outros campos relacionados. Isso é necessário para desenvolver nossas habilidades artesanais como produtores de etnografias – o objetivo não é transformar a etnografia em um ramo dos estudos literários (embora algumas tendências metodológicas apontem nessa direção). Como enfatizamos, o princípio da reflexividade implica o reconhecimento de que os atos de pesquisa conformam os fenômenos em investigação. Na etnografia, esse princípio não se limita aos aspectos práticos do trabalho de campo e da coleta de dados. Ele se aplica também à escrita que realizamos para transformar um mundo social em texto, de modo a responder às nossas questões de pesquisa. A reflexividade textual é uma característica inevitável de toda pesquisa, mas ela é particularmente significativa na escrita etnográfica. Não há como evitá-la, mas as suas consequências precisam ser tratadas com responsabilidade fundamentada.

A escrita está, assim, intimamente relacionada à análise. Quando redigimos nossa etnografia, estamos reconstruindo os fenômenos sociais através das formas que escolhemos escrever sobre eles. Muitas versões deles poderiam ser construídas. Como delinearemos mais adiante neste capítulo, existem diferentes gêneros de escrita etnográfica, cada um dos quais pode implicar um tipo diferente de representação etnográfica. Eles estão relacionados, em parte, a públicos diferentes. Cada forma de construir *a etnografia* revelará aspectos diferentes. Cada modo de escrita pode dar ênfase a análises complementares ou até mesmo contrastantes. Embora os textos etnográficos não tenham uma relação arbitrária com o campo etnográfico, é importante reconhecer, o mais cedo possível, que não há uma forma única e ideal de reconstruir e representar uma determinada cena social. O mundo não se organiza em capítulos, temas e parágrafos para nossa conveniência. Existem muitas formas de organização textual por meio das quais podemos descrever os ambientes de pesquisa escolhidos e os fenômenos investigados – alguns melhores e outros piores, dependendo dos nossos objetivos.

Nossa compreensão da escrita é indissociável da leitura. Escrevemos à luz do que lemos e da maneira como lemos. O pesquisador individual não recria sua disciplina do zero. Não é possível escapar totalmente das convenções textuais do passado, nem há qualquer razão para se fazer isso. Os textos acadêmicos e a linguagem, os conceitos, as imagens e metáforas de precursores ajudam a definir o espaço discursivo no qual cada nova etnografia é produzida e lida. O que os etnógrafos escrevem, portanto, será influenciado por aquilo que eles leram. O bom etnógrafo não pode esperar ter sucesso sem um hábito de leitura diversificado, que estimule uma perspectiva ampla e comparativa.

Precisamos cultivar a capacidade de ler observando a retórica e as formas de escrita empregadas por outras pessoas, bem como ler o conteúdo. Essa leitura não precisa se limitar ao trabalho de outros etnógrafos, ou de outros cientistas sociais em geral. Afinal, existem muitos tipos de escrita através das quais os autores exploram e representam mundos sociais. Os campos da ficção e da não ficção fornecem muitas fontes e modelos para representações textuais. Alguma familiaridade com a anatomia de diversos tipos de texto estimula a compreensão de como escrever os próprios textos.

Os etnógrafos têm se tornado cada vez mais atentos e autoconscientes de suas próprias práticas textuais. Isso é parte de uma crítica cultural mais ampla, que surgiu inicialmente na antropologia. Embora eles não tenham sido os primeiros a comentar os textos etnográficos, a publicação da obra *A Escrita da Cultura*,* editada por Clifford e Marcus (1986), foi uma espécie de divisor de águas. Eles e seus colaboradores sugeriram que a forma tradicional da monografia etnográfica assinalava muito claramente um autor-observador onisciente, com um ponto de vista único e privilegiado. O argumento sugeria que o olhar de antropólogos brancos e ocidentais se refletia em uma forma textual muito particular. Essa crítica geral foi seguida por várias outras coleções de ensaios, incluindo uma obra editada por Behar e Gordon (1995), que acrescentou uma perspectiva abertamente feminista ao debate. Coleções mais recentes de ensaios de antropólogos sobre o trabalho de escrita incluem aquelas editadas por Waterston e Vesperi (2011) e Wulff (2016). Todas elas contribuem para uma compreensão geral da reflexividade textual: a de que os etnógrafos reconstroem os fenômenos sociais por meio de suas estratégias textuais. Elas também destacam a diversidade de métodos textuais. Não existe, e nunca existiu, um estilo único que defina de modo exclusivo a escrita *etnográfica*; e, há muito tempo, existem influências literárias na composição etnográfica (cf. NARAYAN, 2012).

Essas críticas antropológicas foram consideradas como um desafio fundamental; de fato, como um ataque à autoridade do texto antropológico, aparentemente abalando as bases da disciplina. No entanto, os críticos ofereceram relativamente poucos conselhos práticos sobre como escrever etnografias de maneira diferente. Com efeito, embora se alongassem em comentários críticos, *A escrita da cultura* e algumas das outras contribuições careciam de análises detalhadas das práticas textuais reais dos antropólogos. Mais construtiva foi a leitura atenta de Clifford Geertz de alguns autores importantes: Malinowski, Benedict, Evans-Pritchard e Lévi-Strauss (GEERTZ, 1988). Em vez de tratá-los como representantes de um estilo etnográfico único, monológico e padronizado, Geertz apontou variações

---

* No original, *Writing Culture* [N.T.].

entre os autores cujas obras ele analisou, como reflexos de diferenças nacionais e disciplinares. Ele argumentou que cada monografia é uma mistura do campo, de como ele foi compreendido, dos modos de discurso disciplinar e da abordagem pessoal do autor.

As análises de John van Maanen (1988) dos estilos contrastantes de escrita identificáveis em etnografias foram de valor ainda mais prático. Ele começou descrevendo a escrita *realista*, complementada por *relatos impressionistas* e de natureza *confessional*. Ele não tenta categorizar textos inteiros ou autores individuais com base nesses tipos ideais. Eles se referem a estratégias textuais que todo autor etnográfico pode empregar, individualmente ou em conjunto, no curso da escrita. Na segunda edição de seu livro, Van Maanen (2011) inclui uma série de outros tipos de relatos, refletindo talvez o terreno cada vez mais diversificado do trabalho etnográfico hoje em dia. Ele inclui nessa mistura: *relatos estruturais, relatos pós-estruturais e relatos militantes**; embora seu comentário não analise esses tipos em detalhes. O objetivo do livro de van Maanen é destacar o fato de que existem estilos visivelmente distintos de escrita etnográfica. Na prática, provavelmente, seria possível criar outras formas. A habilidade prática do ofício reside em entender quais opções estão disponíveis e as implicações das escolhas feitas.

Estilos de reconstrução

Apesar da publicação de vários manuais sobre escrita na pesquisa etnográfica ou qualitativa (cf., p. ex., BECKER, 1986; WOLCOTT, 2009; WOODS, 2006; GULLION, 2016), estudantes e pesquisadores menos experientes muitas vezes acham o processo de escrita desafiador e frustrante. Dado que o mundo social não se apresenta como uma série de temas analíticos separados, projetados para responder às nossas questões de pesquisa, precisamos desembaraçar seus múltiplos fios a fim de interpretá-los analiticamente, antes de reintegrá-los em um relato etnográfico. Esse trabalho de síntese é, em parte, feito através da escrita. Mas não é fácil compor um texto linear a partir do grande volume de dados, impressões, memórias e ideias que habitam a etnografia. Começar e terminar o texto, construir um relato coerente que faça jus às complexidades da vida cotidiana, ordenando temas e eventos, fornecendo os detalhes e evidências adequados – todas essas são questões que precisam ser resolvidas. É claro que não existe uma única

---

* No original, *advocacy tales* [N.T.].

maneira correta de fazer isso. Com efeito, tudo o que sugerimos neste capítulo é que o candidato a autor sempre vai se deparar com escolhas entre opções que não podem ser classificadas como melhores ou piores de maneira absoluta. Existem, no entanto, alguns conselhos práticos que podem ser oferecidos. Assim, nesta seção, apresentamos abordagens e considerações gerais que podem ajudar o leitor a fazer escolhas conscientes.

Embora Van Maanen (1988) tenha identificado a escrita *realista* como um dos principais estilos textuais, é preciso analisá-la melhor. Ela não assume uma forma única. Sob essa rubrica, podemos identificar uma gama de estruturas e dispositivos retóricos diferentes que os autores etnográficos utilizam para construir seus relatos (cf. ATKINSON, 1990). Não estamos aqui, ou em nenhum outro lugar, sugerindo que a retórica etnográfica seja a única base para a validade ou a credibilidade dos relatos de pesquisadores de campo. Obviamente, a própria condução do trabalho de campo e a qualidade da análise são fundamentais. Mas a organização do texto etnográfico – e, consequentemente, a recepção dele pelos leitores – tem implicações importantes na maneira como esse texto transmite os resultados da pesquisa. Nos parágrafos seguintes, então, revisaremos alguns elementos e convenções que contribuem para o gênero *realista*. Não se pretende (na maioria dos casos) sugerir que uma monografia possa ou deva ser construída com base em uma única estratégia. Na prática, as etnografias empregam uma variedade de convenções para construir um texto coerente e confiável. De fato, nas últimas décadas, muitas etnografias se tornaram uma mistura de escritos impessoalmente realistas e com uma perspectiva mais pessoal. Portanto, as categorias originais de Van Maanen não capturam mais as formas atuais da escrita etnográfica, em que as variedades de *gêneros indefinidos* se tornaram mais comuns. O estilo de escrita mais abertamente e extremamente pessoal pode ser encontrado naquilo que ficou conhecido como *autoetnografia*. Abordaremos esses desenvolvimentos mais adiante neste capítulo. Mas o efeito geral é o enfraquecimento das distinções entre os estilos de escrita *realista, impressionista* e *confessional,* embora relatos autobiográficos da conduta no trabalho de campo etnográfico sejam publicados há bastante tempo.

O tipo de análise que delineamos no cap. 9 geralmente produz uma série de temas analíticos, de maior ou menor generalidade. Como consequência, o texto etnográfico – ou pelo menos os capítulos baseados na análise dos dados – pode ser organizado de acordo com eles. A prioridade dada aos diferentes temas será sempre uma das decisões mais importantes que o etnógrafo precisa tomar. Já enfatizamos que todo o processo de análise depende da própria capacidade do pesquisador de derivar e impor ordem, e de ser seletivo quanto aos tópicos-chave a serem explorados em detalhe. A escolha ao organizar os temas depende, inevitavelmente, da imaginação do autor e dos julgamentos sobre a melhor forma de abordar as questões de pesquisa. Não existem formas automáticas de conceber as ideias-chave que constituirão a base dos capítulos de um livro ou das seções principais de um capítulo ou artigo.

Portanto, toda organização textual deve *impor* algum tema geral que capture os principais interesses analíticos do pesquisador. Existem várias possibilidades, associando diferentes análises temáticas aos arranjos e divisões de capítulos ou seções. Uma distinção aqui é que esses princípios organizacionais podem refletir categorias que são próximas da cultura (*identificada por membros, êmica*) ou próximas da disciplina (*identificada pelo observador, ética*) – em outras palavras, conceitos derivados dos próprios atores sociais, ou conceitos que derivam da perspectiva disciplinar do etnógrafo.

Quando categorias *êmicas* são utilizadas, aquelas que refletem e capturam categorias culturais nativas importantes, os temas organizadores da reconstrução etnográfica serão baseados nos modelos nativos, conceitos, termos, imagens e ideias que são correntes na própria cultura. Estes, por exemplo, são os títulos dos capítulos da primeira parte da etnografia sobre despejo, de Desmond (2016): *O negócio de possuir a cidade*; *Pagar o aluguel*; *Água quente*; *Uma bela coleção*; *Rua Treze**, *Buraco de rato*; *Os doentes*; *Natal no quarto 400*. Muitos desses títulos são derivados diretamente dos relatos dos proprietários e inquilinos que ele estudou. Essas categorias organizadoras permanecem *próximas* à cultura em questão. Elas podem ser formas poderosas de representar essa cultura, mas podem limitar a extensão em que as ideias antropológicas ou sociológicas são mobilizadas.

Certamente, esses não são os únicos tipos de temas que podem ser utilizados para organizar um texto. Igualmente possíveis e importantes são as categorias *éticas* que incorporam os conceitos da ciência social do pesquisador. Por exemplo, pode-se (hipoteticamente) identificar temas principais baseados em *ordem negociada*, *bricolagem cultural* ou *identidades*. De um modo geral, esses termos não são nativos (ou o são apenas em mundos sociais muito especializados). Eles sinte-

---

* Referência a uma rua na Flórida com alto índice de criminalidade [N.T.].

tizam as principais questões analíticas que um etnógrafo pode adotar para organizar suas descobertas, associando-as, assim, a literaturas teóricas. Os principais temas do texto – que estruturam os capítulos ou seções principais – podem ser identificados com base nesses conceitos-chave. Em todo caso, seria de se esperar, é claro, que tais categorias analíticas conduzissem aspectos da etnografia – caso contrário, ela não teria nenhum sentido antropológico ou sociológico.

Na prática, muitos etnógrafos se verão entrelaçando categorias de ambos os tipos. Assim, em seu estudo da *vida de fugitivos em uma cidade americana*, Goffman (2014) adota alguns títulos de capítulos relacionados diretamente à experiência das pessoas que ela estudou – "Quando a polícia bate à sua porta" e "Pessoas limpas" –, mas os outros – como "A vida social de jovens criminalizados" e "O mercado de proteções e privilégios" – são de natureza analítica. De fato, a interação e a interseção de ideias analíticas e categorias locais ou nativas é uma das marcas da boa análise etnográfica. E os textos podem exibir essa interação constante por meio dos temas em que estão organizados.

Da mesma forma, aspectos do texto etnográfico podem ser organizados em termos de cronologias e trajetórias. Em outras palavras, o texto, ou partes importantes dele, podem seguir uma organização temporal ao invés de – ou de modo complementar a – uma organização temática. Isso é especialmente valioso se a análise etnográfica for expressa principalmente em termos de percursos, processos-chave e ciclos de desenvolvimento. O desdobramento cronológico também é uma ótima forma de organizar a etnografia de uma campanha, movimento político ou luta armada. Assim, ela se assemelha à organização narrativa de uma história contemporânea. Kirksey (2012) fornece um exemplo claro em seu estudo do movimento de resistência em Papua Ocidental (a metade oriental da Nova Guiné, que divide a ilha com Papua Nova Guiné), que está sob controle indonésio. Partindo de seu primeiro encontro como um estudante, em 1998, Kirksey rastreia o movimento ao longo da década seguinte, e as seções principais da monografia são dedicadas a períodos distintos, incluindo o desenvolvimento de seus próprios interesses e capacidades de pesquisa. Nesses capítulos, é claro, ele se dedica a temas analíticos, tais como as diferentes expressões messiânicas.

Todas essas são maneiras de dar uma forma textual ampla à monografia etnográfica ou à tese de doutorado. Elas não são – como tentamos mostrar – tipos puros. Muitos textos etnográficos combinam diferentes aspectos desses princípios de organização. Eles não são modelos gerais a serem copiados cegamente. Certamente, o aspirante a autor de uma monografia não deve se torturar com qual abordagem usar, como se elas representassem diferentes *paradigmas* textuais. Mas os autores precisam pensar sobre como vão transformar um mundo social em um texto de ciências sociais e quais serão os principais temas e capítulos. E isso não pode ser feito de uma só vez; isso acontece no decorrer da escrita de notas analíticas e (em algum momento) das primeiras versões dos capítulos.

Tipos e exemplos

No capítulo anterior, sugerimos que uma maneira de pensar os dados e a teoria é explorar as relações entre *tipos* e *casos*. Essas relações estão necessariamente envolvidas seja na abdução, na indução analítica ou na teoria fundamentada. Agora, queremos sugerir que esse modelo subjacente fornece uma maneira útil de pensar os aspectos da escrita. Na verdade, existe uma longa tradição de escrita etnográfica na qual as relações entre tipos e casos conduzem o estilo da escrita. Uma maneira de formular a relação entre os dois é a distinção entre *tipos ideais* e *tipos reais*.

A noção de tipo ideal é bastante conhecida: trata-se de uma construção analítica que não corresponde e que não se propõe corresponder, em cada detalhe, a todos os casos observados. O seu objetivo é capturar as principais características de um fenômeno social. Ele fornece, por assim dizer, uma *gramática* de uma instituição ou de um processo social. Uma gramática não representa todas as expressões possíveis de um idioma, nem lista ou concebe todas as idiossincrasias possíveis de um falante. Na verdade, ela apresenta uma versão um tanto idealizada da linguagem. Da mesma forma, os construtos do cientista social constituem versões abstratas. A noção de Erving Goffman de *instituição total*, mencionada no capítulo anterior, é um conceito desse tipo. Goffman o adotou para caracterizar os principais aspectos comuns a instituições como prisões, hospitais psiquiátricos, estabelecimentos militares, fundações monásticas e internatos, entre outras. Embora elas obviamente sejam diferentes entre si, essas organizações têm aspectos importantes em comum: um cronograma comum, limites severos, um regime de regras, e assim por diante (GOFFMAN, 1961; SCOTT, 2010).

O mesmo tipo de abstração analítica pode ser aplicado a processos e também a organizações. A ideia clássica do *rite de passage* (rito de passagem) é um conceito antigo. Quando van Gennep desenvolveu pela primeira vez uma gramática desses rituais, ele propôs uma estrutura básica subjacente que pode ser utilizada para capturar as propriedades comuns que tornam os rituais de nascimento, casamento, morte e outras transições do curso da vida (incluindo iniciações religiosas) essencialmente semelhantes. Um conceito bastante próximo é o de *passagem de status* (cf. GLASER; STRAUSS, 1971/2017), que também nos permite extrair as propriedades comuns de muitas transições individuais e coletivas em uma ampla gama de configurações sociais e culturais.

Essas, e muitas ideias como elas, são comuns nas ciências sociais. De fato, escolhemos esses exemplos precisamente porque são bastante conhecidos. Eles remetem ao que dissemos sobre o papel das tipologias, no cap. 9. Voltamos a este ponto para assinalar como esses tipos ideais são usados, muitas vezes, para estruturar a escrita e a representação da pesquisa etnográfica. Em muitos textos etnográficos clássicos, vemos – muitas vezes de forma implícita – que há uma interação constante entre o concreto e o abstrato, o local e o genérico, o substantivo e o teórico. A exemplificação etnográfica local dos construtos típico-ideais genéricos é expressa no que Edmondson (1984) chama de *tipo real*. Se o tipo ideal é uma abstração, o tipo real é uma instância que captura alguns de seus aspectos-chave. Ele ilustra, exemplifica e fornece um caso concreto do tipo geral. Ele se assemelha ao *caso* individual que exemplifica um princípio jurídico geral, ou um *caso* médico que exemplifica uma doença. (Com efeito, a medicina clínica evidencia exatamente a mesma relação entre os tipos ideais e reais.) É por isso que vemos tantos autores etnográficos utilizarem a estratégia textual de *vinhetas* e *extratos* de dados. Geralmente, esses extratos derivam de segmentos de transcrições de entrevistas, trechos de notas de campo ou outros tipos de dados semelhantes. Portanto, o texto etnográfico que usa essa estratégia de escrita tem um padrão recorrente.

Assim, é preciso enfatizar que existe um diálogo contínuo entre o genérico e o específico. Lofland (1974) discute isso em sua revisão dos critérios de avaliação de artigos de pesquisa qualitativa, defendendo um entrelaçamento entre o local e o geral. Ele escreve sobre este entrelaçamento nos termos de uma *estrutura analítica*. Não é preciso que os recursos conceituais adotados por uma etnografia sejam totalmente novos; isso raramente é verdade. No entanto, é importante que o texto bem-sucedido demonstre como as suas ideias principais estão sendo desenvolvidas, testadas, modificadas ou ampliadas. Lofland sugere que o texto etnográfico não terá êxito se não fizer mais do que descrever eventos em um ambiente particular sem nenhum novo marco analítico. Segue-se, portanto, que o marco analítico e a evidência empírica devem ser colocados lado a lado. Em outras palavras, um arranjo textual bem-sucedido precisa ser adequadamente *elaborado*. Isto é, ele deve expressar um texto que "especifica os elementos constituintes do marco teórico, deriva implicações, identifica as principais variações e utiliza tudo isso como um meio pelo qual os dados qualitativos são organizados e apresentados". Além disso, ele deve ser "repleto de eventos": dotado de "eventos, incidentes, ocorrências, episódios, anedotas, cenas e acontecimentos interacionais concretos, em algum lugar do mundo real" (LOFLAND, 1974: 106-107). Os argumentos analíticos precisam ser *fundamentados* ou ancorados nas particularidades da vida social observada. Por outro lado, ele não deve ser sobrecarregado com o ensaio repetitivo de incidentes e ilustrações; caso contrário, ele pode falhar pelo *excesso de eventos*. Por fim, Lofland sugere que leitores críticos desejam que o marco analítico e os dados ilustrativos sejam *interpenetrados*. Em outras palavras, mais uma vez, deve haver uma interação constante entre o concreto e o analítico, o empírico e o teórico. Faz parte da habilidade do etnógrafo tentar encontrar um equilíbrio entre os dois, e a do leitor é avaliar a adequação da apresentação textual nesse sentido.

Isso é semelhante ao que Becker (2014) chama de argumentar a partir de *casos* e a respeito deles. Partindo do concreto, do local e do específico, pode-se então mover-se intelectual e imaginativamente para *além* desse caso, encontrando paralelos e contrastes que, ao mesmo tempo, ampliam a compreensão do caso original e desenvolvem o enquadramento analítico e conceitual para incorporar mais casos e instâncias. Em outras palavras, muitos textos etnográficos bem-sucedidos incorporam os princípios da *teoria fundamentada*, da *abdução* ou da *indução analítica*, não por descrever os procedimentos analíticos de forma explícita, mas por *demonstrar* esses princípios no diálogo entre ideias e dados, marcos genéricos e exemplos concretos. O texto publicado recapitula o diálogo entre dados e ideias – um princípio que sustenta ideias como a *teoria fundamentada* –, sem que seja necessário detalhá-lo. Mas o uso de tipos reais é apenas um dos dispositivos persuasivos que o autor pode utilizar para compor uma etnografia.

Portanto, em um nível prático, muitas vezes faz sentido embarcar na elaboração de um relatório de pesquisa, tomando uma ou mais *instâncias* ou *casos* e adotando-os como pontos de partida. Partir de um esquema conceitual ou de um paradigma metodológico não é necessariamente produtivo. Frequentemente, é muito mais proveitoso pegar algumas questões ou tópicos sobre os quais o pesquisador se sente relativamente seguro e começar a escrever sobre eles. Paralelamente a outros aspectos da exploração etnográfica, pode-se tratar essas instâncias como pontos de ancoragem e (uma vez que estejam fundamentadas, pelo menos temporariamente) expandir para além desses casos, de modo a incorporar mais tópicos ou instâncias, assim como para desenvolver um relato mais geral, conceitual ou descritivo.

Tropos etnográficos

Desde a última década do século XX, tem havido um grande interesse nas convenções adotadas na escrita etnográfica. A disciplina da antropologia tem se destacado neste escrutínio do texto etnográfico, mas isso também é reflexo de uma preocupação acadêmica muito mais ampla com a *retórica da investigação* em ambas as ciências naturais e humanas. O etnógrafo necessariamente usa várias figuras de linguagem (tropos). Elas são empregadas para produzir reconstruções reconhecíveis e plausíveis de atores sociais, ações e ambientes. Elas também são utilizadas para exprimir muitos dos temas analíticos. Muitas vezes, os conceitos-chave em sociologia e antropologia são, no sentido mais amplo, metafóricos, pois se baseiam em imagens, analogias e outros recursos.

Como autor de uma etnografia, a tarefa do pesquisador não é tentar evitar o uso de metáforas (de qualquer maneira, isso é virtualmente impossível). A autenticidade acadêmica ou científica de um texto não é reforçada pela eliminação da analogia e das comparações. O uso gráfico de descrições metafóricas deve sempre fazer parte do repertório do etnógrafo. Mas, igualmente, esta não é uma recomendação de liberdade absoluta. Reconhecer o poder da linguagem figurativa deve nos levar a admitir a necessidade de seu uso disciplinado e fundamentado em princípios. Se adotadas sem a devida reflexão, as metáforas podem se transformar, como os cúmplices do feiticeiro aprendiz, em ajudantes que saem do controle, fugindo e finalmente subjugando seu infeliz criador. O etnógrafo reflexivo, então, precisará experimentar as figuras de linguagem: testando-as contra os dados, buscando não apenas sua capacidade de organizar os dados em um único tema, mas também seus desdobramentos e limitações, que podem produzir ideias novas e muitas vezes imprevistas. O escritor de etnografia precisará, portanto, fazer experiências e explorar o valor de diferentes figuras de linguagem, avaliando sua relevância para as questões pertinentes, e identificando a gama de conotações, alusões e implicações. Noblit e Hare (1988) sintetizam de forma útil uma série de critérios que podem ser utilizados na escolha e na avaliação de metáforas. Entre eles, estão a *economia*, a *persuasão* e o *alcance*. A *economia* se refere à simplicidade da síntese que o conceito permite; a *persuasão* à eficiência da metáfora, sem *redundância, ambiguidade e contradição*; o *alcance* se refere à capacidade da metáfora de agrupar domínios diferentes (NOBLIT; HARE, 1988: 34).

A exploração produtiva do trabalho de campo e dos dados etnográficos, portanto, pode envolver a experimentação e a reflexão sobre o uso de metáforas, embora os processos não sejam necessariamente suscetíveis ao controle consciente e racional. Com frequência, eles são os produtos de nossos processos de pensamento *divergentes*, mais do que dos *convergentes*. Contudo, o surgimento de metáforas adequadas pode ser facilitado. O autor etnográfico deve estar disposto a testar uma ampla variedade de conceitos e analogias possíveis. A busca produtiva não é pelo *melhor* conjunto de ideias, mas por uma diversidade de temas organizadores e tropos possíveis. Pode-se avaliar até que ponto eles capturam as dimensões ou categorias desejadas, a adequação das conotações, e seu valor em apontar novas linhas de análise e comparação. Existe uma continuidade direta entre o pensamento metafórico e o desenvolvimento de conceitos genéricos. Eles conectam e justapõem; eles ajudam a fazer com que o *familiar* pareça *estranho*, e vice-versa.

O tropo-mestre da metáfora é complementado pelo da *sinédoque*. Trata-se de uma forma de representação em que a *parte* representa o *todo*. Ela não é, portanto, apenas uma fonte de alusão; ela é uma característica inevitável das descrições. Em princípio, não é possível apresentar uma descrição de qualquer coisa que forneça uma lista de todos os atributos e detalhes concebíveis. Na prática, a maioria das descrições nem mesmo se aproxima de uma lista exaustiva. Como acabamos de indicar, o que tratamos como *dados* são necessariamente sinédoques. Selecionamos aspectos e instâncias específicos e os identificamos, de alguma forma, como característicos de lugares, pessoas ou eventos. Atribuímos importância a fragmentos específicos da vida observada ou relatada, precisamente da maneira em que os escolhemos e os apresentamos como *exemplos, ilustrações, casos* ou *vinhetas*. Os tipos reais são exemplos de sinédoque.

Os critérios que podem ser aplicados são variados. Critérios estéticos, sem dúvida, interagem com questões mais lógicas. O uso consistente da sinédoque será quase certamente regulado por julgamentos artesanais, e não por fórmulas rígidas. Sempre surgirão questões de economia e redundância. A questão da economia reflete o fato de que não podemos incluir todos os detalhes e todos os fragmentos de conhecimento. Não apenas o tempo e o espaço são escassos na produção de qualquer relato escrito, mas também a atenção do leitor. Descrições e exemplificações muito densas, muito detalhadas ou muito prolongadas raramente levarão a um texto aproveitável. Abrangência e inteligibilidade competem até certo ponto. Em grande medida, há uma compensação entre os dois, e o etnógrafo precisa construir relatos por meio de registros parciais e seletivos. A relação entre a *parte* e o *todo* precisa ser válida, é claro. A escolha dos exemplos ou ilustrações deve refletir uma análise adequada dos dados, com base em conceitos e indicadores. A sinédoque é, portanto, o complemento da metáfora. Ambas utilizam a linguagem natural para produzir relatos *reveladores*. A metáfora transforma e ilumina enquanto a sinédoque descreve e exemplifica. Muitas vezes, o uso figurativo consiste em pegar um detalhe do campo e transformá-lo em um tropo-mestre. Assim, algo específico pode novamente ser transformado em algo de importância mais ampla, ao ser retirado de seu contexto imediato e ter sua relevância genérica demonstrada.

Consequentemente, a etnografia pode ser motivada pela transformação de um aspecto particular e distintivo de uma cultura ou organização, atribuindo a ele um significado ainda maior. Damian O'Doherty (2017) conduziu um estudo etnográfico no Aeroporto de Manchester. O foco específico do trabalho de campo foi o planejamento e a criação de um novo saguão do aeroporto. De certa forma, o texto pode ser lido como uma descrição quase surrealista do trabalho de campo em uma organização. Mas O'Doherty também cria um significado adicional ao ampliar o local e o específico a uma análise da *loungificação** da sociedade contemporânea. O saguão de um aeroporto é um lugar qualquer e lugar nenhum, definido pela liminaridade e pela ausência. Sua amenidade monocultural será familiar para a maioria dos leitores contemporâneos, assim como o tédio que o acompanha. Assim, um estudo realizado em um aeroporto se torna, por extensão, uma metáfora para tendências culturais mais amplas.

Cenas, diálogo e narrativa

Já nos referimos ao uso de tipos reais, muitas vezes na forma de *vinhetas* e trechos de notas de campo. Em muitas monografias, esses materiais podem ser

---

* No original, *loungification*; termo derivado de *lounge*, aqui traduzido como saguão. A expressão faz referência à padronização arquitetônica em escala global e ao consequente *alisamento* desses espaços (o uso do conceito de *alisamento* aqui se inspira nas obras de Milton Santos e Ana Clara Torres Ribeiro, entre outros) [N.T.].

expandidos em cenas, dramas ou diálogos mais longos. A monografia de Desmond sobre bombeiros é um bom exemplo (DESMOND, 2007). Ele trabalhou como participante integral em uma equipe de bombeiros florestais e registrou notas de campo. Embora a monografia não seja, de forma alguma, desprovida de análises e ideias, grande parte da etnografia é expressa por meio de episódios gráficos e conversas entre os membros da equipe de combate a incêndios e o autor. É preciso exercitar um certo grau de cautela, é claro. A menos que o trabalho de campo tenha envolvido registros eletrônicos, a dependência das notas de campo e da memória significa, inevitavelmente, que a fala direta foi reconstruída. Deve-se, portanto, considerar o uso da fala reconstruída como um recurso literário e retórico, e não como o uso de dados registrados. Uma abordagem semelhante é feita por Williams e Milton (2015) em seu estudo sobre vigaristas em Nova York. O trapaceiro é um tema recorrente nos estudos do desvio. Ele ou ela é um/a artista, cujos golpes e trapaças capturam a imaginação de dramaturgos como Erving Goffman. É, portanto, com cautela que eles devem ser representados através de suas *performances*. Assim, a monografia se baseia em relatos de atores e em encenações virtuais dos golpes e trapaças, reproduzidos literalmente. Essa é uma forma vívida de transmitir a essência da trapaça ao leitor, embora ela nem sempre se baseie em observações diretas na rua. A menos que o trabalho de campo tenha envolvido o registro em tempo real dos eventos, utilizando gravadores de voz ou vídeo, qualquer versão vívida de conversas, cenas e encontros precisa ser amplamente reconstruída. Isso se aplica, é claro, a qualquer relato escrito com base em notas de campo, que necessariamente estão longe de oferecer registros abrangentes. Mas, quando cenas ampliadas são reconstruídas e apresentadas como discurso direto, a distância entre as anotações e a versão final publicada é máxima.

O uso de tipos reais é geralmente incorporado nas narrativas construídas pelo etnógrafo. A narrativa cria tipos especiais de ordem. Ela constrói relatos de intenções e de consequências não intencionais. Ela reflete a importância fundamental da ordenação temporal da experiência humana. Ao narrar eventos, revelamos como as pessoas agem e reagem em circunstâncias sociais específicas. Ao fazer isso, revelamos e reconstruímos esses atores sociais como *personagens* ou *tipos* sociais. Da mesma forma, podemos expor os padrões de ação e interação, suas rotinas previsíveis e as surpresas ou crises inesperadas. Podemos *mostrar* ao leitor o mundano e o exótico.

A transformação do *campo* em *texto* se dá, em parte, por meio da reconstrução narrativa da vida cotidiana. O etnógrafo precisa reconhecer as técnicas da contação de histórias e aprender a desenvolvê-las criticamente. A questão para o autor etnográfico em exercício é, portanto, a necessidade de reconhecer o poder analítico da narrativa: reconhecer e utilizar reconstruções narrativas de maneira disciplinada. Não é preciso exaltar a narrativa como um aspecto fundamental do ser humano ou do conhecimento para apreciar sua capacidade de transmitir uma análise sociológica ou antropológica.

Ironia trágica e analítica

A ironia é uma figura de linguagem importante que tem sido muito empregada por cientistas sociais – inclusive por etnógrafos – e debatida de forma bastante ampla. O tom irônico é muito característico da postura do cientista social e ele fica mais evidente quando um ponto de vista relativista e perspectivo é adotado. O cientista cultural interpretativo frequentemente negocia contrastes implícitos ou explícitos. Negociamos os contrastes complexos e às vezes difíceis entre o *familiar* e o *estranho*, entre o *naturalizado* e o explicitamente teorizado, entre as intenções e as *consequências não intencionais* da ação social. As visões do etnógrafo frequentemente derivam dos contrastes entre estruturas concorrentes de referência ou racionalidade. A moralidade convencional pode ser contrastada com as moralidades situadas de culturas e subculturas específicas. A dialética constante entre o Etnógrafo, o Leitor e os Outros (que estão representados no texto) está repleta de possibilidades para a ironia.

A etnografia sobre Wall Street de Karen Ho é um excelente exemplo de ironia. Usando seu capital social como pós-graduada em uma universidade de elite e como estudante de pós-graduação em outra, Ho conseguiu um emprego em um banco de investimentos (HO, 2009). Isso é descrito como *pré-trabalho de campo*, realizado durante a licença de seu programa de pós-graduação, em Princeton. Ela se envolveu profundamente – até ao ponto de exaustão – no trabalho diário de um banco de investimentos. Ela observou em primeira mão como os bancos de investimentos se propõem a *promover o valor acionário*, incluindo a aquisição e o *encolhimento** de empresas. Ela observa a ironia no cerne do comportamento de Wall Street: essas atividades muitas vezes tinham o efeito de prejudicar essas

---

* No original, *downsizing* [N.T.].

mesmas empresas, em última análise levando a reduções drásticas em seu valor real e a quedas nos preços de suas ações. Assim, se tornou uma questão central da pesquisa:

> Como os bancos de investimentos de Wall Street falham continuamente em cumprir com sua razão de ser? Como os banqueiros de investimento podem fazer o que fazem e se envolver em práticas aparentemente irracionais, como proclamar o valor do acionista enquanto se engajam em ações que não apenas o prejudicam, mas também produzem crises no mercado financeiro e corporativo? Como o valor acionário mantém a legitimidade cultural apesar das inconsistências e falhas de seus defensores? (HO, 2009: 25).

A ironia envolvida aqui foi ainda mais agravada. O trabalho do banco de investimentos inclui o *encolhimento* de outras organizações, visando à redução de custos no curto prazo, mas a própria equipe em que Ho trabalhava no banco foi cortada. Os *encolhedores* foram encolhidos e a própria Ho se tornou uma "antropóloga encolhida" (p. 215). Ela descreve vividamente como seus colegas de trabalho saíram da reunião em que a demissão deles foi anunciada – à qual (ironicamente) ela não pôde comparecer. Os trabalhadores não foram demitidos sumariamente ou escoltados para fora do prédio (como acontece com muitos trabalhadores em situação semelhante), mas receberam um aviso prévio para concluir projetos e encontrar outro emprego. Talvez a ironia final, analiticamente falando, seja que a experiência de ser demitida deu a Ho uma visão nova e inesperada das culturas de Wall Street, e um ímpeto de pesquisa renovado.

Há também a reiterada ironia trágica que ressalta as consequências não intencionais da ação social. Da mesma forma, os etnógrafos frequentemente expressam seus argumentos com base em contrastes irônicos entre o que é naturalizado e o que é demonstrado através da atenção etnográfica às realidades sociais. A importância das culturas locais é estabelecida por meio de contrastes (muitas vezes implícitos) com os arranjos sociais cosmopolitas ou convencionais. Em certo sentido, as sucessivas monografias etnográficas revelam uma versão inconsciente da falsificação de Popper: elas confrontam a sabedoria recebida e a diminuem com contraexemplos; elas contradizem as versões *oficiais* do mundo social; elas apresentam uma ordem local onde a desordem é esperada; elas registram moralidades situadas que diferem da moralidade convencional. Cada *caso* etnográfico confronta e contesta teorias estabelecidas e ideias recebidas. Embora, de um modo geral, o teste de teorias não seja considerado como uma parte central do empreendimento etnográfico, e a maioria dos comentaristas enfatizem a lógica indutiva em vez da dedutiva, a ironia recorrente da análise e da escrita etnográfica transforma, implicitamente, a tradição etnográfica em uma sucessão de casos críticos que testam e ampliam o pensamento atual. Nesse sentido, portanto, os textos etnográficos implicitamente obedecem a um estilo de teste de teorias, bem como de produção de teorias.

Antes de concluirmos esta breve consideração da retórica ou da poética da escrita etnográfica, devemos observar o lugar dos *topoi* nos relatos etnográficos e em outros textos acadêmicos. Na retórica clássica, a palavra *topos* pode ser traduzida como *lugar comum*. Trata-se de um artifício retórico por meio do qual a concordância ou afiliação do ouvinte ou leitor é solicitada pelo apelo a uma opinião amplamente compartilhada ou a exemplos bem conhecidos. Na escrita acadêmica, o trabalho do *topos* é frequentemente desempenhado por meio da *referência naturalizada*. Citações da literatura são parte do repertório do autor acadêmico. Elas não são necessariamente usadas para estabelecer ou falsificar um resultado ou detalhe específico. Em vez disso, elas são empregadas para estabelecer pontos de referência comuns. Com efeito, elas são, às vezes, recicladas repetidamente para respaldar uma afirmação convencional, e não para o conteúdo específico da obra original citada, que elas podem até distorcer. Elas são utilizadas para endossar *o que todos sabem* na disciplina e se tornam parte da codificação do crédito acadêmico. A escrita etnográfica tem muitas referências *clássicas* (não necessariamente antigas) que são usadas para tais propósitos. Uma citação multiuso que utilizamos em vários momentos deste livro é o trabalho de Erving Goffman.

O etnógrafo pode, é claro, usar o *topos* da referência comum para demonstrar a natureza comparativa, genérica e intertextual da obra. Isso ajuda a construir o arquétipo. Ele insere o texto etnográfico específico no contexto de um conhecimento compartilhado. Ele pode criar a aparência de marcos de referência universais que transcendem as particularidades locais do campo etnográfico. Entretanto, os *topoi* do gênero etnográfico devem ser tratados com muito cuidado. A referência naturalizada pode reproduzir erros de texto em texto, de geração em geração acadêmica[71]. Em segundo lugar, um apelo acrítico à sabedoria *do lugar comum* (seja social-científica ou leiga) pode roubar da etnografia a novidade e

---

71. Para um exemplo, cf. a interpretação equivocada recorrente do artigo amplamente citado de Becker (1967b), "De que lado estamos?" (HAMMERSLEY, 2000, cap. 3).

a vanguarda analítica. Não se deve recorrer ao bom-senso e ao conhecimento comum como mero reflexo. É preciso haver uma tensão constante entre a visão inédita e a sabedoria recebida. Isso é parte do repertório literário ou retórico do autor etnográfico. E, como todos os outros recursos, isso deve ser utilizado de forma disciplinada.

Públicos, estilos e gêneros

Uma consciência analítica da escrita etnográfica deve levar em consideração os públicos em potencial dos textos concluídos. Afinal, os etnógrafos são instruídos a prestar muita atenção aos contextos sociais nos quais os atores constroem seus relatos cotidianos. Observamos se os relatos são solicitados ou oferecidos voluntariamente, a quem são feitos, com que efeitos (intencionais ou não) e assim por diante. Contudo, nem sempre os etnógrafos adotam essa atitude em relação aos seus próprios relatos publicados. Existem potencialmente muitos públicos para a pesquisa social: colegas pesquisadores, anfitriões, alunos e professores de ciências sociais; profissionais e formuladores de políticas de vários tipos; editoras, editores de periódicos e revisores; além daquela plateia amorfa, o *público em geral*. O público pode esperar e apreciar diferentes formas e estilos de escrita: uma monografia acadêmica, um artigo em publicação erudita, um *blog*, um artigo de revista popular, um ensaio polêmico, um artigo metodológico ou teórico, ou um relato autobiográfico da experiência de pesquisa. Eles têm, é claro, naturezas muito diferentes.

Os públicos têm diferentes expectativas, pressupostos e conhecimentos prévios que eles carregam para o texto etnográfico. Alguns conhecerão bem as particularidades do ambiente e podem ter interesses específicos derivados disso. Outros estarão mais familiarizados com as perspectivas sociológicas ou antropológicas, mas têm pouco ou nenhum conhecimento do campo. Alguns leitores se basearão em perspectivas teóricas e metodológicas que se alinham à etnografia; outros partirão de uma posição de incompreensão ou de hostilidade e podem precisar ser conquistados pelo autor. Alguns leitores buscam diretamente as considerações práticas e avaliativas. Alguns se mostrarão impacientes com os detalhes da *história*, enquanto outros lerão precisamente pelos detalhes e vinhetas, pulando as discussões explicitamente teóricas ou metodológicas.

É impossível adaptar nossas etnografias para corresponder aos interesses de todos os nossos públicos potenciais, ao mesmo tempo. Nenhum texto consegue satisfazer completamente todos os leitores. Uma noção de público e um senso de estilo ou gênero guiarão o autor para múltiplos relatos orais e escritos. E, com efeito, essa consciência pode, em si mesma, levar a novas percepções analíticas. Richardson (1990) nos fornece um excelente relato das inter-relações entre público e estilo para o trabalho etnográfico. Ela descreve como uma pesquisa importante que ela conduziu levou à produção de várias versões diferentes, cada uma delas voltada para um tipo de público diferente e expressa de uma forma diferente. Seu trabalho como autora incluiu publicações para sociólogos acadêmicos e também um livro popular, voltado para o *mercado*. Seus relatos orais da pesquisa incluíram aparições em programas de bate-papo, como consequência de seus textos populares. Cada texto implica uma versão diferente dos fenômenos sociais que ele descreve. Ao escrever para públicos diferentes e em estilos diferentes, estamos mudando sutilmente o que descrevemos, bem como a forma como o documentamos. Por exemplo, Wolf (1992) descreve e exemplifica estratégias textuais alternativas na produção de sua própria pesquisa, contrastando três textos diferentes que ela produziu com base em seu trabalho de campo em Taiwan. Eles assumiram diferentes formas, implicaram diferentes leitores e adotaram diferentes posturas autorais.

Nosso objetivo não foi produzir um mapa definitivo dos estilos etnográficos, nem sugerir que cada etnografia deveria se localizar em um ou outro deles. A mensagem principal é que a forma como escrevemos tem um reflexo direto no que escrevemos e a que público estamos nos dirigindo. A atenção a esses aspectos do texto etnográfico faz parte do processo geral de reflexividade. É extremamente importante que o etnógrafo reconheça e compreenda as convenções textuais que está utilizando e que recepções elas provocam nos leitores.

A noção de público também deve levar em conta o fato de que nossas monografias, artigos e textos mais populares podem ser lidos por nossos anfitriões ou pelos próprios informantes. Nem o sociólogo nem o antropólogo podem presumir que *eles* nunca verão os resultados da pesquisa. Se isso algum dia foi verdade para as culturas não alfabetizadas estudadas por muitos antropólogos, já não pode mais ser pressuposto. Uma coleção de relatos autobiográficos de antropólogos norte-americanos (BRETTELL, 1993) reúne reflexões precisamente sobre esse ponto. Eles documentam, a partir de ambientes de pesquisa geográfica e socialmente diversos, a política da recepção dos leitores, quando eles próprios são os *objetos* da pesquisa. Nessa mesma direção, Sheehan (1993) descreve a consciência de que seu trabalho seria lido por seus informantes, intelectuais de elite na Irlanda, como isso influenciou o próprio trabalho de campo e a forma como ela escreveu sobre ele. Ela comenta que "aqueles sobre os quais escrevi também seriam, em alguns casos, as mesmas pessoas autorizadas a criticar as publicações resultantes da minha pesquisa" (1993: 76). A resposta de informantes-chave, como a de Doc à *Sociedade de esquina*, de Whyte (1981)*, assim como a resposta politizada quando grupos minoritários reagem à sua representação em textos etnográficos (ROSALDO, 1986), aguça a nossa consciência das relações complexas entre leitura e escrita que ecoam e amplificam as relações sociais do próprio *trabalho de campo*.

Escrita e representações

Anteriormente, mencionamos brevemente a *crise de representação* que surgiu na antropologia cultural norte-americana na década de 1980, desencadeada pela coletânea de artigos editados por Clifford e Marcus (1986). De certa forma, o impacto daquele livro se deveu mais à tônica geral do volume como um todo do que aos argumentos detalhados e ao conteúdo dos capítulos individuais. Em essência, a mensagem coletiva dos autores do livro focava a autoridade do texto etnográfico. Eles questionavam os modos estabelecidos de escrita etnográfica, sugerindo que eles incorporavam um olhar etnográfico privilegiado e uma única voz autoral. Em alguns setores, a consequência foi uma reavaliação radical de como as etnografias são escritas. Boon (1983) sugeriu que o conteúdo-padrão das monografias antropológicas servia para abarcar a variedade de sociedades humanas sob a rubrica de um único paradigma analítico. Da mesma forma, o estilo característico da etnografia sociológica *realista* (VAN MAANEN, 1988; 2011) foi acusado de reproduzir a *voz* dominante do Ocidente, um homem branco, acadêmico e etnógrafo. Argumentou-se que, neste modo de escrita, as vozes dos *Outros* são silenciadas: os pesquisados existem no texto apenas como os objetos mudos da análise do etnógrafo. Em suma, ele reproduz a autoridade do observador etnográfico como uma forma dominante de vigilância e reportagem.

Uma consequência dessa *crise* foi a defesa de textos mais abertos e *confusos*. Em outras palavras, ao invés de ter uma única narrativa ou um único ponto de vista autoral, os textos etnográficos teriam texturas mais variadas, combinando diferentes tipos de estilo textual e mudanças de perspectiva. Essa abordagem foi

---

* No original, *Street Corner Society* [N.T.].

associada a uma perspectiva mais *pós-moderna* na pesquisa social, de um modo geral, para promover uma variedade de formatos textuais experimentais e alternativos. Com efeito, um número crescente de autores vem transformando seus trabalhos etnográficos e estudos qualitativos semelhantes, adotando formatos textuais *alternativos*. Entre eles estão o etnodrama, no qual os resultados da pesquisa são transformados em encenações dramáticas, narrativas ficcionais e poemas (cf. ELLIOTT; CULHANE, 2017).

Essas transgressões do realismo convencional nos textos etnográficos têm sido defendidas por vários autores em busca da estética e da ética *pós-modernas* na representação etnográfica. Essa é uma tentativa de celebrar os paradoxos e complexidades da pesquisa de campo e da vida social, e se expandiu em algumas contribuições mais recentes baseadas nos *novos materialismos* e na *virada ontológica* na antropologia (cf., p. ex., LAW, 2004). Em vez de subordinar o mundo social e os atores sociais ao ponto de vista narrativo único do texto realista, o pós-moderno conscientemente abandona a narrativa única e a voz dominante do etnógrafo autorizado (cf. TYLER, 1986).

Assim, os textos *realistas* são agora complementados por gêneros ostensivamente mais *literários* e *sofisticados**. No entanto, há um certo paradoxo aqui. Enquanto a etnografia convencional tendia a ser bastante impessoal – o etnógrafo/autor estava relativamente distanciado do texto –, alguns textos alternativos recentes colocam o autor claramente em primeiro plano. Aqui, o princípio da reflexividade foi levado a um extremo textual, no qual a voz do autor é a principal. Isso é ilustrado pela criação de poemas *etnográficos*, a transformação subjetiva de eventos sociais em relatos altamente personalizados, e formas de autoetnografia. Trabalhos nesta linha claramente realçam a etnografia como uma atividade literária. A experimentação textual e a exploração de formas literárias *alternativas* são suas características principais. O texto etnográfico *sofisticado* é uma composição mais engenhosa e consciente. Mas vale ressaltar que isso também equivale à imposição autoral de um estilo particular. Talvez ainda mais do que antes, o mundo social que constitui o objeto ostensivo da etnografia é refratado nas preocupações e artimanhas literárias do autor.

Embora não existam modos de escrita puramente inocentes ou transparentes, acreditamos que deve haver um equilíbrio adequado entre um estilo autoral to-

---

* No original, *writerly* [N.T.].

talmente impessoal, que omite a ação do autor-observador, e uma forma literária exagerada em que o autor parece ser mais importante do que o resto do mundo social. Em alguns setores, as viradas literárias mais recentes agora são parte de uma nova ortodoxia, e alguns periódicos – em especial, o *Qualitative Inquiry* e o *Qualitative Studies in Education* – divulgam regularmente artigos em formatos alternativos. O primeiro é particularmente famoso por seus muitos artigos e poemas autobiográficos.

Como já observamos, em muitos contextos, as distinções claras entre a escrita impessoalmente realista e estilos mais biográficos e pessoais se tornaram imprecisas. Os autores estão mais abertos a se colocarem *em* textos, fundamentando seus relatos de trabalho de campo e explorações em experiências pessoais. Isso é mais evidente no gênero da *autoetnografia* (DENZIN, 2013; BOCHNER; ELLIS, 2016). Originalmente, este termo foi usado por Hayano (1979) para se referir a um etnógrafo que estudava sua *própria* comunidade: no caso dele, os jogadores de pôquer (HAYANO, 1982). E há uma longa tradição de sociólogos que refletem e usam de sua própria biografia como uma fonte para análise sociológica. A tradição interacionista norte-americana, por si só, fornece uma série de exemplos ricos. Fred Davis (1959) trabalhou como motorista de táxi e escreveu um relato perspicaz de como os motoristas tipificam seus passageiros; Becker (1951) trabalhou como músico de jazz e um de seus trabalhos mais famosos foi sobre músicos de jazz e seu público; Roth (1963) contraiu tuberculose, fez anotações de campo como paciente e incorporou a experiência em seus trabalhos posteriores sobre a vida cotidiana em hospitais de TB; Sudnow (1978; 2002) era um pianista e escreveu um relato introspectivo e fenomenológico das práticas corporificadas de tocar o piano. Muitos projetos sociológicos partiram de um interesse ou compromisso pessoal. É difícil pensar na monografia de Scott sobre corrida de cavalos (1968) sem o seu interesse pessoal pelo hipódromo. Em suma, não é nenhuma novidade que os cientistas sociais se baseiem em sua própria biografia para desenvolver análises sociológicas que vão muito além de suas memórias pessoais.

Em seu uso contemporâneo, boa parte da autoetnografia se preocupa principalmente com a *voz* do autor individual. Este gênero de trabalho – ao mesmo tempo analítico e textual – trata o etnógrafo como sujeito e objeto de reflexão. Portanto, a voz autoral é autobiográfica. Nesses textos, a ênfase está na exploração da experiência pessoal, e um problema é que isso pode deslocar as questões essenciais da ação social e da organização social. O social se transforma em pessoal. Escrevendo contra essa tendência, Anderson (2006) defende a *autoetnografia analítica*, em que a reflexão sobre a experiência pessoal é utilizada para desenvolver ideias analíticas, o que, em essência, era o que a geração anterior de autores fazia: transformar sua própria experiência em um tema sociológico. Por outro lado, quando a reflexão pessoal assume o centro do palco, há o risco de ela deslocar o imperativo etnográfico de compreender o social.

Como Atkinson (2013) argumentou, há uma profunda ironia no cerne de grande parte da autoetnografia. Embora aleguem que ela seja experimental, criativa e inovadora, ela também pode carecer profundamente de imaginação sociológica. Pode haver a expectativa de que o momento pós-moderno desloque a voz monológica do observador, mas a autoetnografia contemporânea a substitui pela voz igualmente monológica do autor autobiográfico. Atkinson argumenta que, em vez de ser uma mudança metodológica e textual radical, a autoetnografia contemporânea introduz uma forma de realismo sentimental.

Outro gênero influente nos dias de hoje, a *etnografia performativa*, abre outra gama de possibilidades textuais. Impulsionada por diversos autores, incluindo Conquergood (2013) e Denzin (2003), os textos de etnografia performativa são elaborados para transformar a pesquisa em encenações dramáticas – ou, pelo menos, em textos passíveis de serem encenados. As *performances* etnográficas podem explorar as múltiplas modalidades da ação social cotidiana, incorporando recursos sonoros, musicais e visuais. Kazubowski-Houston (2017) fornece um relato detalhado de como ela criou primeiro um *conto de fadas* e, a partir dele, uma peça performática, com base em seu trabalho de campo com mulheres ciganas na Polônia. A etnografia performativa também pode ser (re)construída como textos *encontrados*, análogos aos poemas encontrados*. Isto é, episódios observados no trabalho de campo podem ser transformados em encenações dramáticas cujo objetivo é refletir uma espécie de estética didática brechtiana. As contribuições de Denzin (2003) ao gênero incluem exemplos disso. Cenas e episódios dramáticos podem ser criados para dar voz a perspectivas específicas. Eles podem ser totalmente fictícios, colocando junto personagens – reais ou imaginados – que expressam pontos de vista específicos, incluindo perspectivas metodológicas ou teóricas (p. ex., DENZIN, 2009; HAMMERSLEY, 2010c), embora essa prática

---

* No original, *found poems*. O termo, em ambos os idiomas, faz referência à composição literária de poesias e poemas a partir de palavras e frases *encontradas* em outros textos [N.T.].

textual possa carregar seus próprios riscos éticos (ATKINSON; DELAMONT, 2010). Além disso, os críticos da etnografia performativa apontam que, na prática, ela não é fiel aos aspectos performativos intrínsecos à interação social diária, ou às qualidades dramatúrgicas dos encontros cotidianos. A análise da linguagem e da ação espontâneas pode ser fiel à poética das atividades cotidianas, mas a construção de diálogos fictícios ou artificiais pode obscurecer a etnopoética da linguagem cotidiana. O trabalho de Dell Hymes sobre etnopoética enfatiza a organização intrínseca das narrativas espontâneas (HYMES, 1981; KROSKRITY; WEBSTER, 2015). A etnopoética, assim concebida, edita as narrativas de modo a realçar os aspectos poéticos ou retóricos das atividades orais. Assim, ela revela os aspectos performáticos da linguagem (cf. BAUMAN, 1977), ao invés de reinventá-los.

Alguns autores traduzem a etnopoética da linguagem cotidiana em poemas *encontrados*, ou tomam as falas dos atores e as transformam em representações *poéticas*. Existem vários exemplos. Leavy (2015), por exemplo, fornece muitos conselhos e exemplos dessas reconstruções *poéticas*. Por exemplo, ela pega uma série de relatos de entrevistas de mulheres jovens sobre sua identidade sexual e imagem corporal, focando trechos de conversas sobre seus seios (*peitos*). A partir desses trechos, ela faz uma seleção e os condensa em uma sequência poética intitulada "E meus peitos"* (p. 89; cf. tb. LEAVY; SCOTTI, 2017). Tal como acontece em toda transformação desse tipo, existem alguns custos, bem como benefícios em potencial. Embora a composição em verso livre contenha imagens gráficas, ela perde a especificidade de como as mulheres jovens elaboraram seus relatos, como elas mesmas usaram termos descritivos gráficos e, consequentemente, ela perde a etnopoética dos próprios relatos originais. De maneira muito semelhante, Fordham (2016) faz de seu trabalho etnográfico a base para narrativas de jovens negras e brancas em uma escola secundária norte-americana, transformando seus *dados* em narrativas mais *literárias* e personagens compostos. A força dessa abordagem reside no impacto potencial dessas histórias de vida e de sua representação gráfica da experiência cotidiana. O perigo reside em tornar as vidas e narrativas mais coerentes e menos contraditórias do que elas podem parecer nos dados originais.

De certa forma, as práticas textuais mais abertamente *literárias* podem ser encontradas em textos de *ficção etnográfica*. Existem diversos trabalhos de fic-

---

* No original, *And My Boobs* [N.T.].

ção, do tamanho de livros, escritos por etnógrafos. Pfohl, por exemplo, conduziu pesquisas sociológicas convencionais, incluindo trabalhos sobre o raciocínio prático de psiquiatras para prever a *periculosidade*. No entanto, seu livro *Death at the Parasite Café* mistura textos fictícios como um exercício de crítica política (PFOHL, 1992). A obra *Jaguar*, de Stoller (1999), é outro exemplo de ficção etnográfica. Ghodsee (2011) insere passagens fictícias em sua monografia sobre a vida pós-comunista. Carolyn Ellis, que defendeu muitos dos desenvolvimentos recentes em novos gêneros de texto etnográfico, também compôs um *romance etnográfico, The Ethnographic I* (ELLIS, 2004). Esse trabalho específico leva a reflexividade etnográfica a um extremo particular, através da construção de um relato ficcional da condução do trabalho etnográfico e autoetnográfico. No entanto, vale ressaltar que a ficção etnográfica não é um fenômeno novo, nem mesmo recente. Já em 1890, Adolf Bandelier publicou um romance, *The Delight Makers*, baseado em seus estudos etnológicos entre o povo Pueblo, do sudoeste dos Estados Unidos; o enredo foi construído a partir de cenas que Bandelier realmente observou. Mais recentemente, Dennis Williams, que era antropólogo e artista, publicou um romance, *Other Leopards* (1963), baseado em parte em sua própria arqueologia e história da arte africana. A obra de Zora Neale Hurston também mesclou sua pesquisa etnográfica com ficção (McCLAURIN, 2011).

Escrita, reflexividade e responsabilidade
Está claro que o etnógrafo contemporâneo, independentemente de qual seja sua disciplina principal, não pode permanecer ingênuo quanto às convenções do relato etnográfico. Há bastante orientação disponível – válida tanto para os novatos quanto para os veteranos – para ajudar na tomada de decisões consistentes (p. ex., RICHARDSON, 1990; WOLCOTT, 2009; GULLION, 2016). Uma consciência ampla das possibilidades da escrita se tornou uma parte indispensável da compreensão metodológica do etnógrafo. Não podemos *redigir* uma etnografia como se ela fosse um exercício mecânico, ou como se o texto escrito fosse um veículo de comunicação transparente e neutro. A maneira como escrevemos sobre o mundo social é de fundamental importância para a interpretação dele, a nossa própria e a dos outros. Em grande medida, as *interpretações* da ciência social interpretativa são expressas na poética da própria etnografia.

Enfatizamos que o etnógrafo bem informado precisa reconhecer a relação reflexiva entre o texto e seu objeto de pesquisa. A compreensão da retórica, ou da *poética*, da escrita etnográfica é de importância fundamental. Entretanto, seria totalmente equivocado concluir que os problemas de retórica são as únicas questões envolvidas. Embora a relação entre o texto etnográfico e seu objeto possa não ser inteiramente direta, ela não é totalmente arbitrária. O reconhecimento da convencionalidade da escrita não nos autoriza a adotar uma abordagem radicalmente *textual*. Há vida social fora dos textos e existem relações referenciais entre os dois. O etnógrafo que se envolve no trabalho árduo da pesquisa de campo, da análise dos dados e da redação acadêmica não será convencido de que os textos que constituem seus *dados*, e os textos de monografias, teses, trabalhos e similares, não são referenciais. Com efeito, é uma resposta ingênua equiparar o reconhecimento de que nossos textos são convencionais com a visão de que eles são arbitrários.

Hammersley (1993; 1995, cap. 5) sugeriu que uma ênfase na retórica não deveria nos cegar para as preocupações mais familiares com a adequação científica. Certamente não deveríamos privilegiar o retórico sobre o racional. Sem dúvida, os dois estão inextricavelmente ligados, mas eles devem ser desenvolvidos em diálogo. A compreensão das práticas textuais não deve resultar em um vale-tudo textual. Não há dúvidas de que muitas etnografias são bem-sucedidas (em relação à resposta crítica dos leitores) em virtude de seu estilo e do uso persuasivo da retórica. Por outro lado, a persuasão não é tudo. O leitor crítico da etnografia – como de qualquer gênero de escrita acadêmica – precisa estar alerta para a qualidade do argumento sociológico ou antropológico, e o uso apropriado de evidências que o respaldem (HAMMERSLEY, 1997). Em essência, portanto, Hammersley propõe que não devemos, como leitores, ser influenciados ou seduzidos demais pela legibilidade do texto etnográfico. Não é suficiente que ele seja *evocativo* ou *rico* em detalhes descritivos, nem que envolva nossa conexão solidária com os personagens principais, ou ainda que desperte nossas respostas emocionais às cenas relatadas. É igualmente importante que a etnografia apresente e demonstre a adequação de suas afirmações metodológicas e empíricas. É importante que a etnografia preserve sua autoridade como um trabalho de pesquisa acadêmica.

Embora haja uma relação complexa entre retórica e ciência, o autor de uma etnografia não pode se basear apenas na legibilidade e na plausibilidade de sua escrita. É preciso manter a devida consideração aos cânones da evidência. Os argumentos (no que se refere à generalização, à robustez dos resultados etc.) precisam ser suficientemente explícitos para que o leitor possa avaliá-los. Além disso, uma etnografia precisa deixar claro o que se afirma como novas descobertas; quais ideias analíticas estão sendo desenvolvidas; quais elementos as corroboram; da mesma forma, quais evidências seriam consideradas suficientes para falsificá-las ou, pelo menos, modificá-las.

Em outras palavras, precisamos ser capazes de reconhecer e de avaliar as relações complexas entre as diversas mensagens explícitas e implícitas que compõem os textos etnográficos. Não existem maneiras certas e erradas de se escrever etnografia. O reconhecimento cada vez mais amplo das convenções textuais também estimulará uma maior experimentação com as formas textuais. Mais e mais antropólogos e sociólogos podem querer usar formas alternativas de representação. O texto *realista* não é o único modelo disponível. É importante reconhecer o valor dessa experimentação textual. Mesmo que o etnógrafo não arrisque os exercícios mais extravagantes nessa direção, é importante cultivar uma consciência crítica das convenções *literárias* da escrita acadêmica, e incorporá-las como parte do ofício ou do conhecimento *artesanal* da etnografia. Continua sendo importante encorajar etnógrafos novatos e experientes a compreender sua escrita como parte de sua competência metodológica mais geral. Não devemos considerar a *redação* do trabalho etnográfico como algo inocente. Pelo contrário, um reconhecimento amplo da reflexividade essencial do trabalho etnográfico se estende tanto à leitura quanto à escrita de etnografias.

11
ÉTICA

No cap. 1 argumentamos que, contrariamente às opiniões de muitos comentaristas, o único objetivo operacional da etnografia deve ser a produção de conhecimento relevante, mais do que servir a uma causa prática ou política (seja promovendo alguma forma de progresso social, desafiando o *status quo*, ou oferecendo emancipação). Geertz fornece uma caracterização sutil do que isso implica:

> O compromisso profissional de encarar os assuntos humanos de forma analítica não se opõe ao compromisso pessoal de encará-lo sob uma perspectiva moral específica. A ética profissional repousa na ética pessoal e dele extrai sua força; obrigamo-nos a enxergar por uma convicção de que a cegueira – ou a ilusão – prejudica a virtude como prejudica as pessoas. O distanciamento provém não do desinteresse, mas de um tipo de interesse flexível o bastante para suportar uma enorme tensão entre a reação moral e a observação científica, uma tensão que só faz aumentar à medida que a percepção moral se aprofunda e a compreensão científica avança (GEERTZ, 2000: 40)*.

Além disso, embora a pesquisa etnográfica não seja inevitavelmente, e (em nossa opinião) não deva ser, política ou prática no sentido de buscar qualquer outro objetivo que não seja a produção de conhecimento pertinente, isso não significa que todos os valores, com exceção daqueles intrínsecos a esse objetivo, possam ser ignorados. Particularmente, existem maneiras de conduzir a investigação que são inaceitáveis de uma perspectiva ética.

Diversos pontos de vista têm sido adotados em relação à ética de pesquisa, não apenas no que se refere a questões substantivas específicas, mas também sobre o papel que a ética deve desempenhar e os fundamentos a partir dos quais

---

* Edição em português: *Nova luz sobre a Antropologia* (Rio de Janeiro: Zahar, 2001, p. 46). Trad. de Vera Ribeiro [N.T.].

uma pesquisa deve ser julgada ética ou antiética[72]. Em termos gerais, pode-se fazer uma distinção entre abordagens universalistas ou procedimentalistas, por um lado, e abordagens situacionistas ou contextualistas, por outro. Para as primeiras, as questões éticas são resolvíveis pelo cumprimento de uma ou mais regras universais, ou pela adoção de procedimentos específicos. O consentimento informado, com frequência, é conceitualizado dessa maneira: obtê-lo é considerado, praticamente, como a condição *sine qua non* da ética. Algumas das discussões sobre ética de pesquisa que apelam para a noção de direitos também se enquadram nesta categoria; por exemplo, em relação à pesquisa com crianças (cf. FARRELL, 2005; BUCKNALL, 2014; HAMMERSLEY, 2015).

Por sua vez, uma perspectiva situacionista insiste que o que é julgado como uma ação apropriada (ou inapropriada) deve depender, em grande medida, do contexto específico, levando-se em consideração diversas questões – éticas, metodológicas e prudenciais – e ponderando-as de forma diferente em diferentes circunstâncias. Consequentemente, o que é considerado legítimo em algumas situações pode não o ser em outras. Isso não significa negar que há julgamentos melhores e piores, ou que há alguma margem para negociar sua justificação. Mas argumenta-se que tratar um conjunto de regras ou procedimentos como determinante do que deve ser feito será muitas vezes inapropriado, e não apenas no que se refere à ética. Questões relativas à legitimidade de determinados cursos de ação não podem ser totalmente resolvidas em um nível geral. Nessa perspectiva, argumenta-se que poucas estratégias de pesquisa devem ser proscritas totalmente, embora algumas sejam muito mais difíceis de justificar do que outras. É esse tipo de posição contextualista que adotamos neste capítulo.

As questões éticas que envolvem a pesquisa social geralmente assumem formas distintas na etnografia. Vamos nos concentrar principalmente naquelas que têm a ver com o comportamento do pesquisador e suas consequências para as pessoas estudadas, ou para outros membros dos mesmos grupos e organizações ou de outros semelhantes[73]. Vamos abordá-las em cinco categorias: consentimento informado, privacidade, dano, reciprocidade e exploração, e as consequências

---

72. Para uma ideia do espectro de opiniões, cf. Mertens; Ginsberg, 2009; Hammersley; Traianou, 2012; Chistians, 2018.
73. Outras questões dizem respeito às relações dos etnógrafos com financiadores, autoridades universitárias e outros pesquisadores. Há uma literatura extensa sobre questões éticas, tanto na pesquisa social em geral – cf., p. ex., Macfarlane, 2009; Israel, 2014 – quanto especificamente em relação à pesquisa qualitativa e à etnografia – cf. Hammersley; Traianou, 2012; Miller et al., 2012; Iphofen; Tolich, 2018.

para pesquisas futuras. Ao final do capítulo examinaremos a atividade de regulamentação ética e como isso introduz complexidades adicionais nas decisões que os etnógrafos devem tomar, e como, em alguns aspectos, isso coloca sérias barreiras ao seu trabalho.

Consentimento informado

Frequentemente, argumenta-se que as pessoas devem consentir (sem constrangimentos) em serem pesquisadas para que qualquer investigação seja ética; que elas devem tomar essa decisão com base em informações completas e precisas sobre o estudo em questão; e que elas devem ter a liberdade de se retirar a qualquer momento. Muitos códigos éticos relacionados à pesquisa social, bem como os órgãos reguladores, fazem disso um requisito-padrão, a ser suspendido apenas em casos excepcionais (se tanto). Além disso, fora qualquer exigência ética, muitas vezes há razões práticas para se obter consentimento, e isso envolve, necessariamente, fornecer informações sobre a pesquisa. Por exemplo, geralmente é impossível obter entrevistas sem que as pessoas concordem, e muitas vezes é necessário negociar o acesso aos ambientes para a observação (como vimos no cap. 3). Com efeito, mesmo quando a observação é realizada em ambientes públicos, aos quais qualquer pessoa pode ter acesso, pode ser prudente solicitar consentimento. Por exemplo, se alguém tentar gravar em vídeo as interações sociais em um centro comercial, e talvez, mesmo se alguém simplesmente ficar parado observando e tomando notas, pode se ver removido pelo pessoal de segurança.

No entanto, há questões a serem levantadas sobre o que constitui o consentimento *irrestrito e totalmente informado*, bem como sobre se o consentimento deve sempre ser obtido ou se informação completa deve ser fornecida. A mera insistência de que os pesquisadores sempre obtenham o consentimento informado deixa uma margem considerável para variações em relação ao que é exigido de fato. Existem também problemas práticos para conseguir o consentimento informado, e conflitos potenciais entre este e outros princípios éticos, como minimizar os danos, bem como com o que é necessário para que a pesquisa seja realizada de forma eficaz (HAMMERSLEY; TRAIANOU, 2012, conclusão).

Talvez o desvio mais notável do princípio do consentimento informado seja a observação participante secreta, na qual um etnógrafo realiza pesquisas sem que os participantes (ou a maioria deles) saibam o que está ocorrendo. Alguns exemplos são o trabalho de Homan (1978) sobre pentecostalistas tradicionais, o estudo sobre a polícia de Holdaway (1982; 1983), a investigação sobre sobrevivencialistas de Mitchell (1991), o uso de Goode (1996) de anúncios pessoais falsos para investigar o namoro, o estudo de Scheper-Hughes (2004) sobre traficantes de órgãos, o trabalho de Calvey (2017, cap. 6; 2018) sobre os seguranças em boates, e Zempi e Awan (ZEMPI, 2017; ZEMPI; AWAN, 2017) vestindo véus muçulmanos para investigar a islamofobia. Existem também alguns estudos que começam de forma secreta, mas os participantes são posteriormente informados sobre a pesquisa e seu consentimento é solicitado, como, por exemplo, na pesquisa de Hardie-Bick sobre paraquedistas (HARDIE-BICK; SCOTT, 2017). Todos esses são estudos presenciais, mas também pode haver pesquisa secreta *on-line*, envolvendo a participação em salas de chat ou em ambientes virtuais de outros tipos, onde pode ser possível *espreitar* ou até mesmo participar de forma mais ativa sem revelar que se é um pesquisador. Um exemplo é o uso de Brotsky e Giles (2007) da *observação participante* secreta *on-line* para investigar páginas web *pró-ana**.

Alguns comentaristas argumentam que nunca, ou quase nunca, a pesquisa secreta se justifica; que ela é análoga à infiltração de *agentes provocadores* ou espiões (BULMER, 1982: 3). Essas objeções podem surgir da crença de que esse tipo de trabalho viola os direitos humanos de autonomia e dignidade. Da mesma forma, a preocupação pode advir de temores sobre as *consequências* da mentira, seja especificamente para as pessoas enganadas ou para outras, incluindo os pesquisadores. Por exemplo, foi sugerido que "a pesquisa social que envolve mentira e manipulação acaba ajudando a produzir uma sociedade de cínicos, mentirosos e manipuladores e mina a confiança, que é essencial para uma ordem social justa" (WARWICK, 1982: 58).

Por outro lado, outros autores argumentam que há situações em que a pesquisa secreta é legítima, ou mesmo que ela deva ser reconhecida como uma abordagem-padrão (cf. SPICKER, 2011; CALVEY, 2017; ROULET et al., 2017). Vários argumentos são utilizados aqui. Um se refere ao objetivo: destaca-se que há diferenças significativas entre a pesquisa secreta e a espionagem na medida em que esta última é partidária, enquanto a primeira se preocupa em produzir conhecimento que estará à disposição de qualquer pessoa que queira utilizá-lo. Outro argumento destaca o fato de que a investigação secreta não é incomum em outros campos – como no jornalismo impresso e televisivo e nas reportagens so-

---

* Blogs e páginas da web dedicados à divulgação de informações e/ou apologia à anorexia [N.T.].

ciais em geral[74]. Um exemplo é o livro de Ehrenreich (2011), *Nickel and Dimed*, no qual ela assumiu vários empregos mal remunerados para relatar as condições de trabalho envolvidas e o tratamento que os trabalhadores recebem de seus empregadores. Ao fazer isso, ela usou currículos e referências falsas para esconder sua identidade. Pode-se dizer, de forma mais geral, que todos nós limitamos a divulgação de informações sobre nós mesmos e nossos interesses na vida cotidiana: não contamos toda a verdade a todos, o tempo todo. Também foi sugerido que a mentira envolvida na observação participante secreta é "tranquila, se comparada ao que as organizações oficiais e corporativas fazem todos os dias" (FIELDING, 1982: 94). Um terceiro argumento é o de que alguns ambientes não seriam acessíveis à pesquisa aberta, pelo menos não sem muita reatividade: que a observação secreta é, às vezes, a única maneira de se descobrir o que *realmente* está acontecendo, e isso pode ser de suma importância. Todos esses argumentos foram questionados, é claro. Mas, pelas razões já apontadas, nossa visão é a de que, ao invés de serem simplesmente debatidos em termos gerais, eles precisam ser considerados em relação a estudos específicos: regras universais e mandamentos absolutos (positivos ou negativos) devem ser evitados.

Embora a questão do consentimento informado seja levantada de forma mais aguda pela observação participante secreta, ela não é, de forma alguma, livre de problemas no que se refere a outras formas de trabalho etnográfico. Mesmo quando o fato de que a pesquisa está sendo conduzida é conhecido, não é incomum que os participantes se esqueçam disso rapidamente, uma vez que se familiarizam com a presença do etnógrafo. Como comenta Alice Goffman (apud LEWIS-KRAUSS, 2016): "vocês são amigos agora e eles se esquecem completamente de que você está escrevendo um livro, mesmo quando você continua trazendo isso à tona" (cf. tb. ELLIS, 2007). De fato, em vez de "continuar trazendo isso à tona", os etnógrafos procuram muitas vezes facilitar esse processo de esquecimento através da construção ativa de relações, na tentativa de minimizar a reatividade (cf. cap. 4). Certamente, seria perturbador mencionar continuamente aquilo a que Bell (1977: 59) se referia como "um equivalente sociológico da conhecida precaução policial, como 'Tudo o que disser ou fizer pode ser registrado e utilizado como dado...'".

---

74. Quase a mesma disputa em relação às operações secretas ocorre dentro do jornalismo há muito tempo. Cf. p. ex., Leigh, 2006.

Além disso, mesmo quando atuam de forma aberta, os etnógrafos raramente, ou nunca, dizem *a todas* as pessoas que eles estão estudando *tudo* sobre a pesquisa. Por exemplo, Lugosi descreve como o sigilo, em diferentes graus e tipos, assim como alguma revelação, foi inevitável ao longo de sua pesquisa em um bar frequentado, em grande parte, por uma clientela de *gays* e lésbicas (LUGOSI, 2006). Em resumo, o que está em questão não é *mentir ou não mentir*, mas sim o que revelar, o quanto contar, para quem, em que ocasiões. Na pesquisa, assim como na vida cotidiana, as considerações sobre os possíveis efeitos da divulgação de diferentes tipos de informação devem ser levadas em conta (cf. BAEZ, 2002). Em nossa opinião, não dizer toda a verdade, ou mesmo mentir, pode ser justificável, desde que isso não tenha o objetivo de prejudicar as pessoas pesquisadas, e na medida em que pareça pouco provável que isso aconteça. No entanto, nem todos os etnógrafos concordariam com esse julgamento.

Para além disso, existem dificuldades em fornecer aos participantes informações abrangentes e precisas sobre a pesquisa. Uma razão para isso é que, ao iniciar a negociação do acesso, um etnógrafo muitas vezes não sabe o que estará envolvido na investigação, não em detalhes; e ele certamente não sabe quais serão os resultados ou as consequências de publicá-los. Um exemplo extremo disso é fornecido pelo estudo de Wasserman e Clair (2010: 4) sobre homens sem-teto em Birmingham, Alabama: inicialmente, eles planejavam fazer um pequeno filme documentário, não uma investigação etnográfica de quatro anos que seria publicada em livro. Da mesma forma, Gubrium (2009) começou seu estudo etnográfico de uma casa de repouso com a ideia de que ele estava simplesmente coletando informações básicas para elaborar um questionário de pesquisa.

Além disso, mesmo em um momento posterior do trabalho de campo, depois que o problema e a estratégia de pesquisa já foram bem definidos, há razões pelas quais apenas informações limitadas podem ser fornecidas aos participantes. Em primeiro lugar, as pessoas que estão sendo estudadas podem não estar muito interessadas na pesquisa (cf. SHAFFIR, 2009), e insistir em fornecer informações poderia ser muito intrusivo, ou mesmo levar ao rompimento das relações em campo. Além disso, pode ser difícil fornecer informações *a todas as pessoas* observadas em um estudo. No contexto de uma pesquisa sobre a polícia, Punch comenta que "Em uma organização grande, em constante interação com um número considerável de clientes", é fisicamente impossível obter o consentimento de todos e procurar obtê-lo "acabará de vez com muitos projetos de pesquisa" (PUNCH, 1986: 36).

Da mesma forma, a divulgação de alguns tipos de informação também pode influenciar o comportamento das pessoas e ameaçar a validade das conclusões da pesquisa. Por exemplo, ao estudar salas de aula em escolas, dizer aos professores que se está interessado em saber se eles normalmente fazem em aula tantas perguntas às meninas quanto aos meninos pode produzir resultados falsos, uma vez que os professores podem se esforçar (consciente ou inconscientemente) para igualar suas interações neste sentido enquanto estão sendo observados.

Além de muitas vezes não fornecerem todas as informações que poderiam ser consideradas necessárias para o consentimento informado, os etnógrafos às vezes praticam outros tipos de mentira, mesmo quando a pesquisa não é secreta. Por exemplo, pode ser dada aos participantes a falsa impressão de que o etnógrafo concorda com seus pontos de vista ou considera seu comportamento eticamente aceitável, quando essa não é a verdade. Isso é um aspecto fundamental da tolerância que, como argumentamos, é essencial para o trabalho etnográfico (HAMMERSLEY, 2005a). Às vezes, isso pode incluir até mesmo expressar concordância ou aceitação dos pontos de vista dos outros, ou aprovação de suas ações. Refletindo sobre sua pesquisa em prisões femininas, Rowe (2014: 405) comenta que: "Eu me senti desconfortavelmente implicada nas hierarquias institucionais e morais às quais eu queria resistir [...]". No estudo de muitas situações, isso é inevitável.

Claro, pode haver momentos em que um pesquisador é pressionado ou se sente obrigado a explicitar seus pontos de vista. Bosk (2008: xvi) relata a *angústia etnográfica* ao estudar ética em ambientes clínicos e ser questionado, *o que você faria?* Durante o estudo de McCargo (2017: 213) sobre o trabalho policial na Tailândia, um chefe de polícia lhe perguntou o que deveria ser feito no caso de dois imigrantes da Birmânia, em que o marido tinha passaporte e visto válidos, mas a esposa não tinha documento algum. McCargo decidiu dar sua opinião: embora, legalmente, a esposa devesse ser mandada de volta, o trabalho dos imigrantes é necessário na Tailândia e "todos nós sabemos que se ela for mandada de volta, ela voltará nos próximos dias de qualquer maneira". No entanto, ao ouvir isso, outro policial insistiu que ela deveria ser enviada de volta. E foi essa a decisão do chefe de polícia, embora ele tenha se desculpado com McCargo por isso. McCargo pergunta "Eu deveria ter respondido à pergunta inicial do capitão com tanta franqueza?", sugerindo que "esquivar-se da pergunta teria sido uma mentira deliberada". No entanto, às vezes, esquivar-se pode ser necessário (cf. BOSK, 2008).

Outro aspecto em que o consentimento totalmente informado pode não ser alcançado é se os participantes compreendem ou não o relato fornecido sobre a pesquisa. Esta é uma questão que surge de forma mais evidente, por exemplo, com crianças muito pequenas, pessoas com dificuldades de aprendizagem ou pessoas senis. Mas pode se aplicar a qualquer pessoa. Tomkinson dá um exemplo de sua pesquisa com refugiados em audiências com o juiz sobre seus pedidos de asilo. Embora a pesquisadora tivesse apresentado cuidadosamente quem ela era e o que sua pesquisa envolvia, ela descobriu que pelo menos um dos participantes, apesar de ter inglês fluente, não a havia entendido:

> Depois que a audiência de Jamal Mohammed terminou, Roger Kadima – o advogado que eu estava acompanhando – saiu, enquanto eu ainda estava conversando com Jamal. Ele me perguntou por que eu não ia voltar ao escritório de Roger. Eu disse: "Bem, por que eu voltaria? Eu não trabalho para ele". Jamal pareceu surpreso e perguntou novamente: "Mas você não é estudante de direito? Você não está fazendo um estágio?" Eu respondi: "Não, eu estudo ciência política", ficando mais preocupado. Senti que não eu havia feito um bom trabalho ao explicar quem eu era e o que estava fazendo. Isso me preocupou muitíssimo em relação ao princípio do consentimento informado. Será que Jamal havia consentido com minha presença apenas porque ele pensou que eu era uma estudante de Direito que trabalhava para o Roger? Eu pensei que eu tinha dado uma explicação completa, mas ele disse que estava muito nervoso; ele realmente não conseguiu prestar atenção ao que eu estava dizendo antes da audiência (TOMKINSON, 2015: 33).

O consentimento livre é obtido de forma mais direta e regular ao se fornecerem informações completas. Os etnógrafos frequentemente tentam dar às pessoas a oportunidade de recusarem ser observadas ou entrevistadas, mas isso nem sempre é possível, pelo menos não sem tornar a pesquisa muito turbulenta ou ameaçar sua continuidade. Alcadipani e Hodgson ilustram esses problemas no caso de uma pesquisa sobre uma gráfica (*OneCo*) vinculada em uma relação comercial com um jornal (*RedPaper*):

> Tive uma reunião com o DP [Diretor de Produção] do *RedPaper*, o DA [Diretor Administrativo] da *OneCo* e o Gerente de Produção Sênior (GSP) da *OneCo*. Não demorou mais do que 15min. Depois de ver minha proposta, o DA me garantiu que eu poderia ficar lá o tempo que quisesse e que tudo estaria aberto para mim, porque sua empresa não tinha "nada a esconder". [...]

Uma semana depois, me encontrei com os representantes sindicais. Durante esta reunião, o DA deixou totalmente claro que se tratava de um processo de comunicação mais que de consulta, e que a pesquisa ocorreria independentemente da reação dos representantes. [...] Na reunião com os gerentes da *OneCo*, o DA deixou claro que o auxílio à minha pesquisa foi acordado entre o *RedPaper* e a *OneCo*; que, novamente, este era um processo de comunicação unilateral e que todos os gerentes deveriam fornecer todas as informações que eu solicitasse. [...]

Mais tarde, enquanto estava em campo, os gerentes seniores da *OneCo* me confirmaram que minha presença só era permitida lá para manter o bom relacionamento da *OneCo* com o *RedPaper*. Uma vez que o acesso formal havia sido concedido pelo DA *OneCo*, isso deixou pouca margem para outros setores da *OneCo* recusarem o consentimento [...] – uma ordem havia sido emitida pelo DA e ela tinha que ser seguida. Eu me senti um pouco desconfortável ao me beneficiar das estruturas hierárquicas de controle estabelecidas [...].

Com isso em mente, fiquei muito preocupado em obter o consentimento informado dos indivíduos à medida que a pesquisa avançava. Na prática, isso foi muito difícil de conseguir fazer de forma adequada; garantir o consentimento informado de 35 pessoas em um canteiro de obras, ou de 10 gerentes ocupados antes do início de cada reunião, impôs uma série de dificuldades. Depois de algumas semanas em campo, uma resposta habitual aos pedidos de consentimento era: "Cai fora, cara, você sempre pergunta essa m*rda. Claro que concordo, parceiro". Certa ocasião, quando tentei fazer a mesma pergunta a todos os presentes em uma reunião, eles educadamente me mandaram calar a boca. Assim, as condições específicas, tanto no que se refere a como o acesso organizacional foi inicialmente concedido quanto às realidades práticas do campo, tornaram o consentimento informado um conceito muito menos expressivo (ALCADIPANI; HODGSON, 2009: 134-136).

O que isso indica é que, na medida em que os etnógrafos realizam pesquisas em ambientes espontâneos, seu controle sobre o processo de pesquisa é, de um modo geral, bastante limitado: eles podem não ter o poder de garantir que todos os participantes sejam totalmente informados ou que consintam livremente em participar.

Foi proposto que as pessoas que desempenham algumas funções – por exemplo, aquelas que ocupam cargos públicos – não têm o direito de se recusar a serem pesquisadas e que, portanto, não é preciso solicitar seu consentimento (RAINWATER; PITTMAN, 1967). Por outro lado, outros tipos de pessoas foram considerados vulneráveis, e argumentou-se que um esforço considerável deveria ser feito para tentar garantir que elas não fossem pressionadas a concordar em serem pesquisadas, pelo pesquisador ou qualquer outra pessoa, de modo que seus cuidadores também deveriam concordar com sua participação (LIAMPUTTONG, 2007). Ao mesmo tempo, ambos os argumentos foram objeto de muito debate; por exemplo, Israel (2014: 2) insistiu, não sem razão, que "os cientistas sociais não têm o direito inalienável de realizar pesquisas envolvendo outras pessoas" (cf. tb. BROWN; GUSTON, 2009), enquanto Van den Hoonaard (2018) argumentou que a noção de vulnerabilidade envolve problemas fundamentais.

Embora quase todos os etnógrafos concordem com o princípio do consentimento informado, há grande discordância sobre o que isso implica e também sobre o que é possível, desejável e necessário em circunstâncias particulares.

Privacidade

Na vida cotidiana, fazemos distinções entre locais públicos (como saguões de aeroportos e parques) e locais privados (como o quarto ou o banheiro), bem como entre as informações de consumo público e as que são secretas ou confidenciais. O mesmo é válido para a comunicação mediada eletronicamente: e-mails ou mensagens de texto pessoais seriam normalmente consideradas particulares, diferentemente daquilo que é postado em páginas *web* publicamente disponíveis.

Uma preocupação frequente com a pesquisa etnográfica é o fato de que ela envolve tornar *público* o que foi dito ou feito para consumo privado: isso é intrínseco, por exemplo, a descobrir *o que realmente acontece*. Isso pode ser visto, sobretudo, como a violação de uma questão de princípio, mas às vezes também há o temor de que tornar público o que é particular possa ter consequências indesejáveis. Isso poderia causar danos àquelas pessoas cujas vidas ou ações privadas foram expostas. Por exemplo, os *garotos da praia* que Chege estudou estavam preocupados que:

> Eu não os representasse de forma correta enquanto trabalhadores individuais da praia e enquanto um grupo ocupacional, ao produzir representações negativas relacionadas às suas interações com os turistas. Isso poderia constituir uma ameaça aos seus meios de subsistência. Por exemplo, durante uma reunião introdutória individual que tive com Willi, sua preocupação era a de que os dados gerados fossem publicados na mídia, expondo suas experiências com mulheres turistas de forma falaciosa ou negativa [...]. Ele disse que isso

colocaria em risco suas fontes de subsistência. A maioria dos outros homens locais que eu entrevistei depois também expressou essa preocupação (CHEGE, 2015: 473).

Em alguns casos, consequências mais abrangentes e de longo prazo também foram entendidas como uma decorrência de invasões de privacidade. Por exemplo, já foi sugerido que toda pesquisa social "implica a possibilidade de destruir a privacidade e a autonomia do indivíduo, de dar mais munição para aqueles que já estão no poder, de lançar as bases para um Estado fatalmente opressivo" (BARNES, 1979: 22).

No entanto, assim como o consentimento informado, o conceito de privacidade é complexo. O que é público e o que é privado raramente é bem definido. A conversa entre as pessoas em um bar é pública ou privada? Faz alguma diferença se é em voz alta ou em voz baixa? Da mesma forma, o que dizer das conversas ao telefone celular que são ouvidas por acaso, ou das discussões em salas de bate-papo virtuais acessíveis a qualquer pessoa? As cerimônias religiosas são eventos públicos quando todos têm permissão para participar delas? Não é fácil responder a essas perguntas de maneira convincente e, em parte, a resposta dependerá do ponto de vista individual e do contexto e dos objetivos específicos envolvidos. Além disso, lugares que são geralmente considerados públicos podem ser tratados como *lar* por algumas pessoas e, neste sentido, como lugares privados em algum grau; por exemplo, os sem-teto redefinem algumas áreas públicas dessa maneira (cf. WASSERMAN; CLAIR, 2010), e outros grupos também podem fazê-lo (CHEVALIER, 2015). Processos similares podem acontecer *on-line*.

Na vida cotidiana, a forma como se estabelece a distinção entre o público e o privado parece variar dependendo de quem está envolvido, e isso geralmente se reflete na prática de pesquisa. Por exemplo, é bastante comum que pesquisadores da educação perguntem às crianças sobre suas amizades, mas é mais raro investigar os padrões de amizade entre professores; em parte, isso provavelmente decorre da suposição de que a vida privada das crianças está legitimamente aberta ao escrutínio de uma forma que a vida dos adultos – especialmente dos adultos profissionais, de classe média – não está. Certamente, essa é uma suposição passível de ser contestada, mas ela aponta para uma variabilidade significativa nos julgamentos acerca do que constitui ou não invasão de privacidade, e do que é ou não aceitável. Além disso, a privacidade parece ser definida em relação a públicos específicos aos quais se atribui, ou não, acesso legítimo a certos tipos de informação: "Não na frente das crianças"; ou, alternativamente, "Não na frente dos adultos"!

Às vezes, a invasão de privacidade por parte dos pesquisadores é justificada com o argumento de que, uma vez que o relato será publicado para um público especializado, é pouco provável que as pessoas estudadas ou alguém que as conheça o leiam. Mas isso nem sempre é verdade. E, ainda que seja, isso justifica a invasão de privacidade que ocorreu? Curiosamente, alguns informantes, após lerem o estudo de Scheper-Hughes sobre uma vila irlandesa, *Saints, Scholars and Schizophrenics*, reclamaram que ele havia sido escrito de uma forma acessível a eles: "Por que você não o deixou como uma tese empoeirada em uma estante de biblioteca que ninguém vai ler, ou um livro acadêmico que só os 'especialistas' iriam ler?" (SCHEPER-HUGHES, 1982: vii; cf. tb. 2001: xvii). Esse exemplo oferece uma perspectiva interessante sobre a conveniência das ciências sociais populares ou públicas, projetadas para se dirigir a um grande público (cf. BURAWOY, 2005; FASSIN, 2017b).

Preocupações desse tipo podem tomar uma forma particular no caso de pesquisas realizadas por *membros*, como Morris ilustra ao discutir sua pesquisa com colegas assistentes sociais:

> À medida que eu comecei a analisar as entrevistas, senti-me cada vez mais culpada pela maneira em que eu estava submetendo as palavras dos assistentes sociais (e as minhas – mas isso não me fez sentir culpa; ao contrário, fez-me sentir vergonha) a uma análise crítica, e problematizando os aspectos familiares e naturalizados da prática de um assistente social. Eu fiquei mal e ansiosa, como se eu tivesse um "segredo sujo" que não pudesse falar com ninguém. Esses sentimentos se intensificaram na primeira vez que eu citei trechos das entrevistas durante uma palestra em uma universidade próxima. Ao falar as palavras dos assistentes sociais em voz alta, em uma sala cheia de acadêmicos, profissionais e usuários dos serviços de saúde mental, eu senti que eu não apenas estava usando as palavras deles para promover minha carreira acadêmica, mas também que eu estava traindo os assistentes sociais ao expô-los ao escrutínio de pessoas que eles nunca conheceram. Como uma assistente social credenciada, eu me senti extremamente desconfortável em permitir que assistentes sociais fossem criticados por um grupo de "estranhos". Eu me senti fisicamente mal e envergonhada. Esses sentimentos permaneceram comigo nas semanas seguintes. Não conseguia avançar com a análise dos dados (MORRISS, 2016: 534).

O mesmo problema também pode surgir com os pesquisadores *de fora* que construíram relações com pessoas em campo, como Goffman (apud LEWIS-KRAUSS, 2016) aponta, ao comparar a etnografia e o jornalismo (cf. MALCOLM, 1991). Ela escreve que os etnógrafos costumam se tornar amigos das pessoas estudadas, de modo que relatar o que eles dizem e fazem pode, às vezes, se parecer "como ato de revelar os segredos de seus próprios familiares, de trair as pessoas de quem você mais gosta". Com base no trabalho de Malcolm, Crewe e Ievins (2015) delineiam diversas maneiras em que a pesquisa etnográfica em prisões pode envolver situações que, no mínimo, podem parecer ou serem vistas como traição. Por sua vez, Bosk (2008, cap. 8) reflete sobre esse problema no contexto de sua pesquisa em ambientes médicos.

Diretamente relacionada à questão da privacidade está a ideia, difundida por alguns pesquisadores, de que as pessoas têm o direito de controlar as informações relativas a elas, e que elas precisam dar permissão para determinados usos dessas informações pelos pesquisadores (cf., p. ex., WALKER, 1978; LaFRANCE; CRAZY BULL, 2009). Assim, Lincoln e Guba argumentam que, "quando os participantes não são os 'donos' dos dados que fornecem sobre si mesmos, eles são destituídos de um elemento essencial de dignidade, além de serem largados à própria sorte" (LINCOLN; GUBA, 1989: 236). A ideia de que os participantes são donos dos dados relativos a eles é mais clara em relação a fontes como documentos, entrevistas ou *blogs* virtuais, mas ela poderia, em princípio, ser estendida também aos dados observacionais. Argumenta-se que, ao atribuir direitos de propriedade às pessoas, elas estarão protegidas das consequências da divulgação pública, pelo pesquisador, de informações que elas consideram confidenciais ou perigosas. No entanto, existem críticas a essa opinião. Um problema é que a mesma informação pode se referir a muitas pessoas, pertencentes a mais de um grupo ou categoria social, que podem ter preferências ou interesses diferentes. Além disso, atribuir às pessoas o direito de controlar o uso da informação facilita a manutenção de aparências falsas (p. ex., por parte de grupos poderosos) e pode impossibilitar a pesquisa efetiva.

Uma razão pela qual os etnógrafos, assim como outros pesquisadores sociais, insistem que manterão a confidencialidade dos dados, sem revelar quem disse o quê, é para proteger a privacidade e proteger também os informantes de danos potenciais. No entanto, preservar a confidencialidade dos dados nem sempre é uma tarefa fácil, como Alcadipani e Hodgson revelam em sua pesquisa sobre um jornal e uma empresa gráfica:

> [A] situação era claramente muito delicada, pois o DP [Diretor de Produção do *RedPaper*] e eu desenvolvemos um nível de confiança em nossa relação pessoal. Em várias ocasiões, ele revelou informações muito confidenciais sobre o *RedPaper* e continuou agindo como meu apoiador para garantir um acesso mais amplo dentro da organização. Como consequência, eu sentia que devia algo a ele. Durante o meu trabalho de campo, tivemos duas reuniões na sede do *RedPaper* onde ele me pediu informações que eu considerava serem privadas sobre a *OneCo* [a gráfica com a qual o *Redpaper* mantinha uma relação comercial]. Nas duas ocasiões, eu enfatizei meu compromisso com a confidencialidade e a necessidade de seguir diretrizes éticas rígidas de pesquisa. Sua resposta foi: "Vamos lá, cara. A vida é *toma lá dá cá*. Sua pesquisa tem que ser boa para todos nós". No momento da primeira reunião, eu não tinha visto nada que pudesse ser considerado qualquer tipo de ameaça aos interesses do *RedPaper*. No entanto, à medida que minha pesquisa avançava, várias questões surgiram; por exemplo, ficou claro que alguns gerentes da *OneCo* estavam deliberadamente incluindo no orçamento do projeto de instalação algumas despesas que não faziam parte da instalação propriamente dita, com o consentimento do DA [Diretor Administrativo] da *OneCo*. Seguindo minha consciência, eu achava que não poderia revelar isso ao DP do jornal, mas, ao mesmo tempo, eu sentia culpa por *não* repassar essa informação a ele, dado o seu apoio. Em vez disso, em nossas reuniões, conversamos sobre questões menos sensíveis da *OneCo*, que certamente implicavam a divulgação de informações que eu não considerava confidenciais. Portanto, embora eu tenha tido muito cuidado de preservar a confidencialidade da *OneCo*, sem dúvida, existe a possibilidade de que ele tenha obtido de mim informações que ele não seria capaz de obter de outra forma (ALCADIPANI; HODGSON, 2009: 134-136).

Neste caso, como em outros, o etnógrafo muitas vezes se verá encurralado por pressões conflitantes em torno da revelação de informações cuja negociação é difícil e que, muitas vezes, serão consideradas bastante insatisfatórias.

O problema de manter a confidencialidade pode se tornar particularmente grave quando os informantes revelam informações confidenciais que indicam uma violação grave da lei. Tomkinson ilustra isso com sua pesquisa sobre tribunais de imigração, quando ela descobriu que um requerente tinha enganado o tribunal:

> 10min depois de começar nossa reunião, Aadil me perguntou em seu inglês ruim: "O que você achou do meu desempenho na au-

> diência?" Fiquei surpreso e realmente não entendi sua pergunta. Ele prosseguiu, "Eu não sou homossexual, minha esposa e meus filhos estão no Paquistão", e me mostrou as fotos deles. Ele ria e repetia "desempenho, bom desempenho". Eu ri com ele, sem saber o que mais fazer. Eu fiquei surpreso, considerando o quão verdadeiro e genuíno seu "desempenho" pareceu ser na audiência. Ele me explicou todo o processo de encontrar um agente que o ajudasse com a narrativa, combinasse com outro homem requerente que se eles fossem um casal e arranjasse seus passaportes, vistos e voos para o Canadá (TOMKINSON, 2015: 33).

O etnógrafo deveria denunciar esse informante às autoridades? O fato de refugiados inventarem casos para obter a residência com motivos falsos deve ser relatado em publicações de pesquisa? Deve ser relatado em publicações que possam atingir um público mais amplo?

A proteção da privacidade e a preservação da confidencialidade são certamente considerações éticas que os etnógrafos devem ter em mente. Mas não é possível determinar, de forma abstrata, o que elas significam em casos particulares e como os conflitos com outros princípios devem ser tratados. Os melhores julgamentos possíveis devem ser feitos em função das circunstâncias; e qualquer avaliação posterior do trabalho de um etnógrafo deve levar em consideração essas circunstâncias.

Danos

Embora a pesquisa etnográfica raramente envolva consequências altamente significativas (para o bem ou para o mal) como as que podem estar envolvidas, por exemplo, em testes médicos, às vezes ela tem consequências expressivas, seja para as pessoas estudadas ou para outras. Essas consequências podem surgir como resultado do processo real de pesquisa e/ou pela publicação dos resultados.

No mínimo, ser pesquisado pode gerar ansiedade. Ou pode piorá-la quando as pessoas já estão em situações estressantes. Haahr e colegas fornecem um exemplo deste tipo de dano potencial em um estudo envolvendo entrevistas com parentes de pacientes:

> Com cerca de 15min de entrevista, o telefone tocou e Susan me pediu para desligar o gravador enquanto ela atendia o telefone. Alguns minutos depois, ela voltou e me disse que era alguém do hospital que queria falar com o marido dela sobre um projeto de pesquisa do qual ele havia participado. Então, ela se sentou e começou a chorar

> incontrolavelmente. Eu não sabia o que fazer. Fiquei surpreso e um pouco confuso porque, inicialmente, durante nossa conversa, Susan parecia calma e composta. Decidi permanecer sentado e disse a Susan que realmente entendia sua ansiedade e que ela estava em uma situação muito difícil. Alguns minutos depois, ela parou de chorar e me disse que se sentia extremamente tensa naquele momento. Toda mensagem do hospital a deixava muito abalada. Após uma breve pausa em silêncio, ela tomou a iniciativa e deu continuidade à entrevista. Mais uma vez, eu fiquei confuso; devo cancelar a entrevista ou o que devo fazer? Enquanto eu pensava, Susan não parou de me contar sobre as experiências dela sobre as quais conversávamos antes de o telefone tocar. Ela me pareceu muito decidida a continuar com a entrevista (HAAHR et al., 2014).

Como esse exemplo parece sugerir, nem sempre os próprios participantes veem a ansiedade e o estresse deles como uma razão para suspender a pesquisa, embora isso não signifique que dar continuidade a ela não possa causar danos.

O aumento da ansiedade e do estresse é um perigo particular em pesquisas com pessoas que sofrem de doenças terminais (LAWTON, 2000; McNAMARA, 2001; SEYMOUR, 2001). Cannon (1992: 162-163) descobriu que esse era um problema agudo em sua pesquisa com mulheres com câncer de mama. Para lidar com isso, ela incentivou as próprias mulheres a refletirem sobre o processo de pesquisa – como e em que momento isso as ajudava ou não – e as deixou, em grande medida, no controle das entrevistas. No entanto, ela se sentia culpada com a ideia de que sua pesquisa poderia piorar a situação delas:

> A maioria das mulheres que entrevistei se sentia mal, ou pelo menos sentia algum desconforto no momento da entrevista; elas não gostavam de estar no hospital e minhas entrevistas na clínica implicavam que eu pedisse a elas que ficassem mais tempo do que o necessário; minhas perguntas exigiam que elas relembrassem o momento em que encontraram pela primeira vez uma anormalidade em seus seios, algo que, para a maioria das mulheres com metástase secundária, parecia algo distante e pouco relevante para os riscos de vida mais imediatos que elas enfrentavam agora (CANNON, 1992: 171-172).

Por outro lado, ela conseguiu oferecer às mulheres apoios físico e emocional, tanto que, para algumas delas, ela se tornou parte importante de suas redes sociais até a morte.

Claro, também pode haver risco de danos de outras maneiras; por exemplo, quando as pessoas estudadas já estão, de alguma forma, em perigo. Por exemplo, ao estudar o policiamento secreto em uma cidade britânica, há o risco de colocar aos outros, e talvez também a si mesmo, em perigo pelo que se faz ou se deixa de fazer. Uma equipe de policiais à paisana está se posicionando para prender alguns suspeitos, e um pesquisador acompanha uma agente em seu carro:

> Pelo rádio, Lee – que havia se escondido em um arbusto [...] – descreve o movimento do Sujeito 1. Ele estacionou na frente de uma casa e tocou a campainha. Em uma narração concisa, Lee nos diz que "a pessoa que vive aqui já ameaçou a vigilância antes". Agora, Alicia está tensa e em estado de alerta. Estamos estacionados a cerca de 100m do local do sujeito com uma vista – pelos vidros traseiros escurecidos do nosso veículo – do começo da rua que leva à casa. Lee descreve o movimento: dois homens saem de dentro da casa e ficam conversando com o Sujeito 1. O carro do Sujeito 2 entra em um beco sem saída, um dos homens repentinamente se afasta do grupo e começa a caminhar em direção ao começo da rua. Eu posso vê-lo agora. Ele está segurando um telefone ao ouvido, o cotovelo direito posicionado para cima. Eu conto seus passos, me perguntando de forma bem abstrata quais são suas intenções. Ele é pequeno, encorpado e, quando se move, seus ombros balançam de modo ameaçador. Tremendo, percebo que ele está vindo direto para a nossa posição.
> Alicia descreve calmamente, pelo rádio, o movimento do sujeito em nossa direção. Meus joelhos tremem. Calmamente, Alicia se vira e diz: "Acho que precisamos nos abraçar aqui". Eu giro lentamente em sua direção, deixando meu braço envolver seu encosto de cabeça. O homem está agora a menos de 30m de distância e vejo pelo nosso vidro traseiro escurecido que ele está vindo em nossa direção. Eu aproximo minha cabeça à de Alicia e ela gira o corpo, se afastando da porta do motorista. Muito tempo passa e, quando eu espio de novo com o canto do olho, o sujeito deu meia-volta – satisfeito, eu me pergunto, com a inocência do nosso namorico inofensivo? – e está voltando para a casa, o telefone ainda preso ao ouvido. Uma onda de alívio me invade. Alicia liga o rádio novamente. (Eu nem tinha percebido que ela abaixou o volume). Ouvimos o comentário: a unidade de armas está entrando em cena, fazendo as prisões (Mac GIOLLABHUI et al., 2016: 640-641).

Os autores comentam: "o que teria acontecido se Mac Giollabhui tivesse saído do carro? Se ele tivesse saído do veículo, teria colocado a agente em perigo e, claro, comprometido seriamente a operação de vigilância – mas também teria comprometido seriamente a sua posição como etnógrafo" (p. 641). Durão (2017: 232) destaca uma questão um pouco diferente em sua pesquisa sobre a polícia portuguesa, questionando se sua presença levou os policiais a deterem um jovem e tentarem fazer com que ele fosse condenado para demonstrar a ela suas habilidades no trabalho de investigação. Por sua vez, VanderStaay (2005: 380) relata sua preocupação de que o jovem que ele estudava, já envolvido em atividades ilegais, "pudesse cometer um crime na tentativa de me impressionar".

Também é relevante aqui a questão de o que os etnógrafos deveriam fazer ao testemunharem ações prejudiciais por parte das pessoas no campo. Alcadipani e Hodgson fornecem um exemplo disso em sua pesquisa sobre a empresa gráfica:

> Enquanto estava em campo, testemunhei rotineiramente casos de sabotagem, intimidação e racismo. Algumas formas de sabotagem são particularmente perigosas quando uma impressora está em operação a quase 130 km/h, não apenas interrompendo a produção [...] mas também colocando outras pessoas em risco. Comentários racistas eram continuamente dirigidos aos trabalhadores e gerentes asiáticos, e o assédio era uma prática comum. Por exemplo, testemunhei vários atos de assédio de um gerente que, na época, estava sendo investigado por assédio. Um gerente sênior e um oficial de RH me perguntaram, em particular, se eu tinha algo a falar sobre o caso dele, e eu me recusei a fazer qualquer comentário com base nas diretrizes éticas que sustentavam minha pesquisa – minha resposta-padrão em situações semelhantes. Meu raciocínio aqui era que denunciar os autores de qualquer ato problemático violaria meu acordo de confidencialidade (explicitamente assegurado aos representantes sindicais e gerentes em minhas primeiras reuniões) e poderia causar sérios danos aos indivíduos envolvidos. Refleti sobre isso por algum tempo e, apesar da integridade da ação baseada nas diretrizes éticas da pesquisa, eu senti que não estava fazendo a coisa certa. Era uma situação paradoxal porque, para proteger algumas pessoas de danos, eu mantive silêncio sobre as atitudes e ações de pessoas que estavam claramente prejudicando outras. Ao mesmo tempo, é preciso dizer que minhas preocupações não eram apenas éticas; havia também a necessidade instrumental de manter a pesquisa em andamento (ALCADIPANI; HODGSON, 2009: 134-136).

A publicação dos relatos etnográficos também pode causar danos à reputação pública dos indivíduos e/ou às suas circunstâncias materiais. Existe uma tensão aqui. Por um lado, as demandas de integridade da pesquisa exigem que o que for descoberto seja relatado. Por outro lado, pode haver motivos para omitir, restringir ou até mesmo modificar as informações para publicação. A publicação irrestrita dos resultados com base, digamos, no *direito público de saber* pode ser perigosa, se não for equilibrada por outras considerações. Por exemplo, Shils (1959: 137) argumenta que

> bons argumentos podem ser feitos contra a transparência contínua das instituições públicas. Pode-se alegar que a publicidade total não só quebra a confidencialidade que alimenta a criatividade e a reflexão necessárias para o funcionamento eficaz das instituições, mas também destrói o respeito que os cidadãos deveriam ter por elas, ainda que preliminarmente (SHILS, 1959: 137).

Em uma época em que a *transparência* pública é amplamente considerada um bem genuíno, este é um ponto importante. Diante dessa tensão, é preciso encontrar algum equilíbrio.

Mesmo Becker, cujas opiniões diferem radicalmente das de Shils, argumenta que o pesquisador deve se abster de publicar qualquer coisa que possa causar constrangimento ou angústia para as pessoas estudadas, *desde que não seja central para a pesquisa ou que sua importância não supere tais consequências* (BECKER, 1964: 284). E, de fato, os pesquisadores frequentemente obtêm informações confidenciais que eles não utilizam. Em seu estudo sobre gênero e escolaridade em um ambiente rural inglês, Mason (1990: 106) relata que ela ficou "sabendo de detalhes de práticas secretas, como 'trabalho clandestino', 'sonegação de impostos' e vários pormenores de 'fofocas', que pediram para que ela mantivesse confidenciais". Outros parecem ir um pouco mais longe. Por exemplo, Tsing relata que

> os ambientalistas indonésios trabalham no marco de uma cultura internacional de ciência e política; eles se ressentem do poder dos acadêmicos norte-americanos de dizerem o que quiserem sem pensar nas implicações locais. Meu envolvimento etnográfico com ativistas me ensinou hábitos de moderação e cuidado: Há muitas coisas sobre as quais não irei pesquisar ou escrever. "Não quero dizer que eu 'suavizei' meu relato, mas eu fiz escolhas sobre os tipos de tópicos de pesquisa que pareciam apropriados e, de fato, úteis para construir uma cultura pública de respeito e colaboração internacional" (TSING, 2005: xii).

Em seu estudo com mulheres diagnosticadas com câncer de mama, Kaiser decidiu não relatar alguns de seus dados por uma razão diferente: a informante havia revelado que era lésbica e, portanto, ela poderia ser identificada, o que violava o princípio de confidencialidade e, possivelmente, teria consequências negativas para ela.

> Minha tese não abordou as experiências de mulheres de minorias sexuais. No entanto, as experiências de Rachel poderiam ser compartilhadas com o *Edgewater Center* e com os profissionais de saúde locais para melhorar os serviços de apoio. Com efeito, o diretor do *Edgewater Center* me perguntou se eu estaria disposta a apresentar meus resultados aos médicos e enfermeiras que trabalhavam com as pacientes com câncer de mama. Eu havia concordado prontamente. No entanto, eu havia prometido sigilo a Rachel. [...] Compartilhar as percepções de Rachel com o *Edgewater Center* ou com as enfermeiras e os médicos locais provavelmente comprometeria nosso acordo de confidencialidade. O hospital afiliado ao *Edgewater Center* diagnostica cerca de 150 pacientes com câncer de mama por ano. Devido ao grupo pequeno de pacientes, Rachel poderia ser a única paciente abertamente lésbica com câncer de mama do hospital naquela época. [...] Por fim, optei por não compartilhar as percepções de Rachel com a equipe do hospital ou do *Edgewater Center*, para proteger sua confidencialidade; no entanto, omitir os dados sobre uma parte dolorosa da experiência de alguém com câncer foi perturbador (KAISER, 2009: 1.633).

De fato, os pesquisadores às vezes podem decidir que mesmo dados e/ou resultados que têm relevância central para a pesquisa devem ser suprimidos por razões éticas. O antropólogo Evans-Pritchard fornece um exemplo dessa autocensura em seu livro *Bruxaria, oráculos e magia entre os Azande*.* Ele excluiu informações sobre uma associação específica dedicada à prática da magia, por causa das consequências que a publicação teria para seus membros: "Os europeus geralmente têm uma rejeição tão forte a esta associação e punem tão ferozmente seus membros que me abstenho de publicar um relato de seus ritos, pois alguns deles ofenderiam os sentimentos europeus" (EVANS-PRITCHARD, 1937: 511, apud BARNES, 1979: 40).

É claro que outras pessoas também podem tentar impedir a publicação, alegando que isso causaria danos e, neste caso, o etnógrafo deve decidir como responder. Os estágios finais do estudo de Maurice Punch sobre Dartington Hall (uma escola particular progressista em Devon, Inglaterra) foram afetados por

---

* Título da edição em português [N.T.].

questões em torno da sua publicação. Inicialmente, o Conselho que financiava a escola, cujos membros incluíam um eminente sociólogo britânico, concedeu um financiamento a Punch para fazer uma investigação de acompanhamento de ex-alunos. Ao mesmo tempo, Punch havia se matriculado em um doutorado e estava à procura de um internato progressivo para seu estudo, e foi acordado que ele poderia usar Dartington para esse fim. No entanto, o curso da pesquisa se transformou em uma série de conflitos e acusações. Talvez um tanto ingenuamente, Punch havia assinado um documento que afirmava que ele não publicaria nada derivado da pesquisa sem o consentimento por escrito do presidente do Conselho. Consequentemente, após a conclusão da tese, travou-se uma longa batalha, com ameaças de ações judiciais, antes que ele conseguisse um acordo para a publicação. Os membros do conselho não apenas discordavam veementemente de algumas das conclusões – mas também se preocupavam com as consequências da publicação do livro, especialmente devido ao ambiente político cada vez mais hostil em que a escola se encontrava. E os temores dos conselheiros talvez tenham sido confirmados pela manchete de um jornal nacional, uma semana antes da publicação do livro: "Uma bomba-relógio acadêmica, na forma de um livro altamente crítico, está para explodir na escola progressista de Dartington Hall na próxima quinta-feira"[75].

Embora isto fosse impossível no caso do estudo de Punch, os etnógrafos normalmente tornam anônimos seus locais de pesquisa e as pessoas estudadas nos relatórios de pesquisa, de modo a minimizar o risco de danos aos participantes. Na verdade, às vezes eles vão além disso, mudando pequenos detalhes para disfarçar o ambiente. No entanto, existem debates acerca da conveniência de se fazer isso, e os participantes às vezes solicitam ou exigem que seus nomes sejam declarados (cf. HAMMERSLEY; TRAIANOU, 2012: 126-131; EDWARDS; WELLER, 2016; MURPHY; JEROLMACK, 2016; JEROLMACK; MURPHY, 2017; LUBET, 2018, cap. 7; REYES, 2018). Ocasionalmente, lugares ou organizações são mencionados, enquanto os indivíduos recebem pseudônimos, como no estudo de Wall Street de Ho (2009: 21-22). Da mesma forma, Herbert (2017: 32) mencionou a cidade em que se localizava o departamento de polícia que ele estudou, facilitando, assim, a identificação de pelo menos algumas das pessoas que ele pes-

---

75. Posteriormente, Punch também teve a publicação de seu relato da história por trás da pesquisa inicialmente proibida pela invocação das leis britânicas de difamação; cf. Punch, 1986: 49-69.

quisou. Ele justificou isso com base no fato de que a polícia deve ser responsável por suas ações, especialmente pelo uso da violência, e que os etnógrafos, como atores públicos, devem desempenhar um papel nessa responsabilidade. Entretanto, nem todos aceitariam que isso faz parte do papel do etnógrafo, e alguns considerariam isso como uma exposição dos participantes a danos potenciais, em vez de responsabilizá-los (cf. BOSK, 2008, cap. 8). Aqui, como em outros lugares, há margem para divergências sobre o que é melhor.

Certamente, ainda que os relatórios de pesquisa sejam anônimos, isso pode não impedir que pessoas e lugares sejam reconhecidos. Assim, a aldeia irlandesa estudada por Scheper-Hughes foi identificada por um jornal local (SCHEPER-HUGHES, 2000; 2001)[76]. McKenzie (2015) relata noites sem dormir enquanto escrevia seu livro sobre um conjunto habitacional de classe trabalhadora, onde ela e sua família viviam, preocupada com as histórias que poderiam ser utilizadas para estigmatizar ainda mais as pessoas da classe trabalhadora. Obviamente, a publicidade na mídia pode prejudicar a reputação de indivíduos, organizações e locais, bem como ferir os sentimentos dos envolvidos. Se a responsabilidade por isso recai sobre o pesquisador é uma questão interessante e difícil. E isso também é válido para a gravidade do dano envolvido. Mas, com certeza, esses perigos devem ser levados em consideração. Por outro lado, vale dizer que a maioria dos trabalhos etnográficos atrai pouca ou nenhuma atenção da mídia.

O potencial de danos causados pela identificação pública de locais de pesquisa e/ou de participantes não se restringe a danos à reputação, constrangimento ou incômodo. Pode haver consequências mais materiais, inclusive para o etnógrafo, como Wolf relata em sua pesquisa com *motociclistas rebeldes*:

> Alguns anos [...] depois que eu parei de andar com os *Rebels*, a polícia de Calgary levou um membro da seção dos *Rebels* em Calgary ao tribunal, em uma tentativa de revogar seu certificado de aquisição de armas de fogo. Um membro da força policial de Calgary reivindicou a condição de "perito criminal" e agiu como "testemunha do procurador da Coroa". "Perito criminal" significa que o indivíduo é considerado capaz de apresentar ao tribunal uma "opinião técnica" sobre um assunto judicial, em virtude do seu conhecimento geral e familiaridade com a situação. Quando o advogado do réu perguntou em que bases o policial poderia alegar qualquer conheci-

---

[76]. Cf. tb. a discussão deste caso em https://immablog.org/2017/05/02/the-devastation-of-the-people-an-interview-with-nancy-scheper-hughes/

mento dos *Rebels*, o policial justificou sua elegibilidade como perito por ter lido minha tese. O *Rebel* de Calgary finalmente venceu seu processo judicial e manteve seu direito legal de possuir armas de fogo; no entanto, ele veio até Edmonton para acertar as contas comigo (WOLF, 1991: 220).

Embora Wolf tenha escapado da retaliação, o *Rebel* de Calgary e seus parceiros deixaram claro que eles eram contra a publicação de um livro baseado na tese dele: "Você não vai publicar esse livro de jeito nenhum!" Comentários de Wolf: "era um problema ético interessante; era um problema pessoal perigoso. No entanto, meu pacto original não havia sido com eles; decidi ir em frente e publicar o livro" (1991: 221).

Um caso ainda mais extremo de consequências materiais derivadas da pesquisa etnográfica diz respeito ao relato antropológico de Condominas sobre Sar Luk, uma aldeia montanhosa no Vietnã do Sul, publicado em francês em 1957. Posteriormente, o texto foi utilizado pelo Exército dos Estados Unidos na Guerra do Vietnã, como parte da *inteligência etnográfica*. A informação produzida por Condominas não parece ter estado diretamente implicada na destruição de Sar Luk pelo Exército do Vietnã do Sul, mas certamente a publicação de informações sobre esta aldeia teve consequências ao menos potencialmente mortais para as pessoas que ali viviam, embora Condominas pode não ter sido conscientemente capaz de prever isso (cf. BARNES, 1979: 155-156). De modo similar, argumenta-se que o governo venezuelano utilizou o trabalho de Chagnon para tachar as pessoas que ele estudou, os ianomâmis, de perigosas e antissociais, como parte de seu esforço de desalojar as tribos indígenas de terras que, de outra forma, seriam exploráveis para madeira ou para outros fins (CHAGNON, 2013; SAHLINS, 2013)[77].

Um exemplo mais prosaico de dano material é o estudo de Ditton sobre *desonestidade e furtos* entre vendedores de pão. Ele abre o prefácio de seu livro da seguinte maneira:

> Tenho a sorte de ter vários amigos e colegas. Provavelmente, nem tantos amigos [...] agora que este livro foi publicado. Não espero que muitos dos homens da *Wellbread's* vejam com muito agrado o corte nos salários reais que este trabalho pode significar para eles, e o meu lado padeiro concordaria com eles (DITTON, 1977: vii).

---

[77]. A pesquisa de Chagnon, assim como sua abordagem teórica particular, também é controversa em outros aspectos; cf. Borofsky, 2004.

Pode-se argumentar que a exposição de Ditton de *desonestidade e furtos* entre a equipe de vendas que trabalhava em uma padaria particular causou danos não apenas à sorte e à reputação daqueles que trabalhavam naquela padaria, mas talvez também para aqueles que trabalhavam em outras padarias, a maioria, senão todos, com salários relativamente baixos. Contudo, como muitas outras questões éticas em etnografia, esta não é, de forma alguma, isenta de ambiguidade, visto que o comportamento exposto era, indiscutivelmente, antiético e certamente ilegal.

Nesses casos, nem sempre está claro quais interesses devem ser mais importantes e, portanto, o que constitui e o que não constitui dano, ou quais danos devem ser evitados, e que peso deve ser dado a essas considerações. Alguns argumentariam que o valor do conhecimento científico, ou o direito público de saber, supera todas essas preocupações, especialmente no estudo de indivíduos ou grupos poderosos. Outros comentaristas alegam que a maioria das pesquisas gera pouco benefício público e insistem na importância de tentar garantir que o conhecimento produzido pela pesquisa seja utilizado para fins bons, e não ruins. Mas até que ponto isso pode (e deve) ser feito, e quão bem-fundamentados são seus julgamentos sobre o que é bom e ruim, certamente varia muito e sempre será algo controverso. Além disso, os etnógrafos geralmente têm pouco controle sobre as consequências da publicação de seu trabalho e, na maioria dos casos, elas serão pequenas ou desimportantes na maioria dos pontos de vista. O melhor que os etnógrafos podem fazer, muitas vezes, é tomar precauções contra a decorrência de danos graves, especialmente tornando anônimas as pessoas e os lugares que estudam; embora, como vimos, isso nem sempre seja possível e, às vezes, não seja desejável.

Exploração e reciprocidade

Existem alegações de que a pesquisa etnográfica envolve a exploração daqueles que são estudados: as pessoas fornecem a informação que é utilizada pelo pesquisador e não recebem nada em troca, ou muito pouco. Leuenberger (2015: 26) menciona o senso comum de que "os pesquisadores concluem sua pesquisa de campo e, então, desaparecem nos corredores da academia, publicam seus resultados e constroem suas carreiras em cima daqueles de quem obtiveram os dados". Isso reflete a suposição de que, via de regra, os etnógrafos estudam pessoas menos poderosas do que eles e, por isso, conseguem estabelecer uma barganha na pesquisa que os beneficia e prejudica aqueles estudados – em outras palavras, falta reciprocidade. Além disso, esse problema pode surgir até mesmo naquelas situações em que o pesquisador tem um compromisso intelectual e emocional com as pessoas envolvidas e busca estabelecer uma relação horizontal com elas, como no caso das feministas que estudam outras mulheres (FINCH, 1984; TANG, 2002; OAKLEY, 2016).

É claro que muitas vezes também há benefícios para os envolvidos na pesquisa etnográfica, e não apenas custos, mas esses (e o equilíbrio entre eles) nunca são fáceis de avaliar. O valor de ter uma oportunidade de falar com alguém não diretamente envolvido nos problemas não deve ser subestimado, como Levinson indica em seu estudo sobre os grupos de ciganos romani na Inglaterra. Uma longa conversa com um informante terminou da seguinte maneira: "Tommy me agradeceu quando eu saí. 'Por quê?', eu perguntei, sentindo-me desprotegido por estar tão impotente [...]. Ele encolheu os ombros. 'Por ouvir, eu acho'" (LEVINSON, 2010: 203). No entanto, nem todos os participantes aproveitam ou valorizam essa oportunidade.

Como vimos no cap. 4, os etnógrafos frequentemente fornecem aos participantes serviços mais concretos de vários tipos, como cuidados médicos básicos, serviços de babá ou a edição de um boletim informativo. Às vezes, o serviço prestado é involuntário. Um exemplo é o papel de Matlon para os homens que ela estava estudando, na Costa do Marfim:

> Em [seus] esforços para se diferenciarem dos outros homens, participando das cenas culturais populares locais ou criando uma persona física, eu [...] me tornei um acessório, uma mercadoria rara e tangível. Além disso, meu interesse por suas vidas legitimou as identidades que eles buscavam incorporar para si e entre seus amigos e conhecidos; minha atenção era, de fato, o reconhecimento de seu valor (MATLON, 2015: 160).

Ela também interveio para ajudá-los nas ocasiões em que eles estavam em apuros:

> Envolvidos em uma conversa alguns passos à frente, Tino e eu percebemos que o MC não estava mais conosco [...] um policial o havia detido. Como de costume, o problema se tornou oficial quando o documento de identidade que MC apresentou ao oficial estava ilegível. [...] Assim, MC estava à mercê do oficial: ele poderia exigir um suborno, apreender seu documento de identidade ou até mesmo levá-lo para a prisão. MC estava em um beco sem saída. Eu intervi, confiante de que minha estrangeirice – minha pele clara, sotaque americano e um claro senso de direito – evitaria o desastre que

se desenrolava. O oficial olhou para mim. Então, ele me olhou de cima a baixo. Sorriu. De forma intencional e complacente, embora respeitosa, ele perguntou a MC: *"Ahh bon... Donc tu t'as trouvé une correspondante?"* ou "Então, você encontrou uma correspondente?" [...] Depois de mais algumas risadinhas com o MC e olhares ávidos para mim, ele nos mandou embora com seus melhores votos (MATLON, 2015: 160).

No entanto, mesmo a oferta de pequenos serviços ou presentes pode trazer consequências desagradáveis, como VanderStaay relata ao estudar uma família afro-americana pobre:

Comprei um exemplar de capa dura do livro *The People Could Fly* (HAMILTON, 1985), uma coleção de contos populares afro-americanos, para Silk (8 ou 9 anos), mas, atipicamente, não o dediquei a ela. Silk adorou o livro, que deve ter sido o primeiro que ela possuía, e o levou para a escola quando as aulas recomeçaram após as férias de inverno. Visitei Serena naquela tarde e a encontrei tendo um ataque, surtando pelo apartamento e puxando seu cabelo. Ela me disse que a professora de Silk havia pegado o livro, acusando-a de tê-lo roubado. A professora disse que Silk deve tê-lo roubado porque uma criança como ela não tinha como comprar um livro como aquele, explicou Serena. Silk gritou e esperneou para que a professora devolvesse o livro para ela. Quando ela se recusou, Silk a xingou e saiu correndo da sala. [...] Eu disse que eu iria à escola e falaria para a professora que era eu quem tinha dado o livro para Silk, mas Serena falou que isso iria piorar ainda mais as coisas (VANDERSTAAY, 2005: 387).

Os etnógrafos, às vezes, também pagam seus informantes. Mas isso não é, de forma alguma, isento de problemas, seja em termos práticos, metodológicos ou éticos (HEAD, 2009). Uma preocupação é a de que isso afetará a natureza dos dados. Por esta e outras razões, deveria resistir à expectativa de pagamento. Clark relata que, em sua pesquisa sobre estupro e violência sexual na Bósnia-Herzegovina:

As sobreviventes frequentemente presumiam que eu lucraria financeiramente com as entrevistas, e algumas delas insistiram que só falariam comigo se eu as pagasse. Inclusive, uma sobrevivente de Foca, no leste da Bósnia-Herzegovina, se ofereceu para falar comigo apenas com a condição de que eu pagasse para ela um *spa*. Embora parte de mim achasse essa "barganha" desagradável, também era totalmente compreensível que indivíduos de quem antes haviam se aproveitado, agora quisessem algo em troca de suas histórias, especialmente em uma economia estagnada. Não paguei às entrevistadas por suas histórias, mas paguei suas despesas de viagem quando foi necessário (embora quase sempre eu viajasse para encontrar as entrevistadas). Eu também levei pequenos presentes quando as visitei em suas casas (CLARK, 2017: 427).

Como Hoechner (2018) observa em relação ao seu estudo com estudantes do Corão *precariamente pobres* no norte da Nigéria, através de pagamento ou de presentes "é pouco provável que os pesquisadores [...] façam mais do que uma diferença passageira na vida de seus informantes". Além disso, Howarth (2002: 25) viu os informantes reagirem com raiva ao pagamento que ela ofereceu, alegando que isso era uma exploração: eles a acusaram de racismo. Por sua vez, apesar de Wasserman e Clair (2010) terem oferecido um pagamento aos homens sem-teto que estudaram; os homens os convenceram, em vez disso, a trazer suprimentos de vários tipos – comida, produtos de higiene, pilhas etc. –, embora eles ainda dessem, ocasionalmente, pequenas quantias de dinheiro quando solicitados. Hoechner (2018) acrescenta que há quem defenda que a pesquisa atravessada por profundas diferenças socioeconômicas não é justificável, e que oferecer um pagamento "apenas reafirma a desigualdade existente".

Existem ocasiões em que o pagamento ou serviços de um tipo ou de outro são *exigidos* pelos participantes. Por exemplo, Scheper-Hughes (2004: 47-48) relata sua experiência na busca de informações sobre o tráfico de órgãos: "Mastigando nervosamente sementes de girassol e cuspindo-as como torpedos em nossa direção, Vladimir foi ousado e exigiu um *preço justo* – '200, tudo bem, 100 dólares' – por uma entrevista. Quando eu dei a ele uma nota novinha de vinte dólares, Vlad concordou com a cabeça [...]". Jauregui (2017: 78) foi informada pelo chefe da polícia indiana, cuja delegacia ela estava estudando, que ela deveria dar uma festa de Natal para os policiais. Este foi um pedido problemático porque envolvia não apenas a relação dela com ele – ela se sentia em dívida com ele por permitir-lhe o acesso –, mas também a relação dele com seus oficiais, bem como a relação dela com eles.

Porém, também vale lembrar que os pesquisadores podem ser vistos como presas fáceis, na verdade, como alvos fáceis; suas simpatias e seu desejo por informações podem ser trocados por presentes, favores e pagamento. Adler e Adler fornecem um exemplo, descrevendo como os traficantes de drogas que eles estudavam gradualmente começaram a se aproveitar deles:

> O dinheiro que eles nos davam para guardar, eles sabiam que sempre podiam contar com a devolução dele. O dinheiro que emprestávamos a eles em momentos difíceis nunca era devolvido, mesmo quando eles estavam ricos de novo. Eles esperavam que nós lhes fizéssemos favores, sem qualquer outra reciprocidade além da abertura sobre suas atividades (ADLER; ADLER, 1991: 178).

Vale observar também que as obrigações que os etnógrafos sentem para com as pessoas que estudam, às vezes, os levam a comportamentos que podem ser considerados antiéticos ou mesmo ilegais. Mac Giollabhui e colegas fornecem um exemplo do estudo de policiais à paisana:

> Um dos perigos mais comuns enfrentados pelas equipes de vigilância é uma colisão grave com outro veículo. Esse perigo é constante: a vigilância envolve comumente dirigir em alta velocidade e implica, com frequência, manobras perigosas. O trecho a seguir descreve uma ocasião em que compartilhamos o risco:
>> O pior tinha acontecido: a equipe havia perdido o veículo em questão. Os carros se dispersam para tentar encontrá-lo. Nós dirigimos por uma estrada estreita em um condomínio residencial a mais de 95 km/h, chegando a um trecho de estrada aberta que o suspeito poderia ter seguido. No espaço entre duas filas de carros estacionados, por muito pouco não atropelamos uma outra motorista. Eu vejo o olhar de medo e descrença em seu rosto, enquanto nosso veículo passa. Ao passarmos pelo buraco da agulha, David solta um rugido: "Porra, cara! Achei que eu ia ter que pedir para você deitar aí!" [...] Esses momentos de cumplicidade com os participantes da nossa pesquisa não eram incomuns, especialmente com o passar do tempo (Mac GIOLLABHUI et al., 2016: 641).

Alice Goffman (2014) nos dá outro exemplo em sua pesquisa com homens jovens de uma área de baixa renda da Filadélfia. Ela sempre dava caronas a seus informantes pela vizinhança, mas, em certa ocasião, ela concordou em levar um informante-chave, que tinha uma arma, para procurar o assassino de seu amigo. Vários comentaristas argumentaram que isso era antiético e equivalia à ofensa criminal de conspiração para assassinato (LUBET, 2018, cap. 8), embora ela tenha insistido que havia pouca probabilidade de o assassino ser encontrado ou baleado. Dadas as incertezas sobre quem ganha o quê em ambos os lados da relação em uma pesquisa etnográfica, geralmente há margem para divergências sobre se um projeto de pesquisa específico envolve exploração, bem como se muito foi oferecido ou dado. As demandas da pesquisa aos participantes podem variar muito, mas também podem variar as avaliações do nível e da importância dessas demandas. No caso da etnografia, o impacto da pesquisa pode parecer mínimo, no sentido de que, muitas vezes, basta que os participantes continuem a agir como normalmente fazem, com o pesquisador observando. No entanto, como vimos, ser observado ou entrevistado às vezes pode ser uma fonte de ansiedade e tensão, para dizer o mínimo. E, embora existam benefícios potenciais da pesquisa para os participantes, a percepção de seu valor pode variar consideravelmente. Em última análise, é responsabilidade dos etnógrafos tentar garantir que eles não explorem as pessoas que estudam, ou que tenham outros comportamentos antiéticos, mas o que isso implica (e o que isso exclui) é necessariamente uma questão de julgamento, e tais julgamentos estão sempre potencialmente abertos ao questionamento.

Alguns comentaristas consideram que a relação entre o etnógrafo e as pessoas estudadas é *inerentemente* uma exploração, porque os etnógrafos tomam as decisões sobre o que estudar e como: os objetivos do projeto são determinados pelas prioridades *deles*, não as das pessoas que estão sendo estudadas. Este é um dos argumentos frequentemente apresentados na defesa de formas de pesquisa *participativas* ou *inclusivas*, em que as pessoas estudadas são convidadas a desempenhar um papel fundamental na determinação de seu foco e projeto, bem como na difusão e *implementação* dos resultados (cf., p. ex., CAMPBELL; LASSITER, 2015). A pressão nesse sentido aumenta quando pesquisador e pesquisados vêm de grupos entre os quais há uma relação de hierarquia ou desigualdade, com o pesquisador ocupando uma posição superior. No entanto, ainda que se concorde com o argumento sobre o caráter inevitavelmente explorador das formas tradicionais de etnografia (e nós não concordamos), a pesquisa *participativa* gera seus próprios problemas: é frequente haver relutância ou resistência por parte dos participantes em assumir o papel de pesquisador e, quando o fazem, o projeto pode tomar direções questionáveis do ponto de vista metodológico, ético e/ou político. Além disso, esse modo de pesquisa não se ajusta bem ao objetivo de construir um corpo de conhecimento acadêmico (cf. HAMMERSLEY, 1992: 146-151).

Consequências para pesquisas futuras

Como vimos no cap. 3, os etnógrafos muitas vezes dependem de permissão para o acesso a ambientes e pessoas. Pesquisas consideradas questionáveis pelas pessoas estudadas e/ou por guardiões, ou pelo público em geral, podem resultar na recusa de acesso a outros pesquisadores no futuro. Se isso acontecesse em grande escala, a investigação etnográfica se tornaria impossível. Esse foi um dos principais argumentos usados por Davis (1961b) em sua crítica ao estudo secreto de Lofland e Lejeune sobre um ramo dos Alcoólicos Anônimos (LOFLAND; LEJEUNE, 1960; LOFLAND, 1961); e por Erickson (1967) contra o estudo secreto de Festinger et al. (1956) sobre um grupo religioso apocalíptico, no livro *When Prophecy Fails*. Essa tem sido uma linha importante nos debates subsequentes sobre a pesquisa secreta (cf. CALVEY, 2017), mas que também aparece quando a abordagem do pesquisador é amplamente aberta (cf. ELLIS, 2007).

É preciso reconhecer que, muitas vezes, haverá uma reação negativa de, pelo menos, algumas das pessoas estudadas. Certamente, é uma falácia presumir que partes diferentes verão a pesquisa da mesma maneira. Como na vida em geral, pode haver interpretações conflitantes e choques de interesses; e não existem soluções gerais simples para esses conflitos. Assim, embora o etnógrafo individual possa ter uma obrigação ética para com os colegas de não *estragar o campo*, nem sempre será possível cumprir essa obrigação; às vezes, os cursos de ação necessários para atendê-la podem ser indesejáveis por outras razões. Também há o perigo de exagerar as consequências reais ou prováveis do que seja considerado, por alguns, um estudo eticamente ofensivo, e de qualquer reação negativa por parte dos participantes. Normalmente, os efeitos duram pouco.

De um modo mais geral, também é possível que um estudo, especialmente quando amplamente divulgado, seja acusado de trazer descrédito à etnografia pela forma como foi conduzido, ou mesmo à pesquisa social de forma mais geral. Essa é uma das muitas críticas feitas a *On the Run*, de Alice Goffman (2014). Ela foi acusada não apenas de comportamento antiético – o incidente em que ela dirigiu para um homem armado em busca de seu alvo, que mencionamos anteriormente –, mas também de erros factuais em seu relato e de falha no rigor (cf., p. ex. LUBET, 2018). Independentemente da validade das críticas (não as consideramos totalmente convincentes), é fato que o livro de Goffman recebeu grande atenção do público. Quais foram os impactos disso para a reputação da etnografia ainda não se sabe. Mas também poderíamos perguntar se a culpa por quaisquer consequências danosas é apenas, ou principalmente, de Goffman, ou dos críticos dela. Além disso, embora a questão das consequências que estudos específicos possam ter sobre as perspectivas futuras da realização de pesquisas sociais seja importante, certamente não deve ser a principal preocupação no que se refere à ética em pesquisa.

A questão da regulamentação ética

Até agora, em grande medida, escrevemos como se o pesquisador individual, ou a equipe de pesquisa, determinassem sozinhos o que é e não é, seria e não seria ético na condução de um projeto. Embora aí resida a principal responsabilidade, há outros que podem fazer julgamentos importantes sobre esta questão. Entre eles, guardiões e órgãos de financiamento, mas também conselhos de revisão institucional (CRIs) ou comitês de ética em pesquisa (CEPs). Muitas associações de ciências sociais têm códigos éticos há bastante tempo, mas, hoje em dia, a regulamentação ética obrigatória e preventiva é uma realidade em muitos países, exigindo que os pesquisadores obtenham a aprovação de um CRI ou CEP antes de conduzir suas pesquisas[78].

Há muitas críticas à regulamentação ética. Uma delas é a de que os CRIs/CEPs raramente têm o conhecimento necessário sobre os métodos etnográficos, ou sobre o contexto no qual a pesquisa será conduzida, para fazer julgamentos sensatos a respeito do que é necessário para que a pesquisa seja viável e ética. Okyere (2018: 628-629) fornece um exemplo, preocupado com uma pesquisa com crianças envolvidas na mineração de ouro, em Gana. Ele descobriu que não tinha como cumprir com o requisito de consentimento informado que seu comitê de ética local havia estabelecido:

> A primeira área onde surgiram problemas de conformidade foi a exigência de envolver guardiões adultos na garantia de acesso às crianças participantes da pesquisa, para obter o consentimento informado [...]. Eu descobri que a maioria das crianças que trabalhavam no local não era de Kenyasi ou arredores. Muitas eram crianças migrantes independentes que haviam feito uma viagem de quase 320km, partindo do norte de Gana para trabalhar no local. Elas viajaram sem os pais, responsáveis ou guardiões adultos que pudessem ser consultados sobre a participação delas no estudo. Decidiu-se, inicialmente, descartar essas crianças do estudo e envolver apenas aquelas cujos pais ou responsáveis adultos estivessem disponíveis e pudessem ser consultados, cumprindo o acordo de ética [...]. No entanto, esse plano também logo deu errado. A maioria

---

78. Algumas das questões levantadas atualmente a respeito da regulamentação ética também surgiram quando os códigos de ética profissional foram estabelecidos; cf. Becker, 1964; Freidson, 1964; Wax; Cassell, 1981. Para uma discussão mais aprofundada dos regimes atuais de regulamentação ética, cf. Hammersley, 2009; 2010d; Dingwall, 2008; 2012; Schrag, 2010; Stark, 2012; van den Hoonaard, 2011; Aaup, 2013. Há sugestões de que, nos Estados Unidos, existe uma tendência recente de desregulamentação da ética em pesquisa social; cf. Shweder; Nisbett, 2017.

dos pais que eu consegui abordar apreciou o fato de eu ter ido falar com eles sobre o possível envolvimento de seus filhos no estudo. No entanto, eles também ficaram surpresos ou perplexos por eu ter feito isso e, muitas vezes, me mandaram de volta para falar com seus filhos. A citação abaixo, de um desses encontros, resume bem as reações dos pais:

> [...] (o homem ri) então é por isso que você veio me ver? (o homem ri de novo). Eu [até] pensei que era algo urgente quando vi você chegando. Não precisava vir; isso não sou eu quem resolvo [...] você o viu nos poços, então volte lá e pergunte a ele, porque ele é quem vai participar. Você poderia ter pedido só a ele em vez de vir aqui (risos de novo).

Os próprios pais e responsáveis me diziam com frequência que era desnecessário pedir permissão primeiro para falar sobre a pesquisa com seus filhos ou filhas, uma vez que era a permissão ou o consentimento deles que eu realmente precisava. A situação se agravou ainda mais quando um menino do local me disse, sem rodeios, que seus colegas achavam indelicada minha insistência em pedir a permissão dos pais ou responsáveis antes de permitir que eles participassem do estudo:

> [...] isso é o que os três meninos estavam dizendo [...] você chega aqui como um estranho, dizendo que precisa de informação ou ajuda ou algo parecido da gente [...] um deles falou que queria ajudar você quando ouviu isso, mas você disse que queria falar com a mãe ou o pai dele primeiro. Todos estão com raiva de você [...] você não acha que eles iam te falar se você precisasse da permissão dos pais? Muitos deles estão dizendo "Eu sou dono de mim mesmo", então você não precisa de permissão.

O amigo dele, sentado perto de nós, entrou na conversa e assentiu com um provérbio local sobre a minha conduta, que se traduz como:

> Você está se comportando como alguém que não é daqui ou que não conhece nossa cultura; como o estranho em um funeral que chora mais do que o enlutado (OKYERE, 2018: 628-629).

O consentimento informado é um dos principais princípios norteadores sobre os quais os CRIs e os CEPs operam. Isso reflete o fato de que esses comitês frequentemente adotam um modelo de pesquisa biomédica, psicológica ou quantitativa, em que se presume que o pesquisador esteja lidando com indivíduos separadamente. Como os etnógrafos geralmente estudam situações e grupos, muitas das diretrizes nas quais os comitês de ética se baseiam, como o consentimento livre e informado e o direito de recusa a qualquer momento, são difíceis de cumprir e/ou têm consequências inviáveis.

Os problemas causados pelos comitês de ética não devem ser exagerados. Em alguns casos, eles se preocupam mais em julgar se um pesquisador está ciente das questões éticas relevantes e sabe como abordá-las, bem como avaliar a própria proposta de pesquisa. Ademais, as negociações com esses comitês geralmente podem assumir a forma de um diálogo: orientações sobre questões específicas podem ser obtidas antes do envio de uma proposta, pode-se conversar informalmente com o presidente do Comitê, e uma resposta pode ser dada a qualquer decisão, talvez levando a mais negociação e, finalmente, um acordo (MACHIN; SHARDLOW, 2018). Além disso, às vezes o envolvimento com comitês de ética pode levantar questões, ou sugerir maneiras de abordá-las, que o etnógrafo não tinha se dado conta. No entanto, as negociações podem ser demoradas; e o processo, às vezes, leva à alteração dos planos de pesquisa, talvez de formas metodológica ou mesmo eticamente indesejáveis.

Quando os CRIs/CEPs se tornam uma barreira insuperável, as opções parecem ser a mentira sistemática na forma em que a pesquisa é apresentada a eles, ou o abandono completo do projeto. No entanto, Scheper-Hughes adotou uma estratégia diferente para sua pesquisa sobre o tráfico de órgãos humanos. Ela escreve:

> Como eu não conseguia ver nenhuma maneira da minha pesquisa passar pelo Comitê de Proteção de Sujeitos Humanos da Universidade da Califórnia, eu solicitei uma dispensa excepcional [...] pedindo que, para os fins deste estudo, eu fosse vista como uma repórter investigativa de direitos humanos, com os mesmos direitos que meus colegas da Escola de Jornalismo de Berkeley. A permissão foi finalmente concedida (SCHEPER-HUGHES, 2004: 44-45).

No entanto, essas brechas nem sempre estão disponíveis.

Sob a pressão da regulamentação ética, corremos o risco de permitir que preocupações éticas que são bastante pertinentes, embora complexas e conflitantes, transformem todo o processo de pesquisa em um processo protocolar, permitindo apenas um número muito limitado de projetos de pesquisa, determinados não por seu valor instrumental, mas por sua capacidade de gerar protocolos de pesquisa passíveis de verificação em relação a um conjunto de critérios simples (mas frequentemente inadequados). Este é um problema para todos os cientistas sociais. Mas, por razões que deveriam estar claras dada grande parte de nossa discussão neste livro, isso representa um desafio particularmente sério para etnógrafos.

Conclusão

Discutimos algumas questões éticas importantes em torno da pesquisa etnográfica, e esboçamos nossa própria visão de que, embora as considerações éticas sejam importantes, elas não podem ser resolvidas de forma satisfatória apelando a regras universais ou à aplicação de procedimentos-padrão. Além disso, essas questões devem ser ponderadas com base em como a pesquisa pode ser conduzida de forma mais eficaz e qual sua importância. É responsabilidade do etnógrafo tentar agir de maneira eticamente apropriada, levando em consideração seus objetivos e valores, a situação em que a pesquisa está sendo conduzida, e os valores e interesses das pessoas estudadas. Em outras palavras, como pesquisadores e como consumidores de pesquisa, devemos fazer julgamentos sobre o que é e o que não é legítimo em casos específicos. E devemos estar preparados para sustentar nossos julgamentos com argumentos, se e quando questionados. Também devemos reconhecer que outras pessoas podem discordar, mesmo depois de apresentarmos nossos argumentos, e não apenas porque elas têm segundas intenções. É importante que as questões éticas que cercam a pesquisa sejam discutidas publicamente, uma vez que isso irá alimentar as deliberações de pesquisadores individuais e equipes de pesquisa. No entanto, não acreditamos que as formas de regulação ética que operam cada vez mais na pesquisa social facilitem isso hoje, certamente não em relação à etnografia. Muito pelo contrário.

Assim como em outros aspectos da etnografia, a reflexividade carrega uma mensagem importante no campo da ética. Algumas discussões sobre a ética em pesquisa social parecem ter como premissa a ideia de que os pesquisadores sociais podem e devem agir de maneira eticamente superior à das pessoas comuns, que eles têm, ou deveriam ter, uma noção elevada de sensibilidade e responsabilidade éticas. Um exemplo é a orientação comum de que eles deveriam obedecer aos *mais elevados padrões éticos*, como se o que isso implica fosse óbvio ou se isso não tivesse custos. Também há uma tendência a dramatizar as coisas, sugerindo um nível de danos possíveis ou de transgressão moral que excede, em muito, o que está envolvido geralmente. Os problemas éticos que cercam a pesquisa etnográfica são, na verdade, muito parecidos àqueles relevantes para muitas outras atividades humanas. Eles também estão sujeitos às mesmas incertezas e divergências, ao mesmo jogo de interesses pessoais e opiniões dogmáticas e à mesma gama de argumentos razoáveis, mas conflitantes. Tudo o que pode ser exigido dos etnógrafos é que eles deem a devida atenção aos aspectos éticos de seu trabalho e façam os melhores julgamentos que puderem, dadas as circunstâncias. Eles terão que enfrentar as consequências de suas ações e, inevitavelmente, outras também. Mas, no entanto, isso vale para todos nós em todos os aspectos de nossas vidas; é a condição humana.

Esta não é exatamente a última palavra. O que discutimos até aqui são considerações éticas que limitam as ações dos pesquisadores na condução da investigação. Mas pode haver ocasiões excepcionais em que um pesquisador deixa de ser pesquisador e se envolve em uma ação que não está relacionada com o objetivo de produzir conhecimento. De fato, muitas ações dos etnógrafos em campo não estão diretamente relacionadas com esse objetivo – por sua própria natureza, a etnografia força o pesquisador a se relacionar com as pessoas estudadas, e pode-se fazer coisas em virtude dessas relações, para além de qualquer conexão que elas possam ter com a pesquisa. No entanto, às vezes, haverá ações necessárias por causa dessas relações, ou por causa de obrigações decorrentes de outros papéis, que não são compatíveis com a manutenção do papel de pesquisador ou, pelo menos, que só poderiam ser tomadas à custa da pesquisa. Um exemplo pode ser agir ao testemunhar o abuso físico de pacientes com deficiência por aqueles encarregados de cuidar deles (cf. TAYLOR, 1991: 245-246), ou ao observar o *uso de força excessiva* por parte de policiais (WESTMARLAND, 2001; KYED, 2017). No entanto, vale lembrar que a intervenção nem sempre tem o resultado desejado; por exemplo, VanderStaay (2005) relata que suas tentativas de intervenção inadvertidamente levaram a um assassinato e à prisão de um participante da pesquisa, um adolescente traficante de drogas. Embora este seja um caso extremo, sua experiência destaca um risco.

Tornar-se pesquisador não significa, portanto, deixar de ser um cidadão ou uma pessoa, nem que o compromisso primordial com a pesquisa deva ser mantido *a qualquer custo*. No entanto, em nossa opinião, as situações em que essas outras identidades devem se sobrepor à do pesquisador são muito raras, e as decisões de suspender ou abandonar o papel de pesquisa devem ser tomadas por razões que realmente superem o valor da pesquisa. Também é preciso levar em consideração a capacidade, geralmente muito limitada, que o pesquisador tem de ajudar. Um exemplo comum desse tipo de ação é o engajamento de pesquisadores em defesa da causa daqueles que estão estudando. Isso às vezes pode se tornar uma obrigação. No entanto, temos a impressão de que, muitas vezes, este compromisso com a defesa de direitos subestima as dificuldades envolvidas, superestima a probabilidade de sucesso e negligencia o perigo de piorar a situação (cf. HASTRUP; ELSASS, 1990; WARREN, 2006).

Na maioria casos, portanto, deve-se resistir à tentação de abandonar o papel de pesquisador. Certamente, temos pouca simpatia pelas tentativas de redefinir esse papel e de transformar o pesquisador em ativista político ou modelo ético. No entanto, há ocasiões em que os dilemas fundamentais só podem ser resolvidos dando-se prioridade a outras questões.

EPÍLOGO
UMA SENSIBILIDADE ANALÍTICA DISTINTA

Como tentamos deixar claro neste livro, em um sentido importante, a etnografia não é apenas um conjunto de métodos, mas um modo particular de olhar, ouvir e refletir sobre os fenômenos sociais. Em suma, ela revela uma sensibilidade analítica distinta. Isso não implica, no entanto, um compromisso prévio com qualquer conjunto único de ideias muito específicas acerca da natureza do mundo social e de como ele pode ser compreendido. Em vez disso, o que está envolvido é um conjunto de disposições, entre elas:

1) Não tirar conclusões precipitadas, ainda que o objetivo seja, por fim, chegar a algum tipo de conclusão.

2) Prestar atenção detalhada às aparências, embora sem tomá-las literalmente.

3) Buscar entender as opiniões de outras pessoas sem tratar o que elas dizem como necessariamente verdadeiro ou necessariamente falso.

4) Examinar as circunstâncias em que as pessoas agem, incluindo muito de si mesmas que elas podem não estar cientes, mas sem perder de vista aquilo que *de fato* elas prestam atenção.

5) Evitar fazer avaliações de pessoas, processos, organizações, instituições etc., embora permanecendo atento às avaliações que os participantes e informantes fazem, e investigando as fontes e consequências de tais avaliações.

Como esta breve lista deixa claro, essa orientação envolve tensões difíceis. Mas, embora essas tensões sejam uma fonte de problemas recorrentes para os etnógrafos, elas também fazem parte da dinâmica do trabalho etnográfico; são elas que o impulsionam em direções interessantes. Neste epílogo, examinaremos algumas tensões da sensibilidade etnográfica com mais detalhes.

As perspectivas *de dentro* e *de fora*

Como já mencionado, há uma tensão entre o que podemos chamar de perspectiva participante e perspectiva analítica. Tipicamente, os etnógrafos insistem na necessidade de compreender as perspectivas das pessoas estudadas para explicar, ou mesmo *descrever com precisão*, as atividades nas quais essas pessoas se envolvem. Nesse sentido, os etnógrafos se opõem a qualquer abordagem que presuma que os pesquisadores possam saber de imediato o que as outras pessoas estão fazendo e por que, bem como àquelas abordagens que insistem que devemos partir de algum conjunto de categorias teóricas preestabelecidas para descrever o comportamento das pessoas, ignorando ou minimizando suas perspectivas. Ao contrário, para os fins de investigação, os etnógrafos insistem no valor da suspensão, na medida do possível, de suas próprias inferências imediatas, suposições de senso comum e pressuposições teóricas, de modo a tentar levar em conta o que as pessoas dizem sobre seu mundo e o que elas fazem. Essa ênfase na necessidade de entender as perspectivas das próprias pessoas tem uma longa história. A necessidade disso é particularmente evidente quando se está estudando uma sociedade muito diferente da nossa – algo que é visto e ouvido pode não ser imediatamente inteligível, mas mal-entendidos e ações inadequadas são um perigo sempre presente. No entanto, ter o cuidado de ouvir, observar e tentar entender o que as pessoas estão fazendo e por que é igualmente importante, se não mais, ao estudar ambientes familiares, onde a tendência de presumirmos que já sabemos o que está acontecendo é particularmente forte. Embora nossas inferências possam ser sólidas, não se pode presumi-las; e, muitas vezes, elas não fornecem tudo o que é relevante para a investigação etnográfica. Essas inferências devem ser suspensas, pelo menos inicialmente, para evitar o sério risco de se interpretar mal as intenções e as motivações das pessoas, e também para ampliar as formas de olhar os fenômenos familiares, de um jeito diferente de como geralmente os vemos ou de como eles aparecem dentro de uma perspectiva teórica particular.

Por outro lado, o trabalho etnográfico também geralmente enfatiza o desenvolvimento de uma compreensão *analítica* das perspectivas e atividades das pessoas – uma compreensão que será diferente, e talvez até conflitante com a opinião que as pessoas estudadas têm de si mesmas e de seu mundo. Vários aspectos estão envolvidos aqui. Frequentemente, os etnógrafos devem buscar levar em conta as perspectivas de várias categorias ou grupos de atores envolvidos nas situações que estão estudando, sem tratar nenhuma delas como automaticamente verdadeira e, especialmente, sem se apoiar nas hierarquias convencionais de credibilidade (BECKER, 1967). Há o reconhecimento de que, muitas vezes, haverá múltiplas perspectivas, talvez até mesmo em conflito umas com as outras em pontos importantes, e que todas elas podem ser uma fonte de ideias.

Igualmente importante é o fato de que os etnógrafos, muitas vezes, observam o comportamento do qual as pessoas não são tão conscientes – em outras palavras, aquilo que é rotineiramente ignorado ou nem mesmo é percebido para fins práticos. Os etnógrafos também buscam inserir o que as pessoas fazem em um contexto sócio-histórico mais amplo do que elas podem estar cientes a respeito de si mesmas. E o que impulsiona essas diferenças entre a compreensão participante e a analítica é o fato de que os etnógrafos estão geralmente tentando entender as ações das pessoas e as instituições sociais nas quais elas estão implicadas, de modo a contribuir para o conhecimento acadêmico sobre o mundo social, ao invés de promover as atividades práticas nos quais as pessoas estudadas, ou outras, estão envolvidas[79].

A tensão entre as perspectivas participante e analítica é realçada se pensarmos que o etnógrafo está, ao mesmo tempo, preocupado em tornar o que é estranho familiar, de modo a *entendê-lo*, e em tornar o que é familiar estranho, para evitar *interpretá-lo mal*. O primeiro desses compromissos exige que sempre partamos do pressuposto de que o comportamento das pessoas é inteligível e racional – mesmo quando, à primeira vista, ele possa parecer ilógico, sem sentido ou perverso. Daí deriva a oposição etnográfica em tratar os relatos das pessoas comuns como necessariamente ideológicos e equivocados, em contraste com a verdadeira compreensão que pode ser gerada pelo trabalho científico – há um reconhecimento de que nós, necessariamente, vemos o mundo de diferentes perspectivas com objetivos diferentes. Há também um sentido mais amplo em tornar o estranho familiar, na medida em que o que se busca são explicações convincentes para aquilo que, inicialmente, parece intrigante, bem como para aquilo que parecia tão óbvio que não precisava de explicação. Aqui, rejeita-se qualquer sugestão de

---

79. Isso não significa negar que o método etnográfico seja às vezes utilizado em formas de pesquisa mais *aplicadas* ou críticas e na pesquisa de campos profissionais, nas quais o contraste pode não ser tão claro.

que as ações humanas ou as formas sociais tenham um caráter simplesmente inexplicável ou místico.

Por outro lado, o compromisso de tornar o familiar estranho significa que há uma recusa em tomar ao pé da letra o que parece óbvio, suspendendo aquelas pressuposições básicas que imediatamente dão um sentido aparente ao que vivenciamos. Isso se deve, em parte, ao objetivo de minimizar o perigo de se apoiar em suposições que, embora praticamente eficazes de um modo geral, são falsas ou enganosas em aspectos relevantes para a compreensão analítica. O objetivo é produzir essa compreensão, ao invés de simplesmente reproduzir o entendimento dos participantes. Além disso, às vezes, também há uma preocupação em evitar normalizar as perspectivas alheias, em resistir à tendência de supor que a vida das outras pessoas possa ser imediatamente compreendida da nossa maneira.

A própria possibilidade de compreender outras pessoas e suas ações já foi questionada algumas vezes. No passado, no contexto do trabalho historiográfico, isso era formulado nos termos da pergunta, "É necessário *ser* César para entendê-lo?" Se isso fosse um requisito literal, então, claramente, entender as ações dos outros seria impossível. Embora essa pergunta formule a compreensão em termos amplamente psicológicos, o mesmo problema surge se a elaboramos em termos culturais; aqui, também, devemos perguntar até que ponto é possível compreender, genuinamente e em qualquer grau de profundidade, as razões do comportamento das pessoas. Aqueles que presumem que há uma natureza humana comum subjacente a diversas culturas podem ter esperança de que isso facilite essa compreensão. Mas muitos rejeitam a ideia de que haja uma natureza humana comum; e/ou perguntam como seríamos capazes de produzir um relato do seu caráter que não seja, em si, simplesmente uma expressão de nossas *próprias* suposições culturais.

Essas questões assumem significado particular no contexto de um mundo em que a maioria dos cientistas sociais ainda vêm do Ocidente, e em que as sociedades ocidentais estão envolvidas em um processo de globalização que parece implicar a dominação, e talvez até a destruição ou, no mínimo, uma reconstrução substancial de outras culturas. No entanto, esta questão também surge *no interior* das sociedades ocidentais; por exemplo, até que ponto os homens são capazes de compreender as mulheres, ou as mulheres brancas de classe média capazes de compreender, digamos, as mulheres hispânicas pobres, ou os heterossexuais capazes de compreender os *gays*, os saudáveis de compreenderem os deficientes, e assim por diante.

Uma maneira comum de dramatizar esse problema é formulá-lo como o problema de compreender *o Outro*. No entanto, isso enganosamente apresenta as outras pessoas como se elas fossem uma entidade metafísica única. Além disso, em certo sentido, todo processo de compreensão reduz o estranho ao familiar, e não devemos supor que isso *necessariamente* implique distorção. Na verdade, a própria noção de *distorção* pode implicar uma concepção enganosa do objetivo da etnografia, como se seu objetivo pudesse ser capturar e representar culturas ou outros fenômenos sociais *em seus próprios termos*. Afinal de contas, o conhecimento, inclusive o produzido pela etnografia, sempre se refere a aspectos *particulares* dos fenômenos estudados, não *a todos* os aspectos: ele visa responder a um conjunto específico de questões; ele não é capaz, por assim dizer, de refletir o mundo.

Contudo, permanece a questão de saber se somos capazes de ir além de nossos próprios pressupostos culturais para alcançar uma compreensão adequada de algo que, inicialmente, é estranho para nós. Mas, curiosamente, essa questão pode ser formulada de maneira ainda mais radical: podemos realmente alegar que entendemos a nós mesmos? Afinal, até mesmo nossa compreensão de nós mesmos será constituída por e a partir de nossos próprios pressupostos culturais básicos, e formulada por meio de práticas discursivas particulares. Outros nos verão de forma diferente e, pelas razões já explicadas, não há um relato único que seja detentor da verdade, embora isso não signifique que tenhamos de aceitar a validade de todos os relatos ou daqueles contraditórios. Na direção oposta, algumas perguntas são: precisamos ir além de todos os nossos pressupostos culturais para sermos capazes de compreender as pessoas pertencentes a outras culturas? Devemos presumir que nossa cultura de origem é uma prisão da qual não há como escapar?

Essas são questões difíceis, mas parece haver tanta razão para supor que todo entendimento é impossível quanto para acreditar que as pessoas têm um conhecimento direto e absolutamente válido a respeito de qualquer coisa, até mesmo de si mesmas. Podemos reconhecer que a pesquisa social é um negócio incerto, no sentido de que nunca podemos estar inteiramente seguros da validade de qualquer reivindicação de conhecimento sem adotar um ceticismo completo que é, em todo caso, autorrefutável – dizer que não somos capazes de saber nada é, por si só, uma reivindicação de conhecimento (muito forte). Podemos reconhecer que, como etnógrafos, talvez sejamos capazes de entender os outros melhor do que eles próprios, em certos aspectos, porque somos capazes de examinar o que eles dizem e fazem com mais detalhes do que geralmente é possível, ou porque podemos vê-los em um contexto mais amplo e compará-los com outros de maneiras que, até o momento pelo menos, eles não fazem ou não conseguem fazer. Mas, por outro lado, não devemos simplesmente descartar o seu próprio entendimento de si mesmos como se fossem fantasiosos ou ideológicos, uma vez que eles terão acesso a alguns tipos de conhecimento que não estão disponíveis para nós.

Problemas igualmente difíceis surgem com a noção de compreensão analítica. Às vezes, há uma tendência na etnografia, e fora dela também, de ver essa compreensão, em certo sentido, como uma imposição cultural, uma forma de violência simbólica; isso é especialmente verdadeiro quando ela conflita com o entendimento dos próprios participantes, ou pressupõe-se que ela carrega implicações políticas indesejáveis. Mas mesmo se colocarmos isso de lado, argumentando que, como vimos, a "compreensão 'de dentro'" é em si problemática, devemos perguntar: com que fundamentos escolhemos uma forma de compreensão analítica em vez de outra? No passado, a resposta teria sido: apelando para as evidências. No entanto, não só o que é e o que deve ser considerado como evidência tem sido cada vez mais questionado, mas também está claro que muitas formas de compreensão analítica são incomensuráveis – até porque elas abordam questões diferentes e, portanto, se baseiam em premissas diferentes. Isso significa que as evidências não podem ser facilmente utilizadas como medida de julgamento das outras, uma vez que cada uma delas emprega evidências de um tipo diferente. Alguns comentadores concluíram, a partir disso, que existem múltiplas perspectivas analíticas que devem ser igualmente valorizadas, ou que só podem ser avaliadas em contextos específicos para fins específicos, ou julgadas em termos estéticos, políticos ou éticos, ao invés de se representam ou não o mundo com precisão. Para outros, no entanto, as abordagens analíticas fornecem um conhecimento importante sobre o mundo, muito embora nenhuma abordagem possa nos dizer tudo o que há para saber, e que o conhecimento oferecido por qualquer estudo seja sempre falível. Esta é a posição que assumimos.

O particular *versus* o geral

Uma segunda tensão diz respeito à questão da generalização. Os etnógrafos geralmente suspeitam de passagens rápidas de afirmações sobre situações particulares para afirmações mais amplas, seja na forma de generalizações a respeito de alguma grande população ou inferências para alguma teoria geral. Por outro lado, embora eles geralmente estudem apenas alguns casos – e, de um modo geral, casos que são relativamente de pequena escala – também estão quase que inevitavelmente preocupados em tirar conclusões gerais de *algum* tipo. A diferença de sua orientação é que eles querem fazer isso de maneiras que ainda respeitem a particularidade dos casos que investigam (cf. SMALL, 2009). Mas isso é possível? (HAMMERSLEY, 2014).

Os etnógrafos diferem na maneira como lidam com essa tensão e no quanto refletem sobre isso. Alguns procuram, *por meio do* estudo detalhado de casos particulares, desenvolver relatos teóricos gerais de tipos de fenômenos sociais que preservem a particularidade tanto quanto possível, através da densidade da análise. Um exemplo é a teorização fundamentada, em que os dados são coletados de formas especificamente projetadas para gerar teorias, mas essas teorias têm como objetivo capturar tudo o que é relevante nos casos específicos estudados. Outros etnógrafos selecionam casos para estudo que eles acreditam permitirem tirar conclusões gerais a respeito de alguma população maior, na medida em que esses casos são típicos, ou atípicos, em aspectos essenciais; os atípicos podem, por exemplo, representar a vanguarda de uma tendência. Outros, ainda, visam produzir *descrições densas*, cujo valor geral deve ser avaliado pelos leitores quando eles próprios utilizarem essas descrições para compreender novas situações em que eles estão interessados ou envolvidos.

À primeira vista, a etnografia constitui uma base fraca para a produção de conclusões gerais. No que tange às inferências teóricas, ao contrário da pesquisa experimental, a etnografia não pode controlar fisicamente as variáveis, de modo a revelar associações que possam indicar relações causais. E, no caso de generalizações empíricas de uma amostra para uma determinada população, ela não é capaz de empregar a teoria de amostragem estatística, que permite (em princípio) que os pesquisadores produzam resultados com uma probabilidade alta e especificável de serem representativos daquela população.

No entanto, os diversos meios empregados por outras formas de pesquisa para lidar com a questão da generalidade são, eles próprios, objeto de muita crítica. No caso do método experimental, há o problema de que a ação dos sujeitos é moldada pela situação do experimento e pelo experimentador e, portanto, ela pode não ser indicativa do que eles fariam em circunstâncias mais normais. No que diz respeito à pesquisa quantitativa, a deficiência do controle estatístico em relação ao controle físico é amplamente reconhecida, além do problema de que, muitas vezes, os dados nos quais a análise se baseia consistem naquilo que as pessoas dizem em resposta a perguntas altamente estruturadas. Aqui o problema é o quão confiáveis são as inferências de tais dados a respeito das orientações e ações das pessoas em contextos comuns. Também há a dificuldade de haver uma quantidade considerável de *não resposta* nos questionários.

Claro que, na vida cotidiana, todos nós tiramos conclusões gerais a partir de casos particulares – embora, se formos sensatos, com cautela. O que os etnógrafos fazem se baseia nisso. Como observamos, os etnógrafos muitas vezes podem fazer análises comparativas, de modo a fornecer alguma evidência sobre o que causa o quê. E o exame detalhado dos processos nos quais as coisas acontecem também fornece indicações sobre os mecanismos causais que podem estar em ação. Em grande medida, isso também se aplica à generalização dos casos estudados para uma população maior: existem meios em que os etnógrafos podem se apoiar para fazer julgamentos razoáveis nesse sentido (SCHOFIELD, 1990; MAXWELL; CHMIEL, 2014). A etnografia não é capaz de fornecer uma solução perfeita para o problema da generalização, mas tampouco nenhuma outra forma de pesquisa social.

Processo *versus* estrutura

Um terceiro conjunto de tensões surge porque os etnógrafos tendem a enfatizar o caráter processual e complexo da vida social humana enquanto, ao mesmo tempo, procuram gerar ideias teóricas que, necessariamente, envolvem *definir* os fenômenos em estudo como tendo características estáveis que indicam o pertencimento a categorias gerais. A ênfase na importância de estudar a vida social como um processo surgiu, em grande medida, da oposição às tentativas de compreendê-la com base em relações fixas e determinadas entre variáveis operando simultaneamente; da maneira que muitas pesquisas quantitativas se propuseram a fazer. Assim, grande parte das ciências sociais tem se preocupado em identificar variáveis-chave, medi-las e, então, investigar o que se consideram ser associações estáveis entre elas, seja por meio do controle experimental ou da análise estatística (cf. BYRNE; RAGIN, 2009). O objetivo, em alguns casos, é produzir modelos causais dessas relações que, supostamente, se mantêm válidos ao longo do tempo e em todos os contextos. Por sua vez, os etnógrafos tendem a enfatizar o caráter contingente e complexo da vida social humana: em que medida ela não assume a forma de padrões repetidos ou formas padronizadas. Eles chamam a atenção para a questão de como caminhos semelhantes podem levar a destinos bem diferentes, e como caminhos muito diferentes podem chegar ao mesmo resultado. Na perspectiva deles, não apenas os resultados nunca são inteiramente previsíveis, mas também, às vezes, o que acontece é bastante surpreendente, não tendo sido previsto por ninguém.

A ênfase no caráter processual e complexo da vida social humana dá prioridade às narrativas detalhadas: descrições dos papéis que diversas pessoas desempenham e como o fazem; relatos dos contextos locais em que ocorrem padrões de ação; e assim por diante. No entanto, por outro lado, os etnógrafos raramente desejam se limitar a fornecer meras crônicas dos acontecimentos. Assim como os historiadores, eles geralmente querem *interpretar* o que está acontecendo, dar-lhe sentido e explicá-lo. E, para fazer isso, eles não podem evitar o emprego de categorias analíticas que pressupõem padrões gerais. Na verdade, a pressão nesse sentido é ainda maior do que para os historiadores, uma vez que as pessoas, ações, eventos etc. específicos que os etnógrafos estudam geralmente não são de muito interesse *intrínseco* para públicos mais amplos; eles são de interesse precisamente na medida em que constituem exemplos de categorias mais gerais de ação, acontecimento ou instituição. Portanto, o uso de tais categorias é essencial se a pesquisa tem o objetivo de produzir descobertas com algum valor para o público*.

Mais uma vez, não há uma solução mágica e simples para este problema, seja para os etnógrafos ou para qualquer outra pessoa. Porém, a etnografia continua sendo um corretivo importante para as interpretações dos fenômenos sociais, tanto no pensamento cotidiano quanto nas ciências sociais, que presumem que

---

* No original, *news value* – ou, em tradução literal, *valor de notícia* [N.T.].

eles podem ser entendidos com base em padrões relativamente simples, universais ou comuns de relação causal, de qualquer tipo.

Descoberta *versus* construção

A tensão final que discutiremos surge entre uma visão da pesquisa como *descoberta* e uma visão que a trata, necessariamente, como uma questão de *construção*. Na primeira interpretação, os etnógrafos vão a campo para descobrir o que acontece lá para que possam documentá-lo. Na verdade, muitas vezes há uma ênfase no valor da etnografia em documentar o que *realmente* acontece por trás das fachadas oficiais. Se, por outro lado, interpretarmos a etnografia como um processo de *construção* de relatos sobre o mundo, então devemos reconhecer que, pelo menos em alguns aspectos, o que ela produz refletirá tanto a origem cultural quanto o trabalho interpretativo do etnógrafo, assim como o caráter dos fenômenos em estudo. É claro que há muita verdade nisso, mas, indo um pouco além, isso implica que toda etnografia não é mais do que uma construção arbitrária, dentre outras (DAVIES, 2008).

No passado, os etnógrafos geralmente viam sua tarefa como descoberta, mesmo ao enfatizarem como as pessoas que eles estudam constroem o mundo social por meio de diversas práticas de atribuição de sentido e dos cursos de ação que elas produzem. Por outro lado, muitas ciências sociais comuns, tanto antes como agora, eram vistas pelos etnógrafos como operando a partir de hipóteses predefinidas e instrumentos de pesquisa estruturados que impediam os pesquisadores envolvidos de *aprenderem* diretamente sobre o mundo social. Argumentava-se que, pela forma como suas hipóteses e instrumentos constroem os dados, as suposições gerais, que deveriam ter sido questionadas, estavam sendo protegidas da modificação que teria resultado do contato direto com o mundo. A etnografia foi tratada como um antídoto para isso, expondo os pesquisadores ao mundo e, dessa forma, permitindo-lhes descobrir o que realmente acontece e por quê.

Claro, como vimos na Introdução, recentemente alguns dos pressupostos em que se baseia esse compromisso com a descoberta começaram a ser questionados por muitos etnógrafos. A ideia de que é possível entrar em contato direto com o mundo tem sido questionada com base no argumento de que todo processo de observação é repleto de suposições: só podemos atribuir sentido ao que experimentamos partindo de *algum* conjunto de conceitos, e não podemos derivar esses conceitos simplesmente *das próprias coisas*. Além disso, no esforço de compreensão, tendemos a reduzir o estranho ao familiar, atribuindo sentido ao que experimentamos a partir de nossas categorias existentes, sempre que possível. Nesse sentido, falar em suspender os próprios pressupostos básicos, a fim de permitir o contato direto com a realidade e a descoberta da verdade, pode ser visto como uma forma de má-fé; como a reinvindicação falsa de um meio superior de adquirir conhecimento. Também pode-se argumentar que isso ignora o fato de que aquilo que se descobre, e mesmo o que conta como um *achado* ou uma *descoberta*, é, em si mesmo, determinado por expectativas culturais de fundo; e que, portanto, isso é, pelo menos até certo ponto, uma expressão do eu individual e institucional do etnógrafo, tanto quanto constitui uma representação do mundo.

Mais fundamentalmente, alguns daqueles que argumentam que se trata de uma construção, e não da descoberta, presumem que simplesmente não existe uma realidade única que seja tarefa dos pesquisadores representar. Em outras palavras, não se trata apenas de que nunca possamos ter acesso à realidade, mas também que a *realidade* que os etnógrafos documentam é uma construção, tanto quanto os relatos produzidos pelas pessoas que eles estudam. A própria premissa de que existe um único mundo disponível, em que todos nós vivemos, é rejeitada em favor da ideia de que existem *múltiplas realidades*. E, no entanto, é claro, afirmar que existem múltiplas realidades é, em si mesmo, alegar algum conhecimento sobre a realidade em si: que ela é múltipla.

É impossível fazer etnografia, ou qualquer outro tipo de pesquisa, sem assumir que existe uma realidade passível de ser investigada e sobre a qual podemos adquirir conhecimento. Contudo, os etnógrafos sempre estiveram muito atentos às diversas perspectivas culturais que existem no mundo social e de como elas moldam nossos entendimentos e ações. O princípio da reflexividade, que enfatizamos ao longo deste livro, sublinha o fato de que os próprios etnógrafos são parte do mundo social e, necessariamente, operam nas quaisquer perspectivas culturais disponíveis para eles. Por outro lado, esse princípio também postula que sempre podemos aprender a entender o mundo de novas maneiras e, assim, compreendê-lo melhor. Embora não possamos provar, de modo absoluto, o que é verdadeiro e o que é falso, e embora às vezes haja relatos difíceis de julgar com alguma confiança, isso não significa que todo relato seja tão válido quanto qualquer outro. Existem ambos, a descoberta e a construção (HAMMERSLEY, 2011a, cap. 6).

Conclusão

Sugerimos que grande parte da pesquisa etnográfica é guiada por uma orientação analítica distinta; contudo, uma orientação que contém tensões importantes, não resolvidas e, talvez, sem solução. Acreditamos que elas podem ser altamente produtivas, se bem equilibradas. Certamente, não queremos fazer afirmações exageradas sobre o valor da etnografia, em oposição a outras abordagens da pesquisa social. Além disso, sugeriríamos que seu valor se limita a facilitar a produção de conhecimento; sem distorções, ela não é um meio eficaz de defesa, empoderamento ou promoção de mudanças sociopolíticas. Mas o valor do conhecimento que a etnografia pode fornecer não deve ser subestimado; há um risco sério de que isso aconteça em um mundo onde a ênfase principal está em fazer e não em saber, portanto, no poder retórico das palavras e não em como elas podem ser usadas para nos dizer alguma coisa. A etnografia reflexiva implica um compromisso com o valor de compreender a vida social humana; mesmo reconhecendo os limites dessa compreensão *e* do que ela pode alcançar no mundo.

REFERÊNCIAS

AAUP (American Association of University Professors) (2013). *Regulation of Research on Human Subjects: Academic Freedom and the Institutional Review Board.* Washington, DC: American Association of University Professors.

ABRAHAM, J. (1989). "'Testing Hargreaves' and Lacey's differentiation-polarisation theory in a setted comprehensive". *British Journal of Sociology*, 40 (1), p. 46-81.

ABRAHAM, J. (1995). *Divide and School: Gender & Class Dynamics in Comprehensive Education.* Londres: Routledge Falmer.

ABU-LUGHOD, L. (2006). "Writing against culture". In: H. Moore; T. Sanders (eds.). *Anthropology in Theory: Issues in Epistemology.* Oxford: Blackwell Publishing, p. 466-479.

ADELMAN, C. (1977). "On first hearing". In: C. Adelman (ed.). *Uttering, Muttering: Collecting, Using and Reporting Talk for Social and Educational Research.* Londres: Grant McIntyre.

ADLER, P.A.; ADLER, P. (1987). *Membership Roles in Field Research.* Newbury Park, CA: Sage.

ADLER, P.A.; ADLER, P. (1994). "Observational techniques". In: N.K. Denzin; Y.S. Lincoln (eds.) (1994). *Handbook of Qualitative Research.* Thousand Oaks, CA: Sage.

AGAR, M. (1973). *Ripping and Running: A Formal Ethnography of Urban Heroin Addicts.* Nova York: Seminar Press.

AGAR, M. (1980). *Professional Stranger.* Nova York: Academic Press.

AGGLETON, P. (1987). *Rebels Without a Cause: Middle-Class Youth and the Transition from School to Work.* Londres: Faber.

AKOM, A. (2011). "Black emancipatory action research: integrating a theory of structural racialization into ethnographic and participatory action research methods". *Ethnography and Education*, 6 (1), p. 113-131.

ALASJEWSKI, A. (2006). "Diaries as sources of suffering narratives". *Sociology of Health and Illness*, 8 (1), p. 43-58.

ALASUUTARI, M. (2015). "Documenting napping: The agentic force of documents and human action". *Children and Society*, 29, p. 219-230.

ALBERTI, B.; FOWLES, S.; HOLBRAAD, M.; MARSHALL, Y.; WITMORE, C. (2011). "'Worlds otherwise': archaeology, anthropology, and ontological difference". *Current Anthropology*, 52 (6), p. 896-912.

ALCADIPANI, R.; HODGSON, D. (2009). "By any means necessary? Ethnographic access, ethics and the critical researcher". *Tamara Journal*, 7 (4), p. 127-146.

ALLAN, A. (2005). "Using photographic diaries to research the gender and academic identities of young girls". In: B. Troman; B. Jeffrey; G. Walford (eds.). *Methodological Issues and Practices in Ethnography*. Amsterdã: Elsevier.

ALLEN, D. (2001). "Narrating nursing jurisdiction: 'atrocity stories' and 'boundary-work'". *Symbolic Interaction*, 24 (1), p. 75-103.

ALVESSON, M. (2009). "At-home ethnography: struggling with closeness and closure". In: S. Ybema; D. Yanow; H. Wells; F. Kamsteeg (eds.). *Organizational Ethnography: Studying the Complexities of Everyday Life*. Londres: Sage, p. 156-174.

ALVESSON, M.; SANDBERG, J. (2013). *Constructing Research Questions*. Londres: Sage.

ANDERSON, E. (2006). "Jelly's place: an ethnographic memoir". In: D. Hobbs; R. Wright, R. (eds.) (2006). *The Sage Handbook of Fieldwork*. Londres: Sage.

ANDERSON, J. (2002). "Reconsidering environmental resistance: working through Secondspace and Thirdspace approaches". *Qualitative Research*, 2 (3), p. 301-321.

ANDERSON, L. (2006). "Analytic autoethnography". *Journal of Contemporary Ethnography*, 35 (4), p. 373-395.

ANDERSON, R.J.; SHARROCK, W.W. (2018). *Action at a Distance: Studies in the Practicalities of Executive Management*. Londres: Routledge.

ANTEBY, M. (2003). "The 'moralities' of poaching: manufacturing personal artifacts on the factory floor". *Ethnography*, 4 (2), p. 217-239.

APOIFIS, N. (2017). "Fieldwork in a furnace: anarchists, anti-authoritarians and militant ethnography". *Qualitative Research*, 17 (1), p. 3-19.

ARENSBERG, C.M.; KIMBALL, S.T. (1968 [1940]). *Family and Community in Ireland*. Cambridge, MA: Harvard University Press.

ASHMORE, M. (1989). *The Reflexive Thesis*. Chicago, IL: University of Chicago Press.

ATKINSON, J.M. (1978). *Discovering Suicide: Studies in the Social Organisation of Sudden Death*. Londres: Macmillan.

ATKINSON, P.A. (1981). "Transition from school to working life" (texto não publicado). Sociological Research Unit, University College, Cardiff.

ATKINSON, P.A. (1990). *The Ethnographic Imagination*. Londres: Routledge.

ATKINSON, P.A. (1992a). "The ethnography of a medical setting: reading, writing and rhetoric". *Qualitative Health Research*, 2 (4), p. 451-474.

ATKINSON, P.A. (1992b). *Understanding Ethnographic Texts*. Newbury Park, CA: Sage.

ATKINSON, P.A. (1995). *Medical Talk and Medical Work*. Londres: Sage.

ATKINSON, P.A. (2006). *Everyday Arias: An Operatic Ethnography*. Lanham, MD: AltaMira.

ATKINSON, P.A. (2013). "Rescuing autoethnography". *Journal of Contemporary Ethnography*, 35 (4), p. 400-404.

ATKINSON, P.A. (2015). *For Ethnography*. Londres: Sage.

ATKINSON, P.A. (2017). *Thinking Ethnographically*. Londres: Sage.

ATKINSON, P.A.; COFFEY, A.; DELAMONT, S. (1999). "Ethnography: post, past, and present". *Journal of Contemporary Ethnography*, 28 (5), p. 460-471.

ATKINSON, P.A.; COFFEY, A.; DELAMONT, S.; LOFLAND, J.; LOFLAND, L. (eds.) (2001). *Handbook of Ethnography*. Londres: Sage.

ATKINSON, P.A.; COFFEY, A. (2002). "Revisiting the relationship between participant observation and interviewing". In: J.F. Gubrium; J.A. Holstein (eds.). *Handbook of Interview Research*. Thousand Oaks, CA: Sage.

ATKINSON, P.A.; COFFEY, A.; DELAMONT, S. (2003). *Key Themes in Qualitative Research: Continuities and Change*. Walnut Creek, CA: AltaMira.

ATKINSON, P.A.; DELAMONT, S. (eds.) (2008). *Representing Ethnography: Reading, Writing and Rhetoric in Qualitative Research*. 4 vols. Thousand Oaks, CA: Sage.

ATKINSON, P.A.; DELAMONT, S. (2010). "Can the silenced speak? A dialogue". *The International Review of Qualitative Research*, 3 (1), p. 11-17.

ATKINSON, P.A.; HEATH, C. (eds.) (1981). *Medical Work: Realities and Routines*. Farnborough: Gower.

ATKINSON, P.A.; HOUSLEY, W. (2003). *Interactionism: An Essay in Sociological Amnesia*. Londres: Sage.

ATKINSON, P.A.; SILVERMAN, D. (1997). "Kundera's Immortality*:* the interview society and the invention of the self". *Qualitative Inquiry*, 3 (3), p. 304-325.

BACK, L. (2004). "Politics, research and understanding". In: C. Seale; G. Gobo; J.F. Gubrium; D. Silverman (eds.) (2004). *Qualitative Research Practice*. Londres: Sage.

BACK, L.; PUWAR, N. (2012). "A manifesto for live methods: provocations and capacities". *The Sociological Review*, 60 (S1), p. 6-17.

BACON, F. (1960 [1620]). *The New Organon or True Directions Concerning the Interpretation of Nature*. Indianápolis, IN: Bobbs-Merrill.

BAEZ, B. (2002). "Confidentiality in qualitative research: reflections on secrets, power and agency". *Qualitative Research*, 2 (1), p. 35-58.

BAIRD, A. (2018). "Dancing with danger: ethnographic safety, male bravado and gang research in Colombia". *Qualitative Research*, 18 (3), p. 342-360. Disponível em https://doi.org/10.1177/1468794117722

BALL, M.S.; SMITH, G.W.H. (1992). *Analyzing Visual Data*. Newbury Park, CA: Sage.

BALL, M.; SMITH, G. (2001). "Technologies of realism? Ethnographic uses of photography and film". In: P.A. Atkinson; A. Coffey; S. Delamont; J. Lofland; L. Lofland (eds.). *Handbook of Ethnography*. Londres: Sage.

BALL, S.J. (1981). *Beachside Comprehensive*. Londres: Cambridge University Press.

BALL, S.J. (1983). "Case study research in education: some notes and problems". In: M. Hammersley (ed.). *The Ethnography of Schooling: Methodological Reflections*. Driffield, UK: Nafferton Books.

BALL, S.J. (1984). "Beachside reconsidered: reflections on a methodological apprenticeship". In: R.G. Burgess (ed.). *The Research Process in Educational Settings*. Lewes: Falmer.

BALL, S.J. (1994). "Political interviews and the politics of interviewing". In: G. Walford (ed.). *Researching the Powerful in Education*. Londres: UCL Press.

BANDELIER, A. (1890). *The Delight Makers*. Nova York: Dodd, Mead and Co.

BARNES, C. (2003). "What a difference a decade makes: reflections on doing 'emancipatory' disability research". *Disability and Society*, 18 (1), p. 3-17.

BARNES, J.A. (1979). *Who Should Know What? Social Science, Privacy and Ethics*. Harmondsworth: Penguin.

BARRETT, R.A. (1974). *Benabarre: The Modernization of a Spanish Village*. Nova York: Holt, Rinehart & Winston.

BASHIR, N. (2017). "Doing research in people's homes: fieldwork, ethics and safety – on the practical challenges of researching and representing life on the margins". *Qualitative Research* (*Online First*), p. 1-16.

BAUMAN, R. (1977). *Verbal Art as Performance*. Prospect Heights, IL: Waveland.

BAZELEY, P. (2013). *Qualitative Data Analysis*. Londres: Sage.

BAZELEY, P.; JACKSON, K. (2013). *Qualitative Data Analysis with NVivo*. Londres: Sage.

BECKER, H.S. (1951). "The professional dance musician and his audience". *American Journal of Sociology*, LVII, p. 136-144.

BECKER, H.S. (1953). "Becoming a marihuana user". *American Journal of Sociology*, 59, p. 41-58.

BECKER, H.S. (1963). *Outsiders*. Nova York: Free Press.

BECKER, H.S. (1964). "Against the code of ethics". *American Sociological Review*, 29 (3), p. 409-410.

BECKER, H.S. (1967). "Whose side are we on?" *Social Problems*, 14, p. 239-247.

BECKER, H.S. (1968). "Comment reported". In: R.J. Hill; K. Stones Crittenden (eds.). *Proceedings of the Purdue Symposium on Ethnomethodology*. Institute for the Study of Social Change, Department of Sociology, Purdue University.

BECKER, H.S. (1971). "Great tradition, little tradition, and formal education". In: M. Wax; S. Diamond; F. Gearing (eds.). *Anthropological Perspectives on Education*. Nova York: Basic Books.

BECKER, H.S. (1974). "Art as collective social action". *American Sociological Review*, 39, p. 767-776.

BECKER, H.S. (ed.) (1981). *Exploring Society Photographically*. Chicago, IL: University of Chicago Press.

BECKER, H.S. (1982). *Art Worlds*. Berkeley, CA: University of California Press.

BECKER, H.S. (1986). *Writing for Social Scientists*. Chicago, IL: University of Chicago Press.

BECKER, H.S. (1998). *Tricks of the Trade: How to Think About Your Research While You're Doing It*. Chicago, IL: University of Chicago Press.

BECKER, H.S. (2014). *What About Mozart? What About Murder? Reasoning from Cases*. Chicago, IL: University of Chicago Press.

BECKER, H.S.; GEER, B. (1960). "Participant observation: the analysis of qualitative field data". In: R.N. Adams; J.J. Preiss (eds.). *Human Organization Research: Field Relations and Techniques*. Homewood, HI: Dorsey Press.

BEHAR, R.; GORDON, D. (eds.) (1995). *Women Writing Culture*. Berkeley, CA: University of California Press.

BELK, R. (1995). *Collecting in a Consumer Society*. Londres: Routledge.

BELL, C. (1977). "Reflections on the Banbury restudy". In: C. Bell; H. Newby (eds.) (1977). *Doing Sociological Research*. Londres: Allen & Unwin.

BELL, C.; NEWBY, H. (eds.) (1977). *Doing Sociological Research*. Londres: Allen & Unwin.

BELL, C.; ROBERTS, H. (eds.) (1984). *Social Researching: Policies, Problems and Practice*. Londres: Routledge & Kegan Paul.

BELOUSOV, K.; HORLICK-JONES, T.; BLOOR, M.; GILINSKIY, Y.; GOLBERT, V.; KOSTIKOVSKY, Y.; LEVI, M.; PENTSOV, D. (2007). "Any port in a storm: fieldwork difficulties in dangerous and crisis-ridden settings". *Qualitative Research*, 7 (2), p. 155-175.

BENNETT, A.; CHECKEL, J. (2014). *Process Tracing: From Metaphor to Analytic Tool*. Cambridge: Cambridge University Press.

BENNETT, A.; DAWE, K. (eds.) (2001). *Guitar Cultures*. Oxford: Berg.

BENSMAN, J.; VIDICH, A. (1960). "Social theory in field research". *American Journal of Sociology*, 65, p. 577-584.

BENSON, O.; STANGROOM, J. (2006). *Why Truth Matters*. Londres: Continuum.

BEOKU-BETTS, J. (1994). "When black is not enough: doing field research among Gullah Women". *National Women's Studies Association Journal*, 6 (3), p. 413-433.

BEREZIN, M. (2012). "Events as templates of possibility: an analytic typology of political facts". In: J.C. Alexander; R.N. Jacobs; P. Smith (eds.). *The Oxford Handbook of Cultural Sociology*. Oxford: Oxford University Press.

BERLAK, A.C.; BERLAK, H.; BAGENSTOS, N.T.; MIKEL, E.R. (1975). "Teaching and learning in English primary schools", *School Review*, 83 (2), p. 215-243.

BERREMAN, G. (1962). *Behind Many Masks: Ethnography and Impression Management in a Himalayan Village*. Monograph 4. Society for Applied Anthropology. Ithaca, NY: Cornell University Press.

BETTELHEIM, B. (1970). *The Informed Heart*. Londres: Paladin.

BEUVING, J. (2013). "Playing information games: *démarcheurs* in the second-hand car markets of Cotonou, Bénin". *Social Anthropology/Anthropologie Sociale*, 21 (1), p. 2-22.

BEUVING, J. (2017). "The anthropologist as jester, anthropology as jest". *Social Anthropology/Anthropologie Sociale*, 25 (3), p. 353-363.

BIRD, A. (2000). *Thomas Kuhn*. Chesham: Acumen.

BIRT, L.; SCOTT, S.; CAVERS, D.; CAMPBELL, C.; WALTER, F. (2016). "Member checking: a tool to enhance trustworthiness or merely a nod to validation?" *Qualitative Health Research,* 26 (13), p. 1.802-1.811.

BLACKWOOD, E. (1995). "Falling in love with another lesbian: reflections on identity in fieldwork". In: D. Kulick; M. Willson (eds.). *Taboo: Sex, Identity, and Erotic Subjectivity in Anthropological Fieldwork.* Londres: Routledge.

BLIX, B. (2015). "'Something decent to wear': performances of being an insider and an outsider in indigenous research". *Qualitative Inquiry,* 21 (2), p. 175-183.

BLOOR, M. (1978). "On the analysis of observational data: a discussion of the worth and uses of inductive techniques and respondent validation". *Sociology,* 12 (3), p. 545-552.

BLOOR, M.; FINCHAM, B.; SAMPSON, H. (2010). "Unprepared for the worst: risks of harm for qualitative researchers". *Methodological Innovations Online,* 5 (1), p. 45-55.

BLUMER, H. (1954). "What is wrong with social theory?" *American Sociological Review,* 19, p. 3-10.

BLUMER, H. (1969). *Symbolic Interactionism.* Englewood Cliffs, NJ: Prentice-Hall.

BOCHNER, A.; ELLIS, C. (2016). *Evocative Autoethnography.* Nova York: Routledge.

BOELLSTORFF, T.; NARDI, B.; PEARCE, C.; TAYLOR, T.L. (2012). *Ethnography and Virtual Worlds: A Handbook of Method.* Princeton, NJ: Princeton University Press.

BOGDAN, R.; TAYLOR, S. (1975). *Introduction to Qualitative Research Methods.* Nova York: Wiley.

BOON, J. (1983). "Functionalists write too: Frazer, Malinowski and the semiotics of the monograph". *Semiotica,* 46 (2-4), p. 131-149.

BOOTH, C. (1902-1903). *Life and Labour of the People in London.* Londres: Macmillan.

BORCHGREVINK, A. (2003). "Silencing language: of anthropologists and interpreters". *Ethnography,* 4 (1), p. 95-121.

BORDEN, I. (2002). *Skateboarding, Space and the City: Architecture and the Body.* Oxford: Berg.

BOROFSKY, R. (2004). *Yanomami: The Fierce Controversy and What We Can Learn from It.* Berkeley, CA: University of California Press.

BOSK, C. (2008). *What Would You Do? Juggling Bioethics and Ethnography.* Chicago, IL: University of Chicago Press.

BOWEN, E. (1954). *Return to Laughter.* Londres: Gollancz.

BRETTELL, C.B. (ed.) (1993). *When They Read What We Write: The Politics of Ethnography.* Westport, CT: Bergin & Garvey.

BREWER, J.; MAGEE, K. (1991). *Inside the RUC: Routine Policing in a Divided Society.* Oxford: Clarendon Press.

BRINKMANN, S.; KVALE, S. (2015). *Interviews.* 3. ed. Thousand Oaks, CA: Sage.

BROTSKY, S.; GILES. D. (2007). "Inside the 'pro-ana' community: a covert online participant observation". *Journal of Eating Disorders*, 15 (2), p. 93-109.

BROWN, M.; GUSTON, D. (2009). "Science, democracy, and the right to research". *Science and Engineering Ethics*, 15, p. 351-366.

BROWN, P. (1987). *Schooling Ordinary Kids.* Londres: Methuen.

BRYANT, A. (2017). *Grounded Theory and Grounded Theorizing: Pragmatism in Research Practice.* Oxford: Oxford University Press.

BRYANT, A.; CHARMAZ, K. (eds.) (2007). *The Sage Handbook of Grounded Theory.* Londres: Sage.

BUCHLI, V. (ed.) (2002). *The Material Culture Reader.* Oxford: Berg.

BUCKNALL, S. (2014). "Doing qualitative research with children and young people". In: A. Clark; R. Flewitt; M. Hammersley; M. Robb (eds.). *Understanding Research with Children and Young People.* Londres: Sage.

BULMER, M. (ed.) (1982). *Social Research Ethics: An Examination of the Merits of Covert Participant Observation.* Londres: Macmillan.

BULMER, M. (1984). *The Chicago School of Sociology.* Chicago, IL: University of Chicago Press.

BURAWOY, M. (1998). "The extended case method". *Sociological Theory*, 16, p. 4-34.

BURAWOY, M.; BLUM, J.A.; GEORGE, S.; GILLE, Z.; GOWAN, T.; HANEY, L.; KLAWITER, M.; LOPEZ, S.H.; RIAIN, S.; THAYER, M. (2000). *Global Ethnography: Forces, Connections, and Imaginations in a Postmodern World.* Berkeley, CA: University of California Press.

BURAWOY, M. (2005). "Presidential Address: For public sociology". *American Sociological Review*, 70 (1), p. 4-28 [republicado em *British Journal of Sociology*, 56 (2)].

BURGESS, R.G. (ed.) (1984). *The Research Process in Educational Settings.* Lewes: Falmer.

BURGESS, R.G. (ed.) (1985a). *Field Methods in the Study of Education.* Lewes: Falmer.

BURGESS, R.G. (1985b). "In the company of teachers: Key informants and the study of a comprehensive school". In: R.G. Burgess (ed.) *Strategies of Educational Research.* Lewes: Falmer.

BURGESS, R.G. (ed.) (1985c). *Strategies of Educational Research.* Lewes: Falmer.

BURGESS, R.G. (ed.) (1988a). "Conversations with a purpose: the ethnographic interview in educational research". In: R.G. Burgess (ed.). *Strategies of Educational Research.* Lewes: Falmer.

BURGESS, R.G. (ed.) (1988b). *Studies in Qualitative Methodology. Vol. 1: Conducting Qualitative Research.* Greenwich CT: JAI Press.

BURGESS, R.G. (ed.) (1989). *The Ethics of Educational Research.* Lewes: Falmer Press.

BURGESS, R.G. (ed.) (1990). *Studies in Qualitative Methodology. Vol. 2: Reflections on Field Experience.* Greenwich CT: JAI Press.

BURGESS, R.G. (ed.) (1992*). Studies in Qualitative Methodology. Vol. 3: Learning About Fieldwork.* Greenwich CT: JAI Press.

BUTLER, M.A. (2015). *Evaluation: A Cultural Systems Approach.* Walnut Creek, CA: Left Coast Press.

BUTLER, T.; ROBSON, G. (2003). *London Calling: The Middle Classes and the Remaking of Inner London.* Oxford: Berg.

BYRNE, D.; RAGIN, C. (eds.) (2009). *The Sage Handbook of Case-Based Methods.* Londres: Sage.

CALVEY, D. (2000). "Getting on the door and staying there". In: G. Lee-Treweek; S. Linkogle (eds.). *Danger in the Field: Risk and Ethics in Social Research.* Londres: Routledge.

CALVEY, D. (2017). *Covert Research.* Londres: Sage.

CALVEY, D. (2018). "The everyday world of bouncers: a rehabilitated role for covert ethnography". *Qualitative Research* (*Online First*), p. 1-16.

CAMPBELL, D.T.; FISKE, D.W. (1959). "Convergent and discriminant validation by the multitrait-multimethod matrix". *Psychological Bulletin*, 56 (2), p. 81-105.

CAMPBELL, E.; LASSITER, L. (2015). *Doing Ethnography Today.* Chichester: Wiley-Blackwell.

CAMPBELL, J. (1992). "Fieldwork among the Sarakatsani, 1954-5". In: J. De Pina-Cabral; J. Campbell (eds.). *Europe Observed.* Londres: Macmillan.

CANNON, S. (1992). "Reflections on fieldwork in stressful situations". In: R.G. Burgess (ed.). *Studies in Qualitative Methodology. Vol. 3: Learning About Fieldwork.* Greenwich CT: JAI Press.

CAREY, J.T. (1972). "Problems of access and risk in observing drug scenes". In: J.D. Douglas (ed.). *Research on Deviance.* Nova York: Random House.

CASPAR, S.; RATNER, P.A.; PHINNEY, A.; MacKINNON, K. (2016). "The influence of organizational systems on information exchange in long-term care facilities: An institutional ethnography". *Qualitative Health Research*, 26 (7), p. 951-965.

CASSELL, J. (1988). "The relationship of observer to observed when studying up". In: R.G. Burgess (ed.). *Strategies of Educational Research*. Lewes: Falmer.

CHAGNON, N.A. (1977). *Yanomamö: The Fierce People*. 2. ed. Nova York: Holt, Rinehart & Winston.

CHAGNON, N.A. (2013). *Noble Savages: My Life Among Two Dangerous Tribes – The Yanomamö and the Anthropologists*. Nova York: Simon and Schuster.

CHAMBLISS, W. (1975). "On the paucity of original research on organized crime". *American Sociologist*, 10, p. 36-39.

CHANDLER, J. (1990). "Researching and the relevance of gender". In: R.G. Burgess. *Studies in Qualitative Methodology. Vol. 2: Reflections on Field Experience*. Greenwich CT: JAI Press.

CHARMAZ, K. (2014). *Constructing Grounded Theory*. 2. ed. Londres: Sage.

CHASE, S.E. (2005). "Narrative inquiry: multiple lenses, approaches, voices". In: N.K. Denzin; Y.S. Lincoln. *Handbook of Qualitative Research*. 3. ed. Thousand Oaks, CA: Sage.

CHEGE, N. (2015). "'What's in it for me?' Negotiations of asymmetries, concerns and interests between the researcher and research subjects". *Ethnography*, 16 (4), p. 463-481.

CHEN, K. (2018). "Capturing organizations as actors". In: C. Jerolmack; S. Khan, S. (eds.). *Approaches to Ethnography*. Nova York: Oxford University Press.

CHEVALIER, D. (2015). "'You are not from around here, are you': getting othered in participant observation". In: T. Muller (ed.). *Contributions from European Symbolic Interactionists: Reflections on Methods*. Studies in Symbolic Interaction. Vol. 44. Bingley: Emerald.

CHRISTENSEN, P.H. (2004). "Children's participation in ethnographic research: issues of power and representation". *Children and Society*, 18, p. 165-176.

CHRISTIANS, C.G. (2018). "Ethics and politics in qualitative research". In: N.K. Denzin; Y.S. Lincoln (eds.). *The Sage Handbook of Qualitative Research*. 5. ed. Thousand Oaks, CA: Sage.

CICOUREL, A.; KITSUSE, J. (1963). *The Educational Decision Makers*. Nova York: Bobbs-Merrill.

CICOUREL, A.V. (1976). *The Social Organization of Juvenile Justice*. 2. ed. Londres: Heinemann.

CLAES, B.; LIPPENS, V.; KENNES, P.; TOURNEL, H. (2013). "Gender and prison ethnography: some fieldwork implications". In: K. Beyens; B. Christiaens; B. Claes; S. De Ridder; H. Tournel; H. Tubex (eds.). *The Pains of Doing Criminological Research.* Bruxelas: VUB/Brussels University Press.

CLARK, A.; FLEWITT, R.; HAMMERSLEY, M.; ROBB, M. (eds.) (2014). *Understanding Research with Children and Young People.* Londres: Sage.

CLARK, I.; GRANT, A. (2015). "Sexuality and danger in the field: starting an uncomfortable conversation". *Journal of the Anthropological Society of Oxford,* 7 (1), p. 1-14.

CLARK, J.N. (2017). "Working with survivors of war rape and sexual violence: fieldwork reflections from Bosnia- Hercegovina". *Qualitative Research,* 17 (4), p. 424-439.

CLARKE, A. (2005*). Situational Analysis: Grounded theory After the Postmodern Turn.* Thousand Oaks, CA: Sage.

CLARKE, A.; FRIESE, C.; WASHBURN, R. (2018). *Situational Analysis: Grounded Theory After the Interpretive Turn.* 2. ed. Thousand Oaks, CA: Sage.

CLIFFORD, J.; MARCUS, G. (eds.) (1986). *Writing Culture: The Poetics and Politics of Ethnography.* Berkeley, CA: University of California Press.

COFFEY, A.J. (1993). "Double entry: the professional and organizational socialization of graduate accountants". Tese de doutorado não publicada. University of Wales College, Cardiff.

COFFEY, A.J. (1999). *The Ethnographic Self.* Thousand Oaks, CA: Sage.

COFFEY, A.; ATKINSON, P. (2004). "Analysing documentary realities". In: D. Silverman (ed.). *Qualitative Research: Theory, Method and Practice.* 2. ed. Londres: Sage.

COFFEY, A.J.; ATKINSON, P.; HOLBROOK, B. (1996). "Qualitative data analysis: technologies and representations". *Sociological Research Online,* 1 (1). Disponível em www.socresonline.org.uk/socresonline/1/1/4.html

COLLIER, J.; COLLIER, M. (1986). *Visual Anthropology: Photography as a Research Method.* Ed. rev. Albuquerque, NM: University of New Mexico Press.

CONQUERGOOD, D. (2013). *Cultural Struggles: Performance, Ethnography, Praxis.* Ed. e intr. de E.P. Johnson. Ann Arbor, MI: University of Michigan Press.

CONS, J. (2014). "Field dependencies: mediation, addiction and anxious fieldwork at the India-Bangladesh border". *Ethnography,* 15 (3), p. 279-290.

COOLE, D.; FROST, S. (eds.) (2010). *New Materialisms: Ontology, Agency, and Politics.* Durham, NC: Duke University Press.

COOPER, B.; DUNNE, M. (2000). *Assessing Children's Mathematical Knowledge: Social Class, Sex and Problem-Solving.* Maidenhead: Open University Press.

CORBIN, J.; STRAUSS, A. (2015). *Basics of Qualitative Research.* 4. ed. Thousand Oaks, CA: Sage.

CORSARO, W.A. (1981). "Entering the child's world – research strategies for field entry and data collection in a preschool setting". In: J.L. Green; C. Wallat (eds.). *Ethnography and Language in Educational Settings.* Norwood, NJ: Ablex.

CORTAZZI, M. (2001). "Narrative analysis in ethnography". In: P.A. Atkinson; A. Coffey; S. Delamont; J. Lofland; L. Lofland (eds.). *Handbook of Ethnography.* Londres: Sage.

CORTI, L. (2011). "The European landscape of qualitative social research archives: methodological and practical issues". *Forum Qualitative Sozialforschung/Forum: Qualitative Social Research,* 12 (3). Disponível em www.qualitative-research.net/index.php/fqs/article/view/1746

CORTI, L. (2016). "Opportunities from the digital revolution, implications for researching, publishing, and consuming qualitative research". *Sage Open.*

COUCH, J.; DURANT, B.; HILL, J. (2014). "Uncovering marginalised knowledges: undertaking research with hard to reach young people". *International Journal of Multiple Research Approaches,* 8 (1), p. 15-23.

COXON, A.P.M. (1988). "Something sensational...: the sexual diary as a tool for mapping detailed sexual behaviour". *Sociological Review,* 36 (2), p. 353-367.

COXON, A.P.M. (1996). *Between the Sheets: Sexual Diaries and Gay Men's Sex in the Era of Aids.* Londres: Cassell.

CRAVEN, C.; DAVIS, D.-A. (eds.) (2013). *Feminist Activist Ethnography: Counterpoints to Neoliberalism in North America.* Lanham, MD: Lexington Books.

CRAWFORD, P.I.; TURTON, D. (eds.) (1992). *Film as Ethnography.* Manchester: Manchester University Press.

CRESSEY, D. (1950). "The criminal violation of financial trust". *American Sociological Review,* 15, p. 738-743.

CREWE, B.; IEVINS, A. (2015). "Closeness, distance and honesty in prison ethnography". In: D. Drake; R. Earle; J. Sloan. *The Palgrave Handbook of Prison Ethnography.* Basingstoke: Palgrave/Macmillan.

CREWE, E. (2005). *Lords of Parliament: Manners, Rituals, and Politics.* Manchester: Manchester University Press.

CREWE, E. (2015). *The House of Commons: An Anthropology of MPs' work*. Londres: Bloomsbury Academic.

CREWE, E. (2016). "Ethnography of Parliament: finding culture and politics entangled in the Commons and the Lords". *Parliamentary Affairs*, 70 (1), p. 155-172.

CROW, G. (2018). *What are Community Studies?* Londres: Bloomsbury.

CROWLEY, D.; REID, S. E. (eds.) (2002). *Socialist Spaces: Sites of Everyday Life in the Eastern Bloc*. Oxford: Berg.

CURRER, C. (1992). "Strangers or sisters? An exploration of familiarity, strangeness, and power in research". In: R.G. Burgess (ed.). *Studies in Qualitative Methodology. Vol. 3: Learning About Fieldwork*. Greenwich CT: JAI Press.

CURRIE, D.; KELLY, D. (2012). "Group interviews: understanding shared meaning and meaning-making". In: S. Delamont (ed.). *Handbook of Qualitative Research in Education*. Cheltenham: Edward Elgar.

CURTIS, R.; WENDELL, T. (2000). "Toward the development of a typology of illegal drug markets". In: M. Natarajan; M. Hough, M. (eds.). *Illegal Drug Markets: From Research to Prevention Policy*. Monsey, NY: Criminal Justice Press.

DALSGAARD, S.; NIELSEN, M. (eds.) (2015). *Time and the Field*. Nova York: Berghahn.

DALTON, M. (1959). *Men Who Manage: Fusions of Feeling and Theory in Administration*. Nova York: Wiley.

D'ANDRADE, R. (1995). *The Development of Cognitive Anthropology*. Cambridge: Cambridge University Press.

DAVIES, C. (1989). "Goffman's concept of the total institution: criticisms and revisions". *Human Studies*, 12 (1/2), p. 77-95.

DAVIES, C.A. (2008). *Reflexive Ethnography*. Londres: Routledge.

DAVIES, J.; SPENCER, D. (eds.) (2010). *Emotions in the Field: the Psychology and Anthropology of Fieldwork Experience*. Stanford, CA: Stanford University Press.

DAVIS, F. (1959). "The cabdriver and his fare: facets of a fleeting relationship". *American Journal of Sociology*, 65 (2), p. 158-165.

DAVIS, F. (1961a). "Deviance disavowal: the management of strained interaction by the visibly handicapped". *Social Problems*, 1, p. 120-132.

DAVIS, F. (1961b). Comment on "Initial interactions of newcomers in Alcoholics Anonymous". *Social Problems*, 8, p. 364-365.

DAVIS, F. (1963). *Passage through Crisis: Polio Victims and their Families*. Indianápolis, IN: Bobbs-Merrill.

DAWE, K.; DAWE, M. (2001). "Handmade in Spain: The culture of guitar making". In: A. Barrett; K. Dawe (eds.). *Guitar Cultures*. Oxford: Berg, p. 63-87.

DAWSON, P. (2014). "Temporal practices: time and ethnographic research in changing organizations", *Journal of Organizational Ethnography*, 3 (2), p. 130-151. Disponível em https://doi.org/10.1108/JOE-05-2012-0025

DEAN, J.P.; EICHORN, R.I.; DEAN, L.R. (1967). "Fruitful informants for intensive interviewing". In: J.T. Doby (ed.). *An Introduction to Social Research*. 2. ed. Nova York: Appleton-Century-Crofts.

DELAMONT, S. (1984). "The old girl network: reflections on the fieldwork at St. Luke's". In: R.G. Burgess (ed.) (1984). *The Research Process in Educational Settings*. Lewes: Falmer.

DELAMONT, S.; ATKINSON, P.A. (1995). *Fighting Familiarity*. Cresskill, NJ: Hampton.

DELAMONT, S. (2004). "Participant observation". In: C. Seale; G. Gobo, J. F. Gubrium; D. Silverman (eds.). *Qualitative Research Practice*. Londres: Sage.

DELAMONT, S.; ATKINSON, P. (2004). "Qualitative research and the postmodern turn". In: M. Hardy; A. Bryman (eds.). *Handbook of Data Analysis*. Londres: Sage.

DELAMONT, S.; ATKINSON, P.A.; PUGSLEY, L.A. (2010). "The concept smacks of magic: fighting familiarity today". *Teaching and Teacher Education*, 26 (1), p. 3-10. Doi 10.1016/j.tate.2009.09.002

DELAMONT, S.; STEPHENS, N.; CAMPOS, C. (2017). *Embodying Brazil: An Ethnography of Diasporic Capoeira*. Londres: Routledge.

DELGADO, N.A.; CRUZ, L.B. (2014). "Multi-event ethnography: doing research in pluralistic settings". *Journal of Organizational Ethnography*, 3 (1), p. 43-58. Disponível em https://doi.org/10.1108/JOE-11-2012-0050

DE MAN, C. (2015). "An observation situation: when the researcher's scenes interact". *Studies in Symbolic Interaction*, 44, p. 43-60.

DENNIS, A. (2018). *Making Decisions About People: The Organizational Contingencies of Illness*. Londres: Routledge.

DENZIN, N.K. (1971). "The logic of naturalistic inquiry". *Social Forces*, 50, p. 166-182.

DENZIN, N.K. (1978). *The Research Act: A Theoretical Introduction to Sociological Methods*. 2. ed. Nova York: McGraw-Hill.

DENZIN, N.K. (1989). *Interpretive Biography*. Newbury Park, CA: Sage.

DENZIN, N.K.; LINCOLN, Y.S. (eds.) (1994). *Handbook of Qualitative Research*. Thousand Oaks, CA: Sage.

DENZIN, N.K.; LINCOLN, Y.S. (eds.) (2000). *Handbook of Qualitative Research*. 2. ed. Thousand Oaks, CA: Sage.

DENZIN, N.K. (2003). *Performance Ethnography: Critical Pedagogy and the Politics of Culture*. Thousand Oaks, CA: Sage.

DENZIN, N.K.; LINCOLN, Y.S. (eds.) (2005). *Handbook of Qualitative Research*. 3. ed. Thousand Oaks, CA: Sage.

DENZIN, N.K.; GIARDINA, M.D. (eds.) (2006). *Qualitative Inquiry and the Conservative Challenge*. Walnut Creek, CA: Left Coast Press.

DENZIN, N.K. (2009). "Apocalypse now: overcoming resistances to qualitative inquiry". *International Review of Qualitative Research*, 2 (2), p. 331-344.

DENZIN, N.K.; LINCOLN, Y.S. (eds.) (2011). *Handbook of Qualitative Research*. 4. ed. Thousand Oaks, CA: Sage.

DENZIN, N.K. (2013). *Interpretive Autoethnography*. 2. ed. Thousand Oaks, CA: Sage.

DENZIN, N.K.; LINCOLN, Y.S. (eds.) (2018). *Handbook of Qualitative Research*, 5. ed. Thousand Oaks, CA: Sage.

DESMOND, M. (2007). *On the Fireline: Living and Dying with Wildland Firefighters*. Chicago, IL: University of Chicago Press.

DESMOND, M. (2016). *Evicted: Poverty and Profit in the American City*. Harmondsworth: Penguin.

DEUTSCHER, I. (1973). *What We Say/What We Do*. Glenview, IL: Scott Foresman.

DEVOTTA, K.; WOODHALL-MELNIK, J.; PEDERSEN, C.; WENDAFEREW, A.; DOWBOR, T.; GUILCHER, S.; HAMILTON-WRIGHT, S.; FERENTZY, P.; HWANG, S.; MATHESON, F. (2016). "Enriching qualitative research by engaging peer interviewers: a case study". *Qualitative Research*, 16 (6), p. 661-680.

DEWS, P. (1987). *Logics of Disintegration: Post-Structuralist Thought and the Claims of Critical Theory*. Londres: Verso.

DEXTER, L. (1970). *Elite and Specialized Interviewing*. Evanston, IL: Northwestern University Press.

DEXTER, L.A. (2006). *Elite and Specialized Interviewing*. Colchester: European Consortium for Political Research.

DEY, I. (1999). *Grounding Grounded Theory: Guidelines for Qualitative Inquiry*. São Diego, CA: Academic Press.

DEY, I. (2004). "Grounded theory". In: C. Seale; G. Gobo; J.F. Gubrium; D. Silverman (eds.) (2004). *Qualitative Research Practice*. Londres: Sage.

DICKS, B.; MASON, B. (1998). "Hypermedia and ethnography: reflections on the construction of a research approach". *Sociological Research Online*, 3 (3). Disponível em www.socresonline.org.uk/socresonline/3/33.html

DICKS, B. (2000). *Heritage, Place and Community*. Cardiff: University of Wales Press.

DICKS, B.; MASON, B.; COFFEY, A.; ATKINSON, P. (2005). *Qualitative Research and Hypermedia: Ethnography for the Digital Age*. Londres: Sage.

DINGWALL, R. (1977a). "Atrocity stories and professional relationships". *Sociology of Work and Occupations*, 4 (4), p. 371-396.

DINGWALL, R. (1977b). *The Social Organization of Health Visitor Training*. Londres: Croom Helm.

DINGWALL, R. (2008). "The ethical case against ethical regulation in humanities and social science research". *Twenty- First Century Society*, 3 (1), p. 1-12. Disponível em http://dx.doi.org/10.1080/17450140701749189

DINGWALL, R. (2012). "How did we ever get into this mess? The rise of ethical regulation in the social sciences". *Studies in Qualitative Methodology*, 12, p. 3-26. Disponível em http://dx.doi.org/10.1108/S1042-3192(2012)0000012004

DITTON, J. (1977). *Part Time Crime: An Ethnography of Fiddling and Pilferage*. Londres: Macmillan.

DODDS, G.; TAVERNOR, R. (2001). *Body and Building: Essays on the Changing Relation of the Body and Architecture*. Cambridge, MA: MIT Press.

DOOREMALEN, T. (2017). "The pros and cons of researching events ethnographically". *Ethnography*, 18 (3), p. 415-424.

DOSTAL, J. (ed.) (2002). *The Cambridge Companion to Gadamer*. Cambridge: Cambridge University Press.

DOUGLAS, J.D. (1967). *The Social Meanings of Suicide*. Princeton, NJ: Princeton University Press.

DOUGLAS, J.D. (1976). *Investigative Social Research*. Beverly Hills, CA: Sage.

DOUGLAS, M. (1966). *Purity and Danger*. Londres: Routledge.

DOWNEY, C.A. (2013). "Kids change everything: how becoming a dad transformed my fieldwork (and findings)". In: T.R. Brown; J. Dreby (eds.). *Family and Work in Everyday Ethnography*. Filadélfia, PA: Temple University Press.

DOYLE, S. (2007). "Member checking with older women: A framework for negotiating meaning". *Health Care for Women International*, 8, p. 888-908.

DRAKE, D.; HARVEY, J. (2014). "Performing the role of ethnographer: processing and managing the emotional dimensions of prison research". *International Journal of Social Research Methodology*, 17 (5), p. 489-501. Disponível em http://dx.doi.org/10.1080/13 645579.2013.769702

DRAKE, D.; EARLE, R.; SLOAN, J. (eds.) (2015). *The Palgrave Handbook of Prison Ethnography*. Basingstoke: Palgrave/Macmillan.

DUCK, W. (2015). *No Way Out: Precarious Living in the Shadow of Poverty and Drug Dealing*. Chicago, IL: University of Chicago Press.

DUDLEY, K.M. (2014). *Guitar Makers: The Endurance of Artisanal Values in North America*. Chicago, IL: University of Chicago Press.

DUMIT, J. (2004). *Picturing Personhood: Brain Scans and Biomedical Identity*. Princeton, NJ: Princeton University Press.

DUNEIER, M. (2011). "How not to lie with ethnography". *Sociological Methodology*, 41, p. 1-11.

DURANTI, A.; GOODWIN, C. (eds.) (1992). *Rethinking Context*. Cambridge: Cambridge University Press.

DURÃO, S. (2017). "Detention: police discretion revisited (Portugal)". In: D. Fassin (ed.). *Writing the World of Policing: The Difference Ethnography Makes*. Chicago, IL: University of Chicago Press.

DURHAM, D. (2011). "Disgust and the anthropological imagination". *Ethnos*, 76 (2), p. 131-156. Doi 10.1080/00141844.2010.547941

DURINGTON, M.; RUBY, J. (2011). "Ethnographic film". In: M. Banks; J. Ruby (eds.). *Made to be Seen: Perspectives on the History of Visual Anthropology*. Chicago, IL: University of Chicago Press.

EASTERDAY, L.; PAPADEMAS, D.; SCHORR, L.; VALENTINE, C. (1977). "The making of a female researcher". *Urban Life and Culture*, 6 (3), p. 333-348.

EDGERTON, R.B. (1965). "Some dimensions of disillusionment in culture contact". *Southwestern Journal of Anthropology*, 21, p. 231-243.

EDMONDSON, R. (1984). *Rhetoric in Sociology*. Londres: Macmillan.

EDWARDS, R.; ALEXANDER, C. (2011). "Researching with peer/community researchers – Ambivalences and tensions". In: M. Williams; W.P. Vogt (eds.). *The Sage Handbook of Innovation in Social Research Methods*. Londres: Sage, 269-293.

EDWARDS, R.; WELLER, S. (2016). "Ethical dilemmas around anonymity and confidentiality in longitudinal research data sharing: the death of Dan". In: M. Tolich (ed.). *Qualitative Ethics in Practice*. Londres: Routledge.

EHRENREICH, B. (2011). *Nickel and Dimed*. Londres: Picador.

ELLIOTT, D.; CULHANE, D. (eds.) (2017). *A Different Kind of Ethnography: Imaginative Practices and Creative Methodologies*. Toronto: University of Toronto Press.

ELLIOTT, J. (2012). "Gathering narrative data". In: S. Delamont (ed.). *Handbook of Qualitative Research in Education*. Cheltenham: Edward Elgar.

ELLIOTT, S.; McCKELVY, J.N.; BOWEN, S. (2017). "Marking time in ethnography: uncovering temporal dispositions". *Ethnography*, 18 (4), p. 556-576.

ELLIS, C. (2004). *The Ethnographic I: A Methodological Novel about Autoethnography*. Walnut Creek, CA: AltaMira Press.

ELLIS, C. (2007). "Telling secrets, revealing lives: relational ethics in research with intimate others". *Qualitative Inquiry*, 13, p. 3-29.

EMERSON, R.M.; FRETZ, R.; SHAW, L. (2011). *Writing Ethnographic Fieldnotes*. 2. ed. Chicago, IL: University of Chicago Press.

EMMEL, N. (2013). *Sampling and Choosing Cases in Qualitative Research: A Realist Approach*. Londres: Sage.

ENGLISH-LUECK, J.A. (2002). *Cultures @ Silicon Valley*. Stanford, CA: Stanford University Press.

EPSTEIN, D. (1998). "Are you a girl or are you a teacher? The 'least adult' role in research about gender and sexuality in a primary school". In: G. Walford (ed.). *Doing Research about Education*. Londres: Falmer.

ERBEN, M. (1993). "The problem of other lives: social perspectives on written biography". *Sociology*, 27 (1), p. 15-25.

ERGUN, A.; ERDEMIR, A. (2010). "Negotiating insider and outsider identities in the field: 'insider' in a foreign land; 'outsider' in one's own land". *Field Methods*, 22 (1), p. 16-38.

ERICKSON, K.T. (1967). "A comment on disguised observation in sociology". *Social Problems*, 14 (4), p. 366-367.

ERMARTH, M. (1978). *Wilhelm Dilthey: The Critique of Historical Reason*. Chicago, IL: University of Chicago Press.

EVANS, A.D. (1991). "Maintaining relationships in a school for the deaf". In: W.B. Shaffir; R.A. Stebbins (eds.). *Experiencing Fieldwork: An Inside View of Qualitative Research*. Newbury Park, CA: Sage.

EVANS-PRITCHARD, E.E. (1937). *Witchcraft, Oracles and Magic among the Azande*. Oxford: Clarendon Press.

EVERHART, R.B. (1977). "Between stranger and friend: some consequences of 'long term' fieldwork in schools". *American Educational Research Journal*, 14 (1), p. 1-15.

FARRELL, A. (ed.) (2005). *Ethical Research with Children*. Maidenhead: Open University Press.

FASSIN, D. (ed.) (2017a). *Writing the World of Policing: The Difference Ethnography Makes*. Chicago, IL: University of Chicago Press.

FASSIN, D. (ed.) (2017b). *If Truth Be Told: The Politics of Public Ethnography*. Durham, NC: Duke University Press.

FAULKNER, R. (2009). "Improvising on sensitizing concepts". In: A. Puddephatt; W. Shaffir; S. Kleinknecht (eds.). *Ethnographies Revisited: Constructing Theory in the Field*. Londres: Routledge.

FELDMAN, M.S.; BELL, J.; BERGER, M.T. (2003). *Gaining Access: A Practical and Theoretical Guide for Qualitative Researchers*. Walnut Creek, CA: AltaMira.

FERREIRA-NETO, J.L. (2018). "Michel Foucault and qualitative research in human and social sciences". *Forum Qualitative Sozialforschung/Forum: Qualitative Social Research*, 19 (3), art. 23. Disponível em http://dx.doi.org/10.17169/fqs-19.3.3070

FERRELL, J.; HAMM, M.S. (eds.) (1998). *Ethnography at the Edge: Crime, Deviance and Field Research*. Boston, MA: Northeastern University Press.

FESTINGER, L. RIECKEN, H.; SCHACHTER, S. (1956). *When Prophecy Fails*. São Paulo, MN: University of Minnesota Press (republicado em 1964. Londres: Harper & Row).

FETTERMAN, D. (ed.) (1984). *Ethnography in Educational Evaluation*. Beverly Hills, CA: Sage.

FETTERMAN, D.; PITTMAN, M.A. (eds.) (1986). *Educational Evaluation: Ethnography in Theory, Practice, and Politics*. Thousand Oaks, CA: Sage.

FIELDING, N.G. (1982). "Observational research on the National Front". In: M. Bulmer (ed.). *Social Research Ethics: An Examination of the Merits of Covert Participant Observation*. Londres: Macmillan.

FIELDING, N.G. (ed.) (2003). *Interviewing*. 4 vols. Londres: Sage.

FIELDING, N.G.; LEE, R.M.; BLANK, G. (eds.) (2017). *The Sage Handbook of Online Research Methods*. 2. ed. Londres: Sage, p. 380-398.

FINCH, J. (1984). "'It's great to have someone to talk to': the ethics and politics of interviewing women". In: C. Bell; H. Roberts (eds.). *Social Researching: Policies, Problems and Practice*. Londres: Routledge & Kegan Paul.

FINE, G.A. (1993). "Ten lies of ethnographers: moral dilemmas in fieldwork". *Journal of Contemporary Ethnography*, 22 (3), p. 267-294.

FINE, G.A.; SANDSTROM, K.L. (1988). *Knowing Children: Participant Observation with Minors*. Newbury Park, CA: Sage.

FINLAY, L. (2002). "Negotiating the swamp: the opportunity and challenge of reflexivity in research practice". *Qualitative Research*, 2 (2), p. 209-230.

FINN, C. (2001). *Artifacts: An Archaeologist's Year in Silicon Valley*. Cambridge, MA: MIT Press.

FLICK, U. (2007). "Concepts of triangulation". In: U. Flick (ed.). *Managing Quality in Qualitative Research*. Londres: Sage.

FLORA, J.; ANDERSEN, A.O. (2018). "Taking note: a kaleidoscopic view on two, or three, modes of fieldnoting". *Qualitative Research* (*Online First*).

FONOW, M.M.; COOK, J.A. (eds.) (1991). *Beyond Methodology: Feminist Scholarship as Lived Research*. Bloomington, IN: Indiana University Press.

FORBAT, L.; HENDERSON, J. (2005). "Theoretical and practical reflections on sharing transcripts with participants". *Qualitative Health Research*, 15, p. 1.114-1.128.

FORDHAM, S. (2016). *Downed by Friendly Fire: Black Girls, White Girls, and Suburban Schooling*. Mineápolis, MN: University of Minnesota Press.

FOSTER, P. (1996). *Observing Schools: A methodological guide*. Londres: Paul Chapman/Sage.

FOX, N.; ALLDRED, P. (2015a). "Inside the research-assemblage: new materialism and the micropolitics of social inquiry". In: *Sociological Research Online*, 20 (2), p. 6. Disponível em www.socresonline.org.uk/20/2/6.html

FOX, N.; ALLDRED, P. (2015b). "New materialist social inquiry: designs, methods and the research-assemblage". *International Journal of Social Research Methodology*, 18 (4), p. 399-414.

FOX, N.; ALLDRED, P. (2017). *Sociology and the New Materialism*. Londres: Sage.

FRANCH, M.; DE SOUZA, J.P. (2015). "Clocks, calendars and cell phones: an ethnography on time in a high school". *Vibrant: Virtual Brazilian Anthropology*, 12 (2). Disponível em http://dx.doi.org/10.1590/1809-43412015v12n2p417

FRANDSEN, S. (2015). "Doing ethnography in a paranoid organization: an autoethnographic account". *Journal of Organizational Ethnography*, 4 (2), p. 162-176. Disponível em https://doi.org/10.1108/JOE-07-2014-0020

FRANZOSI, R.P. (2004). "Content analysis". In: M. Hardy; A. Bryman (eds.). *Handbook of Data Analysis*. Londres: Sage.

FREIDSON, E. (1964). "Against the code of ethics". *American Sociological Review*, 29 (3), p. 410.

FREILICH, M. (1970a). "Mohawk heroes and Trinidadian peasants". In: M. Freilich. *Marginal Natives: Anthropologists at Work*. Nova York: Harper & Row.

FREILICH, M. (ed.) (1970b). *Marginal Natives: Anthropologists at Work*. Nova York: Harper & Row.

FRIEDMAN, M. (1991). "The re-evaluation of logical positivism". *Journal of Philosophy*, LXXXVIII (10), p. 505-519.

FROSH, P. (2003). *The Image Factory: Consumer Culture, Photography and the Visual Content Industry*. Oxford: Berg.

GALLMEIER, C.P. (1991). "Leaving, revisiting, and staying in touch: neglected issues in field research". In: W.B. Shaffir; R.A. Stebbins (eds.). *Experiencing Fieldwork: An Inside View of Qualitative Research*. Newbury Park, CA: Sage.

GARFINKEL, H. (1967). *Studies in Ethnomethodology*. Englewood Cliffs, NJ: PrenticeHall.

GEE, J.P.; HANDFORD, M. (eds.) (2014). *The Routledge Handbook of Discourse Analysis*. Londres: Routledge.

GEER, B. (1970). "Studying a college". In: R. Habenstein (ed.). *Pathways to Data*. Chicago, IL: Aldine.

GEERTZ, C. (1988). *Works and Lives: The Anthropologist as Author*. Cambridge: Polity.

GEERTZ, C. (2000). *Available Light*. Princeton, NJ: Princeton University Press.

GERRING, J. (2007a). "Is there a (viable) crucial-case method". *Comparative Political Studies*, 40 (3), p. 231-253.

GERRING, J. (2007b). *Case Study Research*. Cambridge: Cambridge University Press.

GEWIRTZ, S.; CRIBB, A. (2006). "What to do about values in social research: the case for ethical reflexivity in the sociology of education". *British Journal of Sociology of Education*, 27 (2), p. 141-155.

GHODSEE, K. (2011). *Lost in Transition: Ethnographies of the Everyday Life After Communism*. Durham, NC: Duke University Press.

GIALLOMBARDO, R. (1966). "Social roles in a prison for women". *Social Problems*, 13, p. 268-288.

GITLIN, A.D.; SIEGEL, M.; BORU, K. (1989). "The politics of method: from leftist ethnography to educative research". *Qualitative Studies in Education*, 2 (3), p. 237-253.

GLASER, B. (1978). *Theoretical Sensitivity*. São Francisco, CA: Sociology Press.

GLASER, B.G. (1992). *Emergence vs Forcing: Basics of Grounded Theory Analysis*. Mill Valley, CA: The Sociology Press.

GLASER, B.G. (ed.) (1993). *Examples of Grounded Theory: A Reader*. Mill Valley, CA: The Sociology Press.

GLASER, B.; STRAUSS, A. (1964). "Awareness contexts and social interaction". *American Sociological Review*, XXIX, p. 669-679.

GLASER, B.; STRAUSS, A. (1967). *The Discovery of Grounded Theory*. Chicago, IL: Aldine.

GLASER, B.; STRAUSS, A. (1968). *Time for Dying*. Chicago, IL: Aldine.

GLASER, B.; STRAUSS, A. (1971/2017). *Status Passage*. Chicago, IL: Aldine (republicado em 2017 pela Routledge).

GOERISCH, D.; SWANSON, K. (2015). "'It's called Girl Scouts, not, like, Woman Scouts': emotional labour and girls' bodies". *Children's Geographies*, 13 (4), p. 451-466.

GOFFMAN, A. (2014). *On the Run: Fugitive Life in an American City*. Chicago, IL: University of Chicago Press.

GOFFMAN, E. (1955). "On face-work: an analysis of ritual elements in social interaction". *Psychiatry*, 18 (3), p. 213-231.

GOFFMAN, E. (1959). *The Presentation of Self in Everyday Life*. Nova York: Doubleday.

GOFFMAN, E. (1961). *Asylums: Essays on the Social Situation of Mental Patients and Other Inmates*. Nova York: Doubleday.

GOFFMAN, E. (1963). *Behavior in Public Places*. Glencoe, IL: Free Press.

GOFFMAN, E. (1970). *Strategic Interaction*. Oxford: Blackwell.

GOFFMAN, E. (1971). *Relations in Public: Micro Studies of the Public Order*. Nova York: Basic Books.

GOFFMAN, E. (1972). *Interaction Ritual*. Harmondsworth: Penguin.

GOLD, R. (1958). "Roles in sociological fieldwork". *Social Forces*, 36, p. 217-223.

GOLDBLATT, H.; KARNIELI-MILLER, O.; NEUMANN, M. (2011). "Sharing qualitative research findings with participants: study experiences of methodological and ethical dilemmas". *Patient Education and Counseling*, 82 (3), p. 389-395.

GOLDE, P. (ed.) (1986). *Women in the Field: Anthropological Experiences*. 2. ed. Berkeley, CA: University of California Press.

GOLDSTEIN, D.M. (2016). *Owners of the Sidewalk: Security and Survival in the Informal City*. Durham, NC: Duke University Press.

GOLDSTEIN, D. (2017). "Aspiration: hoping for a public policing (Bolivia)". In: D. Fassin (ed.). *Writing the World of Policing: The Difference Ethnography Makes*. Chicago, IL: University of Chicago Press.

GOMM, R.; HAMMERSLEY, M.; FOSTER, P. (eds.) (2000). *Case Study Method*. Londres: Sage.

GOODE, E. (1996). "The ethics of deception in social research: a case study". *Qualitative Sociology*, 10 (1), p. 11-33.

GOODE, E. (1999). "Sex with informants as deviant behavior: an account and commentary". *Deviant Behavior*, 20 (4), p. 301-324.

GOODE, E. (2002). "Sexual involvement and social research in a fat civil rights organization". *Qualitative Sociology*, 25, p. 501-534.

GOODWIN, C. (1981). *Conversational Organisation*. Nova York: Academic Press.

GOODWIN, C. (2001). "Practices of seeing, visual analysis: an ethnomethodological approach". In: T. Van Leeuwen; C. Jewitt (eds.). *Handbook of Visual Analysis*. Londres: Sage.

GOULDNER, A.W. (1954). *Patterns of Industrial Bureaucracy*. Nova York: Free Press.

GOULD-WARTOFSKY, M. (2015). *The Occupiers: The Making of the 99 Percent Movement*. Oxford: Oxford University Press.

GRAEBER, D. (2009). *Direct Action: An Ethnography*. Edinburgh: AK Press.

GRAHAM, L. (1995). *On the Line at Subaru-Isuzu: The Japanese Model and the American Worker*. Ithaca, NY: ILR Press.

GRAIZBORD, D.; RODRIGUEZ-MUNIZ, M.; BAIOCCHI, G. (2017). "Expert for a day: theory and the tailored craft of ethnography". *Ethnography*, 18 (3), p. 322-344.

GRANT, A. (2019). *Doing Excellent Social Research with Documents*. Londres: Routledge.

GRASMUCK, S. (2013). "'Just don't take notes at any of my games or do anything weird': ethnography and mothering across adolescence". In: T.M. Brown; J. Dreby (eds.). *Family and Work in Everyday Ethnography*. Filadélfia, PA: Temple University Press.

GRAUERHOLZ, L.; BARRINGER, M.; COLYER, T.; GUITTAR, N.; HECHT, J.; RAYBURN, R.; SWART, E. (2013). "Attraction in the field: what we need to acknowledge and implications for research and teaching". *Qualitative Inquiry*, 19 (3), p. 167-178. Disponível em https://doi.org/10.1177/1077800412466222

GREENE, S.; AHLUWALIA, A.; WATSON, J.; TUCKER, R.; ROURKE, S.; KOORNSTRA, J.; SOBOTA, M.; MONETTE, L.; GREENE, S. (2013). "Peer research assistantships and the ethics of reciprocity in community-based research". *Journal of Empirical Research on Human Research Ethics*, 8 (2), p. 141-152.

GREGORY, F.M. (2003). "The Fabric or the building? Influences on homeowner investment". Tese de doutorado não publicada. Cardiff University.

GREGORY, R. (1970). *The Intelligent Eye*. Londres: Weidenfeld & Nicolson.

GUBA, E. (1978). *Toward a Methodology of Naturalistic Inquiry in Educational Evaluation*. Los Angeles, CA: Center for the Study of Evaluation/Ucla Graduate School of Education.

GUBRIUM, J.; SILVERMAN, D. (eds.) (1989). *The Politics of Field Research: Beyond Enlightenment*. Newbury Park, CA: Sage.

GUBRIUM, J. (2002). "From the individual interview to the interview society". In: J. Gubrium; J. Holstein (eds.). *Handbook of Interview Research: Context and Method*. Thousand Oaks, CA: Sage.

GUBRIUM, J. (2009). "How Murray Manor became an ethnography". In: A. Puddephatt; W. Shaffir; S. Kleinknecht (eds.). *Ethnographies Revisited: Constructing Theory in the Field*. Londres: Routledge.

GUBRIUM, J.; HOLSTEIN, J. (2012). "Narrative practice and the transformation of interview subjectivity". In: J.F. Gubrium; J.A. Holstein; A.B. Marvasti; K.D. McKinney (eds.). *The Sage Handbook of Interview Research: The Complexity of the Craft*. 2. ed. Thousand Oaks, CA: Sage Publications, p. 27-43.

GUBRIUM, J.; HOLSTEIN, J.; MARVASTI, A.; MCKINNEY, K. (eds.) (2012). *The Sage Handbook of Interview Research*. Thousand Oaks, CA: Sage Publications.

GULLION, J.S. (2016). *Writing Ethnography.* Rotterdā: Sense Publishers.

GURNEY, J.N. (1991). "Female researchers in male-dominated settings: implications for short-term versus long-term research". In: W.B. Shaffir; R.A. Stebbins (eds.). *Experiencing Fieldwork: An Inside View of Qualitative Research.* Newbury Park, CA: Sage.

GUTTING, G. (1989). *Michel Foucault's Archaeology of Scientific Reason.* Cambridge: Cambridge University Press.

GUTTING, G. (ed.) (1994). *The Cambridge Companion to Foucault.* Cambridge: Cambridge University Press.

GUTTING, G. (2001). *French Philosophy in the Twentieth Century.* Cambridge: Cambridge University Press.

HAACK, S. (2009). *Evidence and Inquiry: Towards a Reconstruction in Epistemology.* 2. ed. Nova York: Prometheus Books.

HAAHR, A.; NORLYK, A.; HALL, E. (2014). "Ethical challenges embedded in qualitative research interviews with close relatives". *Nursing Ethics,* 21 (1), p. 6-15.

HACKETT, A. (2017). "Parents as researchers: collaborative ethnography with parents". *Qualitative Research,* 17 (5), p. 481-497.

HAFFERTY, F.W. (1988). "Cadaver stories and the emotional socialization of medical students". *Journal of Health and Social Behavior,* 29, p. 344-356.

HAGE, J.; MEEKER, B.F. (1988). *Social Causality.* Boston, MA: Unwin Hyman.

HALFPENNY, P. (1982). *Positivism and Sociology.* Londres: Allen and Unwin.

HAMMERSLEY, M. (1980). "A peculiar world? Teaching and learning in an inner city school". Tese de doutorado não publicada. University of Manchester.

HAMMERSLEY, M. (1981). "Ideology in the staffroom? A critique of false consciousness". In: L. Barton; S. Walker (eds.). *Schools, Teachers and Teaching.* Lewes: Falmer.

HAMMERSLEY, M. (ed.) (1983). *The Ethnography of Schooling: Methodological Reflections.* Driffield, UK: Nafferton Books.

HAMMERSLEY, M. (1984). "Some reflections on the macro-micro problem in the sociology of education". *Sociological Review,* 32 (2), p. 316-324.

HAMMERSLEY, M. (1985). "From ethnography to theory: a programme and paradigm for case study research in the sociology of education". *Sociology,* 19 (2), p. 244-259.

HAMMERSLEY, M.; SCARTH, J. (1986). *The Impact of Examinations on Secondary School Teaching: a Research Report.* School of Education, Open University.

HAMMERSLEY, M. (1989a). "The problem of the concept: Herbert Blumer on the relationship between concepts and data". *Journal of Contemporary Ethnography*, 18 (2), p. 133-159.

HAMMERSLEY, M. (1989b). *The Dilemma of Qualitative Method: Herbert Blumer and the Chicago Tradition*. Londres: Routledge.

HAMMERSLEY, M. (1990). *Classroom Ethnography: Empirical and Methodological Essays*. Milton Keynes: Open University Press.

HAMMERSLEY, M. (1992). *What's Wrong with Ethnography?* Londres: Routledge.

HAMMERSLEY, M. (1993). "The rhetorical turn in ethnography". *Social Science Information*, 32 (1), p. 23-37.

HAMMERSLEY, M. (1995). *The Politics of Social Research*. Londres: Sage.

HAMMERSLEY, M. (1997). *Reading Ethnographic Research*. 2. ed. Londres: Routledge.

HAMMERSLEY, M. (2000). *Taking Sides Against Research*. Londres: Routledge.

HAMMERSLEY, M. (2002). *Educational Research, Policymaking and Practice*. Londres: Paul Chapman.

HAMMERSLEY, M. (2003a). "Recent radical criticism of interview studies: any implications for the sociology of education?" *British Journal of Sociology of Education*, 24 (1), p. 119-126.

HAMMERSLEY, M. (2003b). *Guide to Natural Histories of Research*. Disponível em www.cf.ac.uk/socsi/capacity/Activities/Themes/Expertise/guide.pdf

HAMMERSLEY, M. (2004). "Action research: a contradiction in terms?" *Oxford Review of Education*, 30 (2), p. 165-181.

HAMMERSLEY, M. (2005a). "Ethnography, toleration and authenticity: ethical reflections on fieldwork, analysis and writing". In: G. Troman; B. Jeffrey; G. Walford (eds.). *Methodological Issues and Practices in Ethnography*. Amsterdã: Elsevier.

HAMMERSLEY, M. (2005b). "Ethnography and discourse analysis: incompatible or complementary?" *Polifonia*, 10, p. 1-20.

HAMMERSLEY, M. (2006). "Ethnography: problems and prospects". *Ethnography and Education*, 1 (1), p. 3-14.

HAMMERSLEY, M. (2007). "Troubles with triangulation". In: M. Bergman (ed.). *Advances in Mixed Methods Research*. Londres: Sage.

HAMMERSLEY, M. (2008). *Questioning Qualitative Inquiry*. Londres: Sage.

HAMMERSLEY, M. (2009). "Against the ethicists: on the evils of ethical regulation". *International Journal of Social Research Methodology* 12 (3), p. 211-225.

HAMMERSLEY, M. (2010a). "Can we re-use qualitative data via secondary analysis? Notes on some terminological and substantive issues". *Sociological Research Online*, 15 (1). Disponível em www.socresonline.org.uk/15/1/5.html

HAMMERSLEY, M. (2010b). "Reproducing or constructing? Some questions about transcription in social research". *Qualitative Research*, 10 (5), p. 553-569.

HAMMERSLEY, M. (2010c). "Research, art or politics: Which is it to be?" *International Review of Qualitative Research*, 3 (1), p. 5-10.

HAMMERSLEY, M. (2010d). "Creeping ethical regulation and the strangling of research". *Sociological Research Online*, 15 (4), p. 16. Disponível em www.socresonline.org.uk/15/4/16.html>10.5153/sro.2255

HAMMERSLEY, M. (2011a). *Methodology, Who Needs It?* Londres: Sage.

HAMMERSLEY, M. (2011b). "Objectivity: a reconceptualisation". In: M. Williams; W.P. Vogt (eds.). *The Sage Handbook of Innovation in Social Research Methods*. Londres: Sage.

HAMMERSLEY, M. (2011c). "On Becker's studies of marijuana use as an example of analytic induction". *Philosophy of the Social Sciences*, 41 (4), p. 535-566.

HAMMERSLEY, M. (2012). "Troubling theory in case study research". *Higher Education Research and Development*, 31 (3), p. 393-405.

HAMMERSLEY, M.; COOPER, B. (2012). "Analytic induction versus Qualitative Comparative Method". In: B. Cooper; J. Glaesser; R. Gomm; M. Hammersley. *Challenging the Qualitative-Quantitative Divide*. Londres: Continuum/Bloomsbury.

HAMMERSLEY, M.; TRAIANOU, A. (2012). *Ethics and Qualitative Research*. Londres: Sage.

HAMMERSLEY, M. (2013a). *The Myth of Research-based Policy and Practice*. Londres: Sage.

HAMMERSLEY, M. (2013b). *What is Qualitative Research?* Londres: Bloomsbury.

HAMMERSLEY, M. (2014). *The Limits of Social Science*. Londres: Sage.

HAMMERSLEY, M. (2015). "Research ethics and the concept of children's rights". *Children and Society*, 29 (6), p. 569-582.

HAMMERSLEY, M. (2017). "Interview data: a qualified defence against the radical critique". *Qualitative Research*, 17 (2), p. 173-186.

HAMMERSLEY, M. (2018a). "What is ethnography? Can it survive? Should it?" *Ethnography and Education,* 13 (1), p. 1-17. Doi 10.1080/17457823.2017.1298458

HAMMERSLEY, M. (2018b). *The Radicalism of Ethnomethodology.* Manchester: Manchester University Press.

HAMMERSLEY, M. (2018c). "Schutz on science as one of multiple realities". Artigo não publicado.

HAMMERSLEY, M. (2019). "The ethics of discourse studies". In: A. De Fina; A. Georgakopoulou (eds.). *Handbook of Discourse Studies.* Cambridge: Cambridge University Press.

HAMMOUDI, A. (2009). "Textualism and anthropology: on the ethnographic encounter, or an experience in the Hajj". In: J. Borneman; A. Hammoudi (eds.). *Being There: The Fieldwork Encounter and the Making of Truth.* Berkeley CA: University of California Press.

HANCOCK, B.H. (2013). *American Allegory: Lindy Hop and the Racial Imagination.* Chicago, IL: Chicago University Press.

HANCOCK, B.H. (2018). "Embodiment: a dispositional approach to racial and cultural analysis". In: C. Jerolmack; S. Khan (eds.). *Approaches to Ethnography.* Nova York: Oxford University Press.

HANNERZ, U. (1969). *Soulside.* Nova York: Columbia University Press.

HANNERZ, U. (2003). "Being there… and there… and there! Reflections on multi-site ethnography". *Ethnography,* 4 (2), p. 201-216.

HARDIE-BICK, J.; SCOTT, S. (2017). "Tales from the Drop Zone: roles, risks and dramaturgical dilemmas". *Qualitative Research,* 17 (2), p. 246-259.

HARDY, M.; BRYMAN, A. (eds.) (2004). *Handbook of Data Analysis.* Londres: Sage.

HARGREAVES, D. (1967). *Social Relations in a Secondary School.* Londres: Routledge & Kegan Paul.

HARGREAVES, D.; HESTER, S.; MELLOR, F. (1975). *Deviance in Classrooms.* Londres: Routledge & Kegan Paul.

HARPER, D. (1987). *Working Knowledge: Skill and Community in a Small Shop.* Chicago, IL: University of Chicago Press.

HARPER, D. (2012). *Visual Sociology.* Londres: Routledge.

HARPER, D. (2016). *Good Company: A Tramp Life.* 3. ed. Londres: Routledge.

HARPER, D. (2018). "People and places". In: C. Jerolmack; S. Khan (eds.). *Approaches to Ethnography.* Nova York: Oxford University Press.

HARPER, K. (2009). "New directions in participatory visual ethnography: possibilities for public anthropology". *American Anthropological Association,* 79. Disponível em https://scholarworks.umass.edu/anthro_faculty_pubs/79

HARPER, R.; RANDALL, D.; SHARROCK, W. (2015). *Choice.* Cambridge: Polity.

HARRINGTON, A. (2001). *Hermeneutic Dialogue and Social Science: A Critique of Gadamer and Habermas.* Londres: Routledge.

HARRINGTON, B. (2003). "The social psychology of access in ethnographic research". *Journal of Contemporary Ethnography,* 32 (5), p. 592-625.

HART, E.; BOND, M. (1995). *Action Research for Health and Social Care.* Buckingham: Open University Press.

HARVEY, L. (1985). *Myths of the Chicago School.* Aldershot: Gower.

HARVEY, W. (2011). "Strategies for conducting elite interviews". *Qualitative Research,* 11 (4), p. 431-441.

HASTRUP, K.; ELSASS, P. (1990). "Anthropological advocacy: a contradiction in terms?" *Current Anthropology,* 31 (3), p. 301-311.

HAVE, P. (2002). "Ontology or methodology: comments on Speer's 'natural' and 'contrived' data: a sustainable distinction?" *Discourse Studies,* 4, p. 527-530.

HAYANO, D. (1979). "Auto-ethnography: paradigms, problems, and prospects". *Human Organization,* 38 (1), p. 99-104.

HAYANO, D. (1982). "Communicative competency among poker players". *Journal of Communication,* 30 (2), p. 113-120. Disponível em https://doi.org/10.1111/j.1460-2466.1980.tb01973.x

HEAD, E. (2009). "The ethics and implications of paying participants in qualitative research". *International Journal of Social Research Methodology,* 12 (4), p. 335-344.

HEALY, K. (2001). "Participatory action research and social work: a critical appraisal". *International Social Work,* 44 (1), p. 93-105.

HEATH, C. (1981). "The opening sequence in doctor-patient interaction". In: P.A. Atkinson; C. Heath, C. (eds.). *Medical Work: Realities and Routines.* Farnborough: Gower.

HEATH, C.; HINDMARSH, J. (2002). "Analysing interaction: video, ethnography and situated conduct". In: T. May (ed.). *Qualitative Research in Action.* Londres: Sage.

HEATH, C. (2004). "Analysing face-to-face interaction: video, the visual and material". In: D. Silverman (ed.). *Qualitative Research: Theory, Method and Practice.* 2. ed. Londres: Sage.

HEATH, C.; LUFF, P. (2000). *Technology in Action.* Cambridge: Cambridge University Press.

HEDICAN, E. (2006). "Understanding emotional experience in fieldwork: responding to grief in a northern Aboriginal village". *International Journal of Qualitative Methods,* 5 (1), p. 17-24. Disponível em http://journals.sagepub.com/doi/pdf/10.1177/160940690600500102

HEMPEL, C.G. (1966). *Philosophy of Natural Science.* Englewood Cliffs, NJ: Prentice-Hall.

HENARE, A.; HOLBRAAD, M.; WASTELL, S. (2007). "Introduction: Thinking through things". In: A. Henare; M. Holbraad; S. Wastell (eds.). *Thinking Through Things: Theorising Artefacts Ethnographically.* Londres: Routledge, p. 1-31.

HENDERSON, K. (1998). *On Line and On Paper: Visual Representations, Visual Culture, and Computer Graphics in Design Engineering.* Cambridge, MA: MIT Press.

HENSLIN, J.M. (1990). "It's not a lovely place to visit, and I wouldn't want to live there". In: R.G. Burgess. *Studies in Qualitative Methodology. Vol. 2: Reflections on Field Experience.* Greenwich CT: JAI Press.

HERBERT, S. (2017). "Accountability: ethnographic engagement and the ethics of the police (United States)". In: D. Fassin (ed.). *Writing the World of Policing: The Difference Ethnography Makes.* Chicago, IL: University of Chicago Press.

HERZFELD, M. (2004). *The Body Impolitic: Artisans and Artifice in the Global Hierarchy of Value.* Chicago, IL: University of Chicago Press.

HERZOG, H. (2005). "On home turf: interview location and its social meaning". *Qualitative Sociology,* 28 (1), p. 25-48.

HESS, D. (2001). "Ethnography and the development of science and technology studies". In: P.A. Atkinson; A. Coffey; S. Delamont; J. Lofland; L. Lofland (eds.). *Handbook of Ethnography.* Londres: Sage.

HESSE-BIBER, S.N. (2014). "Feminist approaches to in-depth interviewing". In: S.N. Hesse-Biber (ed.). *Feminist Research Practice.* 2. ed. Thousand Oaks, CA: Sage.

HEWITT, J.P.; STOKES, R. (1976). "Aligning actions". *American Sociological Review,* 41, p. 838-849.

HEY, V. (1997). *The Company She Keeps: An Ethnography of Girls' Friendships.* Buckingham, Open University Press.

HINDMARSH, J.; HEATH, C.; FRASER, M. (2006). "(Im)materiality, virtual reality and interaction: grounding the 'virtual' in studies of technology in action". *Sociological Review,* 54 (4), p. 795-817.

HINE, C. (2000). *Virtual Ethnography.* Londres: Sage.

HINE, C. (2015). *Ethnography for the Internet.* Londres: Bloomsbury Academic.

HITCHCOCK, C. (1983). "Fieldwork as practical activity: reflections on fieldwork and the social organization of an urban, open-plan primary school". In: M. Hammersley (ed.). *The Ethnography of Schooling: Methodological Reflections.* Driffield, UK: Nafferton Books.

HO, K. (2009). *Liquidated: An ethnography of Wall Street.* Durham, NC: Duke University Press.

HOBBS. D.; WRIGHT, R. (eds.) (2006). *The Sage Handbook of Fieldwork.* Londres: Sage.

HOBBS, P. (2004). "The role of progress notes in the professional socialization of medical residents", *Journal of Pragmatics*, 36, p. 1.579-1.607.

HOCHSCHILD, A. (1983). *The Managed Heart: Commercialization of Human Feeling.* Berkeley, CA: University of California Press.

HODGKINSON, W. (2006). *Guitar Man.* Londres: Bloomsbury.

HOECHNER, H. (2018). "Accomplice, patron, go-between? A role to play with poor migrant Qur'anic students in northern Nigeria". *Qualitative Research*, 18 (3), p. 307-321.

HOFFMAN, A.; TARAWALLEY, M. (2014). "Frontline collaborations: the research relationship in unstable places". *Ethnography*, 15 (3), p. 291-310.

HOLBRAAD, M.; PEDERSEN, M.A. (2017). *The Ontological Turn. An Anthropological Exposition.* Cambridge: Cambridge University Press.

HOLDAWAY, S. (1982). "'An inside job': a case study of covert research on the police". In: M. Bulmer (ed.). *Social Research Ethics: An Examination of the Merits of Covert Participant Observation.* Londres: Macmillan.

HOLDAWAY, S. (1983). *Inside the British Police.* Oxford: Blackwell.

HOLMAN JONES, S. (2005). "Autoethnography: making the personal political". In: N.K. Denzin; Y.S. Lincoln (eds.). *Handbook of Qualitative Research.* 3. ed. Thousand Oaks, CA: Sage.

HOLSTEIN, J.A.; MILLER, G. (eds.) (1989). *Perspectives on Social Problems.* Vol. 1. Greenwich, CT: JAI Press.

HOLSTEIN, J.A.; MILLER, G. (eds.) (1993). *Reconsidering Social Constructionism: Debates in Social Problems Theory.* Nova York: Aldine de Gruyter.

HOLSTEIN, J.A.; GUBRIUM, J.F. (1995). *The Active Interview.* Thousand Oaks, CA: Sage.

HOLT, A. (2010). "Using the telephone for narrative interviewing: a research note". *Qualitative Research* 10 (1), p. 113-121.

HOMAN, R. (1978). "Interpersonal communications in pentecostal meetings". *Sociological Review*, 26 (3), p. 499-518.

HOMAN, R. (1980). "The ethics of covert methods". *British Journal of Sociology*, 31 (1), p. 46-59.

HOOKWAY, N.; SNEE, H. (2017). "The blogosphere". In: N.G. Fielding; R.M. Lee; G. Blank (eds.). *The Sage Handbook of Online Research Methods*. 2. ed. Londres: Sage, 380-398.

HOONAARD, W.C. (2011). *The Seduction of Ethics: Transforming the Social Sciences*. Toronto: University of Toronto Press.

HOONAARD, W.C. (2018). "The vulnerability of vulnerability: why social science researchers should abandon the doctrine of vulnerability". In: R. Iphofen; M. Tolich (eds.). *The Sage Handbook of Qualitative Research Ethics*. Londres: Sage.

HOONG SIN, C. (2007). "Ethnic-matching in qualitative research: reversing the gaze on 'white others' and 'white' as 'other'". *Qualitative Research*, 7 (4), p. 477-499.

HOQUE, Z.; COVALESKI, N.; GOONERATNE, T. (2013). "Theoretical triangulation and pluralism in research methods in organizational and accounting research". *Accounting, Auditing & Accountability Journal*, 26 (7), p. 1.170-1.198. Disponível em https://doi.org/10.1108/AAAJ-May-2012-01024

HORST, H.; MILLER, D. (eds.) (2012). *Digital Anthropology*. Londres: Berg.

HOWARD, R.J. (1982). *Three Faces of Hermeneutics*. Berkeley, CA: University of California Press.

HOWARTH, C. (2002). "Using the theory of social representations to explore difference in the research relationship". *Qualitative Research*, 2 (1), p. 21-34.

HUDSON, C. (2004). "Reducing inequalities in field relations: who gets the power?" In: B. Jeffrey; G. Walford (eds.). *Ethnographies of Educational and Cultural Conflicts: Strategies and Resolutions*. Amsterdã: Elsevier.

HUMPHREYS, L. (1975). *Tearoom Trade*. 2. ed. Chicago, IL: Aldine.

HUNTER, A. (1993). "Local knowledge and local power: notes on the ethnography of local community elites". *Journal of Contemporary Ethnography*, 22 (1), p. 36-58.

HURDLEY, R. (2013). *Home, Materiality, Memory and Belonging: Keeping Culture*. Londres: Palgrave.

HUSTLER, D.; CASSIDY, A.; CUFF, E.C. (eds.) (1986). *Action Research in Classrooms and Schools*. Londres: Allen & Unwin.

HYMES, D. (1981). *In Vain I tried to Tell You: Essays in Native American Ethnopoetics*. Filadélfia, PA: University of Pennsylvania Press.

INGOLD, T. (2013). *Making: Anthropology, Archaeology, Art and Architecture*. Londres: Routledge.

IPHOFEN, R.; TOLICH, M. (eds.) (2018). *The Sage Handbook of Qualitative Research Ethics*. Londres: Sage.

IRWIN, S.; WINTERTON, M. (2012). "Secondary qualitative analysis and social explanation". *Sociological Research Online*, 17 (2), p. 1-12.

IRWIN, K. (2006). "Into the dark heart of ethnography: the lived ethics and inequality of intimate field relationships". *Qualitative Sociology*, 29 (2), p. 155-175. Disponível em https://doi.org/10.1007/s11133-006-9011-3

ISRAEL, M. (2014). *Research Ethics and Integrity for Social Scientists*. 2. ed. Londres: Sage.

IVERSEN, R. (2009). "'Getting out' in ethnography: a seldom-told story". *Qualitative Social Work*, 8 (1), p. 9-26.

JACKSON, J.F. (1990). "Déjà entendu: the liminal quality of anthropological fieldnotes". *Journal of Contemporary Ethnography*, 19, p. 8-43.

JACKSON, J.L. (2010). "On ethnographic sincerity". *Current Anthropology*, 51, supl. 2 (S279-S287).

JACOBS, J.B. (1974). "Participant observation in prison". *Urban Life and Culture*, 3 (2), p. 221-240.

JACOBSEN, M.H. (ed.) (2017). *The Interactionist Imagination: Studying Meaning, Situation and Micro-Social Order*. Londres: Palgrave-Macmillan.

JACQUES, S.; WRIGHT, R. (2014). *Code of the Suburb: Inside the World of Young Middle-Class Drug Dealers*. Chicago, IL: University of Chicago Press.

JAHREN, H. (2016). *Lab Girl: A Story of Trees, Science and Love*. Londres: Fleet.

JAMES, N.; BUSHER, H. (2006). "Credibility, authenticity and voice: dilemmas in online interviewing". *Qualitative Research*, 6 (3), p. 403-420.

JANGHORBAN, R.; ROUDSARI, R.; TAGHIPOUR, A. (2014). "Skype interviewing: the new generation of online synchronous interview in qualitative research". *Int. J. Qual. Stud. Health Well-being*, 9. Doi 10.3402/qhw.v9.24152

JAUREGUI, B. (2017). "Intimacy, personal policing, ethnographic kinship, and critical empathy (India)". In: D. Fassin (ed.). *Writing the World of Policing: The Difference Ethnography Makes.* Chicago, IL: University of Chicago Press.

JEFFERSON, A. (2015). "Performing ethnography: infiltrating prison spaces". In: D. Drake; R. Earle; J. Sloan (2015). *The Palgrave Handbook of Prison Ethnography.* Basingstoke: Palgrave/Macmillan.

JEFFREY, B.; TROMAN, G. (2004). "Time in ethnography". *British Educational Research Journal*, 30 (4), p. 535-548.

JENKINS, S. (2018). "Assistants, guides, collaborators, friends: the concealed figures of conflict research". *Journal of Contemporary Ethnography,* 47 (2), p. 143-170.

JEROLMACK, C.; MURPHY, A. (2017). "The ethical dilemmas and social scientific tradeoffs of masking ethnography". *Sociological Methods and Research,* 30 (online), 2017.

JEROLMACK, C.; KHAN, S. (eds.) (2018). *Approaches to Ethnography.* Nova York: Oxford University Press.

JESSEE, N.; COLLUM, K.; GRAGG, R. (2015). "Community-based Participatory Research: Challenging 'Lone Ethnographer' Anthropology in the Community and the Classroom". *Practicing Anthropology,* 37 (4), p. 9-13.

JOHANNESSON, L. (2017). "Access to interviewees or access *in* interviews". Disponível em www.law.ox.ac.uk/research-subject-groups/centre-criminology/centrebordercriminologies/blog/2017/11/access (acesso em 23/04/2018).

JOHANSSON, L. (2015). "Dangerous liaisons: risk, positionality and power in women's anthropological fieldwork". *Journal of the Anthropological Society of Oxford*, 7 (1), p. 55-63.

JOHNSON, J. (1975). *Doing Field Research.* Nova York: Free Press.

JORDAN, A. (2006). "Make yourself at home: the social construction of research roles in family studies". *Qualitative Research,* 6 (2), p. 169-185.

JOWETT, M.; O'TOOLE, G. (2006). "Focusing researchers' minds: contrasting experiences of using focus groups in feminist qualitative research". *Qualitative Research*, 6 (4), p. 453-472.

JULES-ROSETTE, B. (1978a). "The veil of objectivity: prophecy, divination, and social inquiry". *American Anthropologist,* 80 (3), p. 549-570.

JULES-ROSETTE, B. (1978b). "Towards a theory of ethnography". *Sociological Symposium,* 24, p. 81-98.

JULIER, G. (2000). *The Culture of Design.* Londres: Sage.

JUNKER, B. (1960). *Field Work*. Chicago, IL: University of Chicago Press.

JURIS, J. (2007). "Practicing militant ethnography with the Movement for Global Resistance (MRG) in Barcelona". In: S. Shukaitis; D. Graeber (eds.). *Constituent Imagination: Militant Investigations, Collective Theorization*. Oakland, CA: AK Press, p. 164-176.

KAISER, K. (2009). "Protecting respondent confidentiality in qualitative research". *Qualitative Health Research*, 19 (11), p. 1.632-1.641.

KAKOS, M.; FRITZSCHE, B. (2017). "A meta-ethnography of two studies on interactions in schools: reflections on the process of translation". *Ethnography and Education*, 12 (2), p. 228-242.

KAMEO, N.; WHALEN, J. (2015). "Organizing documents: standard forms, person production and organizational action". *Qualitative Sociology*, 38, p. 205-229.

KAPFERER, B. (2010). "Introduction: in the event – toward an anthropology of genetic moments". *Social Analysis*, 54 (3), p. 1-27.

KARP, D.A. (1980). "Observing behavior in public places: problems and strategies". In: W.B. Shaffir; R.A. Stebbins; A. Turowetz (eds.). *Fieldwork Experience: Qualitative Approaches to Social Research*. Nova York: St. Martin's Press.

KARP, D.A. (1993). "Taking anti-depressant medications: resistance, trial commitment, conversion and disenchantment". *Qualitative Sociology*, 16 (4), p. 337-359.

KAZUBOWSKI-HOUSTON, M. (2017). "Performing". In: D. Elliott; D. Culhane (eds.). *A Different Kind of Ethnography: Imaginative Practices and Creative Methodologies*. Toronto: University of Toronto Press.

KEARNEY, K.S.; HYLE, A.E. (2004). "Drawing out emotions: the use of participant--produced drawings in qualitative inquiry". *Qualitative Research*, 4 (3), p. 361-382.

KEIKELAME, M. (2018). "'The Tortoise under the couch': an African woman's reflections on negotiating insider-outsider positionalities and issues of serendipity on conducting a qualitative research project in Cape Town, South Africa". *International Journal of Social Research Methodology*, 21 (2), p. 219-230.

KEMMIS, S.; McTAGGART, R. (2005). "Participatory action research: communicative action in the public sphere". In: N.K. Denzin; Y.S. Lincoln. *Handbook of Qualitative Research*. 3. ed. Thousand Oaks, CA: Sage.

KENDAL, G.; WICKHAM, G. (2004). "The Foucauldian framework". In: Seale, C.; Gobo, G.; Gubrium, J.; Silverman, D. (eds.). *Qualitative Research Practice*. Londres: Sage.

KEZAR, A. (2003). "Transformational elite interviews: principles and problems". *Qualitative Inquiry*, 9 (3), p. 395-415.

KIRKSEY, E. (2012). *Freedom in Entangled Worlds: West Papua and the Architecture of Global Power*. Durham, NC: Duke University Press.

KITA, S.M. (2017). "Researching peers and disaster-vulnerable communities: an insider perspective". *The Qualitative Report*, 22 (10). Disponível em https://nsuworks.nova.edu/tqr/vol22/iss10/5/

KITSUSE, J.; CICOUREL, A. (1963). "A note on the use of official statistics". *Social Problems*, 11, p. 131-139.

KLATCH, R.E. (1988). "The methodological problems of studying a politically resistant community". In: R.G. Burgess (ed.). *Studies in Qualitative Methodology. Vol. 1: Conducting Qualitative Research*. Greenwich CT: JAI Press.

KLOSS, S. (2017). "Sexual(ized) harassment and ethnographic fieldwork: a silenced aspect of social research". *Ethnography*, 18 (3), p. 396-414. Disponível em https://doi.org/10.1177/1466138116641958

KNOBLAUCH, H. (2005). "Focused ethnography". *Forum Qualitative Sozialforschung/Forum: Qualitative Social Research*, 6, art. 44. Disponível em http://nbn-resolving.de/urn:nbn:de:0114-fqs0503440

KNOX, C. (2001). "Establishing research legitimacy in the contested political ground of contemporary Northern Ireland". *Qualitative Research*, 1 (2), p. 205-222.

KOLAKOWSKI, L. (1972). *Positivist Philosophy: From Hume to the Vienna Circle*. Harmondsworth: Penguin.

KRAEMER, J. (2014). "Friend or *Freund:* social media and transnational connections in Berlin". *Human – Computer Interaction*, 29 (1), p. 53-77. Doi 10.1080/07370024.2013.823821

KRIEGER, S. (1979a). "Research and the construction of a text". In: N.K. Denzin (ed.). *Studies in Symbolic Interaction*. Vol. 2. Greenwich, CT: JAI Press.

KRIEGER, S. (1979b). "The KMPX strike (March-May 1968)". In: N.K. Denzin (ed.). *Studies in Symbolic Interaction*. Vol. 2. Greenwich, CT: JAI Press.

KRIPPENDORFF, K. (1980). *Content Analysis*. Beverly Hills, CA: Sage.

KROSKRITY, P.V.; WEBSTER, A.K. (eds.) (2015). *The Legacy of Dell Hymes: Ethnopoetics, Narrative Inequality, and Voice*. Bloomington, IN: University of Indiana Press.

KUHN, T.S. (1996/1962). *The Structure of Scientific Revolutions*. 3. ed. Chicago, IL: University of Chicago Press.

KULICK, D.; WILLSON, M. (eds.) (1995). *Taboo: Sex, Identity, and Erotic Subjectivity in Anthropological Fieldwork*. Londres: Routledge.

KUNDA, G. (2013). "Reflections on becoming an ethnographer". *Journal of Organizational Ethnography*, 2 (1), p. 4-22. Disponível em https://doi.org/10.1108/JOE-12-2012-0061

KUSHNER, K.; MORROW, R. (2003). "Grounded theory, feminist theory, critical theory: toward theoretical triangulation". *Advances in Nursing Science*, 26 (1), p. 30-43.

KYED, H. (2017). "Predicament: interpreting police violence (Mozambique)". In: D. Fassin (ed.). *Writing the World of Policing: The Difference Ethnography Makes*. Chicago, IL: University of Chicago Press.

LABAREE, R.V. (2002). "The risk of 'going observationalist': negotiating the hidden dilemmas of being an insider participant observer". *Qualitative Research*, 2 (1), p. 97-122.

LABOV, W. (1969). "The logic of nonstandard English". *Georgetown Monographs on Language and Linguistics*, 22, p. 1-31.

LACEY, C. (1970). *Hightown Grammar*. Manchester: Manchester University Press.

LACEY, C. (1976). "Problems of sociological fieldwork: a review of the methodology of 'Hightown Grammar'". In: M. Shipman (ed.). *The Organization and Impact of Social Research*. Londres: Routledge & Kegan Paul.

LaFRANCE, J.; CRAZY BULL, C. (2009). "Researching ourselves back to life: taking control of the research agenda in Indian Country". In: D. Mertens; P. Ginsberg (eds.). *The Handbook of Social Research Ethics*. Thousand Oaks, CA: Sage.

LAKE, S.; RUDGE, T.; WEST, S. (2015). "Making meaning of nursing practices in acute care". *Journal of Organizational Ethnography*, 4 (1), p. 64-79. Disponível em https://doi.org/10.1108/JOE-05-2014-0011

LANDES, R. (1986). "A woman anthropologist in Brazil". In: P. Golde (ed.). *Women in the Field: Anthropological Experiences*. 2. ed. Berkeley, CA: University of California Press.

LANDOW, G. (2006). *Hypertext 3.0*. 3. ed. Baltimore, MD: Johns Hopkins University Press.

LAPADAT, J.C. (1999). "Problematizing transcription: purpose, paradigm and quality". *International Journal of Social Research Methodology*, 3 (3), p. 203-219.

LARSSON, S. (2009). "A pluralist view of generalization in qualitative research". *International Journal of Research & Method in Education*, 32 (1), p. 25-38.

LASSITER, L.E. (2001). "From 'reading over the shoulders of natives' to 'reading alongside natives', literally: toward a collaborative and reciprocal ethnography". *Journal of Anthropological Research*, 57 (2), p. 137-149.

LASSITER, L.E.; GOODALL, H.; CAMPBELL, E.; JOHNSON, M. (2004). *The Other Side of Middletown: Exploring Muncie's African-American Community*. Walnut Creek, CA: AltaMira.

LASSITER, L.E. (2008). "Moving beyond public anthropology to collaborative ethnography". *National Association for the Practice of Anthropology Bulletin*, 29, p. 70-86.

LATHER, P. (1986). "Issues of validity in openly ideological research". *Interchange*, 17 (4), p. 63-84.

LATHER, P. (1991). *Getting Smart: Feminist Research and Pedagogy with/in the Postmodern*. Nova York: Routledge.

LATOUR, B. (2005). *Reassembling the Social*. Oxford: Oxford University Press.

LATOUR, B.; WOOLGAR, S. (1979). *Laboratory Life*. Beverly Hills, CA: Sage (2. ed. 1986, Princeton, NJ: Princeton University Press).

LAVE, J.; WENGER, E. (1991). *Situated Learning: Legitimate Peripheral Participation*, Cambridge: Cambridge University Press.

LAW, J. (2004). *After Method: Mess in Social Science Research*. Londres: Routledge.

LAW, M. (2008). *The Pyjama Game: A Journey into Judo*. Londres: Aurum Press.

LAWTON, J. (2000). *The Dying Process: Patients' Experiences of Palliative Care*. Londres: Routledge.

LAZARSFELD, P.; BARTON, A. (1951). "Qualitative measurement in the social sciences: classification, typologies and indices". In: D.R. Lerner; R.D. Lasswell (eds.). *The Policy Sciences*. Stanford, CA: Stanford University Press.

LEACH, E. (1957). "The epistemological background to Malinowski's empiricism". In: R. Firth (ed.). *Man and Culture: An Evaluation of the Work of Bronislaw Malinowski*. Londres: Routledge and Kegan Paul.

LEAVY, P. (2015). *Method Meets Art: Arts-Based Research Practice*. 2. ed. Nova York: The Guilford Press.

LEAVY, P.; SCOTTI, V. (2017). *Low-Fat Love Stories*. Roterdã: Sense Publishers.

LEE, J. (2018). "Microsciology: beneath the surface". In: C. Jerolmack; S. Khan, S. (eds.). *Approaches to Ethnography*. Nova York: Oxford University Press.

LEE, R. (1992). "Nobody said it had to be easy: postgraduate field research in Northern Ireland". In: R.G. Burgess (ed.). *Studies in Qualitative Methodology. Vol. 3: Learning About Fieldwork*. Greenwich CT: JAI Press.

LEE, R. (1995). *Dangerous Fieldwork*. Thousand Oaks, CA: Sage.

LEE, R.; FIELDING, N. (2004). "Tools for qualitative data analysis". In: M. Hardy; A. Bryman (eds.). *Handbook of Data Analysis*. Londres: Sage.

LEE-TREWEEK, G.; LINKOGLE, S. (eds.) (2000). *Danger in the Field*. Londres: Routledge.

LEIGH, D. (2006). "Scandal on tap". *Media Guardian*, 04/12, p. 1.

LEIGH, J. (2014). "A tale of the unexpected: managing an insider dilemma by adopting the role of outsider in another setting". *Qualitative Research*, 14 (4), p. 428-441.

LePLAY, F. (1879). *Les Ouvriers Européens*. Paris; Alfred Maine et Fils.

LESSING, H.-U.; MAKKREEL, R.A.; POZZO, R. (eds.) (2011). *Recent Contributions to Dilthey's Philosophy of the Human Sciences*. Stuttgart-Bad Cannstatt: Frommann-Holzboog.

LEVER, J. (1981). "Multiple methods of data collection: a note on divergence". *Urban Life*, 10 (2), p. 199-213.

LEVINSON, M.P. (2010). "Accountability to research participants: unresolved dilemmas and unravelling ethics". *Ethnography and Education*, 5 (2), p. 193-207. Doi 10.1080/17457823.2010.493407

LEUENBERGER, C. (2015). "Knowledge-making and its politics in conflict regions: doing research in Israel/Palestine". In: T. Muller (ed.). *Contributions from European Symbolic Interactionists: Reflections on Methods*. Studies in Symbolic Interaction. Vol. 44. Bingley: Emerald.

LEWINS, A.; SILVER, C. (2014). *Using Qualitative Software: a step-by-step guide*. 2. ed. Londres: Sage.

LEWIS, S.; RUSSELL, A. (2010). "Being embedded: a way forward for ethnographic research". *Ethnography*, 12 (3), p. 398-416.

LEWIS-KRAUSS, G. (2016). "The trials of Alice Goffman". *New York Times Magazine*, 12/01. Disponível em http://www.nytimes.com/2016/01/17/magazine/the-trials-of-alice-goffman.html

LIAMPUTTONG, P. (2007). *Researching the Vulnerable: a guide to sensitive research methods*. Londres: Sage.

LIEBLING, A.; ARNOLD, H.; STRAUB, C. (2015). "Prisons research beyond the conventional: Dialogue, 'creating miracles' and staying sane in a maximum-security prison". In: D. Drake; R. Earle; J. Sloan. *The Palgrave Handbook of Prison Ethnography*. Basingstoke: Palgrave/Macmillan.

LIEBOW, E. (1967). *Tally's Corner*. Londres: Routledge & Kegan Paul.

LINCOLN, Y.S.; GUBA, E. (1985). *Naturalistic Inquiry.* Beverly Hills, CA: Sage.

LINCOLN, Y.S.; GUBA, E. (1989). "Ethics: the failure of positivist science". *Review of Higher Education*, 12 (3), p. 221-240.

LINDESMITH, A. (1947). *Opiate Addiction.* Bloomington, IN: Principia Press.

LIPSET, D. (1980). *Gregory Bateson: The Legacy of a Scientist.* Englewood Cliffs, NJ: Prentice-Hall.

LLEWELLYN, M. (1980). "Studying girls at school: the implications of confusion". In: R. Deem (ed.). *Schooling for Women's Work.* Londres: Routledge & Kegan Paul.

LOFLAND, J.; LEJEUNE, R.A. (1960). "Initial encounters of newcomers in Alcoholics Anonymous". *Social Problems*, 8, p. 102-111.

LOFLAND, J. (1961). "Comment on 'Initial interactions of newcomers in AA'". *Social Problems*, 8, p. 365-367.

LOFLAND, J. (1967). "Notes on naturalism". *Kansas Journal of Sociology*, 3 (2), p.45-61.

LOFLAND, J. (1970). "Interactionist imagery and analytic interruptus". In: T. Shibutani (ed.). *Human Nature and Collective Behavior: Papers in Honor of Herbert Blumer.* Englewood Cliffs, NJ: Prentice-Hall.

LOFLAND, J. (1971). *Analyzing Social Settings: A Guide to Qualitative Observation and Analysis.* Belmont, CA: Wadsworth.

LOFLAND, L.H. (1973). *A World of Strangers: Order and Action in Urban Public Space.* Nova York: Basic Books.

LOFLAND, J. (1974). "Styles of reporting qualitative field research". *American Sociologist*, 9, p. 101-111.

LOFLAND, J. (1976). *Doing Social Life: The Qualitative Study of Human Interaction in Natural Settings.* Nova York: Wiley.

LOFLAND, J.; SNOW, D.; ANDERSON, L.; LOFLAND, L. (2006). *Analyzing Social Settings: A Guide to Qualitative Observation and Analysis.* 4. ed. Belmont, CA: Thomson/Wadsworth.

LOIZOS, P. (1993). *Innovation in Ethnographic Film: From Innocence to Self-consciousness.* Chicago, IL: University of Chicago Press.

LOSEKE, D.R. (2012). "The empirical analysis of formula stories". In: J.A. Holstein; J.F. Gubrium (eds.). *Varieties of Narrative Analysis.* Thousand Oaks, CA: Sage, p. 251-269.

LOW, S. (2017). *Spatializing Culture: The Ethnography of Space and Place.* Londres: Routledge.

LUBET, S. (2018). *Interrogating Ethnography: Why Evidence Matters*. Nova York: Oxford University Press.

LUGOSI, P. (2006). "Between overt and covert research: concealment and disclosure in an ethnographic study of commercial hospitality". *Qualitative Inquiry*, 12 (3), p. 541-561.

LUMSDEN, K. (2013). "'You are what you research': researcher partisanship and the sociology of the 'underdog'". *Qualitative Research*, 13 (1), p. 3-18.

LUPTON, D. (2014). *Digital Sociology*. Londres: Routledge.

LURY, C.; WAKEFORD, N. (eds.) (2012). *Inventive Methods: The Happening of the Social*. Londres: Routledge.

LYMAN, S.M.; SCOTT, M.B. (1970). *A Sociology of the Absurd*. Nova York: Appleton-Century-Crofts.

LYNCH, M. (1985). *Art and Artifact in Laboratory Science*. Londres: Routledge and Kegan Paul.

LYNCH, M. (2000). "Against reflexivity as an academic virtue and source of privileged knowledge". *Theory, Culture and Society*, 17 (3), p. 26-54.

LYNCH, M. (2002). "From naturally occurring data to naturally organized ordinary activities: comment on Speer". *Discourse Studies*, 4 (4), p. 531-537.

LYND, R.S.; LYND, H.M. (1929). *Middletown*. Nova York: Harcourt, Brace and World.

LYND, R.S.; LYND, H.M. (1937). *Middletown in Transition*. Nova York: Harcourt, Brace and World.

LYNG, S. (1998). "Dangerous methods: risk taking and the research process". In: J. Ferrell; M.S. Hamm (eds.). *Ethnography on the Edge: Crime, Deviance and Field Research*. Boston MA: Northeastern University Press.

Mac an GHAILL, M. (1991). "Young, Gifted and Black: methodological reflections of a teacher/researcher". In: G. Walford. *Doing Educational Research*. Londres: Routledge.

MacDONALD, S. (2001). "British social anthropology". In: P.A. Atkinson; A. Coffey; S. Delamont; J. Lofland; L. Lofland (eds.). *Handbook of Ethnography*. Londres: Sage.

MacFARLANE, B. (2009). *Researching with Integrity: The Ethics of Academic Enquiry*. Londres: Routledge.

MACHIN, H.; SHARDLOW, S. (2018). "Overcoming ethical barriers to research". *Research Ethics*, 14 (3), p. 1-9.

MADISON, D.S. (2005). *Critical Ethnography: Method, Performance, and Ethics*. Thousand Oaks, CA: Sage.

MAHONEY, J. (2012). "The logic of process tracing tests in the social sciences". *Sociological Methods and Research*, 41 (4), p. 570-597.

MAINES, D.R. (2001). *The Faultline of Consciousness: A View of Interactionism in Sociology*. Nova York: Aldine de Gruyter.

MAKKREEL, R.A. (1975). *Dilthey: Philosopher of the Human Studies*. Princeton, NJ: Princeton University Press.

MALACHOWSKI, C.K. (2015). "Organizational culture shock: ethnographic fieldwork strategies for the novice health science researcher" [33 parágrafos]. *Forum Qualitative Sozialforschung/Forum: Qualitative Social Research*, 16 (2), art. 9. Disponível em http://nbn-resolving.de/urn:nbn:de:0114-fqs150298

MALCOLM, J. (1991). *The Journalist and the Murderer*. Londres: Bloomsbury.

MALINOWSKI, B. (1922). *Argonauts of the Western Pacific*. Londres: Routledge & Kegan Paul.

MALINOWSKI, B. (1967). *A Diary in the Strict Sense of the Term*. Londres: Routledge & Kegan Paul.

MALLI, G.; SACKL-SHARIF, S. (2015). "Researching one's own field. Interaction dynamics and methodological challenges in the context of higher education research" [47 parágrafos]. *Forum Qualitative Sozialforschung/Forum: Qualitative Social Research*, 16 (1), art. 11. Disponível em http://nbn-resolving.de/urn:nbn:de:0114-fqs1501111

MALTBY, J. (2008). "There is no such thing as audit society: A reading of M. Power (1994); 'The Audit Society'". Artigo apresentado na *Conference of Practical Criticism in the Managerial Social Sciences*. Leicester University Management School, 15-17/01/2008. Disponível em https://lra.le.ac.uk/bitstream/2381/3828/17Maltby%20on%20Power.pdf

MANDELL, N. (1988). "The least-adult role in studying children". *Journal of Contemporary Ethnography*, 16, p. 433-467.

MANN, C.; STEWART, F. (2000). *Internet Communication and Qualitative Research: A Handbook for Researching Online*. Thousand Oaks, CA: Sage.

MANNAY, D. (2010). "Making the familiar strange: can visual research methods render the familiar setting more perceptible?" *Qualitative Research*, 10 (1), p. 91-111.

MANNAY, D.; MORGAN, M. (2015). "Doing ethnography or applying a qualitative technique? Reflections from the 'waiting field'". *Qualitative Research*, 15 (2), p. 166-182.

MANNING, P.K. (2004). "Semiotics and data analysis". In: M. Hardy; A. Bryman (eds.). *Handbook of Data Analysis*. Londres: Sage.

MARCHAND, T.H. (2001). *Minaret Building and Apprenticeship in Yemen*. Londres: Curzon.

MARCHAND, T.H. (2009). *The Masons of Djenne*. Bloomington, IN: Indiana University Press.

MARCUS, G. (1995). "Ethnography in/of the world system: the emergence of multi-sited ethnography". *Annual Review of Anthropology*, 24, p. 95-117.

MARKHAM, A. (2005). "The methods, politics, and ethics of representation in online ethnography". In: N.K. Denzin; Y.S. Lincoln (eds.). *The Sage Handbook of Qualitative Research*. 3. ed. Thousand Oaks, CA: Sage.

MARKS, D. (1995). "Ethnographic film: from Flaherty to Asch and after". *American Anthropologist*, 97 (2), p. 337-347.

MASON, K. (1990). "Not waving but bidding: reflections on research in a rural setting". In: R.G. Burgess. *Studies in Qualitative Methodology. Vol. 2: Reflections on Field Experience*. Greenwich CT: JAI Press.

MATLON, J. (2015). "'Elsewhere': An essay on borderland ethnography in the informal African city". *Ethnography*, 16 (2), p. 145-165.

MATZA, D. (1969). *Becoming Deviant*. Englewood Cliffs, NJ: Prentice-Hall.

MAUTHNER, N.S.; PARRY, O.; BACKETT-MILBURN, K. (1998). "The data are out there, or are they? Implications for archiving and revisiting qualitative data". *Sociology*, 32 (4), p. 733-745.

MAVERS, D. (2012). *Transcribing Video*. Working Paper 05/12. Southampton: National Centre for Research Methods. Disponível em http://eprints.ncrm.ac.uk/2877/4/NCRM_working_paper0512.pdf (acesso em 13/05/2018).

MAXWELL, J.A. (2013). *Qualitative Research Design: An Interactive Approach*. 3. ed. Thousand Oaks, CA: Sage.

MAXWELL, J.; CHMIEL, M. (2014). "Generalisation in and from qualitative analysis". In: U. Flick (ed.). *The Sage Handbook of Qualitative Analysis*. Londres: Sage.

MAYHEW, H. (1861). *London Labour and the London Poor*. Londres: Griffin Bohn.

MAZZETTI, A.S. (2016). "An exploration of the emotional impact of organisational ethnography". *Journal of Organizational Ethnography*, 5 (3), p. 304-316. Disponível em https://doi.org/10.1108/JOE-07-2016-0018

McCARGO, D. (2017). "Sense and sensibility: crafting tales about the police (Thailand)". In: D. Fassin (ed.). *Writing the World of Policing: The Difference Ethnography Makes*. Chicago, IL: University of Chicago Press.

McCLAURIN, I. (2011). "Walking in Zora's shoes or 'Seek[ing] out de inside meanin' of words': The intersections of anthropology, ethnography, identity, and writing". In:

A. Waterston; M.D. Vesperi (eds.). *Anthropology off the Shelf: Anthropologists on Writing.* Chichester: Wiley-Blackwell, p. 119-133.

McCURDY, D.W. (1976). "The medicine man". In: M.A. Rynkiewich; J.P. Spradley (eds.). *Ethics and Anthropology: Dilemmas in Fieldwork.* Nova York: Wiley.

McDERMOTT, M. (2006). *Working Class White: The Making and Unmaking of Race Relations.* Berkeley, CA: University of California Press.

McDERMOTT, M. (2018). "Situations". In: C. Jerolmack; S. Khan, S. (eds.). *Approaches to Ethnography.* Nova York: Oxford University Press.

McDONALD, S. (2002). *Behind the Scenes at the Science Museum.* Oxford: Berg.

McDONALD, S. (2005). "Studying actions in context: a qualitative shadowing method for organizational research". *Qualitative Research*, 5 (4), p. 455-473.

McFATE, M.; LAURENCE, J. (2015). *Social Science Goes to War: The Human Terrain System in Iraq and Afghanistan.* Nova York: Oxford University Press.

Mac GIOLLABHUI, S.; GOOLD, B.; LOFTUS, B. (2016). "Watching the watchers: conducting ethnographic research on covert police investigation in the United Kingdom". *Qualitative Research*, 16 (6), p. 630-645.

McKENZIE, L. (2015). *Getting By: Estates, Class and Culture in Austerity Britain.* Bristol: Policy Press.

McNAMARA, B. (2001). *Fragile Lives: Death, Dying and Care.* Buckingham: Open University Press.

McQUEENEY, K.; LAVELLE, K. (2017). "Emotional labor in critical ethnographic work: in the field and behind the desk". *Journal of Contemporary Ethnography*, 46 (1), p. 81-107.

MEASOR, L. (1983). "Gender and the sciences: Pupils' gender-based conceptions of school subjects". In: M. Hammersley; A. Hargreaves (eds.). *Curriculum Practice: Sociological Accounts.* Lewes: Falmer.

MEASOR, L. (1985). "Interviewing: a strategy in qualitative research". In: R.G. Burgess (ed.) *Strategies of Educational Research.* Lewes: Falmer.

MEDAWAR, P. (1967). *The Art of the Soluble.* Londres: Methuen.

MEHAN, H. (1974). "Assessing children's school performance". In: H.P. Dreitzel (ed.). *Recent Sociology, n. 5. Childhood and Socialization.* Londres: Collier Macmillan.

MEINERT, L.; KAPFERER, B. (eds.) (2015). *In the Event – Toward an Anthropology of Generic Moments.* Nova York: Berghann Books.

MENNERICK, L. (1974). "Client typologies: a method of coping with conflict in the service worker-client relationship". *Sociology of Work and Occupations*, 1, p. 396-418.

MENORET, P. (2014). *Joyriding in Riyadh: Oil, Urbanism, and Road Revolt.* Cambridge: Cambridge University Press.

MERTENS, D.; GINSBERG, P. (eds.) (2009). *The Handbook of Social Research Ethics.* Thousand Oaks, CA: Sage.

MERTON, R.K. (1959). "Introduction: notes on problem-finding in sociology". In: R.K. Merton; L. Broom; L.S. Cottrell Jr. (eds.). *Sociology Today.* Vol. 1. Nova York: Harper & Row.

MERTON, R.K. (1972). "Insiders and outsiders". *American Journal of Sociology*, 78, p. 9-47.

MILLEN, D. (2000). "Rapid ethnography". *Proceedings of the 3rd Conference on Designing Interactive Systems: Processes, practices, methods and techniques*, p. 280-286. Disponível em https://dl.acm.org/citation.cfm?doid=347642.347763

MILLER, D. (ed.) (1998). *Material Cultures: Why Some Things Matter.* Chicago, IL: University of Chicago Press.

MILLER, D. (ed.) (2001a). *Home Possessions.* Oxford: Berg.

MILLER, D. (ed.) (2001b). *Car Cultures.* Oxford: Berg.

MILLER, S.M. (1952). "The participant observer and 'over-rapport'". *American Sociological Review*, 17 (2), p. 97-99.

MILLER, T.; BIRCH, M.; MAUTHNER, M.; JESSOP, J. (eds.) (2012). *Ethics in Qualitative Research.* 2. ed. Londres: Sage.

MISHLER, E.G. (1991). "Representing discourse: the rhetoric of transcription". *Journal of Narrative and Life History*, 1 (4), p. 255-280.

MITCHELL, R.G. (1991). "Secrecy and disclosure in fieldwork". In: W.B. Shaffir; R.A. Stebbins (eds.). *Experiencing Fieldwork: An Inside View of Qualitative Research.* Newbury Park, CA: Sage.

MOFFAT, M. (1989). *Coming of Age in New Jersey.* New Brunswick, NJ: Rutgers University Press.

MOL, A. (2002). *The Body Multiple: Ontology in Medical Practice.* Durham, NC: Duke University Press.

MOORE, N. (2006). "The contexts of context: broadening perspectives in the (re)use of qualitative data". *Methodological Innovations Online*, 1 (2). Disponível em https://journals.sagepub.com/doi/10.4256/mio.2006.0009

MOORE, N. (2007). "(Re)using qualitative data". *Sociological Research Online*, 12 (3). Disponível em www.socresonline.org.uk/12/3/1.html

MORETO, W. (2017). "Avoiding the tragedy of (un)common knowledge: reflections on conducting qualitative criminological research in conservation science". *Qualitative Research*, 17 (4), p. 440-456.

MORRISS, L. (2015). "Nut clusters and crisps: atrocity stories and co-narration in interviews with Approved Mental Health Professionals". *Sociology of Health and Illness*, 37 (7), p. 1.072-1.085.

MORRISS, L. (2016). "Dirty secrets and being 'strange': using ethnomethodology to move beyond familiarity". *Qualitative Research*, 16 (5), p. 526-540.

MORROW, C. (2013). "Lies and truths: Exploring the lie as a document of life". In: L. Stanley (ed.). *Documents of Life Revisited: Narrative and Biographical Methodology for a 21st Century Critical Humanism*. Farnham: Ashgate, 19-30.

MORSE, J.M.; STERN, P.N.; CORBIN, J.; BOWERS, B.; CHARMAZ, K.; CLARKE, A.E. (2009). *Developing Grounded Theory: The Second Generation*. Londres: Routledge.

MOUNT, L. (2018). "'Behind the curtain': strip clubs and the management of competition for tips". *Journal of Contemporary Ethnography*, 47 (1), p. 60-87.

MUGGE, L. (2013). "Sexually harassed by gatekeepers: reflections on fieldwork in Surinam and Turkey". *International Journal of Social Research Methodology*, 16 (6), p. 541-546. Disponível em https://doi.org/10.1080/13645579.2013.823279

MURPHY, E.; DINGWALL, R.; GREATBATCH, D.; PARKER, S.; WATSON, P. (1998). "Qualitative research methods in health technology assessment: a review of the literature". *Health Technology Assessment*, 2 (16), p. 1-260. Disponível em www.hta.nhsweb.nhs.uk/execsumm/summ216.htm

MURPHY, A.; JEROLMACK, C. (2016). "Ethnographic masking in an era of data transparency". Postagem no blog *Contexts*, 19/03. Disponível em https://contexts.org/blog/ethnographic-masking-in-an-era-of-data-transparency-2/ (acesso em 07/07/2018).

MURPHY, S.P. (2017). "Humor orgies as ritual insult: putdowns and solidarity maintenance in a corner donut shop". *Journal of Contemporary Ethnography*, 46 (1), p. 108-132.

MYERS, R. (2011). "The familiar strange and the strange familiar in anthropology and beyond". *General Anthropology*, 18 (2), p. 6-9.

NADAI, E.; MAEDER, C. (2005). "Fuzzy fields: Multi-sited ethnography in sociological research" [24 parágrafos]. *Forum Qualitative Sozialforschung/Forum: Qualitative Social Research*, 6 (3), art. 28. Disponível em http://nbn-resolving.de/urn:nbn:de:0114-fqs0503288

NADEL, S.F. (1939). "The interview technique in social anthropology". In: F.C. Bartlett; M. Ginsberg; E.J. Lindgren; R.H. Thouless (eds.). *The Study of Society*. Londres: Routledge & Kegan Paul.

NADEL, S.F. (1951). *The Foundations of Social Anthropology*. Glencoe, IL: Free Press.

NARAYAN, K. (2012). *Alive in the Writing: Crafting Ethnography in the Company of Chekhov*. Chicago, IL: University of Chicago Press.

NASTASI, B.K.; BERG, M.J. (1999). "Using ethnography to strengthen and evaluate intervention programs". In: J.J. Schensul; M.D. LeCompte; G.A. Hess; B.K. Nastasi; M.J. Berg; L. Williamson; J. Brecher; R. Glassner (eds.). *The Ethnographer's Toolkit*. Walnut Creek, CA: Altamira Press.

NATHAN, R. (2005). *My Freshman Year: What a Professor Learned by Becoming a Student*. Ithaca, NY: Cornell University Press.

NICHOLAS, D.B.; SWAN, S.R.; GERSTLE, T.J.; ALLAN, T.; GRIFFITHS, A.M. (2008). "Struggles, strengths, and strategies: an ethnographic study exploring the experiences of adolescents living with an ostomy". *Health and Quality of Life Outcomes*, 6, p. 114. Disponível em https://doi.org/10.1186/1477-7525-6-114; https://link.springer.com/content/pdf/10.1186%2F1477-7525-6-114.pdf

NOBLIT, G.W.; HARE, R.D. (1988). *Meta-Ethnography: Synthesizing Qualitative Studies*. Newbury Park, CA: Sage.

NORDSTROM, C.; ROBBEN, A.C.G.M. (eds.) (1995). *Fieldwork under Fire: Contemporary Studies of Violence and Survival*. Berkeley, CA: University of California Press.

OAKLEY, A. (1981). "Interviewing women: a contradiction in terms". In: H. Roberts (ed.). *Doing Feminist Research*. Londres: Routledge & Kegan Paul.

OAKLEY, A. (2016). "Interviewing women again: power, time and the gift". *Sociology*, 50 (1), p. 195-213.

OBOLER, R.S. (1986). "For better or worse: anthropologists and husbands in the field". In: T.L. Whitehead; M.E. Conaway (eds.). *Self, Sex, and Gender in Cross-Cultural Fieldwork*. Urbana, IL: University of Illinois Press.

OCEJO, R. (2014). *Upscaling Downtown: From Bowery Saloons to Cocktail Bars in New York City*. Princeton, NJ: Princeton University Press.

O'CONNOR, E. (2005). "Embodied knowledge: the experience and the struggle towards proficiency in glassblowing". *Ethnography*, 6 (2), p. 183-204.

O'CONNOR, E. (2006). "Glassblowing tools: extending the body towards practical knowledge and informing a social world". *Qualitative Sociology*, 29, p. 177-193.

O'CONNOR, E. (2017). "Touching tacit knowledge: handwork as ethnographic method in a glassblowing studio". *Qualitative Research*, 17 (2), p. 217-230.

ODENDAHL, T.; SHAW, A. (2001). "Interviewing elites". In: J. Gubrium; J. Holstein (eds.). *Handbook of Interview Research*. Thousand Oaks, CA: Sage.

O'DOHERTY, D. (2017). *Reconstructing Organization: The Loungification of Society*. Londres: Palgrave Macmillan.

O'HAGAN, A. (2017). *The Secret Life: Three True Stories*. Londres: Faber and Faber.

O'HEAR, A. (ed.) (1996). *Verstehen and Humane Understanding*. Cambridge: Cambridge University Press.

OKELY, J. (1983). *The Traveller-Gypsies*. Londres: Cambridge University Press.

OKELY, J. (2012). *Anthropological Practice: Fieldwork and the Ethnographic Method*. Londres: Berg.

OKYERE, S. (2018). "'Like the stranger at a funeral who cries more than the bereaved': ethical dilemmas in ethnographic research with children". *Qualitative Research*, 18 (6), p. 623-637.

OLESEN, V. (1990). "Immersed, amorphous and episodic fieldwork: theory and policy in three contrasting contexts". In: R.G. Burgess. *Studies in Qualitative Methodology. Vol. 2: Reflections on Field Experience*. Greenwich CT: JAI Press.

OLESEN, V.; WHITTAKER, E. (1968). *The Silent Dialogue: A Study in the Social Psychology of Professional Socialization*. São Francisco, CA: JosseyBass.

OLESEN, V. (2005). "Early millennial feminist qualitative research: challenges and contours". In: N.K. Denzin; Y.S. Lincoln. *Handbook of Qualitative Research*. 3. ed. Thousand Oaks, CA: Sage.

O'REILLY, K. (2000). *The British on the Costa del Sol: Transnational Identities and Local Communities*. Londres: Routledge.

O'REILLY, K. (2005). *Ethnographic Methods*. Londres: Routledge.

ORTNER, S. (2010). "Access: reflections on studying up in Hollywood". *Ethnography*, 11 (2), p. 211-233.

OSTRANDER, S.A. (1993). "'Surely you're not in this just to be helpful?': access, rapport and interviews in three studies of elites". *Journal of Contemporary Ethnography*, 22 (1), p. 7-27.

OWENS, G.R. (2003). "'What! Me a spy?' Intrigue and reflexivity in Zanzibar". *Ethnography*, 4 (1), p. 122-144.

PACHIRAT, T. (2011). *Every Twelve Seconds: Industrialized Slaughter and the Politics of Sight*. New Haven, CT: Yale University Press.

PAECHTER, C. (1996). "Power, knowledge and the confessional in qualitative research". *Discourse: Studies in the Politics of Education*, 17 (1), p. 75-84.

PAINTER, C. (ed.) (2002). *Contemporary Art and the Home*. Oxford: Berg.

PALMER, J.; POCOCK, C.; BURTON, L. (2018). "Waiting, power and time in ethnographic and community-based research". *Qualitative Research*, 18 (4), p. 416-432.

PARKER, H.J. (1974). *View from the Boys: A Sociology of Downtown Adolescents*. 2. ed. Londres: David & Charles.

PARVEZ, Z.F. (2018). "The sorrow of parting: ethnographic depth and the role of emotions". *Journal of Contemporary Ethnography*, 47 (4), p. 454-483.

PATRICK, J. (1973). *A Glasgow Gang Observed*. Londres: Eyre Methuen.

PATTILLO-McCOY, M. (1999). *Black Picket Fences: Privilege and Peril Among the Black Middle Class*. Chicago, IL: University of Chicago Press.

PATTON, M. (2015). *Qualitative Research and Evaluation*. 4. ed. Thousand Oaks, CA: Sage.

PAULUS, T.M.; LESTER, J.N.; DEMPSTER, P.G. (2015). *Digital Tools for Qualitative Research*. Londres: Sage.

PAYNE, G.; WILLIAMS, M. (2005). "Generalization in qualitative research". *Sociology*, 39 (2), p. 295-314.

PEARCE, S. (ed.) (1994). *Interpreting Objects and Collections*. Londres: Routledge.

PEARS, I. (2015). *Arcadia*. Londres: Faber and Faber.

PEIRANO, M. (1998). "When anthropology is at home: the different contexts of a single discipline". *Annual Review of Anthropology*, 27, p. 105-128.

PELTO, P.J.; PELTO, G.H. (1978). "Ethnography: the fieldwork enterprise". In: J.J. Honigmann (ed.). *Handbook of Social and Cultural Anthropology*. Chicago, IL: Rand McNally.

PERLESZ, A.; LINDSAY, J. (2003). "Methodological triangulation in researching families: making sense of dissonant data". *International Journal of Social Research Methodology*, 6 (1), p. 25-40.

PERLMAN, M.L. (1970). "Intensive fieldwork and scope sampling: methods for studying the same problem at different levels". In: M. Freilich. *Marginal Natives: Anthropologists at Work*. Nova York: Harper & Row.

PESHKIN, A. (1985). "Virtuous subjectivity: in the participant-observer's I's". In: D.N. Berg; K.K. Smith (eds.). *Exploring Clinical Methods for Social Research*. Beverly Hills, CA: Sage.

PETTINARI, C.J. (1988). *Task, Talk and Text in the Operating Room: A Study in Medical Discourse*. Norwood, NJ: Ablex.

PETTINGER, L. (2004). "Representing shop work: a dual ethnography". *Qualitative Research*, 5 (3), p. 347-364.

PFOHL, S. (1992). *Death at the Paradise Café: Social Science (Fictions) and the Postmodern*. Londres: Palgrave Macmillan.

PIDGEON, N.; HENWOOD, K. (2004). "Grounded theory". In: M. Hardy; A. Bryman (eds.). *Handbook of Data Analysis*. Londres: Sage.

PIEKE, F.N. (1995). "Witnessing the 1989 Chinese People's Movement". In: C. Nordstrom, C.; A.C.G.M. Robben (eds.). *Fieldwork under Fire: Contemporary Studies of Violence and Survival*. Berkeley, CA: University of California Press.

PIERCE, J. (1995). "Reflections on fieldwork in a complex organization". In: R. Hertz; J. Imber (eds.). *Studying Elites Using Qualitative Methods*. Thousand Oaks, CA: Sage, p. 94-110.

PILLOW, P. (2003). "Confession, catharsis, or cure? Rethinking the uses of reflexivity as methodological power in qualitative research". *International Journal of Qualitative Studies in Education*, 16 (2), p. 175-196. Doi 10.1080/0951839032000060635

PILLOW, W. (2015). "Reflexivity as interpretation and genealogy in research". *Cultural Studies o Critical Methodologies*, 15 (6), p. 419-434.

PINCH, T.; TROCCO, F. (2002). *Analog Days: The Invention and Impact of the Moog Synthesizer*. Cambridge, MA: Harvard University Press.

PINK, S. (1997). *Women and Bullfighting: Gender, Sex and the Consumption of Tradition*. Oxford: Berg.

PINK, S. (2011). "Multimodality, multi-sensoriality and ethnographic knowing: social semiotics and the phenomenology of perception". *Qualitative Research*, 11 (3), p. 261-276.

PINK, S. (2013). *Doing Visual Ethnography*. 3. ed. Londres: Sage.

PINK, S.; HORST, H.; POSTILL, J.; HJORTH, L.; LEWIS, T.; TACCHI, J. (2016). *Digital Ethnography: Principles and Practice*. Londres: Sage.

PITRE, N.Y.; KUSHNER, K.E. (2015). "Theoretical triangulation as an extension of feminist intersectionality in qualitative family research". *Journal of Family Theory and Review*, 7, p. 284-298. Doi 10.1111/jftr.12084

PLATT, J. (1981). "On interviewing one's peers". *British Journal of Sociology*, 32 (1), p. 75-91.

PLUMMER, K. (1975). *Sexual Stigma: An Interactionist Account*. Londres: Routledge & Kegan Paul.

PLUMMER, K. (2001). *Documents of Life 2: An Invitation to a Critical Humanism*. Londres: Sage.

PODOLSKI, L. (2002). *Specular City: The Transformation of Culture, Consumption, and Space After Peron I*. Filadélfia, PA: Temple University Press.

POLAND, B.D. (2002). "Transcription quality". In: J.F. Gubrium; J.A. Holstein (eds.). *Handbook of Interview Research*. Thousand Oaks, CA: Sage.

POLLARD, A. (1985). "Opportunities and difficulties of a teacher-ethnographer: a personal account". In: R.G. Burgess (ed.). *Strategies of Educational Research*. Lewes: Falmer.

POPPER, K. (1972). *The Logic of Scientific Discovery*. Londres: Hutchinson.

POTTER, J. (2002). "Two kinds of natural". *Discourse Studies*, 4 (4), p. 539-542.

POTTER, J.; HEPBURN, A. (2005). "Qualitative interviews in psychology: problems and possibilities". *Qualitative Research in Psychology*, 2, p. 281-307.

POWDERMAKER, H. (1966). *Stranger and Friend: The Way of an Anthropologist*. Nova York: Norton.

POWER, M. (1997). *The Audit Society: Rituals of Verification*. Oxford: Oxford University Press.

POWER, M. (2000). "The Audit Society – second thoughts". *International Journal of Auditing*, 4, p. 111-119.

PRENTICE, R. (2013). *Bodies in Formation: An Ethnography of Anatomy and Surgery Education*. Durham, NC: Duke University Press.

PRIOR, L. (1985). "Making sense of mortality". *Sociology of Health and Illness*, 7 (2), p. 167-190.

PRIOR, L. (1989). *The Social Organization of Death*. Basingstoke: Macmillan.

PRIOR, L. (1993). *The Social Organization of Mental Illness*. Londres: Sage.

PRIOR, L. (2003). *Using Documents in Social Research*. Londres: Sage.

PRIOR, L. (2004). "Documents". In: C. Seale; G. Gobo; J.F. Gubrium; D. Silverman (eds.). *Qualitative Research Practice*. Londres: Sage.

PRIOR, L. (2008). "Repositioning documents in social research". *Qualitative Research*, 42 (5), p. 821-836.

PRIOR, L. (2016). "Using documents in social research". In: D. Silverman (ed.). *Qualitative Research*. 4. ed. Londres: Sage, 171-186.

PRIOR, L.; BLOOR, M. (1993). "Why people die: social representations of death and its causes". *Science and Culture*, 3 (3), p. 346-374.

PUDDEPHATT, A.; SHAFFIR, W.; KLEINKNECHT, S. (eds.) (2009). *Ethnographies Revisited: Constructing Theory in the Field*. Londres: Routledge.

PUNCH, M. (1979). *Policing the Inner City*. Londres: Macmillan.

PUNCH, M. (1986). *The Politics and Ethics of Fieldwork*. Beverly Hills, CA: Sage.

PUNCH, S. (2002). "Research with children: the same or different from research with adults?" *Childhood*, 9 (3), p. 321-341.

RADICE, M. (2011). "Ethnography of the street: when is a place not a place?" *Anthropology News*, 52 (3), p. 13.

RAINBIRD, H. (1990). "Expectations and revelations: examining conflict in the Andes". In: R.G. Burgess. *Studies in Qualitative Methodology. Vol. 2: Reflections on Field Experience*. Greenwich CT: JAI Press.

RAINWATER, L.; PITTMAN, D.J. (1967). "Ethical problems in studying a politically sensitive and deviant community". *Social Problems*, 14, p. 357-366 [republicado em 1969 em G.J. McCall; J.L. Simmons (eds.). *Issues in Participant Observation: A Text and Reader*. Reading, MA: Addison-Wesley].

RANDALL, D. (2012). "Revisiting Mandell's 'least adult' role and engaging with children's voices in research". *Nurse Research*, 19 (3), p. 39-43.

RAPLEY, T. (2014). "Sampling strategies in qualitative research". In: U. Flick (ed.). *The Sage Handbook of Qualitative Analysis*. Londres: Sage.

RAULET-CROSET, N.; BORZEIX, A. (2014). "Researching spatial practices through Commented Walks: 'on the move' and 'walking with'". *Journal of Organizational Ethnography*, 3 (1), p. 27-42. Disponível em https://doi.org/10.1108/JOE-11-2012-0046

RAWLINGS, B. (1988). "Local knowledge: the analysis of transcribed audio materials for organizational ethnography". In: R.G. Burgess (ed.). *Studies in Qualitative Methodology. Vol. 1: Conducting Qualitative Research*. Greenwich CT: JAI Press.

REED-DANAHAY, D.E. (ed.) (1997). *Auto/Ethnography: Rewriting the Self and the Social*. Oxford: Berg.

REED-DANAHAY, D. (2001). "Autobiography, intimacy and ethnography". In: P.A. Atkinson; A. Coffey; S. Delamont; J. Lofland; L. Lofland (eds.). *Handbook of Ethnography*. Londres: Sage.

REICHENBACH, H. (1951). *The Rise of Scientific Philosophy*. Berkeley, CA: University of California Press.

REID, J.; RUSSELL, L. (eds.) (2017). *Perspectives on and from Institutional Ethnography*. Bingley: Emerald.

REID, S.E.; CROWLEY, D. (eds.) (2000). *Style and Socialism: Modernity and Material Culture in Post-War Eastern Europe*. Oxford: Berg.

RENDELL, M. (2011). *Salsa for People Who Probably Shouldn't*. Edimburgo: Mainstream.

REYES, V. (2018). "Three models of transparency in ethnographic research: naming places, naming people, and sharing data". *Ethnography*, 19 (2), p. 204-226. Doi 10.1177/1466138117733754

RIBBENS McCARTHY, J.; HOLLAND, J.; GILLIES, V. (2003). "Multiple perspectives on the 'family' lives of young people: methodological and theoretical issues in case study research". *International Journal of Social Research Methodology*, 6 (1), p. 1-23.

RICHARDSON, L. (1990). *Writing Strategies: Reaching Diverse Audiences*. Newbury Park, CA: Sage.

RIDDELL, S. (1992). *Gender and the Politics of the Curriculum*. Londres: Routledge.

RIESSMAN, C.K. (1987). "When gender is not enough: Women interviewing women". *Gender and Society*, 1 (2), p. 172-207.

RIESSMAN, C.K. (1993). *Narrative Analysis*. Newbury Park, CA: Sage.

RIESSMAN, C.K. (2008). *Narrative Methods for the Human Sciences*. Thousand Oaks, CA: Sage.

ROBERTS, H. (ed.) (1981). *Doing Feminist Research*. Londres: Routledge & Kegan Paul.

ROBINSON, W.S. (1969). "The logical structure of analytic induction". In: G.J. McCall; J.L. Simmons (eds.). *Issues in Participant Observation – A Text and Reader*. Reading, MA: Addison-Wesley.

ROCK, P. (1979). *The Making of Symbolic Interactionism*. Londres: Macmillan.

RODRIQUEZ, J. (2014). *Labors of Love: Nursing Homes and the Structures of Care Work*. Nova York: New York University Press.

ROHNER, R. (1969). *The Ethnography of Franz Boas*. Chicago, IL: University of Chicago Press.

ROSALDO, R. (1986). "From the door of his tent". In: J. Clifford; G. Marcus (eds.). *Writing Culture: The Poetics and Politics of Ethnography*. Berkeley, CA: University of California Press.

ROSENHAHN, D.L. (1973). "On being sane in insane places". *Science*, 179, p. 250-258 (republicado em M. Bulmer (ed.). *Social Research Ethics: An Examination of the Merits of Covert Participant Observation*. Londres: Macmillan).

ROSNOW, R. (1981). *Paradigms in Transition: The Methodology of Social Inquiry*. Nova York: Oxford University Press.

ROSSING, H.; SCOTT, S. (2016). "Taking the fun out of it: the spoiling effects of researching something you love". *Qualitative Research*, 16 (6), p. 615-629.

ROTH, J. (1963). *Timetables*. Nova York: Bobbs-Merrill.

ROULET, T.; GILL, M.; STENGERS, S.; GILL, D. (2017). "Reconsidering the value of covert research: the role of ambiguous consent in participant observation". *Organizational Research Methods*, 20 (3), p. 487-517.

ROULSTON, K. (2018). "Qualitative interviewing and epistemics". *Qualitative Research*, 18 (3), p. 322-341.

ROWE, A. (2014). "Situating the self in prison research: power, identity, and epistemology". *Qualitative Inquiry*, 20 (4), p. 404-416.

RUBIN, H.; RUBIN, I. (2012). *Qualitative Interviewing*. 3. ed. Thousand Oaks, CA: Sage.

RULE, J.B. (1978). *Insight and Social Betterment: A Preface to Applied Social Science*. Nova York: Oxford University Press.

RYAN, J.; PETERSON, R.A. (2001). "The guitar as artifact and icon: identity formation in the babybook generation". In: A. Barrett; K. Dawe (eds.). *Guitar Cultures*. Oxford: Berg, p. 89-116.

RYAN, P. (2006). "Researching Irish gay male lives: reflections on disclosure and intellectual autobiography in the production of personal narratives". *Qualitative Research*, 6 (2), p. 151-168.

SAHLINS, M. (2013). "The National Academy of Sciences: Goodbye to all that". *Anthropology Today*, 29 (2), p. 1-2. Doi 10.1111/1467-8322.12013

SALDANA, J. (2016). *The Coding Manual for Qualitative Researchers*. 3. ed. Thousand Oaks, CA: Sage.

SALVADOR, T.; BELL, G.; ANDERSON, K. (1999). "Design ethnography". *Design Management Journal*, 10 (4), p. 35-41.

SALZINGER, L.; GOWAN, T. (2018). "Macro analysis: power in the field". In: C. Jerolmack; S. Khan, S. (eds.). *Approaches to Ethnography*. Nova York: Oxford University Press.

SAMPSON, H.; THOMAS, M. (2003). "Lone researchers at sea: gender, risk, and responsibility". *Qualitative Research*, 3 (2), p. 165-189.

SAMPSON, H. (2004). "Navigating the waves: the usefulness of a pilot in qualitative research". *Qualitative Research*, 4 (3), p. 383-402.

SANDERS, C. (2009). "Colorful writing: conducting and living with a tattoo ethnography". In: A. Puddephatt; W. Shaffir; S. Kleinknecht (eds.). *Ethnographies Revisited: Constructing Theory in the Field*. Londres: Routledge.

SANJEK, R. (ed.) (1990). *Fieldnotes: The Makings of Anthropology*. Ithaca, NY: Cornell University Press.

SANJEK, R.; TRATNER, S. (eds.) (2015). *eFieldnotes: The Makings of Anthropology in the Digital World*. Filadélfia, PA: University of Pennsylvania Press.

SCARTH, J. (1986). "The influence of examinations on whole-school curriculum decision-making: an ethnographic case study". Tese de doutorado não publicada. University of Lancaster.

SCARTH, J.; HAMMERSLEY, M. (1988). "Examinations and teaching: an exploratory study". *British Educational Research Journal*, 14 (3), p. 231-249 (republicado em M. Hammersley. *Classroom Ethnography: Empirical and Methodological Essays*. Milton Keynes: Open University Press).

SCHATZMAN, L.; STRAUSS, A. (1973). *Field Research: Strategies for a Natural Sociology*. Englewood Cliffs, NJ: Prentice-Hall.

SCHEPER-HUGHES, N. (1995). "The primacy of the ethical: propositions for a militant anthropology". *Current Anthropology*, 36 (3), p. 409-420.

SCHEPER-HUGHES, N. (2000). "Ire in Ireland". *Ethnography*, 1 (1), p. 117-140.

SCHEPER-HUGHES, N. (2001). *Saints, Scholars and Schizophrenics: Mental Illness in Rural Ireland*. 2. ed. Berkeley, CA: University of California Press.

SCHEPER-HUGHES, N. (2004). "Parts unknown: undercover ethnography of the organs-trafficking underworld". *Ethnography*, 5 (1), p. 29-73.

SCHOFIELD, J.W. (1990). "Increasing the generalizability of qualitative research". In: E.W. Eisner; A. Peshkin (eds.). *Qualitative Inquiry in Education: The Continuing Debate*. Nova York: Teachers College Press.

SCHRAG, Z.M. (2010). *Ethical Imperialism: Institutional Review Boards and the Social Sciences 1965-2009*. Baltimore, MD: Johns Hopkins University Press.

SCHUMAN, H. (1982). "Artifacts are in the mind of the beholder". *American Sociologist*, 17 (1), p. 21-28.

SCHUTZ, A. (1945). "On multiple realities". *Philosophy and Phenomenological Research*, 5 (4), p. 533-576 (republicado em A. Schutz, A. *Collected Papers.* Vol. I. The Hague/ Martinus Nijhoff, p. 207-259).

SCHUTZ, A. (1964). "The stranger: an essay in social psychology". In: A. Schutz (ed.). *Collected Papers*. Vol. II. The Hague, Martinus Nijhoff.

SCOTT, G.G. (1983). *The Magicians: A Study of the Use of Power in a Black Magic Group*. Nova York: Irvington.

SCOTT, M.B. (1968). *The Racing Game*. Chicago: Aldine.

SCOTT, S. (1984). "The personable and the powerful: gender and status in social research". In: C. Bell; H. Roberts (eds.). *Social Researching: Policies, Problems and Practice*. Londres: Routledge and Kegan Paul.

SCOTT, S. (2004). "Researching shyness: a contradiction in terms?" *Qualitative Research*, 4 (1), p. 91-105.

SCOTT, S. (2010). "Revisiting the total institution: performative regulation in the reinventive institution". *Qualitative Research*, 44 (2), p. 213-212.

SEALE, C.; GOBO, G.; GUBRIUM, J.F.; SILVERMAN, D. (eds.) (2004). *Qualitative Research Practice*. Londres: Sage.

SENCINDIVER, S.Y. (2017). "New materialism". *Oxford Bibliographies.* Disponível em www.oxfordbibliographies.com/view/document/obo-9780190221911/obo-9780190 221911-0016.xml

SEVIGNY, M.J. (1981). "Triangulated inquiry – a methodology for the analysis of classroom interaction". In: J.L. Green; C. Wallat (eds.). *Ethnography and Language in Educational Settings*. Norwood, NJ: Ablex.

SEWELL, W. (2005). *Logics of History: Social Theory and Social Transformation*. Chicago, IL: University of Chicago Press.

SEYMOUR, J. (2001). *Critical Moments – Death and Dying in Intensive Care*. Buckingham: Open University Press.

SHAFFIR, W. (2009). "On piecing the puzzle: researching Hassidic Jews". In: A. Puddephatt; W. Shaffir; S. Kleinknecht (eds.). *Ethnographies Revisited: Constructing Theory in the Field*. Londres: Routledge.

SHAFFIR, W.B.; STEBBINS, R.A.; TUROWETZ, A. (eds.) (1980). *Fieldwork Experience: Qualitative Approaches to Social Research*. Nova York: St. Martin's Press.

SHAFFIR, W.B. (1985). "Some reflections on approaches to fieldwork in Hassidic communities". *Jewish Journal of Sociology*, 27 (2), p. 115-134.

SHAFFIR, W.B. (1991). "Managing a convincing self-presentation: some personal reflections on entering the field". In: W.B. Shaffir; R.A. Stebbins (eds.). *Experiencing Fieldwork: An Inside View of Qualitative Research*. Newbury Park, CA: Sage.

SHAFFIR, W.B.; STEBBINS, R.A. (eds.) (1991). *Experiencing Fieldwork: An Inside View of Qualitative Research*. Newbury Park, CA: Sage.

SHAH, S. (2014). *Street Corner Secrets: Sex, Work and Migration in the City of Mumbai*. Durham, NC: Duke University Press.

SHAKESPEARE, P. (1997). *Aspects of Confused Speech: A Study of Verbal Interaction Between Confused and Normal Speakers*. Mahwah, NJ: Lawrence Erlbaum.

SHARROCK, R.; READ, R. (2002). *Kuhn: Philosopher of Scientific Revolution*. Cambridge: Polity.

SHAW, I. (1999). *Qualitative Evaluation*. Londres: Sage.

SHEEHAN, E.A. (1993). "The student of culture and the ethnography of Irish intellectuals". In: C.B. Brettell (ed.). *When They Read What We Write: The Politics of Ethnography*. Westport, CT: Bergin & Garvey.

SHILS, E. (1959). "Social inquiry and the autonomy of the individual". In: D.P. Lerner (ed.). *The Human Meaning of the Human Sciences*. Nova York: Meridian.

SHORT, N.; TURNER, L.; GRANT, A. (eds.) (2013). *Contemporary British Autoethnography*. Roterdã: Sense Publishers.

SHWEDER, R.; NISBETT, R. (2017). "Long-sought research deregulation is upon us, Don't squander the moment". *Chronicle of Higher Education*, 63 (28), 17/03 (A44).

SIDNELL, J.; STIVERS, T. (eds.) (2013). *Handbook of Conversation Analysis*. Chichester: Wiley-Blackwell.

SILVERMAN, D. (1973). "Interview talk: bringing off a research instrument". *Sociology*, 7 (1), p. 31-48.

SILVERMAN, D. (ed.) (2004). *Qualitative Research: Theory, Method and Practice*. 2. ed. Londres: Sage.

SILVERMAN, D. (2017). "How was it for you? The Interview Society and the irresistible rise of the (poorly analyzed) interview". *Qualitative Research*, 17 (2), p. 144-158.

SILVERSTEIN, P.A. (2004). "Of rooting and uprooting: Kabyle habitus, domesticity, and structural nostalgia". *Ethnography*, 5 (4), p. 553-578.

SIMONS, H. (1981). "Conversation piece: the practice of interviewing in case study research". In: C. Adelman (ed.). *Uttering, Muttering: Collecting, Using and Reporting Talk for Social and Educational Research*. Londres: Grant McIntyre.

SIMPSON, E. (2013). *The Political Biography of an Earthquake: Aftermath and Amnesia in Gujarat, India*. Londres: Hurst.

SJOBERG, G.; NETT, R. (1968). *A Methodology for Social Research*. Nova York: Harper & Row.

SKIPPER, J.K.; McCAGHY, C.H. (1972). "'Respondents' intrusion upon the situation: the problem of interviewing subjects with special qualities". *Sociological Quarterly*, 13, p. 237-243.

SKOLNICK, J. (1966). *Justice without Trial: Law Enforcement in Democratic Society*. Nova York: Wiley.

SLOAN, J.; WRIGHT, S. (2015). "Going in green: reflections on the challenges of 'getting in, getting on, and getting out' for doctoral prisons researchers". In: D. Drake; R. Earle; J. Sloan. *The Palgrave Handbook of Prison Ethnography*. Basingstoke: Palgrave/Macmillan.

SMALL, M. (2009). "How many cases do I need?" On science and the logic of case selection in field-based research". *Ethnography*, 10 (1), p. 5-38.

SMIGEL, F. (1958). "Interviewing a legal elite: the Wall Street lawyer". *American Journal of Sociology*, 64, p. 159-164.

SMITH, D.E. (2005). *Institutional Ethnography: A Sociology for People*. Lanham, MD: AltaMira.

SMITH, D.E. (ed.) (2006). *Institutional Ethnography as Practice*. Lanham, MD: Rowman and Littlefield.

SMITH, D.E.; TURNER, S.M. (eds.) (2014). *Incorporating Texts into Institutional Ethnographies*. Toronto: University of Toronto Press.

SMITH, J.K.; HODKINSON, P. (2005). "Relativism, criteria and politics". In: N. Denzin; Y. Lincoln (eds.). *Handbook of Qualitative Research*. 3. ed. Londres: Sage.

SMITH, L.M.; GEOFFREY, W. (1968). *Complexities of the Urban Classroom: An Analysis Towards a General Theory of Teaching*. Nova York: Holt, Rinehart and Winston.

SNOW, D. (1980). "The disengagement process: a neglected problem in participant observation research". *Qualitative Sociology*, 3 (2), p. 100-122.

SNOW, D.; ANDERSON, L. (1993). *Down on Their Luck: A Study of Homeless Street People*. Berkeley, CA: University of California Press.

SOBH, R.; BELK, R. (2011). "Privacy and gendered spaces in Arab Gulf homes". *Home Cultures*, 8 (3), p. 317-340.

SOMERVILLE, M. (2013). *Water in a Dry Land: Place-Learning Through Art and Story*. Nova York: Routledge.

SONMEZ, S.; APOSTOLOPOULOS, Y.; TANNER, A.; MASSENGALE, K.; BROWN, M. (2016). "Ethno-epidemiological research challenges: networks of long--haul truckers in the inner city". *Ethnography*, 17 (1), p. 111-134.

SPEER, S.A. (2002a). "'Natural' and 'contrived' data: a sustainable distinction?" *Discourse Studies*, 4 (4), p. 511-525.

SPEER, S.A. (2002b). "Transcending the 'natural'/'contrived' distinction: a rejoinder to ten Have, Lynch and Potter". *Discourse Studies*, 4 (4), p. 543-548.

SPICKER, P. (2011). "Ethical covert research". *Sociology*, 45 (1), p. 118-133.

SPRADLEY, J.P. (1970). *You Owe Yourself a Drunk: An Ethnography of Urban Nomads*. Boston, MA: Little, Brown.

SPRADLEY, J.P. (1979). *The Ethnographic Interview*. Nova York: Holt, Rinehart & Winston.

STANLEY, J. (1989). *Marks on the Memory: Experiencing School*. Buckingham: Open University Press.

STANLEY, L. (1993). "On auto/biography in sociology". *Sociology*, 27 (1), p. 41-52.

STANLEY, L. (2001). "Mass Observation's fieldwork methods". In: P.A. Atkinson; A. Coffey; S. Delamont; J. Lofland; L. Lofland (eds.). *Handbook of Ethnography*. Londres: Sage.

STANLEY, L. (2013). "Introduction: documents of life and critical humanism in a narrative and biographical frame". In: L. Stanley (ed.). *Documents of Life Revisited: Narrative and Biographical Methodology for a 21st Century Critical Humanism*. Farnham: Ashgate, p. 3-16.

STARK, L. (2012). *Behind Closed Doors: IRBs and the Making of Ethical Research*. Chicago, IL: University of Chicago Press.

STEIN, M.R. (1964). "The eclipse of community: some glances at the education of a sociologist". In: A.J. Vidich; J. Bensman; M.R. Stein (eds.). *Reflections on Community Studies*. Nova York: Wiley.

STEPHENS, N.J.; DELAMONT, S. (2006). "Balancing the Berimbau: embodied ethnographic understanding". *Qualitative Inquiry*, 12 (2), p. 316-339. Doi 10.1177/1077800405284370

STEPHENS, N.; LEWIS, J.; ATKINSON, P. (2013). "Closing the regulatory regress: GMP accreditation in stem cell laboratories". *Sociology of Health and Illness*, 35 (3), p. 345-360.

STEPHENS, N.; LEWIS, J. (2017). "Doing laboratory ethnography: reflections on method in scientific workplaces". *Qualitative Research*, 17 (2), p. 202-216.

STEWART, K.; WILLIAMS, M. (2005). "Researching online populations: the use of online focus groups for social research". *Qualitative Research*, 5 (4), p. 395-416.

STIMSON, G.V.; WEBB, B. (1975). *Going to See the Doctor: The Consultation Process in General Practice*. Londres: Routledge & Kegan Paul.

STOLLER, P. (1999). *Jaguar: A Story of Africans in America*. Chicago, IL: University of Chicago Press.

STRAUSS, A. (1970). "Discovering new theory from previous theory". In: T. Shibutani (ed.). *Human Nature and Collective Behaviour: Essays in Honor of Herbert Blumer*. Englewood Cliffs, NJ: Prentice-Hall.

STRENSKI, I. (1982). "Malinowski: second positivism, second romanticism". *Man*, 17, p. 766-777.

STRONG, P.M. (2001). *The Ceremonial Order of the Clinic: Parents, Doctors and Medical Bureaucracies*. 2. ed. Aldershot: Ashgate.

STUART, F. (2018). "Reflexivity: introspection, positionality, and the self as research instrument – towards a model of abductive reflexivity". In: C. Jerolmack; S. Khan, S. (eds.). *Approaches to Ethnography*. Nova York: Oxford University Press.

STURGES, J.; HANRAHAN, K. (2004). "Comparing telephone and face-to-face qualitative interviewing: a research note". *Qualitative Research*, 4 (1), p. 107-118.

STYLES, J. (1979). "Outsider/insider: researching gay baths". *Urban Life*, 8 (2), p. 135-152.

SUDARKASA, N. (1986). "In a world of women: fieldwork in a Yoruba community". In: P. Golde (ed.). *Women in the Field: Anthropological Experiences*. 2. ed. Berkeley, CA: University of California Press.

SUDNOW, D. (1965). "Normal crimes". *Social Problems*, 12, p. 255-276.

SUDNOW, D. (1978). *Ways of the Hand*. Cambridge, MA: MIT Press.

SUDNOW, D. (2002). *Ways of the Hand: A Rewritten Account*. Cambridge, MA: MIT Press.

SULLIVAN, M.A.; QUEEN, S.A.; PATRICK, R.C. (1958). "Participant observation as employed in the study of a military training program". *American Sociological Review*, 23 (6), p. 660-667.

SYMONS, J. (2016). "Shaping the flow: ethnographic analysis of a Manchester parade event". *Ethnos*, 81 (4), p. 697-711. Disponível em http://dx.doi.org/10.1080/00141844.2014.989877

TANG, N. (2002). "Interviewer and interviewee relationships between women". *Sociology*, 36 (3), p. 703-721.

TANGGAARD, L. (2009). "The research interview as a dialogical context for the production of social life and personal narratives". *Qualitative Inquiry*, 15, p. 1.498-1.515.

TASHAKKORI, A.; TEDDLIE, C. (eds.) (2010). *The Sage Handbook of Mixed Methods in Social and Behavioral Research*. Thousand Oaks, CA: Sage.

TAVORY, I.; TIMMERMANS, S. (2014). *Abductive Analysis: Theorizing Qualitative Research*. Chicago, IL: University of Chicago Press.

TAVORY, I.; TIMMERMANS, S. (2018). "Mechanisms". In: C. Jerolmack; S. Khan, S. (eds.). *Approaches to Ethnography*. Nova York: Oxford University Press.

TAYLOR, C.; WILKIE, M.; BASER, J. (2006). *Doing Action Research: A Guide For School Support Staff*. Londres: Paul Chapman.

TAYLOR, S.J. (1991). "Leaving the field: research, relationships, and responsibilities". In: W.B. Shaffir; R.A. Stebbins (eds.). *Experiencing Fieldwork: An Inside View of Qualitative Research*. Newbury Park, CA: Sage.

TEMPLE, B.; YOUNG, A. (2004). "Qualitative research and translation dilemmas". *Qualitative Research*, 4 (2), p. 161-178.

THOMAS, J. (1993). "Catching up to the cyber age". *Writing Sociology*, 1 (2), p. 1-3.

THOMAS, R.J. (1993). "Interviewing important people in big companies". *Journal of Contemporary Ethnography*, 22 (1), p. 80-96.

THOMAS, W.L; ZNANIECKI, F. (1927). *The Polish Peasant in Europe and America*. Nova York: Knopf.

THOMAS, W.I. (1967). *The Unadjusted Girl*. Nova York: Harper & Row (primeira publicação em 1923, Boston, MA: Little/Brown).

THORNE, B. (1983). "Political activist as participant observer: conflicts of commitment in a study of the draft resistance movement of the 1960s". In: R.M. Emerson (ed.). *Contemporary Field Research*. Boston, MA: Little, Brown.

TILLEY, C. (2004). *The Materiality of Stone: Explorations in Landscape Archaeology*. Oxford: Berg.

TILLMANN, L. (2009). "Coming out and going home: a family ethnography". *Qualitative Inquiry*, 16 (2), p. 116-129.

TJORA, A. (2016). "The social rhythm of the rock music festival". *Popular Music*, 35 (1), p. 64-83.

TJORA, A. (2018). *Qualitative Research as Stepwise-Deductive Induction*. Londres: Routledge.

TOBIAS, S (1990). *They're Not Dumb, They're Different*. Tucson, AZ: Research Corporation.

TOMKINSON, S. (2015). "Doing fieldwork on state organizations in democratic settings: ethical issues of research in refugee decision making" [46 parágrafos]. *Forum Qualitative Sozialforschung/Forum: Qualitative Social Research*, 16 (1), art. 6. Disponível em http://nbn-resolving.de/urn:nbn:de:0114-fqs150168

TORNGREN, S.; NGEH, J. (2018). "Reversing the gaze: methodological reflections from the perspective of racial- and ethnic-minority researchers". *Qualitative Research*, 18 (1), p. 3-18.

TORRANCE, H. (2012). "Triangulation, respondent validation, and democratic participation in mixed methods research". *Journal of Mixed Methods Research*, 6 (2), p. 111-123.

TORRANCE, H. (2018). "Evidence, criteria, policy and politics: the debate about quality and utility in educational and social research". In: N.K. Denzin; Y.S. Lincoln (eds.). *Handbook of Qualitative Research*. 5. ed. Thousand Oaks, CA: Sage.

TORRONEN, J. (2002). "Semiotic theory on qualitative interviewing using stimulus texts". *Qualitative Research*, 2 (3), p. 343-362.

TOTA, A.L. (2004). "Ethnographying public memory: the commemorative genre for the victims of terrorism in Italy". *Qualitative Research*, 4 (2), p. 131-159.

TOULMIN, S. (1972). *Human Understanding*. Oxford: Clarendon Press.

TRAINER, S. (2017). "Piety, glamour, and protest: performing social status and affiliation in the United Arab Emirates". *Journal of Contemporary Ethnography*, 46 (3), p. 361-386.

TRESEDER, P. (2007). "Diet as a social problem: an investigation of children's and young people's perspectives on nutrition and body image". Tese de doutorado não publicada. Milton Keynes: The Open University.

TROUILLE, D.; TAVORY, I. (2016). "Shadowing: warrants for intersituational variation in ethnography". *Sociological Methods and Research*, 42, p. 232-235.

TROYNA, B.; CARRINGTON, B. (1989). "Whose side are we on? Ethical dilemmas in research on 'race' and education". In: R.G. Burgess (ed.). *The Ethics of Educational Research*. Lewes: Falmer Press.

TROYNA, B. (1994). "Reforms, research and being reflexive about being reflective". In: D. Halpin; B. Troyna (eds.). *Researching Education Policy*. Londres: Falmer.

TRUZZI, M. (ed.). (1974). *Verstehen: Subjective Understanding in the Social Sciences.* Reading, MA: Addison-Wesley.

TSING, A.L. (2005). *Friction: An Ethnography of Global Connection.* Princeton, NJ: Princeton University Press.

TURNER, V. (1967). *The Forest of Symbols: Aspects of Ndembu Ritual.* Ithaca, NY: Cornell University Press.

TWIGGER, R. (1999). *Angry White Pyjamas.* Londres: Orion.

TYLER, S.A. (1986). "Postmodern ethnography: from document of the occult to occult document". In: J. Clifford; G. Marcus (eds.). *Writing Culture: The Poetics and Politics of Ethnography.* Berkeley, CA: University of California Press.

UIMONEN, P. (2012). *Digital Drama: Teaching and Learning Art and Media in Tanzania.* Nova York: Routledge.

URRY, J. (2007). *Mobilities.* Cambridge: Polity.

VALIS, N. (2003). *The Culture of Cursileria: Bad Taste, Kitsch, and Class in Modern Spain.* Durham, NC: Duke University Press.

VAN DEN BERG, H.; WETHERELL, M.; HOUTKOOP-STEENSTRA, H. (eds.) (2003). *Analyzing Race Talk: Multidisciplinary Approaches to the Interview.* Cambridge: Cambridge University Press.

VANDERSTAAY, S.L. (2005). "One hundred dollars and a dead man: ethical decision making in ethnographic fieldwork". *Journal of Contemporary Ethnography*, 34 (4), p. 371-409.

VAN LEEUWEN, T.; JEWITT, C. (eds.) (2001). *Handbook of Visual Analysis.* Londres: Sage.

VAN MAANEN, J. (1988). *Tales of the Field.* Chicago, IL: University of Chicago Press.

VAN MAANEN, J. (1991). "Playing back the tape: early days in the field". In: W.B. Shaffir; R.A. Stebbins (eds.). *Experiencing Fieldwork: An Inside View of Qualitative Research.* Newbury Park, CA: Sage.

VAN MAANEN, J. (2011). *Tales of the Field.* 2. ed. Chicago, IL: University of Chicago Press.

VANNINI, P. (2012). *Ferry Tales: Mobility, Place, and Time on Canada's West Coast.* Nova York: Routledge.

VAUGHAN, D. (2004). "Theorizing disaster: analogy, historical ethnography, and the *Challenger* accident". *Ethnography*, 5 (3), p. 315-347.

VAUGHAN, D. (2016). *The Challenger Launch Decision: Risky Technology, Culture, and Deviance at Nasa*. 2. ed. Chicago, IL: University of Chicago Press.

VENKATESH, S. (2008). *Gang Leader for a Day*. Londres: Penguin.

VENKATESH, A.; CROCKETT, D.; CROSS, S.; CHEN, S. (2015). "Ethnography for marketing and consumer research". *Foundations and Trends in Marketing*, 10 (2), p. 61-151.

VIDICH, A.J.; BENSMAN, J.; STEIN, M.R. (eds.) (1964). *Reflections on Community Studies*. Nova York: Wiley.

VIEGAS, S.M. (2009). "Can anthropology make valid generalizations? Feelings of belonging in the Brazilian Atlantic Forest". *Social Analysis*, 53 (2), p. 147-162.

VIEIRA, K. (2016). *American by Paper: How Documents Matter in Immigrant Literacy*. Mineápolis, MN: University of Minnesota Press.

WACQUANT, L. (2002). "Scrutinizing the street: pitfalls of urban ethnography". *American Journal of Sociology*, 107 (6), p. 1.468-1.532.

WACQUANT, L. (2009). "Habitus as topic and tool: Reflections on becoming a prizefighter". In: A. Puddephatt; W. Shaffir; S. Kleinknecht (eds.). *Ethnographies Revisited: Constructing Theory in the Field*. Londres: Routledge.

WALFORD, G. (ed.) (1991). *Doing Educational Research*. Londres: Routledge.

WALFORD, G. (ed.) (1994). *Researching the Powerful in Education*. Londres: UCL Press.

WALFORD, G. (2009). "The practice of writing ethnographic fieldnotes". *Ethnography and Education*, 4 (2), p. 117-130.

WALKER, J.C. (1988). *Louts and Legends*. Sydney: Allen & Unwin.

WALKER, R. (1978). "The conduct of educational case studies: ethics, theories and procedures". In: B. Dockerell; D. Hamilton (eds.). *Rethinking Educational Research*. Londres: Hodder & Stoughton.

WALL, S. (2015). "Focused ethnography: a methodological adaptation for social research in emerging contexts" [40 parágrafos]. *Forum Qualitative Sozialforschung/Forum: Qualitative Social Research,* 16 (1), art. 1. Disponível em http://nbn-resolving.de/urn:nbn:de:0114-fqs150111

WALLIS, R. (1977). "The moral career of a research project". In: C. Bell; H. Newby (eds.). *Doing Sociological Research*. Londres: Allen & Unwin.

WARDEN, T. (2013). "Feet of clay: confronting emotional challenges in ethnographic experience". *Journal of Organizational Ethnography*, 2 (2), p. 150-172. Disponível em https://doi.org/10.1108/JOE-09-2012-0037

WARNKE, G. (1987). *Gadamer: Hermeneutics, Tradition and Reason*. Cambridge: Polity.

WARREN, A.; GIBSON, C. (2014). *Surfing Places, Surfboard Makers: Craft, Creativity and Cultural Heritage in Hawai'i, California, and Australia*. Honolulu, HI: University of Hawai'i Press.

WARREN, C.A.B. (1988). *Gender Issues in Field Research*. Newbury Park, CA: Sage.

WARREN, C.A.B.; HACKNEY, J. (2000). *Gender Issues in Field Research*. 2. ed. Thousand Oaks, CA: Sage.

WARREN, K. (2006). "Perils and promises of engaged anthropology". In: V. Sanford; A. Angel-Anjani (eds.). *Engaged Observer: Anthropology, Advocacy and Activism*. New Brunswick, NJ: Rutgers University Press.

WARREN, S. (2012). "Having an eye for it: aesthetics, ethnography and the senses". *Journal of Organizational Ethnography*, 1 (1), p. 107-118.

WARWICK, D.P. (1982). "Tearoom trade: means and ends in social research". In: M. Bulmer (ed.). *Social Research Ethics: An Examination of the Merits of Covert Participant Observation*. Londres: Macmillan.

WASSERMAN, J.; CLAIR, J. (2010). *At Home on the Street: People, Poverty, and a Hidden Culture of Homelessness*. Boulder, CO: Lynne Rienner Publishers.

WATERSTON, A.; VESPERI, M.D. (eds.) (2011). *Anthropology Off the Shelf: Anthropologists on Writing*. Chichester: Wiley-Blackwell.

WATTS, J. (2008). "Emotion, empathy and exit: reflections on doing ethnographic qualitative research on sensitive topics". *Medical Sociology Online*, 3 (2), p. 3-14. Disponível em http://oro.open.ac.uk/10901/17jhwatts.pdf

WAX, M.L.; CASSELL, J. (1981). "From regulation to reflection: ethics in social research". *American Sociologist*, 16 (4), p. 224-229.

WEBB, E.J.; CAMPBELL, D.T.; SCHWARTZ, R.D.; SECHREST, L. (1966). *Unobtrusive Measures: Nonreactive Research in the Social Sciences*. Chicago, IL: Rand McNally.

WEBB, S.; WEBB, B. (1932). *Methods of Social Study*. Londres: Longmans Green.

WEBER, F. (2001). "Settings, interactions and things: a plea for multi-integrative ethnography". *Ethnography*, 2 (4), p. 475-499.

WEGERIF, M.C.A. (2019). "The ride-along: a journey in qualitative research". *Qualitative Research Journal* (EarlyCite). Disponível em https://doi.org/10.1108/QRJ-D-18-00038

WEINBERG, D. (2009). "On the social construction of social problems and social problems theory: a contribution to the legacy of John Kitsuse". *The American Sociologist*, 40 (1/2), p. 61-78.

WENGER-TRAYNER, E.; WENGER-TRAYNER, B. (2015). "Introduction to communities of practice: a brief overview of the concept and its uses". Disponível em http://wenger-trayner.com/introduction-to-communities-of-practice/

WERTHMAN, C. (1963). "Delinquents in schools: a test for the legitimacy of authority". *Berkeley Journal of Sociology*, 8 (1), p. 39-60.

WERTSCH, J.; ROEDIGER, H. (2008). "Collective memory: conceptual foundations and theoretical approaches". *Journal of Memory*, 16 (3), p. 318-326.

WEST, C. (1996). "Ethnography and orthography: a (modest) methodological proposal". *Journal of Contemporary Ethnography*, 25 (3), p. 327-352.

WEST, W.G. (1980). "Access to adolescent deviants and deviance". In: W.B. Shaffir; R.A. Stebbins; A. Turowetz (eds.). *Fieldwork Experience: Qualitative Approaches to Social Research*. Nova York: St. Martin's Press.

WESTMARLAND, L. (2001). "Blowing the whistle on police violence: gender, ethnography and ethics". *British Journal of Criminology*, 42, p. 523-535.

WHATMORE, S. (2006). "Materialist returns: practising cultural geographies in and for a more-than-human world". *Cultural Geographies*, 13 (4), p. 600-610.

WHITEHEAD, T.L. (1986). "Breakdown, resolution, and coherence: the fieldwork experiences of a big, brown, pretty-talking man in a West Indian community". In: T.L. Whitehead; M.E. Conaway (eds.). *Self, Sex, and Gender in Cross-Cultural Fieldwork*. Urbana, IL: University of Illinois Press.

WHITEHEAD, T.L.; CONAWAY, M.E. (eds.) (1986). *Self, Sex, and Gender in Cross-Cultural Fieldwork*. Urbana, IL: University of Illinois Press.

WHYTE, W.F. (1981). *Street Corner Society: The Social Structure of an Italian Slum*. 3. ed. Chicago, IL: University of Chicago Press.

WIEDERHOLD, A. (2015). "Conducting fieldwork at and away from home: shifting researcher positionality with mobile interviewing methods". *Qualitative Research*, 15 (5), p. 600-615.

WIELAND, J. (2018). "Responsive research: Sensory, medial and spatial modes of thinking as an analytical tool in fieldwork". In: B. Jeffrey; L. Russell (eds.). *Ethnographic Writing*. Stroud: E&E Publishing.

WILLIAMS, D. (1963). *Other Leopards*. Londres: New Authors (reeditado em 2009, Leeds: Peepal Press).

WILLIAMS, M. (2006). *Virtually Criminal: Crime, Deviance and Regulation Online*. Londres: Routledge.

WILLIAMS, R. (1976). "Symbolic interactionism: fusion of theory and research". In: D.C. Thorns (ed.). *New Directions in Sociology*. Londres: David & Charles.

WILLIAMS, T.; MILTON, T.B. (2015). *The Con Men: Hustling in New York City*. Nova York: Columbia University Press.

WILLIS, P. (1977). *Learning to Labour: How Working Class Kids Get Working Class Jobs*. Farnborough: Saxon House.

WILLIS, P. (1981). "Cultural production is different from cultural reproduction is different from social reproduction is different from reproduction". *Interchange*, 12 (2-3), p. 48-67.

WINKIN, Y.; LEEDS-HURWITZ, W. (2013). *Erving Goffman: A Critical Introduction to Media and Communication Theory*. Nova York: Peter Lang.

WINTROB, R.M. (1969). "An inward focus: a consideration of psychological stress in fieldwork". In: F. Henry; S. Saberwal (eds.). *Stress and Response in Fieldwork*. Nova York: Holt, Rinehart & Winston.

WIRTZ, K. (2009). "Hazardous waste: the semiotics of ritual hygiene in Cuban popular religion". *Journal of the Royal Anthropological Institute*, 15 (3), p. 476-501.

WISEMAN, J.P. (1974). "The research web". *Urban Life and Culture* [atualmente: *Journal of Contemporary Ethnography*], 3, p. 317-328.

WOLCOTT, H.F. (2009). *Writing Up Qualitative Research*. 3. ed. Thousand Oaks, CA: Sage.

WOLF, D. (1991). "High risk methodology: reflections on leaving an outlaw society". In: W.B. Shaffir; R.A. Stebbins (eds.). *Experiencing Fieldwork: An Inside View of Qualitative Research*. Newbury Park, CA: Sage.

WOLF, M. (1992). *A Thrice Told Tale: Feminism, Postmodernism and Ethnographic Responsibility*. Stanford, CA: Stanford University Press.

WOLFF, K.H. (ed.) (1950). *The Sociology of Georg Simmel*. Nova York: Free Press.

WOLFF, K.H. (1964). "Surrender and community study: the study of Loma". In: A.J. Vidich; J. Bensman; M.R. Stein (eds.). *Reflections on Community Studies*. Nova York: Wiley.

WOLFINGER, N.H. (2002). "On writing fieldnotes: collection strategies and background expectancies". *Qualitative Research*, 2 (1), p. 85-95.

WOODS, P. (1979). *The Divided School.* Londres: Routledge and Kegan Paul.

WOODS, P.; BOYLE, M.; JEFFREY, B.; TROMAN, G. (2000). "A research team in ethnography". *International Journal of Qualitative Studies in Education*, 13 (1), p. 85-98.

WOODS, P. (2006). *Successful Writing for Qualitative Researchers.* Londres: Routledge.

WOOLGAR, S. (1988). "Reflexivity is the ethnographer of the text". In: S. Woolgar (ed.). *Knowledge and New Frontiers in the Sociology of Knowledge.* Londres: Sage, 14-34.

WRIGHT, M. (1981). "Coming to terms with death: patient care in a hospice for the terminally ill". In: P.A. Atkinson; C. Heath, C. (eds.). *Medical Work: Realities and Routines.* Farnborough: Gower.

WULFF, H. (ed.) (2016). *The Anthropologist as Writer: Genres and Contexts in the Twenty-First Century.* Oxford: Berghahn.

WYLIE, C.D. (2015). "'The artist's piece is in the stone': constructing creativity in paleontology laboratories". *Social Studies of Science*, 45 (1), p. 31-55.

ZEMPI, I. (2017). "Researching victimisation using auto-ethnography: wearing the Muslim veil in public". *Methodological Innovations*, 10 (1), p. 1-10.

ZEMPI, I.; AWAN, I. (2017). "Doing 'dangerous' autoethnography on Islamophobic victimization". *Ethnography*, 18 (3), p. 367-386.

ZERUBAVEL, E. (1979). *Patterns of Time in Hospital Life.* Chicago, IL: University of Chicago Press.

ZHANG, L. (2015). *Inside China's Automobile Factories: The Politics of Labor and Worker Resistance.* Cambridge: Cambridge University Press.

ZNANIECKI, F. (1934). *The Method of Sociology.* Nova York: Farrar & Rinehart.

ZORBAUGH, H. (1929). *The Gold Coast and the Slum.* Chicago, IL: University of Chicago Press.

ÍNDICE

Abdução 279, 324, 326
Abu-Lughod, L. 69
Acesso 22, 83-108, 178-181
Adler, P. 120, 371
Agar, M. 173-174
Alasuutari, M. 210
Alcadipani, R. 98, 351-352, 356-357
Alvesson, M. 57, 92
Amostragem
    dentro do caso 74-82, 180-182
    teórica 71-73, 183-184
Anderson, E. 87
Anderson, J. 112
Anderson, L. 79, 112, 276, 339
Anderson, R.J. 211, 276
Anonimato
    preservação do 242, 364
Antropologia
    história da 17-19
Apoiadores
    na pesquisa etnográfica 89-91
Arensberg, C.M. 256
Armazenamento
    indexação e recuperação de dados 266-269
Artefatos 217-225
Atkinson, P.A. 59-60, 211, 217, 219, 253, 265, 339
Autoetnografia 17, 31, 118, 321, 337, 338
Awan, I. 347

Back, L. 102
Baez, B. 112
Ball, S. 72-73, 182-183, 308, 311, 312
Bandelier, A. 341
Barrett, R.A. 100-101
Barton, A. 290, 291
Bateson, W. 296
Becker, H.S. 45, 55, 143-144, 174, 266, 289, 295, 304, 326, 338, 362
Behar, R. 319
Belk, R. 51, 81
Bell, C. 348
Bens e serviços
    fornecimento de 117-122, 367-371
Bensman, J. 314
Beoku-Betts, J. 151
Berlak, A.C. 76, 77
Berlak, H. 76, 77
Berreman, G. 304
Bettelheim, B. 145
Beuving, J. 155
Blackwood, E. 117
Bloor, M. 214, 311, 312
Blumer, H. 28, 33, 205, 287
Boas, F. 170-171
Bogdan, R. 98-99, 304
Bohannan, L. 141
Boon, J. 336
Bosk, C. 350, 356
Bourdieu, P. 221
Bowen, E. 141

Brewer, J. 113, 132
Brotsky, S. 347
Burawoy, M. 65, 67
Burgess, R.G. 178, 194, 197

Calvey, D. 102, 117-118, 250, 347
Campbell, J. 65
Cannon, S. 163, 166, 177-178, 197-198, 359
Características pessoais do etnógrafo
    impactos das 124-139
Carey, J.T. 253
Caspar, S. 211
Cassell, J. 94
Categorias
    êmicas 79, 322
    éticas 322
Chagnon, N. 366
Chambliss, W. 104-105, 106
Chandler, J. 190
Checagem dos participantes; cf. Validação dos respondentes
Chege, N. 52, 89-90, 353-354
Chen, K. 53
Chevalier, D. 124-125, 131
Cicourel, A.V. 213-214
Claes, B. 129
Clair, J. 88, 349, 370
Clark, J.N. 369-370
Clarke, A. 292-293
Clifford, J. 35, 319, 336
Codificação 239, 267, 277-287
Coffey, A.J. 117, 212
Comunidades de prática 67-68, 299
Conceitos e indicadores 299-311, 315
Condominas, G. 366
Confidencialidade 188, 189, 242, 306, 353, 356-357, 363
Conhecimento interno 30

Conquergood, D. 339
Cons, J. 91-92, 185
Consentimento informado 85, 345-354, 374-375
Consequências para pesquisas futuras 372-373
Construcionismo 19-20, 31-39, 58-59, 297
Construção
    de relações em campo 121-125
    documental da realidade 203, 209-217
    cf. tb. Gestão de impressões; Bens e serviços, fornecimento de
Contextos e amostragem 80-83
Corsaro, W. 137, 147
Corsino, L. 119-120
Cressey, D. 289, 295, 296
Crewe, B. 161, 356
Crewe, E. 69
Crise de representação 336
Cronologias 323-324
Cruz, L.B. 54
Cursos técnicos industriais 59-60
Curtis, R. 288
Currer, C. 55, 149, 187

Dalton, M. 145
Danos
    risco de 358-368
Davis, F. 51, 55, 338, 373
Dean, J.P. 181
Deixar o campo 163-167
Delamont, S. 115, 150
Delgado, N.A. 54
De Man, C. 163
Denzin, N.K. 31, 314, 339
Descoberta *vs.* construção 390-392
Desmond, M. 110, 155, 259, 260, 322, 330

De Souza, J. 76
Dexter, L. 177, 195, 197, 199
Diários de campo 265
Dicks, B. 244
Dilthey, W. 35
Dingwall, R. 215
Distinção
   ambiente/caso 66-70
   de dentro vs. de fora 92, 151-153
Ditton, J. 366
Documentos 203-217
   blogs 208, 244
   diários 206-209
   documentos pessoais 204-209
   documentos solicitados 208, 248-251
   preparação de 248-251
   registros 214-217
   relatos autobiográficos e biográficos 207
   tipos de 204-205
Douglas, J. 193
Douglas, M. 222
Downey, C.A. 138
Drake D. 83, 139-140
Duck, W. 61-62, 173
Dudley, K.M. 225
Dumit, J. 229
Duneier, M. 296
Durão, S. 361

Easterday, L. 127
Edmondson, R. 325
Ehrenreich, B. 348
Elaboração de problemas de pesquisa 56-61
Ellis, C. 341
Entrevistas 303, 306
   como processo 188-199
   crítica a 177-178

entrevista ativa 183-186
entrevista com pares 192-195
entrevistas em grupo 189-192, 191-193
entrevistas *on-line* 198
entrevistas por telefone 198
e observação participante 176-178, 183-189
local da entrevista 194-196
seleção de informantes 177-184
sociedade da entrevista 204
tipos de pergunta 198-202
uso de estímulos 201-202
Erdemir, A. 151
Ergun, A. 151
Erickson, K. 373
Escola de Sociologia de Chicago 18, 24, 30, 67, 207, 232
Escrita e leitura 318-321
Estatísticas oficiais 213-216
Estilos alternativos de escrita 337-342
Estudos
   culturais 19, 222, 230, 231
   de comunidade 18
Ética em pesquisa 84, 344-346
   visão procedimentalista 344-346
   visão situacionista 345-346
Etnografia
   caráter multimodal 228-232
   e pesquisa qualitativa 13-14, 19
   história da 17-19
   institucional 210-212
   multimídia e hipermídia 239-245
   rápida 75
   sensibilidade analítica associada à 381
   significado do termo 17, 18-23
   virtual/digital 17, 226-228, 230-235
Etnógrafo como especialista ou crítico 99
Evans, A.D. 179
Evans-Pritchard, E.E. 363

Eventos/incidentes críticos 54, 61, 77-78
Excesso de proximidade 153
Expectativas e suspeitas iniciais
   por parte dos guardiões e participantes 99-101, 109-114
Exploração; cf. tb. Reciprocidade

Fassin, D. 85
Feldman, M.S. 83
Feminismo 14, 19-20, 39, 40, 121, 207, 319, 368
Festinger, L. 50, 107, 373
Fielding, N. 102, 348
Filme etnográfico 261-263
Foco progressivo 21, 271-274
Fordham, S. 339
Fotografia 201, 227, 230, 235, 238, 247, 248, 260-261
Foucault, M. 34-37, 40
Franch, M. 75
Frandsen, S. 96
Freilich, M. 147

Gadamer, H.-G. 34
Gallmeier, C.P. 163
Garfinkel, H. 214
Geer, B. 106-108, 174, 304
Geertz, C. 318-320, 344
Generalização 69-82
Gestão de impressões
   por parte do etnógrafo 113-118
Ghodsee, K. 339-342
Giallombardo, R. 79
Gibson, C. 222-225
Giles, D. 347
Glaser, B.G. 31, 58, 71-72, 183, 287, 290-292, 298, 307
Goerisch, D. 280
Goffman, A. 110-113, 134, 210, 323-324, 348, 356, 373, 371

Goffman, E. 81, 86, 220, 281, 284, 285, 288, 324, 330, 333
Gold, R. 144, 148
Golde, P. 125-126
Goldstein, D.M. 54, 88, 91
Goode, E. 347
Gordon, D. 319
Gouldner, A.V. 154
Gould-Wartofsky, M. 53
Graeber, D. 288
Graham, L. 118, 252
Grant, A. 212
Grasmuck, S. 138
Gravação
   de áudio 250, 259-261, 262-263
   de vídeo 250, 260-263
Gregory, F.M. 221
Grupo de diálogo 192
Grupos focais 192
Guardiões 22, 60, 84-85, 94-102, 178
Guba, E. 69, 356
Gubrium, J.F. 349
Gurney, J.N. 129-130

Haahr, A. 359
Hammersley, M. 172-173, 175-176, 194
Hammoudi, A. 66
Hancock, B.H. 150, 153
Hannerz, U. 133
Hardie-Bick, J. 106, 118, 145, 347
Hare, R.D. 327-328
Hargreaves, D. 72, 175
Harper, D. 65, 87, 140, 159, 170, 230, 281
Harvey, J. 83, 139
Hayano, D. 338
Heath, C. 215, 229, 234
Henslin, J.M. 55, 67, 115-116, 135-136
Herbert, S. 364

Hermenêutica 19, 28, 35
Herzfeld, M. 299
Hey, V. 208
Histórias
   de atrocidade, conceito 280
   naturais de pesquisa 47
Hitchcock, G. 305
Ho, K. 94, 178, 364
Hobbs, P. 212
Hochschild, A. 280
Hodgson, D. 98, 351-352, 357, 361
Hoechner, H. 126-127, 370
Hoffman, A. 90-91, 171
Holdaway, S. 102, 145, 347
Homan, R. 346
Hookway, N. 208
Howarth, C. 370
Hudson, C. 96, 121, 138-139, 165
Hughes, E.C. 55, 62
Human Terrain System 152
Humphreys, L. 86
Hunter, A. 190
Hurdley, R. 220
Hurston, Z.N. 341
Hymes, D. 340

Ievins, A. 161, 356
Indução analítica 44, 294-297, 324, 326
Ingold, T. 223
Informantes-chave 170-171
Instituição total
   conceito de 281, 287, 307, 324
Interacionismo simbólico 28
Intérpretes 304
Ironia 331-333
Irwin, K. 131
Israel, M. 353
Iversen, R. 165

Jacobs, J.B. 68
Jacques, S. 178
Jauregui, B. 120, 128, 370
Jefferson, A. 84, 123
Jeffrey, B. 76, 77
Jenkins, S. 90-91
Johannesson, L. 100, 179, 187
Johnson, J.M. 160, 255
Jordan, A. 149
Jowett, M. 191
Jules-Rosette, B. 145
Junker, B. 144, 148

Kaiser, K. 362-363
Kameo, N. 209
Karp, D.A. 288
Kazubowski-Houston, M. 339
Kezar, A. 201
Kimball, S.T. 256
Kirksey, E. 323
Kitsuse, J.I. 214
Klatch, R.E. 74, 122-123
Kloss, S. 130, 131, 139
Knox, C. 84, 96
Krieger, S. 306
Kuhn, T.S. 33-34
Kunda, G. 278-279

Labaree, R.V. 106, 151
Lacey, C. 72-73
Lake S. 68, 74
Landow, G. 240
Landes, R. 100
Latour, B. 37, 211
Lazarsfeld, P. 291
Leavy, P. 340
Lee, J. 118
Lee, R. 71, 189, 194
Leigh, J. 55, 78, 93-94

Lejeune, R.A. 373
Leuenberger, C. 367
Lever, J. 316
Levinson, M.P. 368
Lewins, A. 238-239
Lewis, J. 211
Lewis, S. 152-153
Liebling, A. 191
Liebow, E. 89
Lincoln, Y.S. 16, 69, 356
Lindesmith, A. 295, 296
Lofland, J. 140, 155, 288, 289, 291, 326, 373
Lofland, L. 140, 288, 291
Lugosi, P. 349
Lumsden, K. 110
Lynd, H.M. 18
Lynd, R.S. 18

Mac Giollabhui, S. 51, 101, 111, 124, 360, 371
Magee, K. 113, 132
Malachowski, C.K. 142, 165-166
Malinowski, B. 21, 26, 50, 156, 161
Mannay, D. 144
Marchand, T.H. 223
Marcus, G. 35, 319, 336
Marginalidade do etnógrafo 30-31, 151-54, 155-159
Marx, K. 37-40, 46
Mason, K. 362
Mass Observation 207
Matlon, J. 134, 156-157, 368-369
Matza, D. 27, 297
Mazzetti, A.S. 83, 162
McCaghy, C.H. 196, 197
McCargo, D. 179, 350
McCurdy, D. 118
McDermott, M. 71, 85, 107, 147, 252, 306

McDonald, S. 220
McKenzie, L. 93, 275, 365
Measor, L. 52, 186, 188
Medawar, P. 58
Mehan, H. 28
Mennerick, L. 279
Menoret, P. 272
Metáfora
    seu papel na escrita 326-329
Método
    comparativo 292-297
    da comparação constante 286-288
Metodologia como técnica 48-49
Métodos
    e dados visuais 14, 144, 229-231, 238, 239-240, 242-243, 244
    mistos 32
Miller, S.M. 153
Minton, T.B. 329-330
Mitchell, R.G. 118, 158-159, 347
Modelo
    explicativo de *leis gerais* 24
    teórico 273-275
Moffatt, M. 71, 136, 311
Mol, A. 37
Moog
    sintetizador 218
Moreto, W. 96, 111, 115, 251
Morriss, L. 156, 280, 355
Morrow, C. 206
Mount, L. 52, 63, 125
Murphy, S.P. 75, 86, 121, 136, 172

Nadel, S.F. 26, 200
Narrativa 329
Nasa (National Aeronautics and Space Administration) 53
Nathan, R. 142-143, 147
Naturalismo 23, 27-32, 40-46, 174-176

Nicholas, D.B. 288
Noblit, G.W. 327-328
Notas
   analíticas 237, 264
   de campo 250-257
Novos
   materialismos 19, 37-38, 40, 217, 218
   movimentos sociais 39

Objetividade 38-40, 42-46, 344
   procedimental 25, 28, 41
Oboler, R.S. 138
Observação
   participante secreta 102-108, 144-148, 346-348
Observador pleno 147-148, 176
Ocejo, R. 68
O'Connor, E. 223
O'Doherty, D. 329
O'Hagan, A. 210
Okely, J. 173
Okyere, S. 374-375
Olesen, V. 251, 257
O'Reilly, K. 120
Ortner, S. 83
Ostrander, S.A. 187
O'Toole, G. 191
Owens, G.R. 101

Papéis em campo 139-152
Parker, H. 177
Participante pleno 144-148, 176
Particular *vs.* geral 387-388
   cf. tb. Generalização
Passagem de *status*
   conceito de 325
Patrick, J. 114
Pattillo-McCoy, M. 79
Pears, I. 240

Pelto, G.H. 171
Pelto, P.J. 171
Perlman, M.L. 200
Perspectiva interna *vs.* perspectiva analítica 381-385
Peshkin, A. 132
Pesquisa
   em equipe 315
   interna 92, 93, 133, 145, 151, 153, 154, 355
   quantitativa (*survey*) 23-24, 43-44
Pettinari, C.J. 212
Pettinger, L. 105-106, 147, 150
Pfohl, S. 341
Pieke, F.N. 54
Pink, S. 231
Plummer, K. 205
Pollard, A. 193
Pós-estruturalismo/pós-modernismo 35-36, 39
Positivismo 23-27
Prentice, R. 223
Preparação para o trabalho de campo 48-50
Pressões e tensões do trabalho de campo 155-164
Prior, L. 214
Privacidade 353-358
Problemas
   antecipados 21, 50-56, 59, 61, 205, 253, 272
   de pesquisa formais e substantivos 59-61
   de pesquisa pontuais e genéricos 58-60
Processo *vs.* estrutura 388-390
Projetos de pesquisa 49
Publicação
   danos provocados pela 361-368

Públicos, importância do
   nas relações em campo 115-117
   para a escrita etnográfica 319, 333-337
   para a privacidade 354-355
   para o processo de análise 302-306
   para os relatos de participantes 176, 189-190, 194-195, 204-207, 208-209
   para propostas de pesquisa 49-50
Punch, M. 304, 349, 363-364

Radice, M. 80
Rainbird, H. 97, 126
Rastreamento de processos 293-294
Rawlings, B. 273
Realismo 32-38, 41-44
Reatividade 27, 43, 44, 147, 174, 175, 305
Reciprocidade 367-372
Redação 317
Reflexividade 40-47, 214, 246, 317, 341-343, 377-379
Regras como um recurso analítico 275-276
Regulamentação ética 374-377
Relação macro-micro 297-298
Relatos
   confessionais 320, 321
   de participantes 201-202
   impressionistas 320
   orais solicitados e não solicitados 172-178
   realistas 320-322, 336
Rite de passage 324
Robinson, W.S. 296
Rodriquez, J. 52, 78
Rossing, H. 55
Roth, J. 338
Rowe, A. 110, 114, 119, 124, 282, 350

Russell, A. 152
Ryan, P. 123, 186

Sampson, H. 64, 83
Sandberg, J. 57
Sanders, C. 54, 279, 295
Scarth, J. 313
Schatzman, L. 252
Scheper-Hughes, N. 347, 355, 365, 370, 376
Schofield, J.W. 70
Schutz, A. 30, 33, 141, 312
Scott, G. 147
Scott, M.B. 338
Scott, S. 55, 106
Seleção de ambientes e casos 61-67
Sevigny, M.J. 150
Shaffir, W.B. 101, 102-103, 132, 180
Shah, S. 63
Shakespeare, P. 57
Sharrock, W. 211, 276
Sheehan, E.A. 335
Shils, E. 362
Silver, C. 238-239
Simons, H. 190-191, 192
Simpson, E. 53
Sinédoque na escrita etnográfica 328-330
Skipper, J.K. 196, 197
Skolnick, J. 71
Sloan, J. 94
Smigel, F. 100
Smith, D. 210
Snee, H. 208
Snow, D. 79, 164-165
Sobh, R. 51, 81
Sociedade da auditoria
   conceito 215
Sociologia do conhecimento científico/ estudos da ciência e tecnologia 34-35, 38, 211, 218

Softwares de apoio à análise de dados qualitativos (Caqdas) 237-239, 269, 286
Sondar o terreno 63
Sonmez, S. 195-196
Spradley, J.P. 281
Stein, M. 154
Stephens, N. 211
Stoller, P. 341
Strauss, A. 31, 50-51, 48, 71-72, 183, 252, 287, 291-292, 298, 307
Strong, P. 70, 74
Stuart, F. 57, 86, 88, 133, 271
Styles, J. 140-141
Sudarkasa, N. 116
Sudnow, D. 213-214, 338
Swanson, K. 280

Tarawalley, M. 91, 171
Tavory, I. 65, 287
Taylor, S. 98-99, 304
Tecnologias digitais 227-228, 245-246
Tempo 75-78, 307-308
Teoria 271-272, 273-274, 292-293
    ator-rede (TAR) 37, 218, 293
    da rotulação 59
    formal e substantiva 298
    fundamentada 31, 44, 49-51, 59, 270, 291-294, 326
Thomas, J. 243
Thomas, M. 64, 83
Thomas, R.J. 183
Thomas, W.I. 206
Thorne, B. 156
Tilley, C. 223
Timmermans, S. 287
Tipologias 274, 288-289, 325
Tipos
    puro/ideal e real 324-326, 330
Tjora, A. 76-77, 308

Tomada de decisões
    foco na 276
Tomkinson, S. 351, 356-359
Topoi ou lugares comuns 333
Tornar-se nativo 152-153
Tota, A.L. 84
Trabalho emocional
    conceito 280
Trainer, S. 177
Transcrição 262-264
Treinamento em pesquisa 48
Triangulação 314-318
Troman, G. 75, 76, 77
Tropos
    etnográficos 326-331
Trouille, D. 65
Tsing, A.L. 362
Turner, V. 171

Validação dos respondentes 310-314, 334-335
Van den Hoonaard, W.C. 353
VanderStaay, S.L. 139, 161, 369
Van Gennep, A. 325
Van Maanen, J. 55, 321
Vannini, P. 244
Vaughan, D. 53, 68
Venkatesh, S. 148
Verstehen 29
Vestimenta
    seu papel na gestão de impressões 113-117
Vidich, A. 314
Viegas, S.M. 61-62
Virada ontológica na antropologia 19-20

Wacquant, L. 145
Wallis, R. 161-162
Warden, T. 159-161

Warren, A. 224
Warren, C.A.B. 127, 128-129, 131
Wasserman, J. 88, 354, 370
Watts, J. 166
Webb, B. 266
Webb, S. 266
Wendell, T. 288
Werthman, C. 301-302
Westmarland, L. 128
Whalen, J. 209
Whitehead, T.L. 135
Whittaker, E. 251, 257
Whyte, W.F. 89, 336
Wieland, J. 256
Williams, D. 341
Williams, T. 330

Willis, P. 154, 300-302
Wintrob, R.M. 155-156
Wirtz, K. 222
Wolf, D. 88-89, 107, 114, 365-366
Wolf, M. 335
Woolgar, S. 211
Wright, R. 178
Wright, S. 95
Wylie, C.D. 220

Zempi, I. 118, 347
Zerubavel, E. 75-76
Zhang, L. 79
Znaniecki, F. 206, 296
Zorbaugh, H. 207

CULTURAL
Administração
Antropologia
Biografias
Comunicação
Dinâmicas e Jogos
Ecologia e Meio Ambiente
Educação e Pedagogia
Filosofia
História
Letras e Literatura
Obras de referência
Política
Psicologia
Saúde e Nutrição
Serviço Social e Trabalho
Sociologia

CATEQUÉTICO PASTORAL
Catequese
Geral
Crisma
Primeira Eucaristia

Pastoral
Geral
Sacramental
Familiar
Social
Ensino Religioso Escolar

TEOLÓGICO ESPIRITUAL
Biografias
Devocionários
Espiritualidade e Mística
Espiritualidade Mariana
Franciscanismo
Autoconhecimento
Liturgia
Obras de referência
Sagrada Escritura e Livros Apócrifos

Teologia
Bíblica
Histórica
Prática
Sistemática

REVISTAS
Concilium
Estudos Bíblicos
Grande Sinal
REB (Revista Eclesiástica Brasileira)

VOZES NOBILIS
Uma linha editorial especial, com importantes autores, alto valor agregado e qualidade superior.

PRODUTOS SAZONAIS
Folhinha do Sagrado Coração de Jesus
Calendário de mesa do Sagrado Coração de Jesus
Almanaque Santo Antônio
Agendinha
Diário Vozes
Meditações para o dia a dia
Encontro diário com Deus
Guia Litúrgico

VOZES DE BOLSO
Obras clássicas de Ciências Humanas em formato de bolso.

CADASTRE-SE
www.vozes.com.br

EDITORA VOZES LTDA.
Rua Frei Luís, 100 – Centro – Cep 25689-900 – Petrópolis, RJ
Tel.: (24) 2233-9000 – Fax: (24) 2231-4676 – E-mail: vendas@vozes.com.br

UNIDADES NO BRASIL: Belo Horizonte, MG – Brasília, DF – Campinas, SP – Cuiabá, MT
Curitiba, PR – Fortaleza, CE – Juiz de Fora, MG – Petrópolis, RJ – Recife, PE – São Paulo, SP